HAMLYN

DIZIONARIO

INGLESE-ITALIANO
ITALIANO-INGLESE

W9-DDP-311

GIUNTI

CONTENTS

INDICE

Foreword

This dictionary aims to give concise and accurate definitions of 24,000 of the most important words in use in the English and Italian languages today.

A pronunciation system based on the International Phonetic Alphabet is used (see Key to symbols used in pronunciation*). Pronunciation is given for all headwords in both sections of the dictionary, and also for selected subentries in the Italian-English section.*

Modern technical, commercial, and informal usage is given particular attention, in preference to outmoded terms or other expressions not in common contemporary use. Definitions are numbered in order to distinguish senses, and abbreviations are used to indicate use in specific technical, scientific, or commercial fields (see Abbreviations used in the Dictionary*). An additional feature is the inclusion of idiomatic expressions and phrases, so necessary for the understanding and use of the foreign language.*

This dictionary, with its emphasis on modernity, together with its compact form and clear typeface, should prove indispensable in the home, at school, in the office, and abroad.

Premessa

Questo dizionario vuole offrire in forma sintetica, ma accurata, la traduzione di 24.000 tra le parole oggi più usate nelle lingue italiana e inglese.

In entrambe le sezioni viene fornita la pronuncia dei lemmi secondo l'Alfabeto Fonetico Internazionale. Nella scelta dei vocaboli da tradurre si è dato spazio a quelli di ambito tecnico-commerciale e ad alcuni termini scientifici, come pure a quelli di uso più informale. Particolare attenzione e rilievo hanno avuto quelle espressioni e forme idiomatiche che tanto utili risultano alla reale comprensione e all'uso di una lingua straniera.

Le differenti traduzioni di uno stesso vocabolo sono numerate in successione in modo da distinguerne i significati e sono accompagnate ove sia necessario, da abbreviazioni specifiche che ne identificano l'ambito linguistico di appartenenza.

Per la particolare attenzione dedicata alle forme correnti della lingua moderna, per la scelta del formato tascabile e la chiarezza di impaginazione, questo dizionario si propone come indispensabile strumento di consultazione per il turismo, lo studio e il lavoro.

Notes on the use of the Dictionary

Irregular plural forms of Italian nouns are shown immediately after the part of speech; the gender of the plural is given only if it differs from that of the singular:

e.g. **uomo**... *nm,pl* **uomini**
 uovo... *nm,pl* **uova** *f*

Nouns or adjectives that do not change in the plural are marked as invariable:

e.g. **re**... *nm invar* king.

Feminine forms of nouns are not shown when they can be derived in a regular way from the masculine form. Both masculine and feminine forms are shown when different translations are required, e.g. *figlio* son, *figlia* daughter.

When the same word may be both an adjective and a noun, the gender of the noun is given only when it is fixed. Thus, **segreto**... *adj,nm* (secret) indicates that the word is an adjective or a masculine noun; **adulto**... *adj,n* indicates that the word is an adjective or a masculine or feminine noun (*l'adulto, l'adulta*).

Adverbs derived from adjectives are not shown in either section of the dictionary unless a separate translation is required, or unless the formation is irregular. Italian adverbs are considered regular if they are formed by adding *-mente* to the feminine singular of the adjective, e.g. *lenta—lentamente*, or by dropping the final *e* of a feminine adjective ending in a vowel followed by *-le* or *-re* and adding *-mente*, e.g. *facile—facilmente*. English adverbs are considered regular if they are formed by adding *-ly* to the adjective.

Irregular verbs are marked with an asterisk in the headword list of both sections of the dictionary. The principal parts of all these verbs, except compounds, are shown in the verb tables. For the conjugation of compounds the reader should refer to the base form, e.g. for *aggiungere*, see *giungere*.

A swung dash (~) before a change of part of speech indicates
that the part of speech refers to the headword, not the preceding
subentry shown in heavy type.

In entrambe le sezioni del dizionario, i verbi irregolari sono se-
gnati con un asterisco al lemma corrispondente e, per la massima parte, si ritrovano negli elenchi posti nella parte iniziale del
volume.
In questa parte, inoltre, si trovano esemplificate le diverse ti-
pologie dei plurali irregolari inglesi più comuni.
Gli avverbi derivati dagli aggettivi non ricorrono nelle due sezioni del dizionario, eccettuate le forme irregolari e i casi in cui
si renda necessaria una traduzione specifica del vocabolo.
Gli avverbi italiani sono considerati regolari quando sono for-
mati con l'aggiunta del suffisso -*mente* all'aggettivo femminile
singolare corrispondente (es. lenta-lentamente), con la caduta
della e finale nei casi di terminazione in -*le* o -*re* (es. facile-
facilmente).
Gli avverbi inglesi sono considerati regolari quando sono for-
mati con l'aggiunta del suffisso -*ly* alla forma dell'aggettivo.

Una tilde (~) segnala che il vocabolo seguente costituisce in
effetti la traduzione del lemma e non piuttosto della parola
composta o comunque derivata dal lemma, battuta in neretto,
che la precede.

Abbreviazioni

Abbreviations

aggettivo	adj.	*adjective*
avverbio	adv.	*adverb*
anatomia	anat.	*anatomy*
architettura	arch.	*architecture*
ausiliare	aux.	*auxiliary*
aeronautica	aviat.	*aviation*
botanica	bot.	*botany*
commercio	comm.	*commerce*
computer	comp.	*computer*
congiunzione	conj.	*conjunction*
culinaria	cul.	*culinary*
articolo determinativo	def. art.	*definite article*
dispregiativo	derog.	*derogatory*
educazione	educ.	*education*
femminile	f.	*feminine*
familiare	fam.	*familiar*
formale	fml.	*formal*
giuochi	game	*cards, chess, etc.*
grammatica	gram.	*grammar*
geografia	geog.	*geography*
articolo indeterminativo	indef. art.	*indefinite article*
informale	inf.	*informal*
infinito	infin.	*infinitive*
interiezione	interj.	*interjection*
invariabile	invar.	*invariable*
letterario	lit.	*literature*
maschile	m.	*masculine*
matematica	math.	*mathematics*
medicina	med.	*medical*
militare	mil.	*military*
mineralogia	min.	*minerals*
modale	mod.	*modal*
automobilismo	mot.	*motoring*
musica	mus.	*music*
sostantivo	n.	*noun*
nautico	naut.	*nautical*
negazione	neg.	*negative*
persona	pers.	*person*
fotografia	phot.	*photography*
politica	pol.	*politics*
possessivo	poss.	*possessive*
prefisso	pref.	*prefix*
preposizione	prep.	*preposition*
pronome	pron.	*pronoun*
religione	rel.	*religion*

singolare	s.	*singular*
scientifico	sci.	*science*
gergo	sl.	*slang*
suffisso	suff.	*suffix*
volgare	tab.	*taboo*
industriale	Tdmk	*trademark*
tecnico	tech.	*technical*
teatro	Th.	*theater*
Stati Uniti	U.S.	*United States*
verbo	v.	*verb*
verbo intransitivo	vi.	*intransitive verb*
verbo impersonale	vimp.	*impersonal verb*
verbo riflessivo	vr.	*reflexive verb*
verbo transitivo	vt.	*transitive verb*
zoologia	zool.	*zoology*

Trascrizione fonetica			**Phonetic transcription**
vocali			*vowels*
vino	i		*bit*
		i:	*meet*
sera	e		
bello	ɛ		*get*
		æ	*hat*
		ɑ:	*heart*
		ʌ	*cut*
		ə	*ago*
		ə:	*sir*
brodo	ɔ		*hot*
		ɔ:	*ought*
notte	o		
rupe	u		*put*
		u:	*shoot*
semivocali			*semivowels*
ieri	j		*yes*
		w	*war*

dittonghi				*diphtongs*
piaga	ia			
lieto	ie			
azione	io			
fiume	iu			
baita		ai		*fly*
lei		ei		*late*
eroico	oi			
guida	ui			
lauto		au		*how*
reuma	eu			
			ou	*go*
quattro	ua			
quello	ue			
galantuomo	uo			
			iə	*here*
			əi	*boy*
			ɛə	*air*
			uə	*poor*

consonanti				*consonants*
bambino		b		*baby*
dado		d		*dear*
famiglia		f		*free*
gatto		g		*game*
			h	*hot*
cane		k		*kiss*
letto		l		*little*
madre		m		*mark*
no		n		*nice*
gnomo	ɲ			
			ŋ	*sing*
penna		p		*pencil*
ramo		r		*rose*
sano		s		*see*
tutto		t		*time*
vero		v		*very*
esame		z		*cousin*
uscire		ʃ		*ship*
			ʒ	*measure*
cercare		tʃ		*chin*
cagionare		dʒ		*gin*
			θ	*thin*
			ð	*then*
gli	ʎ			
aglio	ʎʎ			

altri segni		*miscellaneous*
accento tonico principale che precede la sillaba su cui cade la voce	ə'gou	*indicates that the following syllable is stressed as in* '*ago*'
posto sotto *n* o *l* indica che esse sono pronunciate come una sillaba	'flænl̩	*placed under an* '*n*' *or* '*l*' *is pronunced as a syllable, as in* '*button*' *and* '*flannel*'

Alcuni plurali irregolari inglesi

I plurali irregolari sono, per definizione, difficilmente riconducibili a una sistemazione coerente ed unitaria.

È d'altro canto possibile individuare alcuni dei casi più comuni e ricorrenti:

a) sostantivi con plurale in *-ves*:

calf/calves	*elf/elves*	*half/halves*
knife/knives	*leaf/leaves*	*life/lives*
loaf/loaves	*self/selves*	*sheaf/sheaves*
shelf/shelves	*thief/thieves*	*wife/wives*
wolf/wolves		

b) sostantivi che formano il plurale con mutazione di vocali:

foot/feet	*goose/geese*	*louse/lice*
man/men	*mouse/mice*	*tooth/teeth*
woman/women		

c) altri plurali irregolari

child/children	*ox/oxen*

d) alcuni sostantivi invariabili che possono essere seguiti sia da un verbo singolare che plurale:

deer	*fish*	*sheep*
barracks	*crossroads*	*data*
dice	*headquarters*	*means*
oats	*series*	*species*

e) sostantivi che possono essere usati solo al singolare:

advice *baggage* *business*
furniture *hair* *information*
luggage *news* *progress*

f) altre forme invariabili:

— sostantivi indicanti nazionalità terminanti in *-ese* (oltre a *Swiss*)
es. *The Chinese*: i cinesi

— i sostantivi *dozen, hundred, thousand* e *million* quando sono accompagnati da un numerale:
es. *three hundred people*

g) i sostantivi stranieri spesso seguono le regole della lingua originale:

basis/bases
crisis/crises
phenomenon/phenomena
thesis/theses

Salvo nel linguaggio tecnico, si tende tuttavia comunemente a formare il plurale secondo le regole inglesi:

formula/formulae (matematica)/*formulas* (in generale)
villa/villas

Pesi e misure

misure di lunghezza

inch (abbr. *in*) = cm 2,54
foot (*ft*) = cm 30,48
yard (*yd*) = cm 91,44

misure di peso

dram (abbr. *dr*) = g 1,77
ounce (*oz*) = g 28,35
pound (*lb*) = g 453,60

misure di capacità

gill (abbr. *gl*) = l 0,14
pint (*pt*) = l 0,57
quart (*qt*) = l 1,13
gallon (*gal*) = l 4,54

Sistema monetario

Gran Bretagna

(in vigore fino al 1971)

pound: sterlina (unità base)
halfpenny: mezzo penny
penny: dodicesima parte dello scellino
shilling: ventesima parte della sterlina

(in vigore attualmente)

pound: sterlina (unità base)
penny (pl. *pennies/pence*): centesima parte della sterlina

Stati Uniti

dollar: dollaro (unità base)
cent: centesima parte del dollaro
dime: dieci centesimi di dollaro
quarter: venticinque centesimi di dollaro

Verbi irregolari inglesi

Infinito	Passato	Participio passato
abide	abode *or* abided	abode *or* abided
arise	arose	arisen
awake	awoke *or* awaked	awoke *or* awaked
be	was	been
bear	bore	borne *or* born
beat	beat	beaten
become	became	become
begin	began	begun
bend	bent	bent
bet	bet	bet
beware	—	—
bid	bid	bidden *or* bid
bind	bound	bound
bite	bit	bitten *or* bit
bleed	bled	bled
blow	blew	blown
break	broke	broken
breed	bred	bred

Infinito	Passato	Participio passato
bring	brought	brought
build	built	built
burn	burnt *or* burned	burnt *or* burned
burst	burst	burst
buy	bought	bought
can	could	—
cast	cast	cast
catch	caught	caught
choose	chose	chosen
cling	clung	clung
come	came	come
cost	cost	cost
creep	crept	crept
crow	crowed *or* crew	crowed
cut	cut	cut
deal	dealt	dealt
dig	dug *or* digged	dug *or* digged
do	did	done

Infinito	Passato	Participio passato
draw	drew	drawn
dream	dreamed *or* dreamt	dreamed *or* dreamt
drink	drank	drunk
drive	drove	driven
dwell	dwelt	dwelt
eat	ate	eaten
fall	fell	fallen
feed	fed	fed
feel	felt	felt
fight	fought	fought
find	found	found
flee	fled	fled
fling	flung	flung
fly	flew	flown
forbid	forbade *or* forbad	forbidden *or* forbid
forget	forgot	forgotten *or* forgot
forgive	forgave	forgiven
forsake	forsook	forsaken
freeze	froze	frozen
get	got	got
give	gave	given

Infinito	Passato	Participio passato
go	went	gone
grind	ground	ground
grow	grew	grown
hang	hung *or* hanged	hung *or* hanged
have	had	had
hear	heard	heard
hide	hid	hidden *or* hid
hit	hit	hit
hold	held	held
hurt	hurt	hurt
keep	kept	kept
kneel	knelt	knelt
knit	knitted *or* knit	knitted *or* knit
know	knew	known
lay	laid	laid
lead	led	led
lean	leant *or* leaned	leant *or* leaned
leap	leapt *or* leaped	leapt *or* leaped
learn	learnt *or* learned	learnt *or* learned
leave	left	left
lend	lent	lent
let	let	let

Infinito	Passato	Participio passato
seek	sought	sought
sell	sold	sold
send	sent	sent
set	set	set
sew	sewed	sewn or sewed
shake	shook	shaken
shall	should	—
shear	sheared	sheared or shorn
shed	shed	shed
shine	shone	shone
shoe	shod	shod
shoot	shot	shot
show	showed	shown
shrink	shrank or shrunk	shrunk or shrunken
shut	shut	shut
sing	sang	sung
sink	sank	sunk
sit	sat	sat
sleep	slept	slept
slide	slid	slid
sling	slung	slung
slink	slunk	slunk
slit	slit	slit
smell	smelt or smelled	smelt or smelled

Infinito	Passato	Participio passato
lie	lay	lain
light	lit or lighted	lit or lighted
lose	lost	lost
make	made	made
may	might	—
mean	meant	meant
meet	met	met
mow	mowed	mown
must	—	—
ought	—	—
panic	panicked	panicked
pay	paid	paid
picnic	picnicked	picnicked
put	put	put
quit	quitted or quit	quitted or quit
read	read	read
rid	rid or ridded	rid or ridded
ride	rode	ridden
ring	rang	rung
rise	rose	risen
run	ran	run
saw	sawed	sawn or sawed
say	said	said
see	saw	seen

Infinito	Passato	Participio passato
sow	sowed	sown or sowed
speak	spoke	spoken
speed	sped or speeded	sped or speeded
spell	spelt or spelled	spelt or spelled
spend	spent	spent
spill	spilt or spilled	spilt or spilled
spin	spun	spun
spit	spat or spit	spat or spit
split	split	split
spoil	spoilt or spoiled	spoilt or spoiled
spread	spread	spread
spring	sprang	sprung
stand	stood	stood
steal	stole	stolen
stick	stuck	stuck
sting	stung	stung
stink	stank or stunk	stunk
stride	strode	stridden
strike	struck	struck
string	strung	strung
strive	strove	striven
swear	swore	sworn

Infinito	Passato	Participio passato
sweep	swept	swept
swell	swelled	swollen or swelled
swim	swam	swum
swing	swung	swung
take	took	taken
teach	taught	taught
tear	tore	torn
tell	told	told
think	thought	thought
throw	threw	thrown
thrust	thrust	thrust
traffic	trafficked	trafficked
tread	trod	trodden or trod
wake	woke	woken
wear	wore	worn
weave	wove	woven or wove
weep	wept	wept
will	would	—
win	won	won
wind	wound	wound
wring	wrung	wrung
write	wrote	written

Italian irregular verbs

Infinitive	Present Indicative	Past Definite	Future	Past Participle
accendere	accendo	accesi	accenderò	acceso
accludere	accludo	acclusi	accluderò	accluso
accorgersi	mi accorgo	mi accorsi	mi accorgerò	accorto
affiggere[1]	affiggo	affissi	affiggerò	affisso
affliggere	affliggo	afflissi	affliggerò	afflitto
alludere	alludo	allusi	alluderò	alluso
andare	vado	andai	andrò	andato
apparire	apparisco or appaio	apparvi or apparsi	apparirò	apparso
appendere	appendo	appesi	appenderò	appeso
aprire	apro	aprii or apersi	aprirò	aperto
ardere	ardo	arsi	arderò	arso
assalire	assalgo or assalisco	assalii	assalirò	assalito
assistere	assisto	assistei	assisterò	assistito
assolvere	assolvo	assolsi	assolverò	assolto
assumere	assumo	assunsi	assumerò	assunto
avere	ho	ebbi	avrò	avuto
bere	bevo	bevvi or bevei	berrò	bevuto
cadere	cado	caddi	cadrò	caduto
chiedere	chiedo	chiesi	chiederò	chiesto
chiudere	chiudo	chiusi	chiuderò	chiuso
cogliere	colgo	colsi	coglierò	colto

Infinitive	Present Indicative	Past Definite	Future	Past Participle
coincidere	coincido	coincisi	coinciderò	coinciso
comparire	comparisco *or* compaio	comparvi *or* comparsi	comparirò	comparso
comprimere	comprimo	compressi	comprimerò	compresso
concedere	concedo	concessi *or* concedei	concederò	concesso *or* conceduto
concludere	concludo	conclusi	concluderò	concluso
connettere	connetto	connettei	connetterò	connesso
conoscere	conosco	conobbi	conoscerò	conosciuto
coprire	copro	coprii *or* copersi	coprirò	coperto
correre	corro	corsi	correrò	corso
costruire	costruisco	costruii	costruirò	costruito
crescere	cresco	crebbi	crescerò	cresciuto
cuocere	cuocio	cossi	cuocerò	cotto
dare	do	diedi *or* detti	darò	dato
decidere	decido	decisi	deciderò	deciso
deludere	deludo	delusi	deluderò	deluso
deprimere	deprimo	depressi	deprimerò	depresso
difendere	difendo	difesi	difenderò	difeso
dipendere	dipendo	dipesi	dipenderò	dipeso
dipingere	dipingo	dipinsi	dipingerò	dipinto
dire	dico	dissi	dirò	detto
dirigere	dirigo	diressi	dirigerò	diretto
discutere	discuto	discussi	discuterò	discusso
dissuadere	dissuado	dissuasi	dissuaderò	dissuaso
distinguere	distinguo	distinsi	distinguerò	distinto

Infinitive	Present Indicative	Past Definite	Future	Past Participle
dividere	divido	divisi	dividerò	diviso
dolere	dolgo	dolsi	dorrò	doluto
dovere	devo or debbo	dovetti or dovei	dovrò	dovuto
emergere	emergo	emersi	emergerò	emerso
esaurire	esaurisco	esaurii	esaurirò	esaurito/esausto
escludere	escludo	esclusi	escluderò	escluso
esigere	esigo	esigetti or esigei	esigerò	esatto
esistere	esisto	esistei	esisterò	esistito
espellere	espello	espulsi	espellerò	espulso
esplodere	esplodo	esplosi	esploderò	esploso
esprimere	esprimo	espressi	esprimerò	espresso
essere	sono	fui	sarò	stato
evadere	evado	evasi	evaderò	evaso
fare	faccio	feci	farò	fatto
fingere	fingo	finsi	fingerò	finto
fondere	fondo	fusi	fonderò	fuso
friggere	friggo	frissi	friggerò	fritto
giacere	giaccio	giacqui	giacerò	giaciuto
giungere	giungo	giunsi	giungerò	giunto
illudere	illudo	illusi	illuderò	illuso
immergere	immergo	immersi	immergerò	immerso
incidere	incido	incisi	inciderò	inciso
includere	includo	inclusi	includerò	incluso
invadere	invado	invasi	invaderò	invaso

Infinitive	Present Indicative	Past Definite	Future	Past Participle
istruire	istruisco	istruii	istruirò	istruito
leggere	leggo	lessi	leggerò	letto
mettere	metto	misi	metterò	messo
mordere	mordo	morsi	morderò	morso
morire	muoio	morii	morrò or morirò	morto
muovere	muovo	mossi	muoverò	mosso
nascere	nasco	nacqui	nascerò	nato
nascondere	nascondo	nascosi	nasconderò	nascosto
nuocere	nuoccio	nocqui	nuocerò	nociuto
offendere	offendo	offesi	offenderò	offeso
offrire	offro	offrii or offersi	offrirò	offerto
opprimere	opprimo	oppressi	opprimerò	oppresso
parere	paio	parvi or parsi	parrò	parso
percuotere	percuoto	percossi	percuoterò	percosso
perdere	perdo	persi or perdei	perderò	perso or perduto
persuadere	persuado	persuasi	persuaderò	persuaso
piacere	piaccio	piacqui	piacerò	piaciuto
piangere	piango	piansi	piangerò	pianto
piovere	piove	piovve	pioverà	piovuto
porgere	porgo	porsi	porgerò	porto
porre	pongo	posi	porrò	posto
potere	posso	potei	potrò	potuto
premere	premo	premei or premetti	premerò	premuto
prendere	prendo	presi	prenderò	preso

Infinitive	Present Indicative	Past Definite	Future	Past Participle
presumere	presumo	presunsi	presumerò	presunto
produrre	produco	produssi	produrrò	prodotto
proteggere	proteggo	protessi	proteggerò	protetto
provvedere	provvedo	provvidi	provvederò	provveduto *or* provvisto
prudere	prudo	prudei	pruderò	—
pungere	pungo	punsi	pungerò	punto
radere	rado	rasi	raderò	raso
reggere	reggo	ressi	reggerò	retto
rendere	rendo	resi	renderò	reso
reprimere	reprimo	repressi	reprimerò	represso
ridere	rido	risi	riderò	riso
riflettere	rifletto	riflessi *or* riflettei	rifletterò	riflesso *or* riflettuto
rimanere	rimango	rimasi	rimarrò	rimasto
risolvere	risolvo	risolsi	risolverò	risolto
rispondere	rispondo	risposi	risponderò	risposto
rodere	rodo	rosi	roderò	roso
rompere	rompo	ruppi	romperò	rotto
salire	salgo	salii	salirò	salito
sapere	so	seppi	saprò	saputo
scegliere	scelgo	scelsi	sceglierò	scelto
scendere	scendo	scesi	scenderò	sceso
sciogliere	sciolgo	sciolsi	scioglierò	sciolto
scomparire	scomparisco *or* scompaio	scomparvi *or* scomparsi	scomparirò	scomparso
scoprire	scopro	scoprii *or* scopersi	scoprirò	scoperto

Infinitive	Present Indicative	Past Definite	Future	Past Participle
scorgere	scorgo	scorsi	scorgerò	scorto
scrivere	scrivo	scrissi	scriverò	scritto
scuotere	scuoto	scossi	scuoterò	scosso
sedere	siedo *or* seggo	sedei	sederò	seduto
seppellire	seppellisco	seppellii	seppellirò	seppellito *or* sepolto
soffrire	soffro	soffersi *or* soffrii	soffrirò	sofferto
sommergere	sommergo	sommersi	sommergerò	sommerso
sopprimere	sopprimo	soppressi	sopprimerò	soppresso
sorgere	sorgo	sorsi	sorgerò	sorto
sospendere	sospendo	sospesi	sospenderò	sospeso
spargere	spargo	sparsi	spargerò	sparso
sparire	sparisco	sparvi *or* sparii	sparirò	sparito
spegnere	spengo	spensi	spegnerò	spento
spendere	spendo	spesi	spenderò	speso
spingere	spingo	spinsi	spingerò	spinto
stare	sto	stetti	starò	stato
stringere	stringo	strinsi	stringerò	stretto
succedere	succedo	successi *or* succedei	succederò	successo *or* succeduto
tacere	taccio	tacqui	tacerò	taciuto
tendere	tendo	tesi	tenderò	teso
tenere	tengo	tenni	terrò	tenuto
tingere	tingo	tinsi	tingerò	tinto
togliere	tolgo	tolsi	toglierò	tolto
torcere	torco	torsi	torcerò	torto

Infinitive	Present Indicative	Past Definite	Future	Past Participle
trarre	traggo	trassi	trarrò	tratto
uccidere	uccido	uccisi	ucciderò	ucciso
udire	odo	udii	udrò	udito
ungere	ungo	unsi	ungerò	unto
uscire	esco	uscii	uscirò	uscito
valere	valgo	valsi	varrò	valso *or* valuto
vedere	vedo	vidi	vedrò	veduto *or* visto
venire	vengo	venni	verrò	venuto
vincere	vinco	vinsi	vincerò	vinto
vivere	vivo	vissi	vivrò	vissuto
volere	voglio	volli	vorrò	voluto
volgere	volgo	volsi	volgerò	volto

[1] Most -ere verbs have the alternative endings of -ei or -etti in the Past Definite.

INGLESE - ITALIANO

A

a, an (ə, ən; *stressed* ei, æn) *indef art* un, uno *ms.* una, un' *fs.*

aback (ə'bæk) *adv* all'indietro. **taken aback** preso alla sprovvista.

abandon (ə'bændən) *vt* abbandonare, lasciare. *n* abbandono, trasporto *m.* **abandonment** *n* abbandono *m.* rinuncia *f.*

abashed (ə'bæʃt) *adj* intimidito, umiliato.

abate (ə'beit) *vt* mitigare, diminuire. *vi* calmarsi, indebolirsi.

abattoir ('æbətwɑɪ) *n* mattatoio *m.*

abbess ('æbis) *n* badessa *f.*

abbey ('æbi) *n* abbazia *f.*

abbot ('æbət) *n* abate *m.*

abbreviate (ə'briːvieit) *vt* abbreviare, accorciare. **abbreviation** *n* abbreviazione *f.*

abdicate ('æbdikeit) *vt* abdicare, rinunciare a. *vi* abdicare. **abdication** *n* abdicazione, rinuncia *f.*

abdomen ('æbdəmən) *n* addome *m.* **abdominal** *adj* addominale.

abduct (æb'dʌkt) *vt* rapire, portar via. **abduction** *n* rapimento, ratto *m.* **abductor** *n* rapitore *m.*

abet (ə'bet) *vt* incitare, istigare, favoreggiare.

abeyance (ə'beiəns) *n* sospensione *f.* **in abeyance** giacente.

abhor (əb'hɔɪ) *vt* abborrire, detestare. **abhorrence** *n* avversione, ripugnanza *f.* **abhorrent** *adj* odioso, ripugnante.

abide* (ə'baid) *vi* rimanere, dimorare. *vt* tollerare. **abide by** rispettare, tener fede a.

ability (ə'biliti) *n* abilità *f.* talento *m.*

abject ('æbdʒekt) *adj* abietto, vile, spregevole.

ablaze (ə'bleiz) *adj* in fiamme, risplendente.

able ('eibəl) *adj* **1** abile, esperto. **2** in grado di. **able-bodied** *adj* robusto, forte. **ably** *adv* abilmente.

abnormal (æb'nɔɪməl) *adj* anormale. **abnormality** *n* anormalità *f.*

aboard (ə'bɔɪd) *adv* a bordo. **go aboard** imbarcarsi. ~*prep* a bordo di.

abode (ə'boud) *n* dimora, residenza *f.*

abolish (ə'bɔliʃ) *vt* abolire, sopprimere. **abolition** *n* abolizione *f.*

abominable (ə'bɔminəbəl) *adj* abominevole, detestabile. **abomination** *n* **1** infamia *f.* **2** disgusto *m.*

Aborigine (æbə'ridʒini) *n* aborigeno *m.*

abort (ə'bɔɪt) *vi* **1** abortire. **2** fallire. **abortion** *n* aborto *m.* **abortive** *adj* **1** abortivo. **2** mancato.

abound (ə'baund) *vi* abbondare.

about (ə'baut) *prep* **1** circa, intorno a. **2** riguardo a. *adv* **1** circa, quasi. **2** presso.

above (ə'bʌv) *adv* in alto, lassù. *prep* sopra, più di, oltre. **above all** soprattutto. **above mentioned** suddetto. **aboveboard** *adv* lealmente, apertamente. *adj* leale.

abrasion (ə'breiʒən) *n* abrasione, escoriazione *f.* **abrasive** *adj,n* abrasivo *m.*

abreast (ə'brest) *adv* di fianco.

abridge (ə'bridʒ) *vt* abbreviare, ridurre. **abridgment** *n* sommario, riassunto *m.*

abroad (ə'brɔɪd) *adv* all'estero.

abrupt (ə'brʌpt) *adj* **1** brusco, improvviso. **2** ripido, scosceso.

abscess ('æbses) *n* ascesso *m.*

abscond (əb'skɔnd) *vi* nascondersi, rendersi latitante.

absent ('æbsənt) *adj* assente, mancante. **absent-minded**

adj distratto. **absentmind-edness** *n* distrazione *f*. **absence** *n* assenza, mancanza *f*. **absentee** *n* persona abitualmente assente *f*. assente *m*.

absinthe ('æbsinθ) *n* assenzio *m*.

absolute ('æbsəluːt) *adj* **1** assoluto. **2** completo, perfetto.

absolve (əb'zɔlv) *vt* assolvere. **absolution** *n* assoluzione *f*.

absorb (əb'zɔːb) *vt* assorbire. **absorbent** *adj* assorbente. **absorption** *n* assorbimento *m*.

abstain (əb'stein) *vi* astenersi. **abstention** *n* astensione *f*. **abstinence** *n* astinenza *f*, digiuno *m*.

abstract (*adj,n* 'æbstrækt; *v* əb'strækt) *adj* astratto. *n* estratto, riassunto *m*. *vt* astrarre, rimuovere. **abstraction** *n* astrazione *f*.

absurd (əb'səːd) *adj* assurdo, ridicolo. **absurdity** *n* assurdità *f*.

abundance (ə'bʌndəns) *n* abbondanza *f*. **abundant** *adj* abbondante.

abuse (*v* ə'bjuːz; *n* ə'bjuːs) *vt* **1** abusare di. **2** insultare, maltrattare, ingiuriare. *n* **1** abuso, cattivo uso. **2** insulti *m pl*. **abusive** *adj* **1** ingiurioso. **2** abusivo.

abyss (ə'bis) *n* abisso *m*. **abysmal** *adj* abissale, profondo.

Abyssinia (æbə'siniə) *n* Abissinia *f*. **Abyssinian** *adj,n* abissino.

academy (ə'kædəmi) *n* accademia *f*. **academic** *adj* accademico, universitario *m*.

accelerate (ək'seləreit) *vt* accelerare. **acceleration** *n* accelerazione *f*. **accelerator** *n* acceleratore *m*.

accent ('æksənt) *n* accento *m*. **accentuate** *vt* accentuare, mettere in evidenza. **accentuation** *n* accentuazione *f*. enfasi *f invar*.

accept (ək'sept) *vt* accettare, accogliere, approvare. **acceptable** *adj* accettabile, ammissibile. **acceptance** *n* accettazione, approvazione *f*.

access ('ækses) *n* accesso, ingresso *m*. **accessible** *adj* accessibile.

accessory (ək'sesəri) *adj* accessorio. *n* **1** complice *m*. **2** accessorio *m*.

accident ('æksidnt) *n* **1** disgrazia *f*. incidente *m*. **2** accidente caso *m*. **by accident** per caso. **accidental** *adj* fortuito, casuale.

acclaim (ə'kleim) *vt* acclamare. **acclamation** *n* acclamazione *f*.

acclimatize (ə'klaimətaiz) *vt* acclimatare.

accommodate (ə'kɔmədeit) *vt* **1** ricevere, ospitare. **2** metter d'accordo, conciliare. **3** adattare, conformare. **accommodating** *adj* accomodante, compiacente. **accommodation** *n* alloggio *m*.

accompany (ə'kʌmpəni) *vt* accompagnare. **accompaniment** *n* accompagnamento *m*.

accomplice (ə'kʌmplis) *n* complice *m,f*.

accomplish (ə'kʌmpliʃ) *vt* compiere, terminare, realizzare. **accomplished** *adj* esperto. **accomplishment** *n* **1** compimento *m*. **2** talento *m*.

accord (ə'kɔːd) *n* accordo, consenso *m*. **of one's own accord** spontaneamente. ~ *vt* accordare, concedere. **accordance** *n* accordo *m*. conformità *f*. **accordingly** *adv* pertanto, di conseguenza, perciò, quindi. **according to** *adv* secondo, conformemente a.

accordion (ə'kɔːdiən) *n* fisarmonica *f*.

accost (ə'kɔst) *vt* indirizzarsi a, rivolgersi a.

account (ə'kaunt) *n* 1 conto, calcolo *m*. 2 versione *f*. resoconto *m*. **by all accounts** a quanto si dice. **on account of** a causa di. **on no account** per nessun motivo. ~ *vt* considerare, riguardare. **account for** essere responsabile di, render conto di. **accountable** *adj* responsabile. **accountancy** *n* contabilità *f*. **accountant** *n* contabile *m*. **chartered accountant** ragioniere *m*.

accumulate (ə'kjuːmjuleit) *vt* accumulare, ammassare. *vi* accumularsi. **accumulation** *n* accumulamento, ammasso *m*. **accumulative** *adj* accumulativo.

accurate ('ækjurət) *adj* accurato, preciso, esatto. **accuracy** *n* accuratezza, precisione *f*.

accuse (ə'kjuːz) *vt* accusare, incolpare. **accusation** *n* accusa *f*. **accused** *n* accusato, imputato *m*.

accustom (ə'kʌstəm) *vt* abituare.

ace (eis) *n* 1 asso *m*. 2 *inf* campione *m*.

ache (eik) *n* dolore, male *m*. *vi* dolere, far male.

achieve (ə'tʃiːv) *vt* 1 compiere, portare a termine. 2 ottenere, raggiungere. **achievement** *n* 1 compimento *m*. 2 impresa *f*. successo *m*.

acid ('æsid) *adj,n* acido *m*. **acidity** *n* acidità *f*.

acknowledge (ək'nɔlidʒ) *vt* ammettere, riconoscere. **acknowledge receipt** accusare ricevuta. **acknowledgment** *n* 1 riconoscimento *m*. ammissione *f*. 2 ricevuta *f*.

acne ('ækni) *n* acne *f*.

acorn ('eikɔːn) *n* ghianda *f*.

acoustic (ə'kuːstik) *adj* acustico. **acoustics** *n* acustica *f*.

acquaint (ə'kweint) *vt* informare, mettere al corrente. **be acquainted with** 1 conoscere. 2 essere al corrente di. **acquaintance** *n* conoscenza *f*.

acquiesce (ækwi'es) *vi* acconsentire, assentire. **acquiescence** *n* acquiescenza *f*. **acquiescent** *adj* acquiescente, docile.

acquire (ə'kwaiə) *vt* 1 acquistare, acquisire. 2 imparare. **acquisition** *n* acquisizione *f*. acquisto *m*. **acquisitive** *adj* avido di guadagno.

acquit (ə'kwit) *vt* 1 assolvere. 2 pagare. **acquit oneself well** comportarsi bene. **acquittal** *n* assoluzione *f*.

acre ('eikə) *n* acro *m*.

acrimony ('ækriməni) *n* acrimonia *f*. **acrimonious** *adj* acrimonioso.

acrobat ('ækrəbæt) *n* acrobata *m*. **acrobatic** *adj* acrobatico. **acrobatics** *n* acrobazia *f*.

across (ə'krɔs) *prep* attraverso, di là da. *adv* attraverso.

acrylic (ə'krilik) *adj* acrilico.

act (ækt) *n* 1 atto, decreto *m*. 2 azione *f*. gesto *m*. 3 *Th* atto *m*. *vi* agire, comportarsi. *vt* 1 fare. 2 *Th* recitare. **act as** fungere da. **acting** *n* recitazione *f*.

action ('ækʃən) *n* 1 azione *f*. fatto *m*. 2 effetto *m*. 3 processo *m*. **out of action** fuori servizio.

active ('æktiv) *adj* attivo. **activate** *vt* attivare. **activist** *n* attivista *m*. **activity** *n* attività, energia *f*.

actor ('æktə) *n* attore *m*.

actress ('æktris) *n* attrice *f*.

actual ('æktʃuəl) *adj* reale, vero, effettivo.

actuary ('æktʃuəri) *n* attuario *m*.

acupuncture ('ækjupʌŋktʃə) *n* agopuntura *f*.

acute (ə'kjuːt) *adj* **1** acuto, aguzzo. **2** perspicace.

adamant ('ædəmənt) *adj* duro, inflessibile.

Adam's apple ('ædəmz) *n* pomo d'Adamo *m*.

adapt (ə'dæpt) *vt* adattare, modificare. **adaptable** *adj* adattabile. **adaptability** *n* adattabilità *f*. **adaptation** *n* adattamento *m*.

add (æd) *vt* **1** aggiungere. **2** sommare. **add to** aumentare. **add up** sommare. **adding machine** *n* addizionatrice, calcolatrice *f*. **addition** *n* **1** aggiunta *f*. **2** addizione *f*. **in addition to** oltre a. **additional** *adj* addizionale. **additive** *adj,n* additivo *m*.

addendum (ə'dendəm) *n*, *pl* **addenda** aggiunta, appendice *f*.

adder ('ædə) *n* vipera, aspide *f*.

addict (*n* 'ædikt; *v* ə'dikt) *n* tossicomane, drogato *m*. *vt* abbandonarsi a. **addiction** *n* inclinazione, dedizione *f*.

addled ('ædld) *adj* putrido.

address (ə'dres) *n* **1** indirizzo, recapito *m*. **2** discorso *m*. *vt* **1** indirizzare. **2** rivolgere la parola a. **address book** *n* rubrica *f*. **addressee** *n* destinatario *m*.

adenoids ('ædinɔidz) *n pl* adenoidi *f pl*.

adept ('ædept) *adj* perito, esperto, abile.

adequate ('ædikwət) *adj* adeguato, sufficiente.

adhere (əd'hiə) *vi* aderire, attaccarsi. **adherent** *adj* aderente. *n* partigiano, seguace *m*. **adhesion** *n* adesione *f*. **adhesive** *adj* adesivo, viscoso. **adhesive plaster** *n* cerotto *m*.

adjacent (ə'dʒeisənt) *adj* adiacente, attiguo.

adjective ('ædʒiktiv) *n* aggettivo *m*.

adjoining (ə'dʒɔiniŋ) *adj* contiguo, vicino.

adjourn (ə'dʒəin) *vt* aggiornare, rinviare. *vi* trasferirsi. **adjournment** *n* rinvio, aggiornamento *m*.

adjudicate (ə'dʒuːdikeit) *vi* giudicare, decidere.

adjust (ə'dʒʌst) *vt* aggiustare, adattare, regolare. **adjustment** *n* adattamento *m*.

ad-lib (æd'lib) *vt, vi* improvvisare. *n* improvvisazione *f*. *adj* improvvisato.

administer (əd'ministə) *vt* **1** amministrare, gestire, governare. **2** somministrare. *vi* contribuire. **administration** *n* **1** amministrazione, gestione *f*. **2** somministrazione *f*. **administrative** *adj* amministrativo. **administrator** *n* amministratore *m*.

admiral ('ædmərəl) *n* ammiraglio *m*. **admiralty** *n* **1** ammiragliato *m*. **2** Ministero della Marina *m*.

admire (əd'maiə) *vt* ammirare. **admirable** *adj* ammirevole. **admiration** *n* ammirazione *f*. **admirer** *n* ammiratore, corteggiatore *m*.

admit (əd'mit) *vt* **1** ammettere, riconoscere. **2** lasciar entrare. **admission** *n* **1** ammissione, entrata *f*. ingresso *m*. **2** confessione *f*. **admittance** *n* accesso *m*. entrata *f*. **no admittance** vietato l'ingresso.

ado (ə'duː) *n* **1** fatica, difficoltà *f*. **2** rumore, trambusto *m*.

adolescence (ædə'lesəns) *n* adolescenza *f*. **adolescent** *adj,n* adolescente.

adopt (ə'dɔpt) *vt* adottare. **adoption** *n* adozione *f*.

adore (ə'dɔi) *vt* adorare, venerare. **adorer** *n* adoratore *m*. adoratrice *f*.

adorn (ə'dɔːn) *vt* adornare, abbellire.

adrenaline (ə'drenəlin) *n* adrenalina *f*.

Adriatic (eidri'ætik) *adj* adriatico. **Adriatic (Sea)** *n* (Mare) Adriatico *m*.

adrift (ə'drift) *adv* alla deriva.

adroit (ə'drɔit) *adj* abile, destro.

adulation (ædju'leiʃən) *n* adulazione *f*.

adult ('ædʌlt) *adj,n* adulto.

adulterate (ə'dʌltəreit) *vt* adulterare, falsificare.

adultery (ə'dʌltəri) *n* adulterio *m*. **adulterer** *n* adultero *m*. **adulteress** *n* adultera *f*.

advance (əd'vɑins) *n* 1 avanzamento, progresso *m*. marcia in avanti *f*. 2 anticipo *m*. **make advances** fare degli approcci. ~ *vt* 1 avanzare, promuovere. 2 anticipare. *vi* avanzare, progredire. **advancement** *n* 1 progresso *m*. 2 promozione *f*.

advantage (əd'vɑintidʒ) *n* vantaggio, profitto *m*. **take advantage of** approfittare di. **advantageous** *adj* vantaggioso.

advent ('ædvent) *n* 1 venuta *f*. 2 *cap* avvento *m*.

adventure (əd'ventʃə) *n* avventura, impresa *f*. **adventurous** *adj* avventuroso.

adverb ('ædvəːb) *n* avverbio *m*.

adverse ('ædvəːs) *adj* avverso, contrario. **adversity** *n* avversità *f*.

advertise ('ædvətaiz) *vt* annunziare, fare pubblicità a. *vi* mettere annunci. **advertisement** *n* annuncio *m*. inserzione *f*. **advertising** *n* pubblicità *f*.

advise (əd'vaiz) *vt* consigliare, raccomandare. **advice** *n* consigli *m pl*. avviso *m*. **advis-**

able *adj* consigliabile, opportuno. **advised** *adj* giudizioso, prudente. **ill-/well-advised** incauto/saggio.

advocate (*n* 'ædvəkət; *v* 'ædvəkeit) *n* difensore, avvocato *m*. *vt* difendere, sostenere.

Aegean (i'dʒiːən) *adj* egeo. **Aegean (Sea)** *n* (Mare) Egeo *m*.

aerate ('ɛəreit) *vt* aerare.

aerial ('ɛəriəl) *adj* aereo. *n* antenna *f*.

aerodynamics (ɛəroudai'næmiks) *n* aerodinamica *f*.

aeronautics (ɛərə'nɔːtiks) *n* aeronautica *f*. **aeronautical** *adj* aeronautico.

aeroplane ('ɛərəplein) *n* aeroplano *m*.

aerosol ('ɛərəsɔl) *n* aerosol *m* invar.

aesthetic (is'θetik) *adj* estetico. **aesthetics** *n* estetica *f*.

afar (ə'fɑː) *adv* lontano, in lontananza. **from afar** da lontano.

affable ('æfəbəl) *adj* affabile, cortese. **affability** *n* affabilità, cortesia *f*.

affair (ə'fɛə) *n* 1 affare *m*. 2 faccenda *f*. 3 relazione amorosa *f*.

affect[1] (ə'fekt) *vt* 1 concernere, riguardare. 2 commuovere.

affect[2] (ə'fekt) *vt* 1 affettare, ostentare. 2 fingere. **affectation** *n* affettazione, simulazione *f*. **affected** *adj* affettato, ricercato.

affection (ə'fekʃən) *n* affetto *m*. **affectionate** *adj* affettuoso, affezionato.

affiliate (ə'filieit) *vt* affiliare, associare. *vi* affiliarsi, unirsi.

affinity (ə'finiti) *n* affinità, parentela *f*.

affirm (ə'fəːm) *vt* affermare, confermare, asserire. **affirmation** *n* affermazione, asserzione *f*. **affirmative** *adj* affermativo. *n* affermativa *f*.

affix (ə'fiks) *vt* affiggere, apporre.

afflict (ə'flikt) *vt* affliggere, tormentare. **affliction** *n* afflizione *f*. dolore *m*.

affluence ('æfluəns) *n* abbondanza *f*. **affluent** *adj* ricco, opulento.

afford (ə'fɔːd) *vt* **1** concedere, offrire, dare. **2** permettere. **afford to** avere i mezzi di.

affront (ə'frʌnt) *n* affronto, insulto *m*. *vt* offendere, insultare.

Afghanistan (æf'gænistɑːn, -stæn) *n* Afganistan *m*. **Afghan** *adj,n* afghano.

afield (ə'fiːld) **far afield** *adv* molto lontano.

afloat (ə'flout) *adv* a galla, in mare.

afoot (ə'fut) *adv* in movimento.

aforesaid (ə'fɔːsed) *adj* suddetto, predetto.

afraid (ə'freid) *adj* spaventato, pauroso. **be afraid** aver paura.

afresh (ə'freʃ) *adv* da capo, di nuovo.

Africa ('æfrikə) *n* Africa *f*. **African** *adj,n* africano.

aft (ɑːft) *adv* a poppa.

after ('ɑːftə) *prep* **1** dopo, in seguito a. **2** secondo. *adv* dopo, poi. *conj* dopo che. **after-care** *n* assistenza postoperatoria *f*. **after-effect** *n* conseguenza *f*. risultato *m*. **afterlife** *n* vita dell'al di là *f*. **aftermath** *n* conseguenze *f pl*. frutti *m pl*. **afternoon** *n* pomeriggio *m*. **afterthought** *n* ripensamento *m*. riflessione *f*. **afterwards** *adv* dopo, in seguito.

again (ə'gen) *adv* ancora, di nuovo. **again and again** ripetutamente. **as much again** altrettanto. **now and again** di tanto in tanto.

against (ə'genst) *prep* contro, in opposizione a.

age (eidʒ) *n* **1** età *f*. **2** periodo, secolo *m*. **be of age** essere maggiorenne. **be under age** essere minorenne. ~ *vi* invecchiare, invecchiarsi. **aged** *adj* vecchio, stagionato. **age-group** *n* persone pressappoco della stessa età *f pl*.

agency ('eidʒənsi) *n* agenzia, succursale *f*.

agenda (ə'dʒendə) *n* ordine del giorno *m*.

agent ('eidʒənt) *n* agente, rappresentante *m*.

aggravate ('ægrəveit) *vt* aggravare.

aggregate (*adj,n* 'ægrigit; *v* 'ægrigeit) *adj,n* aggregato *m*. *vt* aggregare.

aggression (ə'greʃən) *n* aggressione *f*. **aggressive** *adj* aggressivo, offensivo. **aggressor** *n* aggressore *m*.

aggrieved (ə'griːvd) *adj* addolorato.

aghast (ə'gɑːst) *adj* atterrito, costernato.

agile ('ædʒail) *adj* agile.

agitate ('ædʒiteit) *vt* **1** agitare, scuotere. **2** turbare. **agitation** *n* agitazione *f*.

aglow (ə'glou) *adj* ardente.

agnostic (æg'nɔstik) *adj,n* agnostico.

ago (ə'gou) *adv* fa, passato. **long ago** molto tempo fa.

agog (ə'gɔg) *adv,adj* in ansia, bramoso.

agony ('ægəni) *n* agonia, angoscia *f*. dolore *m*. **agonize** *vi* agonizzare. **agonizing** *adj* angoscioso, lancinante.

agrarian (ə'greəriən) *adj* agrario, agricolo.

agree (ə'griː) *vi* **1** accordarsi, convenire, andare d'accordo. **2** acconsentire. **agreeable** *adj* **1** piacevole. **2** disposto. **agreement** *n* **1** accordo *m*. **2** contratto, patto *m*.

agriculture ('ægrikʌltʃə) n agricoltura f. **agricultural** adj agricolo.

aground (ə'graund) adv a secco. **run aground** arenarsi, incagliarsi.

ahead (ə'hed) adv (in) avanti.

aid (eid) n 1 aiuto, soccorso m. sussidi m pl. 2 aiutante m. vt soccorrere, assistere.

ailment ('eilmənt) n indisposizione, malattia f.

aim (eim) n 1 mira f. 2 proposito, scopo m. vt 1 puntare. 2 dirigere. vi 1 mirare. 2 aspirare.

air (ɛə) n 1 aria, atmosfera f. 2 aspetto m. **in the open air** all'aperto. ~ vt ventilare.

airborne ('ɛəbɔːn) adj 1 sostenuto dall'aria. 2 aviotrasportato.

air-conditioning n aria condizionata f.

aircraft ('ɛəkrɑːft) n aereo, velivolo m.

aircraft carrier n portaerei f invar.

airfield ('ɛəfiːld) n campo d'aviazione m.

airforce ('ɛəfɔːs) n aviazione, aeronautica f.

air-hostess n hostess f. assistente di volo f.

air lift n ponte aereo m. vt mandare per aereo.

airline ('ɛəlain) n linea aerea f.

airmail ('ɛəmeil) n posta aerea f. **by air mail** per via aerea.

airman ('ɛəmən) n aviatore m.

airport ('ɛəpɔːt) n aeroporto m.

air-raid n incursione aerea f.

airtight ('ɛətait) adj a tenuta d'aria, ermetico.

airy ('ɛəri) adj aerato, arioso, leggero.

aisle (ail) n navata f.

ajar (ə'dʒɑː) adj,adv socchiuso.

alabaster ('æləbɑːstə) n alabastro m.

alarm (ə'lɑːm) n 1 allarme m. 2 (electrical) suoneria elettrica f. vt allarmare, spaventare.

alarm clock n sveglia f.

alarming adj allarmante.

alas (ə'læs) interj ahimè!

Albania (æl'beiniə) n Albania f. **Albanian** adj,n albanese.

albatross ('ælbətros) n albatro m.

albeit (ɔːl'biːit) conj quantunque.

album ('ælbəm) n album m invar.

alchemy ('ælkəmi) n alchimia f.

alcohol ('ælkəhol) n alcool m invar. spirito m. **alcoholic** adj alcoolico. n alcolizzato m.

alcove ('ælkouv) n alcova f.

alderman ('ɔːldəmən) n assessore municipale m.

ale (eil) n birra f. **brown ale** n birra scura f. **pale ale** n birra chiara f.

alert (ə'ləːt) adj vigilante. n allarme m. **on the alert** all'erta.

algebra ('ældʒibrə) n algebra f.

Algeria (æl'dʒiəriə) n Algeria f. **Algerian** adj,n algerino.

alias ('eiliəs) adv altrimenti detto, alias.

alibi ('ælibai) n alibi m invar.

alien ('eiliən) adj alieno, straniero, estraneo. n straniero, forestiero m. **alienate** vt alienare, estraniare. **alienation** n alienazione f.

alight[1] (ə'lait) adj in fiamme, illuminato. **set alight** dar fuoco a.

alight[2] (ə'lait) vi discendere, smontare, atterrare.

align (ə'lain) vt allineare. vi allinearsi. **alignment** n allineamento m.

alike (ə'laik) adj simile, somigliante. **be alike** assomigliarsi. ~ adv similmente.

alimentary (æli'mentəri) adj alimentare, nutrizionale.

alimony ('æliməni) n alimenti m pl.

alive (ə'laiv) *adj* vivo, vivente.

alkali ('ælkəlai) *n, pl* **-is** *or* **-ies** alcale *m*.

all (ɔːl) *adj* tutto, intero. *adv* completamente. **all right** va bene. ~ *pron* tutto.

allay (ə'lei) *vt* calmare, mitigare.

allege (ə'ledʒ) *vt* allegare, asserire.

allegiance (ə'liːdʒəns) *n* fedeltà, obbedienza *f*.

allegory ('æligəri) *n* allegoria *f*. **allegorical** *adj* allegorico.

allergy ('ælədʒi) *n* allergia *f*. **allergic** *adj* allergico.

alleviate (ə'liːvieit) *vt* alleviare, lenire, attenuare.

alley ('æli) *n* vicolo *m*.

alliance (ə'laiəns) *n* alleanza *f*.

allied (ə'laid, 'ælaid) *adj* alleato, connesso.

alligator ('æligeitə) *n* alligatore *m*.

alliteration (əlitə'reifən) *n* allitterazione *f*.

allocate ('æləkeit) *vt* assegnare, distribuire. **allocation** *n* assegnamento, stanziamento *m*.

allot (ə'lɔt) *vt* assegnare, spartire.

allow (ə'lau) *vt* permettere, lasciare, concedere. **allow for** tener conto di. **allowance** *n* **1** assegno *m*. pensione *f*. **2** riduzione *f*.

alloy ('ælɔi) *n* lega metallica. *vt* amalgamare.

All Saint's Day *n* Ognissanti *m pl*.

allude (ə'luːd) *vi* alludere. **allusion** *n* allusione *f*.

allure (ə'luə) *vt* adescare, allettare. **alluring** *adj* seducente, attraente.

ally (*n* 'ælai; *v* ə'lai) *n* alleato *m*. *vt* unire, alleare. *vi* allearsi.

almanac ('ɔːlmənæk) *n* almanacco, calendario *m*.

almighty (ɔːl'maiti) *adj* onnipotente.

almond ('ɑːmənd) *n* mandorla *f*. **almond tree** *n* mandorlo *m*.

almost ('ɔːlmoust) *adv* quasi.

alms (ɑːmz) *n pl* elemosina *f*. **almshouse** *n* ospizio di carità *m*.

aloft (ə'lɔft) *adv* in alto, in aria.

alone (ə'loun) *adj* solo, solitario. *adv* solamente.

along (ə'lɔŋ) *prep* lungo. *adv* avanti. **all along** sempre. **along with** insieme a. **alongside** *prep* accanto a, al fianco di. *adv* a fianco.

aloof (ə'luːf) *adj* riservato. *adv* a distanza.

aloud (ə'laud) *adv* a voce alta *or* forte.

alphabet ('ælfəbet) *n* alfabeto *m*. **alphabetical** *adj* alfabetico.

alpine ('ælpain) *adj* alpino.

Alps (ælps) *n pl* Alpi *f pl*.

already (ɔːl'redi) *adv* già.

Alsatian (æl'seifən) *n* cane-lupo *m*.

also ('ɔːlsou) *adv* anche, inoltre, pure.

altar ('ɔːltə) *n* altare *m*. **altarpiece** *n* pala d'altare *f*. **altar rail** *n* balaustra *f*.

alter ('ɔːltə) *vt* alterare, cambiare. *vi* cambiarsi. **alteration** *n* alterazione, modifica *f*.

alternate (*adj* ɔːl'təːnit; *v* 'ɔːltəneit) *adj* alterno, alternato. *vt* alternare. *vi* alternarsi. **alternative** *adj* alternativo. *n* alternativa *f*.

although (ɔːl'ðou) *conj* sebbene, benché, quantunque.

altitude ('æltitjuːd) *n* altitudine, altezza *f*.

alto ('æltou) *n* contralto *m*.

altogether (ɔːltə'geðə) *adv* interamente, complessivamente.

aluminium (ælju'miniəm) *n* alluminio *m*.

always ('ɔːlweiz) *adv* sempre.

am (əm; *stressed* æm) *v see* **be.**

amalgamate (əˈmælgəmeit) vt amalgamare. vi amalgamarsi. **amalgamation** n amalgamazione f.

amass (əˈmæs) vt accumulare, ammassare.

amateur (ˈæmətə) n dilettante m,f.

amaze (əˈmeiz) vt meravigliare, stupire. **amazed** adj stupito, sorpreso. **amazing** adj straordinario, sbalorditivo.

ambassador (æmˈbæsədə) n ambasciatore m.

amber (ˈæmbə) n ambra f.

ambidextrous (æmbiˈdekstrəs) adj ambidestro.

ambiguous (æmˈbigjuəs) adj ambiguo.

ambition (æmˈbiʃən) n ambizione f. **ambitious** adj ambizioso.

ambivalent (æmˈbivələnt) adj ambivalente.

amble (ˈæmbəl) vi camminare lentamente.

ambulance (ˈæmbjuləns) n ambulanza f.

ambush (ˈæmbuʃ) n imboscata f. agguato m. vt tendere un'imboscata a.

amenable (əˈmiːnəbəl) adj malleabile, trattabile.

amend (əˈmend) vt emendare, migliorare. vi migliorarsi. **amendment** n emendamento m. **amends** n pl compenso m. riparazione f. **make amends** fare ammenda.

amenity (əˈmiːniti) n amenità f.

America (əˈmerikə) n America f. **American** adj,n americano.

amethyst (ˈæmiθist) n ametista f.

amiable (ˈeimiəbəl) adj amabile.

amicable (ˈæmikəbəl) adj amichevole.

amid (əˈmid) prep also **amidst** fra, tra, in mezzo a.

amiss (əˈmis) adv male, erroneamente.

ammonia (əˈmouniə) n ammoniaca f.

ammunition (æmjuˈniʃən) n munizioni f pl.

amnesty (ˈæmnəsti) n amnistia f.

amoeba (əˈmiːbə) n, pl **-bae** or **-bas** ameba f.

among (əˈmʌŋ) prep also **amongst** tra, fra, in mezzo a.

amoral (eiˈmɔrəl) adj amorale.

amorous (ˈæmərəs) adj amoroso, erotico.

amorphous (əˈmɔːfəs) adj amorfo.

amount (əˈmaunt) n ammontare, totale m. somma f. vi ammontare, equivalere.

ampere (ˈæmpɛə) n ampère m.

amphetamine (æmˈfetəmiːn) n anfetamina f.

amphibian (æmˈfibiən) adj,n anfibio m. **amphibious** adj anfibio.

amphitheatre (ˈæmfiθiətə) n anfiteatro m.

ample (ˈæmpəl) adj ampio, abbondante.

amplify (ˈæmplifai) vt amplificare, ampliare. **amplification** n amplificazione f. **amplifier** n amplificatore m.

amputate (ˈæmpjuteit) vt amputare.

amuse (əˈmjuːz) vt divertire, dilettare. **amusement** n divertimento m. **amusing** adj divertente.

an (ən; stressed æn) indef art see **a**.

anachronism (əˈnækrənizəm) n anacronismo m.

anaemia (əˈniːmiə) n anemia f. **anaemic** adj anemico.

anaesthetic (ænisˈθetik) adj,n anestetico m. **anaesthetist** n anestesista m. **anaesthetize** vt anestetizzare.

anagram (ˈænəgræm) n anagramma m.

anal ('einḷ) *adj* anale.

analogy (ə'nælədʒi) *n* analogia *f*. **analogous** (ə'næləgəs) *adj* analogo.

analysis (ə'nælisis) *n, pl* **-ses** analisi *f invar*. **analyse** *vt* analizzare. **analyst** *n* analista *m*.

anarchy ('ænəki) *n* anarchia *f*. **anarchist** *n* anarchico *m*.

anatomy (ə'nætəmi) *n* anatomia *f*. **anatomical** *adj* anatomico.

ancestor ('ænsəstə) *n* antenato *m*.

anchor ('æŋkə) *n* ancora *f*. *vt* ancorare. *vi* ancorarsi.

anchovy ('æntʃəvi) *n* acciuga *f*.

ancient ('einʃənt) *adj* antico, vecchio.

ancillary (æn'siləri) *adj* sussidiario, ausiliario.

and (ən, ənd; *stressed* ænd) *conj* e, ed. **and so forth** e così via.

anecdote ('ænikdout) *n* aneddoto *m*.

anemone (ə'neməni) *n* anemone *m*.

anew (ə'njuː) *adv* di nuovo, da capo.

angel ('eindʒəl) *n* angelo *m*. **angelic** *adj* angelico.

angelica (æn'dʒelikə) *n* angelica *f*.

anger ('æŋgə) *n* ira, collera *f*. *vt* adirare, far andare in collera.

angle[1] ('æŋgəl) *n* **1** *math* angolo *m*. **2** punto di vista *m*. prospettiva *f*.

angle[2] ('æŋgəl) *vi* **1** pescare. **2** *inf* adescare. **angler** *n* pescatore *m*. **angling** *n* pesca con l'amo.

Anglican ('æŋglikən) *adj,n* anglicano.

angry ('æŋgri) *adj* arrabbiato, adirato, stizzito. **get angry** arrabbiarsi, adirarsi.

anguish ('æŋgwiʃ) *n* angoscia *f*.

angular ('æŋgjulə) *adj* angolare.

animal ('æniməl) *adj,n* animale *m*.

animate (*adj* 'ænimət; *v* 'ænimeit) *adj* animato, vivente. *vt* animare. **animation** *n* animazione, vivacità *f*.

aniseed ('ænisiːd) *n* semi di anice *m pl*.

ankle ('æŋkəl) *n* caviglia *f*.

annals ('ænlz) *n pl* annali *m pl*.

annex (ə'neks) *vt* annettere, unire. **annexe** *n* annesso, edificio secondario *m*.

annihilate (ə'naiəleit) *vt* annientare. **annihilation** *n* annientamento *m*.

annotate ('ænəteit) *vt* annotare.

announce (ə'nauns) *vt* annunciare, render noto. **announcement** *n* annuncio *m*. dichiarazione *f*. **announcer** *n* annunciatore *m*.

annoy (ə'nɔi) *vt* disturbare, irritare. **annoying** *adj* seccante, fastidioso.

annual ('ænjuəl) *adj* annuale, annuo. *n* annuario *m*.

annuity (ə'njuːiti) *n* pensione annuale *f*.

annul (ə'nʌl) *vt* annullare.

anode ('ænoud) *n* anodo *m*.

anoint (ə'nɔint) *vt* consacrare, ungere.

anomaly (ə'nɔməli) *n* anomalia *f*.

anonymous (ə'nɔniməs) *adj* anonimo.

another (ə'nʌðə) *adj,pron* altro. **one another** l'un l'altro, si.

answer ('ɑːnsə) *n* risposta *f*. *vt* rispondere a.

ant (ænt) *n* formica *f*.

antagonize (æn'tægənaiz) *vt* opporsi, provocare. **antagonism** *n* antagonismo *m*.

Antarctic (æn'tɑːktik) *adj,n* antartico *m*.

antelope ('æntiloup) *n* antilope *f*.

antenatal (ænti'neitl) *adj* prenatale.

antenna (æn'tenə) *n,pl* **-tennae** antenna *f*.

anthem ('ænθəm) *n* inno *m*. antifona *f*.

anthology (æn'θɔlədʒi) *n* antologia *f*.

anthropology (ænθrə'pɔlədʒi) *n* antropologia *f*.

anti-aircraft *adj* antiaereo, contraereo.

antibiotic (æntibai'ɔtik) *adj,n* antibiotico *m*.

antibody ('æntibɔdi) *n* anticorpo *m*.

anticipate (æn'tisipeit) *vt* anticipare, aspettarsi, prevenire. **anticipation** *n* anticipazione *f*. anticipo *m*.

anticlimax (ænti'klaimæks) *n* conclusione banale *f*.

anticlockwise (ænti'klɔkwaiz) *adj,adv* in senso antiorario.

antics ('æntiks) *n pl* buffoneria, stramberia *f*.

anticyclone (ænti'saikloun) *n* anticiclone *m*.

antidote ('æntidout) *n* antigelo *m*.

antifreeze ('æntifriːz) *n* antigelo *m*.

antique (æn'tiːk) *n* oggetto antico *m*. *adj* antico, arcaico. **antique dealer** *n* antiquario *m*. **antiquated** *adj* antiquato. **antiquity** *n* 1 antichità *f*. 2 *pl* ruderi *m*.

anti-Semitic *adj* antisemita.

antiseptic (ænti'septik) *adj,n* antisettico *m*.

antisocial (ænti'souʃəl) *adj* antisociale.

antithesis (æn'tiθəsis) *n, pl* **-ses** antitesi *f invar*.

antler ('æntlə) *n* corno *m, pl* corna *f*.

antonym ('æntənim) *n* opposto *m*.

anus ('einəs) *n* ano *m*.

anvil ('ænvil) *n* incudine *f*.

anxious ('æŋkʃəs) *adj* ansioso, apprensivo. **anxiety** *n* ansietà, apprensione *f*.

any ('eni) *adj* 1 del, qualche. 2 ogni, qualsiasi, qualunque. *pron* 1 alcuno. 2 ne. **in any case** comunque. **anybody** *pron also* **anyone** 1 qualcuno, alcuno. 2 chiunque. **anyhow** *adv* in ogni caso, comunque, tuttavia. **anything** *pron* 1 qualche cosa. 2 qualunque cosa. **anyway** *adv* in ogni modo, in tutti i casi. **anywhere** *adv* dovunque, in qualunque luogo. **anywhere else** in qualsiasi altro luogo.

apart (ə'pɑːt) *adv* a parte, in disparte. **come apart** dividersi, sfasciarsi.

apartheid (ə'pɑːtait) *n* segregazione razziale *f*.

apartment (ə'pɑːtmənt) *n* 1 stanza, camera *f*. 2 appartamento *m*.

apathy ('æpəθi) *n* apatia *f*. **apathetic** *adj* apatico.

ape (eip) *n* scimmia *f*. *vt* scimmiottare, imitare.

aperitif (ə'peritif) *n* aperitivo *m*.

aperture ('æpətʃə) *n* apertura *f*.

apex ('eipeks) *n, pl* **apexes** or **apices** apice, vertice *m*.

apiece (ə'piːs) *adv* a testa, per ciascuno.

apology (ə'pɔlədʒi) *n* scusa, giustificazione *f*. **apologetic** *adj* spiacente, pieno di scuse. **apologize** *vi* scusarsi.

apostle (ə'pɔsəl) *n* apostolo *m*.

apostrophe (ə'pɔstrəfi) *n* apostrofo *m*.

appal (ə'pɔːl) *vt* spaventare, inorridire. **appalling** *adj* terribile, spaventoso.

apparatus (æpə'reitəs) *n, pl*

-tus *or* **-tuses** apparato, apparecchio *m*.

apparent (ə'pærənt) *adj* apparente, visibile, chiaro.

appeal (ə'piːl) *vi* 1 appellarsi, fare appello a. 2 ricorrere in appello. 3 attrarre. *n* appello *m*. attrazione *f*.

appear (ə'piə) *vi* 1 apparire, comparire. 2 sembrare. **appearance** *n* 1 apparenza *f*. aspetto *m*. 2 apparizione *f*.

appease (ə'piːz) *vt* pacificare, calmare, placare.

appendix (ə'pendiks) *n*, *pl* **-ixes** *or* **-ices** appendice *f*. **appendicitis** *n* appendicite *f*.

appetite ('æpətait) *n* appetito *m*. **appetizing** *adj* appetitoso.

applaud (ə'plɔːd) *vt, vi* applaudire. **applause** *n* applauso *m*.

apple ('æpəl) *n* mela *f*. **apple tree** *n* melo *m*.

apply (ə'plai) *vt* applicare. *vi* 1 applicarsi, riferirsi. 2 rivolgersi. **apply oneself** dedicarsi. **appliance** *n* apparecchio, dispositivo *m*. **applicable** *adj* applicabile. **applicant** *n* candidato *m*. richiedente *m,f*. **application** *n* 1 applicazione. 2 domanda, richiesta *f*.

appoint (ə'point) *vt* 1 fissare, stabilire. 2 nominare. **appointment** *n* 1 appuntamento, impegno *m*. 2 nomina *f*.

appraise (ə'preiz) *vt* stimare, valutare.

appreciate (ə'priːʃieit) *vt* apprezzare, rendersi conto di. **appreciable** *adj* apprezzabile. **appreciation** *n* apprezzamento, giudizio *m*.

apprehend (æpri'hend) *vt* 1 arrestare. 2 cogliere, afferrare. **apprehension** *n* 1 timore *m*. 2 arresto *m*. **apprehensive** *adj* timoroso.

apprentice (ə'prentis) *n* apprendista *m*. *vt* mettere a far pratica. **apprenticeship** *n* apprendistato *m*.

approach (ə'proutʃ) *vt* avvicinare, avvicinarsi a. *vi* avvicinarsi. *n* 1 accostamento *m*. 2 accesso *m*.

appropriate (*adj* ə'proupriət; *v* ə'prouprieit) *adj* appropriate, adatto. *vt* 1 appropriarsi di. 2 assegnare.

approve (ə'pruːv) *vt* approvare, sanzionare. **approval** *n* approvazione *f*. **on approval** in prova, in visione.

approximate (*adj* ə'prɔksimət; *v* ə'prɔksimeit) *adj* approssimativo. *vt* approssimare.

apricot ('eiprikɔt) *n* albicocca *f*. **apricot tree** *n* albicocco *m*.

April ('eiprəl) *n* aprile *m*. **April Fool** *n* pesce d'aprile *m*.

apron ('eiprən) *n* grembiule, grembiale *m*.

apse (æps) *n* abside *f*.

apt (æpt) *adj* adatto, idoneo. **aptitude** ('æptitjuːd) *n* abilità, attitudine *f*.

aquarium (ə'kwεəriəm) *n* acquario *m*.

Aquarius (ə'kwεəriəs) *n* Aquario *m*.

aquatic (ə'kwætik) *adj* acquatico.

aqueduct ('ækwədʌkt) *n* acquedotto *m*.

Arabia (ə'reibiə) *n* Arabia *f*. **Arab** *adj,n* arabo. **Arabic** *adj* arabico. **Arabic** (language) *n* arabo *m*.

arable ('ærəbəl) *adj* arabile.

arbitrary ('ɑːbitrəri) *adj* arbitrario.

arbitrate ('ɑːbitreit) *vt, vi* arbitrare. **arbitration** *n* arbitraggio, arbitrato *m*. **arbitrator** *n* arbitro *m*.

arc (ɑːk) *n* arco *m*.

arcade (ɑː'keid) *n* galleria *f*. portico *m*.

arch (ɑɪtʃ) *n* arco *m.* arcata, volta *f. vt* arcuare, curvare. *vi* arcuarsi.

archaeology (ɑɪki'ɔlədʒi) *n* archeologia *f.* **archaeologist** *n* archeologo *m.*

archaic (ɑɪ'keiik) *adj* arcaico.

archangel ('ɑɪkeindʒəl) *n* arcangelo *m.*

archbishop (ɑɪtʃ'biʃəp) *n* arcivescovo *m.*

archduke (ɑɪtʃ'djuɪk) *n* arciduca *m.*

archery ('ɑɪtʃəri) *n* tiro all'arco *m.*

archetype ('ɑɪkitaip) *n* archetipo *m.* **archetypal** *adj* archetipo.

archipelago (ɑɪki'peləgou) *n, pl* **-gos** *or* **-goes** arcipelago *m.*

architect ('ɑɪkitekt) *n* architetto *m.* **architecture** *n* architettura *f.* **architectural** *adj* architettonico.

archives ('ɑɪkaivz) *n pl* archivio *m.*

archway ('ɑɪtʃwei) *n* passaggio a volta *m.*

arctic ('ɑɪktik) *adj,n* artico *m.*

ardent ('ɑɪdnt) *adj* ardente, fervente.

ardour ('ɑɪdə) *n* ardore, fervore *m.*

arduous ('ɑɪdjuəs) *adj* arduo, difficile.

are (ə; *stressed* ɑɪ) *v see* **be.**

area ('ɛəriə) *n* area, zona *f.*

arena (ə'riːnə) *n* arena *f.*

Argentina (ɑɪdʒən'tiːnə) *n* Argentina *f.* **Argentinian** *adj,n* Argentino.

argue ('ɑɪgjuɪ) *vi* argomentare, discutere, disputare. **arguable** *adj* discutibile. **argument** *n* discussione, disputa *f.* **argumentative** *adj* polemico.

arid ('ærid) *adj* arido.

Aries ('ɛəriɪz) *n* Ariete *m.*

arise* (ə'raiz) *vi* **1** alzarsi, sorgere. **2** derivare.

aristocrat ('æristəkræt) *n* aristocratico *m.* **aristocracy** *n* aristocrazia *f.*

arithmetic (ə'riθmətik) *n* aritmetica *f.*

arm[1] (ɑɪm) *n* **1** braccio *m,pl* braccia *f. or* bracci *m.* **2** (of a chair, etc.) bracciuolo *m.* **arm in arm** a braccetto.

armchair *n* poltrona *f.* **armful** *n* bracciata *f.* **armhole** *n* giro della manica *m.* **armpit** *n* ascella *f.*

arm[2] (ɑɪ ɪm) *vt* armare. *vi* armarsi.

armour ('ɑɪmə) *n* armatura, corazza *f.* **armour-plated** *adj* corazzato. **armoury** *n* arsenale *m.*

arms (ɑɪmz) *n pl* armi *f pl.* **in arms** armato.

army ('ɑɪmi) *n* esercito *m.* armata *f.* **be in the army** prestare servizio militare.

aroma (ə'roumə) *n* aroma *m.*

arose (ə'rouz) *v see* **arise.**

around (ə'raund) *adv* intorno, all'intorno. *prep* intorno a.

arouse (ə'rauz) *vt* **1** destare, risvegliare. **2** eccitare.

arrange (ə'reindʒ) *vt* **1** accomodare, disporre, combinare. **2** *mus* adattare. **arrangement** *n* **1** accomodamento, ordinamento *m.* **2** *mus* arrangiamento *m.* **make arrangements** fare i preparativi.

array (ə'rei) *vt* **1** ornare. **2** *mil* schierare. *n* schiera *f.*

arrears (ə'riəz) *n pl* arretrati *m pl.*

arrest (ə'rest) *n* **1** arresto *m.* **2** sospensione *f. vt* **1** arrestare. **2** fermare, sospendere.

arrive (ə'raiv) *vi* arrivare, giungere. **arrival** *n* arrivo *m.* venuta *f.*

arrogant ('ærəgənt) *adj* arrogante. **arrogance** *n* arroganza *f.*

arrow ('ærou) *n* freccia *f.* **arrowroot** *n* fecola dell'arundinacea *f.*

arsenic ('ɑːsnɪk) n arsenico m.

arson ('ɑːsən) n incendio doloso m.

art (ɑːt) n arte f. **art gallery** n galleria d'arte f. **art school** n scuola d'arte f. **artful** adj subdolo, astuto.

artery ('ɑːtəri) n arteria f. **arterial** adj arterioso, arteriale.

arthritis (ɑː'θraitis) n artrite f.

artichoke ('ɑːtitʃouk) n carciofo m.

article ('ɑːtikəl) n articolo m. vt collocare come apprendista.

articulate (adj ɑː'tikjulət; v ɑː'tikjuleit) adj articolato, distinto. vt,vi articolare.

artificial (ɑːti'fiʃəl) adj artificiale, artificioso.

artillery (ɑː'tiləri) n artiglieria f.

artist ('ɑːtist) n artista, pittore m. pittrice f. **artistic** adj artistico.

as (əz; stressed æz) conj 1 come. 2 poiché. 3 mentre. **as far as** sin dove. **as if** come se. **as long as** finché. **as for me** per quanto mi riguarda. **as soon as** non appena. **as it were** per così dire. ~ adv così, come, tanto, quanto. pron che.

asbestos (æs'bestəs) n amianto m.

ascend (ə'send) vi ascendere, salire. vt salire. **ascension** n ascensione f.

ascertain (æsə'tein) vt assicurarsi di, accertarsi di.

ash[1] (æʃ) n cenere f. **ashtray** n portacenere m.

ash[2] (æʃ) n bot frassino m.

ashamed (ə'ʃeimd) adj che prova vergogna. **be ashamed** vergognarsi.

ashore (ə'ʃɔː) adv a or sulla riva.

Ash Wednesday n le Ceneri f pl.

Asia ('eiʃə) n Asia f. **Asian** adj,n asiatico.

aside (ə'said) adv da parte, in disparte. n parole dette a parte f pl.

ask (ɑːsk) vt 1 domandare, chiedere. 2 invitare. vi informarsi. **ask a question** rivolgere una domanda.

askew (ə'skjuː) adv di traverso. adj obliquo, storto.

asleep (ə'sliːp) adv,adj addormentato. **fall asleep** addormentarsi.

asparagus (ə'spærəgəs) n asparago m, pl asparagi m.

aspect ('æspekt) n aspetto m. apparenza f.

asphalt ('æsfælt) n asfalto m.

aspire (ə'spaiə) vi aspirare. **aspiring** adj ambizioso.

aspirin ('æsprin) n aspirina f.

ass (æs) n asino m.

assassin (ə'sæsin) n assassino m. **assassinate** vt assassinare. **assassination** n assassinio m.

assault (ə'sɔːlt) n assalto, attacco m. vt assalire, aggredire.

assemble (ə'sembəl) vt riunire. vi riunirsi. **assembly** n 1 assemblea f. 2 montaggio m. **assembly hall** n sala da riunioni f. **assembly line** n catena di montaggio f.

assent (ə'sent) n consenso m. sanzione f. vi acconsentire, approvare.

assert (ə'səːt) vt asserire, sostenere. **assert oneself** farsi valere. **assertion** n asserzione f.

assess (ə'ses) vt valutare, stimare. **assessment** n valutazione f.

asset ('æset) n 1 bene, vantaggio m. 2 pl comm attività f pl.

assign (ə'sain) vt assegnare, attribuire. **assignment** n 1 assegnazione f. 2 incarico m.

assimilate (ə'simileit) vt assimilare.

assist (ə'sist) vt assistere, aiutare. **assistance** n assistenza f.

assizes (ə'saiziz) n pl corte d'assise f.

associate (v ə'souʃieit; n ə'souʃiit) vt associare. vi associarsi. **associate with** frequentare. ~ n collega m. **association** n associazione f.

assort (ə'sɔːt) vt assortire, raggruppare. **assortment** n assortimento m.

assume (ə'sjuːm) vt assumere, fingere, presumere.

assure (ə'ʃuə) vt assicurare, rassicurare. **assurance** n assicurazione, certezza f.

asterisk ('æstərisk) n asterisco m.

asteroid ('æstərɔid) n asteroide m.

asthma ('æsmə) n asma f.

astonish (ə'stɔniʃ) vt stupire, meravigliare. **astonishment** n sorpresa f. stupore m.

astound (ə'staund) vt stupefare.

astray (ə'strei) adv fuori strada. **go astray** smarrirsi, traviarsi. **lead astray** sviare, traviare.

astride (ə'straid) adv a cavalcioni.

astrology (ə'strɔlədʒi) n astrologia f. **astrologer** n astrologo m. **astrological** adj astrologico.

astronaut ('æstrənɔːt) n astronauta m.

astronomy (ə'strɔnəmi) n astronomia f. **astronomer** n astronomo m. **astronomical** adj astronomico.

astute (ə'stjuːt) adj furbo, astuto.

asunder (ə'sʌndə) adv separatamente, a pezzi.

asylum (ə'sailəm) n asilo, rifugio m. **lunatic asylum** n manicomio m.

at (ət; stressed æt) prep 1 a, in. 2 da.

ate (eit) v see **eat.**

atheism ('eiθiizəm) n ateismo m. **atheist** n ateo m.

Athens ('æθinz) n Atene f.

athlete ('æθliːt) n atleta m. **athletic** adj atletico. **athletics** n atletica f.

Atlantic (ət'læntik) adj atlantico. **Atlantic (Ocean)** n (Oceano) Atlantico m.

atlas ('ætləs) n atlante m.

atmosphere ('ætməsfiə) n atmosfera f. **atmospheric** adj atmosferico. **atmospherics** n pl disturbi atmosferici m pl.

atom ('ætəm) n atomo m. **atom bomb** n bomba atomica f. **atomic** adj atomico.

atone (ə'toun) vi espiare, fare ammenda. **atonement** n espiazione, riparazione f.

atrocious (ə'trouʃəs) adj atroce. **atrocity** n atrocità f.

attach (ə'tætʃ) vt 1 attaccare. 2 attribuire. vi attaccarsi. **attachment** n attaccamento, affetto m.

attaché (ə'tæʃei) n addetto diplomatico m. **attaché case** n borsa per documenti f.

attack (ə'tæk) n 1 attacco m. offensiva f. 2 med accesso m. vt assalire, attaccare.

attain (ə'tein) vt raggiungere, ottenere. **attainment** n conseguimento m.

attempt (ə'tempt) n tentativo, attentato m. vt tentare, provare, attentare a.

attend (ə'tend) vt frequentare, assistere a. vi prestare attenzione. **attendance** n 1 servizio m. 2 frequenza f. 3 pubblico m. **attendant** n inserviente, accompagnatore m. adj presente. **attention** n attenzione, premura f. **pay attention** fare attenzione. **attentive** adj attento, premuroso.

attic ('ætik) n attico m. soffitta f.

attire (ə'taiə) *vt* vestire. *n* vestiti *m pl.*

attitude ('ætitjuːd) *n* posa *f.* atteggiamento *m.*

attorney (ə'tɜːni) *n* procuratore *m.* **attorney general** *n* procuratore generale *m.*

attract (ə'trækt) *vt* attrarre. **attraction** *n* attrazione *f.* **attractive** *adj* attraente.

attribute (*n* 'ætribjuːt; *v* ə'tribjuːt) *n* attributo *m.* qualità *f.* *vt* attribuire, ascrivere.

aubergine ('oubəʒiːn) *n* melanzana *f.*

auburn ('ɔːbən) *adj* color di rame, ramato.

auction ('ɔːkʃən) *n* asta. *vt* vendere all'asta. **auctioneer** *n* banditore *m.*

audacious (ɔː'deiʃəs) *adj* audace. **audacity** *n* audacia *f.*

audible ('ɔːdibəl) *adj* udibile, intelligibile.

audience ('ɔːdiəns) *n* pubblico *m.* udienza *f.*

audiovisual (ɔːdiou'viʒuəl) *adj* audiovisivo.

audit ('ɔːdit) *n* controllo *m.* verifica dei conti *f.* *vt* verificare. **auditor** *n* revisore, sindaco *m.*

audition (ɔː'diʃən) *n* audizione *f.* *vt* ascoltare in audizione.

auditorium (ɔːdi'tɔːriəm) *n* auditorio *m.* sala per concerti *f.*

August ('ɔːgəst) *n* agosto *m.*

aunt (ɑːnt) *n* zia *f.*

au pair (ou 'pɛə) *adj,adv* alla pari. *n* ragazza alla pari *f.*

aura ('ɔːrə) *n* atmosfera, aria *f.*

austere (ɔː'stiə) *adj* austero. **austerity** *n* austerità *f.*

Australia (ɔ'streiliə) *n* Australia *f.* **Australian** *adj,n* australiano.

Austria ('ɔːstriə) *n* Austria *f.* **Austrian** *adj,n* austriaco.

authentic (ɔː'θentik) *adj* autentico.

author ('ɔːθə) *n* autore *m.* autrice *f.*

authority (ɔː'θɔriti) *n* autorità *f.* **on good authority** da fonte autorevole. **authoritarian** *adj* autoritario, assolutista. **authoritative** *adj* autoritario, autorevole.

authorize ('ɔːθəraiz) *vt* autorizzare. **authorization** *n* autorizzazione *f.*

autistic (ɔː'tistik) *adj* autistico.

autobiography (ɔːtəbai'ɔgrəfi) *n* autobiografia *f.* **autobiographical** *adj* autobiografico.

autograph ('ɔːtəgrɑːf) *n* autografo *m.* firma *f.* *vt* autografare.

automatic (ɔːtə'mætik) *adj* automatico.

automation (ɔːtə'meiʃən) *n* automazione *f.*

autonomous (ɔː'tɔnəməs) *adj* autonomo.

autumn ('ɔːtəm) *n* autunno *m.*

auxiliary (ɔːg'ziliəri) *adj,n* ausiliario, ausiliare.

available (ə'veiləbəl) *adj* disponibile, libero.

avalanche ('ævəlɑːnʃ) *n* valanga *f.*

avenge (ə'vendʒ) *vt* vendicare.

avenue ('ævənjuː) *n* viale *m.*

average ('ævridʒ) *n* media *f.* *adj* medio. *vt* fare la media di.

aversion (ə'vɜːʃən) *n* avversione, antipatia *f.*

aviary ('eiviəri) *n* uccelliera *f.*

aviation (eivi'eiʃən) *n* aviazione *f.*

avid ('ævid) *adj* avido.

avocado (ævə'kɑːdou) *n* avocado *m.*

avoid (ə'vɔid) *vt* evitare, schivare.

await (ə'weit) *vt* aspettare.

awake* (ə'weik) *vt* svegliare. *vi* svegliarsi. *adj* sveglio. **awaken** *vt* risvegliare. *vi* risvegliarsi. **awakening** *n* risveglio *m.*

award (ə'wɔːd) *n* ricompensa *f.* *vt* giudicare, conferire.

aware (ə'wɛə) *adj* conscio, consapevole. **awareness** *n* consapevolezza *f*.

away (ə'wei) *adv* lontano, via.

awe (ɔː) *n* timore reverenziale *m*. **awe-inspiring** *adj* maestoso. **awe-struck** *adj* in preda a timore.

awful ('ɔːfəl) *adj* terribile, spaventoso. **awfully** *adv* 1 terribilmente, notevolmente. 2 *inf* molto.

awkward ('ɔːkwəd) *adj* goffo, difficile.

awoke (ə'wouk) *v* see **awake**.

axe (æks) *n* ascia *f*.

axis ('æksis) *n*, *pl* **axes** asse *m*.

axle ('æksəl) *n* asse, assale *m*.

azalea (ə'zeiliə) *n* azalea *f*.

B

babble ('bæbəl) *vt* balbettare. *vi* ciarlare, far pettegolezzi. *n* 1 balbettio *m*. 2 chiacchiera *f*.

baboon (bə'buːn) *n* babbuino *m*.

baby ('beibi) *n* bimbo *m*. **babyhood** *n* prima infanzia *f*. **baby-sit** *vi* far da baby-sitter.

baccarat ('bækərɑː) *n* baccarà *m*.

bachelor ('bætʃələ) *n* 1 celibe, scapolo *m*. 2 *educ* laureato *m*. **Bachelor of Arts/Science** laureato in lettere/scienze.

back (bæk) *n* 1 *anat* dorso *m*. schiena *f*. 2 schienale *m*. parte posteriore *f*. *adj* 1 posteriore. 2 arretrato. *adv* 1 dietro, indietro. 2 di ritorno. **be back** essere di ritorno. ~ *vt* 1 sostenere, aiutare. 2 scommettere (su). **back out** ritirarsi.

backache ('bækeik) *n* mal di schiena *m*.

backbone ('bækboun) *n* 1 spina dorsale *f*. 2 fermezza *f*.

backbreaking ('bækbreikiŋ) *adj* massacrante, faticosissimo.

backchat ('bæktʃæt) *n* rimbecco *m*.

backcloth ('bækklɔθ) *n* fondale *m*.

backdate ('bækdeit) *vt* retrodatare.

backdoor ('bækdɔː) *n* porta di servizio *f*. *adj* segreto.

backfire ('bækfaiə) *vi* 1 far ritorno di fiamma. 2 fallire. *n* ritorno di fiamma *m*.

backgammon ('bækgæmən) *n* tavola reale *f*.

background ('bækgraund) *n* 1 sfondo *m*. 2 precedenti *m pl*. retroscena *m*.

backhand ('bækhænd) *adj* di rovescio.

backlash ('bæklæʃ) *n* reazione sfavorevole *f*.

backlog ('bæklɔg) *n* arretrati *m pl*.

backstage (bæk'steidʒ) *adj*, *adv* dietro le quinte.

backstroke ('bækstrouk) *n* nuoto sul dorso *m*.

backward ('bækwəd) *adj* arretrato, tardivo. **backwards** *adv* indietro, all'indietro.

backwater ('bækwɔːtə) *n* acqua stagnante *f*.

bacon ('beikən) *n* lardo affumicato *m*. pancetta *f*.

bacteria (bæk'tiəriə) *n pl* batteri *m pl*.

bad (bæd) *adj* cattivo, malvagio, nocivo. **from bad to worse** di male in peggio. **not too bad** non c'è male. **bad-tempered** *adj* irascibile.

bade (beid) *v* see **bid**.

badge (bædʒ) *n* distintivo, emblema *m*.

badger ('bædʒə) *n* tasso *m*. *vt* tormentare.

badminton ('bædmintən) *n* badminton, volano *m*.

baffle ('bæfəl) *vt* eludere, confondere.

bag (bæg) *n* 1 sacco *m*. 2 borsa, borsetta *f*. *vt* insaccare. **bag-**

gage n bagaglio m. **baggy** adj rigonfio. **bagpipes** n pl cornamusa f.

bail (beil) n cauzione, garanzia f. **go bail for** rendersi garante per. ~ vt prestare cauzione.

bailiff ('beilif) n 1 ufficiale fiscale m. 2 fattore m.

bait (beit) n esca f. vt 1 adescare. 2 tormentare.

baize (beiz) n panno di lana m.

bake (beik) vt cuocere al forno. vi cuocersi. **baker** n fornaio m. **bakery** n forno, panificio m.

balance ('bæləns) n 1 bilancia f. 2 comm bilancio m. 3 equilibrio m. armonia f. **lose one's balance** perdere l'equilibrio. ~ vt 1 bilanciare 2 pareggiare. vi bilanciarsi. **balance sheet** n bilancio di esercizio m.

balcony ('bælkəni) n 1 balcone m. 2 Th balconata f.

bald (bɔːld) adj 1 calvo. 2 nudo, disadorno. **baldness** n 1 calvizie f. 2 semplicità f.

bale[1] (beil) n balla f. vt (straw, etc.) imballare.

bale[2] (beil) vt vuotare, aggottare. **bale out** lanciarsi col paracadute.

ball[1] (bɔːl) n 1 palla f. pallone m. 2 sfera f. **ball-bearing** n cuscinetto a sfere m.

ball[2] (bɔːl) n (dance) ballo m. **ballroom** n sala da ballo f.

ballad ('bæləd) n ballata f.

ballast ('bæləst) n zavorra f.

ballet ('bælei) n balletto m. **ballet-dancer** n ballerino m.

ballistic (bə'listik) adj balistico. **ballistics** n balistica f.

balloon (bə'luːn) n aerostato, pallone m.

ballot ('bælət) n 1 scheda f. 2 voto m. vi votare a scrutinio segreto. **ballot-box** n urna elettorale f.

Baltic ('bɔːltik) adj baltico. **Baltic (Sea)** n (Mare) Baltico m.

bamboo (bæm'buː) n bambù m.

ban (bæn) vt bandire, proibire. n bando m. interdizione f.

banal (bə'nɑːl) adj banale.

banana (bə'nɑːnə) n banana f. **banana tree** n banano m.

band[1] (bænd) n 1 comitiva f. 2 mus banda, orchestrina f.

band[2] (bænd) n (strip) benda, striscia, fascia f. **bandage** n benda f. vt bendare, fasciare.

bandit ('bændit) n bandito m.

bandy ('bændi) vt 1 gettare, lanciare. 2 scambiare. adj arcato, curvo, storto.

bang (bæn) n 1 fracasso, colpo rumoroso m. 2 esplosione f. vt, vi sbattere, rimbombare.

bangle ('bæŋgəl) n braccialetto m.

banish ('bæniʃ) vt bandire, esiliare. **banishment** n esilio, bando m.

banister ('bænistə) n ringhiera f.

banjo ('bændʒou) n banjo m.

bank[1] (bæŋk) n altura, sponda, riva f.

bank[2] (bæŋk) n comm banca f. vt, vi depositare in banca. **bank on** contare su. **bank account** n conto in banca m. **bankbook** n libretto di deposito m. **banker** n banchiere m. **banker's card** n carta di credito f. **bank holiday** n festività legale f. **banking** n operazione bancaria f. adj di banca. **banknote** n banconota f.

bankrupt ('bæŋkrʌpt) adj, n fallito. **go bankrupt** fallire. ~ vt far fallire, rovinare. **bankruptcy** n bancarotta f.

banner ('bænə) n stendardo m. insegna f.

banquet ('bæŋkwit) *n* banchetto *m*.

baptize (bæp'taiz) *vt* battezzare. **baptism** *n* battesimo *m*. **baptismal** *adj* battesimale.

bar (baɪ) *n* 1 sbarra, spranga *f*. 2 barriera *f*. 3 bar *m invar*. 4 *law* tribunale *m*. 5 (of chocolate, etc.) tavoletta *f*. *vt* 1 impedire, sbarrare. 2 escludere. **barmaid** *n* cameriera (al banco) *f*. **barman** *n* barista *m*.

barbarian (baɪ'beəriən) *adj,n* barbaro. **barbaric** *adj* barbarico, incolto. **barbarity** *n* barbarie *f invar*. **barbarous** *adj* barbaro.

barbecue ('baɪbikjuɪ) *n* banchetto all'aperto *m*.

barbed wire ('baɪbd) *n* filo spinato *m*.

barber ('baɪbə) *n* barbiere *m*.

barbiturate (baɪ'bitjurət) *n* barbiturico *m*.

bare (beə) *adj* 1 nudo, scoperto, brullo. 2 vuoto. *vt* denudare, smascherare. **barefoot** *adj* scalzo. *adv* a piedi scalzi. **barely** *adv* appena, a mala pena.

bargain ('baɪgin) *n* affare *m*. occasione *f*. **into the bargain** in aggiunta. ~ *vi* contrattare, pattuire.

barge (baɪdʒ) *n* chiatta *f*. **barge into** urtare contro.

baritone ('bæritoun) *n* baritono *m*.

bark¹ (baɪk) *n* (of a dog) abbaio, latrato *m*. *vi* abbaiare, latrare.

bark² (baɪk) *n* bot scorza, corteccia *f*.

barley ('baɪli) *n* orzo *m*. **barley sugar** *n* zucchero d'orzo *m*.

barn (baɪn) *n* granaio *m*.

barometer (bə'rɒmitə) *n* barometro *m*.

baron ('bærən) *n* barone *m*. **baronet** *n* baronetto *m*.

barracks ('bærəks) *n pl* caserma *f*.

barrel ('bærəl) *n* 1 barile *m*. botte *f*. 2 (of a gun) canna *f*.

barren ('bærən) *adj* desolato, nudo, sterile.

barricade ('bærikeid) *n* barricata *f*. *vt* barricare.

barrier ('bæriə) *n* barriera *f*.

barrister ('bæristə) *n* avvocato *m*.

barrow ('bærou) *n* carretta, carriola *f*.

barter ('baɪtə) *vt* barattare, scambiare. *n* baratto, cambio *m*.

base¹ (beis) *n* base *f*. fondamento *m*. *vt* basare, fondare. **baseball** *n* base-ball *m*. **basement** *n* sottosuolo *m*.

base² (beis) *adj* vile, indegno. **baseness** *n* bassezza *f*.

bash (bæʃ) *vt inf* fracassare, colpire violentemente. *n* colpo *m*.

bashful ('bæʃfəl) *adj* timido, vergognoso.

basic ('beisik) *adj* basilare, fondamentale.

basil ('bæzəl) *n* basilico *m*.

basin ('beisən) *n* 1 bacino *m*. 2 lavabo *m*. catinella *f*.

basis ('beisis) *n, pl* **bases** base *f*. fondamento *m*.

bask (baɪsk) *vi* scaldarsi, bearsi.

basket ('baɪskit) *n* canestro, cesto *m*. **basketball** *n* pallacanestro *f*.

bass¹ (beis) *adj,n mus* basso *m*.

bass² (bæs) *n zool* pesce persico *m*.

bassoon (bə'suɪn) *n* fagotto *m*.

bastard ('baɪstəd) *adj,n* bastardo.

baste ('beist) *vt cul* spruzzare.

bat¹ (bæt) *n* 1 mazza *f*. 2 racchetta *f*. *vi* battere. **batsman** *n* battitore *m*.

bat² (bæt) *n zool* pipistrello *m*.

batch (bætʃ) *n* **1** lotto *m*. partita *f*. **2** (of loaves) infornata *f*.

bath (bɑːθ) *n* bagno *m*. **have a bath** fare un bagno. **bathrobe** *n* accappatoio *m*. **bathroom** *n* stanza da bagno *f*.

bathe (beið) *vt* bagnare. *vi* farsi il bagno. *n* bagno *m*. **bathing costume** *n* costume da bagno *m*. **bathing trunks** *n pl* calzoncini da bagno *m pl*.

baton ('bætən) *n* **1** bastone (di comando) *m*. **2** bacchetta *f*.

battalion (bə'tæliən) *n* battaglione *m*.

batter¹ ('bætə) *vt* colpire, battere.

batter² ('bætə) *n* pastella *f*.

battery ('bætəri) *n* **1** pila, batteria *f*. **2** *also* **storage battery** accumulatore *m*.

battle ('bætɪl) *n* battaglia *f*. combattimento *m*. *vi* combattere, lottare. **battlefield** *n* campo di battaglia *m*. **battleship** *n* nave da battaglia *f*.

bawl (bɔːl) *vi* urlare, schiamazzare. *n* schiamazzo *m*.

bay¹ (bei) *n geog* baia, insenatura del mare *f*.

bay² (bei) *n arch* vano *m*. **bay window** *n* finestra sporgente *f*.

bay³ (bei) *vi* abbaiare, latrare. **at bay** *adv* a bada.

bay⁴ (bei) *n bot* lauro *m*. **bay leaf** *n* foglia d'alloro *f*.

bay⁵ (bei) *adj* baio. *n* cavallo baio *m*.

bayonet ('beiənit) *n* baionetta *f*.

be* (biː) *vi* **1** essere. **2** esistere, vivere. **3** stare. **4** fare. *v aux* essere. **be about to** stare per. **be cold 1** (of a person) aver freddo. **2** (of the weather) far freddo. **be warm 1** (of a person) aver caldo. **2** (of the weather) far caldo.

beach (biːtʃ) *n.* spiaggia *f*. lido *m*. **beachcomber** *n* vagabondo *m*.

beacon ('biːkən) *n* faro *m*. segnalazione luminosa *f*.

bead (biːd) *n* **1** perlina *f*. grano *m*. **2** goccia *f*. **3** *pl* rosario *m*.

beak (biːk) *n* becco, rostro *m*.

beaker ('biːkə) *n* coppa *f*.

beam (biːm) *n* **1** trave *f*. **2** raggio *m*. **3** sorriso *m*. *vi* **1** irradiare. **2** sorridere.

bean (biːn) *n* fagiolo *m*. fava *f*. **full of beans** pieno d'energia.

bear*¹ (bɛə) *vt* **1** sopportare, tollerare. **2** portare. **3** partorire. **bear a grudge** portare rancore. **bearable** *adj* sopportabile. **bearing** *n* **1** condotta *f*. **2** portamento *m*. **3** orientamento *m*. **4** *tech* cuscinetto *m*.

bear² (bɛə) *n* orso *m*.

beard (biəd) *n* barba *f*. **bearded** *adj* barbuto.

beast (biːst) *n* bestia *f*. animale *m*.

beat* (biːt) *vt* battere, bastonare. *vi* battere, palpitare. **beat about the bush** menare il can per l'aia. ~ *n* **1** battito, palpito *m*. **2** ronda *f*.

beauty ('bjuːti) *n* bellezza *f*. **beauty queen** *n* regina di bellezza *f*. **beautiful** *adj* bello.

beaver ('biːvə) *n* castoro *m*.

became (bi'keim) *v* see **become**.

because (bi'kɔːz) *conj* poiché, perché. **because of** a causa di.

beckon ('bekən) *vt,vi* accennare.

become* (bi'kʌm) *vi* diventare, divenire. *vt* addirsi a, star bene a. **becoming** *adj* adatto.

bed (bed) *n* **1** letto *m*. **2** (of a river) alveo *m*. **bedclothes** *n pl* coperte *f pl*. **bedding** *n* coperte per letto *f pl*. **bedridden** *adj* costretto a letto. **bedroom** n camera da letto f. **bedside** n capezzale m. **bed-sitter** n monocamera f. **bedspread** n copriletto m.

bedraggled (bi'drægəld) adj inzaccherato, infangato.

bee (biɪ) n ape f. **beehive** n alveare m.

beech (biɪtʃ) n faggio m.

beef (biɪf) n manzo m. **beefburger** ('biɪfbəɪgə) n hamburger m.

been (bin) v see **be**.

beer (biə) n birra f.

beet (biɪt) n barbabietola f. **beetroot** n barbabietola f.

beetle ('biɪtl) n scarafaggio m.

befall* (bi'fɔɪl) vi accadere, succedere.

before (bi'fɔɪ) adv prima, precedentemente. prep **1** davanti a. **2** prima di. conj prima che. **beforehand** adv in anticipo.

befriend (bi'frend) vt **1** aiutare, sostenere. **2** mostrarsi amico a.

beg (beg) vt implorare, pregare. vi elemosinare. **beggar** n mendicante m.

beget* (bi'get) vt **1** generare, procreare, causare.

begin* (bi'gin) vt,vi cominciare, iniziare. **to begin with** innanzi tutto. **beginner** n principiante m,f. **beginning** n **1** inizio, esordio m. **2** origine f.

begrudge (bi'grʌdʒ) vt **1** invidiare. **2** lesinare.

behalf (bi'hɑɪf) n vantaggio m. **on behalf of** a nome di, a favore di.

behave (bi'heiv) vi comportarsi. **behave oneself** comportarsi bene. **behaviour** n comportamento m. condotta f.

behind (bi'haind) prep dietro a. adv indietro, in ritardo. **behindhand** adv in arretrato, in ritardo.

behold* (bi'hould) vt scorgere, vedere.

beige (beiʒ) adj,nm beige.

being ('biɪiŋ) n **1** creatura f. **2** essere m. esistenza f. **for the time being** per il momento.

belch (beltʃ) vi ruttare.

belfry ('belfri) n campanile m.

Belgium ('beldʒəm) n Belgio m. **Belgian** adj,n belga.

believe (bi'liɪv) vt **1** credere, aver fede in. **2** pensare, supporre. vi credere. **belief** n credenza, fede, convinzione f. **believer** n credente, fedele m,f.

bell (bel) n campana f. campanello m. **bellringer** n campanaro m.

bellow ('belou) vt,vi muggire, rombare, tuonare. n muggito m.

bellows ('belouz) n pl mantice m.

belly ('beli) n pancia f. ventre m.

belong (bi'lɒŋ) vi appartenere, spettare, far parte di. **belongings** n pl effetti personali m pl. roba f.

below (bi'lou) prep sotto, al di sotto di. adv al di sotto, giù.

belt (belt) n **1** cintura f. **2** zona, regione f.

bench (bentʃ) n **1** panca f. sedile, seggio m. **2** banco di lavoro m. **3** law ufficio di magistrato m.

bend* (bend) vt curvare, piegare, torcere. vi piegarsi, chinarsi, adattarsi. n **1** curva, curvatura f. **2** inclinazione f.

beneath (bi'niɪθ) prep sotto, al di sotto di. adv sotto, in basso.

benefit ('benifit) n beneficio, vantaggio m. utilità f. vt giovare a, beneficare. vi profittare, avvantaggiarsi. **beneficial** adj utile, vantaggioso.

benevolent (bi'nevələnt) adj benevolo, caritatevole.

bent (bent) v see **bend**. adj 1 curvato. 2 risoluto. n tendenza f.

bereave* (bi'riːv) vt privare, spogliare.

berry ('beri) n bacca f. chicco m.

berth (bəːθ) n 1 cuccetta f. 2 naut ormeggio m. vt ancorare.

beseech (bi'siːtʃ) vt supplicare, scongiurare.

beset (bi'set) vt circondare.

beside (bi'said) prep accanto a, di fianco a, presso. **be beside oneself** essere fuori di sé. **besides** adv d'altronde, inoltre. prep oltre a.

besiege (bi'siːdʒ) vt assediare.

best (best) adj il migliore. adv nel modo migliore. n meglio, migliore m. **best man** n testimone dello sposo m. **bestseller** n libro di gran successo m.

bestow (bi'stou) vt elargire, conferire, dare.

bet* (bet) vt,vi scommettere. n scommessa, puntata f.

betray (bi'trei) vt tradire, svelare. **betrayal** n tradimento m.

better ('betə) adj migliore, meglio. **all the better** tanto meglio. **be better** star meglio. ~adv meglio. **better and better** di bene in meglio. **get the better of** avere la meglio su.

between (bi'twiːn) prep tra, fra, in mezzo a. adv in mezzo.

beverage ('bevridʒ) n bevanda f.

beware* (bi'weə) vi guardarsi, stare attento.

bewilder (bi'wildə) vt disorientare, confondere. **bewildering** adj sconcertante, sbalorditivo. **bewilderment** n confusione f. smarrimento m.

beyond (bi'jɔnd) adv oltre. prep al di là di, oltre.

bias ('baiəs) n inclinazione f. pregiudizio m. vt influenzare.

bib (bib) n bavaglino m.

Bible ('baibəl) n Bibbia f. **biblical** adj biblico.

bibliography (bibli'ɔgrəfi) n bibliografia f. **bibliographical** adj bibliografico.

biceps ('baiseps) n bicipite m.

bicker ('bikə) vi bisticciare, litigare. **bickering** n litigio m.

bicycle ('baisikəl) n bicicletta f.

bid* (bid) vt 1 comandare, ordinare. 2 offrire. 3 invitare. n offerta, proposta f. **bidder** n offerente m,f.

biennial (bai'eniəl) adj biennale.

bifocals (bai'foukəlz) n pl lenti bifocali fpl.

big (big) adj 1 grosso, grande. 2 ampio. 3 importante.

bigamy ('bigəmi) n bigamia f. **bigamist** n bigamo m.

bigoted ('bigətid) adj bigotto, fanatico.

bikini (bi'kiːni) n bikini m.

bilingual (bai'liŋgwəl) adj bilingue.

bilious ('biliəs) adj biliare.

bill¹ (bil) n 1 conto m. fattura f. 2 pol progetto di legge m. 3 affisso m.

bill² (bil) n zool becco m.

billiards ('biliədz) n biliardo m.

billion ('biliən) n 1 bilione m. 2 US miliardo m.

bin (bin) n bidone m. deposito m.

binary ('bainəri) adj binario.

bind* (baind) vt 1 attaccare, legare. 2 rilegare. 3 obbligare. **be bound to** dovere. **binding** adj obbligatorio, impegnativo. n 1 legame m. 2 rilegatura f.

binoculars (bi'nɔkjuləz) n pl binocolo m.

biodegradable (baioudi'greidəbəl) adj biodegradabile.

biography (bai'ɔgrəfi) n biografia f. **biographical** adj biografico.

biology (bai'ɔlədʒi) *n* biologia *f*. **biological** *adj* biologico. **biologist** *n* biologo *m*.

birch (bəːtʃ) *n* betulla *f*.

bird (bəːd) *n* uccello *m*. **birdcage** *n* gabbia per uccelli *f*.

birth (bəːθ) *n* 1 nascita *f*. 2 origine *f*. 3 discendenza *f*. **give birth to** 1 partorire. 2 dar luogo a. **birth certificate** *n* certificato di nascita *m*. **birth control** *n* limitazione delle nascite *f*. **birthday** *n* compleanno *m*. **birthmark** *n* voglia *f*. **birth rate** *n* natalità *f*.

biscuit ('biskit) *n* biscotto *m*.

bishop ('biʃəp) *n* 1 vescovo *m*. 2 *game* alfiere *m*.

bit (bit) *n* 1 pezzetto *m*. briciola *f*. 2 tozzo, boccone *m*. **a bit more** un po' di più. **bit by bit** a poco a poco. **not to care a bit** infischiarsene.

bitch (bitʃ) *n* cagna *f*.

bite* (bait) *vt* mordere, pungere. *n* 1 morso, boccone *m*. 2 puntura *f*.

bitter ('bitə) *adj* 1 amaro. 2 aspro. 3 accanito. **bitterness** *n* 1 amarezza *f*. 2 rancore *m*.

bizarre (bi'zaː) *adj* bizzarro, strano.

black (blæk) *adj* nero, oscuro, sporco. *n* 1 nero. 2 *cap* negro *m*. **blacken** *vt* annerire. *vi* diventar nero. **blackness** *n* nerezza *f*.

blackberry ('blækbəri) *n* mora *f*. **blackberry bush** *n* rovo *m*.

blackbird ('blækbəːd) *n* merlo *m*.

blackboard ('blækbɔːd) *n* lavagna *f*.

blackcurrant (blæk'kʌrənt) *n* ribes nero *m*.

black eye *n* occhio nero *m*.

blackleg ('blækleg) *n* truffatore, crumiro *m*.

blackmail ('blækmeil) *n* ricatto *m*. *vt* ricattare.

black market *n* mercato nero *m*.

blackout ('blækaut) *n* 1 oscuramento *m*. 2 perdita momentanea della conoscenza *f*.

black pudding *n* sanguinaccio *m*.

blacksmith ('blæksmiθ) *n* fabbro *m*.

bladder ('blædə) *n* vescica *f*.

blade (bleid) *n* 1 lama *f*. 2 (of grass) filo *m*.

blame (bleim) *n* biasimo *m*. colpa *f*. *vt* biasimare, rimproverare. **blameless** *adj* innocente.

blancmange (blə'mɔnʒ) *n* biancomangiare *m*.

blank (blæŋk) *adj* 1 in bianco. 2 confuso. *n* 1 spazio vuoto *m*. lacuna *f*. 2 *mil* cartuccia a salve *f*.

blanket ('blæŋkit) *n* coperta di lana *f*.

blare (blɛə) *vi* squillare. *n* squillo *m*.

blaspheme (blæs'fiːm) *vi* bestemmiare. **blasphemous** *adj* blasfemo, empio.

blast (blɑːst) *n* esplosione, raffica *f*. squillo *m*. *vt* fare esplodere, rovinare.

blatant ('bleitənt) *adj* evidente.

blaze (bleiz) *n* fiamma, vampata *f*. *vi* ardere, fiammeggiare. **blazer** *n* giacca sportiva *f*.

bleach (bliːtʃ) *n* candeggina *f*. *vt* imbiancare, scolorire. *vi* scolorirsi.

bleak (bliːk) *adj* squallido, deserto, desolato. **bleakness** *n* desolazione, freddezza *f*.

bleat (bliːt) *vi* belare. *n* belato *m*.

bleed* (bliːd) *vi* sanguinare. **bleeding** *n* 1 emorragia *f*. 2 salasso *m*.

blemish ('blemiʃ) *n* macchia *f*. difetto *m*. *vt* macchiare, sfigurare.

blend (blend) *vt* mescolare. *vi* fondersi. *n* miscela *f.* miscuglio *m.*

bless (bles) *vt* benedire, consacrare. **bless you!** *interj* salute! **blessing** *n* benedizione *f.*

blew (bluɪ) *v* see **blow**².

blind (blaind) *adj* **1** cieco. **2** senza apertura. *n* **1** persiana *f.* **2** pretesto *m. vt.* **1** accecare. **2** ingannare. **blind alley** *n* vicolo cieco *m.* **blindfold** *adv* ad occhi bendati. *vt* bendare gli occhi a. **blind person** *n* cieco *m.*

blink (blink) *vi* battere le palpebre, ammiccare. *n* occhiata *f.* **blinkers** *n pl* paraocchi *m pl.*

bliss (blis) *n* beatitudine *f.* **blissful** *adj* beato.

blister ('blistə) *n* bolla, vescica *f.*

blizzard ('blizəd) *n* tormenta *f.*

blob (blɔb) *n* macchia *f.*

bloc (blɔk) *n* blocco *m.*

block (blɔk) *n* **1** blocco, ceppo *m.* **2** (of houses) gruppo *m.* **3** ostacolo *m. vt* bloccare, ostacolare.

blockade (blɔ'keid) *n* blocco *m. vt* bloccare.

blond (blɔnd) *adj,n* biondo.

blood (blʌd) *n* **1** sangue *m.* **2** stirpe, parentela *f.* **bloodcurdling** *adj* raccapricciante. **blood pressure** *n* pressione del sangue *f.* **bloodstream** *n* circolazione del sangue *f.* **bloodthirsty** *adj* assetato di sangue. **bloody** *adj* **1** sanguinoso, cruento. **2** *sl* maledetto.

bloom (bluɪm) *n* **1** fiore *m.* fioritura *f.* **2** freschezza *f.* **blooming** *adj* **1** fiorente. **2** prosperoso.

blossom ('blɔsəm) *n* fiore *m.* fioritura *f. vi* fiorire, essere in fiore.

blot (blɔt) *n* **1** macchia *f.* **2** cancellatura *f.* **3** colpa *f. vt* **1** macchiare. **2** asciugare. **blotting paper** *n* carta assorbente *f.*

blotch (blɔtʃ) *n* macchia *f.* scarabocchio *m.*

blouse (blauz) *n* camicetta, blusa *f.*

blow¹ (blou) *n* colpo *m.*

blow*² (blou) *vt* **1** soffiare. **2** suonare. *vi* sbuffare. **blow one's nose** soffiarsi il naso. **blow up** (far) saltare per aria.

blubber ('blʌbə) *n* grasso di balena *m.*

blue (bluɪ) *adj* azzurro, celeste, blu. *n* blu *m.* **bluebell** *n* giacinto selvatico *m.*

bluff (blʌf) *vi* bluffare, ingannare.

blunder ('blʌndə) *n* errore, sbaglio *m.* papera *f. vi* commettere un errore grossolano.

blunt (blʌnt) *adj* **1** ottuso, spuntato. **2** sgarbato. *vt* ottundere, smussare. **bluntly** *adv* bruscamente.

blur (bləɪ) *vt* offuscare, confondere. *n* offuscamento *m.* macchia *f.*

blush (blʌʃ) *n* rossore *m. vi* arrossire.

boar (bɔɪ) *n* cinghiale *m.*

board (bɔɪd) *n* **1** asse *m.* tavola *f.* **2** pensione *f.* **3** commissione *f.* ministero *m.* **on board** a bordo. ~ *vi* alloggiare. *vt* imbarcarsi. **boarder** *n* pensionante *m,f.* **boarding house** *n* pensione *f.* **boarding school** *n* collegio *m.*

boast (boust) *vi* gloriarsi, vantarsi. *n* vanto *m.*

boat (bout) *n* barca *f.* battello *m.* imbarcazione *f.*

bob (bɔb) *n* inchino *m. vi* **1** oscillare. **2** inchinarsi. **bob up** venire a galla.

bodice ('bɔdis) *n* corpetto, busto *m.*

body ('bɔdi) *n* **1** corpo. **2** tronco, cadavere *m.* **3** gruppo *m.* **4** *mot* carrozzeria *f.* **bodyguard** *n* guardia del corpo *f.*

bog (bɔg) *n* palude *f.* pantano *m.*

bohemian (bə'hiːmiən) *adj* **1** boemo. **2** di artista.

boil[1] (bɔil) *vi* bollire. *vt* far bollire, lessare. **boil down** condensare, ridursi. **boiler** *n* caldaia *f.* **boiling point** *n* punto d'ebollizione *m.*

boil[2] (bɔil) *n* vescica *f.* foruncolo *m.*

boisterous ('bɔistərəs) *adj* impetuoso, turbolento.

bold (bould) *adj* audace, temerario, impudente. **boldness** *n* audacia, spavalderia *f.*

bolster ('boulstə) *n* cuscinetto *m.*

bolt (boult) *n* **1** *tech* bullone *m.* **2** catenaccio *m.* *vt* **1** sprangare. **2** imbullonare. *vi* scappare.

bomb (bɔm) *n* bomba *f.* *vt* bombardare. **bombard** *vt* bombardare.

bond (bɔnd) *n* **1** legame, vincolo *m.* **2** titolo *m.* **3** cauzione *f.*

bone (boun) *n* osso *m,* *pl* ossa *f.* **bony** *adj* ossuto.

bonfire ('bɔnfaiə) *n* falò *m.*

bonnet ('bɔnit) *n* **1** berretto, cappellino da donna *m.* **2** *mot* cofano *m.*

bonus ('bounəs) *n* gratifica, indennità *f.*

booby trap ('buːbi) *n* mina nascosta *f.* tranello *m.*

book (buk) *n* **1** libro *m.* **2** registro *m.* *vt* **1** prenotare. **2** registrare, mettere in lista. **bookcase** *n* scaffale *m.* **booking office** *n* biglietteria *f.* ufficio prenotazioni *m.* **bookkeeping** *n* contabilità *f.* **booklet** *n* libretto, opuscolo *m.* **bookmaker** *n* allibratore *m.* **bookshop** *n* libreria *f.* **bookstall** *n* edicola *f.*

boom (buːm) *vi* **1** rimbombare.

2 essere in periodo di sviluppo. *n* **1** rimbombo *m.* **2** *comm* aumento improvviso, boom *m.*

boost (buːst) *n* spinta, pressione *f.* *vt* **1** alzare. **2** aumentare.

boot (buːt) *n* **1** stivale *m.* **2** *mot* portabagagli *m invar.*

booth (buːθ) *n* baracca, cabina *f.*

booze (buːz) *n inf* bevande alcoliche *f pl. vi inf* sbronzarsi.

border ('bɔːdə) *n* **1** confine, margine *m.* **2** bordo *m.* *vt* orlare. **border on** confinare con. **borderline** *n* linea di demarcazione *f. adj* marginale.

bore[1] (bɔː) *n* **1** buco *m.* **2** (of a gun) calibro *m.* *vt* forare, trapanare.

bore[2] (bɔː) *vt* annoiare, infastidire. *n* **1** seccatura, noia *f.* **2** seccatore *m.*

bore[3] (bɔː) *v* see **bear**[1].

born (bɔːn) *adj* nato, generato. **be born** nascere.

borough ('bʌrə) *n* borgo, capoluogo, comune *m.*

borrow ('bɔrou) *vt* farsi prestare, prendere a prestito.

bosom ('buzəm) *n* petto, seno *m. adj* intimo, del cuore.

boss (bɔs) *n inf* capo, direttore *m. vt* spadroneggiare. **bossy** *adj* autoritario, dispotico.

botany ('bɔtəni) *n* botanica *f.* **botanical** *adj* botanico. **botanist** *n* botanico *m.*

both (bouθ) *adj,pron* ambedue, entrambi. **both of them** tutti e due. **both...and** tanto ...quanto. ~ *adv* insieme.

bother ('bɔðə) *vt* infastidire, seccare. *vi* preoccuparsi. *n* noia, seccatura *f.*

bottle ('bɔtl) *n* bottiglia *f.* *vt* imbottigliare. **bottleneck** *n* ingorgo *m.*

bottom ('bɔtəm) *adj* ultimo, inferiore. *n* **1** fondo *m.* base *f.* **2** *inf* sedere *m.*

bough (bau) *n* ramo *m.*

bought (bɔːt) v see **buy**.

boulder ('bəʊldə) n macigno m. roccia f.

bounce (baʊns) vi rimbalzare. vt far rimbalzare. n balzo, salto m.

bound[1] (baʊnd) v see **bind**. adj **1** legato. **2** rilegato. **3** obbligato.

bound[2] (baʊnd) n (jump) salto, balzo m. vi saltare.

bound[3] (baʊnd) n confine, limite m. **boundary** n limite m. frontiera f.

bound[4] (baʊnd) adj diretto, con destinazione. **be bound for** essere diretto a.

boundary ('baʊndrɪ) n limite m. frontiera f.

bouquet (buˈkeɪ) n mazzo di fiori m.

bourgeois ('bʊəʒwɑː) adj,n borghese.

bout (baʊt) n **1** periodo d'attività m. **2** med accesso m. **3** sport turno m. ripresa f.

bow[1] (baʊ) vt piegare. vi chinarsi, sottomettersi. n saluto, inchino m.

bow[2] (bəʊ) n **1** arco m. **2** mus archetto m. **bow-legged** adj dalle gambe arcuate.

bow[3] (baʊ) n naut prua f.

bowels ('baʊəlz) n pl intestini m pl. viscere f pl.

bowl[1] (bəʊl) n ciotola, vaschetta f. recipiente m.

bowl[2] (bəʊl) n boccia f. vt far rotolare. vi servire la palla.

box[1] (bɒks) n **1** scatola f. **2** cassetta f. **3** law banco dei testimoni m. **4** Th palco m. **box number** n casella postale f. **box office** n Th botteghino m.

box[2] (bɒks) vi fare del pugilato. vt schiaffeggiare. n ceffone, pugno m. **boxing** n pugilato m.

Boxing Day n giorno di Santo Stefano m.

boy (bɔɪ) n ragazzo m. **boyfriend** n amico, ragazzo m. **boyhood** n adolescenza f. **boyish** adj fanciullesco, giovanile.

boycott ('bɔɪkɒt) vt boicottare. n boicottaggio m.

bra (brɑː) n inf reggipetto m.

brace (breɪs) n **1** supporto m. **2** pl bretelle f pl. **3** coppia f. vt assicurare, fortificare.

bracelet ('breɪslət) n braccialetto m.

bracket ('brækɪt) n **1** mensola f. **2** parentesi f invar. vt **1** munire di supporto. **2** mettere tra parentesi.

brag (bræg) vi vantarsi.

braid (breɪd) n gallone m. vt intrecciare, legare con un nastro.

braille (breɪl) n alfabeto braille m.

brain (breɪn) n **1** cervello m. **2** pl intelligenza f. senno m. **rack one's brains** lambiccarsi il cervello. **brainwash** vt fare il lavaggio del cervello a. **brainwave** n buona idea f.

braise (breɪz) vt brasare, cuocere a stufato.

brake (breɪk) n freno m. vi frenare.

branch (brɑːntʃ) n **1** ramo m. **2** comm filiale f. vi diramarsi. **branch off** biforcarsi.

brand (brænd) n **1** tizzone m. **2** marchio m. **3** marca f. **4** qualità f. vt **1** marchiare. **2** stigmatizzare. **brand-new** adj nuovo fiammante.

brandish ('brændɪʃ) vt brandire.

brandy ('brændɪ) n acquavite f.

brass (brɑːs) n **1** ottone m. **2** sl moneta f. adj di ottone. **brass band** n banda f.

brassiere ('bræsɪə) n reggipetto m.

brave (breɪv) adj coraggioso, ardito. vt sfidare, affrontare.

brawl (brɔːl) n zuffa, disputa f. vi rissare, azzuffarsi.

bray (brei) *vi* ragliare. *n* raglio *m*.

brazen ('breizən) *adj* 1 impudente. 2 di ottone.

Brazil (brə'zil) *n* Brasile *m*. **Brazilian** *adj,n* brasiliano.

breach (briːʃ) *n* 1 breccia *f*. 2 rottura *f*. 3 violazione *f*. *vt* far breccia in.

bread (bred) *n* pane *m*. **breadcrumb** *n* mollica, briciola *f*. **breadknife** *n* coltello da pane *m*. **breadwinner** *n* sostegno della famiglia *m*.

breadth (bredθ) *n* 1 larghezza, ampiezza *f*. 2 altezza *f*.

break* (breik) *vt* 1 rompere. 2 infrangere. 3 interrompere. *vi* rompersi. **break away** fuggire, distaccarsi. **break down** essere in panne. **breakdown** *n* 1 collasso, esaurimento nervoso *m*. 2 *mot* panna *f*. **break out** scoppiare. **break up** sciogliere. ~ *n* 1 rottura *f*. 2 interruzione *f*. 3 pausa *f*. **breakthrough** *n* innovazione, conquista *f*.

breakfast ('brekfəst) *n* prima colazione *f*.

breast (brest) *n* petto, seno *m*. **breaststroke** *n* nuoto a rana *m*.

breath (breθ) *n* respiro, fiato, soffio *m*. **out of breath** ansimante. **breathtaking** *adj* sorprendente, affascinante.

breathe (briːð) *vi* respirare, soffiare, sussurrare. **breathe a sigh** sospirare. **breathing** *n* respirazione *f*.

breed* (briːd) *vt* 1 generare. 2 allevare. *vi* nascere. *n* razza, stirpe, covata *f*. **breeding** *n* allevamento *m*.

breeze (briːz) *n* brezza *f*.

brew (bruː) *vt* mescolare, fare fermentare. *n* mistura *f*. **brewery** *n* fabbrica di birra *f*.

bribe (braib) *vt* corrompere, allettare. *n* offerta a scopo di corruzione, bustarella *f*. **bribery** *n* corruzione *f*.

brick (brik) *n* mattone *m*.

bride (braid) *n* sposa *f*. **bridegroom** *n* sposo *m*. **bridesmaid** *n* damigella d'onore *f*.

bridge[1] (bridʒ) *n* ponte *m*. *vt* congiungere.

bridge[2] (bridʒ) *n* *game* bridge *m*.

bridle ('braidl) *n* briglia *f*. freno *m*. **bridlepath** *n* pista *f*.

brief (briːf) *adj* breve, conciso. *n* riassunto *m*. istruzioni *f pl*. *vt* impartire istruzioni a. **briefcase** *n* cartella *f*. borsa d'avvocato *f*.

brigade (bri'geid) *n* brigata *f*. **brigadier** *n* generale di brigata *m*.

bright (brait) *adj* 1 risplendente, luminoso, chiaro. 2 allegro. 3 intelligente. **brighten** *vt* 1 rendere più brillante. 2 rallegrare. *vi* illuminarsi, schiarirsi.

brilliant ('briliənt) *adj* 1 brillante, splendido. 2 di talento.

brim (brim) *n* 1 orlo, bordo *m*. 2 (of a hat) tesa *f*.

bring* (briŋ) *vt* 1 portare, recare. 2 produrre, provocare. **bring about** far accadere. **bring up** educare.

brink (briŋk) *n* orlo, limite estremo *m*.

brisk (brisk) *adj* vivace, arzillo.

bristle ('brisəl) *n* setola *f*. *vi* rizzarsi.

Britain ('britn) *n* Gran Bretagna *f*. **British** *adj* britannico. **Briton** *n* inglese *m,f*.

brittle ('britl) *adj* fragile.

broad (brɔːd) *adj* 1 largo, ampio. 2 generale. 3 marcato. **broad bean** *n* fava *f*. **broaden** *vt* allargare. *vi* allargarsi. **broad-minded** *adj* di larghe vedute.

broadcast* ('brɔːdkɑːst) *n* trasmissione radiofonica *f*. *vt* trasmettere per radio, diffondere.

broccoli ('brɔkəli) n broccoli m
pl.

brochure ('brouʃə) n opuscolo
m.

broke (brouk) v see **break**. adj
inf rovinato, al verde.

broken ('broukən) v see **break**.
adj rotto, sconnesso, affranto.

broker ('broukə) n mediatore,
sensale, agente di cambio m.

bronchitis (brɔŋ'kaitis) n bronchite f.

bronze (brɔnz) n bronzo m. adj
di bronzo.

brooch (broutʃ) n spilla f.

brood (bruːd) n covata f. vi 1
covare. 2 meditare.

brook (bruk) n ruscello m.

broom (bruːm) n 1 scopa f. 2
bot ginestra f.

brothel ('brɔðəl) n bordello m.
casa di tolleranza f.

brother ('brʌðə) n fratello
m. **brotherhood** n fratellan-
za, fraternità f. **brother-in-
law** n cognato m. **brotherly**
adj fraterno.

brought (brɔːt) v see **bring**.

brow (brau) n sopracciglio m.
fronte f.

brown (braun) adj marrone, ca-
stano. n bruno m. vt 1 brunire.
2 cul rosolare. vi diventare
bruno.

browse (brauz) vi scartabellare.

bruise (bruːz) n contusione f.
livido m. vt ammaccare. vi am-
maccarsi.

brunette (bruː'net) adj,n bruna, brunetta f.

brush (brʌʃ) n 1 pennello m. 2
spazzola f. vt spazzolare.
brush against sfiorare.
brush up ripassare.

brusque (bruːsk) adj brusco,
rude.

Brussels ('brʌsəlz) n Bruxelles
f. **Brussels sprout** n cavoli-
no di Bruxelles m.

brute (bruːt) n bruto m. adj

brutale, selvaggio. **brutal** adj
brutale.

bubble ('bʌbəl) n bolla f. vi formare bolle.

buck[1] (bʌk) vi impennarsi.

buck[2] (bʌk) n zool daino, ca-
prone m.

bucket ('bʌkit) n secchio m.

buckle ('bʌkəl) n fibbia f. vt af-
fibbiare, allacciare. vi affib-
biarsi.

bud (bʌd) n germoglio, boccio-
lo m.

Buddhism ('budizəm) n buddismo m. **Buddhist** adj,n buddista.

budget ('bʌdʒit) n bilancio preventivo m. vi fare un bilancio
preventivo.

buffalo ('bʌfəlou) n, pl **-loes** or
-los bufalo m.

buffer ('bʌfə) n respingente, cuscinetto m.

buffet[1] ('bufit) n schiaffo m. vt
schiaffeggiare.

buffet[2] ('bʌfei) n ristorante m.
tavola calda f.

bug (bʌg) n 1 zool cimice f. 2
inf virus m.

bugle ('bjuːgəl) n tromba f.

build* (bild) vi costruire, fabbricare, nidificare. n corpora-
tura f. **building** n fabbrica-
to, edificio m. **building society** n credito edilizio m.

bulb (bʌlb) n 1 bot bulbo m. 2
(electric) lampadina f.

Bulgaria (bʌl'geəriə) n Bulgaria
f. **Bulgarian** adj,n bulgaro. **Bulgarian** (language) n
bulgaro m.

bulge (bʌldʒ) n gonfiore m.
protuberanza f. vi gonfiare,
gonfiarsi.

bulk (bʌlk) n massa f. volume
m. **bulky** adj ingombrante,
voluminoso.

bull (bul) n toro m. **bulldog** n
mastino m. **bulldozer** n li-
vellatrice f. **bullfight** n corrida f.

bullet ('bulit) n pallottola f. **bullet-proof** adj a prova di pallottola, corazzato.

bulletin ('bulətin) n bollettino m.

bully ('buli) n gradasso, prepotente m. vt maltrattare, tiranneggiare.

bump (bʌmp) vt battere, urtare. vi sbattere. n colpo, bernoccolo m. **bumper** n paraurti m invar. adj inf abbondante.

bun (bʌn) n 1 cul focaccia f. 2 crocchia f.

bunch (bʌntʃ) n fascio, mazzo, grappolo m. vt riunire, raggruppare.

bundle ('bʌndl) n fagotto, involto m. vt fare un involto di.

bungalow ('bʌŋgəlou) n casa ad un piano f.

bungle ('bʌŋgəl) vt guastare. n lavoro malfatto m.

bunk (bʌŋk) n cuccetta f.

bunker ('bʌŋkə) n 1 carbonile m. 2 sport ostacolo m.

buoy (bɔi) n boa f. **buoyant** adj 1 galleggiante. 2 allegro, esuberante.

burden ('bəːdn) n fardello, carico, onere m. vt caricare, opprimere.

bureau ('bjuərou) n, pl -eaus or -eaux 1 ufficio m. 2 scrittoio m.

bureaucracy (bju'rɔkrəsi) n burocrazia f. **bureaucrat** n burocrate m.

burglar ('bəːglə) n ladro, scassinatore m. **burglar alarm** n segnale antifurto m. **burglary** n furto con scasso m. **burgle** vt svaligiare, scassinare.

burn* (bəːn) vt bruciare, incendiare. vi 1 bruciare, essere in fiamme. 2 scottare. n ustione, scottatura f.

burrow ('bʌrou) n tana f. vi fare una tana, nascondersi.

burst* (bəːst) vt far esplodere. vi scoppiare. n scoppio m. esplosione f.

bury ('beri) vt seppellire, sotterrare. **burial** n sepoltura f.

bus (bʌs) n autobus m invar. **bus-stop** n fermata dell'autobus f.

bush (buʃ) n 1 cespuglio m. 2 macchia f. **bushy** adj folto, cespuglioso.

business ('biznis) n affari m pl. commercio m. occupazione f. **business-like** adj pratico, sbrigativo. **businessman** n uomo d'affari m.

bust[1] (bʌst) n busto m.

bust[2] (bʌst) inf vt far saltare. vi andare in malora.

bustle ('bʌsəl) n attività disordinata f. trambusto m. vi muoversi, agitarsi.

busy ('bizi) adj indaffarato, occupato.

but (bət; stressed bʌt) conj ma. adv solo, soltanto. prep tranne, eccetto.

butcher ('butʃə) n macellaio m. vt massacrare, macellare. **butcher's shop** n macelleria f.

butler ('bʌtlə) n maggiordomo m.

butt[1] (bʌt) n 1 mozzicone m. 2 (of a gun) calcio m.

butt[2] (bʌt) n (person or object) bersaglio m. meta f.

butt[3] (bʌt) n cornata f. vt dar cornate a, cozzare.

butter ('bʌtə) n burro m. **buttercup** n ranuncolo m. **butterfly** n farfalla f. **butterscotch** n tipo di caramella m.

buttocks ('bʌtəks) n pl natiche f pl.

button ('bʌtn) n bottone m. vt abbottonare. **button up** abbottonarsi. **buttonhole** n occhiello m. vt inchiodare.

buttress ('bʌtrəs) n contrafforte f. sperone m.

buy* (bai) *vt* comprare, acquistare. *n* acquisto *m*. **buyer** *n* acquirente, compratore *m*.

buzz (bʌz) *n* 1 ronzio *m*. 2 *inf* telefonata *f*. *vi* ronzare, mormorare.

by (bai) *prep* 1 da, di, a, per, in, con. 2 vicino a. 3 entro, durante. *adv* 1 vicino. 2 da parte. **by the way** a proposito. **by-election** *n* elezione straordinaria *f*. **bylaw** *n* legge locale *f*. regolamento *m*. **bypass** *n* circonvallazione *f*. *vt* girare intorno a.

Byzantine (bi'zæntain, bai-) *adj,n* bizantino.

C

cab (kæb) *n* tassì *m invar*. vettura pubblica *f*.

cabaret ('kæbərei) *n* caffè concerto *m*.

cabbage ('kæbidʒ) *n* cavolo *m*.

cabin ('kæbin) *n* cabina, capanna *f*. **cabin cruiser** *n* cabinato *m*.

cabinet ('kæbinət) *n* 1 armadietto *m*. 2 *pol* gabinetto *m*. **cabinet-maker** *n* ebanista *m*.

cable ('keibəl) *n* 1 cavo *m*. 2 cablogramma *m*. *vt* mandare un cablogramma a. **cable car** *n* funivia *f*.

cackle ('kækəl) *vi* schiamazzare, ridacchiare. *n* 1 verso della gallina *m*. 2 chiacchierio *m*.

cactus ('kæktəs) *n, pl* **-ti** *or* **-tuses** cactus *m*.

cadence ('keidns) *n* cadenza *f*.

cadet (kə'det) *n* cadetto *m*.

cafe ('kæfei) *n* caffè *m invar*. ristorante *m*.

cafeteria (kæfi'tiəriə) *n* bar-ristorante *m*.

caffeine ('kæfiːn) *n* caffeina *f*.

cage (keidʒ) *n* gabbia *f*.

cake (keik) *n* torta, focaccia *f*. *vt* incrostare, incrostarsi, indurirsi.

calamity (kə'læməti) *n* calamità *f*.

calcium ('kælsiəm) *n* calcio *m*.

calculate ('kælkjuleit) *vt* calcolare, valutare. **calculation** *n* calcolo *m*. **calculator** *n* calcolatore *m*. macchina calcolatrice *f*.

calendar ('kælində) *n* calendario *m*.

calf[1] (kɑːf) *n, pl* **calves** *anat* polpaccio *m*.

calf[2] (kɑːf) *n, pl* **calves** *zool* vitello *m*.

calibre ('kælibə) *n* calibro *m*.

call (kɔːl) *vt* 1 chiamare. 2 richiamare. 3 svegliare. *vi* 1 gridare. 2 fare scalo. 3 visitare. **call on** visitare. **call up** 1 convocare. 2 richiamare. ~ *n* 1 chiamata *f*. appello, grido *m*. 2 visita *f*. 3 vocazione *f*. **callbox** *n* cabina telefonica *f*.

callous ('kæləs) *adj* calloso, insensibile, spietato.

calm (kɑːm) *adj* calmo, sereno. *n* calma, quiete *f*. *vt* calmare. **calm down** calmarsi.

calorie ('kæləri) *n* caloria *f*.

Cambodia (kæm'boudiə) *n* Cambogia *f*. **Cambodian** *adj,n* cambogiano.

came (keim) *v* see **come**.

camel ('kæməl) *n* cammello *m*. **camelhair** *n* pelo di cammello *m*.

camera ('kæmrə) *n* macchina fotografica *f*. **cameraman** *n* operatore *m*.

camouflage ('kæməflɑːʒ) *n* mimetizzazione *f*. camuffamento *m*. *vt* 1 mascherare. 2 *mil* mimetizzare.

camp[1] (kæmp) *n* accampamento, campo *m*. *vi* accampare, accamparsi. **camp bed** *n* brandina *f*. **camping** *n* campeggio *m*. **camping site** *n* luogo per campeggio *m*.

camp[2] (kæmp) *adj* effeminato.

campaign (kæm'pein) *n* campagna *f*. *vi* fare una campagna.

campus ('kæmpəs) *n* città universitaria *f*.

can[1] (kæn) *n* recipiente, bidone, barattolo *m*. *vt* mettere in scatola.

can[*2] (kæn) *v mod aux* **1** potere, essere in grado di. **2** sapere.

Canada ('kænədə) *n* Canada *m*. **Canadian** *adj,n* canadese.

canal (kə'næl) *n* canale *m*.

canary (kə'neəri) *n* canarino *m*.

Canary Islands *n pl* Isole Canarie *f pl*.

cancel ('kænsəl) *vt* annullare, cancellare, sopprimere. **cancellation** *n* cancellazione *f*. annullamento *m*.

cancer ('kænsə) *n* **1** cancro *m*. **2** *cap* Cancro *m*.

candid ('kændid) *adj* franco, sincero.

candidate ('kændidət) *n* candidato *m*.

candle ('kændl) *n* candela *f*. **candlelight** *n* lume di candela *m*. **candlestick** *n* candelabro, candeliere *m*.

candour ('kændə) *n* franchezza *f*.

cane ('kein) *n* **1** canna *f*. **2** bastone da passeggio *m*. *vt* bastonare.

canine ('keinain) *adj* canino.

cannabis ('kænəbis) *n* ascisc *m*.

cannibal ('kænəbəl) *n* cannibale *m*.

cannon ('kænən) *n* cannone *m*.

cannot ('kænət) contraction of **can not**.

canoe (kə'nu) *n* canoa *f*.

canon[1] ('kænən) *n* canone *m*. regola, disciplina *f*.

canon[2] ('kænən) *n rel* canonico *m*. **canonize** *vt* canonizzare.

canopy ('kænəpi) *n* baldacchino *m*. volta *f*.

canteen (kæn'tiːn) *n* mensa aziendale, cantina *f*.

canter ('kæntə) *n* piccolo galoppo *m*. *vi* andare al piccolo galoppo.

canton ('kæntən) *n* cantone *m*.

canvas ('kænvəs) *n* canovaccio *m*. tela, vela *f*.

canvass ('kænvəs) *vt* sollecitare.

canyon ('kænjən) *n* burrone *m*.

cap (kæp) *n* **1** berretto *m*. cuffia *f*. **2** *tech* cappuccio *m*.

capable ('keipəbəl) *adj* capace, abile.

capacity (kə'pæsiti) *n* **1** capacità, abilità *f*. **2** *tech* potenza *f*.

cape[1] (keip) *n* cappa, mantellina *f*.

cape[2] (keip) *n geog* capo, promontorio *m*.

caper ('keipə) *n* cappero *m*.

capital ('kæpitl) *n* **1** *geog* capitale *f*. **2** *comm* capitale *m*. **3** (letter) maiuscola *f*. *adj* **1** capitale, eccellente. **2** maiuscolo. **capitalism** *n* capitalismo *m*. **capitalist** *n* capitalista *m,f*. **capitalize** *vt* capitalizzare.

capricious (kə'priʃəs) *adj* capriccioso, volubile.

Capricorn ('kæprikɔːn) *n* Capricorno *m*.

capsicum ('kæpsikəm) *n* peperone, pimento *m*.

capsize (kæp'saiz) *vi* capovolgersi. *vt* rovesciare.

capsule ('kæpsjuːl) *n* capsula *f*.

captain ('kæptin) *n* capitano, comandante *m*.

caption ('kæpʃən) *n* **1** intestazione *f*. **2** (cinema) didascalia *f*.

captivate ('kæptiveit) *vt* attrarre, sedurre.

captive ('kæptiv) *adj,n* prigioniero, schiavo *m*.

capture ('kæptʃə) *vt* catturare, far prigioniero. *n* cattura *f*. arresto *m*.

car (kɑː) *n* **1** automobile, macchina *f*. **2** (railway) carro *m*. **car park** *n* posteggio *m*.

caramel (ˈkærəməl) n caramella f.

carat (ˈkærət) n carato m.

caravan (ˈkærəvæn) n carovana f.

caraway (ˈkærəwei) n cumino m.

carbohydrate (kɑɪbouˈhaidreit) n carboidrato m.

carbon (ˈkɑɪbən) n 1 sci carbonio m. 2 tech carbone m. **carbon paper** n carta carbone f. **carbon dioxide** n anidride carbonica f.

carburettor (kɑɪbjuˈretə) n carburatore m.

carcass (ˈkɑɪkəs) n carcassa f.

card (kɑɪd) n carta f. **cardboard** n cartone m.

cardigan (ˈkɑɪdigən) n giacchetta di lana f.

cardinal (ˈkɑɪdinļ) adj cardinale, principale. n cardinale m.

care (keə) n 1 ansietà f. 2 cura, premura, sollecitudine f. 3 custodia f. **care of** presso. ~ vi curarsi, preoccuparsi. **care for** 1 voler bene a. 2 curare. **carefree** adj spensierato. **careful** adj attento, accurato. **careless** adj trascurato, negligente. **caretaker** n custode, guardiano m.

career (kəˈriə) n carriera f.

caress (kəˈres) n carezza f. vt accarezzare.

cargo (ˈkɑɪgou) n, pl **-goes** carico m.

Caribbean (kæriˈbiən) adj dei Caraibi. **Caribbean (Sea)** n Mare dei Caraibi m.

caricature (ˈkærikətjuə) n caricatura f. vt far la caricatura di.

carnal (ˈkɑɪnļ) adj carnale, sensuale.

carnation (kɑɪˈneiʃən) n garofano m.

carnival (ˈkɑɪnivəl) n carnevale m.

carnivorous (kɑɪˈnivərəs) adj carnivoro.

carol (ˈkærəl) n canto, inno natalizio m.

carpenter (ˈkɑɪpintə) n carpentiere, falegname m.

carpet (ˈkɑɪpit) n tappeto m.

carriage (ˈkæridʒ) n 1 carro m. vettura f. 2 (railway) vagone m. 3 trasporto m. 4 portamento m. **carriageway** n strada rotabile f.

carrier (ˈkæriə) n trasportatore m. **carrier bag** n sacchetto m.

carrot (ˈkærət) n carota f.

carry (ˈkæri) vt, vi portare. **carry away** trasportare. **carry on** proseguire. **carry out** effettuare. **carrycot** n culla portabile f.

cart (kɑɪt) n carro, calesse m. **carthorse** n cavallo da traino m. **cartwheel** n ruota di carro f.

cartilage (ˈkɑɪtilidʒ) n cartilagine f.

carton (ˈkɑɪtņ) n 1 scatola di cartone f. 2 (of cigarettes) stecca f.

cartoon (kɑɪˈtuɪn) n cartone m. **cartoonist** n disegnatore, vignettista m.

cartridge (ˈkɑɪtridʒ) n cartuccia f.

carve (kɑɪv) vt 1 Art intagliare, incidere. 2 tagliare. **carving** n intaglio m. **carving-knife** n trinciante m.

cascade (kæˈskeid) n cascata f.

case[1] (keis) n 1 caso, avvenimento m. 2 law causa f. processo m.

case[2] (keis) n 1 scatola, custodia f. 2 (for glasses, etc.) astuccio m.

cash (kæʃ) n cassa f. denaro m. contanti m pl. vt incassare, riscuotere. **cash desk** n cassa f.

cashier[1] (kæˈʃiə) n cassiere m.

cashier[2] (kæˈʃiə) vt destituire.

cashmere (kæʃˈmiə) n cachemire m.

casino (kə'siːnou) *n* casinò *m*.
casket ('kɑːskit) *n* cofanetto, scrigno *m*.
casserole ('kæsəroul) *n* teglia, casseruola *f*.
cassette (kə'set) *n* cassetta *f*.
cassock ('kæsək) *n* tonaca, veste *f*.
cast* (kɑːst) *vt* 1 gettare, lanciare. 2 reclutare. 3 fondere. *n* 1 lancio, getto, stampo *m*. 2 *Th* complesso *m*.
castanets (kæstə'nets) *n pl* nacchere *f pl*.
caste (kɑːst) *n* casta *f*.
castle ('kɑːsəl) *n* castello *m*.
castrate (kæ'streit) *vt* castrare.
casual ('kæʒuəl) *adj* 1 accidentale, casuale, fortuito. 2 sportivo, semplice. **casualty** *n* 1 vittima *m*. 2 incidente, sinistro *m*.
cat (kæt) *n* gatto *m*. **cat's eye** *n mot* catarifrangente *m*.
catalogue ('kætələg) *n* catalogo *m*. *vt* catalogare.
catamaran (kætəmə'ræn) *n* catamarano *m*.
catapult ('kætəpʌlt) *n* catapulta, fionda *f*.
cataract ('kætərækt) *n* cateratta *f*.
catarrh (kə'tɑː) *n* catarro *m*.
catastrophe (kə'tæstrəfi) *n* catastrofe *f*.
catch* (kætʃ) *vt* 1 prendere, afferrare. 2 sorprendere. *vi* attaccarsi. *n* 1 cattura, preda *f*. 2 trucco *m*.
catechism ('kætikizəm) *n* catechismo *m*.
category ('kætigəri) *n* categoria *f*. **categorical** *adj* categorico. **categorize** *vt* classificare, giudicare.
cater ('keitə) *vi* provvedere cibo. **cater for** provvedere. **caterer** *n* fornitore, negoziante *m*.
caterpillar ('kætəpilə) *n* bruco *m*.

cathedral (kə'θiːdrəl) *n* cattedrale *f*.
cathode ('kæθoud) *n* catodo *m*.
Catholic ('kæθlik) *adj,n* cattolico. **Catholicism** *n* cattolicesimo *m*.
catkin ('kætkin) *n* amento *m*.
cattle ('kætl) *n pl* bestiame *m*.
caught (kɔːt) *v see* **catch**.
cauliflower ('kɔliflauə) *n* cavolfiore *m*.
cause (kɔːz) *n* ragione, causa *f*. motivo *m*. *vt* causare, provocare.
causeway ('kɔːzwei) *n* strada rialzata *f*.
caustic ('kɔːstik) *adj* caustico, mordente.
caution ('kɔːʃən) *n* 1 cautela, prudenza *f*. 2 avvertimento *m*. *vt* ammonire, mettere in guardia.
cavalry ('kævəlri) *n* cavalleria *f*.
cave (keiv) *n* caverna, tana *f*.
caviar ('kæviɑː) *n* caviale *m*.
cavity ('kæviti) *n* cavità *f*.
cayenne (kei'en) *n* pepe di Caienna *m*.
cease (siːs) *vt,vi* cessare, finire. **cease-fire** *n* cessato il fuoco *m*. tregua *f*. **cease-less** *adj* incessante.
cedar ('siːdə) *n* cedro *m*.
ceiling ('siːliŋ) *n* soffitto *m*.
celebrate ('seləbreit) *vt* celebrare, onorare. *vi* far festa. **celebration** *n* celebrazione *f*.
celebrity (si'lebriti) *n* celebrità *f*.
celery ('seləri) *n* sedano *m*.
celestial (si'lestiəl) *adj* celestiale.
celibate ('selibət) *adj,n* celibe *m*.
cell (sel) *n* 1 cella *f*. 2 *sci* cellula *f*.
cellar ('selə) *n* cantina *f*. sottosuolo *m*.

cello ('tʃelou) *n* violoncello *m*.

Cellophane ('seləfein) *n Tdmk* Cellophane *m*.

Celt (kelt) *n* celta *m*. **Celtic** *adj* celtico.

cement (si'ment) *n* cemento *m*. *vt* cementare.

cemetery ('semətri) *n* cimitero *m*.

censor ('sensə) *n* censore *m*. *vt* censurare. **censorship** *n* censura *f*.

censure ('senʃə) *n* censura, critica *f*. *vt* criticare, biasimare.

census ('sensəs) *n* censimento *m*.

cent (sent) *n* **1** centesimo *m*. **2** soldo *m*.

centenary (sen'tiːnəri) *adj,n* centenario *m*.

centigrade ('sentigreid) *adj* centigrado.

centimetre ('sentimiːtə) *n* centimetro *m*.

centipede ('sentipiːd) *n* millepiedi *m invar*.

centre ('sentə) *n* centro *m*. *vt* centrare, concentrare. *vi* concentrarsi. **centre-forward** *n* centravanti *m*. **centre-half** *n* centromediano *m*. **central** *adj* centrale. **central heating** *n* riscaldamento centrale *m*. **centralize** *vt* centralizzare. **centralization** *n* centralizzazione *f*.

century ('sentʃəri) *n* secolo *m*.

ceramic (si'ræmik) *adj* di ceramica. **ceramics** *n* ceramica *f*.

cereal ('siəriəl) *n* cereale *m*.

ceremony ('serəməni) *n* cerimonia *f*. **stand on ceremony** far complimenti. **ceremonial** *adj* da cerimonia. *n* cerimonia *f*. **ceremonious** *adj* cerimonioso.

certain ('səːtn) *adj* certo, sicuro. **certainty** *n* certezza *f*.

certify ('səːtifai) *vt* attestare, certificare. **certificate** *n* certificato *m*.

Ceylon (si'lɔn) *n* Ceylon *m*. **Ceylonese** *adj,n* cingalese.

chaffinch ('tʃæfintʃ) *n* fringuello *m*.

chain (tʃein) *n* catena *f*. *vt* incatenare. **chain-smoke** *vi* fumare ininterrottamente. **chain-reaction** *n* reazione a catena *f*. **chain-store** *n* negozio che fa parte di una catena *m*.

chair (tʃɛə) *n* **1** sedia *f*. seggio *m*. **2** *educ* cattedra *f*. **chair lift** *n* seggiovia *f*. **chairman** *n* presidente *m*.

chalet ('ʃælei) *n* chalet *m*.

chalk (tʃɔːk) *n* gesso *m*.

challenge ('tʃæləndʒ) *n* sfida, provocazione *f*. *vt* sfidare, provocare. **challenging** *adj* stimolante.

chamber ('tʃeimbə) *n* camera, sala *f*. **chambermaid** *n* cameriera *f*. **chamber music** *n* musica da camera *f*.

chamberlain ('tʃeimbəlin) *n* ciambellano *m*.

chameleon (kə'miːliən) *n* camaleonte *m*.

chamois ('ʃæmi) *n invar* pelle di camoscio *f*.

champagne (ʃæm'pein) *n* sciampagna *m*.

champion ('tʃæmpiən) *n* campione *m*. *vt* difendere, sostenere. **championship** *n* campionato *m*.

chance (tʃɑːns) *n* fortuna *f*. caso *m*. **by chance** per caso. ~ *vt* arrischiare. *vi* accadere. *adj* fortuito, casuale.

chancellor ('tʃɑːnsələ) *n* cancelliere *m*.

chandelier (ʃændə'liə) *n* lampadario *m*.

change (tʃeindʒ) *vt* cambiare. *vi* mutarsi. *n* **1** cambio *m*. alterazione *f*. **2** (of money) moneta *f*. **changeable** *adj* mutevole.

channel ('tʃænl) *n* canale *m*. *vt* incanalare.

Channel Islands *n pl* Isole Normanne *f pl.*

chant ('tʃɑːnt) *n* canto monotono *m.* cantilena *f. vi* cantare, salmodiare.

chaos ('keiɔs) *n* caos *m.*

chap[1] (tʃæp) *vt* screpolare. *vi* screpolarsi. *n* screpolatura *f.*

chap[2] (tʃæp) *n inf* tipo, individuo, ragazzo *m.*

chapel ('tʃæpəl) *n* cappella *f.*

chaperon ('ʃæpərɔun) *n* compagna *f. vt* accompagnare.

chaplain ('tʃæplin) *n* cappellano *m.*

chapter ('tʃæptə) *n* capitolo *m.*

char[1] (tʃɑː) *vt* carbonizzare. *vi* carbonizzarsi.

char[2] (tʃɑː) *n inf* domestica a ore *f. vi* lavorare a giornata.

character ('kærɪktə) *n* 1 carattere *m.* indole *f.* 2 personalità *f.* 3 personaggio *m.* **characteristic** *adj* caratteristico. *n* caratteristica *f.*

charcoal ('tʃɑːkoul) *n* carbonella *f.*

charge (tʃɑːdʒ) *vt* 1 far pagare. 2 incaricare. 3 caricare. *n* 1 spesa *f.* costo *m.* 2 incarico *m.* sorveglianza *f.* 3 accusa *f.* 4 *mil* carica *f.*

chariot ('tʃæriət) *n* cocchio *m.*

charisma (kə'rizmə) *n* carisma *m.*

charity ('tʃæriti) *n* carità, elemosina *f.* **charitable** *adj* caritatevole.

charm (tʃɑːm) *n* 1 fascino *m.* 2 incantesimo *m.* 3 amuleto *m.* *vt* affascinare, incantare, stregare. **charming** *adj* attraente, grazioso.

chart (tʃɑːt) *n* 1 carta nautica *f.* 2 grafico *m.* 3 cartella clinica *f. vt* fare la carta idrografica di, tracciare.

charter ('tʃɑːtə) *n* carta *f.* documento *m.* **charter flight** *n* volo speciale *or* charter *m.* ~ *vt* 1 noleggiare. 2 concedere statuto.

chase (tʃeis) *vt* cacciare, inseguire, rincorrere. *n* caccia *f.* inseguimento *m.*

chasm ('kæzəm) *n* abisso *m.*

chassis ('ʃæsi) *n invar* telaio *m.*

chaste (tʃeist) *adj* casto, virtuoso, severo.

chastise (tʃæ'staiz) *vt* castigare, punire. **chastisement** *n* castigo *m.* punizione *f.*

chat (tʃæt) *n* chiacchierata *f.* *vi* chiacchierare. **chatty** *adj* chiacchierone, ciarliero.

chatter ('tʃætə) *n* chiacchiera *f.* **chatterbox** *n* chiacchierone *m. vi* 1 chiacchierare. 2 battere i denti.

chauffeur ('ʃoufə) *n* autista *m.*

chauvinism ('ʃouvinizəm) *n* sciovinismo *m.* **chauvinist** *n* sciovinista *m.*

cheap (tʃiːp) *adj* 1 a buon mercato. 2 di scarso valore, spregevole.

cheat (tʃiːt) *n* 1 inganno *m.* 2 (person) imbroglione *m. vt, vi* ingannare, truffare.

check (tʃek) *n* 1 arresto, impedimento *m.* 2 controllo *m.* 3 (on material) quadretto *m.* 4 *game* scacco *m. vt* 1 controllare. 2 fermare. 3 tenere in scacco. **checkmate** *n* scacco matto *m. vt* dar scacco matto a. **checkpoint** *n* punto di controllo *m.* **check up** *n* 1 revisione *f.* 2 visita medica *f.*

cheek (tʃiːk) *n* 1 guancia, gota *f.* 2 *inf* sfrontatezza *f.* **cheekbone** *n* zigomo *m.* **cheeky** *adj* insolente.

cheer (tʃiə) *n* applauso *m. vt* rallegrare, incoraggiare. *vi* applaudire. **cheer up** rallegrarsi. **cheerful** *adj* allegro.

cheese (tʃiːz) *n* formaggio *m.* **cheesecake** *n* torta di formaggio *f.*

cheetah ('tʃiːtə) *n* ghepardo *m.*

chef (ʃef) *n* capocuoco *m.*

chemical (ˈkemikəl) *adj* chimico. *n* prodotto chimico *m*.

chemist (ˈkemist) *n* 1 chimico *m*. 2 *med* farmacista *m*. **chemist's shop** *n* farmacia *f*.

chemistry (ˈkemistri) *n* chimica *f*.

cheque (tʃek) *n* assegno *m*. **chequebook** *n* libretto degli assegni *m*. **cheque card** *n* carta bancaria *f*.

cherish (ˈtʃeriʃ) *vt* 1 tener caro, amare. 2 nutrire.

cherry (ˈtʃeri) *n* ciliegia *f*. **cherry tree** *n* ciliegio *m*.

cherub (ˈtʃerəb) *n* cherubino *m*.

chess (tʃes) *n* scacchi *m pl*. **chessboard** *n* scacchiera *f*. **chessman** *n* pezzo degli scacchi *m*.

chest (tʃest) *n* 1 *anat* petto, torace *m*. 2 cassa *f*. **chest of drawers** *n* cassettone *m*.

chestnut (ˈtʃesnʌt) *n* castagna *f*. **chestnut tree** *n* castagno *m*.

chew (tʃuː) *vt,vi* masticare. **chew over** meditare. **chewing gum** *n* gomma da masticare *f*.

chick (tʃik) *n* pulcino *m*.

chicken (ˈtʃikən) *n* pollo, pollastro *m*. **chickenpox** *n* varicella *f*.

chicory (ˈtʃikəri) *n* cicoria *f*.

chief (tʃiːf) *adj* principale. *n* capo, comandante *m*.

chilblain (ˈtʃilblein) *n* gelone *m*.

child (tʃaild) *n, pl* **children** 1 bambino *m*. 2 figlio *m*. **childbirth** *n* parto *m*. **childhood** *n* infanzia *f*. **childish** *adj* puerile, infantile. **childlike** *adj* da bambino, infantile. **childminder** *n* bambinaia *f*.

chill (tʃil) *n* 1 *med* raffreddore *m*. 2 brivido *m*. *vt* raffreddare. *adj* freddo. **chilly** *adj* 1 freddoloso, frescolino. 2 senza cordialità.

chilli (ˈtʃili) *n* pepe di Caienna *m*.

chime (tʃaim) *n* scampanio *m*. *vi* risuonare, scampanare. *vt* suonare, battere.

chimney (ˈtʃimni) *n* camino, fumaiolo *m*. **chimneypot** *n* comignolo *m*. **chimneysweep** *n* spazzacamino *m*.

chimpanzee (tʃimpænˈziː) *n* scimpanzé *m*.

chin (tʃin) *n* mento *m*.

china (ˈtʃainə) *n* porcellana *f*.

China (ˈtʃainə) *n* Cina *f*. **Chinese** *adj,n* cinese. **Chinese** (language) *n* cinese *m*.

chink[1] (tʃiŋk) *n* fessura, crepa *f*.

chink[2] (tʃiŋk) *vt* far tintinnare. *vi* tintinnare. *n* tintinnio *m*.

chip (tʃip) *n* 1 frammento *m*. scheggia *f*. 2 *cul* patatina fritta *f*. *vt* rompere. *vi* scheggiarsi.

chiropody (kiˈrɔpədi) *n* arte del pedicure *f*. **chiropodist** *n* chiropodista *m*.

chirp (tʃəːp) *n* cinguettio, canto *m*. *vi* cinguettare, pigolare.

chisel (ˈtʃizəl) *n* scalpello, cesello *m*. *vt* cesellare, scalpellare.

chivalry (ˈʃivəlri) *n* galanteria *f*.

chives (tʃaivz) *n* erba cipollina *f*.

chlorine (ˈklɔːriːn) *n* cloro *m*.

chlorophyll (ˈklɔrəfil) *n* clorofilla *f*.

chocolate (ˈtʃɔklit) *n* 1 cioccolato *m*. cioccolata *f*. 2 (sweet) cioccolatino *m*. *adj* di cioccolato.

choice (tʃɔis) *n* scelta *f*. assortimento *m*. *adj* scelto, di prima qualità.

choir (kwaiə) *n* coro *m*. **choirboy** *n* ragazzo cantore *m*. **choirmaster** *n* maestro di cappella *m*.

choke (tʃouk) *vt* soffocare, asfissiare. *vi* soffocarsi, ostruirsi.

cholera (ˈkɔlərə) *n* colera *m*.

choose* (tʃuːz) *vt,vi* scegliere.

chop[1] (tʃɔp) *vt* tagliare, spaccare. *n* **1** colpo *m.* **2** *cul* braciola *f.* **chopper** *n* accetta *f.*

chop[2] (tʃɔp) *vi* mutare.

chopsticks ('tʃɔpstiks) *n pl* bastoncini *m pl.*

chord (kɔːd) *n* **1** corda *f.* **2** *mus* accordo *m.*

chore (tʃɔː) *n* **1** lavoro *m.* **2** *pl* lavori in casa.

choreography (kɔri'ɔgrəfi) *n* coreografia *f.* **choreographer** *n* coreografo *m.*

chorus ('kɔːrəs) *n* coro *m.* **choral** *adj* corale.

chose (tʃouz) *v see* **choose.**

chosen ('tʃouzən) *v see* **choose.**

Christ (kraist) *n* Cristo *m.*

christen ('krisən) *vt* battezzare. **christening** *n* battesimo *m.*

Christian ('kristʃən) *adj,n* cristiano. **Christian name** *n* nome di battesimo *m.* **Christianity** *n* cristianesimo *m.*

Christmas ('krisməs) *n* Natale *m.* **Christmas tree** *n* albero di Natale *m.*

chromatic (krə'mætik) *adj* cromatico.

chrome (kroum) *n* cromo *m.*

chromium ('kroumiəm) *n* cromo *m.*

chromosome ('krouməsoum) *n* cromosoma *m.*

chronic ('krɔnik) *adj* cronico.

chronicle ('krɔnikəl) *n* cronaca *f. vt* narrare.

chronological (krɔnə'lɔdʒikəl) *adj* cronologico.

chrysalis ('krisəlis) *n* crisalide *f.*

chrysanthemum (kri'zænθiməm) *n* crisantemo *m.*

chubby ('tʃʌbi) *adj* paffuto, pienotto.

chuck (tʃʌk) *vt* lanciare. **chuck out** scacciare.

chuckle ('tʃʌkəl) *n* riso soffocato *m. vi* ridacchiare.

chunk (tʃʌŋk) *n* grosso pezzo *m.*

church (tʃəːtʃ) *n* chiesa *f.* **churchyard** *n* cimitero *m.*

churn (tʃəːn) *n* zangola *f.*

chute (ʃuːt) *n* **1** cascata d'acqua *f.* **2** scivolo *m.*

chutney ('tʃʌtni) *n* salsa indiana *f.*

cicada (si'kaːdə) *n* cicala *f.*

cider ('saidə) *n* sidro *m.*

cigar (si'gɑː) *n* sigaro *m.* **cigarette** *n* sigaretta *f.* **cigarette lighter** *n* accendino *m.*

cinder ('sində) *n* **1** brace *f.* tizzone *m.* **2** *pl* cenere *f.*

cinecamera ('sinikæmrə) *n* macchina da presa *f.*

cinema ('sinəmə) *n* cinema *m.*

cinnamon ('sinəmən) *n* cannella *f.*

circle ('səːkəl) *n* **1** cerchio, circolo *m.* **2** *Th* galleria. **3** gruppo *m. vt* circondare, aggirare. *vi* volteggiare. **circular** *adj* circolare. **circulation** *n* **1** circolazione *f.* **2** tiratura *f.* **circulate** *vi* circolare. *vt* mettere in circolazione.

circuit ('səːkit) *n* circuito, giro *m.*

circumcise ('səːkəmsaiz) *vt* circoncidere. **circumcision** *n* circoncisione *f.*

circumference (sə'kʌmfərəns) *n* circonferenza *f.*

circumscribe ('səːkəmskraib) *vt* circoscrivere.

circumstance ('səːkəmstæns) *n* circostanza, condizione *f.*

circus ('səːkəs) *n* circo *m.*

cistern ('sistən) *n* cisterna *f.* serbatoio *m.*

cite (sait) *vt* citare.

citizen ('sitizən) *n* cittadino *m.* **citizenship** *n* cittadinanza *f.*

citrus ('sitrəs) *n* agrume *m.* **citrus fruits** agrumi *m pl.*

city ('siti) *n* città *f.*

civic ('sivik) *adj* civico.

civil ('sivəl) adj 1 civile. 2 cortese, educato. **civil engineering** n ingegneria civile f. **civil servant** n funzionario dello stato m. **civil service** n amministrazione statale f. **civil war** n guerra civile f.

civilian (si'viliən) adj,n borghese m.

civilization (sivilai'zeifən) n civiltà, civilizzazione f. **civilize** vt incivilire, civilizzare. **civilized** adj civile, civilizzato.

clad (klæd) adj vestito, rivestito.

claim (kleim) n 1 richiesta, pretesa, rivendicazione f. 2 diritto m. vt 1 chiedere, reclamare, rivendicare. 2 asserire.

clam (klæm) n mollusco m.

clamber ('klæmbə) vi arrampicarsi.

clammy ('klæmi) adj vischioso, viscido.

clamour ('klæmə) n clamore, schiamazzo m. vi gridare a gran voce, richiedere rumorosamente. **clamour for** strepitare per.

clamp (klæmp) n morsa, tenaglia f. vt stringere, incastrare.

clan (klæn) n tribù f.

clandestine (klæn'destin) adj clandestino.

clang (klæŋ) vt far risuonare. vi risuonare. n suono metallico m.

clank (klæŋk) vt,vi risuonare. n rumore metallico m.

clap (klæp) n 1 colpo, scoppio m. 2 battimano m. vt,vi applaudire. vt battere.

claret ('klærət) n chiaretto m.

clarify ('klærifai) vt chiarificare. vi chiarificarsi. **clarity** n 1 chiarezza f. 2 lucidità di mente f.

clarinet (klæri'net) n clarinetto m.

clash (klæf) n urto, conflitto m. vi 1 urtare, urtarsi. 2 (of colours) stonare. vt far cozzare.

clasp (klɑːsp) vt abbracciare, stringere, afferrare. n 1 fermaglio m. 2 abbraccio m. presa f.

class (klɑːs) n 1 classe, categoria f. 2 lezione f. vt classificare. **classroom** n aula f. **classify** vt classificare.

classic ('klæsik) adj,n classico m. **classical** adj classico.

clatter ('klætə) vi far fracasso. vt far risuonare. n fracasso, schiamazzo m.

clause (klɔːz) n 1 clausola f. 2 gram proposizione f.

claustrophobia (klɔːstrə'foubiə) n claustrofobia f.

claw (klɔː) n 1 artiglio m. 2 grinfia, chela f. vt artigliare, graffiare.

clay (klei) n argilla, creta f.

clean (kliːn) adj pulito, netto. vt pulire, purificare.

cleanse (klenz) vt pulire, depurare. **cleanser** n detersivo m.

clear (kliə) adj 1 chiaro, evidente. 2 libero. 3 limpido. vt 1 chiarire, schiarire. 2 assolvere. vi schiarirsi. **clear away** 1 portar via. 2 dissiparsi. **clear off** andarsene. **clear up** 1 rassettare. 2 rasserenarsi.

clearance n 1 chiarificazione f. 2 sgombero m. 3 comm liquidazione f. **clearing** n 1 schiarimento m. 2 radura f.

clef (klef) n chiave f.

clench (klentʃ) vt stringere, serrarsi.

clergy ('klɔːdʒi) n clero m. **clergyman** n ecclesiastico, pastore evangelico m.

clerical ('klerikəl) adj 1 clericale. 2 impiegatizio.

clerk (klɑːk) n impiegato, commesso m.

clever ('klevə) adj intelligente, abile, ingegnoso.

cliché ('kliʃei) n luogo comune m.

click (klik) *n* suono secco, schiocco *m*. *vt* fare schioccare. *vi* produrre un suono breve e secco.

client ('klaiənt) *n* cliente *m, f*. **clientele** *n* clientela *f*.

cliff (klif) *n* scogliera, rupe *f*.

climate ('klaimit) *n* clima *m*.

climax ('klaimæks) *n* apice, punto culminante *m*.

climb (klaim) *vt* salire, scalare. *vi* arrampicarsi. *n* ascesa *f*.

cling* (kliŋ) *vi* aggrapparsi, aderire, attaccarsi.

clinic ('klinik) *n* clinica *f*. **clinical** *adj* clinico.

clip[1] (klip) *vt* tosare, tagliare. *n* tosatura *f*. taglio *m*.

clip[2] (klip) *n* molletta *f*. fermaglio *m*.

clitoris ('klitəris) *n* clitoride *m*.

cloak (klouk) *n* **1** mantello *m*. **2** pretesto *m*. **cloakroom** *n* guardaroba *m*.

clock (klɔk) *n* orologio *m*. pendola *f*. **clocktower** *n* campanile *m*. **clockwise** *adj,adv* in senso orario. **clockwork** *n* meccanismo d'orologeria *m*.

clog (klɔg) *n* **1** (shoe) zoccolo *m*. **2** impedimento *m*. *vt* impedire, impacciare, intasare.

cloister ('klɔistə) *n* convento, monastero *m*.

close *vt,vi* (klouz) **1** chiudere. **2** terminare, finire. **close down** chiudere. *adj* (klous) **1** chiuso. **2** stretto. **3** intimo. **4** pesante. *adv* (klous) vicino, presso. *n* **1** (klouz) fine, conclusione *f*. **2** (klous) recinto, spazio, cintato *m*. **closeness** *n* **1** prossimità *f*. **2** afa *f*.

closet ('klɔzit) *n* gabinetto *m*. *vt* chiudere, rinchiudere.

clot (klɔt) *n* grumo, coagulo *m*. *vi* raggrumare, coagularsi.

cloth (klɔθ) *n* **1** stoffa, tela *f*. panno *m*. **2** tovaglia *f*.

clothe (klouð) *vt* vestire, abbigliare. **clothes** *n pl* indumen-ti, vestiti *m pl*. **clothes brush** *n* spazzola per vestiti *f*. **clothes line** *n* corda per stendere il bucato *f*. **clothes peg** *n* molletta per biancheria *f*. **clothing** *n invar* vestiario *m*. abiti *m pl*.

cloud (klaud) *n* nuvola *f*. **cloudburst** *n* acquazzone *m*. **cloudy** *adj* **1** nuvoloso. **2** oscuro.

clove[1] (klouv) *n* chiodo di garofano *m*.

clove[2] (klouv) *n* (of garlic) spicchio *m*.

clover ('klouvə) *n* trifoglio *m*.

clown (klaun) *n* pagliaccio, buffone *m*.

club (klʌb) *n* **1** bastone *m*. **2** circolo *m*. associazione *f*. **3** *game* fiore *m*. *v* **club together** riunirsi.

clue (kluː) *n* indizio *m*. traccia *f*.

clump (klʌmp) *n* gruppo, cespo *m*.

clumsy ('klʌmzi) *adj* goffo, maldestro.

clung (klʌŋ) *v see* **cling**.

cluster ('klʌstə) *n* **1** grappolo *m*. **2** gruppo, sciame *m*.

clutch (klʌtʃ) *n* **1** stretta, presa *f*. **2** *mot* frizione *f*. *vt* afferrare, aggrapparsi a.

clutter ('klʌtə) *n* trambusto *m*. confusione *f*. *vt* scompigliare.

coach (koutʃ) *n* **1** corriera *f*. pullman *m*. **2** istruttore, allenatore *m*. *vt* allenare.

coal (koul) *n* carbone *m*. **coalmine** *n* miniera di carbone *f*.

coalition (kouə'liʃən) *n* coalizione *f*.

coarse (kɔːs) *adj* **1** grezzo. **2** ruvido, volgare, grossolano.

coast (koust) *n* costa *f*. litorale *m*. **coastguard** *n* guardia costiera *f*. **coastline** *n* costa *f*. litorale *m*.

coat (kout) *n* **1** cappotto, soprabito *m.* **2** (of an animal) pelliccia *f.* **3** rivestimento, strato *m. vt* spalmare, rivestire. **coat-hanger** *n* attaccapanni *m invar.* stampella *f.* **coat of arms** *n* insegna nobiliare *f.*

coax (kouks) *vt* persuadere.

cobble ('kɔbəl) *n* ciottolo *m.* **cobblestone** *n* ciottolo *m.*

cobbler ('kɔblə) *n* calzolaio *m.*

cobra ('koubrə) *n* cobra *m.*

cobweb ('kɔbweb) *n* ragnatela *f.*

cock[1] (kɔk) *n* **1** gallo *m.* **2** maschio di uccelli *m.*

cock[2] (kɔk) *vt* **1** drizzare. **2** (a gun) armare.

cockle ('kɔkəl) *n* **1** *zool* cardio *m.* **2** *bot* loglio *m.*

cockpit ('kɔkpit) *n* **1** *aviat* carlinga *f.* **2** *naut* castello di poppa *m.*

cockroach ('kɔkroutʃ) *n* scarafaggio *m.*

cocktail ('kɔkteil) *n* cocktail *m.*

cocky ('kɔki) *adj* arrogante.

cocoa ('koukou) *n* cacao *m.*

coconut ('koukənʌt) *n* noce di cocco *f.*

cocoon (kə'kuːn) *n* bozzolo *m.*

cod (kɔd) *n* merluzzo *m.*

code (koud) *n* codice, cifrario *m. vt* codificare, cifrare.

codeine ('koudiːn) *n* codeina *f.*

co-education (kouedjuː'keiʃən) *n* istruzione in scuola mista *f.*

coerce (kou'əːs) *vt* costringere.

coexist (kouig'zist) *vi* coesistere.

coffee ('kɔfi) *n* caffè *m invar.* **coffee bar** *n* caffè *f.* **coffee bean** *n* chicco di caffè *m.* **coffee table** *n* tavolo da caffè *m.*

coffin ('kɔfin) *n* bara *f.*

cog (kɔg) *n* dente *m.*

cognac ('kɔnjæk) *n* cognac *m.*

cohabit (kou'hæbit) *vi* coabitare.

cohere (kou'hiə) *vi* aderire.

re. **coherence** *n* coerenza *f.* **coherent** *adj* coerente.

coil (kɔil) *n* **1** matassa *f.* rotolo *m.* **2** (of a snake) spira *f.* **3** *tech* bobina *f. vt* avvolgere.

coin (kɔin) *n* moneta *f. vt* **1** coniare. **2** inventare.

coincide (kouin'said) *vi* coincidere. **coincidence** *n* coincidenza *f.*

colander ('kʌləndə) *n* colino *m.*

cold (kould) *adj* freddo. **be cold 1** (of a person) aver freddo. **2** (of the weather) fare freddo. ~ *n* **1** freddo *m.* **2** *med* raffreddore *m.* **catch a cold** prendersi un raffreddore.

collaborate (kə'læbəreit) *vi* collaborare.

collapse (kə'læps) *n* crollo *m.* caduta *f. vi* **1** crollare, sprofondare. **2** accasciarsi.

collar ('kɔlə) *n* colletto, bavero, collare *m.* **collarbone** *n* clavicola *f.*

colleague ('kɔliːg) *n* collega *m.*

collect (kə'lekt) *vt* **1** fare collezione di, raccogliere. *vi* radunarsi, ammassarsi. **collection** *n* **1** collezione, raccolta *f.* **2** colletta *f.* **collective** *adj* collettivo.

college ('kɔlidʒ) *n* collegio *m.*

collide (kə'laid) *vi* scontrarsi, urtarsi. **collision** *n* urto, scontro *m.*

colloquial (kə'loukwiəl) *adj* familiare. **colloquialism** *n* espressione familiare *f.*

colon ('koulən) *n* *gram* due punti *m pl.*

colonel ('kəːnl) *n* colonnello *m.*

colony ('kɔləni) *n* colonia *f.* **colonial** *adj* coloniale.

colossal (kə'lɔsəl) *adj* colossale.

colour ('kʌlə) *n* **1** colore *m.* tinta *f.* **2** colorito *m.* **3** *pl* bandiera *f. vt* colorire, dipingere. *vi* arrossire, colorirsi. **colourbar** *n* discriminazione razziale *f.* **colour-blind** *adj* daltonico. **coloured person** *n* persona di colore *f.*

colt (koult) *n* puledro *m.*

column ('kɔləm) *n* colonna *f.*

columnist ('kɔləmnist) *n* giornalista, cronista *m.*

coma ('koumə) *n* coma *m.*

comb (koum) *n* 1 pettine *m.* 2 (of a cock) cresta *f.* *vt* 1 pettinare, strigliare. 2 perlustrare.

combat (*n* 'kɔmbæt; *v* kəm'bæt) *n* combattimento *m.* lotta *f.* *vt* combattere, lottare.

combine (*v* kəm'bain; *n* 'kɔmbain) *vt* combinare, unire. *vi* unirsi. *n* associazione *f.*

combustion (kəm'bʌstʃən) *n* combustione *f.*

come* (kʌm) *vi* 1 venire, arrivare. 2 avvenire. 3 derivare. **come about** accadere. **come across** incontrare per caso. **come back** ritornare. **comeback** *n* ritorno *m.* **come round** riprendere i sensi.

comedy ('kɔmədi) *n* commedia *f.* **comedian** *n* comico *m.* **comic** *adj* comico, buffo. *n* giornale a fumetti *m.*

comet ('kɔmit) *n* cometa *f.*

comfort ('kʌmfət) *n* 1 agio, benessere *m.* comodità *f.* 2 sollievo *m.* *vt* confortare, consolare. **comfortable** *adj* confortevole, agiato.

comma ('kɔmə) *n* virgola *f.*

command (kə'mɑːnd) *vt* comandare, ordinare, controllare. *n* 1 comando, ordine *m.* 2 padronanza *f.* **commandment** *n* comandamento *m.*

commemorate (kə'meməreit) *vt* commemorare, celebrare.

commence (kə'mens) *vt* cominciare. *vi* esordire. **commencement** *n* inizio, principio *m.*

commend (kə'mend) *vt* raccomandare, lodare. **commendable** *adj* lodevole.

comment ('kɔment) *n* commento *m.* critica *f.* *vi* commentare, fare note critiche. **commentary** *n* commentario *m.*

commentator *n* commentatore, radiocronista *m.*

commerce ('kɔməːs) *n* commercio, scambio *m.* **commercial** *adj* commerciale. *n* pubblicità *f.* **commercial vehicle** *n* utilitaria *f.*

commission (kə'miʃən) *n* 1 commissione *f.* comitato *m.* 2 incarico *m.* 3 provvigione *f.* *vt* 1 incaricare. 2 *mil* dare una carica a. **commissioner** *n* commissario *m.*

commit (kə'mit) *vt* 1 commettere. 2 affidare, consegnare. **commit oneself** impegnarsi. **committed** *adj* impegnato.

committee (kə'miti) *n* comitato *m.* commissione *f.*

commodity (kə'mɔditi) *n* merce *f.*

common ('kɔmən) *adj* 1 comune, ordinario. 2 pubblico. 3 volgare. *n* terreno demaniale *m.* **commonplace** *adj* banale, comune. *n* luogo comune *m.* banalità *f.* **commonsense** *n* buon senso *m.* **commonwealth** *n* confederazione *f.* **Common Market** *n* Mercato Comune *m.*

commotion (kə'mouʃən) *n* agitazione *f.* tumulto *m.*

communal ('kɔmjuːnl) *adj* della comunità, comunale.

commune[1] (kə'mjuːn) *vi* comunicare, discutere.

commune[2] ('kɔmjuːn) *n* comune *m.*

communicant (kə'mjuːnikənt) *n* comunicando *m.*

communicate (kə'mjuːnikeit) *vt* comunicare, far conoscere. *vi* fare la comunione. **communication** *n* comunicazione, informazione *f.*

communion (kə'mjuːniən) *n* 1

comunione f. **2** rel santa comunione f.

communism ('kɔmjunizəm) n comunismo m. **communist** adj,n comunista.

community (kə'mjuːniti) n comunità f.

commute (kə'mjuːt) vt commutare. vi viaggiare con abbonamento, fare il pendolare. **commuter** n pendolare m.

compact[1] (adj kəm'pækt; n 'kɔmpækt) adj compatto, unito. n cipria compatta f.

compact[2] ('kɔmpækt) n accordo, trattato m.

companion (kəm'pæniən) n compagno, socio m. **companionship** n amicizia f. cameratismo m.

company ('kʌmpəni) n **1** compagnia f. **2** comm società f. **3** comitiva f.

compare (kəm'pɛə) vt comparare, confrontare. vi reggere al confronto. **comparable** adj paragonabile. **comparative** adj comparativo, comparato. **comparison** n paragone, confronto m.

compartment (kəm'pɑːtmənt) n scompartimento m.

compass ('kʌmpəs) n **1** bussola f. **2** circonferenza f. spazio m. **3** pl compasso m.

compassion (kəm'pæʃən) n compassione, pietà f. **compassionate** adj compassionevole.

compatible (kəm'pætibəl) adj compatibile.

compel (kəm'pel) vt costringere, obbligare.

compensate ('kɔmpənseit) vt compensare, ricompensare. vi compensarsi. **compensation** n compenso m.

compete (kəm'piːt) vi competere, concorrere. **competition** n competizione, gara f. concorso m. **competitive**

adj di concorrenza, di competizione, competitivo, agonistico.

competent ('kɔmpitənt) adj competente, abile.

compile (kəm'pail) vt compilare.

complacent (kəm'pleisənt) adj compiacente, soddisfatto.

complain (kəm'plein) vi lagnarsi, lamentarsi. **complaint** n **1** lamentela f. **2** med malattia f.

complement (n 'kɔmplimənt; v 'kɔmpliment) n complemento m. vt completare. **complementary** adj complementare.

complete (kəm'pliːt) adj **1** completo, finito. **2** intero. vt completare, terminare.

complex ('kɔmpleks) adj complesso, intricato. n complesso m.

complexion (kəm'plekʃən) n carnagione f. colorito m.

complicate ('kɔmplikeit) vt complicare.

compliment (n 'kɔmplimənt; v 'kɔmpliment) n complimento m. vt congratularsi con. **complimentary** adj **1** lusinghiero. **2** di favore.

comply (kəm'plai) vi accondiscendere, prestare osservanza.

component (kəm'pounənt) adj,n componente m.

compose (kəm'pouz) vt comporre. **compose oneself** calmarsi. **composed** adj calmo, composto. **composition** n composizione f. **composure** n calma, imperturbabilità f.

compound[1] (adj,n 'kɔmpaund; v kəm'paund) adj composto. n miscela f. composto m. vt mescolare, comporre.

compound[2] ('kɔmpaund) n cinta f.

comprehend (kɔmpri'hend) vt comprendere. **comprehen-**

sion n comprensione f.
comprehensive adj comprensivo, inclusivo, esauriente.
comprehensive school n scuola secondaria f.
compress (v kəm'pres; n 'kompres) vt comprimere. n compressa f.
comprise (kəm'praiz) vt comprendere, includere.
compromise ('komprəmaiz) n compromesso m. vi venire a un compromesso, compromettere.
compulsion (kəm'pʌlʃən) n costrizione f. **compulsive** adj coercitivo.
compulsory (kəm'pʌlsəri) adj obbligatorio, irresistibile.
computer (kəm'pjuːtə) n calcolatore m. **computerize** vt computerizzare.
comrade ('komrəd, -reid) n compagno m.
concave ('koŋkeiv) adj concavo, a volta.
conceal (kən'siːl) vt nascondere, dissimulare.
concede (kən'siːd) vt ammettere, riconoscere.
conceit (kən'siːt) n 1 presunzione f. 2 idea ricercata f. **conceited** adj presuntuoso.
conceive (kən'siːv) vt 1 concepire. 2 immaginare.
concentrate ('konsəntreit) vt concentrare. vi concentrarsi. **concentration camp** n campo di concentramento m.
concentric (kon'sentrik) adj concentrico.
concept ('konsept) n concetto m.
conception (kən'sepʃən) n 1 concezione f. 2 idea f.
concern (kən'səɪn) vt 1 concernere, riguardare. 2 toccare. n 1 interesse m. faccenda f. 2 ansietà f. 3 azienda f. **concerning** prep riguardo a, circa.
concert (n 'konsət; v kən'səɪt) n

concerto m. vt concertare. **concerted** adj concertato, convenuto.
concertina (konsə'tiɪnə) n piccola fisarmonica f.
concerto (kən'tʃeɪtou) n concerto m.
concession (kən'seʃən) n concessione f.
concise (kən'sais) adj conciso, breve.
conclude (kən'kluːd) vt 1 concludere. 2 dedurre. vi terminare. **conclusion** n 1 conclusione f. 2 decisione f.
concoct (kən'kokt) vt 1 mescolare. 2 preparare, tramare. **concoction** n 1 intruglio m. 2 storia inventata f.
concrete ('koŋkriːt) adj concreto. n cemento m.
concussion (kən'kʌʃən) n trauma m. commozione cerebrale f.
condemn (kən'dem) vt condannare, biasimare. **condemnation** n condanna f.
condense (kən'dens) vt condensare. **condensation** n condensazione f.
condescend (kondi'send) vi accondiscendere. **condescending** adj condiscendente.
condition (kən'diʃən) n 1 condizione f. 2 patto m. **conditional** adj condizionale.
condolence (kən'douləns) n condoglianza f.
condone (kən'doun) vt condonare, perdonare.
conduct (n 'kondʌkt; v kən'dʌkt) n condotta f. comportamento m. vt 1 condurre. 2 mus dirigere. **conductor** n 1 mus direttore d'orchestra m. 2 bigliettaio, capotreno m.
cone (koun) n 1 cono m. 2 bot pigna f.
confectioner (kən'fekʃənə) n pasticciere m. **confectioner's shop** n pasticceria f.

confederate (*adj,n* kən'fedə-
rət; *v* kən'fedəreit) *adj,n* confederato, alleato *m*. *vi* associarsi.

confer (kən'fəɪ) *vi* conferire,
consultarsi. *vt* conferire. **conference** *n* conferenza *f*. congresso *m*.

confess (kən'fes) *vt,vi* confessare. **confession** *n* confessione *f*.

confetti (kən'feti) *n pl* corian-
doli *m pl*.

confide (kən'faid) *vt* confidare. **confide in** confidarsi
con, fare affidamento su.
confidence *n* fiducia, confidenza *f*. **confident** *adj* 1 fi-
ducioso, sicuro. 2 baldanzoso. **confidential** *adj* confidenziale, riservato.

confine (kən'fain) *vt* relegare,
confinare, limitare. **confine-
ment** *n* 1 imprigionamento *m*.
reclusione *f*. 2 parto *m*.

confirm (kən'fəɪm) *vt* 1 confermare, convalidare. 2 *rel* cresi-
mare. **confirmation** *n* 1 conferma *f*. 2 *rel* cresima *f*. **con-
firmed** *adj* convinto.

confiscate ('kɔnfiskeit) *vt* confiscare.

conflict (*v* kən'flikt; *n* 'kɔn-
flikt) *vi* essere in conflitto, lottare. *n* conflitto *m*. lotta, guerra *f*.

conform (kən'fɔɪm) *vt* conformare. *vi* uniformarsi.

confound (kən'faund) *vt* 1
confondere. 2 turbare.

confront (kən'frʌnt) *vt* affrontare, mettere a confronto.

confuse (kən'fjuɪz) *vt* confondere, disorientare. **confusion** *n* 1 confusione *f*. 2 tumulto *m*.

congeal (kən'dʒiɪl) *vt* congelare. *vi* coagularsi.

congenial (kən'dʒiɪniəl) *adj*
congeniale, affine.

congested (kən'dʒestid) *adj*
congestionato, sovrappopo-
lato.

congratulate (kən'grætjuleit)
vt congratularsi con, rallegrarsi con. **congratulation** *n* fe-
licitazione *f*.

congregate ('kɔŋgrigeit) *vt* radunare. *vi* unirsi. **congrega-
tion** *n* congregazione *f*. insieme dei fedeli *m*.

congress ('kɔŋgres) *n* congresso *m*.

conical ('kɔnikəl) *adj* conico.

conifer ('kɔnifə) *n* conifera *f*.

conjugal ('kɔndʒugəl) *adj* coniugale.

conjugate ('kɔndʒugeit) *vt* coniugare.

conjunction (kən'dʒʌŋkʃən) *n*
1 *gram* congiunzione *f*. 2 unione *f*.

conjure ('kʌndʒə) *vi* fare giochi
di prestigio. *vt* scongiurare.
conjure up evocare. **conjur-
er** *n* prestigiatore *m*.

connect (kə'nekt) *vt* 1 connet-
tere, collegare. 2 associare. *vi*
collegarsi. **connection** *n* 1
connessione, attinenza *f*. 2 parentela *f*. 3 (of trains, buses,
etc.) coincidenza *f*.

connoisseur (kɔnə'səɪ) *n* conoscitore, intenditore *m*.

connotation (kɔnə'teiʃən) *n* significato implicito *m*. connota-
zione *f*.

conquer ('kɔŋkə) *vt* conquistare, vincere. **conqueror** *n*
conquistatore *m*.

conquest ('kɔŋkwest) *n* conquista *f*.

conscience ('kɔnʃəns) *n* coscienza *f*. **conscientious** *adj*
coscienzioso.

conscious ('kɔnʃəs) *adj* conscio, consapevole, cosciente.

conscript ('kɔnskript) *n* coscritto *m*.

consecrate ('kɔnsikreit) *vt*
consacrare.

consecutive (kən'sekjutiv) *adj*
consecutivo.

consent (kən'sent) *n* accordo, consenso *m. vi* acconsentire, aderire.

consequence ('kɔnsikwəns) *n* **1** conseguenza *f.* risultato *m.* **2** importanza *f.*

conservative (kən'sɔːvətiv) *adj,n* conservatore.

conservatory (kən'sɔːvətri) *n* serra *f.* conservatorio *m.*

conserve (kən'sɔːv) *vt* conservare. *n* conserva *f.*

consider (kən'sidə) *vt* considerare. *vi* pensare. **considerable** *adj* considerevole, notevole. **considerably** *adv* assai. **considerate** *adj* gentile, riguardoso. **consideration** *n* **1** considerazione, riflessione *f.* **2** riguardo *m.*

consign (kən'sain) *vt* consegnare, affidare. **consignment** *n* **1** consegna *f.* **2** partita di merci *f.*

consist (kən'sist) *vi* consistere, essere composto. **consistency** *n* consistenza, densità *f.* **consistent** *adj* coerente, logico.

console (kən'soul) *vt* consolare.

consolidate (kən'sɔlideit) *vt* consolidare. *vi* consolidarsi.

consonant ('kɔnsənənt) *n* consonante *f.*

conspicuous (kən'spikjuəs) *adj* cospicuo, evidente.

conspire (kən'spaiə) *vi* cospirare, congiurare.

constable ('kɔnstəbəl) *n* poliziotto *m.* guardia *f.*

Constance, Lake *n* Lago di Costanza *m.*

constant ('kɔnstənt) *adj* invariabile, costante, fedele. *n math* costante *f.*

constellation (kɔnstə'leiʃən) *n* costellazione *f.*

constipation (kɔnsti'peiʃən) *n* stitichezza *f.*

constituency (kən'stitjuənsi) *n* circoscrizione elettorale *f.*

constituent (kən'stitjuənt) *adj* costituente. *n* **1** costituente *m.* **2** elettore *m.*

constitute ('kɔnstitjuːt) *vt* costituire, fondare. **constitution** *n* costituzione *f.* statuto *m.*

constraint (kən'streint) *n* **1** repressione, costrizione *f.* **2** imbarazzo *m.*

constrict (kən'strikt) *vt* costringere, comprimere.

construct (kən'strʌkt) *vt* costruire. **construction** *n* costruzione *f.*

consul ('kɔnsəl) *n* console *m.*

consulate ('kɔnsjulət) *n* consolato *m.*

consult (kən'sʌlt) *vt* consultare. **consultant** *n* consulente, esperto *m.*

consume (kən'sjuːm) *vt* consumare.

contact ('kɔntækt) *n* contatto *m. vt* mettere in contatto. *vi* mettersi in contatto. **contact lenses** *n pl* lenti a contatto *f pl.*

contagious (kən'teidʒəs) *adj* contagioso.

contain (kən'tein) *vt* **1** contenere. **2** reprimere. **container** *n* recipiente *m.*

contaminate (kən'tæmineit) *vt* contaminare.

contemplate ('kɔntəmpleit) *vt* contemplare, meditare. *vi* proporsi.

contemporary (kən'tempərəri) *adj,n* contemporaneo.

contempt (kən'tempt) *n* disprezzo *m.* **contemptuous** *adj* sprezzante.

content[1] ('kɔntent) *n* contenuto *m.* dose *f.*

content[2] (kən'tent) *adj* contento, soddisfatto. *vt* accontentare.

contest (*n* 'kɔntest; *v* kən'test) *n* contesa, gara *f. vt,vi* contestare, disputare. **contestant** *n* concorrente *m,f.*

context ('kɔntekst) *n* contesto *m*.

continent ('kɔntinənt) *n* continente *m*. *adj* **1** moderato. **2** casto. **continental** *adj,n* continentale.

contingency (kən'tindʒənsi) *n* contingenza *f*.

continue (kən'tinjuɪ) *vt,vi* continuare. **continual** *adj* continuo. **continuity** *n* continuità *f*. **continuous** *adj* continuo.

contour ('kɔntuə) *n* contorno *m*.

contraband ('kɔntrəbænd) *n* contrabbando *m*. *adj* di contrabbando.

contraception (kɔntrə'sepʃən) *n* pratiche antifecondative *f pl*. **contraceptive** *adj,n* antifecondativo, anticoncezionale *m*.

contract (*n* 'kɔntrækt; *v* kən'trækt) *n* **1** contratto *m*. **2** appalto *m*. *vt* contrarre. *vi* contrarsi, contrattare. **contraction** *n* contrazione *f*.

contradict (kɔntrə'dikt) *vt* contraddire. **contradiction** *n* contraddizione *f*.

contraflow ('kɔntrəflou) *n* traffico contrario *m*.

contralto (kən'træltou) *n* contralto *f*.

contraption (kən'træpʃən) *n* aggeggio *m*.

contrary ('kɔntrəri) *adj* contrario, opposto, sfavorevole. *n* contrario *m*. **on the contrary** al contrario.

contrast (*v* kən'traɪst; *n* 'kɔntraɪst) *vt* mettere in contrasto. *vi* far contrasto. *n* contrasto *m*.

contravene (kɔntrə'viɪn) *vt* contravvenire a.

contribute (kən'tribjuɪt) *vt* contribuire. *vi* contribuire a. **contribution** *n* **1** contributo *m*. **2** *lit* collaborazione *f*.

contrive (kən'traiv) *vt* **1** escogitare. **2** inventare.

control (kən'troul) *n* **1** autorità *f*. **2** controllo *m*. sorveglianza *f*. **3** freno *m*. **4** *pl* comandi *m pl*. *vt* **1** regolare, dirigere. **2** dominare.

controversy ('kɔntrəvəɪsi, kən'trɔvəsi) *n* polemica, controversia *f*. **controversial** *adj* polemico, controverso.

convalesce (kɔnvə'les) *vi* essere in convalescenza. **convalescence** *n* convalescenza *f*.

convenience (kən'viɪniəns) *n* convenienza, comodità *f*. comodo *m*. **convenient** *adj* conveniente, adatto.

convent ('kɔnvənt) *n* convento *m*.

convention (kən'venʃən) *n* convenzione *f*. **conventional** *adj* tradizionale, convenzionale.

converge (kən'vəɪdʒ) *vi* convergere.

converse[1] (kən'vəɪs) *vi* conversare. **conversation** *n* conversazione *f*.

converse[2] ('kɔnvəɪs) *adj,n* contrario, opposto *m*.

convert (*v* kən'vəɪt; *n* 'kɔnvəɪt) *vt* convertire, trasformare. *n* convertito *m*. **conversion** *n* conversione *f*. **convertible** *adj* **1** trasformabile. **2** *mot* decappottabile.

convex ('kɔnveks) *adj* convesso.

convey (kən'vei) *vt* **1** trasportare. **2** esprimere. **conveyor belt** *n* nastro trasportatore *m*.

convict (*v* kən'vikt; *n* 'kɔnvikt) *vt* condannare. *n* forzato, ergastolano *m*.

conviction (kən'vikʃən) *n* **1** *law* condanna *f*. **2** convinzione *f*.

convince (kən'vins) *vt* convincere.

convoy ('kɔnvɔi) *n* convoglio *m*. scorta *f*. *vt* convogliare, scortare.

cook (kuk) *n* cuoco *m*. *vt* **1** fare

cuocere, cucinare. **2** *inf* falsificare. *vi* cuocersi. **cookery** *n* arte culinaria *f*. **cookery book** *n* libro di cucina *m*.

cool (kuːl) *adj* **1** fresco. **2** calmo. **3** disinvolto, senza entusiasmo. *n* fresco *m*. *vt* rinfrescare. *vi* raffreddarsi.

coop (kuːp) *n* stia *f*. *v* **coop up** rinchiudere.

cooperate (kouˈɔpəreit) *vi* cooperare. **cooperation** *n* cooperazione *f*. **cooperative** *adj* cooperativo.

coordinate (*adj,n* kouˈɔːdinət; *v* kouˈɔːdineit) *adj* coordinato. *n math* coordinata *f*. *vt* coordinare.

cope[1] (koup) *vi* far fronte, riuscire.

cope[2] (koup) *n* cappa di ecclesiastico *f*.

copious *adj* abbondante.

copper[1] (ˈkɔpə) *n* rame *m*. *adj* di rame.

copper[2] (ˈkɔpə) *n inf* poliziotto *m*.

copy (ˈkɔpi) *n* **1** copia, trascrizione *f*. **2** (of a book) esemplare *m*. *vt* **1** copiare. **2** imitare. **copyright** *n* diritto d'autore *m*.

coral (ˈkɔrəl) *n* corallo *m*. *adj* di corallo.

cord (kɔːd) *n* corda *f*. spago *m*.

cordial (ˈkɔːdiəl) *adj,n* cordiale *m*.

cordon (ˈkɔːdn̩) *n* cordone *m*.

corduroy (ˈkɔːdərɔi) *n* velluto a coste *m*.

core (kɔː) *n* **1** (of fruit) torsolo *m*. **2** centro *m*.

cork (kɔːk) *n* **1** sughero *m*. **2** (of a bottle) tappo *m*. *vt* tappare. **corkscrew** *n* cavatappi *m invar*.

corn[1] (kɔːn) *n* grano, granturco *m*. cereali *m pl*. **cornflakes** *n pl* fiocchi di granturco *m pl*. **cornflour** *n* farina di granturco *f*. **cornflower** *n* fiordaliso *m*.

corn[2] (kɔːn) *n med* callo *m*.

corner (ˈkɔːnə) *n* angolo *m*. *vt* **1** mettere alle strette. **2** *comm* accaparrare.

cornet (ˈkɔːnit) *n* **1** *mus* cornetta *f*. **2** cartoccio, cono *m*.

coronary (ˈkɔrənəri) *adj* coronario.

coronation (kɔrəˈneiʃən) *n* incoronazione *f*.

corporal[1] (ˈkɔːprəl) *adj* corporale, corporeo.

corporal[2] (ˈkɔːprəl) *n mil* corporale *m*.

corporation (kɔːpəˈreiʃən) *n* corporazione *f*.

corps (kɔː) *n invar* corpo *m*.

corpse (kɔːps) *n* cadavere *m*.

correct (kəˈrekt) *adj* corretto, esatto. *vt* correggere. **correction** *n* correzione *f*.

correlate (ˈkɔrəleit) *vt* mettere in correlazione. *vi* essere in correlazione.

correspond (kɔriˈspɔnd) *vi* corrispondere, rispondere. **correspondence** *n* corrispondenza *f*. **correspondent** *adj,n* corrispondente.

corridor (ˈkɔridɔː) *n* corridoio *m*.

corrode (kəˈroud) *vt* corrodere. *vi* corrodersi. **corrosion** *n* corrosione *f*.

corrupt (kəˈrʌpt) *adj* corrotto, guasto. *vt* corrompere. **corruption** *n* corruzione, decomposizione *f*.

corset (ˈkɔːsit) *n* corsetto, busto *m*.

Corsica (ˈkɔːsikə) *n* Corsica *f*. **Corsican** *adj,n* corso.

cosmetic (kɔzˈmetik) *adj,n* cosmetico *m*.

cosmopolitan (kɔzməˈpɔlitən) *adj,n* cosmopolita.

cosmos (ˈkɔzmɔs) *n* cosmos *m*. **cosmic** *adj* cosmico.

cost* (kɔst) *n* costo, prezzo *m*. spesa *f*. *vi,vt* costare.

costume (ˈkɔstjuːm) *n* costume, abito *m*.

cosy ('kouzi) adj comodo, intimo.

cot (kɔt) n lettino per bambini m. culla f.

cottage ('kɔtidʒ) n villino m. casetta f. **cottage cheese** n specie di ricotta f.

cotton ('kɔtɪn) n cotone m. **cottonwool** n cotone idrofilo m.

couch (kautʃ) n divano m.

cough (kɔf) n tosse f. vi tossire.

could (kud; unstressed kəd) v see **can**.

council ('kaunsəl) n consiglio m. **councillor** n consigliere m.

counsel ('kaunsəl) n 1 consiglio, parere m. 2 law avvocato m. vt raccomandare.

count[1] (kaunt) vt 1 contare, calcolare. 2 considerare. vi avere importanza, contare. n conto, calcolo m. **countdown** n conto alla rovescia m.

count[2] (kaunt) n (title) conte m.

counter[1] ('kauntə) n 1 banco m. cassa f. 2 game gettone m.

counter[2] ('kauntə) adj contrario, opposto. adv contrariamente. vt contraddire, opporsi a.

counterattack ('kauntərətæk) n contrattacco m.

counterfeit ('kauntəfit) adj contraffatto. n contraffazione, falsificazione f. vt contraffare, falsificare.

counterfoil ('kauntəfoil) n matrice f.

counterpart ('kauntəpɑːt) n 1 sostituto m. 2 sosia m. 3 complemento m.

countess ('kauntis) n contessa f.

country ('kʌntri) n 1 paese m. nazione f. 2 campagna f. **countryside** n campagna f.

county ('kaunti) n contea f.

coup (kuː) n colpo audace m. **coup de grâce** n colpo di grazia m. **coup d'état** n colpo di stato m.

couple ('kʌpəl) n coppia f. paio m, pl paia f. vt accoppiare, agganciare.

coupon ('kuːpɔn) n tagliando, scontrino m.

courage ('kʌridʒ) n coraggio m. **courageous** adj coraggioso.

courgette (kuə'ʒet) n zucchino m.

courier ('kuriə) n corriere, messaggero m.

course (kɔːs) n 1 corso m. direzione f. 2 cul portata f. **in due course** a tempo debito. **of course** naturalmente.

court (kɔːt) n 1 corte f. 2 law tribunale m. 3 sport campo m. vt corteggiare. **court martial** n corte marziale f. **court-martial** vt processare davanti alla corte marziale. **courtyard** n cortile m.

courteous ('kɔːtiəs) adj cortese. **courtesy** n cortesia f.

cousin ('kʌzən) n cugino m.

cove (kouv) n grotta, insenatura f.

covenant ('kʌvənənt) n patto, contratto m.

cover ('kʌvə) vt 1 coprire. 2 nascondere. n 1 coperto m. copertura f. 2 (of a book) copertina f. 3 riparo m.

cow (kau) n vacca f. **cowboy** n bovaro, cowboy m. **cowhand** n vaccaro m. **cowshed** n stalla f.

coward ('kauəd) n vigliacco, codardo m. **cowardly** adj codardo, vile.

cower ('kauə) vi acquattarsi, accasciarsi.

coy (kɔi) adj timido, modesto.

crab (kræb) n granchio m.

crack (kræk) vt 1 incrinare. 2 schiantare. 3 (a joke) fare. vi spaccarsi. n 1 spaccatura, screpolatura f. 2 schianto m. adj di prim'ordine.

cracker (ˈkrækə) n petardo m. galletta f.

crackle (ˈkrækəl) n crepitio m. vi crepitare.

cradle (ˈkreidl) n culla f.

craft (krɑːft) n 1 mestiere m. arte f. 2 naut imbarcazione f. **craftsman** n artigiano m. **craftsmanship** n artigianato m. abilità d'esecuzione f. **crafty** adj astuto, abile.

cram (kræm) vt stipare, rimpinzare. vi imbottirsi di nozioni.

cramp[1] (kræmp) n crampo m. vt paralizzare, causare crampi a.

cramp[2] (kræmp) n tech morsetto m.

crane (krein) n gru f invar.

crash (kræʃ) vt fracassare. vi 1 fracassarsi. 2 aviat precipitare. n 1 tonfo m. 2 comm crollo m. adj intenso. **crash-helmet** n casco paraurti m.

crate (kreit) n gabbia d'imballaggio f.

crater (ˈkreitə) n cratere m.

crave (kreiv) vt desiderare ardentemente. **crave for** bramare.

crawl (krɔːl) vi 1 strisciare, trascinarsi. 2 brulicare. n 1 movimento strisciante m. 2 (swimming) crawl m.

crayfish (ˈkreifiʃ) n gambero m.

crayon (ˈkreiən) n pastello per disegno m.

craze (kreiz) n pazzia, mania f. **crazy** adj pazzo, instabile.

creak (kriːk) n cigolio m. vi scricchiolare, cigolare.

cream (kriːm) n crema, panna f. **creamy** adj cremoso.

crease (kriːs) n grinza, piegatura f. vt increspare. vi pieghe, sgualcirsi. **crease-resistant** adj antipiega.

create (kriˈeit) vt creare. **creation** n creazione f. creato m. **creative** adj creativo.

creature (ˈkriːtʃə) n creatura f.

creche (kreʃ) n nido, asilo infantile m.

credentials (kriˈdenʃəlz) n pl credenziali f pl.

credible (ˈkredibəl) adj credibile.

credit (ˈkredit) n 1 credito m. 2 fiducia f. 3 merito m. vt 1 credere, attribuire. 2 comm accreditare. **credit card** n carta di credito f.

creep* (kriːp) vi 1 insinuarsi, strisciare. 2 bot arrampicarsi.

cremate (kriˈmeit) vt cremare. **crematorium** n crematorio m.

creosote (ˈkriːəsout) n creosoto m.

crept (krept) v see **creep**.

crescent (ˈkresənt) adj crescente. n mezzaluna f.

cress (kres) n crescione m.

crest (krest) n 1 cresta f. ciuffo m. 2 pennacchio m. **crestfallen** adj abbattuto.

crevice (ˈkrevis) n fessura, crepa f.

crew (kruː) n 1 naut equipaggio m. 2 squadra f.

crib (krib) n presepio, letto da bambino m.

cricket[1] (ˈkrikit) n zool grillo m.

cricket[2] (ˈkrikit) n sport cricket m.

crime (kraim) n crimine, delitto m. **criminal** adj criminale. n criminale, delinquente m,f.

crimson (ˈkrimzən) adj,n cremisi m.

cringe (krindʒ) vi 1 acquattarsi. 2 sottomettersi.

crinkle (ˈkriŋkəl) n crespa, ruga f. vi increspare, raggrinzirsi.

cripple (ˈkripəl) n invalido, storpio m. vt storpiare, menomare.

crisis (ˈkraisis) n, pl **-ses** crisi f invar.

crisp (krisp) *adj* **1** croccante. **2** crespo. **3** frizzante. *n* patatina *f*.

criterion (krai'tiəriən) *n*, *pl* **-teria** *or* **-terions** criterio *m*.

criticize ('kritisaiz) *vt* criticare, censurare. **critic** *n* critico *m*. **critical** *adj* critico. **criticism** *n* critica *f*.

croak (krouk) *vi* gracchiare, gracidare, brontolare. *n* gracchio *m*.

crochet ('krouʃei) *n* lavoro all'uncinetto *m*. *vt* lavorare all'uncinetto.

crockery ('krɔkəri) *n* vasellame *m*.

crocodile ('krɔkədail) *n* coccodrillo *m*.

crocus ('kroukəs) *n* croco *m*.

crook (kruk) *n* **1** curva *f*. **2** *inf* imbroglione *m*.

crooked ('krukid) *adj* **1** storto, piegato. **2** *inf* disonesto.

crop (krɔp) *n* **1** raccolto *m*. **2** (of a bird) gozzo *m*. *vt* **1** mietere, falciare. **2** brucare. **crop up** capitare.

croquet ('kroukei) *n* croquet *m*.

cross (krɔs) *n* croce *f*. *adj* **1** trasversale. **2** imbronciato, contrario. *vt* **1** attraversare. **2** incrociare. **3** ostacolare. *vi* accoppiarsi. **cross-examine** *vt* sottoporre ad interrogatorio. **cross-eyed** *adj* strabico. **crossing** *n* **1** incrocio *m*. **2** traversata *f*. **cross-question** *vt* esaminare attentamente, sottoporre ad interrogatorio. **cross-reference** *n* riferimento *m*. **crossroads** *n* incrocio, crocevia *m*. **crossword** *n* parole incrociate *f pl*. **crossword puzzle** *n* cruciverba *m*.

crotchet ('krɔtʃit) *n mus* semiminima *f*.

crouch (krautʃ) *vi* rannicchiarsi.

crow[1] (krou) *n zool* corvo *m*. cornacchia *f*.

crow[*2] (krou) *vi* **1** cantare. **2** esultare. *n* canto del gallo *m*.

crowd (kraud) *n* folla, massa *f*. *vt* affollare. *vi* accalcarsi.

crown (kraun) *n* **1** corona *f*. **2** cima, sommità *f*. *vt* **1** incoronare. **2** sormontare. **crowning** *adj* supremo, finale. *n* coronamento *m*. incoronazione *f*.

crucial ('kruːʃəl) *adj* cruciale, critico.

crucify ('kruːsifai) *vt* crocifiggere. **crucifix** *n* crocifisso *m*. **crucifixion** *n* crocifissione *f*.

crude (kruːd) *adj* **1** grezzo, rozzo. **2** volgare. **crude oil** *n* petrolio grezzo *m*.

cruel ('kruəl) *adj* crudele. **cruelty** *n* crudeltà *f*.

cruise (kruːz) *n* crociera *f*. **cruiser** *n* incrociatore *m*.

crumb (krʌm) *n* mollica, briciola *f*.

crumble ('krʌmbəl) *vi* **1** sbriciolarsi, sgretolarsi. **2** crollare. *vt* sbriciolare.

crumple ('krʌmpəl) *vt* sgualcire. *vi* spiegazzarsi, sgualcirsi.

crunch (krʌntʃ) *n* sgretolio *m*. *vt* sgranocchiare.

crusade (kruː'seid) *n* crociata *f*.

crush (krʌʃ) *n* calca *f*. affollamento *m*. *vt* **1** sgualcire. **2** frantumare, annientare.

crust (krʌst) *n* crosta *f*.

crustacean (krʌs'teiʃən) *adj,n* crostaceo *m*.

crutch (krʌtʃ) *n* gruccia, stampella *f*.

cry (krai) *n* grido, richiamo, lamento *m*. *vt,vi* gridare. *vi* piangere.

crypt (kript) *n* cripta *f*. **cryptic** *adj* occulto, misterioso.

crystal ('kristl) *n* cristallo *m*.

adj di cristallo. **crystallize** *vt* cristallizzare. *vi* fossilizzarsi.

cub (kʌb) *n* cucciolo *m*.

cube (kjuːb) *n* cubo *m*. **cubic** *adj* cubico. **cubicle** *n* cubicolo *m*.

cuckoo ('kukuː) *n* cuculo *m*.

cucumber ('kjuːkʌmbə) *n* cetriolo *m*.

cuddle ('kʌdl) *vt* abbracciare affettuosamente. *n* abbraccio affettuoso *m*.

cue[1] (kjuː) *n* spunto *m*. indicazione *f*.

cue[2] (kjuː) *n sport* stecca *f*.

cuff[1] (kʌf) *n* polsino *m*. **cufflinks** *n pl* gemelli da camicia *m pl*.

cuff[2] (kʌf) *vt* schiaffeggiare, picchiare. *n* pugno, schiaffo *m*.

culinary ('kʌlinri) *adj* culinario.

culprit ('kʌlprit) *n* accusato, colpevole *m*.

cult (kʌlt) *n* culto *m*.

cultivate ('kʌltiveit) *vt* coltivare.

culture ('kʌltʃə) *n* 1 cultura *f*. 2 coltivazione *f*. **cultural** *adj* culturale. **cultured** *adj* colto.

cumbersome ('kʌmbəsəm) *adj* ingombrante, scomodo.

cunning ('kʌniŋ) *n* furbizia, accortezza *f*. *adj* astuto, furbo.

cup (kʌp) *n* 1 tazza *f*. 2 *sport* coppa *f*. **cupful** *n* tazza piena *f*.

cupboard ('kʌbəd) *n* credenza *f*.

curate ('kjuərit) *n* curato *m*.

curator (kjuˈreitə) *n* sovrintendente *m,f*.

curb (kəːb) *n* freno *m*. *vt* frenare, reprimere.

curdle ('kəːdl) *vt* agghiacciare. *vi* rapprendersi, coagularsi.

cure (kjuə) *n* cura *f*. rimedio *m*. *vt* 1 guarire, sanare. 2 *cul* salare.

curfew ('kəːfjuː) *n* coprifuoco *m*.

curious ('kjuəriəs) *adj* curioso. **curiosity** *n* curiosità *f*.

curl (kəːl) *n* ricciolo *m*. *vt* arricciare. *vi* arrotolarsi. **curly** *adj* ricciuto.

currant ('kʌrənt) *n* 1 ribes *m*. 2 (dried) uva sultanina *f*.

current ('kʌrənt) *n* corrente *f*. *adj* attuale, in corso. **current account** *n* conto corrente *m*. **currency** *n* valuta, moneta legale *f*.

curry ('kʌri) *n* pietanza indiana *f*. *v* **curry favour with** cercare di avere il favore di. **curry powder** *n* curry, polvere di radice di curcuma *f*.

curse (kəːs) *n* maledizione, bestemmia *f*. *vt* maledire, imprecare. *vi* bestemmiare.

curt (kəːt) *adj* brusco, sbrigativo.

curtail (kəˈteil) *vt* accorciare, restringere.

curtain ('kəːtn) *n* 1 cortina, tendina *f*. 2 *Th* sipario *m*.

curtsy ('kəːtsi) *n* inchino *m*. riverenza *f*. *vi* inchinarsi, fare la riverenza.

curve (kəːv) *n* curva *f*. diagramma *m*. *vt* curvare. *vi* piegarsi, svoltare.

cushion ('kuʃən) *n* cuscino *m*. *vt* imbottire, ammortizzare.

custard ('kʌstəd) *n* crema *f*.

custody ('kʌstədi) *n* custodia, detenzione *f*.

custom ('kʌstəm) *n* 1 usanza, abitudine *f*. 2 *comm* clientela *f*. 3 *pl* dogana *f*. **customs officer** *n* doganiere *m*.

customer ('kʌstəmə) *n* cliente *m,f*. avventore *m*.

cut* (kʌt) *n* 1 taglio *m*. incisione *f*. 2 riduzione *f*. 3 (of clothes) linea *f*. *vt,vi* tagliare. *vt game* alzare. **cut down** 1 abbattere. 2 ridurre. **cut off** tagliar fuori. **cut out** ritagliare. **cut-price** adj a prezzo ridotto. **cutting** adj 1 tagliente. 2 mordace. n 1 taglio m. 2 ritaglio m.

cute (kjuːt) adj 1 svelto, ingegnoso. 2 grazioso.

cuticle ('kjuːtikəl) n cuticola f.

cutlery ('kʌtləri) n posate f pl.

cutlet ('kʌtlit) n cotoletta f.

cycle ('saikəl) n 1 ciclo m. 2 bicicletta f. vi andare in bicicletta.

cyclone ('saikloun) n ciclone m.

cygnet ('signit) n giovane cigno m.

cylinder ('silində) n cilindro m.

cymbal ('simbəl) n cembalo m.

cynic ('sinik) n cinico m. **cynical** adj cinico.

cypress ('saiprəs) n cipresso m.

Cyprus ('saiprəs) n Cipro f. **Cypriot** adj,n cipriota.

czar (zɑː) n zar m.

Czechoslovakia (tʃekəslə'vækiə) n Cecoslovacchia f. **Czech** adj,n ceco. **Czech** (language) n ceco m.

D

dab (dæb) n colpetto m. macchia f. vt toccare leggermente, cospargere.

dabble ('dæbəl) vt inumidire. vi sguazzare. **dabble in** dilettarsi in.

daddy ('dædi) n inf also **dad** babbo, babbino m.

daffodil ('dæfədil) n narciso selvatico m.

daft (dɑːft) adj sciocco, matto.

dagger ('dægə) n stiletto, pugnale m.

dahlia ('deiliə) n dalia f.

daily ('deili) adj quotidiano, giornaliero. adv ogni giorno. n giornale, quotidiano m.

dainty ('deinti) adj raffinato, prelibato, grazioso.

dairy ('dɛəri) n latteria f. caseificio m. **dairy farm** n fattoria con cascina f.

daisy ('deizi) n margherita f.

dam (dæm) n diga f. argine m. vt arginare, sbarrare.

damage ('dæmidʒ) n danno, guasto m. vt danneggiare, avariare.

damn (dæm) vt dannare. n un bel niente m. **I don't give a damn!** non m'importa un fico! **damnable** adj 1 maledetto, dannabile. 2 detestabile. **damnation** n dannazione f.

damp (dæmp) adj umido, bagnato. n umidità f. vapore m. **dampen 1** inumidire. **2** soffocare, deprimere.

damson ('dæmzən) n prugna damaschina f. **damson tree** n prugno di Damasco m.

dance (dɑːns) n 1 danza f. 2 ballo m. vi ballare.

dandelion ('dændilaiən) n dente di leone m.

dandruff ('dændrʌf) n forfora f.

Dane (dein) n danese m,f. **Danish** adj danese. **Danish** (language) n danese m.

danger ('deindʒə) n pericolo m. **dangerous** adj pericoloso.

dangle ('dæŋgəl) vt far ciondolare. vi penzolare.

dare (dɛə) vi osare. vt sfidare. **daring** adj audace, temerario.

dark (dɑːk) adj buio, cupo, scuro. n oscurità f. buio m. tenebre f pl. **darken** vt scurire, turbare. vi rabbuiarsi.

darling ('dɑːliŋ) adj caro, amatissimo. n tesoro m.

darn (dɑːn) vt rammendare. n rammendo m.

dart (dɑːt) 1 dardo m. 2 movimento improvviso m. vi scagliare, balzare, slanciarsi. **dartboard** n tirasegno per frecette m.

dash (dæʃ) n 1 slancio m. 2 spruzzo m. 3 trattino m. vt 1 cozzare. 2 spruzzare. vi 1 slanciarsi. 2 sbattere violentemente. **dashboard** n cruscotto m.

data ('deitə) n pl dati, elementi m pl. **data processing** n elaborazione di dati f.

date[1] (deit) n 1 data f. 2 inf appuntamento m. **be up to date** 1 essere al corrente. 2 essere aggiornato. **out of date** antiquato. ~ vt datare, mettere la data a. **date from** risalire a.

date[2] (deit) n bot dattero m.

daughter ('dɔːtə) n figlia f. **daughter-in-law** n nuora f.

dawdle ('dɔːdl) vi bighellonare, oziare.

dawn (dɔːn) n aurora, alba f. vi albeggiare.

day (dei) n giorno m. giornata f. **by day** di giorno. **day after tomorrow** dopodomani. **day before yesterday** l'altroieri. **one day** un bel giorno. **daybreak** n spuntar del giorno m. **daydream** n fantasticheria f. sogno ad occhi aperti m. vi sognare ad occhi aperti. **daylight** n luce del giorno f.

daze (deiz) n stupore, sbalordimento m. vt sbalordire, stupefare.

dazzle ('dæzəl) vt abbagliare. n abbagliamento m.

dead (ded) adj 1 morto, estinto. 2 spento. 3 sordo. adv assolutamente. **deaden** vt attutire, affievolire. **deadline** n data di scadenza f. **deadlock** n punto morto m.

deaf (def) adj sordo. **deaf-aid** n apparecchio acustico m. **deafen** vt assordare. **deafmute** n sordomuto m.

deal* (diːl) vi 1 trattare. 2 occuparsi. 3 negoziare. vt distribuire. n 1 quantità f. 2 comm affare m. 3 accordo m. 4 game mano f.

dean (diːn) n 1 educ preside m. 2 rel decano m.

dear (diə) adj 1 caro. 2 costoso.

death (deθ) n morte f. **death certificate** n certificato di morte m. **death duty** n tassa di successione f. **death rate** n (indice di) mortalità f.

debase (di'beis) vt abbassare, degradare, svalutare.

debate (di'beit) n dibattito m. disputa f. vt, vi discutere, deliberare.

debit ('debit) n debito m. vt addebitare.

debris ('deibri) n detriti m pl.

debt (det) n debito m. **debtor** n debitore m.

decade ('dekeid) n decennio m.

decadent ('dekədənt) adj decadente.

decaffeinated (diːˈkæfeineitid) adj decaffeinato.

decant (di'kænt) vt travasare. **decanter** n caraffa f.

decay (di'kei) n 1 rovina f. deperimento m. 2 putrefazione f. vi decadere, andare in rovina, deperire.

decease (di'siːs) n decesso m. **deceased** adj, n defunto.

deceit (di'siːt) n inganno m. frode f. **deceitful** adj ingannevole, falso.

deceive (di'siːv) vt ingannare. **deceive oneself** illudersi.

December (di'sembə) n dicembre m.

decent ('diːsənt) adj 1 decente, modesto. 2 onesto.

deceptive (di'septiv) adj ingannevole.

decibel ('desibel) n decibel m.

decide (di'said) vt, vi decidere. **decided** adj deciso, risoluto.

deciduous (di'sidjuǝs) *adj* caduco.

decimal ('desimǝl) *adj,n* decimale *m*.

decipher (di'saifǝ) *vt* decifrare.

decision (di'siʒǝn) *n* decisione *f*. **decisive** *adj* decisivo, fermo.

deck (dek) *n* ponte *m*. coperta *f*. *vt* coprire, adornare. **deckchair** *n* sedia a sdraio *f*.

declare (di'klɛǝ) *vt* dichiarare, proclamare. **declaration** *n* dichiarazione *f*.

decline (di'klain) *vt* 1 declinare. 2 rifiutare. *vi* deperire. *n* 1 declino *m*. 2 deperimento *m*. 3 decadenza *f*. **declension** *n* declinazione *f*.

decorate ('dekǝreit) *vt* decorare, abbellire. **decoration** *n* decorazione *f*. ornamento *m*.

decoy (*n* 'diːkɔi; *v* di'kɔi) *n* 1 trappola *f*. 2 uccello da richiamo *m*. *vt* adescare, abbindolare.

decrease (di'kriːs) *n* diminuzione *f*. *vt,vi* diminuire.

decree (di'kriː) *n* decreto *m*.

decrepit (di'krepit) *adj* decrepito.

dedicate ('dedikeit) *vt* dedicare. **dedicated** *adj* dedicato, scrupoloso.

deduce (di'djuːs) *vt* dedurre.

deduct (di'dʌkt) *vt* dedurre, sottrarre. **deduction** *n* sottrazione, deduzione *f*.

deed (diːd) *n* 1 atto *m*. 2 azione *f*. 3 impresa *f*.

deep (diːp) *adj* profondo, alto. *n* abisso *m*. *adv* profondamente. **deepen** *vt* approfondire. *vi* approfondirsi. **deepfreeze** *n* congelatore *m*. *vt* surgelare. **deep-seated** *adj* radicato.

deer (diǝ) *n invar* cervo, daino *m*.

deface (di'feis) *vt* sfigurare, deturpare, cancellare.

default (di'fɔːlt) *n* 1 mancanza *f*. 2 *law* contumacia *f*.

defeat (di'fiːt) *n* sconfitta, disfatta *f*. *vt* sconfiggere.

defect (*n* 'diːfekt; *v* di'fekt) *n* difetto *m*. mancanza *f*. *vi* disertare, defezionare. **defection** *n* defezione *f*. abbandono *m*. **defective** *adj* difettoso, anormale.

defence (di'fens) *n* difesa *f*. **defenceless** *adj* indifeso. **defend** *vt* difendere. **defendant** *n* imputato *m*.

defer (di'fǝː) *vt* differire, rimandare. **deference** *n* riguardo *m*. **deferential** *adj* deferente.

defiant (di'faiǝnt) *adj* ardito, provocante.

deficient (di'fiʃǝnt) *adj* deficiente, insufficiente.

deficit ('defisit) *n* deficit, disavanzo *m*.

define (di'fain) *vt* definire, determinare. **definition** *n* definizione *f*.

definite ('defǝnit) *adj* determinato, preciso. **definitely** *adv* definitivamente, senz'altro.

deflate (di'fleit) *vt* 1 sgonfiare. 2 *comm* deflazionare. *vi* sgonfiarsi. **deflation** *n* 1 sgonfiamento *m*. 2 *comm* deflazione *m*.

deform (di'fɔːm) *vt* deformare.

defraud (di'frɔːd) *vt* defraudare, privare.

defrost (di'frɔst) *vt* disgelare, sbrinare.

deft (deft) *adj* abile, destro.

defunct (di'fʌŋkt) *adj* defunto.

defy (di'fai) *vt* sfidare. **defiance** *n* sfida *f*.

degenerate (*v* di'dʒenǝreit; *adj,n* di'dʒenǝrit) *vi* degenerare. *adj,n* degenerato.

degrade (di'greid) *vt* degradare. **degrading** *adj* avvilente.

degree (di'griː) *n* 1 grado, punto *m*. 2 *educ* laurea *f*.

dehydrate (di'haidreit) *vt* disidratare.

deity ('deiiti) *n* divinità *f*.

dejected (di'dʒektid) *adj* scoraggiato, abbattuto.

delay (di'lei) *n* ritardo, indugio, rinvio *m*. *vt* ritardare. *vi* indugiare.

delegate (*n* 'deligət; *v* 'deligeit) *n* delegato *m*. *vt* delegare.

delete (di'liːt) *vt* cancellare.

deliberate (*adj* di'libərət; *v* di'libəreit) *adj* ponderato, intenzionale. *vt,vi* deliberare, riflettere.

delicate ('delikət) *adj* delicato, sensibile. **delicacy** *n* 1 delicatezza *f*. 2 leccornia *f*.

delicatessen (delikə'tesən) *n* pizzicheria *f*.

delicious (di'liʃəs) *adj* delizioso.

delight (di'lait) *n* gioia *f*. entusiasmo *m*. *vt* dilettare. **delightfull** *adj* piacevole, simpatico.

delinquency (di'liŋkwənsi) *n* delinquenza *f*. **delinquent** *n* delinquente *m*.

deliver (di'livə) *vt* 1 distribuire, consegnare. 2 liberare. 3 partorire. 4 (a speech) pronunciare. **delivery** *n* 1 consegna, distribuzione *f*. 2 *med* parto *m*. 3 dizione *f*.

delta ('deltə) *n* delta *m*.

delude (di'luːd) *vt* deludere, illudere.

delve (delv) *vi* scavare, far ricerche.

demand (di'mɑːnd) *n* 1 domanda *f*. 2 esigenza *f*. *vt* 1 richiedere, domandare. 2 esigere.

democracy (di'mɔkrəsi) *n* democrazia *f*. **democrat** *n* democratico *m*. **democratic** *adj* democratico.

demolish (di'mɔliʃ) *vt* demolire. **demolition** *n* demolizione *f*.

demon ('diːmən) *n* demonio *m*.

demonstrate ('demənstreit) *vt* dimostrare. *vi* fare una dimostrazione. **demonstration** *n* 1 dimostrazione *f*. 2 *pol* manifestazione *f*.

demoralize (di'mɔrəlaiz) *vt* demoralizzare.

demure (di'mjuə) *adj* modesto, pudico.

den (den) *n* covo *m*. tana *f*.

denial (di'naiəl) *n* rifiuto, diniego *m*.

denim ('denim) *n* 1 tessuto di cotone *m*. 2 *pl* pantaloni, blue-jeans *m pl*.

Denmark ('denmɑːk) *n* Danimarca *f*.

denomination (dinɔmi'neiʃən) *n* 1 denominazione *f*. 2 confessione *f*. 3 *comm* taglio *m*. **denominator** *n* denominatore *m*.

denote (di'nout) *vt* denotare, indicare.

denounce (di'nauns) *vi* denunciare.

dense (dens) *adj* 1 denso, fitto. 2 *inf* stupido. **density** *n* densità *f*.

dent (dent) *n* incavo *m*. ammaccatura *f*. *vt* ammaccare, intaccare.

dental ('dentl) *adj* dentale. **dentist** *n* dentista *m*. **dentistry** *n* odontoiatria *f*. **denture** *n* dentiera *f*.

deny (di'nai) *vt* negare, smentire.

deodorant (di'oudərənt) *n* deodorante *m*.

depart (di'pɑːt) *vi* 1 partire. 2 deviare. **departure** *n* partenza *f*.

department (di'pɑːtmənt) *n* dipartimento, reparto *m*. **department store** *n* grande magazzino *m*.

depend (di'pend) *vi* 1 dipendere. 2 fare assegnamento. **dependable** *adj* fidato, sicuro. **dependant** n dipendente m,f. **dependence** n dipendenza f. **dependent** adj dipendente.

depict (di'pikt) vt descrivere, rappresentare.

deplete (di'pliːt) vt vuotare, esaurire.

deplore (di'plɔː) vt deplorare.

deport (di'pɔːt) vt deportare, esiliare. **deportment** n comportamento m.

depose (di'pouz) vt deporre.

deposit (di'pozit) n deposito m. vt depositare, posare.

depot ('depou) n magazzino m.

deprave (di'preiv) vt depravare.

depreciate (di'priːʃieit) vi deprezzarsi.

depress (di'pres) vt deprimere. **depression** n 1 depressione f. avvilimento m. 2 comm depressione f. crisi f invar.

deprive (di'praiv) vt privare.

depth (depθ) n profondità, altezza f.

deputize ('depjutaiz) vi fungere da delegato. **deputation** n deputazione f. **deputy** n deputato, delegato m.

derail (di'reil) vi deragliare. vt far deragliare. **derailment** n deragliamento m.

derelict ('derəlikt) adj derelitto, abbandonato.

deride (di'raid) vt deridere.

derive (di'raiv) vt,vi derivare. vi provenire.

derogatory (di'rɔgətri) adj calunnioso, sprezzante.

descend (di'send) vt,vi discendere, scendere. **descendant** n discendente m,f. **descent** n 1 discesa f. 2 discendenza f.

describe (di'skraib) vt descrivere. **description** n descrizione f.

desert[1] ('dezət) n deserto m.

desert[2] (di'zəːt) vt,vi disertare. **deserter** n disertore m. **desertion** n diserzione f. abbandono m.

desert[3] (di'zəːt) n merito m.

deserve (di'zəːv) vt meritare.

design (di'zain) n 1 progetto, disegno m. 2 intento m. vt progettare.

designate ('dezigneit) vt designare.

desire (di'zaiə) n desiderio m. passione f. vt desiderare, augurare.

desk (desk) n scrivania f.

desolate ('desələt) adj desolato, deserto.

despair (di'speə) n disperazione f. vi disperare.

desperate ('despərət) adj disperato, accanito.

despise (di'spaiz) vt disprezzare.

despite (di'spait) prep malgrado.

despondent (di'spɔndənt) adj scoraggiato, depresso.

dessert (di'zəːt) n frutta f. dolce m. **dessertspoon** n cucchiaio da dessert m.

destine ('destin) vt destinare. **destination** n destinazione f. **destiny** n destino m.

destitute ('destitjuːt) adj indigente.

destroy (di'strɔi) vt distruggere, abbattere. **destroyer** n naut cacciatorpediniere m.

detach (di'tætʃ) vt staccare, isolare. **detachable** adj staccabile. **detachment** n 1 distacco m. indifferenza f. 2 mil distaccamento m.

detail ('diːteil) n dettaglio, particolare m. vt specificare, dettagliare.

detain (di'tein) vt trattenere, detenere. **detainee** n confinato m.

detect (di'tekt) vt scoprire, scovare, percepire. **detective** n investigatore m. adj poliziesco.

detention (di'tenʃən) n detenzione f. arresto m.

deter (di'tə:) vt trattenere, dissuadere. **deterrent** n arma f. freno m.

detergent (di'tə:dʒənt) n detergente, detersivo m.

deteriorate (di'tiəriəreit) vi deteriorare, deteriorarsi.

determine (di'tə:min) vt determinare, stabilire. vi decidersi. **determination** n determinazione, risolutezza f.

detest (di'test) vt detestare. **detestable** adj odioso.

detonate ('detəneit) vt,vi detonare, esplodere.

detour ('di:tuə) n deviazione, digressione f.

detract (di'trækt) vt detrarre.

devalue (di'vælju:) vt svalutare. **devaluation** n svalutazione f.

devastate ('devəsteit) vt devastare, rovinare.

develop (di'veləp) vt sviluppare, ampliare. vi svilupparsi. **development** n sviluppo m. crescita f.

deviate ('di:vieit) vi,vt deviare. **devious** adj tortuoso, remoto.

device (di'vais) n **1** congegno, dispositivo m. **2** mezzo, stratagemma m.

devil ('devəl) n diavolo, demonio m.

devise (di'vaiz) vt escogitare, progettare.

devoid (di'void) adj privo.

devote (di'vout) vt dedicare, consacrare. **devotee** n devoto, fanatico m. **devotion** n devozione f. affetto m.

devour (di'vauə) vt divorare.

devout (di'vaut) adj devoto, fervente.

dew (dju:) n rugiada f.

dexterous ('dekstrəs) adj abile, capace.

diabetes (daiə'bi:tiz) n diabete m.

diagonal (dai'agənɪl) adj,n diagonale m.

diagram ('daiəgræm) n diagramma m.

dial (dail) n **1** (of a clock) quadrante m. **2** (of a telephone) disco combinatore m. vt comporre.

dialect ('daiəlekt) n dialetto m.

dialogue ('daiələg) n dialogo m.

diameter (dai'æmitə) n diametro m.

diamond ('daiəmənd) n diamante m.

diaphragm ('daiəfræm) n diaframma m.

diarrhoea (daiə'riə) n diarrea f.

diary ('daiəri) n diario m.

dice (dais) n pl dadi m pl. vt tagliare a cubetti.

dictate (dik'teit) vt,vi dettare. **dictation** n dettato m. **dictator** n dittatore m. **dictatorship** n dittatura f.

dictionary ('dikʃənri) n dizionario m.

did (did) v see **do.**

die (dai) vi morire.

diesel ('di:zəl) n diesel m.

diet ('daiət) n **1** dieta f. **2** alimentazione f. vi essere a dieta.

differ ('difə) vi **1** dissentire. **2** essere diverso.

difference ('difrəns) n **1** differenza f. **2** divergenza f. **different** adj differente. **differential** adj,n differenziale m. **differentiate** vt differenziare.

difficult ('difikəlt) adj difficile. **difficulty** n difficoltà f.

dig* (dig) vt,vi scavare. n **1** vangata f. **2** urto m. **3** scavi m pl. **4** pl camera, ammobiliata f.

digest (dai'dʒest) vt,vi digerire. **digestible** adj digeribile. **digestion** n digestione f.

digit ('didʒit) n numero semplice m. cifra f. **digital** adj digitale.

dignity ('digniti) n dignità f.
  dignified adj dignitoso, nobile.

dilapidated (di'læpideitid) adj decrepito, in rovina.

dilemma (di'lemə) n dilemma m.

diligent ('dilidʒənt) adj diligente.

dilute (dai'luːt) vt diluire.

dim (dim) adj pallido, vago, ottuso. vt smorzare, offuscare. vi oscurarsi, indebolirsi.

dimension (di'menʃən) n dimensione f.

diminish (di'miniʃ) vt diminuire, ridurre. vi ridursi.

diminutive (di'minjutiv) adj,n diminutivo m.

dimple ('dimpəl) n fossetta f.

din (din) n rumore assordante, fracasso m.

dine (dain) vi pranzare. **dining car** n carrozza ristorante f. **dining room** n sala da pranzo f.

dinghy ('diŋgi) n lancia, barchetta f.

dingy ('dindʒi) adj scuro, sbiadito, sporco.

dinner ('dinə) n pranzo, desinare m. cena f. **dinner jacket** n smoking m.

dinosaur ('dainəsɔː) n dinosauro m.

diocese ('daiəsis) n diocesi f invar.

dip (dip) vt 1 immergere, intingere, tuffare. 2 abbassare. vi 1 immergersi. 2 abbassarsi. n 1 immersione f. tuffo m. 2 pendenza f.

diphthong ('difθɔŋ) n dittongo m.

diploma (di'ploumə) n diploma m.

diplomacy (di'plouməsi) n diplomazia f. **diplomat** ('diplɒmæt) n diplomatico m. **diplomatic** adj diplomatico.

direct (di'rekt) vt 1 dirigere. 2 indirizzare. 3 ordinare. adj 1 diretto. 2 sincero. **direction** n 1 direzione f. senso m. 2 istruzione f. **director** n 1 direttore m. 2 Th regista m. **directory** n elenco telefonico m. guida f.

dirt (dəːt) n sporcizia, immondizia f. **dirty** adj sporco, sudicio. vt insudiciare, sporcare.

disability (disə'biliti) n incapacità, impotenza f. **disabled** adj invalido m.

disadvantage (disəd'vɑːntidʒ) n svantaggio m. **disadvantageous** adj svantaggioso.

disagree (disə'griː) vi 1 non andar d'accordo, differire. 2 far male. **disagreeable** adj sgradevole.

disappear (disə'piə) vi sparire. **disappearance** n scomparsa f.

disappoint (disə'pɔint) vt deludere. **disappointment** n delusione f.

disapprove (disə'pruːv) vt,vi disapprovare. **disapproval** n disapprovazione f.

disarm (dis'ɑːm) vt disarmare. **disarmament** n disarmo m.

disaster (di'zɑːstə) n disastro m. catastrofe f. **disastrous** adj disastroso.

disc (disk) n disco m. **disc jockey** n presentatore radiofonico di dischi m.

discard (dis'kɑːd) vt scartare, abbandonare.

discern (di'səːn) vt percepire, scorgere. **discernment** n discernimento, acume m.

discharge (dis'tʃɑːdʒ) vt 1 scaricare. 2 congedare. 3 assolvere, liberare. n 1 scarico m. 2 mil congedo m. 3 law assoluzione f.

disciple (di'saipəl) n discepolo m.

discipline ('disəplin) n disciplina f.

disclose (dis'klouz) *vt* rivelare, svelare.

discomfort (dis'kʌmfət) *n* disagio *m*. *vt* mettere a disagio.

disconnect (diskə'nekt) *vt* **1** sconnettere. **2** *tech* disinnestare.

disconsolate (dis'kɔnsələt) *adj* sconsolato.

discontinue (diskən'tinjuː) *vt, vi* cessare.

discord ('diskɔːd) *n* discordia, disarmonia *f*.

discotheque ('diskətek) *n* discoteca *f*.

discount (*n* 'diskaunt; *v* dis'-kaunt) *n* sconto *m*. riduzione *f*. *vt* scontare, ribassare.

discourage (dis'kʌridʒ) *vt* scoraggiare, dissuadere. **discouragement** *n* scoraggiamento *m*.

discover (dis'kʌvə) *vt* scoprire. **discovery** *n* scoperta *f*.

discredit (dis'kredit) *vt* screditare.

discreet (dis'kriːt) *adj* prudente, riservato.

discrepancy (dis'krepənsi) *n* contraddizione *f*. divario *m*. **discretion** *n* discrezione *f*. discernimento *m*.

discrete (dis'kriːt) *adj* separato, distinto.

discriminate (dis'krimineit) *vt, vi* discriminare, distinguere. **discrimination** *n* **1** discriminazione *f*. **2** discernimento *m*.

discus ('diskəs) *n, pl* **discuses** disco *m*.

discuss (dis'kʌs) *vt* discutere. **discussion** *n* discussione *f*.

disease (di'ziːz) *n* malattia *f*.

disembark (disim'baːk) *vi* sbarcare.

disengage (disin'geidʒ) *vt* disimpegnare, disinnestare.

disfigure (dis'figə) *vt* deturpare, sfigurare.

disgrace (dis'greis) *n* disonore *m*. vergogna *f*. *vt* disonorare, destituire.

disgruntled (dis'grʌntəld) *adj* di cattivo umore, scontento.

disguise (dis'gaiz) *vt* travestire, dissimulare. *n* **1** travestimento *m*. **2** finzione *f*.

disgust (dis'gʌst) *n* disgusto *m*. nausea *f*. *vt* disgustare.

dish (diʃ) *n* **1** piatto *m*. **2** *cul* pietanza *f*. *vt* scodellare, servire. **dishcloth** *n* strofinaccio per i piatti *m*. **dishwasher** *n* lavastoviglie *f*.

dishearten (dis'haːtn) *vt* scoraggiare.

dishevelled (di'ʃevəld) *adj* arruffato.

dishonest (dis'ɔnist) *adj* disonesto. **dishonesty** *n* disonestà *f*.

dishonour (dis'ɔnə) *n* disonore *m*. *vt* disonorare.

disillusion (disi'luːʒən) *n* disinganno *m*. *vt* disilludere.

disinfect (disin'fekt) *vt* disinfettare. **disinfectant** *adj, n* disinfettante *m*.

disinherit (disin'herit) *vt* diseredare.

disintegrate (dis'intigreit) *vt* disintegrare. *vi* disgregarsi.

disinterested (dis'intrəstid) *adj* disinteressato.

disjointed (dis'dʒɔintid) *adj* disgiunto, sconnesso.

dislike (dis'laik) *vt* non piacere. *n* antipatia, avversione *f*.

dislocate ('disləkeit) *vt* slogare, spostare.

dislodge (dis'lɔdʒ) *vt* sloggiare, scacciare.

disloyal (dis'lɔiəl) *adj* sleale.

dismal ('dizməl) *adj* tetro, cupo, lugubre.

dismantle (dis'mæntl) *vt* smantellare, demolire.

dismay (dis'mei) *n* sgomento *m*. *vt* costernare, spaventare.

dismiss (dis'mis) *vt* **1** licenziare, mandar via. **2** respingere. **dismissal** *n* **1** licenziamento *m*. **2** congedo *m*.

dismount (dis'maunt) *vi* scendere. *vt* smontare.

disobey. (disə'bei) *vt* disubbidire a. **disobedient** *adj* disubbidiente. **disobedience** *n* disubbidienza *f*.

disorder (dis'ɔɪdə) *n* 1 disordine *m*. 2 *med* disturbo *m*.

disorganized (dis'ɔɪɡənaizd) *adj* disorganizzato.

disown (dis'oun) *vt* smentire, rinnegare.

disparage (dis'pæridʒ) *vt* sottovalutare, disprezzare. **disparaging** *adj* sprezzante, spregiativo.

dispassionate (dis'pæʃənət) *adj* calmo, spassionato.

dispatch (dis'pætʃ) *vt* spedire, inviare, sbrigare. *n* 1 spedizione *f*. 2 dispaccio *m*. 3 prontezza *f*.

dispel (dis'pel) *vt* dissipare, disperdere.

dispense (dis'pens) *vt* dispensare, distribuire. **dispense with** fare a meno di. **dispensary** *n* dispensario *m*.

disperse (dis'pəɪs) *vt* disperdere, sparpagliare. *vi* disperdersi.

displace (dis'pleis) *vt* spostare, soppiantare. **displacement** *n* 1 spostamento *m*. 2 *naut* dislocamento *m*.

display (dis'plei) *n* 1 mostra *f*. 2 ostentazione *f*. *vt* mostrare, ostentare, rivelare.

displease (dis'pliɪz) *vt* dispiacere a, offendere.

dispose (dis'pouz) *vt* disporre. **dispose of** liberarsi di, eliminare. **disposal** *n* disposizione *f*. **disposition** *n* disposizione *f*. carattere *m*.

disprove (dis'pruɪv) *vt* confutare, contraddire.

dispute (dis'pjuɪt) *n* disputa, vertenza *f*. *vt* contestare. *vi* discutere.

disqualify (dis'kwɔlifai) *vt* *sport* squalificare. **disqualification** *n* squalifica *f*.

disregard (disri'ɡaɪd) *n* noncuranza *f*. disprezzo *m*. *vt* ignorare, trascurare.

disreputable (dis'repjutəbəl) *adj* indecoroso, di cattiva fama.

disrespect (disri'spekt) *n* mancanza di rispetto *f*.

disrupt (dis'rʌpt) *vt* 1 mettere in confusione. 2 rompere, spaccare. **disruption** *n* disordine *m*.

dissatisfy (di'sætisfai) *vt* scontentare, deludere. **dissatisfaction** *n* scontento *m*.

dissect (di'sekt) *vt* sezionare, analizzare. **dissection** *n* sezionamento *m*.

dissent (di'sent) *n* dissenso *m*. *vi* dissentire.

dissimilar (di'similə) *adj* diverso.

dissociate (di'souʃieit) *vt* dissociare, separare.

dissolve (di'zɔlv) *vt* dissolvere. *vi* sciogliersi.

dissuade (di'sweid) *vt* dissuadere.

distance ('distəns) *n* distanza *f*.

distant ('distnt) *adj* 1 distante, lontano. 2 vago, riservato.

distaste (dis'teist) *n* ripugnanza *f*.

distil (dis'til) *vt* stillare, distillare.

distinct (dis'tiŋkt) *adj* 1 distinto, chiaro. 2 diverso. **distinction** *n* distinzione *f*. **distinctive** *adj* caratteristico.

distinguish (dis'tiŋwiʃ) *vt* distinguere. **distinguished** *adj* distinto, illustre.

distort (dis'tɔɪt) *vt* distorcere, alterare.

distract (dis'trækt) *vt* 1 distrarre. 2 turbare. **distraction** *n* 1 distrazione *f*. 2 svago *m*. 3 follia *f*.

distraught (dis'trɔɪt) *adj* turbato, pazzo.

distress (dis'tres) *n* 1 dolore *m*.

angoscia f. **2** miseria f. vt affliggere, tormentare.

distribute (dis'tribjuːt) vt distribuire. **distribution** n distribuzione f.

district ('distrikt) n distretto, quartiere m.

distrust (dis'trʌst) n diffidenza f. sospetto m. vt non aver fiducia in.

disturb (dis'təːb) vt disturbare. **disturbance** n perturbazione f. tumulto m.

ditch (ditʃ) n fossato m. vt inf piantare in asso.

ditto ('ditou) n idem, lo stesso m.

divan (di'væn) n divano m.

dive (daiv) n tuffo m. vi tuffarsi, immergersi. **diving board** n trampolino m.

diverge (dai'vəːdʒ) vi divergere.

diverse (dai'vəːs) adj **1** differente. **2** vario.

diversify (di'vəːsifai) vt differenziare.

divert (dai'vəːt) vt **1** deviare, sviare. **2** divertire. **diversion** n **1** diversione f. **2** diversivo m.

divide (di'vaid) vt dividere. vi separarsi. **divisible** adj divisibile. **division** n divisione f.

dividend ('dividend) n dividendo m.

divine (di'vain) adj divino. **divinity** n divinità f.

divorce (di'vɔːs) n divorzio m. vt **1** divorziare. **2** separare.

divulge (di'vʌldʒ) vt divulgare.

dizzy ('dizi) adj stordito, che ha il capogiro. **dizziness** n vertigine f.

do* (duː) vt fare, compiere. vi **1** bastare. **2** andare bene. **3** agire. **do one's utmost** fare tutto il possibile. **do up** abbottonare. **do without** fare a meno.

docile ('dousail) adj docile.

dock[1] (dɔk) n naut molo, bacino, portuario m. vi attraccare. **dockyard** n arsenale m.

dock[2] (dɔk) n (tail) troncone m. vt mozzare, ridurre.

dock[3] (dɔk) n law banco degli imputati m.

doctor ('dɔktə) n dottore, medico m.

doctrine ('dɔktrin) n dottrina f.

document ('dɔkjumənt) n documento m. vt documentare. **documentary** adj,n documentario m.

dodge (dɔdʒ) vt schivare, eludere. vi scansarsi. n **1** sotterfugio m. **2** schivata f.

dog (dɔg) n cane m. vt pedinare. **dog-collar** n **1** collare per cani m. **2** inf collarino m. **dogged** adj ostinato.

dogma ('dɔgmə) n dogma m. **dogmatic** adj dogmatico.

dole (doul) n sussidio m. distribuzione f. **go on the dole** ricevere il sussidio per disoccupati. v **dole out** distribuire.

doll (dɔl) n bambola f.

dollar ('dɔlə) n dollaro m.

Dolomites ('dɔləmaits) n pl Dolomiti f pl.

dolphin ('dɔlfin) n delfino m.

domain (də'mein) n dominio m. proprietà f.

dome (doum) n cupola f.

domestic (də'mestik) adj domestico, casalingo. **domesticate** vt addomesticare.

dominate ('dɔmineit) vt,vi dominare. **dominant** adj dominante. **domineer** vi tiranneggiare.

dominion (də'miniən) n dominio m.

donate (dou'neit) vt donare. **donation** n **1** dono m. **2** pl carità f.

done (dʌn) v see **do**.

donkey ('dɔŋki) n asino m.

donor ('dounə) n donatore m. donatrice f.

doom (duːm) n destino m. sorte, distruzione, morte f. **doomsday** n giorno del giudizio m.

door (dɔː) n porta f. **doorbell** n campanello m. **doorhandle** n maniglia della porta f. **doorknob** n pomo della porta m. **doorknocker** n battente m. **doormat** n zerbino m. **doorstep** n gradino della porta m. **doorway** n soglia, entrata f.

dope (doup) n sl stupefacente m. vt sl narcotizzare, drogare.

dormant ('dɔːmənt) adj dormiente, sopito, latente.

dormitory ('dɔːmitri) n dormitorio m.

dormouse ('dɔːmaus) n ghiro m.

dose (dous) n dose f. vt somministrare a dosi, dosare. **dosage** n dosaggio m.

dot (dɔt) n punto, puntino m. **on the dot** in punto. ~ vt mettere il punto su, punteggiare.

dote (dout) vi **dote on** essere infatuato di.

double ('dʌbəl) adj doppio. n 1 doppio m. 2 sosia m,f invar. adv due volte tanto, in coppia. vt raddoppiare, doppiare. vi piegarsi. **double bass** n contrabbasso m. **double-cross** vt tradire. **double-decker bus** n autobus a due piani m invar. **double-dutch** n lingua incomprensibile f. **double glazing** n vetro doppio m.

doubt (daut) n dubbio m. incertezza f. vt dubitare di. vi dubitare. **doubtful** adj ambiguo, incerto.

dough (dou) n pasta f. **doughnut** n ciambella f.

dove (dʌv) n colomba f. **dovecote** n colombaia f.

dowdy ('daudi) adj sciatto, vestito male.

down[1] (daun) adv giù, in basso, di sotto. adj abbattuto, depresso. prep giù per. vt 1 abbattere. 2 inf tracannare.

down[2] (daun) n (soft fur etc.) lanugine f.

downcast ('daunkɑːst) adj scoraggiato, abbattuto.

downfall ('daunfɔːl) n caduta, rovina f.

downhearted (daun'hɑːtid) adj depresso.

downhill ('daunhil) adj discendente. adv in pendio.

downpour ('daunpɔː) n acquazzone m.

downright ('daunrait) adj vero, sincero. adv assolutamente.

downstairs (daun'stɛəz) adj di sotto. adv dabbasso. n pianterreno m.

downstream (daun'striːm) adv seguendo la corrente.

downtrodden ('dauntrɔdn) adj calpestato, oppresso.

downward ('daunwəd) adj discendente. **downwards** adv dall'alto al basso, verso il basso.

dowry ('dauəri) n dote f.

doze (douz) n sonnellino m. vi sonnecchiare. **doze off** assopirsi.

dozen ('dʌzən) n dozzina f.

drab (dræb) adj sbiadito, scialbo.

draft (drɑːft) n 1 abbozzo m. 2 comm assegno m. 3 mil leva f. vt 1 redigere. 2 mil arruolare.

drag (dræg) vt 1 trascinare. 2 naut dragare. vi trascinarsi. **drag on** prolungarsi.

dragon ('drægən) n drago m. **dragonfly** n libellula f.

drain (drein) n canale, tubo di scarico m. vt prosciugare, drenare. vi defluire, prosciugarsi. **drainage** n fognatura f. drenaggio m. **draining board** n scolatoio m. **drainpipe** n tubo di scarico m.

drake (dreik) *n* anitra maschio *m*.

dram (dræm) *n* **1** (weight) dramma *f*. **2** sorso *m*.

drama ('drɑːmə) *n* dramma *m*. arte drammatica *f*. **dramatic** *adj* drammatico. **dramatist** *n* drammaturgo *m*. **dramatize** *vt* drammatizzare, mettere in forma drammatica.

drank (dræŋk) *v* see **drink**.

drape (dreip) *vt* drappeggiare.

draper ('dreipə) *n* negoziante di tessuti *m*. **drapery** *n* tendaggio *m*. tessuti *m pl*.

drastic ('dræstik) *adj* drastico.

draught (drɑːft) *n* **1** corrente d'aria *f*. **2** sorso *m*. **draughtsman** *n* disegnatore *m*.

draw* (drɔː) *vt* **1** tirare, attirare, estrarre. **2** disegnare. **draw near** avvicinarsi. ~ *n* **1** tirata *f*. **2** *sport* pareggio *m*. **3** estrazione *f*. **4** attrazione *f*. **drawback** *n* inconveniente, ostacolo *m*. **drawbridge** *n* ponte levatoio *m*. **drawer** *n* cassetto *m*. **drawing** *n* disegno *m*. **drawing pin** *n* puntina da disegno *f*. **drawing room** *n* salotto *m*.

drawl (drɔːl) *vt,vi* strascicare.

dread (dred) *n* timore *m*. *adj* terribile. *vt* temere, aver paura di. **dreadful** *adj* spaventoso, terribile.

dream* (driːm) *n* sogno *m*. *vt,vi* sognare.

dreary ('driəri) *adj* triste, cupo.

dredge (dredʒ) *vt* dragare. **dredger** *n* draga *f*.

dregs (dregz) *n pl* feccia *f*. scorie *f pl*.

drench (drentʃ) *vt* inzuppare, bagnare.

dress (dres) *vt* **1** vestire. **2** *med* bendare. **3** *cul* condire. *vi* abbigliarsi. **1** abito *m*. **2** vestito *m*. **dress circle** *n* *Th* prima galleria *f*. **dress-**

maker *n* sarta da donna *f*.

dress rehearsal *n* prova generale *f*. **dressing** *n* **1** *med* medicazione, benda *f*. **2** *cul* condimento *m*. **dressing-gown** *n* vestaglia *f*. **dressing-room** *n* spogliatoio, camerino *m*. **dressing-table** *n* tavola da toletta *f*.

dresser[1] ('dresə) *n* *Th* guardarobiere *m*.

dresser[2] ('dresə) *n* credenza *f*.

drew (druː) *v* see **draw**.

dribble ('dribəl) *n* gocciolamento *m*. *vi* gocciolare, sbavare.

drier ('draiə) *n* essiccatore *m*.

drift (drift) *n* **1** spinta *f*. **2** corrente *f*. **3** deriva *f*. **4** (of snow) monticello *m*. *vi* andare alla deriva.

drill (dril) *n* **1** *tech* trapano *m*. **2** *mil* esercitazione *f*. *vt* **1** *tech* trapanare. **2** *mil* addestrare.

drink* (driŋk) *vt,vi* bere. *n* bevanda *f*. **drinking water** *n* acqua potabile *f*.

drip (drip) *vi* gocciolare. *n* sgocciolio *m*. **drip-dry** *adj* che s'asciuga rapidamente e non si stira. **dripping** *adj* gocciolante. *n* **1** *cul* grasso colato *m*. **2** sgocciolio *m*.

drive* (draiv) *n* **1** corsa *f*. **2** viale *m*. **3** impulso *m*. *vt,vi* **1** guidare, condurre. **2** spingere. *vi* guidare. **drive away** scacciare. **drive mad** far impazzire. **drive off** partire. **driver** *n* guidatore, autista *m*. **driving licence** *n* patente automobilistica *f*. **driving school** *n* scuola guida *f*. **driving test** *n* esame di guida *m*.

drivel ('drivəl) *vi* **1** sbavare. **2** dire sciocchezze. *n* **1** bava *f*. **2** stupidaggini *f pl*.

drizzle ('drizəl) *vi* piovigginare. *n* pioggerella *f*.

dromedary ('drʌmədəri) *n* dromedario *m*.

drone¹ (droun) *n zool* fuco *m.*
drone² (droun) *vi* ronzare. *n* ronzio *m.*
droop (druːp) *vi* curvarsi, languire, afflosciarsi. **drooping** *adj* pendente, abbattuto.
drop (drɔp) *n* 1 goccio *m.* goccia *f.* 2 dislivello *m.* 3 abbassamento *m.* 4 pastiglia *f.* *vt* lasciar cadere. *vi* 1 cadere. 2 diminuire. **drop out** sparire, ritirarsi. **drop-out** *n* persona emarginata dalla società *f.*
drought (draut) *n* siccità *f.*
drove¹ (drouv) *v see* **drive.**
drove² (drouv) *n* mandria *f.* gregge *m.*
drown (draun) *vt,vi* annegare, affogare.
drowsy ('drauzi) *adj* sonnolento.
drudge (drʌdʒ) *n* sgobbone, schiavo *m.* *vi* sfacchinare. **drudgery** *n* lavoro faticoso e monotono *m.*
drug (drʌg) *n* 1 droga *f.* stupefacente *m.* 2 prodotto chimico *m.* *vt* narcotizzare, drogare. **drug addict** *n* morfinomane *m,f.*
drum (drʌm) *n* 1 tamburo *m.* 2 *tech* rullo *m.* 3 *anat* timpano *m.* *vi* suonare il tamburo. *vt* tamburellare.
drunk (drʌŋk) *v see* **drink.** *adj,n* ubriaco. **drunken** *adj* ebbro, ubriaco.
dry (drai) *adj* 1 secco, arido. 2 monotono. *vt* seccare. *vi* asciugarsi. **dry-clean** *vt* lavare a secco. **dry-cleaning** *n* lavaggio a secco *m.*
dual ('djuəl) *adj* doppio, duplice. **dual carriageway** *n* strada a doppia carreggiata *f.*
dubious ('djuːbiəs) *adj* dubbio, esitante.
duchess ('dʌtʃis) *n* duchessa *f.*
duck¹ (dʌk) *n* anitra *f.* **duckling** *n* anatroccolo *m.*
duck² (dʌk) *n* 1 tuffo *m.* im-

mersione *f.* 2 colpo *m.* *vi* 1 immergersi. 2 chinarsi di colpo. *vt* 1 tuffare. 2 chinare.
duct (dʌkt) *n* 1 condotto, canale *m.* 2 *anat* vaso *m.*
dud (dʌd) *adj* inutile, falso. *n* proiettile che non esplode *m.*
due (djuː) *adj* 1 dovuto, adatto. 2 scaduto. 3 atteso. **be due to** essere causato da. ~ *n* spettanza *f.* debito *m.*
duel ('djuəl) *n* duello *f.*
duet (djuˈet) *n* duetto *m.*
dug (dʌg) *v see* **dig.**
duke (djuːk) *n* duca *m.*
dulcimer ('dʌlsimə) *n* salterio *m.*
dull (dʌl) *adj* 1 tardo, lento. 2 sordo. 3 monotono. 4 cupo. *vt* 1 istupidire, intorpidire. 2 smussare. 3 offuscare. **dullness** *n* 1 stupidità, lentezza *f.* 2 monotonia *f.*
dumb (dʌm) *adj* 1 muto, reticente. 2 sciocco. **dumbfound** *vt* sbalordire, confondere.
dummy ('dʌmi) *adj* muto, falso. *n* 1 fantoccio *m.* 2 *game* morto *m.*
dump (dʌmp) *n* 1 mucchio, deposito *m.* 2 luogo di scarico *m.* *vt* scaricare, ammassare.
dumpling ('dʌmpliŋ) *n* gnocco *m.*
dunce (dʌns) *n inf* ignorante *m,f.* asino *m.*
dune (djuːn) *n* duna *f.*
dung (dʌŋ) *n* sterco, letame *m.*
dungeon ('dʌndʒən) *n* cella sotterranea *f.*
duplicate (*adj,n* 'djuːplikət; *v* 'djuːplikeit) *adj* doppio. *n* duplicato *m.* *vt* duplicare.
durable ('djuərəbəl) *adj* durevole.
duration (djuəˈreiʃən) *n* durata *f.*
during ('djuəriŋ) *prep* durante.
dusk (dʌsk) *n* crepuscolo *m.*
dust (dʌst) *n* polvere *f.* *vt* 1 im-

polverare. **2** spolverare. **dustbin** n pattumiera f. **duster** n spolverino m. **dustman** n netturbino m. **dustpan** n paletta per la spazzatura f.

Dutch (dʌtʃ) adj olandese. **go Dutch** pagare alla romana. **Dutch** (language) n olandese m. **Dutchman** n olandese m.

duty ('djuːti) n **1** dovere, obbligo m. **2** comm dazio m. imposta f. **be on/off duty** essere in/fuori servizio. **duty-free** adj esente da dogana. **dutiful** adj rispettoso, obbediente.

duvet ('duːvei) n coperta imbottita con piume f.

dwarf (dwɔːf) n nano m. vt rimpicciolire.

dwell* (dwel) vi **1** dimorare. **2** soffermarsi, restare. **dwelling** n abitazione, dimora f.

dwindle ('dwindl) vi diminuire, consumarsi.

dye (dai) n tintura f. colorante m. vt tingere. vi tingersi.

dyke (daik) n diga f. argine m.

dynamic (dai'næmik) adj dinamico. **dynamics** n dinamica f.

dynamite ('dainəmait) n dinamite f.

dynasty ('dinəsti) n dinastia f.

dysentery ('disəntri) n dissenteria f.

dyslexia (dis'leksiə) n dislessia f.

E

each (iːtʃ) adj ogni, ciascuno. pron ognuno. **each other** l'un l'altro, si.

eager ('iːgə) adj ardente, avido, impaziente. **eagerness** n brama, impazienza f.

eagle ('iːgəl) n aquila f.

ear[1] (iə) n anat orecchio m. **turn a deaf ear** fare orecchi da mercante. **earache** n mal d'orecchi m. **eardrum** n tim-

pano m. **earmark** n marchio di riconoscimento m. vt assegnare. **earring** n orecchino m.

ear[2] (iə) n bot spiga f.

earl (əːl) n conte m. **earldom** n contea f.

early ('əːli) adv presto, di buon'ora. adj **1** primo. **2** mattiniero. **3** precoce.

earn (əːn) vt guadagnare, meritarsi. **earnings** n pl guadagni m pl. stipendio m.

earnest ('əːnist) adj serio, zelante. **in earnest** sul serio.

earth (əːθ) n **1** terra f. mondo m. **2** terreno m. **earthenware** n terraglia f. **earthly** adj terrestre, terreno. **earthquake** n terremoto m. **earthworm** n lombrico m.

earwig ('iəwig) n forfecchia f.

ease (iːz) n **1** agio, comodo m. **2** riposo m. vt alleviare, calmare. vi attenuarsi. **easy** adj **1** facile, agevole. **2** disinvolto. adv facilmente, piano. **easygoing** adj facilone, poco esigente.

easel ('iːzəl) n cavalletto m.

east (iːst) n est, oriente m. adj d'est, orientale. **easterly** adj d'est, orientale. **eastern** adj orientale.

Easter ('iːstə) n Pasqua f.

eat* (iːt) vt, vi **1** mangiare. **2** corrodere.

eavesdrop ('iːvzdrɔp) vi origliare.

ebb (eb) n **1** riflusso m. **2** declino m. vi rifluire, abbassarsi.

ebony ('ebəni) n ebano m. adj d'ebano, nero.

eccentric (ik'sentrik) adj, n eccentrico.

ecclesiastical (ikliːzi'æstikəl) adj ecclesiastico.

echo ('ekou) n, pl **echoes** eco f, pl echi m. vi echeggiare. vt ripetere.

eclair (ei'kleə) n bignè m. pasta al cioccolato f.

eclipse (i'klips) *n* eclissi *f*. *vt* eclissare.

ecology (i:'kɔlǝdʒi) *n* ecologia *f*.

economy (i'kɔnǝmi) *n* economia *f*. **economic** *adj* economico. **economics** *n* scienze economiche *f pl*. economia *f*. **economical** *adj* economico, parsimonioso. **economize** *vi* economizzare.

ecstasy ('ekstǝsi) *n* estasi *f invar*.

eczema ('eksimǝ) *n* eczema *m*.

edge (edʒ) *n* **1** orlo, margine *m*. **2** (of a blade) filo *m*. **3** sponda *f*. **be on edge** avere i nervi tesi. ~ *vt* bordare, rasentare. **edge one's way** farsi strada.

edible ('edibǝl) *adj* commestibile.

Edinburgh ('edinbǝrǝ) *n* Edimburgo *f*.

edit ('edit) *vt* **1** redigere, curare. **2** dirigere. **editor** *n* redattore, direttore *m*. **editorial** *adj* editoriale. *n* articolo di fondo *m*.

edition (i'diʃǝn) *n* edizione *f*.

educate ('edjukeit) *vt* educare, istruire. **educated** *adj* istruito, colto. **education** *n* istruzione, pedagogia *f*. **educational** *adj* pedagogico, della scuola.

eel (i:l) *n* anguilla *f*.

eerie ('iǝri) *adj* strano, misterioso.

effect (i'fekt) *n* **1** risultato *m*. conseguenza *f*. **2** *pl* effetti personali *m pl*. *vt* compiere, eseguire. **effective** *adj* efficace.

effeminate (i'feminǝt) *adj* effeminato.

effervesce (efǝ'ves) *vi* essere effervescente.

efficient (i'fiʃǝnt) *adj* efficiente, abile.

effigy ('efidʒi) *n* effigie *f*.

effort ('efǝt) *n* sforzo *m*. **effortless** *adj* senza sforzo.

egg[1] (eg) *n* uovo *m*, *pl* uova *f*. **eggcup** *n* portauovo *m*. **eggshell** *n* guscio d'uovo *m*. **eggwhisk** *n* frullino *m*.

egg[2] (eg) *vt* **egg on** incitare, istigare.

ego ('i:gou) *n* ego *m*. **egocentric** *adj* egocentrico. **egoism** *n* egoismo *m*. **egotism** *n* egotismo *m*.

Egypt ('i:dʒipt) *n* Egitto *m*. **Egyptian** *adj,n* egiziano.

eiderdown ('aidǝdaun) *n* piumino *m*.

eight (eit) *adj,n* otto *m*. **eighth** *adj* ottavo.

eighteen (ei'ti:n) *adj,n* diciotto *m or f*. **eighteenth** *adj* diciottesimo.

eighty ('eiti) *adj,n* ottanta *m*. **eightieth** *adj* ottantesimo.

either ('aiðǝ) *adj,pron* **1** l'uno o l'altro. **2** tutti e due. *adv* nemmeno. **either...or** o...o.

ejaculate (i'dʒækjuleit) *vt* **1** esclamare. **2** eiaculare. **ejaculation** *n* **1** esclamazione *f*. **2** emissione *f*.

eject (i'dʒekt) *vt* espellere, emettere. **ejection** *n* **1** espulsione *f*. **2** *tech* eiezione *f*.

eke (i:k) *vt* **eke out** aggiungere a, accrescere.

elaborate (*adj* i'læbrǝt; *v* i'læbǝreit) *adj* elaborato, minuzioso. *vt* elaborare.

elapse (i'læps) *vi* trascorrere.

elastic (i'læstik) *adj,n* elastico *m*. **elastic band** *n* elastico *m*.

elated (i'leitid) *adj* esaltato, esultante.

elbow ('elbou) *n* gomito *m*.

elder[1] ('eldǝ) *adj* maggiore, più vecchio. *n* maggiore *m,f*. **elderly** *adj* anziano.

elder[2] ('eldǝ) *n bot* sambuco *m*. **elderberry** *n* bacca del sambuco *f*.

eldest ('eldist) *adj* primogenito, maggiore.

elect (i'lekt) *vt* eleggere, designare, scegliere. *adj* scelto, eletto. **election** *n* elezione *f*. **electorate** *n* elettorato *m*.

electricity (ilek'trisiti) *n* elettricità *f*. **electric** *adj* elettrico. **electrician** *n* elettricista *m*. **electrify** *vt* 1 elettrificare. 2 elettrizzare. **electrocute** *vt* fulminare con l'elettricità.

electrode (i'lektroud) *n* elettrodo *m*.

electromagnet (ilektrou'mægnit) *n* elettromagnete *m*. **electromagnetic** *adj* elettromagnetico.

electron (i'lektrɔn) *n* elettrone *m*. **electronic** *adj* elettronico. **electronics** *n* elettronica *f*.

elegant ('eligənt) *adj* elegante. **elegance** *n* eleganza *f*.

element ('eləmənt) *n* elemento, fattore *m*. **elemental** *adj* degli elementi, essenziale. **elementary** *adj* elementare, schematico.

elephant ('eləfənt) *n* elefante *m*.

elevate ('eləveit) *vt* innalzare, esaltare. **elevation** *n* elevazione, altezza *f*. **elevator** *n* ascensore, elevatore *m*.

eleven (i'levən) *adj,n* undici *m or* *f*. **eleventh** *adj* undicesimo.

elf (elf) *n* folletto *m*.

eligible ('elidʒəbəl) *adj* eleggibile, accettabile.

eliminate (i'limineit) *vt* 1 eliminare. 2 scartare.

elite (ei'li:t) *n* elite *f*. fior fiore della società *f*.

ellipse (i'lips) *n* ellisse *f*.

elm (elm) *n* olmo *m*.

elocution (elə'kju:ʃən) *n* elocuzione *f*.

elope (i'loup) *vi* fuggire. **elopement** *n* fuga *f*.

eloquent ('eləkwənt) *adj* eloquente.

else (els) *adv* 1 altro. 2 altrimenti, oppure. **elsewhere** *adv* altrove.

elucidate (i'lu:sideit) *vt* spiegare, chiarire.

elude (i'lu:d) *vt* eludere, schivare.

emaciate (i'meisieit) *vt* emaciare. **emaciated** *adj* emaciato.

emanate ('eməneit) *vi* emanare, provenire.

emancipate (i'mænsipeit) *vt* emancipare. **emancipation** *n* emancipazione *f*.

embalm (im'ba:m) *vt* imbalsamare.

embankment (im'bæŋkmənt) *n* argine *m*.

embargo (im'ba:gou) *n, pl* **-goes** embargo *m*. proibizione *f*.

embark (im'ba:k) *vt* imbarcare. *vi* imbarcarsi.

embarrass (im'bærəs) *vt* mettere in imbarazzo. **embarrassing** *adj* imbarazzante. **embarrassment** *n* imbarazzo *m*.

embassy ('embəsi) *n* ambasciata *f*.

embellish (im'beliʃ) *vt* abbellire, ornare.

ember ('embə) *n* 1 tizzone *m*. 2 *pl* brace *f*.

embezzle (im'bezəl) *vt* appropriarsi indebitamente di. **embezzlement** *n* appropriazione fraudolenta *f*.

embitter (im'bitə) *vt* amareggiare.

emblem ('embləm) *n* emblema *m*.

embody (im'bɔdi) *vt* 1 incarnare, personificare. 2 includere.

emboss (im'bɔs) *vt* scolpire in rilievo.

embrace (im'breis) *vt* abbracciare. *vi* abbracciarsi. *n* abbraccio *m*.

embroider (im'brɔidə) *vt* rica-

mare. **embroidery** *n* ricamo
m.

embryo ('embriou) *n* embrione
m.

emerald ('emrəld) *n* smeraldo
m.

emerge (i'mə:dʒ) *vi* emergere,
affiorare.

emergency (i'mə:dʒənsi) *n*
emergenza *f.* **emergency
exit** *n* uscita di sicurezza *f.*

emigrate ('emigreit) *vi* emigrare.

eminent ('eminənt) *adj* eminente.

emit (i'mit) *vt* emettere, emanare.

emotion (i'mouʃən) *n* emozione *f.* sentimento *m.* **emotion-
al** *adj* emotivo, commovente.

empathy ('empəθi) *n* empatia *f.*

emperor ('empərə) *n* imperatore *m.*

emphasis ('emfəsis) *n, pl* **-ses**
rilievo *m.* evidenza *f.* enfasi *f
invar.* **emphasize** *vt* accentuare, mettere in evidenza.
emphatic *adj* enfatico, espressivo.

empire ('empaiə) *n* impero *m.*

empirical (im'pirikəl) *adj* empirico.

employ (im'plɔi) *vt* 1 impiegare, servirsi di. 2 dare impiego
a. **employee** *n* impiegato *m.*
employer *n* datore di lavoro
m. **employment** *n* impiego
m. occupazione *f.* **employment exchange** *n* ufficio di
collocamento *m.*

empower (im'pauə) *vt* autorizzare.

empress ('emprəs) *n* imperatrice *f.*

empty ('empti) *adj* 1 vuoto. 2
vano. *vt* vuotare. *vi* vuotar-
si. **empty-handed** *adj* a mani vuote. **empty headed** *adj*
scervellato.

emu ('iːmjuː) *n* emu *m.*

emulate ('emjuleit) *vt* emulare.

emulsion (i'mʌlʃən) *n* emulsio-
ne *f.*

enable (i'neibəl) *vt* mettere in
grado di.

enact (i'nækt) *vi* 1 *law* decretare. 2 *Th* rappresentare.

enamel (i'næməl) *n* smalto *m.*
vt smaltare.

enchant (in'tʃaɪnt) *vt* incantare. **enchantment** *n* incantesimo *m.*

encircle (in'səːkəl) *vt* circondare, cingere.

enclose (in'klouz) *vt* 1 racchiudere. 2 includere.

encore ('ɔŋkɔː) *n Th* bis *m.*

encounter (in'kauntə) *n* 1 incontro *m.* 2 lotta *f. vt* 1 incontrare. 2 affrontare.

encourage (in'kʌridʒ) *vt* incoraggiare. **encouragement** *n*
incoraggiamento *m.*

encroach (in'kroutʃ) *vi* usurpare, abusare, intromettersi.

encumber (in'kʌmbə) *vt* ingombrare, ostacolare, opprimere.

encyclopedia (insaiklə'piːdiə)
n enciclopedia *f.*

end (end) *n* 1 fine *f.* termine
m. 2 scopo, fine *m.* 3 morte
f. **make ends meet** sbarcare
il lunario. ~ *vt, vi* finire, concludere. **endless** *adj* senza
fine, interminabile.

endanger (in'deindʒə) *vt* mettere in pericolo.

endeavour (in'devə) *n* sforzo,
tentativo *m.* *vi* tentare, sforzarsi.

endemic (en'demik) *adj* endemico.

endive ('endaiv) *n* indivia *f.*

endorse (in'dɔːs) *vt* 1 *comm* girare, firmare. 2 approva-
re. **endorsement** *n* 1 *comm*
girata *f.* 2 attergato *m.*

endow (in'dau) *vt* dotare.
endowment *n* dotazione *f.*

endure (in'djuə) *vt* 1 sopportare. 2 durare. *vi* durare.

entrails

enemy ('enəmi) *adj,n* nemico, *pl* nemici *m*.

energy ('enədʒi) *n* energia *f*. **energetic** *adj* energico.

enfold (in'fould) *vt* avvolgere.

enforce (in'fɔɪs) *vt* imporre, far rispettare. **enforcement** *n* **1** imposizione *f*. **2** *law* applicazione *f*.

engage (in'geidʒ) *vt* **1** impegnare, occupare. **2** *mot* ingranare. *vi* impegnarsi. **engaged 1** fidanzato. **2** occupato. **engagement** *n* **1** impegno, appuntamento *m*. **2** fidanzamento *m*.

engine ('endʒin) *n* motore *m*.

engineer (endʒi'niə) *n* **1** ingegnere *m*. **2** tecnico *m*. *vt* costruire, ideare. **engineering** *n* ingegneria *f*.

England ('iŋglənd) *n* Inghilterra *f*. **English** *adj* inglese. **English** (language) *n* inglese *m*. **English Channel** *n* Manica *f*. **Englishman** *n* inglese *m*.

engrave (in'greiv) *vt* intagliare, incidere. **engraving** *n* incisione *f*.

engross (in'grous) *vt* assorbire.

engulf (in'gʌlf) *vt* inghiottire, inabissare.

enhance (in'hɑɪns) *vt* **1** migliorare. **2** accrescere.

enigma (i'nigmə) *n* enigma *m*. **enigmatic** *adj* enigmatico.

enjoy (in'dʒɔi) *vt* **1** godere. **2** apprezzare. **enjoy oneself** divertirsi. **enjoyment** *n* divertimento, piacere *m*.

enlarge (in'lɑɪdʒ) *vt* espandere, ingrandire.

enlighten (in'laitn) *vt* illuminare. **enlightenment** *n* **1** spiegazione *f*. **2** *cap* Illuminismo *m*.

enlist (in'list) *vt* arruolare. *vi* arruolarsi.

enormous (i'nɔɪməs) *adj* enorme, immenso.

enough (i'nʌf) *adj* abbastanza. *adv* sufficientemente, abbastanza. **be enough** bastare.

enquire (in'kwaiə) *vi* chiedere, domandare, informarsi. *vt* chiedere, domandare. **enquiry** *n* **1** domanda *f*. **2** *law* inchiesta *f*. **enquiry office** *n* ufficio informazioni *m*.

enrage (in'reidʒ) *vt* far arrabbiare.

enrich (in'ritʃ) *vt* arricchire.

enrol (in'roul) *vt* arruolare, iscrivere. **enrolment** *n* arruolamento *m*.

ensign ('ensain) *n* bandiera, insegna *f*.

enslave (in'sleiv) *vt* assoggettare, asservire.

ensure (in'ʃuə) *vt* assicurare, garantire.

entail (in'teil) *vt* implicare.

entangle (in'tæŋgəl) *vt* impigliare, coinvolgere. **entanglement** *n* groviglio, imbroglio *m*.

enter ('entə) *vt* **1** entrare in. **2** iscrivere. *vi* entrare.

enterprise ('entəpraiz) *n* impresa, iniziativa *f*. **enterprising** *adj* intraprendente.

entertain (entə'tein) *vt* **1** intrattenere, divertire. **2** ricevere. **3** accarezzare. **entertaining** *adj* divertente. **entertainment** *n* festa *f*. spettacolo *m*.

enthral (in'θrɔɪl) *vt* affascinare, incantare.

enthusiasm (in'θjuɪziæzəm) *n* entusiasmo *m*. **enthusiast** *n* entusiasta *m*. **enthusiastic** *adj* entusiastico.

entice (in'tais) *vt* **1** sedurre. **2** allettare.

entire (in'taiə) *adj* intero, completo.

entitle (in'taitl) *vt* intitolare, dare diritto a.

entity ('entiti) *n* entità *f*.

entrails ('entreilz) *n pl* viscere *f pl*. intestini *m pl*.

entrance¹ ('entrəns) *n* **1** entrata *f.* ingresso *m.* **2** ammissione *f.* **entrance fee** *n* tassa d'iscrizione *f.*

entrance² (in'trɑːns) *vt* mandare in estasi.

entreat (in'triːt) *vt* supplicare. **entreaty** *n* supplica *f.*

entrench (in'trentʃ) *vt* trincerare.

entrepreneur (ɔntrəprə'nəː) *n* impresario, imprenditore *m.*

entrust (in'trʌst) *vt* affidare, consegnare.

entry ('entri) *n* **1** entrata *f.* ingresso *m.* **2** registrazione *f.*

entwine (in'twain) *vt* intrecciare.

enunciate (i'nʌnsieit) *vt* enunciare.

envelop (in'veləp) *vt* avviluppare.

envelope ('envəloup) *n* busta *f.*

environment (in'vairənmənt) *n* ambiente *m.*

envisage (in'vizidʒ) *vt* considerare, immaginare.

envoy ('envɔi) *n* inviato *m.*

envy ('envi) *n* invidia, gelosia *f.* *vt* invidiare.

enzyme ('enzaim) *n* enzima *m.*

epaulet ('epəlet) *n* spallina *f.*

ephemeral (i'femərəl) *adj* effimero.

epic ('epik) *adj* epico. *n* epica *f.*

epidemic (epi'demik) *n* epidemia *f. adj* epidemico.

epilepsy ('epilepsi) *n* epilessia *f.* **epileptic** *adj,n* epilettico.

epilogue ('epilɔg) *n* epilogo *m.*

Epiphany (i'pifəni) *n* Epifania *f.*

episcopal (i'piskəpəl) *adj* episcopale.

episode ('episoud) *n* episodio *m.*

epitaph ('epitɑːf) *n* epitaffio *m.*

epitome (i'pitəmi) *n* epitome *f.*

epoch ('iːpɔk) *n* epoca *f.*

equable ('ekwəbəl) *adj* uniforme, costante.

equal ('iːkwəl) *adj* uguale, simile, pari. *n* pari *m invar. vt* uguagliare. **equalize** *vt* uguagliare. *vt,vi sport* pareggiare.

equate (i'kweit) *vt* uguagliare, paragonare. **equation** *n* equazione *f.* **equator** *n* equatore *m.*

equestrian (i'kwestriən) *adj* equestre.

equilateral (iːkwi'lætərəl) *adj* equilatero.

equilibrium (iːkwi'libriəm) *n* equilibrio *m.*

equinox ('iːkwinɔks) *n* equinozio *m.*

equip (i'kwip) *vt* **1** equipaggiare. **2** fornire. **equipment** *n* **1** equipaggiamento *m.* **2** attrezzatura *f.*

equity ('ekwiti) *n* giustizia *f.*

equivalent (i'kwivələnt) *adj* equivalente.

era ('iərə) *n* era, epoca *f.*

eradicate (i'rædikeit) *vt* sradicare.

erase (i'reiz) *vt* cancellare, raschiare.

erect (i'rekt) *adj* eretto, elevato. *vt* erigere, rizzare. **erection** *n* costruzione, erezione *f.*

ermine ('əːmin) *n* ermellino *m.*

erode (i'roud) *vt* erodere, corrodere. **erosion** *n* erosione *f.*

erotic (i'rɔtik) *adj* erotico.

err (əː) *vi* sbagliare.

errand ('erənd) *n* commissione *f.* **errand boy** *n* fattorino *m.*

erratic (i'rætik) *adj* erratico, irregolare.

error ('erə) *n* **1** errore *m.* **2** torto *m.*

erupt (i'rʌpt) *vi* erompere, eruttare. **eruption** *n* eruzione *f.*

escalate ('eskəleit) *vt* aumentare, accrescere. **escalator** *n* scala mobile *f.*

escalope (i'skæləp) *n* scaloppa *f.*

escape (i'skeip) *vi* fuggire, evadere, sfuggire. *vt* **1** evitare. **2** .

sfuggire. *n* **1** fuga *f*. **2** salvezza *f*.

escort (*n* 'eskɔːt; *v* is'kɔːt) *n* scorta *f*. *vt* scortare, accompagnare.

Eskimo ('eskimou) *adj,n* eschimese.

esoteric (esə'terik) *adj* esoterico.

especial (i'speʃəl) *adj* speciale. **especially** *adv* soprattutto, specialmente.

espionage ('espiənɑːʒ) *n* spionaggio *m*.

esplanade ('espləneid) *n* spianata, passeggiata lungo mare *f*.

essay ('esei) *n* saggio *m*.

essence ('esəns) *n* essenza *f*. **essential** *adj* essenziale.

establish (i'stæbliʃ) *vt* **1** affermare. **2** fondare, stabilire. **establishment** *n* **1** fondazione *f*. **2** stabilimento *m*.

estate (i'steit) *n* proprietà *f*. patrimonio *m*. **estate agent** *n* mediatore *m*. **estate car** *n* giardiniera *f*.

esteem (i'stiːm) *vt* stimare, rispettare. *n* stima, considerazione *f*.

estimate (*n* 'estimət; *v* 'estimeit) *n* valutazione *f*. preventivo *m*. *vt* valutare, preventivare.

estuary ('estʃuəri) *n* estuario *m*.

etching ('etʃiŋ) *n* incisione, acquaforte *f*.

eternal (i'təːnl) *adj* eterno. **eternity** *n* eternità *f*.

ether ('iːθə) *n* etere *m*.

ethereal (i'θiəriəl) *adj* etereo, leggero.

ethical ('eθikəl) *adj* etico, morale. **ethics** *n pl* etica *f*.

Ethiopia (iːθi'oupiə) *n* Etiopia *f*. **Ethiopian** *adj,n* etiope.

ethnic ('eθnik) *adj* etnico.

etiquette ('etikit) *n* etichetta *f*. cerimoniale *m*.

etymology (eti'mɔlədʒi) *n* etimologia *f*.

eucalyptus (juːkə'liptəs) *n* eucalipto *m*.

Eucharist ('juːkərist) *n* Eucarestia *f*.

eunuch ('juːnək) *n* eunuco *m*.

euphemism ('juːfəmizəm) *n* eufemismo *m*.

euphoria (juː'fɔːriə) *n* euforia *f*.

Europe ('juərəp) *n* Europa *f*. **European** *adj,n* europeo.

European Economic Community *n* Comunità Economica Europea *f*.

euthanasia (juːθə'neiziə) *n* eutanasia *f*.

evacuate (i'vækjueit) *vt* evacuare, sfollare. **evacuation** *n* evacuazione *f*.

evade (i'veid) *vt* evitare, eludere. **evasion** *n* evasione *f*. **evasive** *adj* evasivo.

evaluate (i'væljueit) *vt* valutare.

evangelical (iːvæn'dʒelikəl) *adj* evangelico. **evangelist** *n* evangelista *m*.

evaporate (i'væpəreit) *vi* evaporare. *vt* far evaporare.

eve (iːv) *n* vigilia *f*.

even ('iːvən) *adj* **1** uguale, costante. **2** pari. **3** piano. *adv* perfino, anche. *vt* appianare, livellare. **even-tempered** *adj* di umore costante.

evening ('iːvəniŋ) *n* sera, serata *f*. **evening dress** *n* abito da sera *m*.

event (i'vent) *n* **1** avvenimento *m*. **2** eventualità *f*. **3** *sport* prova *f*. **eventual** *adj* eventuale, finale. **eventually** *adv* alla fine.

ever ('evə) *adv* **1** mai. **2** sempre. **for ever** per sempre. **evergreen** *adj,n* sempreverde *m*. **everlasting** *adj* eterno, perenne. **evermore** *adv* sempre.

every ('evri) *adj* ogni, ciascuno. **every now and then** di tanto in tanto. **everybody** *pron* ognuno, tutti. **everyday** *adj* di tutti i giorni. **everyone** *pron* ognuno, tutti. **everything** *pron* tutto, ogni cosa. **everywhere** *adv* dovunque.

evict (i'vikt) *vt* sfrattare. **eviction** *n* sfratto *m*.

evidence ('evidəns) *n* 1 evidenza, prova *f*. 2 *law* deposizione *f*. **evident** *adj* evidente, ovvio.

evil ('iːvəl) *adj* cattivo, malvagio. *n* male *m*.

evoke (i'vouk) *vt* evocare.

evolve (i'vɔlv) *vt* evolvere. *vi* svilupparsi. **evolution** *n* evoluzione *f*. sviluppo *m*.

ewe (juː) *n* pecora *f*.

exact (ig'zækt) *adj* esatto, giusto. *vt* esigere, richiedere. **exacting** *adj* esigente, impegnativo.

exaggerate (ig'zædʒəreit) *vt,vi* esagerare. **exaggeration** *n* esagerazione *f*.

exalt (ig'zɔːlt) *vt* esaltare, innalzare. **exaltation** *n* esaltazione *f*.

examine (ig'zæmin) *vt* esaminare, verificare. **examination** *n* esame *m*. **examiner** *n* ispettore, esaminatore *m*.

example (ig'zɑːmpəl) *n* esempio *m*.

exasperate (ig'zɑːspəreit) *vt* esasperare, inasprire.

excavate ('ekskəveit) *vt* scavare. **excavation** *n* scavo *m*.

exceed (ik'siːd) *vt* eccedere, superare.

excel (ik'sel) *vi* eccellere. *vt* battere.

Excellency ('eksələnsi) *n* (title) Eccellenza *f*.

excellent ('eksələnt) *adj* eccellente, ottimo.

except (ik'sept) *prep* eccetto, tranne, all'infuori di. **excepting** *prep* tranne. **exception**

n eccezione *f*. **with the exception of** eccetto. **exceptional** *adj* eccezionale.

excerpt ('eksɔːpt) *n* brano *m*.

excess (ik'ses) *n* eccesso *m*. **excessive** *adj* eccessivo.

exchange (iks'tʃeindʒ) *n* 1 scambio *m*. 2 *comm* cambio *m*. 3 (telephone) centralino *m*. *vt* cambiare, scambiare.

exchequer (iks'tʃekə) *n* tesoro *m*.

excise ('eksaiz) *n* imposta indiretta *f*.

excite (ik'sait) *vt* 1 eccitare. 2 provocare, suscitare. **excitement** *n* agitazione *f*.

exclaim (ik'skleim) *vt,vi* esclamare, gridare. **exclamation** *n* esclamazione *f*. **exclamation mark** *n* punto esclamativo *m*.

exclude (ik'skluːd) *vt* escludere, interdire. **exclusion** *n* esclusione *f*. **exclusive** *adj* scelto, esclusivo, unico.

excommunicate (ekskə'mjuːnikeit) *vt* scomunicare.

excruciating (ik'skruːʃieitiŋ) *adj* straziante, tormentoso.

excursion (ik'skɔːʒən) *n* gita *f*.

excuse (*v* ik'skjuːz; *n* ik'skjuːs) *vt* scusare, esentare. *n* scusa *f*. pretesto *m*.

execute ('eksikjuːt) *vt* 1 eseguire. 2 giustiziare. **execution** *n* esecuzione *f*. **executioner** *n* boia *m invar*.

executive (ig'zekjutiv) *adj* esecutivo. *n* 1 *pol* potere esecutivo *m*. 2 *comm* dirigente *m*.

exempt (ig'zempt) *adj* esente. *vt* esentare, esonerare.

exercise ('eksəsaiz) *n* 1 esercizio *m*. 2 *mil* esercitazione *f*. **exercise book** *n* quaderno *m*.

exert (ig'zɔːt) *vt* esercitare, fare uso di. **exert oneself** sforzarsi.

exhale (eks'heil) *vt* esalare, emanare.

exhaust (ig'zɔɪst) *vt* esaurire. *n* scarico, scappamento *m*. **exhaust pipe** *n* tubo di scappamento *m*. **exhausted** *adj* esaurito, sfinito.

exhibit (ig'zibit) *vt* esibire, esporre. *n* oggetto per mostra *m*. **exhibition** *n* mostra, esibizione *f*. **exhibitionism** *n* esibizionismo *m*.

exhilarate (ig'zilǝreit) *vt* rallegrare, esilarare.

exile ('egzail) *n* **1** esilio. **2** esule *m,f*. *vt* esiliare, bandire.

exist (ig'zist) *vi* esistere. **existence** *n* esistenza *f*. **existent** *adj* esistente. **existentialism** *n* esistenzialismo *m*.

exit ('eksit) *n* uscita *f*.

exorbitant (ig'zɔɪbitǝnt) *adj* esorbitante.

exorcize ('eksɔɪsaiz) *vt* esorcizzare.

exotic (ig'zɔtik) *adj* esotico.

expand (ik'spænd) *vt* espandere. *vi* dilatarsi. **expansion** *n* espansione *f*.

expanse (ik'spæns) *n* spazio *m*. estensione *f*.

expatriate (*adj,n* eks'pætriit; *v* eks'pætrieit) *adj,n* espatriato. *vt* esiliare, espatriare. **expatriation** *n* espatrio *m*.

expect (ik'spekt) *vt* **1** aspettare, aspettarsi. **2** pensare. **expectation** *n* **1** aspettativa *f*. **2** attesa *f*. **3** speranza *f*.

expedient (ik'spiːdiǝnt) *adj* conveniente. *n* espediente, mezzo *m*.

expedition (ekspi'diʃǝn) *n* spedizione *f*.

expel (ik'spel) *vt* espellere.

expenditure (ik'spenditʃǝ) *n* spesa *f*.

expense (ik'spens) *n* **1** spesa *f*. **2** *pl* spese *f pl*. indennità *f*. **expensive** *adj* costoso, caro.

experience (ik'spiǝriǝns) *n* esperienza *f*. *vt* provare, subire.

experiment (ik'sperimǝnt) *n* esperimento *m*. *vi* fare esperimenti. **experimental** *adj* sperimentale.

expert ('ekspɔɪt) *adj* esperto, competente. *n* esperto, perito *m*. **expertise** *n* abilità *f*.

expire (ik'spaiǝ) *vi* **1** scadere. **2** morire.

explain (ik'splein) *vt* spiegare. **explanation** *n* spiegazione *f*.

expletive (ik'spliːtiv) *n* bestemmia *f*.

explicit (ik'splisit) *adj* esplicito.

explode (ik'sploud) *vt* **1** far esplodere. **2** demolire. *vi* esplodere, scoppiare. **explosive** *adj,n* esplosivo *m*.

exploit[1] (ik'splɔit) *vt* sfruttare, utilizzare. **exploitation** *n* sfruttamento *m*. utilizzazione *f*.

exploit[2] ('eksplɔit) *n* impresa eroica *f*.

explore (ik'splɔɪ) *vt* esplorare.

exponent (ik'spounǝnt) *n* esponente *m*.

export (*v* ik'spɔɪt, 'ekspɔɪt; *n* 'ekspɔɪt) *vt* esportare. *n* esportazione *f*.

expose (ik'spouz) *vt* esporre, scoprire, svelare. **exposure** *n* **1** esposizione *f*. **2** smascheramento *m*. **3** *phot* posa *f*.

express (ik'spres) *adj* **1** espresso. **2** preciso. *vt* esprimere. **expression** *n* **1** espressione *f*. **2** manifestazione *f*. **express train** *n* direttissimo *m*.

exquisite (ek'skwizit) *adj* squisito, fine.

extend (ik'stend) *vt* estendere, prolungare. *vi* estendersi. **extension** *n* estensione, proroga *f*. **extensive** *adj* esteso, vasto.

extent (ik'stent) *n* limite, grado, punto *m*.

exterior (ek'stiǝriǝ) *adj* esteriore. *n* esterno *m*.

exterminate (ik'stɔɪmineit) *vt* distruggere, sterminare.

external (ek'stəːnl) *adj* esterno.

extinct (ik'stiŋkt) *adj* estinto, spento.

extinguish (ik'stiŋwiʃ) *vt* estinguere, spegnere.

extra ('ekstrə) *adj* extra, straordinario. *n* 1 supplemento *m*. 2 edizione straordinaria *f*. 3 *Th* comparsa *f*. *adv* in più.

extract (ik'strækt) *n* estratto *m*. citazione *f*. *vt* estrarre. **extraction** *n* 1 estrazione *f*. 2 origine *f*.

extramural (ekstrə'mjuərəl) *adj* fuori dell'università.

extraordinary (ik'strɔːdənri) *adj* straordinario.

extravagant (ik'strævəgənt) *adj* stravagante, eccessivo.

extreme (ik'striːm) *adj* estremo, grave. *n* estremo *m*. **extremist** *n* estremista *m*. **extremity** *n* estremità *f*.

extricate ('ekstrikeit) *vt* districare, liberare.

extrovert ('ekstrəvəːt) *n* estroverso *m*.

exuberant (ig'zjuːbərənt) *adj* esuberante.

eye (ai) *n* 1 occhio *m*. 2 (of needle) cruna *f*. *vt* 1 guardare. 2 sbirciare.

eyeball ('aibɔːl) *n* bulbo oculare *m*.

eyebrow ('aibrau) *n* sopracciglio *m,pl* sopracciglia *f*.

eye-catching *adj* che salta all'occhio.

eyelash ('ailæʃ) *n* ciglio *m*, *pl* ciglia *f*.

eyelid ('ailid) *n* palpebra *f*.

eye-opener *n* fatto sorprendente *m*.

eye shadow *n* ombretto *m*.

eyesight ('aisait) *n* vista *f*.

eye-witness *n* testimone oculare *m,f*.

F

fable ('feibəl) *n* favola *f*.

fabric ('fæbrik) *n* 1 tessuto *m*. stoffa *f*. 2 struttura *f*. **fabricate** *vt* inventare, falsificare.

fabulous ('fæbjuləs) *adj* favoloso, leggendario.

façade (fə'sɑːd) *n* 1 *arch* facciata *f*. 2 apparenza *f*.

face (feis) *n* 1 faccia *f*. volto *m*. 2 (of a clock) quadrante *m*. **lose face** perdere prestigio. ~*vt* fronteggiare, essere esposto a. **facecloth** *n* telo per lavarsi il volto *m*. **facecream** *n* crema per il viso *f*. **facelift** *n* plastica facciale *f*. **face-pack** *n* maschera di bellezza *f*. **face value** *n* valore nominale *m*.

facet ('fæsit) *n* 1 faccetta *f*. 2 aspetto *m*.

facetious (fə'siːʃəs) *adj* gioviale, scherzoso.

facile ('fæsail) *adj* 1 facile. 2 superficiale. **facilitate** *vt* facilitare. **facility** *n* 1 facilità, destrezza *f*. 2 *pl* attrezzatura *f*.

facing ('feisiŋ) *n* rivestimento *m*.

facsimile (fæk'siməli) *n* facsimile *m*.

fact (fækt) *n* fatto *m*. **as a matter of fact** effettivamente. **in fact** infatti. **factual** *adj* effettivo, reale.

faction ('fækʃən) *n* 1 fazione *f*. 2 discordia *f*.

factor ('fæktə) *n* 1 fattore *m*. 2 agente *m*.

factory ('fæktəri) *n* fabbrica, officina, azienda *f*.

faculty ('fækəlti) *n* facoltà *f*.

fad (fæd) *n* capriccio *m*. moda *f*.

fade (feid) *vi* 1 appassire. 2 scolorirsi. *vt* far sbiadire. **faded** *adj* sbiadito.

fag (fæg) *n* 1 lavoro pesante *m*. 2 *sl* sigaretta *f*. **fagged out** *adj* stanco morto.

Fahrenheit ('færənhait) *adj* Fahrenheit.

fail (feil) *vi* **1** venire a mancare. **2** diminuire. **3** *comm* fallire. *vt* **1** bocciare. **2** abbandonare. **without fail** *adv* senza fallo. **failing** *n* difetto *m*. debolezza *f*. *adj* debole. *prep* in mancanza di. **failure** *n* **1** insuccesso *m*. **2** indebolimento *m*. **3** fallimento *m*.

faint (feint) *vi* svenire. *adj* fiacco, incerto, tenue. *n* svenimento *m*. **faint-hearted** *adj* timido, pusillanime.

fair[1] (fɛə) *adj* **1** giusto, onesto. **2** chiaro, biondo. **3** bello. *adv* giustamente, lealmente. **fair play** *n* comportamento leale *m*. **fairly** *adv* abbastanza, giustamente.

fair[2] (fɛə) *n* mercato *m*. fiera *f*. **fairground** *n* spazio per la fiera *m*.

fairy ('fɛəri) *n* fata *f*. **fairytale** *n* fiaba *f*.

faith (feiθ) *n* fede, fiducia *f*. **faith-healing** *n* guarigione ottenuta con preghiere *f*. **faithful** *adj* fedele.

fake (feik) *vt* contraffare, fingere. *n* trucco *m*. *adj* falso.

falcon ('fɔːlkən) *n* falcone *m*.

fall* (fɔːl) *n* **1** caduta *f*. **2** crollo *m*. **3** ribasso *m*. *vi* cadere. **fall down** prostrarsi. **fall off** staccarsi. **fall through** fallire.

fallacy ('fæləsi) *n* errore, sofisma *m*. **fallacious** *adj* fallace.

fallible ('fæləbəl) *adj* fallibile.

fallow ('fælou) *adj* fulvo, incolto.

false (fɔːls) *adj* falso. *adv* falsamente. **false alarm** *n* falso allarme *m*. **falsehood** *n* menzogna, bugia *f*. **false pretences** *n pl* millantato credito *m*. **false teeth** *n pl* dentiera *f*. **falsify** *vt* falsificare.

falter ('fɔːltə) *vi* **1** barcollare, indugiare. **2** balbettare.

fame (feim) *n* fama, rinomanza *f*.

familiar (fə'miliə) *adj* familiare, usuale. **familiarize** *vt* familiarizzare.

family ('fæmili) *n* famiglia *f*.

famine ('fæmin) *n* carestia *f*. **famished** *adj* affamato.

famous ('feiməs) *adj* famoso.

fan[1] (fæn) *n* **1** ventaglio *m*. **2** ventilatore *m*. *vt* far vento a, ventilare. **fanbelt** *n* cinghia del ventilatore *f*.

fan[2] (fæn) *n* tifoso, appassionato *m*. **fan club** *n* circolo di ammiratori *m*.

fanatic (fə'nætik) *adj,n* fanatico.

fanciful ('fænsifəl) *adj* fantasioso, bizzarro.

fancy ('fænsi) *adj* elaborato. *n* **1** immaginazione *f*. **2** capriccio *m*. **3** illusione *f*. *vt* **1** credere. **2** desiderare. **3** immaginare. **fancy dress** *n* costume *m*.

fanfare ('fænfɛə) *n* fanfara *f*.

fang (fæŋ) *n* zanna *f*.

fantasy ('fæntəsi) *n* fantasia *f*. **fantastic** (fæn'tæstik) *adj* fantastico.

far (fɑː) *adj* lontano, distante. *adv* **1** lontano. **2** molto, assai. **far-fetched** *adj* improbabile, inverosimile. **far-off** *adj* lontano. **far-reaching** *adj* di grande portata.

farce (fɑːs) *n* farsa *f*.

fare (fɛə) *n* prezzo *m*. tariffa *f*.

Far East *n* Estremo Oriente *m*.

farewell (fɛə'wel) *n* addio, congedo *m*.

farm (fɑːm) *n* fattoria *f*. podere *m*. *vt* coltivare. *vi* fare l'agricoltore. **farmer** *n* coltivatore *m*. **farmhouse** *n* casa colonica *f*. **farmland** *n* terreno da coltivare *m*. **farmyard** *n* aia *f*.

farther ('fɑːðə) *adj,adv* più lontano. **farthest** *adj* il più lontano.

fascinate ('fæsineit) vt affascinare. **fascination** n fascino m.

fascism ('fæʃizəm) n fascismo m. **fascist** n fascista m.

fashion ('fæʃən) n 1 moda f. 2 maniera f. vt foggiare, adattare. **fashionable** adj elegante, di moda.

fast[1] (fɑːst) adj 1 veloce. 2 saldo, costante. 3 inf dissoluto. adv 1 velocemente. 2 saldamente.

fast[2] (fɑːst) vi digiunare. n digiuno m.

fasten ('fɑːsən) vt attaccare, fissare. vi chiudersi. **fastener** n chiusura f. fermaglio m.

fastidious (fəˈstidiəs) adj meticoloso, schizzinoso.

fat (fæt) adj 1 untuoso. 2 grasso. n grasso m.

fatal ('feitl) adj fatale, mortale. **fatality** n fatalità f.

fate (feit) n fato m. sorte f.

father ('fɑːðə) n padre m. **father-in-law** n suocero m. **fatherland** n patria f. **fatherly** adj paterno.

fathom ('fæðəm) n naut braccio m, pl braccia f. vt capire. **fathomless** adj impenetrabile.

fatigue (fəˈtiːg) n stanchezza f. vt affaticare.

fatten ('fætn) vt,vi ingrassare.

fatuous ('fætjuəs) adj fatuo.

fault (fɔːlt) n 1 errore m. 2 colpa f. 3 difetto m. **faulty** adj difettoso.

fauna ('fɔːnə) n fauna f.

favour ('feivə) n 1 favore m. 2 parzialità f. vt favorire, preferire. **favourable** adj propizio, favorevole. **favourite** adj preferito. n favorito m.

fawn[1] (fɔːn) n 1 zool cerbiatto m. 2 fulvo m. adj fulvo.

fawn[2] (fɔːn) vi **fawn on** adulare.

fear (fiə) n paura f. vt temere,

aver paura di. **fearless** adj ardimentoso.

feasible ('fiːzibəl) adj probabile, realizzabile.

feast (fiːst) n 1 festa f. 2 banchetto m. vi far festa, banchettare.

feat (fiːt) n azione, impresa f.

feather ('feðə) n piuma, penna f. **featherbed** n letto di piume m. **featherweight** n peso piuma m.

feature ('fiːtʃə) n 1 fattezza f. 2 pl fisionomia f. 3 caratteristica f. 4 articolo speciale m. vt 1 caratterizzare. 2 mettere in risalto.

February ('februəri) n febbraio m.

feckless ('fekləs) adj debole, inetto.

fed (fed) v see **feed.**

federal ('fedərəl) adj federale. **federate** vt confederare. vi confederarsi. adj confederato. **federation** n federazione f.

fee (fiː) n 1 onorario m. 2 tassa f.

feeble ('fiːbəl) adj debole.

feed[*] (fiːd) vt nutrire. vi nutrirsi. **be fed up** essere stufo. ~n alimentazione, pastura f. **feedback** n reazione f.

feel[*] (fiːl) vt 1 sentire, percepire. 2 ritenere. vi sentirsi. **feel one's way** procedere a tastoni. ~ n tatto m. **feeler** n 1 tentacolo m. 2 sondaggio m. **feeling** n sentimento m. sensazione f.

feign (fein) vt fingere, simulare.

feint[1] (feint) n finta f. vi fare una finta.

feint[2] (feint) adj rigato leggermente.

feline ('fiːlain) adj felino.

fell[1] (fel) v see **fall.**

fell[2] (fel) vt abbattere.

fellow ('felou) n 1 compagno, collega m. 2 individuo m. 3

educ docente *m.* **fellowship** *n* **1** associazione *f.* **2** borsa di studio *f.*

felon ('felən) *n* criminale *m,f.* **felony** *n* crimine *m.*

felt[1] (felt) *v* see **feel.**

felt[2] (felt) *n* feltro *m.*

female ('fiːmeil) *adj* femminile, di sesso femminile. *n* donna, femmina *f.*

feminine ('feminin) *adj* femminile, femminino. **feminism** *n* femminismo *m.*

fence (fens) *n* recinto *m.* palizzata *f.* *vt* recintare. *vi* tirar di scherma. **fencing** *n* **1** *sport* scherma *f.* **2** recinto *m.*

fend (fend) *vt* **fend for oneself** provvedere a se stesso. **fend off** parare, schivare. **fender** *n* paraurti *m invar.*

fennel ('fenl) *n* finocchio *m.*

ferment (fə'ment) *vi* fermentare. *vt* fare fermentare. **fermentation** *n* fermentazione *f.*

fern (fəːn) *n* felce *f.*

ferocious (fə'rouʃəs) *adj* feroce.

ferret ('ferit) *n* furetto *m.* *vi* frugare. **ferret out** scoprire.

ferry ('feri) *n* traghetto *m.* **ferryboat** *n* nave traghetto *f.*

fertile ('fəːtail) *adj* fertile. **fertilize** *vt* fertilizzare.

fervent ('fəːvənt) *adj* fervente, ardente.

fervour ('fəːvə) *n* fervore *m.*

fester ('festə) *vi* suppurare.

festival ('festivəl) *n* festival *m.* celebrazione *f.* **festivity** *n* festa *f.*

festoon (fes'tuːn) *vt* decorare con festoni. *n* festone *m.*

fetch (fetʃ) *vt* **1** andare a prendere, andare a chiamare. **2** dare. **fetching** *adj* attraente.

fete (feit) *n* festa *f.*

fetid ('fetid) *adj* fetido.

fetish ('fetiʃ) *n* feticcio *m.*

fetlock ('fetlɔk) *n* barbetta *f.*

fetter ('fetə) *n* catena *f.* *vt* incatenare.

feud (fjuːd) *n* feudo *m.* **feudal** *adj* feudale.

fever ('fiːvə) *n* febbre *f.* **feverish** *adj* febbricitante, eccitato.

few (fjuː) *adj,pron* pochi, aluni. *adj* qualche. **a few** alcuni. **quite a few** un numero considerevole.

fiancé (fi'ãsei) *n* fidanzato *m.* **fiancée** *n* fidanzata *f.*

fiasco (fi'æskou) *n* fiasco, insuccesso *m.*

fib (fib) *n* frottola, bugia *f.* *vi* raccontare frottole.

fibre ('faibə) *n* fibra *f.* **fibreglass** *n* lana di vetro *f.*

fickle ('fikəl) *adj* volubile.

fiction ('fikʃən) *n* **1** novellistica *f.* **2** finzione *f.* **fictitious** *adj* falso.

fiddle ('fidl) *n* **1** violino *m.* **2** *inf* imbroglio *m.* *vt* *inf* imbrogliare.

fidelity (fi'deliti) *n* fedeltà *f.*

fidget ('fidʒit) *vi* agitarsi, essere irrequieto.

field (fiːld) *n* **1** campo *m.* **2** settore *m.* **fieldwork** *n* fortificazione *f.*

fiend (fiːnd) *n* demonio *m.* **fiendish** *adj* diabolico.

fierce (fiəs) *adj* **1** fiero, selvaggio. **2** ardente.

fiery ('faiəri) *adj* impetuoso.

fifteen (fif'tiːn) *adj,n* quindici *m* o *f.* **fifteenth** *adj* quindicesimo.

fifth (fifθ) *adj* quinto.

fifty ('fifti) *adj,n* cinquanta *m.* **fiftieth** *adj* cinquantesimo.

fig (fig) *n* fico *m.*

fight* (fait) *vt,vi* combattere. *n* combattimento *m.* lotta *f.*

figment ('figmənt) *n* finzione, invenzione *f.*

figure ('figə) *n* **1** figura *f.* **2** *math* cifra *f.* **3** linea *f.* *vt* figurarsi, immaginare. *vi* apparire. **figure out** calcolare.

figurative *adj* figurativo, simbolico. **figurehead** *n* uomo di paglia *m*.

filament ('filəmənt) *n* filamento *m*.

file[1] (fail) *n* schedario, archivio *m*. *vt* ordinare, archiviare. **filing cabinet** *n* casellario *m*.

file[2] (fail) *n* lima *f*. *vt* limare.

filial ('filiəl) *adj* filiale.

fill (fil) *vt* **1** riempire. **2** (a tooth) otturare. **3** ricoprire. *vi* riempirsi. **fill in** compilare. **fill up** *mot* fare il pieno. ~ *n* sazietà, sufficienza *f*. **filling** *n* **1** otturazione *f*. **2** *cul* ripieno *m*. **filling station** stazione di rifornimento *f*.

fillet ('filit) *n* filetto *m*.

filly ('fili) *n* puledra *f*.

film (film) *n* **1** pellicola *f*. velo *m*. **2** film *m*. *vt* filmare. **film star** *n* diva, stella del cinema *f*.

filter ('filtə) *n* filtro *m*. *vt* filtrare.

filth (filθ) *n* sudiciume *m*. **filthy** *adj* sudicio, sporco, sordido.

fin (fin) *n* pinna *f*.

final ('fainļ) *adj* ultimo, decisivo. *n* **1** *sport* finale *f*. **2** *pl* esami finali *m pl*. **finalize** *vt* mettere a punto, concludere.

finance ('fainæns) *n* finanza *f*. *vt* finanziare. **financial** *adj* finanziario. **financier** *n* finanziere *m*.

finch (fintʃ) *n* fringuello *m*.

find* (faind) *vt* trovare, scoprire. **find out** scoprire. *n* scoperta *f*.

fine[1] (fain) *adj* bello, buono, raffinato. *adv* bene. **fine arts** *n pl* belle arti *f pl*. **finery** *n* abiti delle feste *m pl*.

fine[2] (fain) *n* multa *f*. *vt* multare.

finesse (fi'nes) *n* delicatezza, sottigliezza *f*.

finger ('fiŋgə) *n* dito *m,pl* dita

f. *vt* toccare con le dita. **fingermark** *n* ditata *f*. **fingernail** *n* unghia *f*. **fingerprint** *n* impronta digitale *f*. **fingertip** *n* punta delle dita *f*.

finish ('finiʃ) *vt,vi* finire. *n* **1** fine, conclusione *f*. **2** rifinitura *f*.

finite ('fainait) *adj* limitato, circoscritto.

Finland ('finlənd) *n* Finlandia *f*. **Finn** *n* finlandese *m,f*. **Finnish** *adj* finnico, finlandese. **Finnish** (language) *n* finlandese *m*.

fiord (fjɔːd) *n* fiordo *m*.

fir (fəː) *n* abete *m*. **fir cone** *n* pigna *f*.

fire (faiə) *n* **1** fuoco *m*. **2** incendio *m*. **catch fire** prendere fuoco. ~ *vt* **1** incendiare. **2** (a gun, etc.) sparare. **3** *inf* licenziare. *vi* **1** incendiarsi. **2** sparare.

fire alarm *n* allarme d'incendio *m*.

fire brigade *n* pompieri *m pl*.

fire drill *n* esercitazione di pompieri *f*.

fire-engine *n* pompa antincendio *f*.

fire-escape *n* uscita di sicurezza *f*.

fireguard ('faiəgɑːd) *n* parafuoco *m*.

firelight ('faiəlait) *n* luce del focolare *f*.

fireman ('faiəmən) *n* pompiere *m*.

fireplace ('faiəpleis) *n* caminetto *m*.

fireproof ('faiəpruːf) *adj* antincendio.

fireside ('faiəsaid) *n* angolo del focolare *m*.

fire station *n* caserma dei pompieri *f*.

firework ('faiəwəːk) *n* fuoco d'artificio *m*.

firm[1] (fəːm) *adj* **1** solido. **2** risoluto. **firmly** *adv* fermamente.

firm[2] (fəːm) *n* ditta, società *f.*

first (fəːst) *adj* primo. *adv* prima di tutto. **first aid** *n* pronto soccorso *m.* **first-class** *adj* di prima qualità. **firsthand** *adj,adv* di prima mano. **first person** *n* prima persona *f.* **first-rate** *adj* ottimo.

fiscal ('fiskəl) *adj* fiscale.

fish (fiʃ) *n, pl* **fishes** *or* **fish** pesce *m.* *vi* pescare. **fisherman** *n* pescatore *m.* **fish finger** *n* bastoncino di pesce *m.* **fishing** *n* pesca *f.* *adj* da pesca. **fishing rod** *n* canna da pesca *f.* **fishmonger** *n* pescivendolo *m.* **fishslice** *n* paletta per il pesce *f.* **fishy** *adj inf* losco, ambiguo.

fission ('fiʃən) *n* fissione *f.*

fist (fist) *n* pugno *m.*

fit[*1] (fit) *adj* **1** adatto. **2** sano, in forma. *n* misura *f.* *vt* **1** adattare. **2** convenire a. *vi* **1** andare bene. **2** convenire. **fitting** *adj* adatto, opportuno. *n* **1** prova *f.* **2** *pl* mobili *m pl.*

fit[2] (fit) *n med* convulsione *f.* accesso *m.* **fitful** *adj* spasmodico, incostante.

five (faiv) *adj,n* cinque *m.*

fix (fiks) *vt* **1** assicurare, sistemare. **2** riparare. *n inf* difficoltà *f.* **fixation** *n* fissazione *f.* **fixture** *n* **1** infisso *m.* **2** avvenimento sportivo *m.*

fizz (fiz) *vi* frizzare. **fizzy** *adj* effervescente, frizzante. **fizzle** *vi* frizzare. **fizzle out** fare fiasco.

flabbergast ('flæbəgɑːst) *vt inf* sbalordire.

flabby ('flæbi) *adj* floscio, molle.

flag[1] (flæg) *n* bandiera *f.* **flagpole** *n* asta della bandiera *f.*

flag[2] (flæg) *vi* pendere, avvizzire, indebolirsi.

flagon ('flægən) *n* flacone, bottiglione *m.*

flagrant ('fleigrənt) *adj* flagrante.

flair ('fleə) *n* istinto *m.* attitudine *f.*

flake (fleik) *n* **1** fiocco *m.* **2** scaglia *f.* *vt* sfaldare. *vi* squamarsi. **flaky** *adj* a scaglie.

flamboyant (flæm'bɔiənt) *adj* sgargiante, vistoso.

flame (fleim) *n* fiamma *f.*

flamingo (flə'miŋgou) *n* fenicottero *m.*

flan (flæn) *n* sformato *m.*

flank (flæŋk) *n* fianco, lato *m.* *vt* fiancheggiare.

flannel ('flænl) *n* flanella *f.* *adj* di flanella.

flap (flæp) *n* **1** lembo *m.* **2** colpo leggero *m.* **3** *tech* deflettore *m.* **be in a flap** essere agitato. ~*vt* **1** agitare. **2** (wings) battere. *vi* sbattere.

flare (fleə) *n* **1** bagliore *m.* fiammata *f.* **2** razzo *m.* *vi* splendere, avvampare. **flare up** infiammarsi.

flash (flæʃ) *n* lampo, sprazzo *m.* *vi* lampeggiare, balenare. *vt* dirigere. **flashback** *n* scena retrospettiva *f.* **flashbulb** *n* lampada per fotolampo *f.* **flashlight** *n* fotolampo *m.*

flask (flɑːsk) *n* borraccia *f.* fiasco *m.*

flat[1] (flæt) *adj* **1** piatto. **2** insipido. **3** deciso. **flatfish** *n* sogliola *f.* **flat-footed** *adj* con i piedi piatti. **flatten** *vt* appiattire.

flat[2] (flæt) *n* appartamento *m.*

flatter ('flætə) *vt* adulare, lusingare. **flattering** *adj* lusinghiero. **flattery** *n* adulazione *f.*

flaunt (flɔːnt) *vt* ostentare. *vi* pavoneggiarsi.

flautist ('flɔːtist) *n* flautista *m.*

flavour ('fleivə) *n* gusto, sapore *m.* *vt* aromatizzare.

flaw (flɔː) *n* difetto *m.*

flax (flæks) *n* lino *m.*

flea (fliː) *n* pulce *f*.

fleck (flek) *n* chiazza *f*.

fled (fled) *v* see **flee.**

flee* (fliː) *vt* fuggire, abbandonare. *vi* fuggire.

fleece (fliːs) *n* vello *m*. *vt* 1 tosare. 2 *sl* derubare.

fleet (fliːt) *n* flotta *f*.

fleeting ('fliːtiŋ) *adj* fuggevole.

Fleming ('flemiŋ) *n* fiammingo *m*.

Flemish ('flemiʃ) *adj* fiammingo. **Flemish** (language) *n* fiammingo *m*.

flesh (fleʃ) *n* 1 carne *f*. 2 polpa *f*.

flew (fluː) *v* see **fly.**

flex (fleks) *n* filo *m*. **flexible** *adj* flessibile, arrendevole.

flick (flik) *n* colpo, buffetto *m*. *vt* far saltare con un colpetto.

flicker ('flikə) *n* barlume, guizzo *m*. *vi* tremolare.

flight[1] (flait) *n* 1 (of a bird, plane, etc.) volo *m*. 2 slancio *m*. 3 (of stairs) rampa *f*.

flight[2] (flait) *n* (departure) fuga *f*.

flimsy ('flimzi) *adj* 1 sottile, fragile. 2 inconsistente.

flinch (flintʃ) *vi* ritrarsi, sottrarsi.

fling* (fliŋ) *vt* gettare, lanciare. *n* lancio *m*.

flint (flint) *n* 1 selce *f*. 2 pietra focaia *f*.

flip (flip) *n* colpetto, buffetto *m*. *vt* dare un buffetto a. **flipper** *n* pinna *f*.

flippant ('flipənt) *adj* impertinente, leggero.

flirt (fləːt) *n* civetta *f*. *vi* civettare, flirtare.

flit (flit) *vi* 1 svolazzare. 2 andarsene.

float (flout) *n* 1 carro *m*. 2 galleggiante *m*. 3 *comm* riserva di cassa. *vi* 1 galleggiare. 2 fluttuare.

flock[1] (flɔk) *n* 1 gregge *m*. 2 folla *f*. *vi* affollarsi.

flock[2] (flɔk) *n* (of wool, etc.) fiocco di lana *m*.

flog (flɔg) *vt* frustare.

flood (flʌd) *n* 1 diluvio *m*. inondazione, piena *f*. 2 (of tears) torrente *m*. *vt* allagare, inondare. **floodlight** *n* riflettore *m*.

floor (flɔː) *n* 1 pavimento *m*. 2 piano *m*. **floorboard** *n* tavola di pavimento *f*.

flop (flɔp) *vi* fallire. **flop down** cadere. ~*n* 1 tonfo *m*. 2 *inf* fiasco *m*. **floppy** *adj* floscio. **floppy disc** *n* disco flessibile *m*.

flora ('flɔːrə) *n* flora *f*.

floral ('flɔːrəl) *adj* floreale.

florist *n* fiorista *m,f*.

Florence ('flɔrəns) *n* Firenze *f*. **Florentine** *adj,n* fiorentino.

flounce[1] (flauns) *n* gesto rapido *m*. *vi* sussultare, agitarsi.

flounce[2] (flauns) *n* falpalà *m*.

flounder[1] ('flaundə) *vi* dibattersi.

flounder[2] ('flaundə) *n zool* passera *f*.

flour ('flauə) *n* farina *f*.

flourish ('flʌriʃ) *vi* prosperare, fiorire. *vt* agitare. *n* 1 ornamento *m*. 2 squillo di tromba *m*.

flout (flaut) *vt* sprezzare.

flow (flou) *n* 1 flusso *m*. 2 corrente *f*. *vi* 1 scorrere. 2 circolare.

flown (floun) *v* see **fly.**

flower ('flauə) *n* fiore *m*. *vi* fiorire. **flowerbed** *n* aiuola *f*. **flowerpot** *n* vaso da fiori *m*.

fluctuate ('flʌktʃueit) *vi* fluttuare, oscillare. **fluctuation** *n* fluttuazione *f*.

flue (fluː) *n* canna del camino *f*.

fluent ('fluːənt) *adj* scorrevole. **fluently** *adv* correntemente.

fluff (flʌf) *n* lanugine, peluria *f*.

fluid ('fluːid) *adj,n* fluido *m.*

flung (flʌŋ) *v* see **fling.**

fluorescent (fluˈresənt) *adj* fluorescente.

fluoride ('fluəraid) *n* fluoruro *m.*

flush[1] (flʌʃ) *n* 1 rossore *m.* 2 violento flusso d'acqua *m.* 3 *game* colore *m.* *vi* arrossire. *vt* sciacquare. **flushed** *adj* accaldato.

flush[2] (flʌʃ) *adj* 1 a livello, rasente. 2 abbondante.

fluster ('flʌstə) *n* agitazione *f.* *vt* stordire, eccitare.

flute (fluːt) *n* flauto *m.*

flutter ('flʌtə) *n* 1 battito *m.* 2 agitazione *f.* *vt* 1 battere. 2 innervosire. *vi* sventolare.

flux (flʌks) *n* flusso *m.*

fly[*1] (flai) *vi* volare, slanciarsi. *vt* far volare. **flyover** *n* cavalcavia *m.*

fly[2] (flai) *n* mosca *f.*

foal (foul) *n* puledro *m.*

foam (foum) *n* schiuma, bava *f.* *vi* spumeggiare.

focus ('foukəs) *n* 1 fuoco *m.* 2 centro *vt* 1 mettere a fuoco. 2 concentrare. *vi* convergere.

fodder ('fɔdə) *n* foraggio *m.*

foe (fou) *n* nemico, *pl* nemici, avversario *m.*

foetus ('fiːtəs) *n* feto *m.*

fog (fɔg) *n* nebbia *f.* **foghorn** *n* sirena da nebbia *f.* **foggy** *adj* nebbioso.

foible ('fɔibəl) *n* punto debole *m.*

foil[1] (fɔil) *vt* frustrare, sventare.

foil[2] (fɔil) *n* 1 lamina di metallo *f.* 2 carta stagnola *f.*

foil[3] (fɔil) *n sport* fioretto *m.*

foist (fɔist) *vt* rifilare, introdurre di soppiatto.

fold[1] (fould) *n* piega, ripiegatura *f.* *vt* 1 piegare. 2 (one's arms) incrociare. **folder** *n* cartella *f.*

fold[2] (fould) *n* (for sheep) ovile *m.*

foliage ('fouliidʒ) *n* fogliame *m.*

folk (fouk) *n* gente *f.* popolo *m.* **folkdance** *n* ballo popolare *m.* **folklore** *n* folclore *m.* **folksong** *n* canzone popolare *f.* **folktale** *n* racconto *m.* leggenda popolare *f.*

follicle ('fɔlikəl) *n* follicolo *m.*

follow ('fɔlou) *vt* 1 seguire. 2 imitare. *vi* seguire, risultare. **follower** *n* seguace *m,f.*

folly ('fɔli) *n* pazzia, follia *f.*

fond (fɔnd) *adj* amante, affezionato. **be fond of** 1 voler bene a. 2 amare.

fondant ('fɔndənt) *adj,n* fondente *m.*

fondle ('fɔndl) *vt* accarezzare, vezzeggiare.

font (fɔnt) *n* fonte battesimale *f.*

food (fuːd) *n* cibo, nutrimento *m.*

fool (fuːl) *n* sciocco, stupido, buffone *m.* **make a fool of oneself** rendersi ridicolo. ~ *vt* ingannare. **foolish** *adj* stolto, insensato.

foolscap ('fuːlzkæp) *n* carta protocollo *f.*

foot (fut) *n, pl* **feet** 1 *anat* piede *m.* 2 base *f.* 3 (measure) piede *m.* *v* **foot the bill** pagare il conto. **football** *n* 1 (game) calcio *m.* 2 pallone *m.* **footbridge** *n* passerella *f.* **foothold** *n* punto d'appoggio *m.* **footing** *n* 1 punto d'appoggio *m.* 2 posizione *f.* **footnote** *n* nota in calce *f.* **footprint** *n* orma *f.* **footstep** *n* passo, rumore di passi *m.* **footwear** *n* calzatura *f.*

for (fə; *stressed* fɔː) *prep* per, adatto a, di. **for sale** in vendita. ~ *conj* poiché, perché.

forage ('fɔridʒ) *n* foraggio *m.*

forbear*[*] (fəˈbɛə) *vt* astenersi da. *vi* astenersi.

forbid* (fə'bid) *vt* proibire, impedire. **forbidding** *adj* severo, minaccioso.

force (fɔːs) *n* **1** forza *f.* vigore *m.* **2** validità *f.* **3** *pl* forze armate *f pl. vt* forzare, costringere. **forcible** *adj* forte.

forceps ('fɔːseps) *n pl* forcipe *m.*

ford (fɔːd) *n* guado *m.*

fore (fɔː) *adj* anteriore. *n naut* prua *f.*

forearm[1] ('fɔːrɑːm) *n* avambraccio *m.*

forearm[2] (fɔː'rɑːm) *vt* premunire.

forecast ('fɔːkɑːst) *vt* prevedere, predire. *n* pronostico *m.* previsione *f.*

forecourt ('fɔːkɔːt) *n* cortile *m.*

forefather ('fɔːfɑːðə) *n* avo, antenato *m.*

forefinger ('fɔːfiŋgə) *n* dito indice *m.*

forefront ('fɔːfrʌnt) *n* prima linea *f.*

foreground ('fɔːgraund) *n* primo piano *m.*

forehand ('fɔːhænd) *n* **1** posizione superiore *f.* **2** *sport* colpo diritto *m.*

forehead ('fɔrid) *n* fronte *f.*

foreign ('fɔrin) *adj* straniero, estraneo. **foreigner** *n* straniero *m.*

foreleg ('fɔːleg) *n* zampa anteriore *f.*

forelock ('fɔːlɔk) *n* ciuffo *m.*

foreman ('fɔːmən) *n* caposquadra, capo-operaio *m.*

foremost ('fɔːmoust) *adj* primo, principale. *adv* in testa.

forensic (fə'rensik) *adj* forense.

forerunner ('fɔːrʌnə) *n* precursore *m.*

foresee* (fɔː'siː) *vt* prevedere.

foresight ('fɔːsait) *n* previsione, prudenza *f.*

forest ('fɔrist) *n* foresta *f.*

forestall (fɔː'stɔːl) *vt* prevenire, anticipare.

foretaste ('fɔːteist) *n* pregustazione *f.*

foretell (fɔː'tel) *vt* predire.

forethought ('fɔːθɔːt) *n* premeditazione, previdenza *f.*

forfeit ('fɔːfit) *n* multa, pena, perdita *f. vt* perdere.

forge[1] (fɔːdʒ) *n* fucina *f.* *vt* **1** forgiare. **2** contraffare, falsificare. **forgery** *n* **1** contraffazione *f.* **2** documento falso *m.* **3** falsificazione *f.*

forge[2] (fɔːdʒ) *vi* **forge ahead** avanzare gradatamente.

forget* (fə'get) *vt* dimenticare. **forgetful** *adj* smemorato, immemore.

forgive* (fə'giv) *vt* perdonare. **forgiving** *adj* indulgente.

forgo* (fɔː'gou) *vt* rinunziare a, fare a meno di.

fork (fɔːk) *n* **1** *cul* forchetta *f.* **2** forca *f.* **3** (in a road) biforcazione *f.* *vi* biforcarsi.

forlorn (fə'lɔːn) *adj* sperduto, desolato.

form (fɔːm) *n* **1** forma *f.* **2** modulo *m.* **3** classe *f.* **4** formalità *f.* *vt* formare. **formal** *adj* formale. **formality** *n* **1** formalità *f.* **2** convenzionalismo *m.* **formation** *n* formazione *f.* **formative** *adj* formativo.

former ('fɔːmə) *adj* precedente, anteriore. **formerly** *adv* in passato, già.

formidable ('fɔːmidəbəl) *adj* spaventoso, temibile.

formula ('fɔːmjulə) *n, pl* **-las** *or* **-lae** formula *f.* **formulate** *vt* formulare.

forsake* (fə'seik) *vt* abbandonare.

fort (fɔːt) *n* forte *m.*

forte ('fɔːtei) *n* forte *m.*

forth (fɔːθ) *adv* avanti. **and so forth** così via. **forthcoming** *adj* prossimo, imminente.

fortify ('fɔːtifai) *vt* **1** *mil* fortificare. **2** rinvigorire, incoraggiare.

fortnight ('fɔːtnait) n due settimane f pl. quindicina f.

fortress ('fɔːtrəs) n fortezza f.

fortune ('fɔːtʃən) n **1** fortuna, sorte f. **2** ricchezza f. **fortune-teller** n chiromante m,f.

fortunate adj fortunato.

forty ('fɔːti) adj,n quaranta m. **fortieth** adj quarantesimo.

forum ('fɔːrəm) n foro m.

forward ('fɔːwəd) adj **1** avanzato, precoce. **2** sfrontato. adv avanti. n sport attaccante m. vt **1** promuovere, agevolare, inoltrare. **2** rispedire. **forwards** adv avanti, in poi.

fossil ('fɔsəl) n fossile m.

foster ('fɔstə) vt **1** allevare. **2** favorire, incoraggiare. **fosterchild** n figlio adottivo m. **fostermother** n madre adottiva f.

fought (fɔːt) v see **fight.**

foul (faul) adj **1** sporco, infetto, osceno, **2** (of weather) cattivo. n sport fallo m. vt **1** sporcare. **2** sport commettere un fallo su. **foul play** n giuoco scorretto m.

found[1] (faund) v see **find.**

found[2] (faund) vt fondare, istituire. **foundation** n **1** istituzione f. **2** base f. **3** pl fondamenta f pl.

founder[1] ('faundə) n fondatore m.

founder[2] ('faundə) vi affondare, sprofondarsi.

foundry ('faundri) n fonderia f.

fountain ('fauntin) n fontana, sorgente f.

four (fɔː) adj,n quattro m or f. **on all fours** carponi. **four-poster** n letto a quattro colonne m. **foursome** n quartetto m. **fourth** adj quarto.

fourteen (fɔː'tiːn) adj,n quattordici m or f. **fourteenth** adj quattordicesimo.

fowl (faul) n pollo, uccello m.

fox (fɔks) n volpe f. **foxglove** n digitale m. **foxhound** n cane per caccia alla volpe m. **foxhunting** n caccia alla volpe f.

foyer ('fɔiei) n ridotto m.

fraction ('frækʃən) n frazione f.

fracture ('fræktʃə) n frattura f. vt spaccare. vi fratturarsi.

fragile ('frædʒail) adj fragile.

fragment ('frægmənt) n frammento, brano m.

fragrant ('freigrənt) adj fragrante.

frail (freil) adj debole, fragile.

frame (freim) n **1** struttura f. **2** telaio m. **3** cornice f. **4** inquadratura f. **frame of mind** stato d'animo m. ~ vt **1** costruire. **2** incorniciare. **framework** n struttura f. scheletro m.

franc (fræŋk) n franco m.

France (frɑːns) n Francia f.

franchise ('fræntʃaiz) n **1** diritto di voto m. **2** franchigia f.

frank (fræŋk) adj sincero, schietto.

frankfurter ('fræŋkfɔːtə) n salsiccia tedesca f.

frantic ('fræntik) adj frenetico.

fraternal (frə'təːnl) adj fraterno. **fraternity** n fraternità, confraternita f. **fraternize** vi fraternizzare.

fraud (frɔːd) n frode f.

fraught (frɔːt) adj carico.

fray[1] (frei) n lotta f. conflitto m.

fray[2] (frei) vt consumare. vi logorarsi.

freak (friːk) n **1** capriccio m. **2** anomalia della natura f.

freckle ('frekəl) n lentiggine f.

free (friː) adj **1** libero. **2** esente. **3** gratuito. adv liberamente, gratuitamente. vt liberare. **freedom** n libertà f. **freehold** n proprietà fondiaria assoluta *f.* **freelance** *adj* a ore, indipendente. *n* giornalista indipendente *m.* **freewheel** girare a ruota libera. **free will** *n* libero arbitrio *m.*

freeze* (fri:z) *vt* congelare, gelare. *vi* gelare. **freezing point** *n* punto di congelamento *m.*

freight (freit) *n* 1 carico mercantile *m.* 2 trasporto *m. vt* trasportare. **freight train** *n* treno merci *m.*

French (frentʃ) *adj* francese. **French (language)** *n* francese *m.* **French bean** *n* fagiolino verde *m.* **French dressing** *n* condimento alla francese *m.* **French horn** *n* corno da caccia *m.* **Frenchman** *n* francese *m.* **French window** *n* porta-finestra *f.*

frenzy ('frenzi) *n* frenesia *f.*

frequency ('fri:kwənsi) *n* frequenza *f.* **frequent** *adj* frequente, diffuso.

fresco ('freskou) *n, pl* **-oes** or **-os** affresco *m.*

fresh (freʃ) *adj* 1 fresco, nuovo. 2 vigoroso. **freshwater** *adj* d'acqua dolce.

fret[1] (fret) *vi* logorarsi, affliggersi.

fret[2] (fret) *n* arch fregio *m.* **fretwork** *n* lavoro di traforo *m.*

friar ('fraiə) *n* frate *m.*

friction ('frikʃən) *n* frizione *f.*

Friday ('fraidi) *n* venerdì *m.*

fridge (fridʒ) *n* frigorifero *m.*

friend (frend) *n* amico, *pl* amici *m.* **friendly** *adj* amichevole, affabile. **friendship** *n* amicizia *f.*

frieze (fri:z) *n* fregio *m.*

fright (frait) *n* spavento *m.* paura *f.* **frighten** *vt* spaventare. **frightful** *adj* spaventoso, terribile. **frightfully** *adv* straordinariamente.

frigid ('fridʒid) *adj* frigido, freddo.

frill (fril) *n* fronzolo *m.*

fringe (frindʒ) *n* 1 frangia *f.* orlo *m.* 2 periferia *f. vt* ornare con frangia, orlare.

frisk (frisk) *vt* perquisire. *vi* saltellare.

fritter[1] ('fritə) *vt* sperperare, sciupare.

fritter[2] ('fritə) *n* frittella *f.*

frivolity (fri'vɔliti) *n* leggerezza, vanità *f.* **frivolous** *adj* leggero, frivolo.

frizz (friz) *vt* arricciare. *n* ricciolo *m.* **frizzy** *adj* ricciuto.

frizzle[1] ('frizl) *vt* arricciare. *vi* arricciarsi.

frizzle[2] ('frizəl) *cul vt* friggere. *vi* sfrigolare.

fro (fro) **to and fro** *adv* avanti e indietro.

frock (frɔk) *n* abito *m.*

frog (frɔg) *n* rana *f.* **frogman** *n* sommozzatore *m.*

frolic ('frɔlik) *vi* divertirsi. *n* scherzo *m.* **frolicsome** *adj* allegro, vivace.

from (frəm; *stressed* frɔm) *prep* 1 da. 2 da parte di. 3 per.

front (frʌnt) *adj* di fronte, anteriore. *n* 1 *arch* facciata *f.* 2 fronte *m.* 3 lungomare *m.* **in front of** davanti a.

frontier ('frʌntiə) *n* frontiera *f.* confine *m.*

frost (frɔst) *n* gelo *m.* brina *f.* **frostbite** *n* congelamento *m.* **frosty** *adj* gelato, congelato.

froth (frɔθ) *n* schiuma, spuma *f. vi* schiumare.

frown (fraun) *n* cipiglio *m. vi* aggrottare le sopracciglia.

froze (frouz) *v* see **freeze.**

frozen ('frouzn) *v* see **freeze.**

frugal ('fru:gəl) *adj* frugale, sobrio.

fruit (fru:t) *n* 1 frutta *f in var.* 2 frutto *m.* **fruit salad** *n* macedonia di frutta *f.* **fruitful** *adj* fertile, vantaggioso. **fruition** *n* realizzazione

f. fruitless adj infruttuoso, vano.

frustrate (frʌs'treit) vt frustrare, deludere.

fry (frai) vt, vi friggere. **frying pan** n padella f.

fuchsia ('fjuːʃə) n fucsia m.

fuck (fʌk) tab vt chiavare. **fuck off!** va' fan culo!

fudge (fʌdʒ) n dolce caramellato con cioccolata m.

fuel ('fjuːəl) n carburante m.

fugitive ('fjuːdʒitiv) adj fuggente. n fuggiasco m.

fulcrum ('fʌlkrəm) n fulcro m.

fulfil (ful'fil) vt soddisfare, esaudire, completare. **fulfilment** n adempimento m. realizzazione f.

full (ful) adj pieno, completo, colmo, abbondante. **full-length** adj in tutta la lunghezza. **full moon** n luna piena f. **full stop** n punto m. **full-time** adj, adv orario completo m.

fumble ('fʌmbəl) vi 1 annaspare. 2 andare a tastoni.

fume (fjuːm) n esalazione f. vi 1 esalare fumo. 2 irritarsi.

fun (fʌn) n allegria f. divertimento m. **make fun of** prendere in giro. **funfair** n parco dei divertimenti m.

function ('fʌŋkʃən) n 1 funzione f. 2 cerimonia f. vi funzionare.

fund (fʌnd) n fondo m. riserva f.

fundamental (fʌndə'mentl) adj fondamentale.

funeral ('fjuːnərəl) n funerale m. adj funebre, funereo.

fungus ('fʌŋgəs) n, pl **fungi** or **funguses** bot fungo m.

funnel ('fʌnl) n 1 imbuto m. 2 naut ciminiera f.

funny ('fʌni) adj 1 divertente. 2 strano.

fur (fəː) n 1 pelo, pelame m. 2 pelliccia f.

furious ('fjuəriəs) adj furibondo, furioso.

furnace ('fəːnis) n fornace f.

furnish ('fəːniʃ) vt ammobiliare, fornire.

furniture ('fəːnitʃə) n mobilio m.

furrow ('fʌrou) n solco m. scia f.

further ('fəːðə) adj più lontano, ulteriore. adv oltre, inoltre. vt favorire, promuovere. **furthest** adj il più lontano, estremo.

furtive ('fəːtiv) adj furtivo.

fury ('fjuəri) n furia, violenza f.

fuse[1] (fjuːz) n 1 tech fusibile m. valvola f. 2 mil spoletta, miccia f. vi saltare.

fuse[2] (fjuːz) vt fondere. vi fondersi.

fuselage ('fjuːzəlɑːʒ) n fusoliera f.

fusion ('fjuːʒən) n fusione f.

fuss (fʌs) n trambusto m. agitazione f. vi affaccendarsi, preoccuparsi per nulla. **fussy** adj pignolo, meticoloso.

futile ('fjuːtail) adj inutile, vano.

future ('fjuːtʃə) adj, n futuro m.

fuzz (fʌz) n 1 lanuggine f. 2 sl polizia f. **fuzzy** adj 1 increspato. 2 confuso.

G

gabble ('gæbəl) n borbottio m. vt borbottare. vi parlare in modo confuso.

gable ('geibəl) n frontone m.

gadget ('gædʒit) n congegno, gingillo m.

gag[1] (gæg) n bavaglio m. vt imbavagliare.

gag[2] (gæg) n battuta comica f.

gaiety ('geiəti) n allegria f.

gaily ('geili) adv gaiamente.

gain (gein) n 1 guadagno, profitto m. 2 miglioramento m. vt guadagnare. vi profittare.

gait (geit) *n* andatura *f*.

gala ('gɑːlə) *n* gala *f*.

galaxy ('gæləksi) *n* galassia *f*.

gale (geil) *n* burrasca *f*.

gall (gɔːl) *n* bile *f*. fiele *m*.

gallant ('gælənt) *adj* valoroso, cortese.

galleon ('gæliən) *n* galeone *m*.

gallery ('gæləri) *n* galleria *f*. loggione *m*.

galley ('gæli) *n* **1** galera, galea *f*. **2** cambusa *f*.

gallon ('gælən) *n* gallone *m*.

gallop ('gæləp) *n* galoppo *m*. *vi* galoppare.

gallows ('gælouz) *n pl* forca *f*. patibolo *m*.

galore (gə'lɔː) *adv* in quantità.

galvanize ('gælvənaiz) *vt* galvanizzare.

gamble ('gæmbəl) *n* gioco d'azzardo *m*. *vi* giocare d'azzardo. *vt* **1** giocare. **2** rischiare. **gambler** *n* giocatore d'azzardo *m*.

game (geim) *n* **1** gioco *m*. **2** partita *f*. **3** *(hunting)* selvaggina *f*. *adj* **1** coraggioso. **2** pronto. **gamekeeper** *n* guardiacaccia *m*.

gammon ('gæmən) *n* prosciutto affumicato *m*.

gander ('gændə) *n* papero *m*.

gang (gæŋ) *n* squadra, banda *f*. *v* **gang up** allearsi. **gangster** *n* bandito *m*. **gangway** *n* corridoio, passaggio *m*. passerella *f*.

gangrene (gæŋ'griːn) *n* cancrena *f*.

gap (gæp) *n* breccia, apertura, fessura, lacuna *f*.

gape (geip) *vi* **1** sbadigliare. **2** restare a bocca aperta. *n* sbadiglio *m*.

garage ('gærɑːʒ) *n* garage *m*. autorimessa *f*.

garbage ('gɑːbidʒ) *n* **1** rifiuti *m pl*. **2** cosa spregevole *f*.

garble ('gɑːbəl) *vt* alterare.

garden ('gɑːdn) *n* giardino *m*. *vi* fare del giardinaggio. **gardener** *n* giardiniere *m*. **gardening** *n* giardinaggio *m*.

gargle ('gɑːgəl) *vi* fare gargarismi. *n* liquido per gargarismi.

gargoyle ('gɑːgoil) *n* mascherone da grondaia *m*.

garland ('gɑːlənd) *n* ghirlanda *f*.

garlic ('gɑːlik) *n* aglio *m*.

garment ('gɑːmənt) *n* indumento *m*.

garnish ('gɑːniʃ) *vt* guarnire, ornare. *n* guarnizione *f*. contorno *m*.

garrison ('gærisən) *n* presidio *m*. guarnigione *f*. *vt* presidiare.

garter ('gɑːtə) *n* giarrettiera *f*.

gas (gæs) *n* gas *m invar*. *vt* asfissiare con il gas. **gas cooker** *n* fornello a gas *m*. **gas fire** *n* stufa a gas *f*. **gasworks** *n pl* officina del gas *f*.

gash (gæʃ) *n* ferita *f*. squarcio *m*. *vt* sfregiare, tagliare.

gasket ('gæskit) *n* guarnizione *f*.

gasp (gɑːsp) *n* rantolo *m*. *vi* bocccheggiare, ansimare.

gastric ('gæstrik) *adj* gastrico. **gastronomic** *adj* gastronomico.

gate (geit) *n* cancello *m*. porta *f*. **gatecrash** *vt* entrare senza invito a.

gateau ('gætou) *n, pl* **-teaux** pasticcino *m*.

gather ('gæðə) *vt* **1** riunire. **2** raccogliere. **3** dedurre. *vi* radunarsi. **gathering** *n* riunione *f*.

gauche (gouʃ) *adj* maldestro.

gaudy ('gɔːdi) *adj* vistoso, di gusto pesante.

gauge (geidʒ) *n* **1** misura *f*. **2** calibro *m*. *vt* misurare, stimare.

gaunt (gɔːnt) *adj* magro, scarno.

gauze (gɔːz) *n* garza *f*. velo *m*.

gave (geiv) *v* see **give.**

gay (gei) *adj* allegro, vivace.

gaze (geiz) *n* sguardo fisso *m*. *vi* guardare fissamente.

gazelle (gə'zel) *n* gazzella *f*.

gear (giə) *n* **1** meccanismo *m*. **2** *mot* marcia *f*. **3** utensili *m pl*. *vt* adattare. **gearbox** *n* scatola del cambio *f*. **gear lever** *n* leva del cambio *f*.

gelatine ('dʒelətiːn) *n* gelatina *f*.

gelignite ('dʒelignait) *n* nitroglicerina *f*.

gem (dʒem) *n* gemma *f*. gioiello *m*.

Gemini ('dʒeminai) *n pl* Gemelli *m pl*.

gender ('dʒendə) *n* genere *m*.

gene (dʒiːn) *n* gene *m*.

genealogy (dʒiːni'ælədʒi) *n* genealogia *f*.

general ('dʒenərəl) *adj* generale, comune. **general election** *n* elezioni generali *f pl*. **general practitioner** *n* medico generico *m*. **generally** *adv* in generale, generalmente. **generalize** *vt,vi* generalizzare.

generate ('dʒenəreit) *vt* generare, produrre. **generation** *n* generazione *f*.

generic (dʒi'nerik) *adj* generico.

generous ('dʒenərəs) *adj* generoso, abbondante.

genetic (dʒi'netik) *adj* genetico. **genetics** *n* genetica *f*.

genial ('dʒiːniəl) *adj* cordiale, amabile.

genital ('dʒenitl) *adj* genitale. **genitals** *n pl* organi genitali *m pl*.

genius ('dʒiːniəs) *n* **1** genio *m*. **2** talento *m*.

genteel (dʒen'tiːl) *adj* garbato, compito.

gentian ('dʒenʃən) *n* genziana *f*.

gentile ('dʒentail) *adj* pagano. *n* gentile, pagano *m*.

gentle ('dʒentl) *adj* mite, nobile, cortese. **gentleman** *n, pl* **gentlemen** signore *m*.

genuflect ('dʒenjuflekt) *vi* genuflettersi.

genuine ('dʒenjuin) *adj* **1** genuino. **2** sincero. **3** puro.

genus ('dʒiːnəs) *n, pl* **genera** classe, specie *f*.

geography (dʒi'ɔgrəfi) *n* geografia *f*. **geographical** *adj* geografico.

geology (dʒi'ɔlədʒi) *n* geologia *f*. **geological** *adj* geologico.

geometry (dʒi'ɔmətri) *n* geometria *f*. **geometric** *adj also* **geometrical** geometrico.

geranium (dʒə'reiniəm) *n* geranio *m*.

geriatric (dʒeri'ætrik) *adj* geriatrico. **geriatrics** *n* geriatria, gerontologia *f*.

germ (dʒəːm) *n* germe *m*.

Germany ('dʒəːməni) *n* Germania *f*. **German** *adj,n* tedesco. **German** (language) *n* tedesco *m*. **German measles** *n* rosolia *f*. **Germanic** *adj* germanico.

germinate ('dʒəːmineit) *vi* germinare. **germination** *n* germinazione *f*.

gerund ('dʒerənd) *n* gerundio *m*.

gesticulate (dʒis'tikuleit) *vi* gesticolare.

gesture ('dʒestʃə) *n* gesto *m*.

get* (get) *vt* **1** ottenere, guadagnare. **2** prendere, afferrare. *vi* **1** divenire. **2** arrivare. **3** fare, farsi. **4** persuadere. **get off** scendere. **get on** montare. **get over** superare. **get up** alzarsi.

geyser ('giːzə) *n* **1** *geog* geyser *m*. **2** scaldabagno *m*.

ghastly ('gɑːstli) *adj* orrendo, spettrale.

gherkin ('gəːkin) *n* cetriolo *m*.

ghetto ('getou) *n, pl* **-os** *or* **-oes** ghetto *m*.

ghost (goust) *n* spirito, fantasma *m*.

giant ('dʒaiənt) *n* gigante *m*. *adj*
gigantesco.

giddy ('gidi) *adj* stordito, vertiginoso. **giddiness** *n* vertigine *f*.

gift (gift) *n* regalo, dono
m. **gifted** *adj* dotato, fornito
di talento.

gigantic (dʒai'gæntik) *adj* gigantesco.

giggle *n* risatina sciocca *f*. *vi*
far risatine.

gild (gild) *vt* dorare.

gill (gil) *n* zool branchia *f*.

gilt (gilt) *adj* dorato. *n* doratura
f.

gimmick ('gimik) *n* trucco,
stratagemma *m*.

gin (dʒin) *n* gin *m*.

ginger ('dʒindʒə) *n* zenzero *m*.
adj fulvo. **ginger beer** *n* bibita allo zenzero *f*. **gingerbread** *n* pan di zenzero *m*.

gingham ('giŋəm) *n* percallina
f.

Gipsy ('dʒipsi) *n* gitano, zingaro *m*.

giraffe (dʒi'rɑːf) *n* giraffa *f*.

girder ('gəːdə) *n* putrella *f*.

girdle ('gəːdl) *n* cintura *f*. busto
m. *vt* cingere, fasciare.

girl (gəːl) *n* ragazza, fanciulla *f*.

Giro ('dʒairou) *n* sistema banca-
rio *m*.

girth (gəːθ) *n* **1** giro *m*. circonferenza *f*. **2** sottopancia *f*.

give* (giv) *vt* **1** dare. **2** consegnare. *vi* cedere. **give away**
1 rivelare, tradire. **2** regalare.
give back restituire. **give in**
cedere. **give up 1** smettere. **2** arrendersi.

glacier ('glæsiə) *n* ghiacciaio *m*.

glad (glæd) *adj* contento, allegro. **gladly** *adv* con piacere.

glamour ('glæmə) *n* fascino,
incantesimo *m*. **glamorous**
adj affascinante. **glamorize**
vt rendere attraente, valoriz-
zare.

glance (glɑːns) *n* occhiata *f*.
sguardo *m*. *vi* dare un'occhiata, guardare di sfuggita.

gland (glænd) *n* ghiandola *f*.

glare (gleə) *n* **1** riverbero *m*. **2**
sguardo penetrante *m*. *vi* guar-
dare con astio.

glass (glɑːs) *n* **1** vetro *m*. **2**
bicchiere *m*. **3** *pl* occhiali *m*
pl. *adj* di vetro.

glaze (gleiz) *n* smalto *m*. vernice *f*. *vt* **1** fornire di vetro. **2**
smaltare.

gleam (gliːm) *n* barlume *m*. *vi*
scintillare, brillare.

glean (gliːn) *vt* **1** spigolare. **2**
raccogliere.

glee (gliː) *n* allegria, gioia *f*.

glib (glib) *adj* scorrevole, loquace.

glide (glaid) *n* **1** scivolata *f*. **2**
mus legamento *m*. **3** *aviat* volo
libero *m*. *vi* **1** scorrere. **2** scivolare. **3** planare. **glider** *n*
aliante *m*.

glimmer ('glimə) *n* barlume *m*.
lucchichio *m*. *vi* brillare, luccicare.

glimpse (glimps) *n* visione *f*.
colpo d'occhio *m*. **catch a
glimpse of** vedere di sfuggita.

glint (glint) *n* scintillio *m*. *vi*
scintillare.

glisten ('glisən) *vi* brillare.

glitter ('glitə) *n* scintillio *m*. lucentezza *f*. *vi* brillare, rifulgere.

gloat (glout) *vi* gongolare (mali-
gnamente).

globe (gloub) *n* **1** globo *m*. sfera *f*. **2** mappamondo *m*.

gloom[1] (gluːm) *n* oscurità *f*.
buio *m*. **gloomy** *adj* annuvo-
lato.

gloom[2] (gluːm) *n* malinconia,
tristezza *f*. **gloomy** *adj* cupo,
triste.

glory ('glɔːri) *n* gloria *f*. splendore *m*. **glorify** *vt* glorificare. **glorious** *adj* maestoso,
splendido.

gloss[1] (glɔs) n lucentezza f. vt **1** lucidare. **2** rendere plausibile.

gloss[2] (glɔs) n chiosa f. commento m. vt interpretare, commentare.

glossary ('glɔsəri) n glossario, lessico m.

glove (glʌv) n guanto m.

glow (glou) n ardore m. incandescenza f. vi ardere, essere incandescente. **glow-worm** n lucciola f.

glower ('glauə) vi guardare con occhi torvi.

glucose ('glurkous) n glucosio m.

glue (glur) n colla f. vt incollare.

glum (glʌm) adj tetro, accigliato.

glut (glʌt) n sovrabbondanza. vt satollare, rimpinzare.

glutton ('glʌtn) n ghiottone, goloso m. **gluttony** n ghiottoneria f.

gnarled (nɑrld) adj nodoso, rugoso.

gnash (næʃ) vt digrignare.

gnat (næt) n moscerino m. zanzara f.

gnaw (nɔr) vt rodere, tormentare.

gnome (noum) n gnomo m.

go* (gou) vi **1** andare, partire. **2** funzionare. **3** divenire. **go about** occuparsi di. **go back** ritornare. **go down 1** discendere. **2** affondare. **go into** entrare. **go on** continuare. **go out 1** uscire. **2** spegnersi. **go up** salire. ~ n **1** vigore m. **2** tentativo m.

goad (goud) n pungolo m. vt stimolare, incitare.

goal (goul) n **1** traguardo, scopo m. **2** sport rete, porta f. **goalkeeper** n portiere m. **goalpost** n palo della porta m.

goat (gout) n capra f.

gobble ('gɔbəl) vt inghiottire, tranguggiare.

goblin ('gɔblin) n folletto m.

god (gɔd) n **1** idolo m. divinità f. **2** cap Dio m. **goddaughter** n figlioccia f. **godfather** n padrino m. **godmother** n madrina f. **godson** n figioccio m. **goddess** n dea f.

goggles ('gɔgəlz) n pl occhiali di protezione m pl.

going ('gouiŋ) n **1** andare m. andatura f. **2** sport terreno. adj attivo.

gold (gould) n oro m. adj d'oro. **goldfish** n pesce rosso m. **goldmine** n **1** miniera d'oro f. **2** fonte di ricchezza f. **gold rush** n febbre dell'oro f. **goldsmith** n orefice m. **golden** adj d'oro, aureo. **golden syrup** n melassa f.

golf (gɔlf) n golf m. **golfball** n palla da golf f. **golf club** n **1** mazza da golf f. **2** circolo del golf m. **golfcourse** n campo di golf m.

gondola ('gɔndələ) n gondola f. **gondolier** n gondoliere m.

gone (gɔn) v see **go**.

gong (gɔŋ) n gong m.

good (gud) adj **1** buono, onesto. **2** valido. n bene, vantaggio m. **for good** per sempre. **it is no good** è inutile.

good afternoon interj buona sera!

goodbye (gud'bai) interj addio! arrivederci!

good evening interj buona sera!

Good Friday n Venerdì Santo m.

good-humoured adj di buon umore.

good-looking adj di bell'aspetto.

good morning interj buon giorno!

good night interj buona notte!

goods train n treno merci m.
good will n buona volontà f.
goose (guːs) n, pl **geese** n oca f. **gooseberry** n uva spina f.
gore[1] (gɔː) n sangue m.
gore[2] (gɔː) vt trafiggere con le corna.
gorge (gɔːdʒ) n gola f. vt satollare.
gorgeous ('gɔːdʒəs) adj magnifico, splendido.
gorilla (gə'rilə) n gorilla m.
gorse (gɔːs) n ginestra spinosa f.
gory ('gɔːri) adj insanguinato.
gosh (gɒʃ) interj perbacco!
gosling ('gɒzliŋ) n papero m.
gospel ('gɒspəl) n vangelo m.
gossip ('gɒsip) n 1 chiacchiera f. pettegolezzo m. 2 pettegolo m. vi far pettegolezzi.
got (gɒt) v see **get**.
Gothic ('gɒθik) adj gotico.
goulash ('guːlæʃ) n gulash m.
gourd (guəd) n zucca f.
gourmet (guə'mei) n buongustaio m.
govern ('gʌvən) vt governare, influenzare, controllare. **government** n governo m. **governmental** adj governativo. **governor** n 1 governatore m. 2 sl capo, principale m.
gown (gaun) n 1 veste f. 2 toga f.
grab (græb) vt afferrare, arraffare. n presa, stretta f.
grace (greis) n grazia f. **His/Your Grace** Sua/Vostra Grazia. **graceful** adj grazioso, leggiadro. **gracious** adj clemente, benigno.
grade (greid) n grado, rango m. vt graduare, classificare. **gradient** n pendenza f. gradiente m. **gradual** adj graduale. **graduate** n laureato m. vi laurearsi.
graffiti (grə'fiːti) n pl graffiti m pl.
graft (grɑːft) vt 1 innestare. 2

trapiantare. n 1 bot innesto m. 2 med trapianto m.
grain (grein) n 1 grano m. 2 chicco m. 3 granello m.
gram (græm) n grammo m.
grammar ('græmə) n grammatica f. **grammar school** n scuola secondaria f. **grammatical** adj grammaticale.
gramophone ('græməfoun) n grammofono m.
granary ('grænəri) n granaio m.
grand (grænd) adj grandioso, imponente. **grandeur** n grandiosità f. splendore m.
grandad ('grændæd) n inf also **grandpa** nonno m.
grandchild ('græntʃaild) n nipote m,f.
granddaughter ('grændɔːtə) n nipote, nipotina f.
grandfather ('grænfɑːðə) n nonno m.
grandma ('grænmɑː) n inf also **granny** nonnina f.
grandmother ('grænmʌðə) n nonna f.
grandparent ('grænpeərənt) n nonno m.
grand piano n piano a coda m.
grandson ('grænsʌn) n nipote, nipotino m.
grandstand ('grændstænd) n tribuna d'onore f.
granite ('grænit) n granito m.
grant (grɑːnt) vt concedere, ammettere. **take for granted** dare per scontato. n 1 concessione f. 2 educ borsa di studio f.
grape (greip) n 1 acino m. 2 pl uva f. **grapefruit** n pompelmo m. **grapevine** n vite f.
graph (græf) n grafico m. curva f. **graphic** adj grafico.
grapple ('græpəl) vi venire alle prese.
grasp (grɑːsp) vt afferrare, capire. n 1 stretta f. 2 comprensione f.

grass (grɑːs) n erba f. prato m.

grate[1] (greit) n griglia, graticola f.

grate[2] (greit) vt grattugiare. vi stridere.

grateful ('greitfəl) adj grato, riconoscente. **gratify** vt ricompensare, soddisfare.

gratitude ('grætitjuːd) n gratitudine f.

grave[1] (greiv) n fossa, tomba f. **gravestone** n lapide f. **graveyard** n cimitero m.

grave[2] (greiv) adj serio, solenne, grave.

gravel ('grævəl) n ghiaia f.

gravity ('græviti) n gravità, serietà f.

gravy ('greivi) n sugo di carne m.

graze[1] (greiz) vi pascolare.

graze[2] (greiz) vt med sfiorare, scalfire. n scalfittura f.

grease (griːs) n unto, grasso m. vt ungere, ingrassare. **grease-proof** adj oleato.

great (greit) adj 1 grande. 2 celebre. **a great deal** molto.

Great Britain n Gran Bretagna f.

Greece (griːs) n Grecia f. **Grecian** adj greco, pl greci. **Greek** adj,n greco, pl greci. **Greek** (language) n greco m.

greed (griːd) n avidità, ingordigia f. **greedy** adj avido, goloso.

green (griːn) adj 1 verde. 2 inesperto. n 1 prato m. 2 (colour) verde m. 3 pl verdura f. **greenery** n vegetazione f. **greenfly** n pidocchio delle piante m. **greengage** n prugna f. **greengrocer** n erbivendolo m. **greenhouse** n serra f.

Greenland ('griːnlənd) n Groenlandia f. **Greenlander** n groenlandese m,f.

greet (griːt) vt salutare. **greeting** n saluto m.

gregarious (gri'geəriəs) adj socievole, gregario.

grenade (gri'neid) n granata f.

grew (gruː) v see **grow**.

grey (grei) adj,n grigio m. **greyhound** n levriero m.

grid (grid) n griglia f.

grief (griːf) n dolore m. angoscia f.

grieve (griːv) vt affliggere. vi affliggersi. **grievance** n 1 lamentela f. 2 ingiustizia f.

grill (gril) n graticola f. vt cuocere ai ferri.

grille (gril) n griglia, inferriata f.

grim (grim) adj torvo, sinistro.

grimace ('grimis) n smorfia f. vi fare smorfie.

grime (graim) n sporcizia f. **grimy** adj sporco.

grin (grin) n sogghigno m. vi sogghignare.

grind* (graind) vt 1 macinare. 2 affilare. 3 (teeth) digrignare. vi sgobbare. n lavoro arduo m.

grip (grip) vt 1 afferrare. 2 tirare. vi afferrare. n stretta f.

gripe (graip) n colica f.

gristle ('grisəl) n cartilagine f.

grit (grit) n 1 sabbia f. pulviscolo m. 2 inf forza di carattere f. vt digrignare.

groan (groun) n gemito m. vi lamentarsi.

grocer ('grousə) n droghiere m. **grocer's shop** n drogheria f.

groin (grɔin) n inguine m.

groom (gruːm) n 1 palafreniere m. 2 sposo m. vt strigliare, riordinare.

groove (gruːv) n scanalatura f. canale m. vt scanalare.

grope (group) vi brancolare, andare a tastoni.

gross (grous) adj 1 volgare, grossolano. 2 comm lordo. n massa f.

grotesque (grou'tesk) adj grottesco.

grotto ('grɔtou) *n, pl* **-toes** *or* **-tos** grotta *f.*

ground[1] (graund) *n* **1** terra *f.* terreno *m.* **2** motivo *m.* base *f.* **3** campo, fondo. *vt* **1** basare. **2** trattenere a terra. *vi* incagliarsi. **ground floor** *n* pianterreno *m.* **groundsheet** *n* telone impermeabile *m.* **groundsman** *n* addetto in un campo sportivo *m.* **groundwork** *n* base *f.* fondamento *m.*

ground[2] (graund) *v see* **grind**. *adj* macinato, levigato.

group (gruːp) *n* gruppo *m.* *vt* raggruppare.

grouse[1] (graus) *n* gallo cedrone *m.*

grouse[2] (graus) *vi* brontolare.

grove (grouv) *n* boschetto *m.*

grovel ('grɔvəl) *vi* umiliarsi.

grow* (grou) *vi* **1** crescere, aumentare. **2** diventare. *vt* coltivare. **grow up** crescere. **growth** *n* **1** crescita *f.* aumento *m.* **2** *med* escrescenza *f.*

growl (graul) *n* brontolio, ringhio *m.* *vi* borbottare, ringhiare.

grub (grʌb) *n* **1** verme, lombrico *m.* **2** *sl* cibo *m.* **grubby** *adj* sporco.

grudge (grʌdʒ) *n* rancore, risentimento *m.* **bear a grudge** avere del risentimento. ~ *vt* lesinare, concedere a malincuore.

gruelling ('gruːəliŋ) *adj* estenuante.

gruesome ('gruːsəm) *adj* macabro.

gruff (grʌf) *adj* burbero, arcigno.

grumble ('grʌmbəl) *vi* borbottare, lamentarsi. *n* lagnanza *f.*

grumpy ('grʌmpi) *adj* bisbetico, irritabile.

grunt (grʌnt) *vi* grugnire, brontolare. *n* grugnito, borbottio *m.*

guarantee (gærən'tiː) *n* **1** garanzia *f.* **2** garante *m.* *vt* garantire, assicurare, rendersi garante di. **guarantor** *n* garante *m.*

guard (gɑːd) *vt,vi* guardare. *n* **1** guardia *f.* **2** (railway) capotreno *m.* **3** protezione *f.* **guard's van** *n* carro di servizio *m.* **guardian** *n* guardiano *m.* **guardian angel** *n* angelo custode *m.*

guerrilla (gə'rilə) *n* guerrigliero *m.*

guess (ges) *n* congettura, supposizione *f.* *vt,vi* supporre, indovinare. **guesswork** *n* congettura *f.*

guest (gest) *n* ospite *m,f.* invitato *m.* **guesthouse** *n* pensione *f.*

guide (gaid) *n* guida *f.* cicerone *m.* *vt* dirigere, guidare. **guidance** *n* guida, direzione *f.* **guidebook** *n* guida *f.* manuale *m.* **guide-dog** *n* cane guida *m.*

guild (gild) *n* corporazione *f.*

guillotine (gilə'tiːn) *n* ghigliottina *f.* *vt* ghigliottinare.

guilt (gilt) *n* colpa *f.* **guilty** *adj* colpevole.

guinea ('gini) *n* ghinea *f.* **guinea pig** *n* porcellino d'India *m.* cavia *f.*

guitar (gi'tɑː) *n* chitarra *f.*

gulf (gʌlf) *n* **1** *geog* golfo *m.* **2** abisso *m.*

gull (gʌl) *n* gabbiano *m.*

gullet ('gʌlit) *n* gola *f.* esofago *m.*

gulp (gʌlp) *n* boccone, sorso *m.* *vt* inghiottire, trangugiare.

gum[1] (gʌm) *n* gengiva *f.*

gum[2] (gʌm) *n* gomma *f.* *vt* ingommare.

gun (gʌn) *n* **1** cannone *m.* **2** rivoltella *f.* fucile *m.* **gunman** *n* bandito, terrorista *m.* **gunpowder** *n* polvere da sparo *f.* **gunrunning** *n* con-

trabbando d'armi *m.* **gun-
shot** *n* colpo d'arma da fuoco
m.

gurgle ('gəɪɡəl) *n* gorgoglio *m.*
vi gorgogliare, mormorare.

gush (ɡʌʃ) *n* **1** sgorgo, zampillo
m. **2** effusione *f.* *vi* **1** sgorgare. **2** abbandonarsi ad effu-
sioni.

gust (ɡʌst) *n* raffica *f.*

gut (ɡʌt) *n* **1** budello *m,* *pl* budella *f.* **2** *pl sl* coraggio *m.* *vt*
sventrare.

gutter ('ɡʌtə) *n* grondaia *f.* ri-
gagnolo *m.*

guy[1] (ɡai) *n* **1** *inf* individuo, tipo *m.* **2** spauracchio *m.*

guy[2] (ɡai) *n* (rope) tirante di fis-
saggio *m.*

gymnasium (dʒimˈneiziəm) *n*
palestra *f.* **gymnast** *n* ginnasta *m.* **gymnastic** *adj* ginnastico. **gymnastics** *n pl* ginnastica *f.*

gynaecology (gaini'kɔlədʒi) *n*
ginecologia *f.* **gynaecologist** *n* ginecologo *m.*

gypsum ('dʒipsəm) *n* pietra da
gesso *f.*

H

haberdasher ('hæbədæʃə) *n*
merciaio *m.* **haberdashery**
n merceria *f.*

habit ('hæbit) *n* abitudine
f. **habitable** *adj* abitabile.
habitual *adj* abituale.

hack[1] (hæk) *vt* tagliare, troncare. *n* tacca *f.* taglio *m.* **hack-
saw** *n* seghetto *m.*

hack[2] (hæk) *n* **1** (horse) ronzino
m. **2** scribacchino *m.*

hackneyed ('hæknid) *adj* trito,
banale.

had (hæd) *v* see **have**.

haddock ('hædək) *n* merluzzo
m.

haemorrhage ('heməridʒ) *n*
emorragia *f.*

hag (hæg) *n* strega, vecchiaccia
f.

haggard ('hægəd) *adj* smunto,
sparuto.

haggle ('hægl) *vi* mercanteg-
giare.

Hague, The (heig) *n* L'Aia *f.*

hail[1] (heil) *n* grandine *f.* *vi* grandinare. **hailstone** *n* chicco di
grandine *m.* **hailstorm** *n*
grandinata *f.*

hail[2] (heil) *vt* salutare, chiamare. *n* saluto *m.*

hair (heə) *n* **1** capelli *m pl.* **2**
pelo *m.* **3** pelame *m.* **split
hairs** cercare il pelo nell'uovo.

hairbrush ('heəbrʌʃ) *n* spazzola
per capelli *f.*

haircut ('heəkʌt) *n* taglio dei capelli *m.*

hairdo ('heəduɪ) *n* acconciatura
f.

hairdresser ('heədresə) *n* parrucchiere *m.* parrucchiera *f.*
hairdressing *n* mestiere del
parrucchiere *m.*

hairdryer ('heədraiə) *n* asciugacapelli *m invar.*

hairgrip ('heəgrip) *n* forcina per
capelli *f.*

hairnet ('heənet) *n* retina per
capelli *f.*

hairpiece ('heəpiɪs) *n* toupet *m.*

hair-raising *adj* raccapricciante, che fa rizzare i capelli.

hairstyle ('heəstail) *n* pettinatura *f.*

hairy ('heəri) *adj* peloso.

half (hɑɪf) *n,* *pl* **halves** metà *f.*
mezzo *m.* **go halves** fare a
metà. ~ *adj* mezzo. *adv* a
mezzo.

half-a-dozen *adj,n* mezza dozzina *f.*

half-and-half *adj,adv* mezzo e
mezzo.

half-back *n* mediano *m.*

half-baked *adj* **1** non completamente cotto. **2** incompleto.

half-breed *n* meticcio *m.*

half-brother *n* fratellastro *m.*

half-caste *n* mulatto *m.*

half-hearted *adj* esitante, abu-
lico.

half-hour n mezz'ora f.

half-mast adv **at half-mast** a mezz'asta.

halfpenny ('heipni) n moneta da mezzo penny f.

half-pint n mezza pinta f.

half-sister n sorellastra f.

half-term n vacanza di metà trimestre f.

half-time n intervallo m.

halftone ('hɑːftoun) n mezzatinta f.

halfway (hɑːf'wei) adj,adv a mezza strada.

halfwit ('hɑːfwit) n tonto, stupido m.

halibut ('hælibət) n, pl **-buts** or **-but** sogliola atlantica f. halibut m invar.

hall (hɔːl) n sala f. salone m.

hallelujah (hæli'luːjə) interj alleluia m.

hallmark ('hɔːlmɑːk) n marchio m.

hallo (hə'lou) interj see **hello.**

hallowed ('hæloud) adj benedetto, santo.

Hallowe'en (hælou'iːn) n vigilia dell'Ognissanti f.

hallucination (həluːsi'neifən) n allucinazione f.

halo ('heilou) n, pl **-loes** or **-los** aureola f. alone m.

halt (hɔːlt) n fermata, sosta f. vt fermare. vi trattenersi.

halter ('hɔːltə) n cavezza f. capestro m.

halve (hɑːv) vt dimezzare.

ham (hæm) n prosciutto m.

hamburger ('hæmbəːgə) n 1 polpetta di carne f. 2 panino con polpetta m.

hammer ('hæmə) n martello m. vt martellare.

hammock ('hæmək) n amaca f.

hamper[1] ('hæmpə) vt ostacolare, impedire.

hamper[2] ('hæmpə) n paniere m.

hamster ('hæmstə) n criceto m.

hand (hænd) n **1** mano f, pl

mani. **2** operaio m. **3** lato m. **4** calligrafia f. **5** (of a clock) lancetta f. **at hand** a portata di mano. **on the other hand** d'altra parte. ~ vt porgere, consegnare, dare.

handbag ('hændbæg) n borsa, borsetta f.

handbook ('hændbuk) n manuale m.

handbrake ('hændbreik) n freno a mano m.

handcart ('hændkɑːt) n carretto a mano m.

handcuff ('hændkʌf) n manetta f. vt mettere le manette a.

handful ('hændful) n 1 manata, manciata f. 2 piccolo numero m.

hand grenade n granata or bomba a mano f.

handicap ('hændikæp) n 1 svantaggio, ostacolo m. 2 sport handicap m. vt 1 impedire, intralciare. 2 regolare un handicap. **handicapped** adj mutilato, menomato.

handicraft ('hændikrɑːft) n 1 artigianato m. 2 arte f.

handiwork ('hændiwəːk) n lavoro a mano m.

handkerchief ('hæŋkətfif) n fazzoletto m.

handle ('hændl) n 1 manico m. 2 maniglia f. 3 manubrio m. vt maneggiare, trattare. **handlebar** n manubrio m.

handmade (hænd'meid) adj fatto a mano.

hand-pick vt scegliere singolarmente, cogliere a mano.

handrail ('hændreil) n corrimano m ringhiera f.

handshake ('hændfeik) n stretta di mano f.

handsome ('hænsəm) adj 1 bello, ben fatto. 2 considerevole, generoso.

handstand ('hændstænd) n (in ginnastica) verticale sulle mani f.

handwriting ('hændraitiŋ) *n* calligrafia *f*.

handy ('hændi) *adj* **1** abile. **2** utile, a portata di mano.

hang* (hæŋ) *vt* **1** appendere. **2** impiccare. **3** attaccare. *vi* pendere. **hang back** esitare. **hang on 1** persistere. **2** rimanere attaccato. **hang out** stendere. **hang up 1** appendere. **2** riattaccare.

hanger *n* gancio *m*. stampella *f*. **hangman** *n* boia *invar*. **hangover** *n* malessere *m*. postumi di sbornia *m pl*.

hanker ('hæŋkə) *vi* agognare, bramare.

haphazard (hæp'hæzəd) *adj* casuale.

happen ('hæpən) *vi* avvenire, accadere. **happening** *n* avvenimento *m*.

happy ('hæpi) *adj* felice, contento. **happy-go-lucky** *adj* spensierato.

harass ('hærəs) *vt* molestare, tormentare. **harassment** *n* molestia *f*. tormento *m*.

harbour ('hɑːbə) *n* **1** porto *m*. **2** rifugio *m*. *vt* **1** dar rifugio a. **2** albergare.

hard (hɑːd) *adj* **1** duro. **2** difficile, faticoso. *adv* **1** energicamente. **2** molto. **hardback** *n* libro con la copertina dura *m*. **hardboard** *n* pannello di fibra di legno *m*. **hard-boiled** *adj* sodo. **hard-headed** *adj* ostinato. **hard-hearted** *adj* insensibile, senza cuore. **hardship** *n* disagio, stento *m*. privazione *f*. **hardware** *n* ferramenta *f pl*. **harden** *vt* indurire. *vi* indurirsi.

hardly ('hɑːdli) *adv* **1** appena, a stento. **2** quasi.

hardy ('hɑːdi) *adj* coraggioso, resistente.

hare (hɛə) *n* lepre *f*.

haricot ('hærikou) *n* fagiolino *m*.

hark (hɑːk) *vi* ascoltare.

harm (hɑːm) *n* torto, danno *m*. *vt* nuocere a, danneggiare.

harmonic (hɑː'mɔnik) *adj* armonioso, armonico. **harmonica** *n* armonica *f*. **harmonize** *vt* armonizzare. *vi* andare d'accordo. **harmony** *n* armonia *f*.

harness ('hɑːnis) *n* finimenti *m pl*. *vt* bardare, imbrigliare.

harp (hɑːp) *n* arpa *f*.

harpoon (hɑː'puːn) *n* fiocina *f*. *vt* fiocinare.

harpsichord ('hɑːpsikɔːd) *n* clavicembalo *m*.

harrow ('hærou) *n* erpice *m*. *vt* **1** erpicare. **2** straziare.

harsh (hɑːʃ) *adj* ruvido, aspro, severo. **harshness** *n* durezza, severità *f*.

harvest ('hɑːvist) *n* raccolto *m*. *vt* mietere, raccogliere.

has (hæz) *v* see **have**.

hashish ('hæʃiʃ) *n* hascisc *m*.

haste (heist) *n* fretta *f*. **hasten** *vt* affrettare. *vi* affrettarsi.

hat (hæt) *n* cappello *m*. **bowler hat** bombetta *f*.

hatch¹ (hætʃ) *vt* covare. *vi* nascere. *n* covata *f*.

hatch² (hætʃ) *naut* portello, boccaporto *m*.

hatchback ('hætʃbæk) *n* auto a portellone posteriore *f*.

hatchet ('hætʃit) *n* scure, accetta *f*.

hate (heit) *vt* odiare, detestare. *n* odio *m*. **hateful** *adj* odioso.

haughty ('hɔːti) *adj* superbo, altezzoso.

haul (hɔːl) *vt* tirare, trainare. *n* bottino *m*. retata *f*.

haunch (hɔːntʃ) *n* anca *f*. fianco *m*.

haunt (hɔːnt) *vt* **1** frequentare. **2** perseguitare. *n* ritrovo *m*. tana *f*. **haunted** *adj* **1** perseguitato. **2** infestato da apparizioni.

have* (hæv) *vt* **1** avere. **2**
possedere. **3** dovere. *v aux*
avere. **have done** *or* **made**
far fare.

haven ('heivən) *n* **1** porto
m. **2** rifugio *m.*

haversack ('hævəsæk) *n* zaino
m.

havoc ('hævək) *n* rovina, devastazione *f.*

hawk (hɔːk) *n* falco, sparviero
m.

hawthorn ('hɔːθɔːn) *n* biancospino *m.*

hay (hei) *n* fieno *m.* **hayfever**
n febbre da fieno *f.* **hay-
stack** *n* mucchio di fieno
m. **haywire** *adj* pazzo. **go
haywire** eccitarsi.

hazard ('hæzəd) *n* rischio, azzardo *m.* *vt* arrischiare.
hazardous *adj* rischioso.

haze (heiz) *n* **1** nebbia *f.* **2**
confusione *f.*

hazel ('heizəl) *n* nocciuolo
m. **hazelnut** *n* nocciuola *f.*

he (hiː) *pron 3rd pers s* **1** egli *m.*
2 lui *m.* **3** colui *m.*

head (hed) *n* **1** *anat* testa *f.* **2**
dirigente *m,f.* **3** capezzale
m. **4** schiuma *f.* *vt* **1** colpire
con la testa. **2** intestare. **3** dirigere. **head for** dirigersi
verso.

headache ('hedeik) *n* mal di testa *m.*

heading ('hediŋ) *n* intestazione
f.

headlight ('hedlait) *n* faro *m.*

headline ('hedlain) *n* titolo di
prima pagina *m.*

headlong ('hedlɔŋ) *adv* a capofitto.

headmaster (hed'mɑːstə) *n* direttore, preside *m.*

headphone ('hedfoun) *n* cuffia
f.

headquarters ('hedkwɔːtəz) *n
pl* **1** *mil* quartiere generale
m. **2** centro *m.*

headscarf ('hedskɑːf) *n* fazzoletto da testa *m.*

headstrong ('hedstrɔŋ) *adj* testardo.

headway ('hedwei) *n* progresso
m.

heal (hiːl) *vt,vi* guarire.

health (helθ) *n* salute *f.* **health
food** cibo macrobiotico *m.*
healthy *adj* sano, salubre.

heap (hiːp) *n* mucchio, cumulo
m. *vt* ammucchiare, accumulare.

hear* (hiə) *vt* **1** udire, ascoltare. **2** apprendere. *vi* udire,
sentire. **hear about** avere
notizie di. **hearing** *n* **1** udito
m. **2** udienza *f.* **hearing
aid** *n* apparecchio acustico *m.*

hearse (hɔːs) *n* carro funebre
m.

heart (hɑːt) *n* **1** cuore *m.* **2**
coraggio *m.* **3** centro *m.* **by
heart** a memoria. **heart attack** *n* attacco cardiaco
m. **heartbeat** *n* pulsazione
f. **heartbroken** *adj* affranto,
angosciato. **heartless** *adj*
spietato, senza cuore. **hearty**
adj cordiale, vigoroso.

hearth (hɑːθ) *n* focolare *m.*

heat (hiːt) *n* **1** caldo *m.* **2** ardore *m.* **3** *sport* prova singo-
la *f.* **heater** *n* radiatore *m.*
stufetta *f.* **heatwave** *n* onda-
ta di caldo *f.*

heath (hiːθ) *n* brughiera *f.*

heathen ('hiːðən) *adj,n* pagano.

heather ('heðə) *n* erica *f.*

heave (hiːv) *n* sollevamento *m.*
vt sollevare, issare. *vi* gonfiarsi.

heaven ('hevən) *n* cielo, paradiso *m.*

heavy ('hevi) *adj* pesante.
heavyweight *n sport* peso
massimo *m.*

Hebrew ('hiːbruː) *adj* ebreo,
ebraico. *n* ebreo *m.* **Hebrew**
(language) *n* ebraico *m.*

heckle ('hekəl) *vt* tempestare di
domande.

hectare ('hɛktɛə) n ettaro m.

hectic ('hɛktik) adj movimentato.

hedge (hɛdʒ) n siepe f. vt circondare con siepe. vi evitare di dare una risposta diretta. **hedgehog** n porcospino m.

heed (hiːd) n attenzione f. vt fare attenzione a, badare a.

heel (hiːl) n 1 calcagno m, pl calcagna f or calcagni m. 2 tacco m.

hefty ('hɛfti) adj 1 forte. 2 vigoroso.

height (hait) n 1 altezza f. 2 colmo m. 3 altura f. **heighten** vt 1 intensificare. 2 innalzare. vi accentuarsi.

heir (ɛə) n erede m,f. **heirloom** n cimelio di famiglia m.

held (hɛld) v see **hold.**

helicopter ('hɛlikɔptə) n elicottero m.

helium ('hiːliəm) n elio m.

hell (hɛl) n inferno m. **hellish** adj infernale.

hello (həˈlou) interj 1 salve! ciao! 2 (on the telephone) pronto!

helm (hɛlm) n timone m.

helmet ('hɛlmit) n casco, elmetto m.

help (hɛlp) n 1 aiuto m. assistenza f. 2 rimedio m. vt aiutare, assistere. **helpful** adj utile, vantaggioso. **helpless** adj indifeso, debole.

hem (hɛm) n orlo m. vt orlare.

hemisphere ('hɛmisfiə) n emisfero m.

hemp (hɛmp) n canapa f.

hen (hɛn) n 1 gallina f. 2 femmina f.

hence (hɛns) adv 1 di qui. 2 perciò. **henceforth** adv d'ora in avanti.

henna ('hɛnə) n alcanna f.

her (hɜː) pron 3rd pers s la, lei, le f. poss adj 3rd pers s (il) suo, (la) sua, (i) suoi, (le) sue.

herald ('hɛrəld) n araldo, messaggero m. vt annunziare.

herb (hɜːb) n erba aromatica f.

herd (hɜːd) n gregge m. mandria f.

here (hiə) adv qui, qua. **hereafter** adv in futuro.

hereditary (hiˈrɛditri) adj ereditario.

heredity (hiˈrɛditi) n ereditarietà f.

heresy ('hɛrəsi) n eresia f.

heritage ('hɛritidʒ) n eredità f.

hermit ('hɜːmit) n eremita m.

hero ('hiərou) n, pl **-oes** n 1 eroe m. 2 protagonista m.

heroin ('hɛrouin) n eroina f.

heroine ('hɛrouin) n 1 eroina f. 2 protagonista f.

heron ('hɛrən) n airone m.

herring ('hɛriŋ) n, pl **herrings** or **herring** aringa f.

hers (hɜːz) pron 3rd pers s il suo, la sua, i suoi, le sue, di lei. **herself** pron 3rd pers s ella or lei stessa. 2 si, sé.

hesitate ('hɛziteit) vi esitare. **hesitation** n esitazione f.

heterosexual (hɛtərəˈsɛkʃuəl) adj eterosessuale.

hexagon ('hɛksəgən) n esagono m. **hexagonal** adj esagonale.

hibernate ('haibəneit) vi svernare, essere in letargo. **hibernation** n ibernazione f.

hiccup ('hikʌp) n singhiozzo m. vi avere il singhiozzo.

hide*[1] (haid) vt nascondere. vi celarsi. **hide-and-seek** n nascondino m.

hide[2] (haid) n cuoio m. pelle f.

hideous ('hidiəs) adj orrendo, mostruoso.

hiding[1] ('haidiŋ) n nascondiglio m.

hiding[2] ('haidiŋ) n inf bastonatura, sculacciata f.

hierarchy ('haiərɑːki) n gerarchia f.

high (hai) adj 1 alto, elevato. 2 importante. 3 cul alterato. adv 1 in alto. 2 for-

temente. **highbrow** *adj* intellettuale. **high-fidelity** *n* alta fedeltà *f*. **high-frequency** *adj* ad alta frequenza *f*. **highland** *n* altopiano *m*. regione montuosa *f*. **highlight** *n* momento culminante *m*. *vt* 1 mettere in risalto. 2 proiettare un fascio di luce su. **high-pitched** *adj* stridulo, acuto. **high tide** *n* alta marea *f*. **highway** *n* strada maestra *f*. **Highness** ('hainis) *n* Altezza *f*.
hijack ('haidʒæk) *vt* 1 sequestrare. 2 costringere a cambiar rotta. **hijacker** *n* pirata *m*.
hike (haik) *n* escursione a piedi *f*.
hilarious (hi'leəriəs) *adj* allegro, esilarante.
hill (hil) *n* colle *m*. collina *f*. **hillside** *n* pendio *m*. **hilltop** *n* sommità della collina *f*.
him (him) *pers pron 3rd pers s* lo, lui, gli *m*. **himself** *pron 3rd pers s* 1 egli *or* lui stesso. 2 si, sé.
hind (haind) *adj* posteriore. **hindleg** *n* gamba posteriore *f*. **hindsight** *n* senno di poi *m*.
hinder ('hində) *vt* impedire, ostacolare. **hindrance** *n* impedimento, ostacolo *m*.
Hindu ('hinduː) *adj,n* indù.
hinge (hindʒ) *n* perno, cardine *m*. cerniera *f*.
hint (hint) *n* 1 accenno *m*. allusione *f*. 2 consiglio *m*. *vi* accennare, insinuare, alludere. **take the hint** capire al volo.
hip (hip) *n anat* anca *f*. fianco *m*.
hippopotamus (hipə'pɔtəməs) *n, pl* **-muses** *or* **-mi** ippopotamo *m*.
hire (haiə) *vt* affittare, noleggiare. *n* affitto *m*. **for hire** to noleggio.
his (hiz) *pron 3rd pers s* il suo,

la sua, i suoi, le sue, di lui. *poss adj 3rd pers s* (il) suo, (la) sua, (i) suoi, (le) sue.
hiss (his) *vi* sibilare, fischiare. *n* sibilo, fischio *m*.
history ('histri) *n* storia *f*. **historian** *n* storico *m*. **historic** *adj* storico.
hit* (hit) *vt* 1 colpire. 2 urtare. 3 toccare. *n* 1 colpo *m*. 2 successo *m*.
hitch (hitʃ) *vt* agganciare. *vi* fare l'autostop. *n* difficoltà *f*. **hitch-hike** *vi* fare l'autostop.
hive (haiv) *n* alveare *m*.
hoard (hɔːd) *n* cumulo, tesoro *m*. *vt* ammassare.
hoarding ('hɔːdiŋ) *n* 1 recinto provvisorio *m*. 2 tabellone *m*.
hoarse (hɔːs) *adj* rauco. **hoarseness** *n* raucedine *f*.
hoax (houks) *n* inganno, scherzo *m*.
hobble ('hɔbəl) *vi* zoppicare.
hobby ('hɔbi) *n* passatempo svago *m*.
hock¹ (hɔk) *n* (of a horse) garretto *m*.
hock² (hɔk) *n* vino bianco del Reno *m*.
hockey ('hɔki) *n* hockey *m*.
hoe (hou) *n* zappa *f*. *vt* zappare.
hoist (hɔist) *n* montacarichi *m*. *vt* alzare, sollevare.
hold*¹ (hould) *vt* 1 tenere. 2 contenere. 3 trattenere. *vi* tenere. **hold back** trattenersi, esitare. **hold up** 1 (traffic, etc.) fermare. 2 rapinare. ~ *n* 1 presa *f*. 2 sostegno *m*. **holdall** *n* borsa da viaggio *f*. **holder** *n* 1 possessore *m*. 2 astuccio *m*.
hold² (hould) *n naut* stiva *f*.
hole (houl) *n* 1 buco *m*. buca *f*. 2 tana *f*.
holiday ('hɔlidi) *n* vacanza, festa *f*. **holiday-maker** *n* villeggiante *m,f*.

Holland ('hɔlənd) n Olanda f.
hollow ('hɔlou) n cavità f. fosso
m. adj **1** cavo, vuoto. **2** falso.
vt scavare.
holly ('hɔli) n agrifoglio m.
hollyhock n altea rosata f.
holster ('houlstə) n fondina f.
holy ('houli) adj santo, sacro.
homage ('hɔmidʒ) n omaggio
m.
home (houm) n **1** casa f. focolare domestico m. **2** patria f.
3 rifugio m. adj **1** familiare,
domestico. **2** nazionale. adv **1**
a casa, di ritorno. **2** a segno. **homecoming** n ritorno
alla propria casa m. **homeland** n patria f. **homesick**
adj nostalgico. **homesick-
ness** n nostalgia f. **homework** n compiti m pl.
homosexual (houmə'sekʃuəl)
adj,n omosessuale m.
honest ('ɔnist) adj onesto, leale, genuino. **honestly** adv
veramente. **honesty** n onestà f.
honey ('hʌni) n miele m.
honeycomb n favo m.
honeymoon n luna di miele
f. **honeysuckle** n caprifoglio m.
honour ('ɔnə) n **1** onore m. **2**
reputazione f. **His/Your Honour** Sua/Vostra Eccellenza.
~ vt onorare, rispettare. **honorary** adj onorario, onorifi-
co. **honourable** adj stimato,
onorevole.
hood (hud) n **1** cappuccio
m. **2** mot mantice m. vt in-
cappucciare. **hoodwink** vt
ingannare.
hoof (huːf) n, pl **hoofs** or
hooves zoccolo m.
hook (huk) n **1** gancio, uncino
m. **2** amo m. **by hook or
by crook** a qualunque costo.
~ vt agganciare.
hooligan ('huːligən) n teppista
m. **hooliganism** n teppismo
m.

hoop (huːp) n cerchio m. vt cer-
chiare.
hoot (huːt) n grido m. vi **1** urlare. **2** mot suonare.
Hoover ('huːvə) n Tdmk aspirapolvere m.
hop¹ (hɔp) n balzo, salto m. vi
saltellare.
hop² (hɔp) n bot luppolo m.
hope (houp) n speranza f. vt,vi
sperare. **hopeful** adj fiducio-
so, promettente. **hopeless**
adj disperato, irrimediabile.
horde (hɔːd) n orda f.
horizon (hə'raizən) n orizzonte
m. **horizontal** adj orizzontale.
hormone ('hɔːmoun) n ormone
m.
horn (hɔːn) n **1** corno m, pl corna f. or corni m. **2** mot clacson m.
hornet ('hɔːnit) n calabrone m.
horoscope ('hɔrəskoup) n oroscopo m.
horrible ('hɔrəbl̩) adj orrendo,
orribile.
horrid ('hɔrid) adj **1** spaventoso. **2** inf spiacevole.
horrify ('hɔrifai) vt atterrire, far
inorridire.
horror ('hɔrə) n orrore m.
hors d'oeuvres (ɔː 'dəːvs) n pl
antipasto m.
horse (hɔːs) n cavallo m. **on
horseback** adv a cavallo.
horse chestnut n ippocastano m. **horsefly** n mosca ca-
vallina f. **horsehair** n crine
di cavallo m. **horseman** n
cavaliere m. **horsepower**
n cavallo vapore m. **horse-
radish** n rafano m. **horse-
shoe** n ferro di cavallo m.
horticulture ('hɔːtikʌltʃə) n or-
ticoltura f.
hose (houz) n tubo flessibile m.
hosiery ('houziəri) n maglieria
f.
hospitable ('hɔspitəbəl) adj
ospitale.

hospital (`hɔspitl) n ospedale m.

hospitality (hɔspi'tæliti) n ospitalità f.

host[1] (houst) n ospite m.

host[2] (houst) n (crowd) moltitudine, schiera f.

hostage (`hɔstidʒ) n ostaggio m.

hostel (`hɔstl) n locanda f. ostello m.

hostess (`houstis) n ospite f.

hostile (`hɔstail) adj nemico, ostile.

hot (hɔt) adj 1 caldo, bollente, ardente. 2 piccante. 3 pericoloso. **hot-blooded** adj ardente, dal sangue caldo. **hot dog** n panino imbottito con salsiccia m. **hothouse** n serra f. **hotplate** n fornello m. piastra riscaldante f. **hot-tempered** adj dal temperamento focoso. **hot-water bottle** n borsa dell'acqua calda f.

hotel (hou'tel) n albergo m.

hound (haund) n cane da caccia m. vt inseguire.

hour (auə) n ora f.

house (n haus; v hauz) 1 casa f. 2 dinastia f. 3 ditta f. 4 Th sala f. vt alloggiare.

houseboat (`hausbout) n casa galleggiante f.

housebound (`hausbaund) adj costretto a casa.

household (`haushould) n famiglia f.

housekeeper (`hauskiːpə) n governante, massaia f.

housemaid (`hausmeid) n cameriera f.

House of Commons n Camera dei Comuni f.

House of Lords n Camera dei Pari f.

houseproud (`hauspraud) adj orgoglioso della propria casa.

housewife (`hauswaif) n casalinga, donna di casa f.

housework (`hauswəːk) n faccende domestiche f pl.

housing (`hauziŋ) n alloggio m. **housing estate** n zona residenziale f.

hover (`hɔvə) vi librarsi sulle ali, ondeggiare, sorvolare.

hovercraft n veicolo a cuscino pneumatico m. hovercraft m invar.

how (hau) adv 1 come, in che modo. 2 quanto. **how are you?** come stai? **how long** quanto tempo. **however** conj tuttavia. adv 1 comunque. 2 per quanto.

howl (haul) n ululato m. vi lamentarsi, ululare.

hub (hʌb) n 1 mot mozzo m. 2 centro m.

huddle (`hʌdl) n calca, folla f. vt metter insieme alla rinfusa. vi affollarsi.

huff (hʌf) n collera f.

hug (hʌg) n abbraccio m. vt abbracciare. vi abbracciarsi.

huge (hjuːdʒ) adj enorme, vasto.

hulk (hʌlk) n carcassa f.

hull[1] (hʌl) n bot baccello, guscio m. vt sgusciare.

hull[2] (hʌl) n naut scafo m.

hullo (hə'lou) interj see **hello**.

hum (hʌm) vi ronzare, mormorare. vt cantare a bocca chiusa. n ronzio m.

human (`hjuːmən) adj umano. n essere umano m. **human nature** n natura umana f. **humane** adj umano, compassionevole. **humanism** n umanesimo m. **humanitarian** adj filantropico. n filantropo m. **humanity** n umanità, benevolenza f.

humble (`hʌmbəl) adj umile, modesto. vt umiliare.

humdrum (`hʌmdrʌm) adj monotono.

humid (`hjuːmid) adj umido.

humiliate (hjuː'milieit) vt umiliare. **humiliation** n umiliazione f.

humility (hju:'militi) n umiltà f.

humour ('hju:mə) n 1 umore m. 2 capriccio m. vt assecondare, compiacere. **humorist** n umorista m. **humorous** adj umoristico, comico.

hump (hʌmp) n gobba f.

hunch (hʌntʃ) n 1 gobba f. 2 inf sospetto, presentimento m. vt curvare. **hunchback** n gobbo m.

hundred ('hʌndrəd) adj,n cento m. n centinaio m, pl centinaia f. **hundredth** adj centesimo. **hundredweight** n misura di peso di 112 libbre pl.

hung (hʌŋ) v see hang.

Hungary ('hʌŋgəri) n Ungheria f. **Hungarian** adj,n ungherese. **Hungarian** (language) n ungherese m.

hunger ('hʌŋgə) n fame f. vi bramare. **hunger-strike** n sciopero della fame m. **hungry** adj affamato. **be hungry** avere fame.

hunt (hʌnt) n 1 caccia f. 2 inseguimento m. vt 1 cacciare. 2 inseguire. **hunting** n caccia f. **huntsman** n cacciatore m.

hurdle ('hə:dl) n 1 ostacolo m. 2 barriera f.

hurl (hə:l) vt scagliare.

hurrah (hu'rɑ:) interj urrà! evviva!

hurricane ('hʌrikein) n uragano, ciclone m.

hurry ('hʌri) n fretta, urgenza f. vt affrettare. vi precipitarsi.

hurt* (hə:t) vt 1 far male a. 2 offendere. 3 danneggiare. vi dolere.

husband ('hʌzbənd) n marito m.

hush (hʌʃ) n silenzio m. interj zitto! vi tacere. vt far tacere.

husk (hʌsk) n guscio, baccello m.

husky ('hʌski) adj rugoso, rauco.

hustle ('hʌsəl) vt spingere. vi affrettarsi. n spinta, fretta f.

hut (hʌt) n capanna, baracca f.

hutch (hʌtʃ) n cingliera f.

hyacinth ('haiəsinθ) n giacinto m.

hybrid ('haibrid) adj,n ibrido m.

hydraulic (hai'drɔ:lik) adj idraulico.

hydro-electric (haidroui'lektrik) adj idroelettrico.

hydrofoil ('haidroufɔil) n aliscafo m.

hydrogen ('haidrədʒən) n idrogeno m. **hydrogen bomb** n bomba all'idrogeno f.

hyena (hai'i:nə) n iena f.

hygiene ('haidʒi:n) n igiene f. **hygienic** adj igienico.

hymn (him) n inno m. **hymnbook** n libro di inni m.

hypermarket ('haipəma:kit) n ipermercato m.

hyphen ('haifən) n trattino m. lineetta di congiunzione f. **hyphenate** vt mettere un trattino a.

hypnosis (hip'nousis) n, pl -ses ipnosi f. **hypnotism** n ipnotismo m.

hypochondria (haipə'kɔndriə) n ipocondria f. **hypochondriac** n ipocondriaco.

hypocrisy (hi'pɔkrəsi) n ipocrisia f. **hypocrite** n ipocrita m. **hypocritical** adj ipocrita.

hypodermic (haipə'də:mik) adj ipodermico.

hypothesis (hai'pɔθəsis) n, pl -ses ipotesi f invar. **hypothetical** adj ipotetico.

hysterectomy (histə'rektəmi) n isterectomia f.

hysteria (his'tiəriə) n isterismo m. **hysterical** adj isterico. **hysterics** n pl attacco d'isteria m.

I

I (ai) *pron 1st pers s* io *m,f*.
ice (ais) *n* ghiaccio *m*. *vt*
1 ghiacciare. **2** *cul* glassare.
iceberg *n* massa di ghiaccio
galleggiante *f*. **ice-cream** *n*
gelato *m*. **ice-cube** *n* cubetto
di ghiaccio *m*. **ice hockey** *n*
hockey su ghiaccio *m*. **ice
rink** *n* pista di pattinaggio
f. **icicle** *n* ghiacciolo *m*.
icing *n* glassa *f*. **icy** *adj* gelido, ghiacciato.
Iceland ('aisland) *n* Islanda
f. **Icelandic** *adj* islandese. **Icelandic** (language) *n*
islandese *m*. **Icelander** *n*
islandese *m,f*.
icon ('aikɔn) *n* icona *f*.
idea (ai'diǝ) *n* idea *f*. concetto
m.
ideal (ai'diǝl) *adj,n* ideale
m. **idealistic** *adj* idealisti-
co. **idealize** *vt* idealizzare.
identify (ai'dentifai) *vt* identificare. **identification** *n* identificazione *f*.
identity (ai'dentiti) *n* identità
f. **identity card** *n* carta d'i-
dentità *f*. **identical** *adj* identico. **identical twins** *n pl* gemelli monozigotici *m pl*.
ideology (aidi'ɔlǝdʒi) *n* ideologia *f*.
idiom ('idiǝm) *n* idioma, dialetto *m*. **idiomatic** *adj* idiomatico.
idiosyncrasy (idiǝ'siŋkrǝsi) *n*
idiosincrasia *f*.
idiot ('idiǝt) *n* idiota *m*. **idiotic** *adj* idiota, ebete.
idle ('aidl) *adj* pigro, inutile, vano. *vi* oziare. **idleness** *n* pigrizia, indolenza *f*.
idol ('aidl) *n* idolo *m*. **idolatry**
n idolatria *f*. **idolize** *vt* idola-
trare.
idyllic (i'dilik) *adj* idillico.
if (if) *conj* se. **if anything** se
mai.
igloo ('igluː) *n* igloo *m*.

ignite (ig'nait) *vt* accendere. *vi*
accendersi. **ignition** *n* igni-
zione, accensione *f*.
ignorant ('ignǝrǝnt) *adj* ignorante.
ignore (ig'nɔː) *vt* ignorare, far
finta di non vedere *or* sentire.
ill (il) *adj* **1** ammalato. **2** cattivo. *n* male, danno *m*. *adv* ma-
le. **ill-bred** *adj* maleducato. **illness** *n* malattia *f*. **ill-
treat** *vt* maltrattare. **ill will** *n*
cattiva volontà *f*.
illegal (i'liːgǝl) *adj* illegale.
illegible (i'ledʒǝbǝl) *adj* illeggibile.
illegitimate (ili'dʒitimǝt) *adj* illegittimo.
illicit (i'lisit) *adj* illecito.
illiterate (i'litǝrǝt) *adj* analfabeta.
illogical (i'lɔdʒikǝl) *adj* illogico.
illuminate (i'luːmineit) *vt* rischiarare, illuminare. **illumi-
nation** *n* illuminazione *f*.
illusion (i'luːʒǝn) *n* illusione *f*.
illustrate ('ilǝstreit) *vt* spiegare,
illustrare. **illustration** *n* illustrazione *f*.
illustrious (i'lʌstriǝs) *adj* illustre, celebre.
image ('imidʒ) *n* immagine
f. **imagery** *n* linguaggio fi-
gurato *m*.
imagine (i'mædʒin) *vt* immaginare, farsi un' idea di. **im-
aginary** *adj* immaginario.
imagination *n* fantasia, immaginazione *f*. **imaginative**
adj fantasioso.
imbecile ('imbisiːl) *adj,n* imbecille.
imitate ('imiteit) *vt* imitare.
imitation *n* imitazione *f*. *adj*
contraffatto, artificiale.
immaculate (i'mækjulǝt) *adj*
immacolato.
immature (imǝ'tjuǝ) *adj* immaturo.
immediate (i'miːdiǝt) *adj* immediato, istantaneo. **imme-**

diately *adv* subito, d'un tratto.

immense (i'mens) *adj* immenso. **immensely** *adv* moltissimo.

immerse (i'məɪs) *vt* immergere, tuffare.

immigrate ('imigreit) *vi* immigrare. **immigrant** *n* immigrante *m,f*. **immigration** *n* immigrazione *f*.

imminent ('iminənt) *adj* imminente.

immobile (i'moubail) *adj* immobile. **immobilize** *vt* immobilizzare.

immoral (i'mɔrəl) *adj* immorale.

immortal (i'mɔɪtl) *adj* immortale. **immortality** *n* immortalità *f*.

immovable (i'muɪvəbəl) *adj* inamovibile.

immune (i'mjuɪn) *adj* immune, esente. **immunize** *vt* immunizzare.

imp (imp) *n* diavoletto *m*.

impact ('impækt) *n* 1 urto *m*. 2 impressione *f*.

impair (im'peə) *vt* indebolire, menomare.

impart (im'paɪt) *vt* impartire, dare.

impartial (im'paɪʃəl) *adj* imparziale, giusto. **impartiality** *n* imparzialità *f*.

impatient (im'peiʃənt) *adj* impaziente. **impatience** *n* impazienza *f*.

impeach (im'piɪtʃ) *vt* imputare, incriminare. **impeachment** *n* accusa, incriminazione *f*.

impeccable (im'pekəbəl) *adj* impeccabile.

impediment (im'pedimənt) *n* ostacolo, impedimento *m*.

impel (im'pel) *vt* incitare, stimolare.

imperative (im'perativ) *adj* imperativo, urgente. *n* imperativo *m*.

imperfect (im'pəɪfikt) *adj* imperfetto.

imperial (im'piəriəl) *adj* imperiale.

impersonal (im'pəɪsənl) *adj* impersonale.

impersonate (im'pəɪsəneit) *vt* impersonare, imitare.

impertinent (im'pəɪtinənt) *adj* impertinente.

impetuous (im'petʃuəs) *adj* impetuoso.

impetus ('impitəs) *n* impeto, slancio *m*.

impinge (im'pindʒ) *vi* **impinge on** 1 urtare contro. 2 violare.

implement (*n* 'impləmənt; *v* 'impləmənt) *n* 1 utensile *m*. 2 *pl* attrezzi *m pl*. *vt* compiere, attuare.

implicit (im'plisit) *adj* implicito.

implore (im'plɔɪ) *vt* implorare.

imply (im'plai) *vt* implicare, insinuare, significare.

import (*v* im'pɔɪt; *n* 'impɔɪt) *vt* 1 *comm* importare. 2 significare. *n* 1 *comm* importazione *f*. 2 portata *f*. significato *m*.

importance (im'pɔɪtɲs) *n* importanza *f*. **important** *adj* importante.

impose (im'pouz) *vt* imporre. *vi* imporsi. **impose on** abusare di. **imposing** *adj* imponente, grandioso.

impossible (im'posəbəl) *adj* impossibile.

impostor (im'pɒstə) *n* impostore, imbroglione *m*.

impotent ('impətənt) *adj* impotente, debole.

impound (im'paund) *vt* sequestrare, confiscare.

impoverish (im'pɒvəriʃ) *vt* impoverire.

impress (im'pres) *vt* 1 fare buona impressione su. 2 inculcare. 3 stampare. **impression** *n* 1 impressione *f*. 2 ristampa *f*. **impressive** *adj* impressionante.

imprint (*n* 'imprint; *v* im'print)
n impronta *f*. *vt* stampare.
improbable (im'prɔbəbəl) *adj*
improbabile.
impromptu (im'prɔmptjuː) *adj*
improvvisato. *adv* all'improvviso, a prima vista.
improper (im'prɔpə) *adj* erroneo, sconveniente.
improve (im'pruːv) *vt, vi* migliorare. **improvement** *n*
miglioramento, progresso *m*.
improvise ('imprəvaiz) *vt* improvvisare. **improvisation** *n*
improvvisazione *f*.
impudent ('impjudənt) *adj*
sfrontato. **impudence** *n* impudenza *f*.
impulse ('impʌls) *n* impeto, stimolo *m*. **impulsive** *adj* impulsivo.
impure (im'pjuə) *adj* impuro,
contaminato. **impurity** *n* impurità *f*.
in (in) *prep* **1** a, in. **2** entro,
tra. **3** durante. **4** di. *adv*
dentro, a casa.
inability (inə'biliti) *n* incapacità
f.
inaccurate (in'ækjurət) *adj* impreciso, sbagliato. **inaccuracy** *n* inesattezza *f*.
inadequate (in'ædikwit) *adj*
insufficiente.
inadvertent (inəd'vəːtnt) *adj*
sbadato, involontario.
inane (i'nein) *adj* vuoto, insensato.
inarticulate (inɑː'tikjulət) *adj*
inarticolato, indistinto.
inasmuch (inəz'mʌtʃ) *conj*
inasmuch as in quanto che.
inaugurate (i'nɔːgjureit) *vt*
inaugurare.
incapable (in'keipəbəl) *adj* incapace, inetto.
incendiary (in'sendiəri) *adj, n*
incendiario *m*.
incense[1] ('insens) *n* incenso *m*.
incense[2] (in'sens) *vt* provocare,
irritare.

incessant (in'sesənt) *adj* continuo.
incest ('insest) *n* incesto *m*.
incestuous *adj* incestuoso.
inch (intʃ) *n* pollice *m*. **inch
by inch** gradatamente.
incident ('insidənt) *n* **1** caso
m. **2** episodio *m*. **incidental** *adj* fortuito, accidentale.
incite (in'sait) *vt* spronare, incitare.
incline (in'klain) *vt* inclinare. *vi*
propendere. *n* pendio *m*. **inclined** *adj* propenso.
include (in'kluːd) *vt* includere,
comprendere. **inclusion** *n*
inclusione *f*. **inclusive** *adj*
compreso.
incognito (inkɔg'niːtou) *adj* incognito. *adv* in incognito.
incoherent (inkou'hiərənt) *adj*
incoerente.
income ('inkʌm) *n* reddito *m*.
entrata *f*. **income tax** *n* tassa
sul reddito *f*.
incompatible (inkəm'pætibəl)
adj incompatibile.
incompetent (in'kɔmpətənt)
adj incompetente, incapace.
incongruous (in'kɔŋgruəs) *adj*
incongruo, assurdo.
inconsiderate (inkən'sidərit)
adj sconsiderato, senza riguardi.
inconsistent (inkən'sistənt) *adj*
inconsistente, incompatibile.
inconvenient (inkən'viːniənt)
adj scomodo, inopportuno.
inconvenience *n* inconveniente, incomodo *m*. *vt* incomodare, disturbare.
incorporate (in'kɔːpəreit) *vt* incorporare. *vi* unirsi.
incorrect (inkə'rekt) *adj* inesatto, scorretto.
increase (*v* in'kriːs; *n* 'inkriːs)
n aumento *m*. aggiunta *f*. *vt*
accrescere. *vi* ingrandirsi.
incredible (in'kredəbəl) *adj* incredibile.
incubate ('inkjubeit) *vt, vi* co-

vare. **incubator** *n* incubatrice *f*.

incur (in'kəɪ) *vt* incorrere in, esporsi a.

incurable (in'kjuərəbəl) *adj* incurabile.

indecent (in'diːsənt) *adj* indecente.

indeed (in'diːd) *adv* veramente, infatti, proprio, anzi.

indefinite (in'defənit) *adj* indefinito.

indent (in'dent) *vt* 1 dentellare. 2 iniziare a distanza dal margine.

independent (indi'pendənt) *adj* indipendente. **independence** *n* indipendenza *f*.

index ('indeks) *n*, *pl* **-exes** *or* **-ices** indice *m*. rubrica *f*. *vt* 1 corredare d'indice. 2 mettere in ordine alfabetico. **index finger** *n* dito indice *m*.

India ('indiə) *n* India *f*. **Indian** *adj,n* indiano.

indicate ('indikeit) *vt* indicare. **indicator** *n* indicatore *m*.

indifferent (in'difrənt) *adj* indifferente, mediocre.

indigestion (indi'dʒestʃən) *n* indigestione *f*.

indignant (in'dignənt) *adj* indignato.

indirect (indi'rekt) *adj* indiretto, secondario.

indispensable (indi'spensəbəl) *adj* indispensabile.

individual (indi'vidʒuəl) *adj* singolo, particolare. *n* individuo *m*.

indoctrinate (in'dɔktrineit) *vt* addottrinare.

indolent ('indələnt) *adj* indolente.

Indonesia (ində'niːziə) *n* Indonesia *f*. **Indonesian** *adj,n* indonesiano.

indoor ('indɔɪ) *adj* interno, da casa. **indoors** *adv* al coperto, all'interno.

induce (in'djuːs) *vt* indurre, produrre.

indulge (in'dʌldʒ) *vt* essere indulgente con. **indulge in** permettersi di. **indulgent** *adj* indulgente, condiscendente, benevolo.

industry ('indəstri) *n* 1 industria *f*. 2 diligenza *f*. **industrial** *adj* industriale. **industrious** *adj* operoso, attivo.

inefficient (ini'fiʃənt) *adj* inefficiente.

inept (i'nept) *adj* incapace, sciocco.

inequality (ini'kwɔliti) *n* ineguaglianza *f*.

inert (i'nəɪt) *adj* inerte, apatico. **inertia** *n* inerzia, apatia *f*.

inevitable (in'evitəbəl) *adj* inevitabile.

infallible (in'fæləbəl) *adj* infallibile.

infamous ('infəməs) *adj* infame.

infant ('infənt) *n* neonato, bambino *m*. **infancy** *n* infanzia *f*. **infantile** *adj* infantile, puerile.

infantry ('infəntri) *n* fanteria *f*.

infatuate (in'fætʃueit) *vt* infatuare. **infatuation** *n* infatuazione *f*.

infect (in'fekt) *vt* infettare. **infection** *n* infezione *f*. contagio *m*.

infer (in'fəɪ) *vt* dedurre, arguire.

inferior (in'fiəriə) *adj,n* inferiore. **inferiority** *n* inferiorità *f*.

infernal (in'fəɪnl) *adj* infernale.

infest (in'fest) *vt* infestare.

infidelity (infi'deliti) *n* infedeltà *f*.

infiltrate ('infiltreit) *vt* infiltrare. *vi* infiltrarsi.

infinite ('infinit) *adj* infinito, immenso. *n* infinito *m*. **infinity** *n* infinità *f*.

infinitive (in'finitiv) *adj,n* infinito *m*.

infirm (in'fəɪm) *adj* infermo, malaticcio.

inflame (in'fleim) vt infiammare. vi ardere, infiammarsi.
inflammable adj infiammabile.
inflate (in'fleit) vt gonfiare. vi gonfiarsi. **inflation** n 1 gonfiatura f. 2 comm inflazione f.
inflection (in'flekʃən) n inflessione f.
inflict (in'flikt) vt infliggere.
influence ('influəns) n ascendenza, influenza f. vt influenzare.
influenza (influ'enzə) n influenza f.
influx ('inflʌks) n affluenza f.
inform (in'fɔːm) vt informare. **informant** n informatore m. **information** n 1 informazioni f pl. 2 law accusa f.
informal (in'fɔːməl) adj non ufficiale, semplice.
infrastructure ('infrəstrʌktʃə) n infrastruttura f.
infringe (in'frindʒ) vt violare. **infringe upon** trasgredire. **infringement** n violazione, infrazione f.
infuriate (in'fjuərieit) vt far infuriare.
ingenious (in'dʒiːniəs) adj ingegnoso.
ingredient (in'griːdiənt) n ingrediente m.
inhabit (in'hæbit) vt abitare. **inhabitant** n abitante m,f.
inhale (in'heil) vt inalare, aspirare.
inherent (in'hiərənt) adj inerente, intrinseco.
inherit (in'herit) vt,vi ereditare. **inheritance** n eredità f.
inhibit (in'hibit) vt inibire, reprimere. **inhibition** n inibizione f.
inhuman (in'hjuːmən) adj inumano, brutale.
initial (i'niʃəl) adj,n iniziale f. vt siglare.
initiate (i'niʃieit) vt 1 comincia-

re. 2 iniziare a. **initiative** n iniziativa f.
inject (in'dʒekt) vt iniettare. **injection** n iniezione f.
injure ('indʒə) vt 1 danneggiare, ferire. 2 offendere. **injury** n 1 male m. ferita f. 2 offesa f.
injustice (in'dʒʌstis) n ingiustizia f.
ink (iŋk) n inchiostro m. vt imbrattare d'inchiostro.
inkling ('iŋkliŋ) n indizio, sentore m.
inland ('inlənd) adv interno. n retroterra m.
Inland Revenue n fisco m.
inmate ('inmeit) n 1 inquilino m. 2 ricoverato m.
inn (in) n osteria, locanda f.
innate (i'neit) adj istintivo, innato.
inner ('inə) adj interiore, intimo. **innermost** adj il più profondo.
innocent ('inəsənt) adj innocente, innocuo.
innocuous (i'nɔkjuəs) adj innocuo.
innovation (inə'veiʃən) n innovazione f.
innuendo (inju'endou) n insinuazione, allusione f.
innumerable (i'njuːmərəbəl) adj innumerevole.
inoculate (i'nɔkjuleit) vt inoculare.
input ('input) n tech potenza, entrata f. input m invar.
inquest ('inkwest) n inchiesta, indagine f.
inquire (in'kwaiə) vt domandare. vi 1 informarsi. 2 indagare. **inquiry** n 1 domanda f. 2 indagine f. 3 law inchiesta f.
inquisition (inkwi'ziʃən) n 1 inchiesta f. 2 cap Inquisizione f.
inquisitive (in'kwizitiv) adj curioso, indagatore.

insane (in'sein) *adj* pazzo, insensato.

insatiable (in'seiʃəbəl) *adj* insaziabile.

inscribe (in'skraib) *vt* incidere, iscrivere. **inscription** *n* iscrizione *f*.

insect ('insekt) *n* insetto *m*. **insecticide** *n* insetticida *m*.

insecure (insi'kjuə) *adj* malsicuro, instabile.

inseminate (in'semineit) *vt* fecondare.

insert (in'səɪt) *vt* inserire, introdurre. *n* inserzione *f*. allegato *m*. **insertion** *n* inserzione, aggiunta *f*.

inside (in'said) *prep* entro. *adv* **1** internamente. **2** dentro. *adj,n* interno *m*.

insidious (in'sidiəs) *adj* insidioso.

insight ('insait) *n* perspicacia *f*. intuito *m*.

insinuate (in'sinjueit) *vt* **1** insinuare. **2** introdurre.

insist (in'sist) *vi* insistere. **insistence** *n* insistenza *f*. **insistent** *adj* insistente.

insolent ('insələnt) *adj* insolente.

insomnia (in'sɔmniə) *n* insonnia *f*.

inspect (in'spekt) *vt* ispezionare, sorvegliare. **inspection** *n* ispezione *f*. **inspector** *n* ispettore *m*.

inspire (in'spaiə) *vt* ispirare, infondere. **inspiration** *n* ispirazione *f*.

instability (instə'biliti) *n* instabilità *f*.

install (in'stɔɪl) *vt* installare. **installation** *n* impianto *m*. installazione *f*.

instalment (in'stɔɪlmənt) *n* **1** *comm* rata *f*. **2** puntata *f*.

instance ('instəns) *n* esempio, caso *m*. **instant** *adj* istantaneo. *n* istante, momento

m. **instantaneous** *adj* istantaneo.

instead (in'sted) *adv* invece.

instep ('instep) *n* collo del piede *m*.

instigate ('instigeit) *vt* istigare, incitare.

instil (in'stil) *vt* infondere, instillare.

instinct ('instiŋkt) *n* istinto *m*. **instinctive** *adj* istintivo, impulsivo.

institute ('institjuɪt) *n* istituto *m*. istituzione *f*. *vt* istituire, fondare. **institution** *n* istituzione *f*. ente *m*.

instruct (in'strʌkt) *vt* istruire, dare istruzioni a. **instruction** *n* **1** istruzione *f*. **2** *pl* disposizioni *f pl*.

instrument ('instrumənt) *n* strumento *m*. **instrumental** *adj* strumentale.

insubordinate (insə'bɔɪdinət) *adj* insubordinato.

insufferable (in'sʌfərəbəl) *adj* insopportabile.

insular ('insjulə) *adj* insulare.

insulate ('insjuleit) *vt* isolare. **insulation** *n* isolamento *m*.

insulin ('insjulin) *n* insulina *f*.

insult (*v* in'sʌlt; *n* 'insʌlt) *vt* insultare. *n* insulto *m*.

insure (in'ʃuə) *vt* assicurare, garantire. **insurance** *n* assicurazione *f*. **insurance company** *n* compagnia d'assicurazione *f*.

intact (in'tækt) *adj* intatto, integro.

intake ('inteik) *n* **1** *tech* presa *f*. **2** entrata *f*.

integral ('intigrəl) *adj* integrale, completo.

integrate ('intigreit) *vt* integrare, completare.

integrity (in'tegriti) *n* integrità *f*.

intellect ('intəlekt) *n* intelletto *m*. **intellectual** *adj,n* intellettuale.

intelligent (in'telidʒənt) *adj* intelligente. **intelligence** *n* 1 intelligenza *f*. 2 informazioni *f pl*. **intelligence service** *n* servizio segreto *m*. **intelligible** *adj* intelligibile, chiaro.

intend (in'tend) *vt* 1 intendere, proporsi. 2 destinare.

intense (in'tens) *adj* intenso, profondo. **intensify** *vt* intensificare. *vi* rafforzarsi. **intensity** *n* intensità *f*. vigore *m*. **intensive** *adj* intensivo. **intensive course** *n* corso accelerato *m*.

intent[1] (in'tent) *n* scopo, proposito *m*.

intent[2] (in'tent) *adj* intento, assorto.

intention (in'tenʃən) *n* intenzione *f*. proposito *m*.

inter (in'tɜɪ) *vt* seppellire.

interact (intə'rækt) *vi* esercitare un'azione reciproca.

intercept (intə'sept) *vt* intercettare. **interception** *n* intercettamento *m*.

interchange (*v* intə'tʃeindʒ; *n* 'intətʃeindʒ) *vt* scambiare. *vi* scambiarsi. *n* scambio reciproco *m*.

intercourse ('intəkɔɪs) *n* relazione *f*. rapporto *m*.

interest ('intrəst) *vt* interessare. *n* 1 interesse *m*. 2 interessamento *m*. **interesting** *adj* interessante.

interface ('intəfeis) *n* interfaccia *f*.

interfere (intə'fiə) *vi* interferire, intromettersi. **interfere with** ostacolare. **interference** *n* 1 ingerenza *f*. 2 *tech* interferenza *f*.

interim ('intərim) *adj* 1 provvisorio. 2 *pol* interino. *n* interim, intervallo *m*.

interior (in'tiəriə) *adj,n* interno *m*.

interjection (intə'dʒekʃn) *n* interiezione *f*.

interlude ('intəluːd) *n* 1 intervallo *m*. 2 *mus* intermezzo *m*.

intermediate (intə'miːdiət) *adj* intermedio. **intermediary** *adj,n* intermediario *m*.

interminable (in'tɜɪminəbəl) *adj* interminabile.

intermission (intə'miʃən) *n* pausa *f*. intervallo *m*.

intermittent (intə'mitnt) *adj* intermittente.

intern (in'tɜɪn) *vt* internare. **internee** *n* internato *m*.

internal (in'tɜɪnl) *adj* interno.

international (intə'næʃənl) *adj* internazionale.

interpose (intə'pouz) *vt* interporre. *vi* interferire.

interpret (in'tɜɪprit) *vt* interpretare. *vi* fare l'interprete. **interpretation** *n* interpretazione *f*. **interpreter** *n* interprete *m,f*.

interrogate (in'terəgeit) *vt* interrogare. **interrogation** *n* interrogazione *f*. **interrogative** *adj* interrogativo.

interrupt (intə'rʌpt) *vt* interrompere. **interruption** *n* interruzione *f*.

intersect (intə'sekt) *vt* intersecare. *vi* incrociarsi. **intersection** *n* intersecazione *f*.

interval ('intəvəl) *n* intervallo *m*.

intervene (intə'viːn) *vi* 1 intervenire. 2 accadere.

interview ('intəvjuː) *n* intervista *f*. colloquio *m*. *vt* intervistare.

intestine (in'testin) *n* intestino *m*.

intimate[1] ('intimit) *adj* intimo.

intimate[2] ('intimeit) *vt* intimare, accennare a.

intimidate (in'timideit) *vt* intimidire.

into ('intə; *stressed* 'intuɪ) *prep* in, dentro, entro.

intolerable (in'tɔlərəbəl) *adj*

insopportabile, intollerabile.
intolerance *n* intolleranza
f. **intolerant** *adj* intollerante.
intonation (intə'neiʃən) *n* into-
nazione *f*. accento *m*.
intoxicate (in'tɔksikeit) *vt* u-
briacare, inebriare.
intransitive (in'trænsitiv) *adj*
intransitivo.
intricate ('intrikət) *adj* intricato, complicato.
intrigue (in'triːg) *vt* incuriosire.
vi intrigare. *n* intrigo *m*.
intrinsic (in'trinsik) *adj* intrinseco.
introduce (intrə'djuːs) *vt* **1** introdurre. **2** presentare. **introduction** *n* **1** introduzione *f*.
2 presentazione *f*.
introspective (intrə'spektiv)
adj introspettivo.
introvert ('intrəvəːt) *adj* introverso, introvertito. *n* introvertito *m*.
intrude (in'truːd) *vi* intromettersi. **intrusion** *n* intrusione
f.
intuition (intju'iʃən) *n* intuito
m. intuizione *f*. **intuitive** *adj*
intuitivo.
inundate ('inʌndeit) *vt* inondare.
invade (in'veid) *vt* invadere, assalire. **invasion** *n* invasione
f.
invalid[1] ('invəliːd) *adj,n* invalido.
invalid[2] (in'vælid) *adj* non valevole, nullo.
invaluable (in'væljubəl) *adj*
inestimabile.
invariable (in'veəriəbəl) *adj* invariabile, costante.
invent (in'vent) *vt* inventare. **invention** *n* invenzione
f.
inventory ('invəntəri) *n* inventario *m*.
invert (in'vəːt) *vt* invertire.
inverted *adj* rovesciato, capo-

volto. **inverted commas** *n
pl* virgolette *f pl*.
invertebrate (in'vəːtəbreit)
adj,n invertebrato *m*.
invest (in'vest) *vt* investire. **investment** *n* investimento *m*.
investigate (in'vestigeit) *vt*
investigare, indagare. **investigation** *n* investigazione
f.
invincible (in'vinsəbəl) *adj* in-
vincibile.
invisible (in'vizəbəl) *adj* invisibile.
invite (in'vait) *vt* **1** invitare. **2**
provocare. **invitation** *n* invi-
to *m*.
invoice ('invɔis) *n* fattura *f*. *vt*
fatturare.
invoke (in'vouk) *vt* invocare.
involve (in'vɔlv) *vt* **1** implicare,
avvolgere, coinvolgere. **2** richiedere, comportare. **get involved** impegnarsi. **involve-
ment** *n* implicazione *f*.
inward ('inwəd) *adj* interno, intimo. **inwards** *adv* internamente, verso l'interno.
iodine ('aiədiːn) *n* iodio *m*.
ion ('aiən) *n* ione *m*.
Iran (i'rɑːn) *n* Iran *m*. **Iranian**
adj,n persiano.
Iraq (i'rɑːk) *n* Iraq *m*. **Iraqi**
adj,n iracheno.
Ireland ('aiələnd) *n* Irlanda *f*.
Irish *adj* irlandese. **Irishman**
n irlandese *m*.
iris ('airis) *n* **1** *anat* iride *f*. **2**
bot giaggiolo *m*.
iron ('aiən) *n* **1** ferro *m*. **2**
dom ferro da stiro *m*. *adj*
di ferro. *vt* stirare. **ironing
board** *n* tavola da stiro *f*.
ironmonger *n* negoziante in
ferramenta *m*. **Iron Curtain**
n Cortina di ferro *f*.
irony ('airəni) *n* ironia *f*.
ironic *adj* ironico.
irrational (i'ræʃənl) *adj* irrazionale, assurdo.

irregular (i'regjulə) *adj* irregolare.

irrelevant (i'reləvənt) *adj* non pertinente.

irresistible (iri'zistəbəl) *adj* irresistibile.

irrespective (iri'spektiv) *adj* noncurante.

irresponsible (iri'spɔnsəbəl) *adj* irresponsabile.

irrevocable (i'revəkəbəl) *adj* irrevocabile.

irrigate ('irigeit) *vt* irrigare. **irrigation** *n* irrigazione *f.*

irritate ('iriteit) *vt* irritare.

is (iz) *v* see **be.**

Islam ('izlɑim) *n* islamismo *m.* **Islamic** *adj* islamico, maomettano.

island ('ailənd) *n* isola *f.*

isle (ail) *n* isola *f.*

isolate ('aisəleit) *vt* isolare, separare. **isolation** *n* isolamento *m.*

Israel ('izreiəl) *n* Israele *m.* **Israeli** *adj,n* israeliano.

issue ('iʃuɪ) *n* edizione *f.* numero *m.* 2 risultato *m.* 3 problema *m.* 4 prole *f.* *vt* 1 emettere. 2 pubblicare. 3 rilasciare. *vi* uscire.

it (it) *pron 3rd pers s* 1 esso *m.* essa *f.* 2 lo *m.* la *f.* 3 gli *m.* le *f.* 4 ci *m,f.* **its** *poss adj* (il) suo, (la) sua, (i) suoi, (le) sue. **itself** *pron 3rd pers s* 1 se stesso *or* esso stesso. 2 si, sé. sue.

italic (i'tælik) *adj* italico. **italics** *n pl* corsivi *m.*

Italy ('itəli) *n* Italia *f.* **Italian** *adj,n* italiano. **Italian** (language) *n* italiano *m.*

itch (itʃ) *n* prurito *m.* *vi* prudere.

item ('aitəm) *n* 1 *comm* voce *f.* capo *m.* 2 articolo *m.*

itinerary (ai'tinərəri) *n* itinerario *m.*

ivory ('aivəri) *n* avorio *m.* *adj* d'avorio.

ivy ('aivi) *n* edera *f.*

J

jab (dʒæb) *vt* colpire, dare un colpo secco a. *n* colpo *m.* stoccata *f.*

jack (dʒæk) *n* 1 *mot* cricco *m.* 2 *game* fante *m.* *v* **jack up** levare.

jackal ('dʒækəl) *n* sciacallo *m.*

jackdaw ('dʒækdɔː) *n* cornacchia *f.*

jacket ('dʒækit) *n* 1 giacca, giubba *f.* 2 *cul* buccia *f.* 3 (of a book) copertina *f.*

jackpot ('dʒækpɔt) *n* vincita *f.*

jade (dʒeid) *n* giada *f.*

jaded ('dʒeidid) *adj* stanco, sfinito.

jagged ('dʒægid) *adj* frastagliato, dentellato.

jaguar ('dʒægjuə) *n* giaguaro *m.*

jail (dʒeil) *n* carcere *m.* *vt* incarcerare.

jam[1] (dʒæm) *n* conserva di frutta, marmellata *f.* **jam-jar** *n* barattolo per marmellata *m.*

jam[2] (dʒæm) *vt* 1 pigiare. 2 bloccare. *vi* bloccarsi. *n* ingorgo *m.*

Jamaica (dʒə'meikə) *n* Giamaica *f.* **Jamaican** *adj,n* giamaicano.

jangle ('dʒæŋgəl) *n* suono stonato *m.* *vi* far rumori discordanti.

January ('dʒænjuəri) *n* gennaio *m.*

Japan (dʒə'pæn) *n* Giappone *m.* **Japanese** *adj,n* giapponese. **Japanese** (language) *n* giapponese *m.*

jar[1] (dʒɑɪ) *n* barattolo *m.* brocca *f.*

jar[2] (dʒɑɪ) *vi* discordare, stridere. *n* discordanza *f.* stridio *m.*

jargon ('dʒɑɪgən) *n* gergo *m.*

jasmine ('dʒæzmin) *n* gelsomino *m.*

jaundice ('dʒɔːndis) *n* itterizia *f.*

jaunt (dʒɔːnt) *n* gita *f.*

javelin ('dʒævlin) n giavellotto m.

jaw (dʒɔː) n mascella, mandibola f. **jawbone** n osso mascellare m. mascella f.

jazz (dʒæz) n jazz m.

jealous ('dʒeləs) adj geloso, invidioso. **jealousy** n gelosia f.

jeans (dʒiːnz) n pl blue-jeans, calzoni all'americana m pl.

jeep (dʒiːp) n jeep, camionetta f.

jeer (dʒiə) vi schernire. n scherno m. derisione f.

jelly ('dʒeli) n gelatina f. **jellyfish** n medusa f.

jeopardize ('dʒepədaiz) vt mettere in pericolo.

jerk (dʒɜːk) n 1 strattone m. 2 sussulto m. vt dare uno strattone a. vi sobbalzare.

jersey ('dʒɜːzi) n maglia f.

Jersey ('dʒɜːzi) n Jersey f.

jest (dʒest) n scherzo m. burla f. vi scherzare.

Jesus ('dʒiːzəs) n Gesù m.

jet[1] (dʒet) n 1 spruzzo, zampillo m. 2 aviat aviogetto m.

jet[2] (dʒet) n min giavazzo m. ambra nera f. adj 1 d'ambra nera. 2 nero lucido.

jetty ('dʒeti) n gettata f. molo m.

Jew (dʒuː) n ebreo, giudeo m. **Jewish** adj ebreo, giudeo.

jewel ('dʒuːəl) n gioiello m. **jeweller** n gioielliere, orefice m.

jig[1] (dʒig) n tech maschera di montaggio f.

jig[2] (dʒig) n giga f.

jiggle ('dʒigəl) vi muoversi a scatti.

jigsaw ('dʒigsɔː) n (puzzle) gioco di pazienza m.

jilt (dʒilt) vt piantare in asso.

jingle ('dʒiŋgəl) n tintinnio m. vi tintinnare.

job (dʒɔb) n impiego, lavoro, affare m. impresa f.

jockey ('dʒɔki) n fantino m.

jodhpurs ('dʒɔdpəz) n pl calzoni da cavallerizzo m pl.

jog (dʒɔg) vt spingere, urtare. vi muoversi a rilento. n 1 spinta, gomitata f. 2 andatura lenta f.

join (dʒɔin) vt 1 unire, congiungere. 2 partecipare a. vi unirsi. **join up** arruolarsi. ~n giuntura f. **joiner** n falegname m. **joint** n 1 giuntura f. 2 cul pezzo di carne m. 3 anat articolazione f. adj comune, collettivo.

joist (dʒɔist) n travetto m.

joke (dʒouk) n scherzo m. burla f. **crack a joke** dire una battuta. ~ vi burlare, celiare.

jolly ('dʒɔli) adj gaio, vivace. adv inf molto.

jolt (dʒoult) n scossa f. sobbalzo m. vt spingere, urtare. vi sobbalzare.

Jordan ('dʒɔːdn̩) n Giordania f. **(River) Jordan** n (fiume) Giordano m. **Jordanian** adj, n giordano.

jostle ('dʒɔsəl) n urto m. gomitata f. vt spingere, urtare col gomito. vi urtarsi.

journal ('dʒɜːnl̩) n 1 giornale m. 2 diario m. **journalism** n giornalismo m. **journalist** n giornalista m.

journey ('dʒɜːni) n viaggio m.

jovial ('dʒouviəl) adj allegro, gioviale.

joy (dʒɔi) n gioia, allegria f. **joyful** adj gioioso.

jubilee ('dʒuːbiliː) n giubileo m.

Judaism ('dʒuːdeiizəm) n giudaismo m.

judge (dʒʌdʒ) n giudice m. vt, vi giudicare. **judgment** n 1 giudizio m. 2 sentenza f.

judicial (dʒuːˈdiʃəl) adj giuridico, giudiziario. **judicious** adj giudizioso.

judo ('dʒuːdou) n giudò m.

jug (dʒʌg) n caraffa f. boccale m.

juggernaut ('dʒʌgənɔɪt) n gran camion m.

juggle ('dʒʌgəl) vt 1 giocare. 2 ingannare. vi fare giochi di prestigio. **juggler** n giocoliere m.

juice (dʒuːs) n succo m. **juicy** adj succoso, sostanzioso.

jukebox ('dʒuːkbɔks) n grammofono automatico a gettoni, jukebox m.

July (dʒu'lai) n luglio m.

jumble ('dʒʌmbəl) n miscuglio m. confusione f. vt mescolare, gettare alla rinfusa. **jumble sale** n vendita di merci varie per beneficenza f.

jump (dʒʌmp) n salto, balzo, sussulto m. vi 1 saltare, trasalire. 2 (of prices, etc.) rincarare. vt saltare.

jumper ('dʒʌmpə) n 1 maglione m. 2 casacchina f.

junction ('dʒʌŋkʃən) n 1 congiunzione f. 2 (railway) nodo ferroviario m.

June (dʒuːn) n giugno m.

jungle ('dʒʌŋgəl) n giungla f.

junior ('dʒuːniə) adj minore, cadetto. n minore, cadetto m.

juniper ('dʒuːnipə) n ginepro m.

junk (dʒʌŋk) n cianfrusaglie f pl.

junta ('dʒʌntə) n giunta f.

Jupiter ('dʒuːpitə) n Giove m.

jurisdiction (dʒuəris'dikʃən) n giurisdizione f.

jury ('dʒuəri) n giuria f. **juror** n giurato m.

just (dʒʌst) adj giusto, retto, dovuto. adv 1 proprio, appunto. 2 soltanto. 3 appena.

justice ('dʒʌstis) n giustizia f. **justice of the peace** n giudice conciliatore m.

justify ('dʒʌstifai) vt giustificare, assolvere.

jut (dʒʌt) vi **jut out** sporgersi, protendersi.

jute (dʒuːt) n iuta f.

juvenile ('dʒuːvənail) adj giovane, immaturo. n giovane, ragazzo m. **juvenile delinquency** n delinquenza minorile f.

juxtapose (dʒʌkstə'pouz) vt affiancare.

K

kaftan ('kæftn) n caffettano m.

kaleidoscope (kə'laidəskoup) n caleidoscopio m.

kangaroo (kæŋgə'ruː) n canguro m.

karate (kə'raːti) n karatè m.

kebab (kə'bæb) n carne marinata cotta allo spiedo f.

keel (kiːl) n chiglia f. v **keel over** capovolgere, rovesciarsi.

keen (kiːn) adj 1 aguzzo, acuto, perspicace. 2 appassionato.

keep* (kiːp) vt 1 tenere. 2 mantenere, conservare. 3 trattenere. vi 1 continuare. 2 mantenersi, restare. 3 durare. **keep on** continuare. **keep up** mantenere. **keeper** n guardiano m. custode m,f. **keepsake** n ricordo, pegno f.

keg (keg) n barilotto m.

kennel ('kenl) n canile m.

Kenya ('kenjə) n Kenia m. **Kenyan** adj,n keniano.

kept (kept) v see **keep.**

kerb (kəːb) n bordo del marciapiede m.

kernel ('kəːnl) n 1 mandorla f. 2 seme m. 3 nucleo m.

kettle ('ketl) n bollitore m. **kettledrum** n timpano m.

key (kiː) n 1 chiave f. 2 (of a piano, typewriter, etc.) tasto m. 3 mus tono m. **keyboard** n tastiera f. **keyhole** n buco della serratura m. **keyring** n portachiavi m invar.

khaki ('kaːki) adj,n cachi m.

kibbutz (ki'buts) n kibbutz m. comunità agricola israeliana f.

kick (kik) n calcio m. pedata f. vt dar calci a, tirar pedate a. vi calciare. **kick off** dare il calcio d'inizio. **kick-off** n calcio d'inizio m.

kid[1] (kid) n 1 capretto m. 2 sl bambino m.

kid[2] (kid) vt inf burlare, prendere in giro.

kidnap ('kidnæp) vt rapire. **kidnapper** n rapitore m. rapitrice f.

kidney ('kidni) n 1 anat rene m. 2 cul rognone m. **kidney bean** n fagiolo m.

kill (kil) vt 1 uccidere. 2 distruggere. **killer** n assassino, uccisore m.

kiln (kiln) n fornace f.

kilo ('ki:lou) n chilo m.

kilogram ('kiləgræm) n chilogrammo m.

kilometre (ki'lɔmitə) n chilometro m.

kilowatt ('kiləwɔt) n chilowatt m.

kilt (kilt) n gonnellino scozzese m.

kimono (ki'mounou) n chimono m.

kin (kin) n parenti m pl.

kind[1] (kaind) adj buono, gentile. **kindness** n bontà, gentilezza f.

kind[2] (kaind) n specie, natura f. genere m.

kindergarten ('kindəga:tn̩) n asilo, giardino d'infanzia m.

kindle ('kindl̩) vt 1 accendere. 2 eccitare. vi infiammarsi.

kinetic (ki'netik) adj cinetico. **kinetics** n cinetica f.

king (kiŋ) n re m invar. monarca m. **kingdom** n reame, regno m. **kingfisher** n martin pescatore m.

kink (kiŋk) n 1 nodo m. 2 ghiribizzo m. vt attorcigliare. vi attorcigliarsi.

kiosk ('kiɔsk) n edicola f. chiosco m.

kipper ('kipə) n aringa affumicata f.

kiss (kis) n bacio m. vt baciare.

kit (kit) n equipaggiamento m. attrezzi m pl.

kitchen ('kitʃin) n cucina f.

kite (kait) n 1 aquilone m. 2 zool nibbio m.

kitten ('kitn̩) n gattino m.

kitty ('kiti) n fondi comuni m pl.

kiwi ('ki:wi) n kivi m.

kleptomania (kleptə'meiniə) n cleptomania f. **kleptomaniac** n cleptomane m,f.

knack (næk) n abilità, facoltà f.

knave (neiv) n 1 furfante m. 2 game fante m.

knead (ni:d) vt impastare, massaggiare.

knee (ni:) n ginocchio m, pl ginocchi m. or ginocchia f. **kneecap** n rotula f.

kneel* (ni:l) vi inginocchiarsi.

knew (nu:) v see **know.**

knickers ('nikəz) n pl mutandine f pl.

knife (naif) n, pl **knives** coltello m. vt pugnalare, accoltellare.

knight (nait) n cavaliere m.

knit* (nit) vt 1 lavorare a maglia. 2 (one's brows) aggrottare. vi 1 lavorare a maglia. 2 (one's bones) saldarsi. **knitting** n lavoro a maglia m. **knitting needle** n ferro da calza m. **knitwear** n maglieria f.

knob (nɔb) n 1 pomo m. manopola f. 2 protuberanza f. **knobbly** adj nodoso, bitorzoluto.

knock (nɔk) n colpo m. vt urtare, colpire, battere. vi bussare. **knock down** abbattere. **knock out** mettere fuori combattimento.

knot (nɔt) *n* nodo *m*. *vt* annodare.

know* (nou) *vt* **1** conoscere. **2** sapere. **3** riconoscere.

knowing *adj* intelligente, accorto. **knowledge** *n* conoscenza *f*. sapere *m*. **known** *adj* noto.

knuckle ('nʌkəl) *n* nocca delle dita, giuntura *f*.

Korea (kə'riə) *n* Corea *f*. **Korean** *adj,n* coreano.

kosher ('kouʃə) *adj* puro, lecito. *n* cibo permesso dalla religione ebraica *m*.

Kuwait (ku'weit) *n* Kuwait *m*. **Kuwaiti** *adj,n* kuwaitiano.

L

label ('leibəl) *n* etichetta *f*. cartellino *m*. *vt* **1** mettere le etichette a. **2** classificare.

laboratory (lə'bɔrətri) *n* laboratorio *m*.

labour ('leibə) *n* **1** lavoro *m*. fatica *f*. **2** manodopera *f*. **3** *med* doglie *f pl*. *vi* lavorare, affaticarsi. **labour-saving** *adj* che fa risparmiare lavoro. **laborious** *adj* laborioso. **Labour Party** *n* partito laburista *m*.

laburnum (lə'bənəm) *n* laburno *m*.

labyrinth ('læbərinθ) *n* labirinto *m*.

lace (leis) *n* **1** (of shoes) laccio *m*. **2** merletto *m*. *vt* allacciare.

lack (læk) *n* mancanza *f*. *vt* mancare di. *vi* mancare.

lacquer ('lækə) *n* lacca *f*. *vt* laccare.

lad (læd) *n inf* ragazzo *m*.

ladder ('lædə) *n* **1** scala *f*. **2** (in a stocking) smagliatura *f*. *vi* smagliarsi.

laden ('leidn) *adj* carico.

ladle ('leidl) *n* mestolo *m*. *vt* versare.

lady ('leidi) *n* signora *f*. **ladybird** *n* coccinella *f*.

lag[1] (læg) *vi* ritardare. *n* ritardo *m*.

lag[2] (læg) *vt* rivestire con materiale isolante.

lager ('lɑːɡə) *n* birra chiara *f*.

laid (leid) *v* see **lay.**

lain (lein) *v* see **lie.**

lair (lɛə) *n* tana *f*.

laity ('leiəti) *n* laici *m pl*.

lake (leik) *n* lago *m*.

lamb (læm) *n* agnello *m*.

lame (leim) *adj* zoppo. *vt* storpiare.

lament (lə'ment) *n* lamento *m*. *vi* lamentarsi, dolersi. *vt* lamentare.

laminated ('læmineitid) *adj* laminato. **laminated plastics** *n* laminato plastico *m*. **laminated glass** *n* vetro stratificato *m*.

lamp (læmp) *n* lampada *f*. lume *m*. **lamppost** *n* lampione *m*. **lampshade** *n* paralume *m*.

lance (lɑːns) *n* lancia *f*.

land (lænd) *n* **1** terra *f*. **2** paese *m*. **3** terreno *m*. proprietà *f*. *vi* **1** sbarcare. **2** approdare. **3** *aviat* atterrare. *vt* **1** ottenere. **2** allungare. **land on one's feet** cadere in piedi. **landing** *n* **1** pianerottolo *m*. **2** atterraggio *m*. **3** sbarco *m*. **landlady** *n* padrona di casa, affittacamere *f*. **landlord** *n* padrone di casa, affittacamere, proprietario *m*. **landmark** *n* punto di riferimento *m*. **landscape** *n* paesaggio *m*.

lane (lein) *n* **1** viottolo *m*. **2** *mot* corsia *f*.

language ('læŋgwidʒ) *n* lingua *f*. linguaggio *m*. **language laboratory** *n* laboratorio linguistico *m*.

lanky ('læŋki) *adj* allampanato.

lantern ('læntən) *n* lanterna *f*.

lap[1] (læp) *n* grembo, seno *m*.

lap[2] (læp) *n sport* giro di pista *m*.

lap[3] (læp) *vt* bere avidamente. *vi* lambire.

lapel (lə'pel) *n* risvolto *m*.

Lapland ('læplænd) *n* Lappo-nia *f*. **Lapp** *n* lappone *m,f*.

lapse (læps) *n* **1** errore *m*. **2** intervallo *m*. *vi* **1** sbagliare. **2** trascorrere. **3** scadere.

larceny ('lɑːsəni) *n* furto *m*.

larch (lɑːtʃ) *n* larice *m*.

lard (lɑːd) *n* lardo, strutto *m*. *vt* ungere con lardo.

larder ('lɑːdə) *n* dispensa *f*.

large (lɑːdʒ) *adj* grande, spa-zioso.

lark[1] (lɑːk) *n zool* allodola *f*.

lark[2] (lɑːk) *n* burla *f*.

larva ('lɑːvə) *n*, *pl* **larvae** larva *f*.

larynx ('læriŋks) *n* laringe *f*. **laryngitis** *n* laringite *f*.

laser ('leizə) *n* laser *m*.

lash (læʃ) *n* **1** frustata *f*. **2** (of an eye) ciglio *m*, *pl* cigli *m*. or ciglia *f*. *vt* frustare.

lass (læs) *n* ragazza, fanciulla *f*.

lasso (læ'suː) *n* lasso, laccio *m*.

last[1] (lɑːst) *adj* ultimo, scorso, finale. *n* **1** fine *f*. **2** ultimo *m*. *adv* per ultimo, l'ultima vol-ta. **at last** finalmente. **to the last** fino all'ultimo.

last[2] (lɑːst) *vi* durare, resistere.

latch (lætʃ) *n* chiavistello *m*.

late (leit) *adj* **1** tardi, tardi-vo. **2** recente. **3** defunto. *adv* tardi, in ritardo. **be late** essere in ritardo. **latecomer** *n* ritardatario *m*. **lately** *adj* ultimamente, recentemente.

latent ('leitnt) *adj* latente, na-scosto.

lateral ('lætərəl) *adj* laterale.

latest ('leitist) *adj* ultimo. **at the latest** al più tardi.

lathe (leið) *n* tornio *m*.

lather ('lɑːðə) *n* schiuma *f*. *vt* insaponare. *vi* schiumare.

Latin ('lætin) *adj,n* latino *m*.

latitude ('lætitjuːd) *n* latitudine *f*.

latter ('lætə) *adj* **1** ultimo. **2** posteriore.

lattice ('lætis) *n* grata, inferria-ta *f*.

laugh (lɑːf) *vi* ridere. **laugh at** farsi beffe di. ~ *n* risata *f*.

launch[1] (lɔːntʃ) *n naut* lancia, scialuppa *f*.

launch[2] (lɔːntʃ) *vt* **1** *aviat* lan-ciare. **2** *naut* varare. **launch-ing pad** *n* piattaforma di lan-cio *f*.

launder ('lɔːndə) *vt* lavare e sti-rare. **laundry** *n* **1** (place) la-vanderia *f*. **2** bucato *m*.

laurel ('lɔrəl) *n* lauro, alloro *m*.

lava ('lɑːvə) *n* lava *f*.

lavatory ('lævətri) *n* gabinetto *m*.

lavender ('lævində) *n* lavanda *f*.

lavish ('læviʃ) *adj* prodigo, ge-neroso. *vt* prodigare, elargire.

law (lɔː) *n* legge *f*. diritto *m*. **law-abiding** *adj* osservante della legge. **lawful** *adj* legale, consentito. **lawyer** *n* avvoca-to *m*.

lawn (lɔːn) *n* prato *m*. **lawn-mower** *n* falciatrice per prati *f*.

lax (læks) *adj* **1** trascurato. **2** rilasciato.

laxative ('læksətiv) *adj,n* lassa-tivo *m*.

lay*1 (lei) *vt* posare, collocare, adagiare. *vi* fare le uova. **lay aside** mettere da parte. **lay out** esporre, distendere. **layer** *n* strato *m*.

lay[2] (lei) *v see* **lie**.

lay[3] (lei) *adj* laico. **layman** *n* secolare *m*.

laze (leiz) *vi* oziare, fare il pi-gro. **lazy** *adj* pigro, indolen-te. **laziness** *n* pigrizia *f*.

lead*1 (liːd) *vt* **1** condurre, di-rigere. **2** indurre. *vi* cominciare. **lead astray** traviare, sviare. ~ *n* 1 comando *m*. 2 guida *f*. 3 guinzaglio *m*. **be in the lead** essere in testa. **leader** *n* 1 capo *m*. guida *f*. 2 articolo di fondo *m*. **leadership** *n* comando *m*. direzione *f*.

lead² (led) *n* piombo *m*.

leaf (liːf) *n*, *pl* **leaves** 1 *bot* foglia *f*. 2 pagina *f*. 3 battente *m*. **leaflet** *n* volantino, manifestino *m*.

league (liːg) *n* lega, società *f*.

leak (liːk) *n* 1 *naut* falla *f*. 2 (of gas) fuga *f*. 3 fessura *f*. *vi* perdere, colare. **leak out** trapelare.

lean*¹ (liːn) *vi* 1 pendere, inclinare. 2 appoggiarsi. *vt* appoggiare. **lean out** sporgersi.

lean² (liːn) *adj* magro, esile.

leap* (liːp) *vi* balzare, lanciarsi. *n* salto, balzo *m*. **leapfrog** *n* cavalletta *f*. **leap year** *n* anno bisestile *m*.

learn* (ləːn) *vt,vi* imparare, studiare. **learned** *adj* colto, istruito.

lease (liːs) *n* contratto d'affitto *m*. *vt* affittare. **leasehold** *n* proprietà in affitto *f*.

leash (liːʃ) *n* guinzaglio *m*.

least (liːst) *adj* minimo. *n* meno *m*. **at least** almeno. **not in the least** per niente. ~ *adv* (il) meno, minimamente.

leather ('leðə) *n* pelle *f*. cuoio *m*.

leave*¹ (liːv) *vt* abbandonare, lasciare. *vi* partire. **leave alone** lasciare in pace. **leave off** smettere.

leave² (liːv) *n* 1 permesso *m*. 2 congedo *m*.

Lebanon ('lebənən) *n* Libano *m*. **Lebanese** *adj,n* libanese.

lecherous ('letʃərəs) *adj* lascivo, vizioso.

lectern ('lektən) *n* leggio *m*.

lecture ('lektʃə) *n* 1 conferenza,

lezione *f*. 2 *inf* ramanzina *f*. *vi* tenere delle lezioni. *vt* ammonire. **lecturer** *n* insegnante universitario *m*.

led (led) *v* see **lead¹**.

ledge (ledʒ) *n* sporgenza *f*.

ledger ('ledʒə) *n* libro mastro *m*.

lee (liː) *n* 1 riparo *m*. 2 sottovento *m*. *adj* sottovento. **leeward** *adj,adv* sottovento.

leech (liːtʃ) *n* sanguisuga *f*.

leek (liːk) *n* porro *m*.

leer (liə) *n* occhiata tendenziosa *f*. *vi* guardare di traverso *or* biecamente.

left¹ (left) *adj* sinistro. *n* sinistra *f*. *adv* a sinistra. **left hand** *n* mano sinistra *f*. **left-handed** *adj* mancino. **left-wing** *adj* sinistro. **left-luggage office** *n* deposito bagagli *m*.

left² (left) *v* see **leave**.

leg (leg) *n* 1 *anat* gamba *f*. 2 (of furniture) piede *m*. 3 *zool* zampa *f*. **pull someone's leg** prendere in giro qualcuno.

legacy ('legəsi) *n* lascito *m*. eredità *f*.

legal ('liːgəl) *adj* legale. **legalize** *vt* legalizzare.

legend ('ledʒənd) *n* leggenda *f*.

legible ('ledʒibl) *adj* leggibile.

legion ('liːdʒən) *n* legione *f*.

legislate ('ledʒisleit) *vi* promulgare leggi. **legislation** *n* legislazione *f*.

legitimate (li'dʒitimət) *adj* legittimo.

leisure ('leʒə) *n* 1 agio *m*. 2 tempo a disposizione *m*.

lemon ('lemən) *n* limone *m*. **lemon tree** *n* limone *m*. **lemonade** *n* limonata *f*.

lend* (lend) *vt* prestare, imprestare.

length (leŋθ) *n* 1 lunghezza *f*. 2 durata *f*. 3 (of material, etc.) taglio *m*.

lenient ('liːniənt) *adj* indulgente, benevolo.

lens (lenz) *n* lente *f*.
lent (lent) *v* see **lend**.
Lent (lent) *n* Quaresima *f*.
lentil ('lentl) *n* lenticchia *f*.
Leo ('li:ou) *n* Leone *m*.
leopard ('lepəd) *n* leopardo, gattopardo *m*.
leper ('lepə) *n* lebbroso *m*. **leprosy** *n* lebbra *f*.
lesbian ('lezbiən) *adj* lesbico. *n* lesbica *f*.
less (les) *adj* minore, meno. *n* meno *m*. *adv,prep* meno.
lessen *vt,vi* diminuire.
lesson ('lesən) *n* lezione *f*.
lest (lest) *conj* per paura che.
let* (let) *vt* 1 permettere, lasciare. 2 affittare. **let down** 1 piantare in asso. 2 allungare. **let know** far sapere. **let loose** sciogliere, scatenare.
lethal ('li:θəl) *adj* letale.
lethargy ('leθədʒi) *n* letargo *m*. **lethargic** *adj* letargico.
letter ('letə) *n* lettera *f*. **letter-box** *n* buca delle lettere *f*. **lettering** *n* iscrizione *f*.
lettuce ('letis) *n* lattuga *f*.
leukaemia (luː'kiːmiə) *n* leucemia *f*.
level ('levəl) *adj* 1 uniforme. 2 a livello. n livello m. **on the level** onesto. ~ *vt* 1 livellare, spianare. 2 (a gun) puntare. **level crossing** *n* passaggio a livello *m*. **level-headed** *adj* equilibrato.
lever ('liːvə) *n* leva *f*. manubrio *m*.
levy ('levi) *n* 1 imposta *f*. 2 *mil* leva *f*. *vt* 1 imporre. 2 *mil* arruolare.
lewd (luːd) *adj* lascivo, osceno.
liable ('laiəbəl) *adj* 1 soggetto. 2 responsabile. **liability** *n* 1 obbligo *m*. 2 responsabilità *f*. 3 tendenza *f*. 4 *pl comm* passività *f*. debiti *m pl*.
liaison (li'eizn) *n* 1 legame *m*. 2 *mil* collegamento *m*.
liar ('laiə) *n* bugiardo *m*.

libel ('laibəl) *n* calunnia *f*.
liberal ('libərəl) *adj* liberale, generoso. *n* liberale *m,f*.
liberate ('libəreit) *vt* liberare.
liberty ('libəti) *n* libertà *f*.
Libra ('li:brə) *n* Bilancia *f*.
library ('laibrəri) *n* biblioteca *f*. **librarian** *n* bibliotecario *m*.
libretto (li'bretou) *n* libretto d'opera *m*.
Libya ('libiə) *n* Libia *f*. **Libyan** *adj,n* libico.
licence ('laisəns) *n* 1 *mot* patente *f*. 2 licenza *f*. **license** *vt* permettere, autorizzare. **licensee** *n* colui che possiede un'autorizzazione *m*.
lichen ('laikən) *n* lichene *m*.
lick (lik) *vt* leccare. *n* leccata *f*.
lid (lid) *n* coperchio *m*.
lie*¹ (lai) *n* bugia, menzogna *f*. *vi* mentire.
lie*² (lai) *vi* 1 giacere. 2 trovarsi. 3 consistere. **lie down** coricarsi.
lieutenant (lef'tenənt) *n* tenente *m*. **lieutenant colonel** *n* tenente colonnello *m*.
life (laif) *n, pl* **lives** vita *f*. **life-belt** *n* cintura di salvataggio *f*. **lifeboat** *n* scialuppa di salvataggio *f*. **lifebuoy** *n* salvagente *m*. **lifeguard** *n* bagnino *m*. **lifeline** *n* sagola di salvataggio *f*. **lifetime** *n* durata della vita *f*.
lift (lift) *vt* alzare, sollevare. *vi* 1 levarsi. 2 dissiparsi. *n* 1 ascensore *m*. 2 passaggio *m*.
light*¹ (lait) *adj* chiaro, luminoso. *n* 1 luce *f*. lume *m*. 2 fuoco, fiammifero *m*. *vt* 1 accendere. 2 illuminare. **light up** illuminarsi. **lighter** *n* accendisigari *m invar*. **lighthouse** *n* faro *m*. **lighting** *n* illuminazione *f*.
light*² (lait) *adj* 1 leggero. 2 semplice, frivolo. **light-headed** *adj* scervellato, frivo-

lo. **light-hearted** *adj* allegro, gaio. **lightweight** *n* peso leggero *m*.

light³ (lait) *vi* scendere, smontare.

lighten¹ ('laitṇ) *vt* illuminare. *vi* **1** illuminarsi. **2** rischiararsi.

lighten² ('laitṇ) *vt* alleggerire. *vi* alleggerirsi.

lightning ('laitniṇ) *n* fulmine, lampo *m*.

like¹ (laik) *prep* come, alla maniera di. *adj* **1** simile, uguale. **2** tipico di. *n* simile, uguale *m*. **feel like** aver voglia di. **likelihood** *n* probabilità *f*. **likely** *adj* verosimile. *adv* probabilmente. **like-minded** *adj* dello stesso parere. **likeness** *n* **1** somiglianza *f*. **2** ritratto *m*. **likewise** *adv* similmente, lo stesso. **liking** *n* simpatia *f*.

like² (laik) *vt* **1** gradire, piacere a. **2** amare, preferire. *vi* desiderare, volere, piacere.

lilac ('lailək) *n bot* lilla *f*.

lily ('lili) *n* giglio *m*. **lily-of-the-valley** *n* mughetto *m*.

limb (lim) *n* **1** arto *m*. membro *m*, *pl* membra *f*. **2** *bot* ramo *m*.

limbo ('limbou) *n* limbo *m*.

lime¹ (laim) *n* calce, calcina *f*. **limelight** *n* luci della ribalta *f pl*. **limestone** *n* calcare *m*.

lime² (laim) *n bot* cedro *m*. **limejuice** *n* succo di cedro *m*. **lime tree** *n* tiglio *m*.

limerick ('limərik) *n* piccola poesia umoristica *f*.

limit ('limit) *n* **1** limite *m*. **2** *inf* colmo *m*. *vt* limitare. **limitation** *n* limitazione *f*.

limp¹ (limp) *vi* zoppicare. *n* andatura zoppicante *f*.

limp² (limp) *adj* molle, debole, floscio.

limpet ('limpit) *n* patella *f*.

linden ('lindən) *n* tiglio *m*.

line¹ (lain) *n* **1** linea, riga *f*. **2**

corda *f*. **3** limite *m*. **4** campo d'attività *m*. **5** tipo *m*. *vt* rigare, segnare. **lineage** *n* lignaggio *m*. stirpe *f*. **linear** *adj* lineare.

line² (lain) *vt* (clothes, etc.) foderare. **lining** *n* fodera *f*.

linen ('linin) *n* **1** tela di lino *f*. **2** biancheria *f invar. adj* di lino. **linen basket** *n* cesto dei panni *m*.

liner ('lainə) *n* transatlantico *m*.

linger ('liṇgə) *vi* indugiare, soffermarsi.

lingerie ('lɔnʒəriː) *n* biancheria per signora *f*.

linguist ('liṇgwist) *n* linguista *m*. **linguistic** *adj* linguistico. **linguistics** *n* linguistica *f*.

link (liṇk) *n* **1** anello *m*. **2** legame *m*. **3** collegamento *m*. *vt* collegare. *vi* congiungersi.

linoleum (li'nouliəm) *n* linoleum *m*. **lino** *n* linoleum *m*.

linseed ('linsiːd) *n* semi di lino *m pl*.

lion ('laiən) *n* leone *m*. **lioness** *n* leonessa *f*.

lip (lip) *n* **1** labbro *m*, *pl* labbra *f*. **2** orlo *m*. **lip-read** *vt* capire dal movimento delle labbra. **lipstick** *n* rossetto *m*.

liqueur (li'kjuə) *n* liquore *m*.

liquid ('likwid) *adj,n* liquido *m*. **liquidate** *vt* liquidare. **liquidation** *n* liquidazione *f*. **liquidize** *vt* rendere liquido.

liquor ('likə) *n* bevanda alcoolica *f*.

liquorice ('likəris) *n* liquirizia *f*.

lira ('liərə) *n* lira *f*.

lisp (lisp) *n* blesità *f*. *vi* parlare bleso.

list¹ (list) *n* lista *f*. elenco, listino *m*. *vt* elencare.

listen ('lisən) *vi* ascoltare. **listener** *n* ascoltatore *m*.

listless ('listləs) *adj* svogliato, apatico, languido.

lit (lit) *v* see **light**.
litany ('litəni) *n* litania *f*.
literal ('litərəl) *adj* letterale, alla lettera.
literary ('litərəri) *adj* letterario.
literate ('litərət) *adj* che sa leggere e scrivere.
literature ('litərətʃə) *n* letteratura *f*.
litre ('liːtə) *n* litro *m*.
litter ('litə) *n* **1** rifiuti *m pl*. cartacce *f pl*. **2** (of animals) figliata *f*. *vt* mettere in disordine. **litter-bin** *n* cestino dei rifiuti *m*.
little ('litl) *adj* **1** piccolo. **2** poco. **3** breve. *adv* poco, un po'. **little by little** a poco a poco. ~ *n* poco, po' *m*. **little finger** *n* (dito) mignolo *m*. **little toe** *n* mignolo (del piede) *m*.
liturgy ('litədʒi) *n* liturgia *f*.
live[1] (liv) *vt, vi* vivere, abitare. **live on** nutrirsi di. **live up to** mettere in pratica, non venir meno a.
live[2] (laiv) *adj* **1** vivo, vivente. **2** ardente. **3** (of electricity) sottotensione. **livestock** *n* bestiame *m*.
livelihood ('laivlihud) *n* vita *f*.
lively ('laivli) *adj* vivace. **liveliness** *n* vivacità *f*.
liver ('livə) *n* fegato *m*.
livery ('livəri) *n* livrea *f*.
livid ('livid) *adj* **1** livido, cereo. **2** furioso.
living ('liviŋ) *adj* vivo, in esistenza. *n* **1** vita, sussistenza *f*. **2** *rel* benefizio *m*. **living room** *n* stanza di soggiorno *f*.
lizard ('lizəd) *n* lucertola *f*.
llama ('lɑːmə) *n* lama *m invar*.
load (loud) *n* carico, fardello *m*. *vt* caricare.
loaf[1] (louf) *n, pl* **loaves** pagnotta *f*. pane carré *m*.
loaf[2] (louf) *vi* oziare, vagabondare, bighellonare.
loan (loun) *n* prestito *m*. *vt* prestare.

loathe (louð) *vt* detestare, provare ripugnanza per. **loathing** *n* ripugnanza *f*. **loathsome** *adj* ripugnante.
lob (lɔb) *vt* tirare alto. *n* pallonetto *m*.
lobby ('lɔbi) *n* **1** atrio *m*. **2** *pol* corridoio *m*. *vi* sollecitar voti.
lobe (loub) *n* lobo *m*.
lobster ('lɔbstə) *n* aragosta *f*.
local ('loukəl) *adj* locale. *n* **1** *inf* pub *m invar*. **2** *pl* gente del luogo *f*. **locality** *n* località *f*. **localize** *vt* circoscrivere.
locate *vt* **1** individuare, localizzare. **2** situare. **location** *n* luogo, sito *m*.
loch (lɔx) *n* lago *m*.
lock[1] (lɔk) *n* **1** (of a door, etc.) serratura *f*. **2** *naut* chiusa *f*. *vt* chiudere a chiave, sprangare. **lock in** chiudere dentro a chiave. **lock up** mettere sotto chiave, chiudere.
lock[2] (lɔk) *n* (of hair) riccio *m*. ciocca *f*.
locker ('lɔkə) *n* armadietto *m*.
locket ('lɔkit) *n* medaglione *m*.
locomotive (loukə'moutiv) *n* locomotiva *f*. *adj* locomotivo. **locomotion** *n* locomozione *f*.
locust ('loukəst) *n* locusta *f*.
lodge (lɔdʒ) *n* **1** villetta, dipendenza *f*. **2** portineria *f*. *vt* **1** alloggiare. **2** piazzare. **3** presentare. *vi* alloggiare. **lodger** *n* pensionante *m,f*. **lodgings** *n pl* camera d'affitto *f*.
loft (lɔft) *n* soffitta *f*. solaio *m*.
log (lɔg) *n* **1** tronco, ciocco *m*. **2** *naut* giornale di bordo *m*. **logbook** *n mot* libretto di circolazione *m*.
logarithm ('lɔgəriðəm) *n* logaritmo *m*.
logic ('lɔdʒik) *n* logica *f*. **logical** *adj* logico.
loins (lɔinz) *n pl* fianchi *m pl*.
loiter ('lɔitə) *vi* bighellonare.

lollipop ('lɔlipɔp) n lecca lecca m invar.

London ('lʌndən) n Londra f.

lonely ('lounli) adj solitario, solo. **loneliness** n solitudine f.

long[1] (lɔŋ) adj 1 lungo. 2 lento. **a long time ago** molto tempo fa. **in the long run** a lungo andare. ~adv a lungo. **all day long** tutto il giorno. **as long as I want** finché voglio. **as long as** purché. **long-distance** adj interurbano. **long-playing** adj a lunga durata. **long-range** adj a lunga scadenza, a lunga portata. **long-sighted** adj 1 presbite. 2 previdente. **long-standing** adj di vecchia data, di lunga data. **long wave** n onda lunga f. **longwinded** adj 1 prolisso. 2 noioso.

long[2] (lɔŋ) vi struggersi per, desiderare ardentemente. **long to** non veder l'ora di.

longevity (lɔŋ'geviti) n longevità f.

longitude ('lɔŋgitjuːd) n longitudine f.

loo (luː) n inf gabinetto m.

look (luk) n 1 sguardo m. occhiata f. 2 apparenza f. vi 1 guardare. 2 sembrare, parere. **look after** prendersi cura di. **look at** guardare. **look for** cercare. **look on to** dare su. **look out** fare attenzione.

loom[1] (luːm) n telaio m.

loom[2] (luːm) vi intravedersi, apparire.

loop (luːp) n cappio m. vi descrivere una curva.

loophole ('luːphoul) n scappatoia f.

loose (luːs) adj 1 sciolto, libero. 2 allentato. 3 sfrenato, dissoluto. 4 vago, libero. **at a loose end** senza nulla da fare. ~vt sciogliere. **loosen** vt 1 allentare. 2 sciogliere.

loot (luːt) n bottino m. vt sac-

cheggiare. **looting** n saccheggio m.

lop (lɔp) vt 1 mozzare. 2 bot potare.

lopsided (lɔp'saidid) adj storto, pencolante.

lord (lɔːd) n 1 sovrano, signore m. 2 cap Pari m invar. **lordship** n potere m. signoria f. **Your Lordship** Vostra Signoria, Vostra Eccellenza.

lorry ('lɔri) n camion m invar. autocarro m.

lose* (luːz) vt perdere, smarrire. vi 1 rimetterci. 2 (of a watch) ritardare. **lose one's temper** arrabbiarsi. **lose one's way** smarrirsi. **loser** n perdente m.

loss (lɔs) n perdita f.

lost (lɔst) v see **lose.**

lot (lɔt) n 1 sorte, ventura f. destino m. 2 comm partita f. 3 quantità f.

lotion ('louʃən) n lozione f.

lottery ('lɔtəri) n lotteria f. lotto m.

lotus ('loutəs) n loto m.

loud (laud) adj 1 forte, alto, rumoroso. 2 (of colours) vistoso. adv alto, forte. **loudmouthed** adj sguaiato, vociferatore. **loudness** n sonorità f. **loudspeaker** n altoparlante m.

lounge (laundʒ) n 1 salotto m. 2 sala di ritrovo f. vi poltrire, oziare.

louse (laus) n, pl **lice** pidocchio m. **lousy** adj 1 pidocchioso. 2 inf sordido, pessimo.

love (lʌv) n 1 amore m. 2 sport zero m. **fall in love with** innamorarsi di. ~vt 1 amare. 2 voler bene a. **lovely** adj bello, carino, piacevole. **lover** n amante m,f. **lovesick** adj malato d'amore.

low[1] (lou) adj 1 basso. 2 volgare. adv 1 basso. 2 sottovoce. **lowbrow** *adj* incolto, di bassa levatura. **low frequency** *n* bassa frequenza *f*. **low-grade** *adj* inferiore, di qualità inferiore. **lowland** *n* pianura *f*. bassopiano *m*. *adj* di pianura. **low-necked** *adj* scollato. **low-pitched** *adj* basso. **low tide** *n* bassa marea *f*.

low² (lou) *vi* muggire.

lower ('louə) *vt* abbassare. *vt, vi* calare, diminuire. **lowercase** *adj* minuscolo. **lower classes** classi inferiori *f pl*.

loyal ('lɔiəl) *adj* fedele, leale. **loyalty** *n* fedeltà, lealtà *f*.

lozenge ('lɔzindʒ) *n* pastiglia *f*.

LSD *n* LSD *f*.

lubricate ('luːbrikeit) *vt* lubrificare. **lubrication** *n* lubrificazione *f*.

lucid ('luːsid) *adj* **1** chiaro, limpido. **2** lucido.

luck (lʌk) *n* fortuna *f*. **good luck!** auguri! **lucky** *adj* fortunato.

lucrative ('luːkrətiv) *adj* lucroso, lucrativo.

ludicrous ('luːdikrəs) *adj* ridicolo, irrisorio.

lug (lʌg) *vt* trascinare.

luggage ('lʌgidʒ) *n* bagaglio *m*.

lukewarm (luːk'wɔːm) *adj* tiepido.

lull (lʌl) *n* pausa, calma *f*. **lullaby** *n* ninna-nanna *f*.

lumbago (lʌm'beigou) *n* lombaggine *f*.

lumber¹ ('lʌmbə) *n* legname *m*. **lumberjack** *n* boscaiolo, taglialegna *m*.

lumber² ('lʌmbə) *vi* muoversi goffamente.

luminous ('luːminəs) *adj* luminoso.

lump (lʌmp) *n* **1** massa *f*. pezzo *m*. **2** gonfiore *m*. *vt* ammassare.

lunacy ('luːnəsi) *n* pazzia *f*.

lunar ('luːnə) *adj* lunare.

lunatic ('luːnətik) *adj,n* pazzo, matto *m*.

lunch (lʌntʃ) *n* colazione *f*. pranzo *m*. *vi* far colazione, pranzare.

lung (lʌŋ) *n* polmone *m*.

lunge (lʌndʒ) *n* affondo *m*. *vi* scagliarsi.

lurch¹ (ləːtʃ) *n* sbandata *f*. *vi* barcollare.

lurch² (ləːtʃ) *n* **leave in the lurch** piantare in asso.

lure (luə) *vt* allettare. *n* allettamento *m*.

lurid ('luərid) *adj* **1** spettrale. **2** raccapricciante.

lurk (ləːk) *vi* stare in agguato, essere nascosto.

luscious ('lʌʃəs) *adj* succulento.

lush (lʌʃ) *adj* lussureggiante.

lust (lʌst) *n* cupidigia, libidine *f*. *v* **lust for** *or* **after** bramare. **lustful** *adj* bramoso, avido.

lustre ('lʌstə) *n* lustro *m*.

lute (luːt) *n* liuto .

Luxembourg ('lʌksəmbəːg) *n* Lussemburgo *m*.

luxury ('lʌkʃəri) *n* lusso *m*. *adj* di lusso.

lynch (lintʃ) *vt* linciare.

lynx (liŋks) *n* lince *f*.

lyre ('laiə) *n* lira *f*.

lyrics ('liriks) *n pl* parole di una canzone *f pl*. **lyrical** *adj* lirico.

M

mac (mæk) *n inf* impermeabile *m*.

macabre (mə'kɑːbrə) *adj* macabro.

macaroni (mækə'rouni) *n* maccheroni *m pl*.

mace¹ (meis) *n* mazza *f*.

mace² (meis) *n bot* macis *m or f*.

machine (mə'ʃiːn) *n* macchina *f*. **machine-gun** *n* mitragliatrice *f*. mitragliatore *m*.

machinery n **1** macchinario m. **2** meccanismo m. **3** procedimento m. **machinist** n **1** macchinista m. **2** meccanico m. **3** lavorante m,f.

mackerel ('mækrəl) n sgombro m.

mackintosh ('mækintɔʃ) n impermeabile m.

mad (mæd) adj **1** matto, pazzo. **2** inf arrabbiato. **madness** n pazzia f.

madam ('mædəm) n signora f.

made (meid) v see **make.**

Madonna (mə'dɔnə) n Madonna f.

madrigal ('mædrigəl) n madrigale m.

magazine (mægə'ziːn) n **1** periodico, mensile m. **2** mil caricatore m.

Maggiore, Lake (mædʒi'ɔːri) n Lago Maggiore m.

maggot ('mægət) n larva f.

magic ('mædʒik) n magia f. adj magico. **magical** adj magico. **magician** n mago m.

magistrate ('mædʒistreit) n magistrato m.

magnanimous (mæg'næniməs) adj magnanimo.

magnate ('mægneit) n magnate m.

magnet ('mægnit) n calamita f. magnete m. **magnetic** adj magnetico. **magnetism** n magnetismo m. **magnetize** vt magnetizzare.

magnificent (mæg'nifisənt) adj magnifico.

magnify ('mægnifai) vt **1** ingrandire. **2** esagerare. **magnifying glass** n lente d'ingrandimento f.

magnitude ('mægnitjuːd) n grandezza, magnitudine f.

magnolia (mæg'nouliə) n magnolia f.

magpie ('mægpai) n gazza f.

mahogany (mə'hɔgəni) n mogano m. adj di mogano.

maid (meid) n domestica f.

maiden adj inaugurale, primo. n fanciulla, signorina f. **maiden name** n cognome da ragazza m.

mail (meil) n posta f. vt imbucare, mandare per posta. **mailbag** n sacco postale m. **mailing list** n elenco di indirizzi per l'invio di materiale pubblicitario, etc. m. **mail order** n ordinazione per posta f.

maim (meim) vt ferire gravemente, mutilare.

main (mein) adj principale. **mainland** n terraferma f. **mainsail** n vela (di) maestra f. **mainspring** n **1** tech molla principale f. **2** agente principale m. **mainstream** n corrente principale f. **mains** n pl **1** fognatura f. **2** rete elettrica f.

maintain (mein'tein) vt **1** mantenere. **2** sostenere. **maintenance** n **1** manutenzione f. **2** mantenimento m.

maize (meiz) n granturco m.

majesty ('mædʒisti) n maestà f. **majestic** adj maestoso.

major ('meidʒə) adj maggiore, più importante. n maggiore m. **major general** n generale di divisione m. **majority** n **1** maggioranza f. **2** maggior età f.

make* (meik) vt **1** fare, costruire. **2** costringere a. vi fare. **make for** avviarsi verso. **make off** squagliarsela. **make out 1** scorgere. **2** riempire. **make up 1** completare. **2** inventare. **3** Th truccare. **make-up** n trucco m. **make up for** compensare. ~ n **1** forma, fabbricazione f. **2** marca f. **make-believe** n finzione f. **make-shift** adj improvvisato.

maladjusted (mælə'dʒʌstid) adj incapace di adattarsi.

malaria (mə'leəriə) n malaria f.

Malaya (mə'leiə) n Malesia f. **Malay** adj,n malese. **Malay** (language) n malese m.

Malaysia (mə'leiziə) n Malaysia f. **Malaysian** adj,n malese.

male (meil) adj maschile. n maschio m.

malfunction (mæl'fʌŋkʃən) vi funzionare male. n funzionamento imperfetto m.

malice ('mælis) n malignità f.

malignant (mə'lignənt) adj maligno.

mallet ('mælət) n maglio m.

malnutrition (mælnju'triʃən) n malnutrizione f.

malt (mɔːlt) n malto m.

Malta ('mɔːltə) n Malta f. **Maltese** adj,n maltese.

maltreat (mæl'triːt) vt maltrattare.

mammal ('mæməl) n mammifero m.

mammoth ('mæməθ) adj immenso.

man (mæn) n, pl **men** uomo m, pl uomini. vt equipaggiare. **man-handle** vt malmenare. **manhole** n chiusino m. **man-made** adj artificiale. **manpower** n manodopera f. **manslaughter** n omicidio preterintenzionale m.

Man, Isle of n Isola di Man f.

manage ('mænidʒ) vt dirigere. vi cavarsela. **manage to** riuscire a. **manageable** adj docile. **management** n direzione f. **manager** n direttore m.

mandarin ('mændərin) n mandarino m.

mandate ('mændeit) n mandato m. **mandatory** adj obbligatorio.

mandolin ('mændəlin) n mandolino m.

mane (mein) n criniera f.

mange (meindʒ) n rogna f. **mangy** adj 1 rognoso. 2 inf squallido.

mangle[1] ('mæŋgəl) vt rovinare, deformare.

mangle[2] ('mæŋgəl) n mangano, strizzatoio m. vt manganare.

mango ('mæŋgou) n, pl **-goes** or **-gos** mango m.

mania ('meiniə) n mania f. **maniac** n maniaco m. **manic** adj maniaco.

manicure ('mænikjuə) n manicure, cosmesi delle mani f. vt fare la manicure. **manicurist** n manicure m,f.

manifest ('mænifest) adj evidente, palese, manifesto. vt dimostrare.

manifesto (mæni'festou) n manifesto m.

manifold ('mænifould) adj molteplice.

manipulate (mə'nipjuleit) vt 1 manipolare. 2 manovrare, maneggiare. **manipulation** n 1 manipolazione f. maneggio m.

mankind ('mænkaind) n umanità f.

manner ('mænə) n maniera f. modo m. **mannerism** n manierismo m.

manoeuvre (mə'nuːvə) n manovra f. vt,vi manovrare.

manor ('mænə) n maniero m.

mansion ('mænʃən) n casa signorile f.

mantelpiece ('mæntəlpiːs) n mensola f.

mantilla (mæn'tilə) n mantiglia f.

mantle ('mæntl) n mantello m.

manual ('mænjuəl) adj manuale.

manufacture (mænju'fæktʃə) n manifattura f. vt fabbricare. **manufacturer** n fabbricante m.

manure (mə'njuə) n letame m. vt concimare.

manuscript ('mænjuskript) n manoscritto m.

Manx (mæŋks) adj dell'isola di Man.

many ('meni) *adj* molti. **a good many** parecchi. **as many** altrettanti. **how many?** quanti? **many a** molti. **so many** tanti.

Maori ('mauri) *adj,n* maori *invar.*

map (mæp) *n* **1** mappa, carta *f.* **2** (of a town) pianta *f. vt* fare la carta di. **map out** tracciare.

maple ('meipəl) *n* acero *m.*

mar (maɪ) *vt* guastare.

marathon ('mærəθən) *n* maratona *f.*

marble ('maɪbəl) *n* **1** marmo *m.* **2** *game* biglia, pallina *f. adj* di marmo, marmoreo.

march (maɪtʃ) *n* marcia *f. vi* marciare.

March (maɪtʃ) *n* marzo *m.*

marchioness ('maɪʃənis) *n* marchesa *f.*

mare (mɛə) *n* cavalla *f.*

margarine (maɪdʒə'riɪn) *n* margarina *f.*

margin ('maɪdʒin) *n* margine *m.* **marginal** *adj* marginale.

marguerite (maɪgə'riɪt) *n* margherita *f.*

marigold ('mærigould) *n* calendola *f.*

marijuana (mæri'waɪnə) *n* marijuana *f.*

marinade (*n* mæri'neid) *n* marinata *f.* **marinate** *vt* marinare.

marine (mə'riɪn) *adj* marino. *n* soldato di marina *m.* **maritime** *adj* marittimo.

marital ('mæritl) *adj* maritale, coniugale.

marjoram ('maɪdʒərəm) *n* maggiorana *f.*

mark¹ (maɪk) *n* **1** segno, marchio *m.* impronta *f.* **2** *educ* voto *m. vt* **1** segnare, marcare. **2** *educ* correggere. **mark out** tracciare. **marksman** *n* tiratore scelto *m.*

mark² (maɪk) *n comm* marco *m.*

market ('maɪkit) *n* **1** mercato *m.* **2** *comm* borsa *f. vt* mettere in vendita. **market garden** *n* orto *m.* **market research** *n* ricerca di mercato *f.*

marmalade ('maɪməleid) *n* marmellata *f.*

maroon¹ (mə'ruɪn) *adj,n* marrone rossastro *m.*

maroon² (mə'ruɪn) *vt* abbandonare.

marquee (maɪ'kiɪ) *n* grande tenda *f.*

marquess ('maɪkwis) *n* marchese *m.*

marquise (maɪ'kiɪz) *n* marchesa *f.*

marrow ('mærou) *n* **1** midollo *m.* **2** *bot* zucca *f.* **marrowbone** *n* ossobuco *m.*

marry ('mæri) *vt* sposare. *vi* sposarsi. **marriage** *n* matrimonio *m.* **marriage certificate** *n* certificato di matrimonio *m.*

Mars (maɪz) *n* Marte *m.*

marsh (maɪʃ) *n* palude *f.* **marshy** *adj* paludoso. **marshmallow** *n* **1** *bot* altea *f.* **2** specie di caramella *f.*

marshal ('maɪʃəl) *n* maresciallo *m. vt* ordinare.

marsupial (maɪ'sjuɪpiəl) *adj,n* marsupiale *m.*

martial ('maɪʃəl) *adj* marziale.

martin ('maɪtin) *n* balestruccio *m.*

martini (maɪ'tiɪni) *n* martini *m invar.*

martyr ('maɪtə) *n* martire *m.* **martyrdom** *n* martirio *m.*

marvel ('maɪvəl) *n* meraviglia *f. vi* meravigliarsi. **marvellous** *adj* meraviglioso.

Marxism ('maɪksizəm) *n* marxismo *m.* **Marxist** *adj,n* marxista.

marzipan ('maɪzipæn) *n* marzapane *m.*

mascara (mæ'skaɪrə) *n* mascara *m.*

mascot ('mæskɔt) n mascotte f, pl mascottes.

masculine ('mæskjulin) adj maschile, mascolino.

mash (mæʃ) vt schiacciare, pestare.

mask (mɑːsk) n maschera f. vt mascherare.

masochism ('mæsəkizəm) n masochismo m. **masochist** n masochista m. **masochistic** adj masochistico.

mason ('meisən) n 1 muratore m. 2 massone m. **masonic** adj massonico. **masonry** n 1 muratura f. 2 massoneria f.

masquerade (mæskə'reid) n 1 ballo in maschera m. mascherata f. 2 finzione f. vi mascherarsi.

mass[1] (mæs) n massa f. **masses of** un sacco di. ~ vt adunare, ammassare. **mass media** n mass media mpl. **mass-produce** vt produrre in massa.

mass[2] (mæs) n rel messa f.

massacre ('mæsəkə) n massacro m. vt massacrare.

massage ('mæsɑːʒ) vt massaggiare. n massaggio m.

massive ('mæsiv) adj massiccio.

mast (mɑːst) n albero m.

master ('mɑːstə) n 1 padrone m. 2 educ maestro, professore m. vt dominare. **masterful** adj imperioso. **mastermind** n cervello m. **masterpiece** n capolavoro m.

masturbate ('mæstəbeit) vi masturbarsi. **masturbation** n masturbazione f.

mat (mæt) n 1 stuoia f. 2 (table) sottovaso, sottopiatto m.

matador ('mætədɔː) n matador m, pl matadores.

match[1] (mætʃ) n fiammifero m. **matchbox** n scatola da fiammiferi f. **matchstick** n fiammifero m.

match[2] (mætʃ) n 1 uguale m,f.

pari m,f invar. 2 sport partita f. incontro m. 3 matrimonio m. vt 1 uguagliare. 2 andar bene con. 3 opporre. vi andar bene insieme.

mate (meit) n 1 inf compagno, amico m. 2 naut ufficiale in seconda m. vt accoppiare. vi accoppiarsi.

material (mə'tiəriəl) n 1 materiale m. 2 stoffa f. adj 1 materiale. 2 essenziale. **materialist** n materialista m. **materialistic** adj materialistico. **materialize** vi realizzarsi.

maternal (mə'təːnl) adj materno. **maternity** n maternità f.

mathematics (mæθə'mætiks) n matematica f.

matins ('mætinz) n pl mattutino m.

matinee ('mætinei) n (rappresentazione) diurna f.

matriarchal ('meitriɑːkəl) adj matriarcale.

matrimony ('mætriməni) n matrimonio m.

matrix ('meitriks) n, pl **matrices** or **matrixes** matrice f.

matron ('meitrən) n 1 educ governante f. 2 med capoinfermiera f.

matter ('mætə) n 1 materia f. 2 contenuto m. 3 faccenda, questione f. **as a matter of fact** a dire il vero. **printed matter** n stampati m pl. **what's the matter?** che c'è? ~ vi importare, aver importanza.

Matterhorn ('mætəhɔːn) n Cervino m.

mattress ('mætrəs) n materasso m.

mature (mə'tjuə) adj maturo. vt,vi maturare. **maturity** n maturità f.

maudlin ('mɔːdlin) adj piagnucoloso, sentimentale.

maul (mɔːl) *vt* dilaniare, straziare.

Maundy Thursday ('mɔːndi) *n* Giovedì Santo *m*.

mausoleum (mɔːsə'liəm) *n* mausoleo *m*.

mauve (mouv) *adj,n* malva *m invar*.

maxim ('mæksim) *n* massima *f*.

maximum ('mæksiməm) *adj,n* massimo *m*. **maximize** *vt* rendere massimo.

may (mei) *v mod aux* potere. **it may be so** può darsi. **maybe** *adv* forse, può darsi che.

May (mei) *n* maggio *m*. **May Day** *n* primo maggio *m*. festa del lavoro *f*. **maypole** *n* albero di maggio *m*.

mayonnaise (meiə'neiz) *n* maionese *f*.

mayor ('mɛə) *n* sindaco *m*. **mayoress** *n* sindaca *f*.

maze (meiz) *n* labirinto *m*.

me (miː) *pers pron 1st pers s* mi, me.

meadow ('medou) *n* prato *m*.

meagre ('miːgə) *adj* magro.

meal[1] (miːl) *n* cul pasto *m*.

meal[2] (miːl) *n* farina grossa *f*.

mean[1] (miːn) *vt* **1** significare, voler dire. **2** intendere. **3** destinare. **mean well** essere ben intenzionato.

mean[2] (miːn) *adj* **1** meschino, di basso conio. **2** gretto, tirchio, taccagno. **3** medio.

meander (mi'ændə) *vi* serpeggiare. *n* meandro *m*.

meaning ('miːniŋ) *n* significato *m*. **meaningful** *adj* significativo. **meaningless** *adj* privo di significato.

means (miːnz) *n pl* mezzo *m*. **by all means** certo, senz'altro. **by no means** non...affatto, niente affatto.

meantime ('miːntaim) *adv* intanto. **in the meantime** nel frattempo.

measles ('miːzəlz) *n* morbillo *m*.

measure ('meʒə) *n* misura *f*. **made to measure** confezionato su misura. ~ *vt,vi* surare. **measurement** *n* misura *f*.

meat (miːt) *n* carne *f*.

mechanic (mi'kænik) *n* meccanico *m*. **mechanical** *adj* meccanico. **mechanical engineering** *n* ingegneria meccanica *f*. **mechanism** *n* meccanismo *m*. **mechanize** *vt* meccanizzare.

medal ('medl) *n* medaglia *f*. **medallion** *n* medaglione *m*.

meddle ('medl) *vi* immischiarsi, intromettersi.

media ('miːdiə) **mass media** *n* mezzi di comunicazione di massa *m pl*.

medial ('miːdiəl) *adj* mediano, medio.

median ('miːdiən) *adj* mediano. *n* mediana *f*.

mediate ('miːdieit) *vt,vi* mediare. **mediator** *n* mediatore *m*.

medical ('medikəl) *adj* medico. *n* esame medico *m*. **medication** *n* medicazione *f*. **medicine** *n* **1** medicina *f*. **2** farmaco *m*.

medieval (medi'iːvəl) *adj* medievale.

mediocre (miːdi'oukə) *adj* mediocre. **mediocrity** *n* mediocrità *f*.

meditate ('mediteit) *vt,vi* meditare. **meditator** *n* meditatore *m*.

Mediterranean (meditə'reiniən) *adj* mediterraneo. **Mediterranean (Sea)** *n* (Mare) Mediterraneo *m*.

medium ('miːdiəm) *n,pl* **media** *or* **mediums** mezzo *m*. **happy medium** giusto mezzo. ~ *adj* medio.

meek (miːk) *adj* remissivo, mite.

meet* (miːt) vt incontrare. vi **1** incontrarsi. **2** riunirsi. **meet with 1** imbattersi in. **2** subire. **meeting** n riunione, assemblea f.

megaphone ('megəfoun) n megafono m.

melancholy ('melənkəli) n malinconia f. adj malinconico.

mellow ('melou) adj **1** maturo. **2** amabile. **3** addolcito. **4** morbido. vt far maturare, addolcire. vi maturare, addolcirsi.

melodrama ('melədrɑːmə) n melodramma m. **melodramatic** adj melodrammatico.

melody ('melədi) n melodia f.

melon ('melən) n melone m.

melt* (melt) vt squagliare, sciogliere, fondere. vi squagliarsi, sciogliersi, fondere. **melt down** fusione f. **melting** n fusione f. **melting point** n punto di fusione m.

member ('membə) n membro, socio m. **member of Parliament** n deputato m. **membership** n **1** appartenenza f. **2** totale dei membri m.

membrane ('membrein) n membrana f.

memento (mə'mentou) n, pl **-os** or **-oes** ricordo m.

memo ('memou) n inf memorandum m.

memoir ('memwɑː) n **1** nota biografica f. **2** pl memorie f pl.

memorandum (memə'rændəm) n, pl **-dums** or **-da** memorandum m.

memory ('meməri) n **1** memoria f. **2** ricordo m. **memorable** adj memorabile. **memorial** n monumento m. adj commemorativo. **memorize** vt imparare a memoria.

menace ('menəs) n minaccia f. vt minacciare. **menacing** adj minaccioso.

menagerie (mə'nædʒəri) n serraglio m.

mend (mend) vt **1** riparare, rammendare. **2** migliorare. vi rimettersi, migliorare. **mend one's ways** ravvedersi. n aggiustatura f. rammendo m.

mending n **1** riparazione f. **2** roba da riparare f.

menial ('miːniəl) adj umile, servile. n servo m.

menopause ('menəpɔːz) n menopausa f.

menstrual ('menstruəl) adj mestruale. **menstruate** vi mestruare.

mental ('mentl) adj mentale. **mental hospital** n manicomio m. **mentality** n mentalità f.

menthol ('menθɔl) n mentolo m.

mention ('menʃən) vt far menzione di, citare, menzionare. **don't mention it!** di nulla! ~ n menzione, citazione f.

menu ('menjuː) n menu m invar.

mercantile ('məːkəntail) adj mercantile.

mercenary ('məːsənəri) adj mercenario, venale. n mercenario m.

merchant ('məːtʃənt) n commerciante, mercante m. **merchant bank** n banca f. **merchant navy** n marina mercantile f. **merchandise** n merce, mercanzia f.

mercury ('məːkjuri) n mercurio m.

mercy ('məːsi) n misericordia, pietà, clemenza f.

mere (miə) adj puro, semplice, mero.

merge (məːdʒ) vt fondere, amalgamare. vi fondersi. **merger** n fusione f.

meridian (mə'ridiən) n meridiano m.

meringue (mə'ræŋ) n meringa f.

merit ('merit) *n* merito *m. vt* meritare.

mermaid ('mɔːmeid) *n* sirena *f.*

merry ('meri) *adj* **1** allegro, giocondo. **2** *inf* brillo, alticcio. **merry-go-round** giostra *f.* carosello *m.*

mesh (meʃ) *n* maglia *f.*

mesmerize ('mezmɔraiz) *vt* ipnotizzare.

mess (mes) *n* **1** pasticcio *m.* confusione *f.* **2** mensa *f. v* **mess about** perdere tempo. **mess up** guastare.

message ('mesidʒ) *n* **1** messaggio *m.* **2** commissione *f.* **messenger** *n* messaggero, fattorino *m.*

met (met) *v see* **meet.**

metabolism (mi'tæbɔlizɔm) *n* metabolismo *m.*

metal ('met) *n* metallo *m. adj* di metallo, metallico. **metallic** *adj* metallico. **metallurgy** *n* metallurgia *f.*

metamorphosis (metɔ'mɔːfɔsis) *n, pl* **metamorphoses** metamorfosi *f invar.*

metaphor ('metɔfɔ) *n* metafora *f.* **metaphorical** *adj* metaforico.

metaphysics (metɔ'fiziks) *n* metafisica *f.* **metaphysical** *adj* metafisico.

meteor ('miːtiɔ) *n* meteora *f.* **meteorology** *n* meteorologia *f.*

meter ('miːtɔ) *n* **1** contatore *m.* **2** *mot* parchimetro *m.*

methane ('miːθein) *n* metano *m.*

method ('meθɔd) *n* metodo *m.* **methodical** *adj* metodico. **methodology** *n* metodologia *f.*

Methodist ('meθɔdist) *n* metodista *m.*

meticulous (mi'tikjulɔs) *adj* meticoloso.

metre ('miːtɔ) *n* metro *m.* **metric** *adj* metrico.

metropolis (mɔ'trɔpɔlis) *n* metropoli *f invar.* **metropolitan** *adj* metropolitano.

Mexico ('meksikou) *n* Messico *m.* **Mexican** *adj* messicano.

miaow (mi'au) *n* miagolio *m. vi* miagolare.

microbe ('maikroub) *n* microbo *m.*

microphone ('maikrɔfoun) *n* microfono *m.*

microscope ('maikrɔskoup) *n* microscopio *m.*

mid (mid) *adj* **1** mezzo, di mezzo, a metà. **2** pieno. **midday** *n* mezzogiorno *m.* **midland** *adj* interno. **midmorning** *n* metà mattina *f.* **midnight** *n* mezzanotte *f.* **midstream** *n* centro della corrente *m.* **midsummer** *n* mezza estate *f.* **midway** *adj,adv* a metà strada. **midweek** *n* metà (della) settimana *f.*

middle ('mid) *n* mezzo, centro *m.* metà *f. adj* di mezzo, medio. **middle finger** *n* (dito) medio *m.* **middle-aged** *adj* di mezz'età. **middle-class** *adj* borghese.

Middle Ages *n pl* medioevo *m.*

Middle East *n* Medio Oriente *m.*

midget ('midʒit) *n* nano *m.*

midst (midst) *n* mezzo, centro *m.*

midwife ('midwaif) *n* ostetrica *f.* **midwifery** *n* ostetricia *f.*

might[1] (mait) *v see* **may.**

might[2] (mait) *n* forza, potenza *f.*

migraine ('miːgrein) *n* emicrania *f.*

migrate (mai'greit) *vi* **1** *zool* migrare. **2** emigrare. **migration** *n* **1** migrazione *f.* **2** emigrazione *f.*

mike (maik) *n inf* microfono *m.*

Milan (mi'læn) *n* Milano *f.* **Milanese** *adj,n* milanese.

mild (maild) *adj* **1** mite, gentile. **2** dolce, leggero. **3** clemente. **mildly** *adv* gentilmente.

mildew ('mildjuː) *n* muffa *f*.

mile (mail) *n* miglio *m*, *pl* miglia *f*. **mileage** *n* distanza percorsa in miglia *f*. **chilometraggio** *m*. **mileometer** *n* contamiglia, contachilometri *m*. **milestone** *n* pietra miliare *f*.

militant ('militənt) *adj,n* militante. **military** *adj* militare.

milk (milk) *n* latte *m*. *vt* mungere. **milkman** *n* lattaio *m*.

Milky Way *n* Via Lattea *f*.

mill (mil) *n* **1** mulino *m*. **2** fabbrica *f*. stabilimento *m*. **3** macinino *m*. **millstone** *n* macina *f*.

millennium (mi'leniəm) *n*, *pl* **-niums** *or* **-nia** millennio *m*.

milligram ('miligræm) *n* milligrammo *m*.

millilitre ('mililiːtə) *n* millilitro *m*.

millimetre ('milimiːtə) *n* millimetro *m*.

million ('miliən) *n* milione *m*. **millionaire** *n* milionario *m*. **millionth** *adj* milionesimo.

mime (maim) *n* mimo *m*. *vt,vi* mimare. **mimic** *n* mimo, imitatore *m*. *vt* imitare. **mimicry** *n* mimica *f*.

mimosa (mi'mouzə) *n* mimosa *f*.

minaret (minə'ret) *n* minareto *m*.

mince (mins) *vt* tritare, tagliuzzare. *n* carne tritata *f*. **mincer** *n* tritatutto *m*.

mind (maind) *n* **1** mente *f*. **2** memoria *f*. **make up one's mind** decidersi. ~ *vt* **1** badare a, fare attenzione a. **2** occuparsi di. *vi* stare attento. **do you mind?** ti dispiace? **never mind!** non importa!

mine[1] (main) *poss pron 1st pers* s mio, il mio, mia, la mia, miei, i miei, mie, le mie.

mine[2] (main) *n* **1** miniera *f*. **2** *mil* mina *f*. *vt* **1** scavare, estrarre. **2** *mil* minare. **miner** *n* minatore *m*.

mineral ('minərəl) *adj,n* minerale *m*. **mineral water** *n* acqua minerale *f*.

minestrone (mini'strouni) *n* minestrone *m*.

mingle ('miŋgəl) *vt* mischiare. *vi* mescolarsi.

miniature ('miniətʃə) *n* miniatura *f*. *adj* in miniatura.

minim ('minim) *n* minima *f*. **minimize** *vt* minimizzare. **minimum** *adj,n* minimo *m*.

mining ('mainiŋ) *n* attività mineraria, estrazione *f*. *adj* minerario.

minister ('ministə) *n* **1** ministro *m*. **2** *rel* pastore *m*. **ministerial** *adj* ministeriale. **ministry** *n* **1** ministero *m*. **2** *rel* clero *m*.

mink (miŋk) *n* visone *m*.

minor ('mainə) *adj* minore, più piccolo, secondario. *n* minorenne *m,f*. **minority** *n* **1** minoranza *f*. **2** *law* qualità di minorenne *f*.

minstrel ('minstrəl) *n* menestrello *m*.

mint[1] (mint) *n* *bot* menta *f*.

mint[2] (mint) *n* zecca *f*. *vt* coniare.

minuet (minju'et) *n* minuetto *m*.

minus ('mainəs) *adj,prep* meno.

minute[1] ('minit) *n* **1** minuto *m*. **2** momento *m*. **3** *pl* verbale *m*.

minute[2] (mai'njuːt) *adj* **1** minuto. **2** particolareggiato.

miracle ('mirəkəl) *n* miracolo *m*. **miraculous** *adj* miracoloso.

mirage ('mirɑːʒ) *n* miraggio *m*.

mirror ('mirə) n specchio m. vt rispecchiare.

mirth (mɔːθ) n ilarità, allegria f. riso m, pl risa f.

misbehave (misbi'heiv) vi comportarsi male. **misbehaviour** n cattiva condotta f.

miscarriage (mis'kæridʒ) n 1 med aborto m. 2 insuccesso m. **miscarry** vi 1 abortire. 2 fare cilecca.

miscellaneous (misə'leiniəs) adj miscellaneo. **miscellany** n miscellanea f.

mischance (mis'tʃɑːns) n disavventura f.

mischief ('mistʃif) n 1 birichinata f. 2 danno m. **mischievous** adj birichino, dispettoso.

misconceive (miskən'siːv) vt fraintendere, farsi un'idea erronea di. **misconception** n malinteso m. idea erronea f.

misconduct (miskən'dʌkt) n 1 cattiva condotta f. 2 cattiva amministrazione f.

misdeed (mis'diːd) n misfatto m.

miser ('maizə) n avaro m. **miserly** adj avaro.

miserable ('mizərəbəl) adj 1 triste, infelice. 2 misero, miserabile.

misery ('mizəri) n depressione, sofferenza f.

misfire (mis'faiə) vi 1 incepparsi. 2 fare fiasco, mancare il bersaglio.

misfit ('misfit) n 1 spostato m. 2 vestito che non va bene m.

misfortune (mis'fɔːtʃən) n sfortuna f.

misgiving (mis'givíŋ) n 1 dubbio, sospetto m. 2 diffidenza f.

misguided (mis'gaidid) adj sviato.

mishap ('mishæp) n infortunio m.

mislay (mis'lei) vt smarrire.

mislead (mis'liːd) vt 1 ingannare. 2 fuorviare. **misleading** adj fallace.

misprint (n 'misprint; v mis'print) n errore di stampa m. vt stampare male.

miss[1] (mis) vt 1 mancare, sbagliare. 2 sentire la mancanza di. 3 perdere. 4 evitare. vi mancare, sbagliare. **miss out** omettere. ~n colpo mancato, sbaglio m. **missing** adj 1 mancante, smarrito. 2 mil disperso.

miss[2] (mis) n 1 signorina f. 2 cap (title of address) Signorina.

missile ('misail) n missile m.

mission ('miʃən) n missione f. **missionary** adj,n missionario m.

mist (mist) n foschia f. vi appannarsi. **misty** adj 1 fosco. 2 nebuloso.

mistake[*] (mis'teik) n sbaglio, errore m. vt 1 sbagliare. 2 fraintendere. 3 scambiare.

mister ('mistə) n signore m.

mistletoe ('misəltou) n vischio m.

mistress ('mistrəs) n 1 signora f. 2 padrona f. 3 professoressa f. 4 amante f.

mistrust (mis'trʌst) vt non fidarsi di. n diffidenza f. **mistrustful** adj diffidente.

misunderstand[*] (misʌndə'stænd) vt fraintendere. **misunderstanding** n equivoco m.

misuse (v mis'juːz; n mis'juːs) vt 1 far cattivo uso di, usare a sproposito. 2 maltrattare. n cattivo uso m.

mitre ('maitə) n mitra f.

mitten ('mitn) n manopola f.

mix (miks) vt mischiare, combinare, mettere insieme. vi mischiarsi, andar bene insieme. **mixture** n 1 misto m. mistura f. 2 miscela f.

moan (moun) n gemito, lamen-

month

to *m. vi* gemere, lamentarsi. *vt* lamentare.

moat (mout) *n* fossato *m.*

mob (mɔb) *n* marmaglia *f.* folla in tumulto *f. vt* assalire.

mobile ('moubail) *adj* **1** mobile. **2** mutevole. **mobility** *n* mobilità *f.* **mobilize** *vt* mobilitare. *vi* mobilitarsi. **mobilization** *n* mobilitazione *f.*

mock (mɔk) *vt* deridere, prendere in giro. *adj* finto. **mockery** *n* derisione *f.*

mode (moud) *n* modo *m.*

model ('mɔdl) *n* **1** modello *m.* **2** *Art* modello *m.* **3** indossatrice *f. adj* esemplare, modello. *vt* modellare. *vi* fare l'indossatore.

moderate (*adj,n* 'mɔdərət; *v* 'mɔdəreit) *adj,n* moderato. *vt* moderare. **moderation** *n* moderazione *f.*

modern ('mɔdən) *adj* moderno. **modernize** *vt* modernizzare.

modest ('mɔdist) *adj* modesto. **modesty** *n* modestia *f.*

modify ('mɔdifai) *vt* **1** modificare. **2** temperare. **modifier** *n* parola modificante *f.*

modulate ('mɔdjuleit) *vt* modulare.

module ('mɔdjuːl) *n* modulo *m.*

mohair ('mouhɛə) *n* mohair *m.*

moist (mɔist) *adj* umido. **moisten** *vt* inumidire. *vi* inumidirsi. **moisture** *n* vapore condensato *m.* **moisturize** *vt* umidificare.

mole[1] (moul) *n* neo *m.*

mole[2] (moul) *n zool* talpa *f.*

molecule ('mɔlikjuːl) *n* molecola *f.* **molecular** *adj* molecolare.

molest (mə'lest) *vt* molestare.

mollusc ('mɔləsk) *n* mollusco *m.*

molten ('moultən) *adj* fuso.

moment ('moumənt) *n* **1** momento *m.* **2** importanza *f.*

momentary *adj* momentaneo. **momentous** *adj* grave, di grande importanza.

momentum *n* **1** *sci* momento *m.* **2** slancio *m.*

monarch ('mɔnək) *n* monarca *m.* **monarchy** *n* monarchia *f.*

monastery ('mɔnəstri) *n* monastero, convento *m.* **monastic** *adj* monastico.

Monday ('mʌndi) *n* lunedì *m.*

money ('mʌni) *n* quattrini, soldi *m pl.* denaro *m.* **moneybox** *n* salvadanaio *m.* **money order** *n* vaglia *m invar.* **monetarism** *n* monetarismo *m.* **monetary** *adj* monetario.

mongrel ('mʌngrəl) *adj,n* bastardo *m.*

monitor ('mɔnitə) *n* **1** monitor *m invar.* **2** addetto all'ascolto di trasmissioni estere *m. vt* **1** controllare. **2** ascoltare.

monk (mʌŋk) *n* monaco, frate *m.*

monkey ('mʌŋki) *n* scimmia *f.*

monochrome ('mɔnəkroum) *adj* monocromo. *n* monocromato *m.*

monogamy (mə'nɔgəmi) *n* monogamia *f.*

monologue ('mɔnəlɔg) *n* monologo *m.*

monopoly (mə'nɔpəli) *n* monopolio *m.* **monopolize** *vt* monopolizzare.

monosyllable ('mɔnəsiləbəl) *n* monosillabo *m.* **monosyllabic** *adj* monosillabico, monosillabo.

monotone ('mɔnətoun) *n* tono uniforme *m.* **monotonous** *adj* monotono. **monotony** *n* monotonia *f.*

monsoon (mɔn'suːn) *n* monsone *m.*

monster ('mɔnstə) *n* mostro *m.* **monstrous** *adj* mostruoso.

month (mʌnθ) *n* mese *m.* **monthly** *adj* mensile. *adv* mensilmente.

monument (ˈmɔnjumənt) *n* monumento *m*. **monumental** *adj* monumentale.

moo (muː) *vi* muggire. *n* muggito *m*.

mood[1] (muːd) *n* umore *m*. **moody** *adj* capriccioso.

mood[2] (muːd) *n gram* modo *m*.

moon (muːn) *n* luna *f*. **moonlight** *n* chiaro di luna *m*.

moor[1] (muə) *n* brughiera *f*. **moorhen** *n* gallinella d'acqua *f*. **moorland** *n* brughiera *f*.

moor[2] (muə) *vt* ormeggiare. **moorings** *n pl* ormeggio *m*.

Moor (muə) *n* moro, saraceno *m*. **Moorish** *adj* moresco.

mop (mɔp) *n* 1 strofinaccio *m*. 2 (of hair) zazzera *f*. *vt* 1 asciugare. 2 raccogliere. **mop up** pulire.

mope (moup) *vi* darsi alla malinconia, immusonirsi.

moped (ˈmouped) *n* ciclomotore *m*.

moral (ˈmɔrəl) *adj* morale. *n* 1 morale *f*. 2 *pl* morale *f*. **morale** *n* morale *m*. **morality** *n* moralità *f*. **moralize** *vi* moraleggiare. *vt* moralizzare.

morbid (ˈmɔːbid) *adj* morboso.

more (mɔː) *adj* più, di più, maggiore. *adv* 1 di più, più. 2 ancora. **more and more** sempre più. **once more** ancora una volta. **moreover** *adj* inoltre.

morgue (mɔːg) *n* obitorio *m*.

morning (ˈmɔːniŋ) *n* mattina, mattinata *f*. mattino *m*. **this morning** stamattina, stamane.

Morocco (məˈrɔkou) *n* Marocco *m*. **Moroccan** *adj,n* marocchino.

moron (ˈmɔːrɔn) *n* 1 *med* oligofrenico *m*. 2 *inf* idiota *m*.

morose (məˈrous) *adj* scontroso.

morphine (ˈmɔːfiːn) *n* morfina *f*.

morse code (mɔːs) *n* alfabeto Morse *m*.

mortal (ˈmɔːtl) *adj,n* mortale *m*. **mortality** *n* mortalità *f*.

mortar[1] (ˈmɔːtə) *n* mortaio *m*.

mortar[2] (ˈmɔːtə) *n* (for building) malta *f*.

mortgage (ˈmɔːgidʒ) *n* ipoteca *f*. *vt* ipotecare.

mortify (ˈmɔːtifai) *vt* mortificare.

mortuary (ˈmɔːtjuəri) *n* camera mortuaria *f*.

mosaic (mouˈzeiik) *n* mosaico *m*.

mosque (mɔsk) *n* moschea *f*.

mosquito (məˈskiːtou) *n*, *pl* -oes *or* -os zanzara *f*.

moss (mɔs) *n* muschio *m*.

most (moust) *adj* 1 il maggior numero di, la maggior quantità di, la maggior parte di. 2 più. *n* massimo, più *m*. **at the most** al massimo. **make the most of** usar bene, sfruttare. ~ *adv* più, di più. **mostly** *adv* per lo più, per la maggior parte.

motel (mouˈtel) *n* motel *m*.

moth (mɔθ) *n* farfalla notturna *f*.

mother (ˈmʌðə) *n* madre, mamma *f*. **motherly** *adj* materno. **motherhood** *n* maternità *f*. **mother-in-law** *n* suocera *f*. **mother superior** *n* (madre) superiora *f*.

motion (ˈmouʃən) *n* 1 movimento, moto *m*. 2 *pol* mozione *f*. *vt,vi* far segno a. **motionless** *adj* immobile.

motive (ˈmoutiv) *n* motivo *m*. *adj* motore.

motor (ˈmoutə) *n* motore *m*. *vi* andare in macchina. **motor car** *n* automobile, macchina *f*. auto *f invar*. **motor cycle** *n* motocicletta *f*. **motorist** *n* automobilista *m*. **motorway** *n* autostrada *f*.

mottle (ˈmɔtl) *vt* chiazzare.

motto (ˈmɔtou) *n, pl* **-oes** *or* **-os** motto *m*.

mould[1] (mould) *n* stampo *m*. *vt* 1 formare, modellare. 2 plasmare.

mould[2] (mould) *n* muffa *f*. **mouldy** *adj* 1 ammuffito. 2 stantio.

moult (moult) *vi* fare la muda.

mound (maund) *n* 1 collinetta *f*. 2 mucchio *m*.

mount[1] (maunt) *vt* 1 montare, salire. 2 (jewels) incastonare. *vi* 1 salire, montare. 2 aumentare. *n* (of a picture, etc.) montatura *f*.

mount[2] (maunt) *n* monte *m*. montagna *f*.

mountain (ˈmauntin) *n* montagna *f*. **mountaineer** *n* alpinista *m*. **mountaineering** *n* alpinismo *m*. **mountainous** *adj* montuoso, montagnoso.

mourn (mɔɪn) *vi* lamentarsi. *vt* lamentare, piangere, esser in lutto per. **mourning** *n* cordoglio, lutto *m*. lamentazione *f*.

mouse (maus) *n, pl* **mice** topo *m*. **mousetrap** *n* trappola per i topi *f*.

mousse (muɪs) *n* dolce di panna montata e aromi *m*.

moustache (məˈstaɪʃ) *n* baffi *m pl*.

mouth (mauθ) *n* 1 bocca *f*. 2 (of a river) foce *f*. **mouthful** *n* boccone *m*. **mouthpiece** *n* 1 bocchino *m*. 2 organo, portavoce *m*.

move (muɪv) *vi* 1 muoversi, spostarsi. 2 cambiar casa, traslocare. 3 far progressi. *vt* 1 muovere, spostare. 2 trasportare. 3 commuovere. 4 proporre. **move in** occuparre. **move out** sgombrare. ~*n* 1 mossa *f*. 2 trasloco *m*. 3 manovra *f*. **movable** *adj* movibile, mobile. **movement** *n* movimento *m*. **mov-**

ing *adj* 1 commovente. 2 mobile. 3 in moto.

mow* (mou) *vt* falciare. **mow down** falciare, abbattere. **mower** *n* falciatrice *f*.

Mr (ˈmistə) (title of address) Signor.

Mrs (ˈmisiz) (title of address) Signora.

much (mʌtʃ) *adj,adv* molto, assai. **how much** quanto. **so much** tanto. **too much** troppo.

muck (mʌk) *n* 1 sterco *m*. 2 sudiciume *m*.

mud (mʌd) *n* fango *m*. **muddy** *adj* fangoso. **mudguard** *n* parafango *m*.

muddle (ˈmʌdl) *vt* 1 impasticciare. 2 confondere. *n* 1 pasticcio *m*. 2 confusione *f*.

muff (mʌf) *n* manicotto *m*.

muffle (ˈmʌfəl) *vt* 1 (sound) smorzare, attenuare. 2 imbacuccare, avvolgere.

mug (mʌg) *n* 1 boccale *m*. 2 *sl* muso, grugno *m*. *vt sl* assalire.

mulberry (ˈmʌlbəri) *n* mora *f*. **mulberry bush** *n* gelso *m*.

mule[1] (mjuɪl) *n zool* mulo *m*.

mule[2] (mjuɪl) *n* pianella *f*.

mullet (ˈmʌlit) *n* triglia *f*.

multiple (ˈmʌltipəl) *adj* molteplice. *n* multiplo *m*.

multiply (ˈmʌltiplai) *vt* moltiplicare. *vi* moltiplicarsi.

multiracial (ˈmʌltireifəl) *adj* multirazziale.

multitude (ˈmʌltitjuɪd) *n* moltitudine *f*.

mum (mʌm) *n inf* mamma *f*.

mumble (ˈmʌmbəl) *vi* borbottare.

mummy[1] (ˈmʌmi) *n* mummia *f*.

mummy[2] (ˈmʌmi) *n inf* mamma *f*.

mumps (mʌmps) *n pl* orecchioni *m pl*.

munch (mʌntʃ) *vt* sgranocchiare. *vi* masticare rumorosamente.

mundane ('mʌndein) *adj* mondano.

municipal (mju'nisipəl) *adj* municipale, comunale. **municipality** *n* municipio, comune *m*.

mural ('mjuərəl) *adj* murale. *n* pittura murale *f*.

murder ('məːdə) *vt* assassinare. *n* assassinio *m*. **murderer** *n* assassino *m*. **murderous** *adj* **1** brutale. **2** micidiale.

murmur ('məːmə) *n* mormorio *m. vt,vi* mormorare.

muscle ('mʌsəl) *n* muscolo *m*.

muse (mjuːz) *n* musa *f. vi* riminare, meditare.

museum (mjuː'ziəm) *n* museo *m*.

mushroom ('mʌʃrum) *n* fungo *m*.

music ('muːzik) *n* musica *f*. **music centre** *n* impianto stereofonico *m*. **musical** *adj* musicale. **musician** *n* musicista *m*.

musk (mʌsk) *n* muschio *m*.

musket ('mʌskit) *n* moschetto *m*.

Muslim ('muzlim) *adj,n* islamico, mussulmano.

muslin ('mʌzlin) *n* mussolina *f*.

mussel ('mʌsəl) *n* cozza *f*.

must* (mʌst) *v mod aux* dovere.

mustard ('mʌstəd) *n* senape, mostarda *f*.

mute (mjuːt) *adj,n* muto.

mutilate ('mjuːtileit) *vt* mutilare. **mutilation** *n* mutilazione *f*.

mutiny ('mjuːtini) *n* ammutinamento *m. vi* ammutinarsi.

mutter ('mʌtə) *vt,vi* borbottare.

mutton ('mʌtn) *n* carne di montone *f*.

mutual ('mjuːtjuəl) *adj* mutuo, reciproco.

muzzle ('mʌzəl) *n* **1** muso *m*. **2** museruola *f*. **3** (of a gun) bocca *f. vt* mettere la museruola a.

my (mai) *poss adj 1st pers s* (il) mio, (la) mia, (il) miei, (le) mie. **myself** *pron 1st pers s* **1** io stesso. **2** me stesso, mi, me.

myrrh (məː) *n* mirra *f*.

myrtle ('məːtl) *n* mortella *f*.

mystery ('mistəri) *n* mistero *m*. **mysterious** *adj* misterioso.

mystic ('mistik) *adj,n* mistico *m*. **mysticism** *n* misticismo *m*. **mystify** *vt* sconcertare.

mystique (mi'stiːk) *n* mistica *f*.

myth (miθ) *n* mito *m*. **mythical** *adj* mitico. **mythology** *n* mitologia *f*. **mythological** *adj* mitologico.

N

nag[1] (næg) *vt* rimbrottare. *vi* brontolare.

nag[2] (næg) *n inf* ronzino *m*.

nail (neil) *n* **1** *anat* unghia *f*. **2** chiodo *m*. **hit the nail on the head** colpire nel segno. ~ *vt* inchiodare. **nailbrush** *n* spazzolino per le unghie *m*. **nailfile** *n* lima per le unghie *f*. **nail varnish** *n* smalto *m*.

naive (naiˈiːv) *adj* ingenuo

naked ('neikid) *adj* nudo.

name (neim) *n* nome *m. vt* **1** chiamare. **2** nominare. **3** fissare. **nameless** *adj* senza nome, anonimo. **namely** *adv* vale a dire. **namesake** *n* omonimo *m*.

nanny ('næni) *n* governante, bambinaia *f*

nap[1] (næp) *n* pisolino *m*.

nap[2] (næp) *n* (of material) pelo *m*.

napalm ('neipaːm) *n* napalm *m*

napkin ('næpkin) *n* salvietta *f*. tovagliolo *m*

Naples ('neipəlz) *n* Napoli *f*

nappy ('næpi) *n* pannolino *m*.

narcotic (naːˈkɔtik) *adj,n* narcotico, stupefacente *m*.

narrate (nə'reit) *vt* narrare, raccontare. **narration** *n* narrazione *f*. racconto *m*. **narrative** *n* narrativa *f*. *adj* narrativo. **narrator** *n* narratore *m*.

narrow ('nærou) *adj* **1** stretto. **2** ristretto. *vt* **1** assottigliare. **2** restringere. *vi* **1** assottigliarsi. **2** restringersi. **narrowly** *adv* per un pelo. **narrow-minded** *adj* gretto.

nasal ('neizəl) *adj* nasale.

nasturtium (nə'stə:ʃəm) *n* nasturzio *m*.

nasty ('nɑ:sti) *adj* **1** sgradevole, disgustoso. **2** cattivo. **nastily** *adv* con cattiveria. **nastiness** *n* cattiveria *f*.

nation ('neiʃən) *n* nazione *f*. popolo *m*. **national** *adj* nazionale. **national anthem** *n* inno nazionale *m*. **national insurance** *n* assicurazione sociale *f*. **national service** *n* servizio di leva *m*. leva *f*. **nationality** *n* nazionalità *f*. **nationalize** *vt* nazionalizzare. **nationalization** *n* nazionalizzazione *f*. **nationwide** *adj* nazionale.

native ('neitiv) *n* oriundo, indigeno, nativo *m*. *adj* **1** nativo, natio. **2** innato.

nativity (nə'tiviti) *n* natività *f*.

natural ('nætʃərəl) *adj* naturale. **natural gas** *n* metano *m*. **natural history** *n* storia naturale *f*. **natural science** *n* scienze naturali *f pl*. **naturalize** *vt* naturalizzare.

nature ('neitʃə) *n* natura *f*.

naughty ('nɔ:ti) *adj* **1** cattivo, birichino. **2** indecente.

nausea ('nɔ:siə, -ziə) *n* nausea *f*. **nauseate** *vt* nauseare.

nautical ('nɔ:tikəl) *adj* nautico.

naval ('neivəl) *adj* navale.

nave (neiv) *n* navata centrale *f*.

navel ('neivəl) *n* ombelico *m*.

navigate ('nævigeit) *vt* **1** pilotare, dirigere. **2** mantenere in

rotta. *vi* navigare. **navigator** *n* **1** ufficiale di rotta *m*. **2** navigatore *m*.

navy ('neivi) *n* marina militare *f*. **navy blue** *adj,n* blu scuro *m*.

Neapolitan (niə'pɔlitn) *adj,n* napoletano.

near (niə) *adj* **1** vicino, prossimo. **2** intimo. **3** esatto. **4** stretto. *adv* **1** vicino. **2** quasi. **near at hand** a portata di mano. **near by** vicino. *~prep* vicino a, accanto a. *vt* avvicinarsi a. *vi* avvicinarsi. **nearby** *adj,adv* vicino. **nearly** *adv* quasi. **nearside** *n* lato a *or* di sinistra *m*.

Near East *n* Vicino Oriente *m*.

neat (ni:t) *adj* **1** nitido, accurato, ordinato. **2** elegante. **3** (of drinks) liscio.

nebulous ('nebjuləs) *adj* nebuloso, vago.

necessary ('nesəsəri) *adj* necessario. **necessity** *n* necessità *f*. bisogno *m*. **of necessity** necessariamente. **necessitate** *vt* necessitare.

neck (nek) *n* collo *m*. **neckband** *n* colletto *m*. **necklace** *n* collana *f*. **neckline** *n* scollatura *f*.

nectar ('nektə) *n* nettare *m*.

need (ni:d) *n* **1** bisogno *m*. necessità *f*. **2** povertà *f*. **if need be** all'occorrenza. *~vt* **1** aver bisogno di. **2** dovere. **3** chiedere. *vi* occorrere. **needless** *adj* superfluo. **needy** *adj* bisognoso.

needle ('ni:dl) *n* **1** ago *m*. **2** (knitting) ferro *m*. **3** *tech* puntina *f*. **needlework** *n* cucito, ricamo *m*.

negate (ni'geit) *vt* negare. **negative** *adj* negativo. *n* **1** negazione *f*. **2** *phot* negativa *f*.

neglect (ni'glekt) *vt* trascurare. *n* trascuratezza *f*. **negligent** *adj* negligente. **negligible** *adj* trascurabile.

negotiate (ni'gouʃieit) *vi* discutere, intavolare trattative. *vt* 1 negoziare. 2 superare. **negotiation** *n* trattativa *f.* **negotiator** *n* negoziatore *m.*

Negro ('niːgrou) *adj* or *n, pl* -**oes** negro *m.*

neigh (nei) *n* nitrito *m.* *vi* nitrire.

neighbour ('neibə) *n* vicino *m.* **neighbourhood** *n* vicinato *m.*

neither ('naiðə) *adj,pron* nessuno dei due, né l'uno né l'altro. *adv* né. *conj* neppure, nemmeno. **neither...nor** né...né.

neon ('niːɔn) *n* neon *m.*

nephew ('nevjuː) *n* nipote *m.*

nepotism ('nepətizəm) *n* nepotismo *m.*

Neptune ('neptjuːn) *n* Nettuno *m.*

nerve (nəːv) *n* 1 nervo *m.* 2 nerbo *m.* 3 *inf* sfacciataggine *f.* **nerve-racking** *adj* esasperante. **nervous** *adj* 1 nervoso, timido. 2 vigoroso. **nervous breakdown** *n* esaurimento nervoso *m.* **nervous system** *n* sistema nervoso *m.*

nest (nest) *n* nido *m.* *vi* nidificare.

nestle ('nesəl) *vi* annidarsi.

net[1] (net) *n* rete *f.* *vt* prendere con la rete. **netball** *n* pallavolo *f.* **network** *n* rete *f.*

net[2] (net) *adj* netto. *vt* ricavare.

Netherlands ('neðələndz) *n pl* Paesi Bassi *m pl.*

nettle ('netl) *n* ortica *f.*

neurosis (njuə'rousis) *n, pl* -**ses** nevrosi *f.* *invar.* **neurotic** *adj* nevrotico.

neuter ('njuːtə) *adj* 1 neutro. 2 castrato. *n* neutro *m.*

neutral ('njuːtrəl) *adj* 1 neutrale. 2 *tech* neutro. 3 *mot* folle. **neutrality** *n* neutralità *f.* **neutralize** *vt* neutralizzare.

neutron ('njuːtrɔn) *n* neutrone *m.*

never ('nevə) *adv* mai, non...mai. **never mind!** pazienza! **nevertheless** *adv, conj* nondimeno, tuttavia.

new (njuː) *adj* 1 nuovo. 2 fresco. **brand new** nuovo di zecca. **newcomer** *n* nuovo venuto *m.* **news** *n* 1 notizie *f pl.* novità *f.* 2 (on radio, etc.) notiziario *m.* informazioni *f pl.* **a piece of news** una notizia *f.* **newsagent** *n* giornalaio *m.* **newspaper** *n* giornale, quotidiano *m.* **newsreel** *n* cinegiornale *m.*

newt (njuːt) *n* tritone *m.*

New Testament *n* Nuovo Testamento *m.*

New Year *n* Anno Nuovo *m.* **Happy New Year!** Buon Anno!

New Zealand ('ziːlənd) *n* Nuova Zelanda *f.* *adj* della Nuova Zelanda. **New Zealander** *n* neozelandese *m,f.*

next (nekst) *adj* 1 prossimo. 2 vicino. 3 successivo, seguente. *adv* dopo, poi, in seguito. **next day** l'indomani. **next to nothing** quasi niente.

nib (nib) *n* pennino *m.*

nibble ('nibəl) *vt,vi* 1 mordicchiare. 2 sbocconcellare. 3 brucare.

nice (nais) *adj* 1 piacevole, buono, bello. 2 sottile, delicato. 3 fine, raffinato. **nicely** *adv* 1 molto bene, gradevolmente. 2 esattamente.

niche (nitʃ) *n* nicchia *f.*

nick (nik) *n* tacca *f.* *vt* 1 intaccare. 2 *inf* rubare.

nickel ('nikəl) *n* 1 nichel *m.* 2 *comm* nichelino *m.*

nickname ('nikneim) *n* soprannome, nomignolo *m.* *vt* soprannominare.

nicotine ('nikətiːn) *n* nicotina *f.*

niece (niːs) *n* nipote *f.*

Nigeria (nai'dʒiəriə) *n* Nigeria *f.* **Nigerian** *adj,n* nigeriano.

nigger ('nigə) *n derog* negro *m*.

niggle ('nigəl) *vi* preoccuparsi d'inezie. **niggling** *adj* insignificante.

night (nait) *n* notte, nottata, sera *f*. **nightclub** *n* locale notturno *m*. **nightdress** *n* camicia da notte *f*. **nightmare** *n* incubo *m*. **night-time** *n* notte *f*. **night-watchman** *n* guardiano notturno *m*.

nightingale ('naitiŋgeil) *n* usignolo *m*.

nil (nil) *n* zero *m*.

Nile (nail) *n* Nilo *m*.

nimble ('nimbəl) *adj* agile, svelto.

nine (nain) *adj,n* nove *m*. **ninth** *adj* nono.

nineteen (nain'tirn) *adj,n* diciannove *m or f*. **nineteenth** *adj* diciannovesimo.

ninety ('nainti) *adj,n* novanta *m*. **ninetieth** *adj* novantesimo.

nip[1] (nip) *n* pizzico, pizzicotto *m*. *vt* pizzicare.

nip[2] (nip) *n* (small amount) bicchierino *m*.

nipple ('nipəl) *n* capezzolo *m*.

nit (nit) *n* lendine *m*.

nitrogen ('naitrədʒən) *n* azoto *m*.

no[1] (nou) *adv* 1 no. 2 non. *n, pl* **noes** no *m*.

no[2] (nou) *adj* 1 nessun, nessuno. 2 non, niente.

noble ('noubəl) *adj,n* nobile *m*. **nobleman** *n* nobiluomo, nobile *m*. **nobility** *n* nobiltà *f*.

nobody ('noubədi) *pron* nessuno. *n* illustre sconosciuto *m*.

nocturnal (nɔk'tə:nl) *adj* notturno.

nod (nɔd) *vi* 1 inchinare la testa, fare un cenno col capo. 2 annuire. 3 addormentarsi, sonnecchiare. *vt* accennare col capo. *n* cenno *m*.

node (noud) *n* nodo *m*.

noise (nɔiz) *n* rumore, chiasso *m*. **noisy** *adj* rumoroso, chiassoso.

nomad ('noumæd) *n* nomade *m,f*. **nomadic** *adj* nomade.

nominal ('nominl) *adj* 1 nominale. 2 nominativo.

nominate ('nomineit) *vt* nominare, designare. **nomination** *n* nomina *f*.

nominative ('nominətiv) *adj,n* nominativo *m*.

non- *pref* non, non-.

nonchalant ('nonʃələnt) *adj* noncurante.

nondescript ('nondiskript) *adj* scadente.

none (nʌn) *pron* 1 nessuno. 2 niente. **none other than** nientedimeno che. ~ *adj* nessuno. *adv* non...affatto, mica. **none the less** nondimeno.

nonentity (non'entiti) *n* nullità *f*.

nonsense ('nonsəns) *n* 1 nonsenso *m*. insensatezza *f*. 2 sciocchezze *f pl*. **nonsensical** *adj* assurdo.

noodles ('nuːdlz) *n pl* pasta *f*.

noon (nuːn) *n* mezzogiorno *m*.

no-one *pron* nessuno.

noose (nuːs) *n* nodo scorsoio *m*.

nor (nɔː) *conj* né, e non, e neanche.

norm (nɔːm) *n* 1 norma *f*. 2 quota *f*. **normal** *adj* normale.

Norse (nɔːs) *adj,n* norvegese *m*. **Norse** (language) *n* norvegese *m*.

north (nɔːθ) *n* settentrione *m*. *adj* del nord, settentrionale. **northerly** *adj* di, da, *or* a nord. **northern** *adj* settentrionale, del nord. **northeast** *n* nord-est *m*. **northeasterly** *adj* di, da, *or* a nord-est. **north-eastern** *adj* del *or* dal nord-est. **north-west** *n* nord-ovest *m.* **north-west-erly** *adj* di, da, *or* a nord-ovest. **north-western** *adj* del *or* dal nord-ovest.

North America *n* America del Nord *m.* **North American** *adj,n* nordamericano.

Northern Ireland *n* Irlanda del Nord *f.*

Norway ('nɔ:[kwei] *n* Norvegia *f.* **Norwegian** *adj,n* norvegese. **Norwegian** (language) *n* norvegese *m.*

nose (nouz) *n* 1 naso *m.* 2 *aviat* muso *m.* **nosy** *adj* curioso.

nostalgia (nɔ'stældʒiə) *n* nostalgia *f.* **nostalgic** *adj* nostalgico.

nostril ('nɔstril) *n* narice *f.*

not (nɔt) *adv* non. **not at all!** di nulla!

notch (nɔtʃ) *n* tacca *f.* intaglio *m. vt* intaccare.

note (nout) *n* 1 nota *f.* appunto *m.* 2 biglietto *m.* 3 *mus* nota *f. vt* rilevare, fare attenzione a. **note down** prender nota di. **notable** *adj* notevole. **notation** *n* notazione *f.* **notebook** *n* taccuino *m.* **noted** *adj* celebre. **notepaper** *n* carta da lettere *f.* **noteworthy** *adj* degno di nota.

nothing ('nʌθiŋ) *n* nessuna cosa *f.* niente, nulla *m.* **for nothing** gratis. ~ *adv* niente affatto. **nothingness** *n* nulla *m.*

notice ('noutis) *n* 1 annuncio, avviso *m.* 2 conoscenza, attenzione *f.* 3 recensione *f.* 4 preavviso *m.* **take no notice of** ignorare. **notice board** *n* quadro (degli) annunci *m.*

notify ('noutifai) *vt* informare, notificare a. **notification** *n* comunicazione, notifica *f.*

notion ('nouʃən) *n* idea, nozione *f.*

notorious (nou'tɔ:riəs) *adj* famigerato, notorio. **notoriety** *n* notorietà *f.*

notwithstanding (nɔtwiθ'stændiŋ) *prep* nonostante. *adv* lo stesso.

nougat ('nu:gɑ:) *n* torrone *m.*

nought (nɔ:t) *n* zero *m.*

noun (naun) *n* sostantivo *m.*

nourish ('nʌriʃ) *vt* nutrire, alimentare. **nourishing** *adj* nutriente. **nourishment** *n* nutrimento, cibo *m.*

novel[1] ('nɔvəl) *n* romanzo *m.* **novelist** *n* romanziere *m.*

novel[2] ('nɔvəl) *adj* nuovo, insolito. **novelty** *n* novità *f.*

November (nou'vembə) *n* novembre *m.*

novice ('nɔvis) *n* novizio *m.*

now (nau) *adv* 1 adesso, ora. 2 dunque. *conj* ora che. **just now** appena adesso, proprio adesso. **now and then** di quando in quando. **nowadays** *adv* oggi, al giorno d'oggi.

nowhere ('nouweə) *adv* in nessun luogo.

noxious ('nɔkʃəs) *adj* nocivo, pericoloso.

nozzle ('nɔzəl) *n* becco *m.* imboccatura *f.*

nuance ('nju:əns) *n* sfumatura *f.*

nucleus ('nju:kliəs) *n* nucleo *m.* **nuclear** *adj* nucleare.

nude (nju:d) *adj,n* nudo. **nudist** *n* nudista *m.* **nudity** *n* nudità *f.*

nudge (nʌdʒ) *n* gomitata *f. vt* dare una gomitata a.

nugget ('nʌgit) *n* pepita *f.*

nuisance ('nju:səns) *n* 1 fastidio *m.* noia *f.* 2 (person) seccatore *m.*

null (nʌl) *adj* nullo. **null and void** annullato.

numb (nʌm) *adj* intorpidito. *vt* intorpidire. **numbness** *n* intorpidimento, torpore *m.*

number ('nʌmbə) *n* numero *m.* cifra *f. vt* numerare, contare. **a number of** parecchi.

numeral *adj,n* numerale *m*.
numerate *vt* enumerare, contare, numerare. **numerical** *adj* numerico. **numerous** *adj* numeroso.
nun (nʌn) *n* suora, religiosa, monaca *f*. **nunnery** *n* convento *m*.
nurse (nəɪs) *n* **1** infermiera *f*. **2** bambinaia *f*. *vt* **1** curare. **2** allattare. **3** covare. **nursery** *n* **1** stanza dei bambini *f*. **2** *bot* vivaio *m*. serra *f*. **nursery rhyme** *n* poesia per bambini *f*. **nursery school** *n* asilo *m*. **nursing home** *n* clinica *f*.
nurture ('nəɪtʃə) *vt* allevare, nutrire.
nut (nʌt) *n* **1** noce *f*. **2** *tech* dado *m*. **nutcrackers** *n* schiaccianoci *m*. **nutmeg** *n* noce moscata *f*. **nutshell** *n* guscio di noce *m*. **in a nutshell** in poche parole.
nutrition (njuː'triʃən) *n* nutrizione *f*. **nutritious** *adj* nutriente, nutritivo.
nuzzle ('nʌzəl) *vt* annusare. *vi* annidarsi, accoccolarsi.
nylon ('nailɔn) *n* nailon *m*.
nymph (nimf) *n* ninfa *f*.

O

oak (ouk) *n* quercia *f*.
oar (ɔɪ) *n* remo *m*. *vi* remare. **oarsman** *n* rematore *m*.
oasis (ou'eisis) *n, pl* **oases** oasi *f invar*.
oath (ouθ) *n* **1** (promise) giuramento *m*. **2** bestemmia *f*.
oats (outs) *n pl* avena *f*. **oatmeal** *n* farina d'avena *f*.
obedient (ə'biːdiənt) *adj* ubbidiente, obbediente. **obedience** *n* ubbidienza, obbedienza *f*.
obese (ou'biːs) *adj* obeso, corpulento. **obesity** *n* obesità *f*.
obey (ə'bei) *vt* ubbidire, obbedire.

obituary (ə'bitjuəri) *n* necrologia *f*.
object (*n* 'ɔbdʒikt; *v* əb'dʒekt) *n* **1** oggetto *m*. **2** scopo, fine *m*. *vi* obiettare, protestare. **objection** *n* obiezione *f*. **objective** *n* obiettivo, scopo *m*. *adj* obiettivo.
oblige (ə'blaidʒ) *vt* **1** costringere, obbligare. **2** fare un favore a. **be obliged to 1** dovere. **2** essere riconoscente a. **obligation** *n* obbligazione *f*. dovere *m*. **obligatory** *adj* obbligatorio. **obliging** *adj* gentile, cortese.
oblique (ə'bliːk) *adj* obliquo.
obliterate (ə'blitəreit) *vt* cancellare, distruggere. **obliteration** *n* distruzione, obliterazione *f*.
oblivion (ə'bliviən) *n* oblio *m*. **oblivious** *adj* dimentico, immemore.
oblong ('ɔblɔŋ) *adj* oblungo. *n* rettangolo *m*.
obnoxious (əb'nɔkʃəs) *adj* odioso, offensivo.
oboe (oubou) *n* oboe *m*.
obscene (əb'siːn) *adj* osceno, impudico. **obscenity** *n* oscenità *f*.
obscure (əb'skjuə) *adj* oscuro, sconosciuto. *vt* oscurare. **obscurity** *n* oscurità *f*.
observe (əb'zəɪv) *vt* **1** osservare, notare. **2** celebrare. **observance** *n* osservanza *f*. rito *m*. **observant** *adj* osservante, attento. **observation** *n* osservazione *f*. **observatory** *n* osservatorio *m*. **observer** *n* osservatore *m*.
obsess (əb'ses) *vt* ossessionare. **obsessed** *adj* ossesso. **obsession** *n* ossessione *f*.
obsolescent (ɔbsə'lesənt) *adj* che cade in disuso. **obsolescence** *n* disuso *m*.
obsolete ('ɔbsəliːt) *adj* caduto in disuso, disusato.

obstacle ('ɔbstəkəl) n ostacolo, impedimento m.

obstinate ('ɔbstinət) adj ostinato, inflessibile. **obstinacy** n ostinazione f.

obstruct (əb'strʌkt) vt impedire, ostruire. **obstruction** n ostacolo, impedimento m.

obtain (əb'tein) vt ottenere, raggiungere.

obtrusive (əb'truːsiv) adj importuno, indiscreto.

obtuse (əb'tjuːs) adj 1 ottuso. 2 stupido.

obverse ('ɔbvəis) n 1 faccia f. 2 (of a page) retto m.

obvious ('ɔbviəs) adj ovvio, evidente.

occasion (ə'keiʒən) n 1 occasione f. 2 causa f. motivo m. vt occasione a. **occasional** adj occasionale, raro. **occasionally** adv qualche volta.

Occident ('ɔksidənt) n occidente m.

occult (ɔ'kʌlt) adj occulto, misterioso, segreto.

occupy ('ɔkjupai) vt 1 occupare. 2 impiegare. 3 abitare in. **occupation** n 1 occupazione f. 2 lavoro m. professione f. **occupational** adj del lavoro. **occupier** n abitante m,f.

occur (ə'kəi) vi succedere, capitare, accadere. **occurrence** n avvenimento, caso m.

ocean ('ouʃən) n oceano m.

ochre ('oukə) n ocra f.

octagon ('ɔktəgən) n ottagono m. **octagonal** adj ottagonale.

octane ('ɔktein) n ottano m.

octave ('ɔktiv) n ottava f.

October (ɔk'toubə) n ottobre m.

octopus ('ɔktəpəs) n, pl -puses or -pi polipo m.

oculist ('ɔkjulist) n oculista m.

odd (ɔd) adj 1 dispari invar. 2 strano, bizzarro, eccentrico.

odds and ends cianfrusaglie f pl. **oddity** n 1 bizzarria, stranezza f. 2 persona eccentrica f. **oddment** n articolo spaiato m. **odds** n pl 1 probabilità f. 2 differenza f. **odds and ends** avanzi m pl.

ode (oud) n ode f.

odious ('oudiəs) adj odioso.

odour ('oudə) n odore, profumo m. fragranza f.

oesophagus (i'sɔfəgəs) n esofago m.

oestrogen ('iːstrədʒən) n estrogeno m.

oestrus ('iːstrəs) n estro m.

of (əv; stressed ɔv) prep 1 di. 2 da. 3 a, in. 4 per. **of course** naturalmente.

off (ɔf) adv lontano, via. prep da. adj 1 più distante. 2 laterale. 3 esterno. 4 libero. **be well off** essere ricco.

offal ('ɔfəl) n frattaglie f pl.

offend (ə'fend) vt offendere. **offence** n 1 offesa, ingiuria f. 2 contravvenzione f. 3 delitto m. **offender** n offensore m. **offensive** adj offensivo, oltraggioso, spiacevole. n offensiva f.

offer ('ɔfə) vt offrire, porgere. n offerta, proposta f. **on offer** in vendita.

offhand (ɔf'hænd) adj indifferente, noncurante.

office ('ɔfis) n 1 ufficio m. 2 ministero m. **take office** entrare in carica. **officer** n ufficiale m. **official** n funzionario, impiegato m. adj ufficiale. **officious** (ə'fiʃəs) adj ufficioso.

offing ('ɔfiŋ) **in the offing** adv in vista.

off-licence n negozio dove si vendono bevande alcoliche m.

off-peak adj non di punta.

off-putting adj dissuadente.

off-season adj fuori stagione.

offset ('ɔfset) vt controbilanciare.

offshore (ɔf'ʃɔɪ) *adv* al largo. *adj* di terra.

offside (ɔf'said) *adj,adv* fuori gioco.

offspring ('ɔfsprɪŋ) *n* discendenti, figli *m pl*.

offstage (ɔf'steidʒ) *adv,adj* fuori scena.

often ('ɔfən) *adv* spesso, molte volte. **how often?** quante volte?

ogre ('ougə) *n* orco *m*.

oil (ɔil) *n* 1 olio *m*. 2 petrolio *m*. 3 gasolio *m*. *vt* lubrificare, ungere. **oilfield** *n* giacimento di petrolio, campo petrolifero *m*. **oilskin** *n* impermeabile *m*. **oily** *adj* oleoso.

ointment ('ɔintmənt) *n* unguento *m*.

old (ould) *adj* 1 vecchio. 2 antico. **old age** *n* vecchiaia *f*. **old-fashioned** *adj* fuori moda.

Old Testament *n* Antico Testamento *m*.

olive ('ɔliv) *n* oliva *f*. **olive oil** *n* olio d'oliva *m*. **olive tree** *n* olivo *m*.

omelette ('ɔmlət) *n* frittata *f*.

omen ('oumen) *n* presagio, augurio *m*.

ominous ('ɔminəs) *adj* sinistro, di cattivo augurio. **ominously** *adv* minacciosamente.

omit (ə'mit) *vt* omettere, tralasciare. **omission** *n* omissione *f*.

omnibus ('ɔmnibəs) *n* autobus *m invar*.

omnipotent (ɔm'nipətənt) *adj* onnipotente.

on (ɔn) *prep* 1 su, sopra. 2 a, di. *adv* 1 avanti. 2 su, sopra. **and so on** e così via.

once (wʌns) *adv* una volta. **all at once** ad un tratto. **at once** subito.

one (wʌn) *adj,n* uno. *adj* unico, solo. *pron* 1 (l')uno *m*. (l')una *f*. 2 si, uno. **one and all**

tutti quanti. **one by one** uno dopo l'altro. *poss pron 3rd pers s* il suo, la sua, i suoi, le sue. **oneself** *pron 3rd pers s* 1 se stesso. 2 sé. **one-sided** *adj* 1 unilaterale. 2 ingiusto. **one-way** *adj* a senso unico.

onion ('ʌniən) *n* cipolla *f*.

onlooker ('ɔnlukə) *n* spettatore *m*.

only ('ounli) *adj* solo, unico. *adv* soltanto, non…che. **if only** se almeno. **only just** appena.

onset ('ɔnset) *n* 1 inizio *m*. 2 attacco *m*.

onslaught ('ɔnslɔɪt) *n* assalto *m*.

onus ('ounəs) *n* onere *m*.

onward ('ɔnwəd) *adv* avanti. **onwards** *adv* avanti. **from now onwards** da ora in poi.

ooze (uɪz) *vi* colare, trapelare.

opal ('oupəl) *n* opale *m*.

opaque (ou'peik) *adj* opaco.

open ('oupən) *vt* 1 aprire. 2 cominciare, iniziare. *adj* 1 aperto. 2 chiaro, franco. **wide open** spalancato. **in the open** all'aperto. **open-air** *adj* all'aria aperta. **open-ended** *adj* senza limiti. **open-handed** *adj* generoso. **open-hearted** *adj* franco, sincero. **open-minded** *adj* liberale, spregiudicato. **open-mouthed** *adj,adv* a bocca aperta. **open-plan** *adj* ambiente aperto. **opening** *n* 1 apertura *f*. 2 occasione *f*.

opera ('ɔprə) *n* opera *f*. **opera house** *n* teatro dell'opera *m*. **operetta** *n* operetta *f*.

operate ('ɔpəreit) *vt* 1 operare. 2 dirigere. *vt,vi* operare, agire. **operation** *n* 1 operazione *f*. 2 *med* intervento chirurgico *m*. **operative** *adj* operativo, attivo.

opinion (ə'piniən) n opinione f. parere m. **opinion poll** n sondaggio dell'opinione pubblica m.

opium ('oupiəm) n oppio m.

opponent (ə'pounənt) n avversario, opponente, rivale m.

opportune (opə'tjuːn) adj opportuno.

opportunity (opə'tjuːniti) n occasione f.

oppose (ə'pouz) vt contrapporre, opporre, combattere. **opposed** adj contrario.

opposite ('opəzit) adj contrario, opposto, diverso. n contrario m. prep in faccia a, di fronte a. **opposition** n opposizione f.

oppress (ə'pres) vt opprimere. **oppression** n oppressione f. **oppressive** adj oppressivo. **oppressor** n oppressore, tiranno m.

opt (opt) vi scegliere.

optical ('optikəl) adj ottico. **optician** n ottico m. **optics** n pl ottica f.

optimism ('optimizəm) n ottimismo m. **optimist** n ottimista m. **optimistic** adj ottimistico.

option ('opʃən) n scelta, opzione f. **optional** adj facoltativo.

opulent ('opjulənt) adj opulento. **opulence** n opulenza f.

or (ɔː) conj o, oppure. **or else** altrimenti.

oral ('ɔːrəl) adj orale.

orange ('orindʒ) n 1 bot arancia f. 2 (colour) arancio m. adj arancione. **orange tree** n arancio m.

oration (ɔ'reiʃən) n orazione f. discorso m. **orator** n oratore m.

orbit ('ɔːbit) n orbita f.

orchard ('ɔːtʃəd) n frutteto m.

orchestra ('ɔːkistrə) n orchestra f. **orchestrate** vt orchestrare. **orchestration** n orchestrazione f.

orchid ('ɔːkid) n orchidea f.

ordain (ɔː'dein) vt 1 ordinare, decretare. 2 rel ordinare, consacrare.

ordeal (ɔː'diːl) n prova f. travaglio m.

order ('ɔːdə) n 1 ordine m. 2 comm ordinazione f. 3 grado m. vt ordinare, comandare. **in order that** affinché, perché. **in order to** per. **orderly** adj ordinato, regolato. n attendente m.

ordinal ('ɔːdinl) adj ordinale.

ordinary ('ɔːdənri) adj ordinario, solito, normale, comune. **out of the ordinary** straordinario. **ordinarily** adv di solito.

ore (ɔː) n minerale m.

oregano (ori'gaːnou) n origano m.

organ ('ɔːgən) n organo m.

organism ('ɔːgənizəm) n organismo m. **organic** adj organico.

organize ('ɔːgənaiz) vt organizzare. **organization** n organizzazione f. **organizer** n organizzatore m.

orgasm ('ɔːgæzəm) n orgasmo m.

orgy ('ɔːdʒi) n orgia f.

Orient ('ɔːriənt) n oriente, levante m. **oriental** adj orientale.

orientate ('ɔːrienteit) vt orientare.

origin ('oridʒin) n origine f. **original** adj originale, nuovo. n originale m. **originality** n originalità f. **originate** vt originare, produrre. vi originarsi, derivare. **originate from** provenire da.

Orlon ('ɔːlon) n Tdmk Orlon m.

ornament ('ɔːnəmənt) n ornamento m. vt ornare, adornare, abbellire. **ornamental** adj decorativo.

ornate (ɔː'neit) *adj* ornato.

ornithology (ɔːni'θɔlədʒi) *n* ornitologia *f*. **ornithologist** *n* ornitologo *m*.

orphan ('ɔːfən) *adj,n* orfano. **orphanage** *n* orfanotrofio *m*.

orthodox ('ɔːθədɔks) *adj* ortodosso.

orthography (ɔː'θɔgrəfi) *n* ortografia *f*.

orthopaedic (ɔːθə'piːdik) *adj* ortopedico.

oscillate ('ɔsəleit) *vi* oscillare.

ostensible (ɔ'stensəbəl) *adj* ostensibile, preteso. **ostensibly** *adv* ostensibilmente.

ostentatious (ɔsten'teiʃəs) *adj* vanitoso, ostentato.

osteopath ('ɔstiəpæθ) *n* specialista di osteopatia *m*.

ostracize ('ɔstrəsaiz) *vt* ostracizzare.

ostrich ('ɔstritʃ) *n* struzzo *m*.

other ('ʌðə) *adj* altro, diverso. **every other day** ogni due giorni. **on the other hand** d'altra parte. ~*pron* l'altro. **each other** l'un l'altro. **otherwise** *adv* altrimenti.

otter ('ɔtə) *n* lontra *f*.

ought* (ɔːt) *v mod aux* dovere.

ounce (auns) *n* oncia *f*.

our (auə) *poss adj 1st pers pl* (il) nostro, (la) nostra, (i) nostri, (le) nostre. **ours** *poss pron 1st pers pl* il nostro, la nostra, i nostri, le nostre. **ourselves** *pron 1st pers pl* **1** noi stessi. **2** ci.

oust (aust) *vt* espellere, cacciare.

out (aut) *adv* fuori, via. *prep* fuori di. *adj* **1** di fuori. **2** (of a fire, etc.) spento. **out of work** disoccupato. **out-of-date** *adj* fuori moda.

outboard ('autbɔːd) *adj* fuoribordo.

outbreak ('autbreik) *n* **1** scoppio *m*. **2** *med* epidemia .

outburst ('autbəːst) *n* **1** scoppio *m*. esplosione *f*. **2** tirata *f*.

outcast ('autkaːst) *n* proscritto *m*.

outcome ('autkʌm) *n* risultato, esito *m*.

outcry ('autkrai) *n* clamore, grido *m*.

outdo (aut'duː) *vt* superare, sorpassare.

outdoor ('autdɔː) *adj* all'aperto, di fuori. **outdoors** *adv* fuori di casa, all'aria aperta.

outer ('autə) *adj* esterno, esteriore.

outfit ('autfit) *n* **1** abito, corredo *m*. **2** equipaggiamento *m*.

outgoing ('autgouiŋ) *adj* partente, uscente.

outgrow (aut'grou) *vt* diventare troppo grande per.

outhouse ('authaus) *n* tettoia *f*. edificio annesso *m*.

outing ('autiŋ) *n* gita, escursione *f*.

outlandish (aut'lændiʃ) *adj* strano, bizzarro.

outlaw ('autlɔː) *n* bandito, fuorilegge *m*. *vt* bandire, proscrivere.

outlay ('autlei) *n* spesa *f*.

outlet ('autlet) *n* uscita *f*. sbocco *m*.

outline ('autlain) *n* **1** contorno *m*. **2** abbozzo *m*. *vt* abbozzare, delineare.

outlive (aut'liv) *vt* sopravvivere a.

outlook ('autluk) *n* prospetto *m*. veduta *f*.

outlying ('autlaiiŋ) *adj* remoto, lontano.

outnumber (aut'nʌmbə) *vt* superare in numero.

outpatient ('autpeiʃənt) *n* malato esterno *m*.

outpost ('autpoust) *n* avamposto *m*.

output ('autput) *n* produzione *f*.

outrage (aut'reidʒ) *n* oltraggio

m. vt oltraggiare, violare.
outrageous *adj* oltraggioso, esorbitante.
outright ('autrait) *adv* 1 subito, immediatamente. 2 apertamente. *adj* completo.
outside (aut'said) *adj* esterno, esteriore. *adv* fuori, all'aperto. *prep* fuori di. *n* esterno *m*. superficie *f*. **at the outside** al massimo. **outsider** *n* estraneo *m*.
outsize ('autsaiz) *adj* di taglia fuori misura.
outskirts ('autskəːts) *n pl* periferia *f*. dintorni *m pl*.
outspoken (aut'spoukən) *adj* franco, esplicito.
outstanding (aut'stændiŋ) *adj* 1 prominente. 2 *comm* non pagato. 3 eminente.
outstrip (aut'strip) *vt* superare, sorpassare.
outward ('autwəd) *adj* esterno, esteriore. **outwards** *adv* fuori, esternamente.
outweigh (aut'wei) *vt* 1 sorpassare in importanza. 2 sorpassare in peso.
outwit (aut'wit) *vt* superare in furberia.
oval ('ouvəl) *adj,n* ovale *m*.
ovary ('ouvəri) *n* ovaia *f*.
ovation (ou'veifən) *n* ovazione *f*.
oven ('ʌvən) *n* forno *m*.
over ('ouvə) *prep* 1 sopra, su. 2 attraverso. 3 più di, oltre. **over here** da questa parte. **over there** laggiù. ~*adv* 1 al di sopra. 2 oltre. **all over** dappertutto. **over and over again** continuamente.
overall ('ouvərɔːl) *n* 1 (woman's) grembiule *m*. 2 (workman's) tuta *f*.
overbalance (ouvə'bæləns) *vi* perdere l'equilibrio.
overbearing (ouvə'bɛəriŋ) *adj* arrogante.

overboard ('ouvəbɔːd) *adv* fuori bordo, in mare.
overcast ('ouvəkɑːst) *adj* coperto di nuvole.
overcharge (ouvə'tʃɑːdʒ) *vt* far pagare troppo.
overcoat ('ouvəkout) *n* soprabito, cappotto *m*.
overcome (ouvə'kʌm) *vt* superare, vincere. *adj* commosso.
overdo (ouvə'duː) *vt* 1 esagerare. 2 *cul* cuocere troppo.
overdose ('ouvədous) *n* dose troppo forte *f*.
overdraft ('ouvədrɑːft) *n* credito allo scoperto *m*.
overdraw* (ouvə'drɔː) *vt* trarre allo scoperto.
overdue (ouvə'djuː) *adj* in ritardo, non pagato in tempo.
overestimate (ouvər'estimeit) *vt* sopravalutare.
overfill (ouvə'fil) *vt* riempire troppo.
overflow (*v* ouvə'flou; *n* 'ouvəflou) *vt* inondare. *vi* 1 traboccare. 2 stripare. *n* inondazione *f*.
overhang (*v* ouvə'hæŋ; *n* 'ouvəhæŋ) *vt* sovrastare a. *n* strapiombo *m*.
overhaul (ouvə'hɔːl) *vt* esaminare, restaurare.
overhead (*adv* ouvə'hed; *adj,n* 'ouvəhed) *adv* in alto. *adj* di sopra. **overheads** *n pl* spese generali *f pl*.
overhear (ouvə'hiə) *vt* sentire per caso.
overheat (ouvə'hiːt) *vt,vi* riscaldare troppo.
overjoyed (ouvə'dʒɔid) *adj* molto felice, colmo di gioia.
overland (*adv* ouvə'lænd; *adj* 'ouvəlænd) *adj, adv* per terra.
overlap (*v* ouvə'læp; *n* 'ouvəlæp) *vi* 1 sovrapporsi. 2 coincidere. *n* sovrapposizione *f*.
overlay (*v* ouvə'lei; *n* 'ouvəlei) *vt* coprire. *n* copertura *f*.
overleaf (ouvə'liːf) *adv* al rove-

scio. **see overleaf** vedi retro.

overload (v ouvə'loud; n 'ouvəloud) vt sovraccaricare. n sovraccarico m.

overlook (ouvə'luk) vt passare sopra, trascurare.

overnight (adv ouvə'nait; adj 'ouvənait) adv durante la notte. adj **1** per una notte. **2** compiuto durante la notte.

overpower (ouvə'pauə) vt soggiogare, vincere.

overrate (ouvə'reit) vt sopravalutare.

overreach (ouvə'riːtʃ) vt oltrepassare.

overrule (ouvə'ruːl) vt annullare.

overrun (v ouvə'rʌn) vt invadere.

overseas (ouvə'siːz) adj d'oltremare. adv oltremare.

overshadow (ouvə'ʃædou) vt **1** ombreggiare. **2** oscurare.

overshoot (ouvə'ʃuːt) vt oltrepassare.

oversight ('ouvəsait) n svista f. sbaglio m.

oversleep (ouvə'sliːp) vi dormire oltre l'ora giusta.

overspend (ouvə'spend) vi spendere troppo.

overt ('ouvəit) adj aperto, evidente.

overtake (ouvə'teik) vt sorpassare, raggiungere.

overthrow (v ouvə'θrou; n 'ouvəθrou) vt rovesciare, sconfiggere. n sconfitta f.

overtime ('ouvətaim) n ore straordinarie f pl.

overtone ('ouvətoun) n sfumatura f. sottinteso m.

overture ('ouvətʃə) n preludio m.

overturn (ouvə'təin) vt rovesciare, capovolgere.

overweight (adj ouvə'weit n 'ouvəweit) adj grasso, che pesa troppo. n eccesso di peso m.

overwhelm (ouvə'welm) vt opprimere, sconvolgere.

overwork (v ouvə'wəik; n 'ouvəwəik) vi lavorare troppo. vt far lavorare troppo. n eccesso di lavoro m.

overwrought (ouvə'rɔit) adj sovreccitato.

ovulate ('ɔvjuleit) vi ovulare.

owe (ou) vt dovere. **owing to** prep a causa di.

owl (aul) n gufo m.

own (oun) adj proprio. vt possedere. **own up** confessare. **owner** n proprietario, padrone m. **ownership** n possesso m. diritti di proprietà m pl.

ox (ɔks) n, pl **oxen** bue m, pl buoi. **oxtail** n coda di bue f.

oxygen ('ɔksidʒən) n ossigeno m.

oyster ('ɔistə) n ostrica f.

P

pace (peis) n **1** passo m. **2** velocità f. vt misurare con i passi. vi passeggiare, camminare lento. **pacemaker** n stimolatore cardiaco m.

pacific (pə'sifik) adj pacifico. **Pacific (Ocean)** n (Ocean) Pacifico m.

pacify ('pæsifai) vt pacificare. **pacifism** n pacifismo m. **pacifist** n pacifista m.

pack (pæk) n **1** pacco m. **2** game mazzo m. **3** (of hounds) muta f. **4** (of thieves) banda f. vt imballare, impaccare. vi fare le valigie. **package** n pacco m. balla f. **packet** n pacchetto m.

packhorse n cavallo da soma m.

pact (pækt) n patto m.

pad¹ (pæd) n **1** cuscinetto, tampone m. **2** blocco m. **3** zool zampa f. vt imbottire.

pad² (pæd) n passo m. vi camminare silenziosamente.

paddle¹ ('pædl) *n* (of a boat) pagaia *f.* remo *m.* *vt* pagaiare, remare.
paddle² ('pædl) *vi* sguazzare.
paddock ('pædɔk) *n* recinto per cavalli *m*
paddyfield ('pædifiːld) *n* risaia *f.*
padlock ('pædlɔk) *n* lucchetto *m.* *vt* chiudere col lucchetto.
paediatric (piːdi'ætrik) *adj* pediatrico. **paediatrics** *n* pediatria *f.*
pagan ('peigən) *adj,n* pagano.
page¹ (peidʒ) *n* (of a book) pagina *f.*
page² (peidʒ) *n* paggio, fattorino *m.*
pageant ('pædʒənt) *n* spettacolo storico *m.* **pageantry** *n* spettacolo sfarzoso *m.*
pagoda (pə'goudə) *n* pagoda *f.*
paid (peid) *v* see **pay.**
pain (pein) *n* dolore, male *m.* sofferenza *f.* **painful** *adj* doloroso. **painstaking** *adj* laborioso, diligente.
paint (peint) *n* colore *m.* vernice *f.* *vt* colorire, dipingere. **paintbrush** *n* pennello *m.*
painter *n* 1 Art pittore *m.* 2 imbianchino *m.* **painting** *n* 1 pittura *f.* 2 quadro *m.*
pair (peə) *n* paio *m,* *pl* paia *f.* coppia *f.* *vt* appaiare, accoppiare. **pair off** andare in due, appaiare.
Pakistan (paːki'staːn) *n* Pakistan *m.* **Pakistani** *adj,n* pachistano.
pal (pæl) *n inf* amico, compagno *m.*
palace ('pælis) *n* palazzo *m.*
palate ('pælət) *n* palato *m.* **palatable** *adj* appetitoso, gustoso.
pale (peil) *adj* pallido. **paleness** *n* pallidezza *f.*
Palestine ('pælistain) *n* Palestina *f.* *adj,n* palestinese.
palette ('pælit) *n* tavolozza *f.* **palette knife** *n* spatola *f.*

palm¹ (paːm) *n anat* palmo *m.* **palmistry** *n* chiromanzia *f.*
palm² (paːm) *n bot* palma *f.*
Palm Sunday *n* Domenica delle Palme *f.*
pamper ('pæmpə) *vt* accarezzare, viziare.
pamphlet ('pæmflət) *n* opuscolo, libretto *m.*
pan (pæn) *n* padella *f.* tegame *m.* **pancake** *n* frittella *f.*
Panama ('pænəmaɪ) *n* Panama *m.*
pancreas ('pæŋkriəs) *n* pancreas *m.*
panda ('pændə) *n* panda *f.*
pander ('pændə) *n* mezzano *m.* *vi* fare il mezzano.
pane (pein) *n* vetro *m.*
panel ('pænl) *n* 1 pannello *m.* 2 lista *f.* *vt* pannellare, rivestire di legno. **panelling** *n* rivestimento *m.*
pang (pæŋ) *n* dolore acuto, spasimo *m.*
panic* ('pænik) *n* panico *m.* *vi* essere colto dal panico.
pannier ('pæniə) *n* paniere, cesto *m.*
panorama (pænə'raːmə) *n* panorama *m.* **panoramic** *adj* panoramico.
pansy ('pænzi) *n* viola del pensiero *f.*
pant (pænt) *vi* ansare, anelare. *n* anelito *m.*
panther ('pænθə) *n* pantera *f.*
pantomime ('pæntəmaim) *n* pantomima *f.*
pantry ('pæntri) *n* dispensa *f.*
pants (pænts) *n* mutande *f pl.*
papal ('peipəl) *adj* papale, pontificio.
paper ('peipə) *n* 1 carta *f.* 2 documento *m.* 3 giornale *m.* *vt* coprire di carta, tappezzare con carta. **paperback** *n* edizione economica *f.* **paperclip** *n* serracarte *m.* **paperwork** *n* amministrazione *f.*

papier-mâché (pæpiei'mæʃei) *n* cartapesta *f*.

papist ('peipist) *n* papista *m*.

paprika ('pæprikə) *n* paprica *f*.

par (pɑ:) *n* pari, parità *f*. **above/below par** sopra/sotto la pari. **on a par with** pari a.

parable ('pærəbəl) *n* parabola *f*.

parachute ('pærəʃu:t) *n* paracadute *m*. **parachutist** *n* paracadutista *m*.

parade (pə'reid) *n* parata, mostra *f*. *vt* far mostra di. *vi* sfilare in parata.

paradise ('pærədais) *n* paradiso *m*.

paradox ('pærədɔks) *n* paradosso *m*. **paradoxical** *adj* paradossale.

paraffin ('pærəfin) *n* petrolio combustibile *m*.

paragraph ('pærəgrɑ:f) *n* paragrafo *m*.

parallel ('pærəlel) *adj* **1** parallelo. **2** analogo. *n* **1** *math* parallela *f*. **2** *geog* parallelo *m*. *vt* paragonare.

paralyse ('pærəlaiz) *vt* paralizzare. **paralysis** *n* paralisi *f*.

paramount ('pærəmaunt) *adj* supremo, sommo.

paranoia (pærə'nɔiə) *n* paranoia *f*.

parapet ('pærəpit) *n* parapetto *m*.

paraphernalia (pærəfə'neiliə) *n* roba *f*. oggetti *m pl*.

paraphrase ('pærəfreiz) *n* parafrasi *f*. *vt* parafrasare.

parasite ('pærəsait) *n* parassita *m*.

paratrooper ('pærətru:pə) *n* soldato paracadutista *m*.

parcel ('pɑ:səl) *n* pacco, pacchetto *m*. *vt* impacchettare.

parch (pɑ:tʃ) *vt* arsicciare. *vi* diventare riarso. **parched** *adj* riarso.

parchment ('pɑ:tʃmənt) *n* pergamena *f*.

pardon ('pɑ:dn̩) *n* perdono *m*. grazia, amnistia *f*. *vt* perdonare. **pardon me!** mi scusi! **pardonable** *adj* scusabile.

pare (peə) *vt* sbucciare, pelare.

parent ('peərənt) *n* genitore *m*. **parenthood** *n* paternità, maternità *f*.

parenthesis (pə'renθəsis) *n, pl* **-ses** parentesi *f*.

parish ('pæriʃ) *n* **1** *rel* parrocchia *f*. **2** comune *m*. **parishioner** *n* parrocchiano *m*.

parity ('pæriti) *n* parità *f*.

park (pɑ:k) *n* parco *m*. *vt* posteggiare. **parking** *n* posteggio *m*. **parking meter** *n* parchimetro *m*.

parliament ('pɑ:ləmənt) *n* parlamento *m*. camera dei deputati *f*. **parliamentary** *adj* parlamentare.

parlour ('pɑ:lə) *n* salotto *m*.

parochial (pə'roukiəl) *adj* **1** comunale. **2** *rel* parrocchiale.

parody ('pærədi) *n* parodia *f*. *vt* parodiare.

parole (pə'roul) *n* parola d'onore *f*. **on parole** lasciato libero sulla parola.

parquet ('pɑ:kei) *n* pavimento di legno lucido *m*.

parrot ('pærət) *n* pappagallo *m*.

parry ('pæri) *vt* **1** parare. **2** evitare.

parsley ('pɑ:sli) *n* prezzemolo *m*.

parsnip ('pɑ:snip) *n* pastinaca *f*.

parson ('pɑ:sən) *n* parroco, prete *m*.

part (pɑ:t) *n* **1** parte *f*. **2** pezzo *m*. **3** regione *f*. **spare part** pezzo di ricambio. ~ *vt* dividere, separare. *vi* dividersi, separarsi. **part with** disfare di. **parting** *n* **1** separazione, divisione *f*. **2** (in hair) scrimatura *f*. **part-time** *adj* a mezza giornata.

partake (pɑ:'teik) *vi* partecipare, prendere parte.

partial ('pɑːʃəl) *adj* parziale. **be partial to** avere un debole per.

participate (pɑː'tisipeit) *vi* partecipare. **participation** *n* partecipazione *f*.

participle ('pɑːtisəpəl) *n* participio *m*.

particle ('pɑːtikəl) *n* particola, particella *f*.

particular (pə'tikjulə) *adj* particolare, preciso. *n* particolare, dettaglio *m*.

partisan (pɑːti'zæn) *adj, n* partigiano.

partition (pɑː'tiʃən) *n* 1 partizione *f*. 2 (in a room) tramezzo *m*. *vt* 1 dividere. 2 tramezzare.

partner ('pɑːtnə) *n* 1 compagno *m*. 2 *comm* socio *m*. *vt* fare da campagno di, ballare con. **partnership** *n* 1 società *f*. 2 associazione *f*.

partridge ('pɑːtridʒ) *n* pernice *f*.

party ('pɑːti) *n* 1 ricevimento *m*. festa *f*. 2 *pol* partito *m*. 3 gruppo *m*.

pass (pɑːs) *vt* 1 passare. 2 attraversare. 3 superare. *vi* 1 succedere. 2 accadere. *n* 1 lasciapassare *m*. 2 (through a mountain) passo *m*. **passerby** *n* passante *m*. **password** *n* parola d'ordine *f*.

passage ('pæsidʒ) *n* 1 passaggio *m*. 2 corridoio *m*. 3 viaggio *m*.

passenger ('pæsindʒə) *n* viaggiatore *m*.

passion ('pæʃən) *n* passione *f*. **passionate** *adj* appassionato.

passive ('pæsiv) *adj* passivo. **passivity** (pæ'siviti) *n* passività *f*.

Passover ('pɑːsouvə) *n* Pasqua degli ebrei *f*.

passport ('pɑːspɔt) *n* passaporto *m*.

past (pɑːst) *adj* 1 passato, trascorso. 2 scorso. 3 ultimo. *prep* dopo, oltre. *n* passato *m*. **past participle** *n* participio passato.

pasta ('pæstə) *n* pasta *f*.

paste (peist) *n* colla *f*. *vt* incollare.

pastel ('pæstəl) *n* pastello *m*.

pasteurize ('pæstəraiz) *vt* pastorizzare.

pastime ('pɑːstaim) *n* passatempo, svago *m*.

pastoral ('pæstərəl) *adj* pastorale.

pastry ('peistri) *n* 1 pasticceria *f*. pasticcio *m*. 2 pasta *f*.

pasture ('pɑːstʃə) *n* pascolo *m*. pastura *f*.

pasty[1] ('peisti) *adj* pallido.

pasty[2] ('pæsti) *n* pasticcio *m*.

pat[1] (pæt) *n* 1 colpetto *m*. carezza *f*. 2 (of butter) panetto *m*. *vt* accarezzare.

pat[2] (pæt) *adj* pronto, opportuno. *adv* a proposito.

patch (pætʃ) *n* 1 toppa *f*. 2 (of land) pezzo *m*. *vt* raccomodare, rappezzare. **patchwork** *n* rappezzamento, mosaico *m*.

pâté ('pætei) *n* pasticcio *m*.

patent ('peitrnt) *n* brevetto *m*. *adj* aperto, evidente. *vt* prendere un brevetto per. **patent leather** *n* cuoio verniciato *m*.

paternal (pə'tɑːnl) *adj* paterno. **paternity** *n* paternità *f*.

path (pɑːθ) *n* sentiero *m*. via, strada *f*.

pathetic (pə'θetik) *adj* patetico, commovente.

pathology (pə'θɔlədʒi) *n* patologia *f*.

pathway ('pɑːθwei) *n* 1 sentiero *m*, viottolo *m*, stradina *f*. 2 corsia pedonale *f*.

patience ('peiʃəns) *n* pazienza *f*. **patient** *adj* paziente. *n* paziente *m, f*. malato sotto cura *m*.

patio ('pætiou) *n* patio *m*.

patriarchal (peitri'ɑːkəl) *adj* patriarcale.

patriot ('pætriət) *n* patriota *m*. **patriotic** *adj* patriottico. **patriotism** *n* patriottismo *m*.

patrol (pə'troul) *n* pattuglia *f*. *vi* andare di pattuglia.

patron ('peitrən) *n* **1** patrono, protettore *m*. **2** (customer) cliente *m*. **patronage** *n* patronato *m*. protezione *f*. **patronize** *vt* **1** proteggere. **2** frequentare. **patronizing** *adj* condiscendente.

patter¹ ('pætə) *n* (noise) picchiettio *m*. *vi* picchiettare.

patter² ('pætə) *n* (talk) cicalio *m*.

pattern ('pætən) *n* **1** modello, disegno *m*. **2** esempio *m*. *vt* modellare.

paunch (pɔːntʃ) *n* pancione *m*.

pauper ('pɔːpə) *n* indigente, mendicante *m*.

pause (pɔːz) *n* pausa, fermata *f*. *vi* far pausa, fermarsi.

pave (peiv) *vt* pavimentare. **pavement** *n* marciapiede *m*.

pavilion (pə'viliən) *n* padiglione *m*. tenda *f*.

paw (pɔː) *n* zampa *f*. *vt* zampare. **paw the ground** scalpitare.

pawn¹ (pɔːn) *vt* impegnare. *n* pegno *m*. **pawnbroker** *n* prestatore su pegni *m*.

pawn² (pɔːn) *n game* pedina *f*.

pay* (pei) *vt* **1** pagare. **2** fare. *vi* rendere. *n* paga *f*. stipendio, salario *m*. **payment** *n* pagamento *m*. **payroll** *n* distinta dei salari *f*.

pea (piː) *n* pisello *m*.

peace (piːs) *n* pace, tranquillità *f*. **peaceful** *adj* tranquillo.

peach (piːtʃ) *n* pesca *f*. **peach tree** *n* pesco *m*.

peacock ('piːkɔk) *n* pavone *m*.

peak (piːk) *n* **1** cima, vetta *f*.

picco *m*. **2** (of a cap) visiera *f*.

peal (piːl) *n* **1** scoppio, scroscio *m*. **2** (of bells) scampanio *m*. *vi* **1** scampanare, risonare. **2** (of thunder) tuonare.

peanut ('piːnʌt) *n* arachide, nocciolina americana *f*.

pear (pɛə) *n* pera *f*. **pear tree** *n* pero *m*.

pearl (pɜːl) *n* perla *f*. **mother of pearl** *n* madreperla *f*.

peasant ('pezənt) *n* contadino *m*. *adj* contadinesco. **peasantry** *n* contadini *m pl*.

peat (piːt) *n* torba *f*.

pebble ('pebəl) *n* ciottolo, sasso *m*.

peck (pek) *vt,vi* beccare. *n* **1** beccata *f*. **2** bacetto *m*. **peckish** ('pekiʃ) *adj* che ha fame.

peculiar (pi'kjuːliə) *adj* **1** particolare, speciale. **2** strano. **peculiarity** *n* particolarità, stranezza *f*.

pedal ('pedl) *n* pedale *m*. *vi* pedalare.

peddle ('pedl) *vt* vendere in piccola quantità. *vi* fare il venditore ambulante. **pedlar** *n* merciaiuolo ambulante *m*.

pedestal ('pedistəl) *n* piedistallo *m*.

pedestrian (pi'destriən) *n* pedone *m*. *adj* pedestre. **pedestrian crossing** *n* passaggio pedonale *m*.

pedigree ('pedigriː) *n* genealogia *f*. albero genealogico *m*. *adj* di razza pura.

peel (piːl) *n* buccia, pelle *f*. *vt* sbucciare, pelare. **peelings** *n pl* bucce *f pl*.

peep (piːp) *n* occhiata *f*. sguardo furtivo *m*. *vi* spiare, guardare furtivamente.

peer¹ (piə) *n* pari *m invar*. **peerage** *n* nobiltà *f*.

peer² (piə) *vi* guardare da vicino.

peevish ('piːviʃ) *adj* irritabile, brontolone.

peg (peg) *n* **1** gancio *m.* **2** molletta *f.* appiglio *m. vt* fissare con mollette.

pejorative (pi'dʒɔrətiv) *adj* peggiorativo.

pelican ('pelikən) *n* pellicano *m.*

pellet ('pelit) *n* **1** pallina, pallottola *f.* **2** pillola *f.*

pelmet ('pelmit) *n* pendaglio sopra le tende *m.*

pelt[1] (pelt) *vt, vi* colpire, tirare.

pelt[2] (pelt) *n* pelliccia, pelle greggia *f.*

pelvis ('pelvis) *n* pelvi *f.* bacino *m.*

pen[1] (pen) *n* penna *f.* **fountain pen** *n* penna stilografica *f.* **penfriend** *n* amico per corrispondenza *m.* **penknife** *n* temperino *m.* **pen nib** *n* pennino *m.*

pen[2] (pen) *n* **1** recinto *m.* **2** (for sheep) ovile *m. vt* rinchiudere.

penal ('piːnl) *adj* penale. **penalize** *vt* punire. **penalty** *n* pena, penalità *f.* **penalty kick** *n* calcio di rigore *m.*

penance ('penəns) *n* penitenza *f.*

pencil ('pensəl) *n* matita *f.* lapis *m invar.* **pencil-sharpener** *n* temperalapis *m invar.*

pendant ('pendənt) *n* pendente, pendaglio *m.*

pending ('pendiŋ) *adj* pendente. *prep* in attesa di.

pendulum ('pendjuləm) *n* pendolo *m.*

penetrate ('penitreit) *vt* penetrare. **penetration** *n* penetrazione *f.*

penguin ('peŋgwin) *n* pinguino *m.*

penicillin (peni'silin) *n* penicillina *f.*

peninsula (pə'ninsjulə) *n* penisola *f.* **peninsular** *adj* peninsulare.

penis ('piːnis) *n* pene *m.*

penitent ('penitənt) *adj* penitente.

pennant ('penənt) *n* banderuola *f.* pennone *m.*

penny ('peni) *n* **1** *pl* **pennies** British unit of currency. **2** *pl* **pence** soldo *m.* **penniless** *adj* senza un soldo, povero, indigente.

pension ('penʃən) *n* pensione *f. v* **pension off** mettere in pensione. **pensioner** *n* pensionato *m.*

pensive ('pensiv) *adj* pensieroso.

pent (pent) *adj* rinchiuso. **pent-up** *adj* represso.

pentagon ('pentəgon) *n* pentagono *m.*

Pentecost ('pentikɔst) *n* Pentecoste *f.*

penthouse ('penthaus) *n* tettoia *f.*

people ('piːpəl) *n* **1** gente *f.* **2** (race) popolo *m.* nazione *f. vt* popolare.

pepper ('pepə) *n* pepe *m.* **peppercorn** *n* granello di pepe *m.* **peppermill** *n* macinino da pepe *m.* **peppermint** *n* **1** menta peperina *f.* **2** (sweet) caramella alla menta *f.*

per (pəɪ) *prep* per, per mezzo di.

perambulator (pə'ræmbjuleitə) *n* carrozzina *f.*

perceive (pə'siːv) *vt* **1** accorgersi di. **2** osservare. **3** capire. **perceptible** *adj* percettibile, visibile.

per cent (pə 'sent) *prep* per cento.

percentage (pə'sentidʒ) *n* percentuale *f.*

perception (pə'sepʃən) *n* percezione, nozione *f.* **perceptive** *adj* percettivo.

perch[1] (pəɪtʃ) *n zool* pesce persico *m.*

perch[2] (pəɪtʃ) n posatoio m. vi appollaiarsi, posarsi.

percolate ('pəɪkəleit) vt, vi filtrare. **percolator** n filtro m.

percussion (pə'kʌʃən) n percussione f.

perennial (pə'reniəl) adj perenne, eterno.

perfect (adj,n 'pəɪfikt; v pə'fekt) adj perfetto, completo. n gram tempo perfetto m. vt perfezionare. **perfection** n perfezione f.

perforate ('pəɪfəreit) vt perforare. **perforation** n perforazione f. buco m.

perform (pə'fɔɪm) vt, vi 1 eseguire, compire. 2 Th rappresentare. **performance** n 1 esecuzione f. adempimento m. 2 Th rappresentazione f. spettacolo m.

perfume (n 'pəɪfjuɪm; v pə'fjuɪm) n profumo m. fragranza f. vt profumare. **perfumery** n profumeria f.

perhaps (pə'hæps) adv forse.

peril ('peril) n pericolo, rischio m. **perilous** adj pericoloso.

perimeter (pə'rimitə) n perimetro m.

period ('piəriəd) n 1 periodo m. 2 epoca f. 3 med mestruazioni f pl. **periodic** adj periodico. **periodical** n periodico, giornale m. rivista f.

peripheral (pə'rifərəl) adj periferica.

perish ('periʃ) vi 1 perire, morire. 2 guastarsi. **perishable** adj deperibile.

perjury ('pəɪdʒəri) n spergiuro m.

perk (pəɪk) vi **perk up** rianimarsi. **perky** adj impertinente, vivace.

permanent ('pəɪmənənt) adj permanente, durevole.

permeate ('pəɪmieit) vt permeare, penetrare.

permit (v pə'mit; n 'pəɪmit) vt permettere, lasciare. n pe., so, lasciapassare m. licen... f. **permission** n permesso m. licenza f. **permissive** adj permissivo.

permutation (pəɪmju'teiʃən) n permutazione f.

peroxide (pə'rɔksaid) n perossido m.

perpendicular (pəɪpən'dikjulə) adj,n perpendicolare f.

perpetual (pə'petʃuəl) adj perpetuo, continuo.

perpetuate (pə'petʃueit) vt perpetuare.

perplex (pə'pleks) vt confondere, imbarazzare. **perplexed** adj perplesso. **perplexity** n perplessità f. imbarazzo m.

persecute ('pəɪsikjuɪt) vt perseguitare, importunare. **persecution** n persecuzione f.

persevere (pəɪsi'viə) vi perseverare. **perseverance** n perseveranza f.

Persia ('pəɪʃə) n Persia f. **Persian** adj,n persiano. **Persian** (language) n persiano m.

persist (pə'sist) vi persistere, ostinarsi. **persist in** persistere a. **persistence** n persistenza f. **persistent** adj persistente, tenace.

person ('pəɪsən) n persona f. **personage** n personaggio m. **personal** adj personale. **personality** n personalità f. **personify** vt personificare. **personnel** n personale m.

perspective (pə'spektiv) n prospettiva, vista f.

Perspex ('pəɪspeks) n Tdmk Perspex m.

perspire (pə'spaiə) vi sudare, traspirare. **perspiration** n sudore m.

persuade (pə'sweid) vt persuadere. **persuasion** n persuasione f. **persuasive** adj persuasivo.

persuade

...mpertinente, ...ace.

...vi apparTene-
...adj pertinente,
...ttinence n perti-

...(...) vt perturbare,
..., agitare.

Peru (...) n Perù m. **Peruvian** adj,n peruviano.

pervade (pə'veid) vt pervadere, permeare, diffondersi in. **pervasive** adj penetrante, diffuso.

perverse (pə'vəːs) adj perverso, malvagio. **perversity** n perversità, malvagità f. **pervert** (v pəɾ'vəːt; n 'pəɾvəːt) vt pervertire, corrompere. n pervertito m. **perversion** n perversione f.

pessimism ('pesimizəm) n pessimismo m. **pessimist** n pessimista m. **pessimistic** adj pessimistico.

pest (pest) n peste, pestilenza f. **pesticide** n pesticida f. **pester** ('pestə) vt annoiare, tormentare.

pet (pet) n 1 favorito m. 2 animale favorito m. adj favorito, preferito. vt accarezzare. **pet name** n nomignolo m.

petal ('petl) n petalo m.

peter ('piːtə) vi **peter out** diminuire, finire, morire.

petition (pi'tiʃən) n petizione, supplica f. vt 1 supplicare. 2 presentare una petizione a.

petrify ('petrifai) vt 1 pietrificare. 2 stupire, spaventare.

petroleum (pi'trouliəm) n petrolio m. **petrol** n benzina f pl.

petticoat ('petikout) n sottoveste f.

petty ('peti) adj insignificante, meschino, triviale. **petty cash** n spese minute f pl. **petty officer** n sottufficiale di marina m. **pettiness** n piccolezza, meschinità f.

petulant ('petjulənt) adj petulante, capriccioso, irritabile.

pew (pjuː) n panca di chiesa f.

pewter ('pjuːtə) n peltro m.

phantom ('fæntəm) n fantasma, spettro m. adj spettrale, irreale.

pharmacy ('faːməsi) n farmacia f. **pharmacist** n farmacista m.

pharynx ('færiŋks) n faringe f.

phase (feiz) n fase f.

pheasant ('fezənt) n fagiano m.

phenomenon (fi'nɔminən) n, pl -na fenomeno m. **phenomenal** adj fenomenale.

philanthropy (fi'lænθrəpi) n filantropia f. **philanthropist** n filantropo m.

philately (fi'lætəli) n filatelia f. **philatelist** n filatelico m.

Philistine ('filistain) n filisteo m.

philosophy (fi'lɔsəfi) n filosofia f. **philosopher** n filosofo m. **philosophical** adj filosofico.

phlegm (flem) n flemma f.

phlegmatic (fleg'mætik) adj flemmatico, calmo.

phobia ('foubiə) n fobia f.

phoenix ('fiːniks) n fenice f.

phone (foun) inf n telefono m. vt,vi telefonare. **phone call** n inf telefonata f.

phonetic (fə'netik) adj fonetico. **phonetics** n fonetica f.

phoney ('founi) adj fasullo, falso, finto.

phosphate ('fɔsfeit) n fosfato m.

phosphorescence (fɔsfə'resəns)n fosforescenza f. **phosphorescent** adj fosforescente.

phosphorus ('fɔsfərəs) n fosforo m. **phosphorous** adj fosforoso.

photo ('foutou) n inf foto f invar.

photocopy ('foutoukɔpi) vt fotocopiare. n fotocopia f.

photogenic (foutəˈdʒenik) *adj* fotogenico.

photograph (ˈfoutəgrɑːf) *n* fotografia *f*. *vt* fotografare. **photographer** *n* fotografo *m*. **photographic** *adj* fotografico. **photography** *n* fotografia *f*.

phrase (freiz) *n* 1 frase *f*. 2 modo di dire *m*. *vt* esprimere, dire. **phrasebook** *n* libro di fraseologia *m*.

physical (ˈfizikəl) *adj* fisico. **physical education** *n* educazione fisica *f*.

physician (fiˈziʃən) *n* medico, dottore *m*.

physics (ˈfiziks) *n* fisica *f*. **physicist** *n* fisico *m*.

physiognomy (fiziˈɔnəmi) *n* fisionomia *f*.

physiology (fiziˈɔlədʒi) *n* fisiologia *f*. **physiological** *adj* fisiologico. **physiologist** *n* fisiologo *m*.

physiotherapy (fiziouˈθerəpi) *n* fisioterapia *f*. **physiotherapist** *n* fisioterapista *m*.

physique (fiˈziːk) *n* fisico *m*. costituzione *f*.

piano (piˈænou) *n* pianoforte *m*. **grand piano** pianoforte a coda. **pianist** *n* pianista *m*.

pick[1] (pik) *n* scelta *f*. *vt* 1 scegliere. 2 cogliere. 3 (a lock) aprire. **pick up** raccogliere. **picking** *n* raccolta *f*. **pickpocket** *n* borsaiolo *m*.

pick[2] (pik) *n* (tool) piccone *m*.

picket (ˈpikit) *n* picchetto, palo *m*. *vt* picchettare.

pickle (ˈpikəl) *n* 1 salamoia *f*. 2 *pl* sottaceti *m pl*. *vt* mettere sotto aceto, marinare. **pickled** *adj* in aceto.

picnic* (ˈpiknik) *n* merenda all'aperto *f*. picnic *m*. *vi* mangiare all'aperto.

pictorial (pikˈtɔːriəl) *adj* pittorico, illustrato.

picture (ˈpiktʃə) *n* 1 quadro *m*.

pittura *f*. 2 immagine *f*. 3 *pl* cinema *m*. *vt* figurare, descrivere.

picturesque (piktʃəˈresk) *adj* pittoresco.

pidgin (ˈpidʒən) *n* pidgin, gergo *m*.

pie (pai) *n* 1 (meat) pasticcio *m*. 2 (fruit) torta, crostata *f*.

piece (piːs) *n* 1 pezzo *m*. parte *f*. 2 (of material) pezza *f*. **piecemeal** *adv* a spizzico, pezzo a pezzo. **piecework** *n* lavoro a cottimo *m*.

pied (paid) *adj* screziato, variegato.

pier (piə) *n* 1 molo *m*. banchina *f*. 2 *arch* pilone *m*.

pierce (piəs) *vt* penetrare, perforare. **piercing** *adj* penetrante, acuto.

piety (ˈpaiəti) *n* pietà *f*.

pig (pig) *n* maiale, porco *m*. **pig-headed** *adj* ostinato, testardo. **pig-iron** *n* ghisa *f*. **piglet** *n* porcellino *m*. **pigskin** *n* pelle di cinghiale *f*. **pigsty** *n* porcile *m*. **pigtail** *n* treccia *f*.

pigeon (ˈpidʒən) *n* piccione *m*. colomba *f*. **pigeonhole** *n* casella *f*.

piggyback (ˈpigibæk) *n* cavalcata sul dorso *f*. *adv* sul dorso.

pigment (ˈpigmənt) *n* pigmento, colore *m*.

pike (paik) *n* picca *f*.

pilchard (ˈpiltʃəd) *n* sardella *f*.

pile[1] (pail) *n* mucchio, ammasso *m*. *vt* ammucchiare, accumulare.

pile[2] (pail) *n* tech palo *m*. **piledriver** *n* battipalo *m*.

pile[3] (pail) *n* (of material, etc.) pelo *m*.

piles (pailz) *n pl* emorroidi *f pl*.

pilfer (ˈpilfə) *vt* rubacchiare. **pilferer** *n* ladroncello *m*.

pilgrim (ˈpilgrim) *n* pellegrino *m*. **pilgrimage** *n* pellegrinaggio *m*.

pill (pil) *n* pillola, compressa *f*.

pillage ('pilidʒ) *n* saccheggio *m*. *vt* saccheggiare.

pillar ('pilə) *n* pilastro *m*. colonna *f*. **pillar-box** *n* buca delle lettere *f*.

pillion ('piliən) *n* sedile posteriore *m*.

pillow ('pilou) *n* guanciale, cuscino *m*. **pillowcase** *n* federa *f*.

pilot ('pailət) *n* pilota *m*. *vt* pilotare.

pimento (pi'mentou) *n* pimento *m*.

pimple ('pimpəl) *n* pustoletta *f*. foruncolo *m*.

pin (pin) *n* spillo *m*. *vt* appuntare, fissare. **pins and needles** *n* formicolio *m*. **pincushion** *n* portaspilli *m invar*. **pinpoint** *vt* segnalare con precisione. **pinstripe** *adj* a strisce sottili.

pinafore ('pinəfɔː) *n* grembiule *m*.

pincers ('pinsəz) *n pl* tenaglie *f pl*.

pinch (pintʃ) *vt* 1 pizzicare, stringere. 2 *sl* rubare. *n* 1 pizzicotto *m*. 2 pizzico *m*. presa *f*.

pine[1] (pain) *n* pino *m*. **pine cone** *n* pigna *f*.

pine[2] (pain) *vi* languire, sospirare per, consumarsi.

pineapple ('painæpəl) *n* ananasso *m*. ananas *m invar*.

Ping-pong ('piŋpɔŋ) *n Tdmk* tennis da tavola *m*.

pinion ('piniən) *n tech* pignone *m*.

pink (piŋk) *adj,n* rosa *m invar*.

pinnacle ('pinəkəl) *n* sommo, colmo *m*. cima *f*.

pint (paint) *n* pinta *f*.

pioneer (paiə'niə) *n* pioniere *m*. *vt* preparare la via a.

pious ('paiəs) *adj* pio, religioso.

pip[1] (pip) *n game* macchia *f*.

pip[2] (pip) *n bot*, seme (di frutto carnoso) *m*.

pipe (paip) *n* 1 tubo, condotto *m*. 2 (tobacco) pipa *f*. 3 *mus* piffero *m*. **pipedream** *n* progetto inattuabile *m*. **pipeline** *n* 1 condotto di petrolio *m*. 2 linea di comunicazione *f*. **pipette** *n* pipetta *f*.

piquant ('piːkənt) *adj* piccante. **piquancy** *n* gusto piccante *m*.

pique (piːk) *n* irritazione *f*. *vt* offendere, irritare.

pirate ('pairət) *n* pirata *m*. **piracy** *n* pirateria *f*.

pirouette (piru'et) *n* piroetta *f*. *vi* piroettare.

Pisces ('pisiz) *n pl* Pesci *m pl*.

piss (pis) *tab vi* pisciare. **piss off!** va' via! *n* orina *f*.

pistachio (pis'tæʃiou) *n* pistacchio *m*.

pistol ('pistəl) *n* pistola *f*.

piston ('pistən) *n* pistone, stantuffo *m*.

pit (pit) *n* 1 fossa, buca *f*. pozzo *m*. 2 miniera *f*. **pitfall** *n* trappola *f*.

pitch[1] (pitʃ) *n* 1 punto, lancio *m*. 2 *mus* tono *m*. *vt* 1 lanciare, gettare. 2 fissare. *vi* beccheggiare. **pitchfork** *n* forcone *m*.

pitch[2] (pitʃ) *n* pece *f*.

pith (piθ) *n* midollo *m*.

pittance ('pitːns) *n* piccola quantità *f*.

pituitary gland (pi'tjuətri) *n* pituitario *m*.

pity ('piti) *n* pietà, compassione *f*. *vt* avere pietà di. **pitiful** *adj* pietoso.

pivot ('pivət) *n* pernio *m*. asse *f*. *vt* imperniare.

pizza ('piːtsə) *n* pizza *f*.

placard ('plækaːd) *n* affisso, cartellone *m*.

placate (plə'keit) *vt* placare, pacificare.

place (pleis) *n* luogo, posto *m*. **out of place** inopportuno.

take place accadere, succedere, avere luogo. ~ *vt* porre, mettere. **placename** *n* nome di località *m.*

placenta (plə'sentə) *n* placenta *f.*

placid ('plæsid) *adj* tranquillo, sereno.

plagiarize ('pleidʒəraiz) *vt* plagiare. **plagiarism** *n* plagio *m.* **plagiarist** *n* plagiario *m.*

plague (pleig) *n* **1** peste, pestilenza *f.* **2** flagello *m. vt* tormentare, importunare.

plaice (pleis) *n* passerino *m.*

plaid (plæd) *n* mantello scozzese *m.*

plain (plein) *adj* **1** semplice, ordinario. **2** evidente, chiaro. *n* pianura *f.* **plain-clothes** *adj* in borghese.

plaintiff ('pleintif) *n* attore *m.*

plaintive ('pleintiv) *adj* lamentoso, triste, querulo.

plait (plæt) *n* treccia *f. vt* intrecciare.

plan (plæn) *n* piano, disegno, progetto *m. vt* progettare, fissare. *vi* fare progetti.

plane[1] (plein) *n* **1** piano *m.* **2** *aviat* aeroplano *m.*

plane[2] (plein) *n tech* pialla *f. vt* piallare.

plane[3] (plein) *n bot* platano *m.*

planet ('plænit) *n* pianeta *m.*

plank (plæŋk) *n* asse, tavola *f*

plankton ('plæŋktən) *n* plancton *m.*

plant (plɑːnt) *n* **1** *bot* pianta *f.* **2** *tech* impianto *m.* attrezzi *m pl. vt* piantare. **plantation** *n* piantagione *f.*

plaque (plɑːk) *n* placca, lastra *f.*

plasma ('plæzmə) *n* plasma *m.*

plaster ('plɑːstə) *n* **1** *med* cerotto *m.* **2** gesso *m.* **3** stucco *m. vt* ingessare, intonacare. **plaster of Paris** *n* **1** gesso *m.* **2** *med* ingessatura *f.*

plasterer *n* intonacatore *m.*

plastic ('plæstik) *adj* plastico. *n* plastica *f.* **plastic surgery** *n* chirurgia estetica *f.*

Plasticine ('plæstisiːn) *n Tdmk* Plastilina *Tdmk f.*

plate (pleit) *n* **1** *cul* piatto *m.* **2** placca, lamina *f.* **3** argenteria *f.* **4** illustrazione *f. vt* **1** placcare, laminare. **2** inargentare. **platelayer** *n* guardalinea *m.*

plateau ('plætou) *n* altipiano *m.*

platform ('plætfɔːm) *n* **1** piattaforma *f.* **2** (railway) marciapiede, binario *m.* banchina *f.*

platinum ('plætnəm) *n* platino *m.*

platonic (plə'tɔnik) *adj* platonico.

plausible ('plɔːzəbəl) *adj* plausibile.

play (plei) *n* **1** gioco, divertimento *m.* **2** *Th* dramma *m.* commedia *f. vt* **1** giocare a. **2** rappresentare. **3** suonare. *vi* scherzare. **playful** *adj* scherzoso. **playground** *n* cortile di ricreazione *f.* **playgroup** *n* asilo *m.* **playhouse** *n* teatro *m.* **playmate** *n* compagno di gioco *m.* **playschool** *n* asilo *m.* **playwright** *n* drammaturgo *m.* **playing card** *n* carta da gioco *f.* **playing field** *n* campo di gioco *m.*

plea (pliː) *n* **1** scusa *f.* pretesto *m.* **2** *law* causa, difesa *f.* **3** supplica *f.*

plead (pliːd) *vt* **1** perorare. **2** allegare. *vi* implorare, appellarsi.

pleasant ('plezənt) *adj* piacevole, gradevole, simpatico.

please (pliːz) *vt,vi* piacere, soddisfare. **pleased** *adj* contento, soddisfatto. **pleasing** *adj* piacevole, gradevole.

pleasure ('pleʒə) *n* piacere, favore *m.*

pleat (pliːt) *n* piega, ripiegatura *f*. *vt* piegare.

plectrum ('plektrəm) *n*, *pl* **-tra** *or* **-trums** plettro *m*.

pledge (pledʒ) *n* impegno *m*. promessa *f*. *vt* impegnare.

plenty ('plenti) *n* abbondanza *f*. **plenty of** tanto. **plentiful** *adj* abbondante.

pliable ('plaiəbəl) *adj* **1** pieghevole, flessibile. **2** influenzato facilmente.

plight (plait) *n* condizione *f*. stato *m*.

plimsoll ('plimsəl) *n* scarpa da tennis *f*.

plod (plɔd) *vi* camminare a fatica. **plodder** *n* sgobbone *m*.

plonk (plɔŋk) *vt* buttare giù.

plot[1] (plɔt) *n* **1** complotto *m*. cospirazione *f*. **2** (of a book) intreccio *m*. *vt* **1** complottare. **2** fare un piano di. **plotter** *n* cospiratore *m*.

plot[2] (plɔt) *n* (of ground) pezzo di terreno *m*.

plough (plau) *n* aratro *m*. *vt* arare, solcare. **ploughing** *n* aratura *f*.

pluck (plʌk) *vt* **1** cogliere, tirare. **2** spennare. **pluck up courage** farsi coraggio. ~ *n* **1** strappo *m*. **2** *inf* coraggio, fegato *m*. **plucky** *adj* coraggioso.

plug (plʌg) *n* **1** tappo, tampone, zaffo *m*. **2** *tech* spina *f*. **3** *mot* candela *f*. *vt* tamponare, tappare, zaffare.

plum (plʌm) *n* prugna, susina *f*. **plum tree** *n* prugno, susino *m*.

plumage ('pluːmidʒ) *n* piumaggio *m*. penne *f pl*.

plumb (plʌm) *n* piombo *m*. *adj,adv* a piombo. *vt* **1** piombare. **2** *naut* scandagliare. **plumber** *n* idraulico, tubista *m*. **plumbing** *n* piombatura *f*.

plume (pluːm) *n* penna, piuma *f*. pennacchio *m*.

plump[1] (plʌmp) *adj* grassoccio, paffuto.

plump[2] (plʌmp) *vi* cadere a piombo. **plump for** scegliere.

plunder ('plʌndə) *n* bottino, saccheggio *m*. *vt* rubare, saccheggiare.

plunge (plʌndʒ) *n* tuffo *m*. *vt* tuffare, immergere. *vi* **1** tuffarsi. **2** precipitare.

pluperfect (pluː'pəːfikt) *n* passato anteriore *m*.

plural ('pluərəl) *adj,n* plurale *m*.

plus (plʌs) *prep* più. *adj* in più.

plush (plʌʃ) *n* felpa *f*. *adj* lussuoso.

Pluto ('pluːtou) *n* Plutone *m*.

ply[1] (plai) *vt* **1** adoperare, usare. **2** applicare, manipolare.

ply[2] (plai) *n* spessore *m*. **plywood** *n* legno compensato *m*.

pneumatic (njuː'mætik) *adj* pneumatico. **pneumatic drill** *n* trapano pneumatico *m*.

pneumonia (njuː'mouniə) *n* polmonite *f*.

poach[1] (poutʃ) *vi* andare a caccia di frodo. **poacher** *n* cacciatore di frodo *m*. **poaching** *n* caccia di frodo *f*.

poach[2] (poutʃ) *vt* cuocere. **poached egg** *n* uovo in camicia *m*.

pocket ('pɔkit) *n* tasca *f*. *vt* intascare, appropriarsi. **pocket-knife** *n* temperino *m*. **pocket-money** *n pl* soldi per le piccole spese *m pl*.

pod (pɔd) *n* baccello, guscio *m*.

poem ('pouim) *n* **1** poesia *f*. **2** (epic) poema *m*.

poet ('pouit) *n* poeta *m*. **poetic** *adj* poetico. **poetry** *n* poesia *f*.

poignant ('pɔinjənt) *adj* intenso, commovente. **poignancy** *n* acutezza, violenza *f*.

point (pɔint) *n* **1** punto *m*. **2** (of a pencil, etc.) punta *f*. **be**

on the point of stare per. **to the point** a proposito. ~ vt appuntare, puntare. **point out** additare, mostrare. **point-blank** adj diretto. adv a bruciapelo. **pointed** adj appuntato, acuto. **pointless** adj inutile.

poise (pɔiz) n 1 equilibrio m. 2 portamento m. vt equilibrare, bilanciare. vi equilibrarsi.

poison ('pɔizən) n veleno m. vt avvelenare, intossicare. **poisonous** adj velenoso.

poke (pouk) vt 1 colpire, dare una botta a. 2 (fire) attizzare. **poke fun at** deridere. ~n spinta, puntata f. **poky** adj piccolo.

poker[1] ('poukə) n attizzatoio m.

poker[2] ('poukə) n game poker m.

Poland ('poulənd) n Polonia f. **Pole** n polacco m.

polar ('poulə) adj polare. **polar bear** n orso bianco m. **polarization** n polarizzazione f. **polarize** vt polarizzare.

pole[1] (poul) n palo, polo m. **pole-vault** vi saltare con l'asta.

pole[2] (poul) n geog polo m. **Pole Star** n stella polare f.

polemic (pə'lemik) n polemica f. adj polemico.

police (pə'liːs) n polizia f. **policeman** n poliziotto, vigile urbano m. **police station** n questura f. posto di polizia m.

policy[1] ('polisi) n pol politica, linea di condotta f. sistema m.

policy[2] ('polisi) n (insurance) polizza f.

polish ('poliʃ) n 1 lucido m. crema, vernice f. 2 raffinatezza f. vt 1 lustrare, lucidare. 2 raffinare. **polishing** n verniciatura f.

Polish ('pouliʃ) adj polacco. **Polish** (language) n polacco m.

polite (pə'lait) adj cortese, gentile. **politeness** n cortesia, gentilezza f.

politics ('politiks) n politica f. **political** adj politico. **politician** n politico m.

polka ('polkə) n polca f.

poll (poul) n elezione, votazione f. scrutinio m. vt ottenere. **polling booth** n cabina elettorale f.

pollen ('polən) n polline m. **pollinate** vt pollinare.

pollute (pə'luːt) vt contaminare, corrompere. **pollution** n contaminazione, corruzione f. inquinamento m.

polyester (poli'estə) n poliestere m.

polygamy (pə'ligəmi) n poligamia f. **polygamist** n poligamo m. **polygamous** adj poligamo.

polygon ('poligən) n poligono m. **polygonal** adj poligonale.

Polynesia (poli'niːziə) n Polinesia f. **Polynesian** adj,n polinesiano.

polystyrene (poli'stairiːn) n polistirene m.

polytechnic (poli'teknik) adj,n politecnico m.

polythene ('poliθiːn) n politene m.

polyunsaturated (poliʌn'sætjəreitid) adj poliinsaturo.

pomegranate ('pomigrænət) n melagrana f.

pommel ('pʌməl) n pomo, pomolo m. vt battere, percuotere.

pomp (pomp) n pompa, ostentazione f. **pompous** adj pomposo, affettato.

pond (pond) n stagno, laghetto m.

ponder ('pondə) vt,vi considerare, meditare.

pony ('pouni) n cavallino m.

poodle ('pu:dl) n cane barbone m.

pool[1] (pu:l) n (of water, etc.) stagno m. pozzanghera f.

pool[2] (pu:l) n 1 comm fondo comune m. 2 pl totocalcio m. vt mettere in comune.

poor (puə, pɔ:) adj 1 povero, indigente. 2 scarso, misero. **poorly** adv male. adj indisposto.

pop[1] (pɔp) n schiocco, scatto m. vt,vi schioccare, esplodere. **pop in** fare una breve visita. **pop out** uscire per un attimo. **popcorn** n pop-corn m. chicchi di granoturco arrostiti m pl.

pop[2] (pɔp) adj popolare. **pop music** n musica pop f.

pope (poup) n Papa m.

poplar ('pɔplə) n pioppo m.

poppy ('pɔpi) n papavero m.

popular ('pɔpjulə) adj 1 popolare, alla moda. 2 ben voluto. **popularity** n popolarità, voga f. **populate** ('pɔpjuleit) vt popolare. **population** n popolazione f.

porcelain ('pɔːslin) n porcellana f.

porch (pɔːtʃ) n portico, vestibolo, atrio m.

porcupine ('pɔːkjupain) n porcospino m.

pore[1] (pɔ:) vt **pore over** 1 studiare con diligenza. 2 meditare.

pore[2] (pɔ:) n poro m.

pork (pɔːk) n carne di maiale f.

pornography (pɔː'nɔgrəfi) n pornografia f. **pornographic** adj pornografico.

porous ('pɔːrəs) adj poroso.

porpoise ('pɔːpəs) n marsovino m.

porridge ('pɔridʒ) n pappa fatta con farina di avena f.

port[1] (pɔːt) n (harbour) porto m.

port[2] (pɔːt) n naut babordo m. sinistra f.

port[3] (pɔːt) n (drink) vino di Oporto m.

portable ('pɔːtəbəl) adj portabile, portatile.

porter[1] ('pɔːtə) n (of baggage) facchino, portabagagli m.

porter[2] ('pɔːtə) n portinaio, portiere m.

portfolio (pɔːt'fouliou) n 1 cartella f. 2 pol portafoglio m.

porthole ('pɔːthoul) n bocca porto m.

portion ('pɔːʃən) n porzione, parte f.

portrait ('pɔːtrit) n ritratto m. **portrait painter** n ritrattista m.

portray (pɔː'trei) vt 1 fare il ritratto a, dipingere. 2 descrivere.

Portugal ('pɔːtjugəl) n Portogallo m. **Portuguese** adj,n portoghese. **Portuguese** (language) n portoghese m.

pose (pouz) vt proporre. vi atteggiarsi, posare. n posa f. atteggiamento m.

posh (pɔʃ) adj elegante.

position (pə'ziʃən) n 1 posizione, situazione f. 2 posto, impiego m. vt collocare.

positive ('pɔzitiv) adj positivo, sicuro, certo.

possess (pə'zes) vt possedere, avere. **possessed** adj possesso. **possession** n possesso, possedimento m. **possessive** adj possessivo. **possessor** n possessore m.

possible ('pɔsəbəl) adj possibile. **possibly** adv forse, può darsi.

post[1] (poust) n palo, pilastro m. vt affiggere. **poster** n affisso, avviso m.

post[2] (poust) n (job) posto, impiego m.

post[3] (poust) n (mail) posta f. vt imbucare. **postal** adj postale. **postalorder** *n* vaglia *m* invar. **postage** *n* affrancatura, tariffa postale *f*. **postbox** *n* cassetta postale *f*. **postcard** *n* cartolina *f*. **postcode** *n* codice postale *m*. **postman** *n* postino *m*. **postmark** *n* timbro postale *m*. **post office** *n* ufficio postale *m*.

posterior (pɔs'tiəriə) *adj* posteriore.

posterity (pɔs'teriti) *n* posterità *f*.

postgraduate (poust'grædjuət) *adj* di perfezionamento. *n* perfezionando *m*.

posthumous ('pɔstjuməs) *adj* postumo. **posthumously** *adv* dopo la morte.

post-mortem (poust'mɔrtəm) *n* autopsia *f*.

postpone (pəs'poun) *vt* posporre, rimandare, rinviare. **postponement** *n* rinvio *m*.

postscript ('pousskript) *n* poscritto *m*.

postulate ('pɔstjuleit) *vt* postulare, domandare.

posture ('pɔstʃə) *n* posizione *f*. atteggiamento *m*.

pot (pɔt) *n* 1 vaso *m*. 2 pentola *f*. *vt* piantare in vaso.

potassium (pə'tæsiəm) *n* potassio *m*.

potato (pə'teitou) *n, pl* **-toes** patata *f*.

potent ('poutɪnt) *adj* potente, forte. **potency** *n* potenza *f*. forza *f*.

potential (pə'tenʃəl) *adj,n* potenziale *m*.

pothole ('pɔthoul) *n* 1 marmitta *f*. 2 (in a road) buca *f*.

potion ('pouʃən) *n* pozione, bevanda *f*.

potter ('pɔtə) *vi* gingillarsi.

pottery ('pɔtəri) *n* ceramica *f*. stoviglie *f pl*.

pouch (pautʃ) *n* borsa *f*. sacchetto *m*.

poultice ('poultis) *n* cataplasma *m*.

poultry ('poultri) *n* pollame *m*.

pounce (pauns) *vi* piombare. **pounce upon** gettarsi addosso a. ~ *n* spolvero *m*.

pound[1] (paund) *vt* polverizzare, battere.

pound[2] (paund) *n* 1 (weight) libbra *f*. 2 (currency) sterlina *f*.

pour (pɔr) *vt* versare, spargere. *vi* riversarsi.

pout (paut) *vi* fare il broncio. *n* broncio *m*.

poverty ('pɔvəti) *n* miseria, povertà *f*. **poverty-stricken** *adj* miserabile, indigente.

powder ('paudə) *n* 1 polvere *f*. 2 (face) cipria *f*. *vt* 1 spolverizzare. 2 incipriare. **powder room** *n* toilette *f* invar. **powdery** *adj* polveroso.

power ('pauə) *n* 1 potere *m*. potenza *f*. 2 energia *f*. 3 potestà *f*. 4 possibilità *f*. **powerful** *adj* potente. **powerless** *adj* senza potere, impotente.

practicable ('præktikəbəl) *adj* praticabile.

practical ('præktikəl) *adj* pratico. **practically** *adv* quasi.

practice ('præktis) *n* 1 pratica *f*. esercizio *m*. 2 clientela *f*. 3 abitudine *f*. **out of practice** fuori esercizio.

practise *vt* esercitare, praticare. *vi* esercitarsi. **practised** *adj* pratico, esperto. **practising** *adj* praticante.

practitioner (præk'tiʃənə) *n* 1 professionista *m*. 2 medico *m*.

pragmatic (præg'mætik) *adj* prammatico.

prairie ('preəri) *n* prateria *f*.

praise (preiz) *n* lode *f*. elogio *m*. *vt* lodare, elogiare, vantare. **praiseworthy** *adj* lodevole.

pram (præm) n carrozzina f.
prance (prɑːns) vi 1 saltellare. 2 (of a horse) impennarsi.
prank (præŋk) n scherzo, tiro m. burla f.
prattle ('præt) vi chiacchierare, cianciare. n chiacchierio m.
prawn (prɔːn) n gamberetto m.
pray (prei) vt,vi pregare. **prayer** n preghiera, supplica f. **prayerbook** n libro di preghiere m.
preach (priːtʃ) vt,vi predicare. **preacher** n predicatore m.
precarious (pri'kɛəriəs) adj precario, incerto.
precaution (pri'kɔːʃən) n precauzione f.
precede (pri'siːd) vt precedere. **precedence** n precedenza f. **precedent** n precedente m.
precinct ('priːsiŋkt) n 1 recinto m. 2 pl confini, limiti m pl.
precious ('preʃəs) adj 1 prezioso. 2 ricercato.
precipice ('presipis) n precipizio m.
precipitate (prə'sipiteit) vt precipitare. adj affrettato, precipitato.
precis ('preisi) n sunto m.
precise (pri'sais) adj preciso, esatto, scrupoloso. **precision** n precisione, esattezza f.
precocious (pri'kouʃəs) adj precoce.
preconceive (priːkən'siːv) vt formare un'opinione di in anticipo. **preconceived** adj preconcetto. **preconception** n preconcetto, pregiudizio m.
predatory ('predətəri) adj predatorio, rapace.
predecessor ('priːdisesə) n predecessore m.
predestine (priː'destin) vt predestinare. **predestination** n predestinazione f.
predicament (pri'dikəmənt) n

imbroglio m. situazione difficile f.
predicate (n 'predikit; v 'predikeit) n predicato m. vt predicare.
predict (pri'dikt) vt predire. **prediction** n predizione f.
predominate (pri'dɔmineit) vi predominare, prevalere. **predominance** n predominio m. **predominant** adj predominante.
pre-eminent adj preminente. **pre-eminence** n preminenza f.
preen (priːn) vt pulire. **preen oneself** pavoneggiarsi.
prefabricate (priː'fæbrikeit) vt prefabbricare. **prefab** n casa prefabbricata f.
preface ('prefis) n prefazione f. vt premettere, scrivere la prefazione a.
prefect ('priːfekt) n 1 prefetto m. 2 educ capoclasse, prefetto m.
prefer (pri'fəː) vt preferire. **preferable** adj preferibile. **preference** n preferenza f. **preferential** adj preferenziale.
prefix ('priːfiks) n prefisso m. vt premettere.
pregnant ('pregnənt) adj 1 (of a woman) incinta. 2 (of an animal) gravida. 3 pregnante, fecondo. **pregnancy** n gravidanza f.
prehistoric (priːhis'tɔrik) adj preistorico.
prejudice ('predʒədis) n pregiudizio m. vt pregiudicare, compromettere. **prejudiced** adj prevenuto.
preliminary (pri'liminəri) adj,n preliminare m.
prelude ('preljuːd) n preludio m. vt,vi preludere, preannunziare.
premarital (priː'mæritl) adj prematrimoniale.
premature ('premətʃə) adj prematuro, precoce.

premeditate (priːˈmediteit) *vt* premeditare. **premeditation** *n* premeditazione *f*.

premier (ˈpremiə) *adj* primo. *n* primo ministro *m*.

premiere (ˈpremiɛə) *n* Th prima *f*.

premise (ˈpremis) *n* **1** premessa *f*. **2** *pl* locali *m pl*.

premium (ˈpriːmiəm) *n* premio, aggio *m*. **premium bond** *n* titoli dello stato *m pl*.

preoccupied (priːˈɔkjupaid) *adj* preoccupato.

prepare (priˈpɛə) *vt* **1** preparare. **2** apparecchiare. *vi* prepararsi. **be prepared to** essere pronto a. **preparation** *n* preparazione *f*. preparativo *m*. **preparatory** *adj* preparatorio.

preposition (prepəˈziʃən) *n* preposizione *f*.

preposterous (priˈpɔstərəs) *adj* assurdo.

prerogative (priˈrɔgətiv) *n* prerogativa *f*. privilegio *m*.

Presbyterian (prezbiˈtiəriən) *adj,n* presbiteriano.

prescribe (priˈskraib) *vt,vi* **1** prescrivere. **2** *med* ordinare. **prescription** *n* ricetta medica *f*.

presence (ˈprezəns) *n* **1** presenza *f*. **2** aspetto *m*.

present[1] (ˈprezənt) *adj* attuale, presente. *n* presente *m*. **at present** adesso. **for the present** per il momento. **present participle** *n* participio presente *m*. **presently** *adv* fra poco.

present[2] (*v* priˈzent; *n* ˈprezənt) *vt* **1** presentare. **2** regalare a. **3** Th rappresentare. *n* regalo *m*. **presentation** *n* presentazione *f*.

preserve (priˈzəːv) *n* **1** conserva, marmellata *f*. **2** (for animals) riserva *f*. *vt* conservare, preservare, salvare. **preservation** *n* **1** preservazione. **2** salvezza *f*.

preside (priˈzaid) *vi* presiedere.

president (ˈprezidənt) *n* presidente *m*. **presidential** *adj* presidenziale.

press (pres) *vt* **1** premere, comprimere, stringere. **2** stirare. *n* **1** stampa *f*. **2** tech torchio *m*. **3** calca *f*. **press conference** *n* conferenza stampa *f*. **press-stud** *n* automatico *m*. **press-up** *n* esercizio di ginnastica alzando il corpo con le braccia *m*. **pressing** *adj* urgente, incalzante.

pressure (ˈpreʃə) *n* **1** pressione, costrizione *f*. **2** urgenza *f*. **pressure cooker** *n* pentola a pressione *f*. **pressurize** *vt* pressurizzare, costringere.

prestige (presˈtiːʒ) *n* prestigio *m*.

presume (priˈzjuːm) *vt* presumere, supporre. **presumption** *n* **1** presunzione, supposizione *f*. **2** arroganza *f*. **presumptuous** *adj* presuntuoso, arrogante.

pretend (priˈtend) *vt* fingere, far finta di. *vi* pretendere. **pretence** *n* pretesa, scusa *f*. pretesto *m*. **pretension** *n* pretesa *f*. **pretentious** *adj* pretenzioso, arrogante. **pretentiousness** *n* arroganza *f*.

pretext (ˈpriːtekst) *n* pretesto *m*. scusa *f*.

pretty (ˈpriti) *adj* bellino, carino, grazioso. *adv* quasi, press'a poco, piuttosto.

prevail (priˈveil) *vi* prevalere, predominare. **prevalent** *adj* prevalente.

prevent (priˈvent) *vt* impedire. **prevention** *n* prevenzione *f*. **preventive** *adj* preventivo.

preview (ˈpriːvjuː) *n* anteprima *f*.

previous (ˈpriːviəs) *adj* precedente, anteriore. **previously** *adv* prima.

prey (prei) *n* preda *f*. *v* **prey on 1** predare. **2** consumare.

price (prais) *n* prezzo, costo *m*. *vt* valutare, fissare il prezzo di. **price-list** *n* listino dei prezzi *m*.

prick (prik) *n* pungolo *m*. puntura *f*. *vt* pungere, punzecchiare. **prick one's ears** drizzare gli orecchi. **prickle** *n* spina *f*. **prickly** *adj* spinoso, pungente.

pride (praid) *n* orgoglio *m*. superbia *f*. *v* **pride oneself on** vantarsi di.

priest (pri:st) *n* prete, sacerdote *m*. **priesthood** *n* sacerdozio *m*.

prim (prim) *adj* affettato, preciso.

primary ('praiməri) *adj* primario, elementare, fondamentale. **primary school** *n* scuola elementare *f*.

primate *n* **1** ('praimit) *rel* primate *m*. **2** ('praimeit) *pl* primati *m pl*.

prime (praim) *adj* primo, principale, fondamentale. *n* fiore, colmo *m*. *vt* **1** istruire. **2** caricare. **prime minister** *n* primo ministro *m*.

primitive ('primitiv) *adj* primitivo.

primrose ('primrouz) *n* primula *f*.

prince (prins) *n* principe *m*.

princess (prin'ses) *n* principessa *f*.

principal ('prinsəpəl) *adj* principale, primo. *n* capo, direttore, principale, padrone *m*.

principality (prinsi'pæliti) *n* principato *m*.

principle ('prinsəpəl) *n* principio *m*.

print (print) *n* **1** stampa, impressione *f*. **2** *phot* prova *f*. *vt* stampare, imprimere. **out of print** esaurito. **printer** *n* stampatore, tipografo *m*.

stampante *f*. **printing** *n* stampa, tiratura *f*. **printout** *n* stampato *m*.

prior ('praiə) *adj* antecedente, precedente. *adv* prima. **priority** *n* priorità *f*.

prise (praiz) *vt* far leva su. **prise open** forzare.

prism ('prizəm) *n* prisma *m*.

prison ('prizən) *n* prigione *f*. carcere *m*. **prisoner** *n* prigioniero, detenuto *m*.

private ('praivit) *adj* **1** privato, personale. **2** confidenziale. *n* soldato semplice *m*. **privacy** *n* solitudine, intimità *f*. **privatize** *vt* privatizzare.

privet ('privit) *n* ligustro *m*.

privilege ('privilidʒ) *n* privilegio *m*.

prize[1] (praiz) *n* premio *m*. **prizewinner** *n* premiato, vincitore *m*.

prize[2] (praiz) *vt* valutare, apprezzare.

probable ('prɔbəbəl) *adj* probabile. **probability** *n* probabilità *f*. **probably** *adv* probabilmente.

probation (prə'beiʃən) *n* probazione, prova *f*. **on probation** in prova. **probation officer** *n* ufficiale sorvegliante *m*. **probationary** *adj* probatorio.

probe (proub) *vt* **1** sondare. **2** esaminare a fondo. *n* sonda *f*.

problem ('prɔbləm) *n* problema *m*.

proceed (prə'si:d) *vi* **1** procedere, continuare. **2** derivare. **procedure** *n* procedura *f*. procedimento *m*. **proceeding** *n* **1** azione *f*. procedimento *m*. **2** *pl* atti *m pl*. **proceeds** *n pl* profitti *m pl*.

process ('prouses) *n* processo, corso *m*. *vt* processare, preparare.

procession (prə'seʃən) *n* processione *f*. corteo *m*.

proclaim (prə'kleim) vt proclamare, dichiarare. **proclamation** n proclamazione, dichiarazione f.

procreate ('proukrieit) vt procreare. **procreation** n procreazione f.

procure (prə'kjuə) vt procurare.

prod (prɔd) vt stimolare, pungere. n pungolo m.

prodigy ('prɔdidʒi) n prodigio, miracolo m.

produce (v prə'djuːs; n 'prɔdjuːs) vt 1 produrre, fabbricare. 2 Th mettere in scena. n prodotto m. **producer** n 1 produttore m. 2 Th direttore m. **product** n prodotto, frutto m. **production** n 1 produzione f. 2 Th messa in scena f. **productive** adj produttivo, fertile. **productivity** n produttività f.

profane (prə'fein) adj profano. vt profanare.

profess (prə'fes) vt, vi professare, dichiarare. **profession** n professione f. mestiere m. **professional** adj professionale. n professionista m. **professor** n professore universitario m. **professorship** n cattedra f.

proficient (prə'fiʃənt) adj esperto, bravo. **proficiency** n abilità f.

profile ('proufail) n profilo m.

profit ('prɔfit) n 1 profitto, guadagno m. 2 utile, vantaggio m. vi approfittare, trarre vantaggio. **profitable** adj utile, vantaggioso.

profound (prə'faund) adj profondo, intenso.

profuse (prə'fjuːs) adj profuso, prodigo. **profusion** n profusione, prodigalità f.

programme ('prougræm) n programma m. **program** (in computers) n programma m. vt programmare.

progress (n 'prougres; v prə'gres) n progresso, corso, avanzamento m. vi progredire, procedere, avanzare. **progression** n progresso m. **progressive** adj progressivo.

prohibit (prə'hibit) vt proibire, vietare, interdire. **prohibition** n proibizione f. **prohibitive** adj proibitivo.

project (n 'prɔdʒekt; v prə'dʒekt) n progetto, disegno, piano m. vt 1 progettare. 2 proiettare. vi sporgere. **projectile** n proiettile m. **projection** n prominenza, sporgenza f. **projector** n 1 progettista m. 2 phot proiettore m.

proletariat (prouli'teəriət) n proletariato m. **proletarian** adj, n proletario.

proliferate (prə'lifəreit) vi proliferare.

prolific (prə'lifik) adj prolifico, fecondo.

prologue ('proulɔg) n prologo m.

prolong (prə'lɔŋ) vt prolungare, tirare in lungo.

promenade (prɔmə'nɑːd) n 1 passeggiata f. 2 lungomare m.

prominent ('prɔminənt) adj 1 prominente. 2 eminente, importante. 3 notevole. **prominence** n prominenza, eminenza, importanza f.

promiscuous (prə'miskjuəs) adj promiscuo. **promiscuity** n promiscuità f.

promise ('prɔmis) n promessa f. vt, vi promettere.

promote (prə'mout) vt promuovere, favorire. **promotion** n 1 promozione f. 2 comm lancio m.

prompt (prɔmpt) adj pronto, rapido. vt 1 stimolare, ispirare. 2 Th suggerire. **prompter** n suggeritore m. **prompt-**

ing n stimolo m. suggestione f. **promptness** n prontezza f.

prone (proun) adj incline, disposto, prono.

prong (prɔŋ) n rebbio m. punta f.

pronoun ('prounaun) n pronome m.

pronounce (prə'nauns) vt pronunciare, dire, dichiarare. **pronunciation** n pronuncia f.

proof (pruːf) n 1 prova f. 2 (of drink) grado m. vt rendere impermeabile. **proofreader** n correttore di bozze f.

prop[1] (prɔp) vt puntellare, sostenere. n appoggio, puntello, sostegno m.

prop[2] (prɔp) n Th oggetto teatrale m.

propaganda (prɔpə'gændə) n propaganda f.

propagate ('prɔpəgeit) vt propagare, spargere.

propel (prə'pel) vt spingere avanti, avviare. **propeller** n elica f.

proper ('prɔpə) adj 1 proprio. 2 particolare. 3 adatto. 4 esatto, giusto, corretto. **proper noun** n nome proprio m. **properly** adv bene, giustamente.

property ('prɔpəti) n proprietà f. possesso m. beni m pl.

prophecy ('prɔfisi) n profezia f. **prophesy** vt,vi profetizzare, predire.

prophet ('prɔfit) n profeta m. **prophetic** adj profetico.

proportion (prə'pɔːʃən) n proporzione, parte f. **out of proportion** fuori di misura.

propose (prə'pouz) vt 1 proporre, suggerire. 2 (a toast, etc.) fare. vi fare una proposta di matrimonio. **proposal** n proposta, offerta f. **proposition** n proposizione, proposta f. progetto m.

proprietor (prə'praiətə) n proprietario m.

propriety (prə'praiəti) n proprietà, convenienza f.

propulsion (prə'pʌlʃən) n propulsione f.

prose (prouz) n prosa f.

prosecute ('prɔsikjuːt) vt processare. **prosecution** n processo m. **prosecutor** n accusatore m.

prospect ('prɔspekt) n 1 prospetto m. vista f. 2 prospettiva f. 3 speranza f. vi esplorare, fare ricerche. **prospective** adj prospettivo, aspettato, futuro. **prospectus** n prospetto, programma, manifesto m.

prosper ('prɔspə) vi prosperare, riuscire. **prosperity** n prosperità f. **prosperous** adj prospero, felice, fortunato.

prostitute ('prɔstitjuːt) n prostituta, puttana f. vt prostituire. **prostitution** n prostituzione f.

prostrate (v prɔs'treit; adj 'prɔstreit) vt 1 prostrare. 2 abbattere. adj prostrato, abbattuto.

protagonist (prə'tægənist) n protagonista m.

protect (prə'tekt) vt proteggere, difendere. **protection** n protezione f. **protective** adj protettivo. **protectorate** n protettorato m.

protégé ('prɔtiʒei) n protetto m.

protein ('proutiːn) n proteina f.

protest (n 'proutest; v prə'test) n protesta f. **under protest** protestando. ~ vt,vi protestare.

Protestant ('prɔtistənt) adj,n protestante.

protocol ('proutəkɔl) n protocollo m.

proton ('proutɔn) n protone m.

prototype ('proutətaip) n prototipo m.

protrude (prə'truːd) *vt, vi* sporgere.

proud (praud) *adj* fiero, orgoglioso, superbo, arrogante.

prove (pruːv) *vt* provare, dimostrare. *vi* mostrarsi.

proverb ('prɔvəːb) *n* proverbio *m*. **proverbial** *adj* proverbiale.

provide (prə'vaid) *vt* provvedere, procurare, fornire. **provided** *conj* purché. **provision** *n* 1 provvedimento *m*. 2 provviste *f pl*. **provisional** *adj* provvisorio.

province ('prɔvins) *n* 1 provincia *f*. 2 competenza *f*. **provincial** *adj, n* provinciale.

proviso (prə'vaizou) *n* stipulazione *f*.

provoke (prə'vouk) *vt* provocare, irritare. **provocation** *n* provocazione *f*. **provocative** *adj* provocativo, provocatore.

prow (prau) *n* prua *f*.

prowess ('prauis) *n* bravura, prodezza *f*. valore *m*.

prowl (praul) *vi* vagare, gironzolare, vagolare. **prowler** *n* girellone, predone *m*.

proximity (prɔk'simiti) *n* prossimità, vicinanza *f*.

prude (pruːd) *n* persona di modestia affettata *f*.

prudent ('pruːdnt) *adj* prudente, cauto, giudizioso. **prudence** *n* prudenza *f*.

prune[1] (pruːn) *n* prugna secca *f*.

prune[2] (pruːn) *vt* potare, troncare. **pruning** *n* potatura *f*.

pry (prai) *vi* rovistare, ficcare il naso.

psalm (saːm) *n* salmo *m*.

pseudonym ('sjuːdənim) *n* pseudonimo *m*.

psychedelic (saiki'delik) *adj* psichedelico.

psychiatry (sai'kaiətri) *n* psichiatria *f*. **psychiatric** *adj*

psichiatrico. **psychiatrist** *n* psichiatra *m*.

psychic ('saikik) *adj* psichico.

psychoanalysis (saikouə'nælisis) *n* psicoanalisi *f*. **psychoanalyst** *n* psicoanalista *m*.

psychology (sai'kɔlədʒi) *n* psicologia *f*. **psychological** *adj* psicologico. **psychologist** *n* psicologo *m*.

psychopath ('saikəpæθ) *n* psicopatico *m* **psychopathic** *adj* psicopatico.

psychosomatic (saikousə'mætik) *adj* psicosomatico.

pub (pʌb) *n* bar *m invar*. osteria, birreria *f*.

puberty ('pjuːbəti) *n* pubertà *f*.

public ('pʌblik) *adj, n* pubblico *m*. **publican** *n* proprietario del bar *m*. **public holiday** *n* giorno di festa *m*. **public house** *n* bar *m invar*. osteria, birreria *f*. **public relations** *n* servizio di stampa e propaganda *m*. **public school** *n* scuola pubblica *f*.

publication (pʌbli'keiʃən) *n* pubblicazione *f*.

publicity (pʌb'lisiti) *n* pubblicità *f*.

publicize ('pʌblisaiz) *vt* pubblicare.

publish ('pʌbliʃ) *vt* pubblicare, promulgare. **publisher** *n* 1 editore *m*. 2 casa editrice *f*. **publishing** *n* pubblicazione *f*.

pucker ('pʌkə) *vt* raggrinzare, increspare, corrugare. *vi* raggrinzarsi, incresparsi. *n* grinza, crespa, riga *f*.

pudding ('pudiŋ) *n* budino, dolce *m*.

puddle ('pʌdl) *n* pozzanghera *f*.

puff (pʌf) *n* 1 sbuffo, soffio *m*. 2 piumino *m*. *vt, vi* soffiare, sbuffare. **puff pastry** *n* pasta sfoglia *f*.

pull (pul) *n* 1 tirata *f*. strappo, sforzo *m*. 2 *sl* influenza *f*. *vt, vi*

1 tirare, trascinare. **2** trarre, strappare. **pull down** demolire. **pull up** fermarsi. **pullover** n pullover m invar. maglione m.

pulley ('puli) n puleggia f.

pulp (pʌlp) n polpa f. vt ridurre in polpa.

pulpit ('pʌlpit) n pulpito m.

pulsate (pʌl'seit) vi pulsare, battere, palpitare.

pulse (pʌls) n polso m.

pulverize ('pʌlvəraiz) vt polverizzare.

pump (pʌmp) n pompa f. vt **1** pompare. **2** ottenere informazioni da. **pump up** gonfiare.

pumpkin ('pʌmpkin) n zucca f.

pun (pʌn) n gioco di parole m.

punch[1] (pʌntʃ) n pugno m. vt dare pugni a.

punch[2] (pʌntʃ) n (tool) strumento per perforare. vt perforare.

punch[3] (pʌntʃ) n cul ponce m.

punctual ('pʌŋktʃuəl) adj puntuale. **punctuality** n puntualità f.

punctuate ('pʌŋktʃueit) vt punteggiare. **punctuation** n punteggiatura, interpunzione f.

puncture ('pʌŋktʃə) n **1** mot bucatura f. **2** med puntura f. vt forare, bucare.

pungent ('pʌndʒənt) adj acre, pungente, aspro.

punish ('pʌniʃ) vt punire, castigare. **punishment** n punizione, pena f. castigo m.

punt[1] (pʌnt) n naut chiatta f. vt spingere.

punt[2] (pʌnt) vi game scommettere.

pupil[1] ('pjuːpəl) n scolaro, alunno m.

pupil[2] ('pjuːpəl) n anat pupilla f.

puppet ('pʌpit) n marionetta f. burattino m.

puppy ('pʌpi) n cagnolino m.

purchase ('pəːtʃis) vt comprare, acquistare. n compera f. acquisto m. **purchaser** n compratore m.

pure (pjuə) adj puro, chiaro. **purity** n purità, purezza f.

purgatory ('pəːgətri) n purgatorio m.

purge (pəːdʒ) n **1** purga f. purgante m. **2** pol epurazione f. vt **1** purgare, purificare. **2** pol epurare.

purify ('pjuərifai) vt purificare. **purification** n purificazione f.

Puritan ('pjuəritən) n puritano m. **puritanical** adj puritano.

purl (pəːl) vt,vi smerlare.

purple ('pəːpəl) n porpora f. adj purpureo, violaceo.

purpose ('pəːpəs) n proposito, scopo, fine m. intenzione f. **on purpose** apposta.

purr (pəː) vi fare le fusa. n fusa f.

purse (pəːs) n borsellino m.

pursue (pə'sjuː) vt **1** perseguire, incalzare. **2** cercare. **pursuer** n inseguitore m. **pursuit** n **1** inseguimento m. **2** ricerca f.

pus (pʌs) n pus m. marcia f.

push (puʃ) vt spingere, urtare, premere. **push on** avanzarsi. **push through** sbrigare. ~n spinta f. urto, impulso m. **pushchair** n carrozzino m.

pussy ('pusi) n inf micio m.

put* (put) vt **1** mettere, porre. **2** collocare, presentare. **put off 1** rinviare. **2** dissuadere. **put on** indossare. **put up** aumentare. **put up with** sopportare.

putrid ('pjuːtrid) adj putrido, marcio, putrefatto.

putty ('pʌti) n stucco m.

puzzle ('pʌzəl) n enigma, indovinello m. vt confondere, sba-

lordire. **puzzled** *adj* perplesso.
PVC *n* PVC *m.*
Pygmy ('pigmi) *adj,n* pigmeo.
pyjamas (pə'dʒɑːməz) *n pl* pigiama *m.*
pylon ('pailən) *n* pilone *m.*
pyramid ('pirəmid) *n* piramide *f.*
Pyrex ('paireks) *n Tdmk* pirofila *f.*
python ('paiθən) *n* pitone *m.*

Q

quack[1] (kwæk) *n* gracidio *m.* *vi* gracidare.
quack[2] (kwæk) *n* ciarlatano *m.*
quadrangle ('kwɔdræŋgəl) *n* quadrangolo *m.*
quadrant ('kwɔdrənt) *n* quadrante *m.*
quadrilateral (kwɔdri'lætərəl) *adj,n* quadrilatero *m.*
quadruped ('kwɔdruped) *adj,n* quadrupede *m.*
quadruple ('kwɔdrupəl) *adj,n* quadruplo *m.* *vt* quadruplicare. **quadruplet** *n* uno di quattro nati in un solo parto *m.*
quail[1] (kweil) *n* quaglia *f.*
quail[2] (kweil) *vi* tremare, avere paura.
quaint (kweint) *adj* 1 strano. 2 pittoresco.
quake (kweik) *vi* tremolare.
Quaker ('kweikə) *n* quacchero *m.*
qualify ('kwɔlifai) *vt* 1 qualificare, abilitare. 2 moderare, mitigare. *vi* abilitarsi. **qualification** *n* 1 titolo *m.* qualifica *f.* 2 condizione, riserva *f.* **qualified** *adj* qualificato, competente.
quality ('kwɔliti) *n* qualità *f.*
qualm (kwɑːm) *n* 1 scrupolo *m.* 2 nausea *f.* malessere *m.*
quandary ('kwɔndəri) *n* impaccio *m.* situazione difficile *f.*

quantify ('kwɔntifai) *vt* quantificare.
quantity ('kwɔntiti) *n* quantità *f.*
quarantine ('kwɔrəntiːn) *n* quarantena *f.*
quarrel ('kwɔrəl) *n* disputa, lite, contesa *f.* *vi* litigare, disputare. **quarrelsome** *adj* litigioso.
quarry[1] ('kwɔri) *n* cava, pietraia *f.* *vt* scavare.
quarry[2] ('kwɔri) *n* (prey) preda *f.*
quart (kwɔːt) *n* quarto di un gallone *m.*
quarter ('kwɔːtə) *n* 1 quarto *m.* 2 trimestre *m.* 3 quartiere *m.* località *f.* 4 *pl mil* quartieri *m pl.* **at close quarters** da vicino. ~ *vt* dividere in quarti. **quarterly** *adj* trimestrale. **quarterdeck** *n* cassero *m.* **quartermaster** *n* commissario *m.*
quartet (kwɔː'tet) *n* quartetto *m.*
quartz (kwɔːts) *n* quarzo *m.*
quash[1] (kwɔʃ) *vt* schiacciare.
quash[2] (kwɔʃ) *vt law* annullare, invalidare.
quaver ('kweivə) *n mus* croma *f.* *vi* tremolare, vibrare.
quay (kiː) *n* banchina *f.* molo *m.*
queasy ('kwiːzi) *adj* 1 nauseante. 2 delicato. **feel queasy** sentire la nausea.
queen (kwiːn) *n* 1 regina *f.* 2 *game* donna *f.* **beauty queen** reginetta *f.*
queer (kwiə) *adj* strano, bizzarro, curioso. *n sl* finocchio *m.*
quell (kwel) *vt* reprimere, domare, soffocare.
quench (kwentʃ) *vt* spegnere, estinguere. **quench one's thirst** dissetarsi.
query ('kwiəri) *n* domanda, questione *f.* *vt* 1 domandare. 2 mettere in dubbio.

quest (kwest) *n* ricerca *f*. **in quest of** in cerca di.

question ('kwestʃən) *n* **1** domanda, questione *f*. **2** dubbio *m*. **3** soggetto *m*. **ask a question** fare una domanda. **out of the question** impossibile. ~*vt* **1** interrogare. **2** mettere in dubbio. **question mark** *n* punto interrogativo *m*. **questionable** *adj* discutibile. **questionnaire** *n* questionario *m*.

queue (kjuː) *n* coda, fila *f*. *vi* far coda.

quibble ('kwibəl) *vi* cavillare, equivocare. *n* cavillo *m*. scappatoia *f*.

quick (kwik) *adj* **1** presto, rapido. **2** svelto, vivace. **3** intelligente. *adv* presto, subito. *n* vivo *m*. **quicken** *vt* affrettare. **quickness** *n* prontezza, rapidità *f*. **quicksand** *n* sabbia mobile *f*. **quicksilver** *n* mercurio, argento vivo *m*. **quickstep** *n* quickstep *m*. **quick-tempered** *adj* irascibile. **quick-witted** *adj* acuto.

quid (kwid) *n sl* sterlina *f*.

quiet[1] ('kwaiət) *n* quiete, tranquillità *f*. silenzio *m*.

quiet[2] ('kwaiət) *adj* **1** quieto, tranquillo, placido. **2** modesto. **be quiet!** sta' zitto! **on the quiet** quatto quatto. ~*vt* acquietare. *vi* acquietarsi. **quieten** *vt* calmare, quietare, pacificare. *vi* calmarsi.

quill (kwil) *n* **1** penna *f*. **2** (of a porcupine) spina *f*.

quilt (kwilt) *n* piumino *m*. *vt* trapuntare.

quinine (kwi'niːn) *n* chinino *m*.

quintessence (kwin'tesəns) *n* quintessenza *f*.

quintet (kwin'tet) *n* quintetto *m*.

quirk (kwəːk) *n* vezzo, frizzo *m*.

quit* (kwit) *vt* lasciare, abbandonare. *vi* partire. **be quits**

essere pari. **notice to quit** *n* disdetta *f*.

quite (kwait) *adv* tutto, affatto, proprio, completamente.

quiver[1] ('kwivə) *vi* tremare, vacillare. *n* brivido, tremito *m*.

quiver[2] ('kwivə) *n sport* faretra *f*.

quiz (kwiz) *n, pl* **quizzes** questionario *m*. quiz *m invar*. **quizzical** ('kwizikəl) *adj* curioso.

quoit (kɔit) *n* anello (di ferro, etc.) *m*.

quota ('kwoutə) *n* quota, rata *f*.

quote (kwout) *vt* **1** citare. **2** *comm* quotare. **quotation** *n* **1** citazione *f*. brano *m*. **2** *comm* quotazione *f*. **quotation marks** *n pl* virgolette *f pl*.

R

rabbi ('ræbai) *n* rabbino *m*.

rabbit ('ræbit) *n* coniglio *m*.

rabble ('ræbəl) *n* plebaglia *f*.

rabies ('reibiːz) *n* idrofobia, rabbia *f*. **rabid** *adj* **1** fanatico. **2** furioso. **3** *med* rabbioso, idrofobo.

race[1] (reis) *n* (competition) corsa, gara *f*. *vt* far correre in una corsa. *vi* correre. **racecourse** *n* ippodromo *m*. pista *f*. **racehorse** *n* cavallo da corsa *m*.

race[2] (reis) *n* (people) razza, stirpe *f*. **race relations** *n pl* relazioni fra popoli *f pl*. **racial** *adj* razziale, di razza. **racist** *adj* razzista.

rack (ræk) *n* **1** rastrelliera *f*. **2** (for plates) scolapiatti *m*. **3** (for luggage, etc.) rete *f*. *vt* tormentare. **rack one's brains** stillarsi il cervello.

racket[1] ('rækit) *n* chiasso, rumore, fracasso *m*.

racket[2] ('rækit) *n sport* racchetta *f*.

radar ('reidaː) *n* radar *m invar*.

radial ('reidiəl) *adj* radiale.

radiant ('reidiənt) *adj* raggiante, irradiato, brillante. **radiance** *n* splendore *m.*

radiate ('reidieit) *vt* raggiare, diffondere, irradiare. **radiation** *n* irradiazione *f.* **radiator** *n* 1 termosifone *m.* 2 *mot* radiatore *m.*

radical ('rædikəl) *adj,n* radicale *m.*

radio ('reidiou) *n* radio *f invar.*

radioactive (reidiou'æktiv) *adj* radioattivo. **radioactivity** *n* radioattività *f.*

radish ('rædiʃ) *n* ravanello *m.*

radium ('reidiəm) *n* radio *m.*

radius ('reidiəs) *n, pl* **-dii** *or* **-diuses** raggio *m.*

raffia ('ræfiə) *n* rafia *f.*

raffle ('ræfəl) *n* lotteria privata *f. vt* vendere per mezzo di una lotteria.

raft (rɑːft) *n* zattera, chiatta *f.*

rafter ('rɑːftə) *n* trave *f.*

rag[1] (ræg) *n* straccio, cencio *m.* **ragged** *adj* 1 cencioso, stracciato. 2 aspro, ruvido.

rag[2] (ræg) *vt* prendere in giro.

rage (reidʒ) *n* 1 collera, furia *f.* 2 mania, passione *f.* **all the rage** di moda. ~ *vi* infuriare.

raid (reid) *n* scorreria, incursione *f. vt* invadere, fare un'incursione in.

rail (reil) *n* 1 sbarra *f.* 2 (of banisters, etc.) ringhiera *f.* 3 (railway) rotaia *f.* **railing** *n* cancellata *f.* **railway** *n* ferrovia *f.* **railway line** *n* binario *m.*

rain (rein) *n* pioggia *f. v imp* piovere. **rainbow** *n* arcobaleno *m.* **raindrop** *n* goccia di pioggia *f.* **rainfall** *n* caduta di pioggia *f.*

raise (reiz) *vt* 1 alzare. 2 sollevare. 3 allevare. 4 innalzare, aumentare.

raisin ('reizən) *n* uva secca *f.*

rajah ('rɑːdʒə) *n* ragià *m.*

rake (reik) *n* rastrello *m. vt* rastrellare, raccogliere.

rally ('ræli) *n* 1 ripresa *f.* 2 riunione *f.* 3 *mot* rally *m. vt* raccogliere, riunire. *vi* rimettersi.

ram (ræm) *n* montone *m. vt* 1 ficcare. 2 *naut* speronare.

ramble ('ræmbəl) *n* passeggiata *f.* giro *m. vi* 1 vagare. 2 divagare.

ramp (ræmp) *n* rampa, salita *f.*

rampage ('ræmpeidʒ) *n* furia, condotta violenta *f. vi* smaniare, scalmanarsi.

rampant ('ræmpənt) *adj* 1 predominante. 2 violento.

rampart ('ræmpɑːt) *n* bastione *m.* difesa *f.*

ramshackle ('ræmʃækəl) *adj* sgangherato, rovinato.

ran (ræn) *v see* **run.**

ranch (rɑːntʃ) *n* podere *m.* fattoria *f.*

rancid ('rænsid) *adj* rancido.

rancour ('ræŋkə) *n* rancore, risentimento *m.* acrimonia *f.*

random ('rændəm) *adj* casuale, a caso. **at random** a casaccio.

rang (ræŋ) *v see* **ring.**

range (reindʒ) *n* 1 serie, portata *f.* 2 *sport* campo di tiro *m.* 3 *geog* catena *f. vt* ordinare, collocare. *vi* stendersi.

rank[1] (ræŋk) *n* 1 fila *f.* 2 classe, condizione *f.* 3 rango, grado *m.* **rank and file** *n* gregari *m pl.* ~ *vt* 1 classificare. 2 ordinare. *vi* prendere posto.

rank[2] (ræŋk) *adj* rancido, schifoso, turpe.

rankle ('ræŋkəl) *vi* bruciare.

ransack ('rænsæk) *vt* frugare, saccheggiare.

ransom ('rænsəm) *n* riscatto *m. vt* riscattare.

rap (ræp) *n* colpo, colpetto *m.* picchiata *f. vt* battere, colpire, picchiare.

rape (reip) *n* violenza carnale *f*. *vt* violare.

rapid ('ræpid) *adj* rapido, veloce. *n* rapida *f*. **rapidity** *n* velocità, rapidità *f*.

rapier ('reipiə) *n* spada *f*.

rapture ('ræptʃə) *n* entusiasmo *m*. estasi *f*.

rare[1] (rɛə) *adj* **1** raro, scarso. **2** insolito. **3** prezioso. **rarity** *n* rarità *f*.

rare[2] (rɛə) *adj cul* poco cotto.

rascal ('rɑːskəl) *n* furfante, briccone *m*.

rash[1] (ræʃ) *adj* precipitoso, inconsiderato, avventato. **rashness** *n* imprudenza *f*.

rash[2] (ræʃ) *n med* eruzione *f*.

rasher ('ræʃə) *n* fetta di prosciutto *f*.

raspberry ('rɑːzbri) *n* lampone *m*. **raspberry cane** *n* lampone *m*.

rat (ræt) *n* ratto *m*.

rate (reit) *n* **1** prezzo *m*. tariffa *f*. **2** imposta *f*. **3** velocità *f*. **4** *comm* tasso *m*. **at any rate** comunque. ~ *vt* **1** valutare. **2** stimare, considerare. **rate payer** *n* contribuente *m*.

rather ('rɑːðə) *adv* piuttosto, alquanto, abbastanza. *interj* certo!

ratio ('reiʃiou) *n* ragione, proporzione *f*.

ration ('ræʃən) *n* **1** razione *f*. **2** *pl* viveri *m pl*. *vt* razionare. **rationing** *n* razionamento *m*.

rational ('ræʃənəl) *adj* ragionevole, razionale. **rationalism** *n* razionalismo *m*. **rationalization** *n* razionalizzazione *f*. **rationalize** *vt* razionalizzare.

rattle ('rætl) *n* **1** (toy) sonaglio *m*. **2** rumore, fracasso, tintinnio *m*. *vt* risuonare. *vi* far rumore.

raucous ('rɔːkəs) *adj* rauco, aspro.

ravage ('rævidʒ) *vt* devastare, rovinare. **ravages** *n pl* danni *m pl*. devastazione *f*.

rave (reiv) *vi* delirare. **rave about** andare pazzo per.

raven ('reivən) *n* corvo *m*. *adj* corvino. **ravenous** *adj* affamato, vorace.

ravine (rə'viːn) *n* burrone *m*. gola *f*.

ravioli (rævi'ouli) *n pl* ravioli *m pl*.

ravish ('ræviʃ) *vt* **1** violare, stuprare. **2** estasiare. **ravishing** *adj* incantevole.

raw (rɔː) *adj* **1** crudo. **2** greggio. **3** inesperto. **raw materials** *n pl* materie prime *f pl*.

ray (rei) *n* raggio *m*.

rayon ('reiɔn) *n* raion *m*.

razor ('reizə) *n* rasoio *m*. **razor blade** *n* lametta *f*.

reach (riːtʃ) *vt* arrivare a, giungere, raggiungere. *vi* stendersi. *n* portata, capacità *f*. **out of/ within reach** fuori/alla mano.

react (ri'ækt) *vi* reagire. **reaction** *n* reazione *f*. **reactionary** *adj,n* reazionario. **reactor** *n* reattore *m*.

read* (riːd) *vt* **1** leggere. **2** studiare. **reading** *n* lettura *f*.

readjust (riːə'dʒʌst) *vt* raggiustare. **readjustment** *n* raggiustamento *m*.

ready ('redi) *adj* **1** pronto, preparato. **2** disposto. **get ready** prepararsi. **ready-made** *adj* confezionato. **ready money** *n* contanti *m pl*. **readiness** *n* prontezza *f*.

real (riəl) *adj* **1** reale. **2** vero, genuino. **real estate** *n* beni immobili *m pl*. **realism** *n* realismo *m*. **realist** *n* realista *m*. **realistic** *adj* realistico. **reality** *n* realtà *f*. **really** *adv* proprio. *interj* davvero!

realize ('riəlaiz) *vt* **1** accorgersi di, rendersi conto di. **2** realizzare. **realization** *n* realizzazione *f*.

realm (relm) *n* regno, dominio *m*.

reap (ri:p) *vt* mietere, raccogliere.

reappear (ri:ə'piə) *vi* riapparire. **reappearance** *n* ricomparsa *f*.

rear[1] (riə) *n* parte posteriore *f*. dietro *m*. **in the rear** al di dietro. ~ *adj* posteriore. **rear admiral** *n* contrammiraglio *m*. **rearguard** *n* retroguardia *f*.

rear[2] (riə) *vt* allevare, coltivare. *vi* impennarsi. **rearing** *n* allevamento *m*.

rearrange (riə'reindʒ) *vt* riordinare, riarrangiare. **rearrangement** *n* riordinamento *m*.

reason ('ri:zən) *n* ragione, causa *f*. motivo *m*. *vi* ragionare, discorrere. **reasonable** *adj* ragionevole, giusto. **reasoning** *n* ragionamento *m*.

reassure (riə'ʃuə) *vt* rassicurare.

rebate ('ri:beit) *n* sconto *m*. riduzione, restituzione *f*.

rebel (*adj,n*, 'rebəl; *v* ri'bel) *adj,n* ribelle. *vi* ribellarsi. **rebellion** *n* ribellione, rivolta *f*. **rebellious** *adj* ribelle, disubbidiente.

rebound (*v* ri'baund; *n* 'ri:baund) *vi* rimbalzare. *n* **1** rimbalzo *m*. **2** reazione *f*.

rebuff (ri'bʌf) *n* rifiuto *m*. *vt* respingere, rifiutare.

rebuild (ri:'bild) *vt* ricostruire. **rebuilding** *n* ricostruzione *f*.

rebuke (ri'bju:k) *n* rimprovero, biasimo *m*. sgridata *f*. *vt* rimproverare, sgridare.

recall (ri'kɔ:l) *vt* richiamare, ricordare, rievocare.

recede (ri'si:d) *vi* recedere, ritirarsi.

receipt (ri'si:t) *n* ricevuta, quietanza *f*.

receive (ri'si:v) *vt* ricevere, accogliere. **receiver** *n* (telephone) ricevitore *m* **2** destinatario *m*.

recent ('ri:sənt) *adj* recente, nuovo. **recently** *adv* di recente, in questi giorni.

receptacle (ri'septəkəl) *n* recipiente, ricettacolo *m*.

reception (ri'sepʃən) *n* **1** ricevimento *m*. accoglienza *f*. **2** *tech* ricezione *f*. **receptionist** *n* segretaria *f*. **receptive** *adj* recettivo.

recess (ri'ses) *n* **1** nicchia, alcova *f*. recesso *m*. **2** vacanze *f pl*.

recession (ri'seʃən) *n* recessione *f*.

recipe ('resipi) *n* ricetta *f*.

recipient (ri'sipiənt) *n* destinatario *m*. *adj* ricevente, ricettivo.

reciprocate (ri'siprəkeit) *vt* contraccambiare, reciprocare. *n* reciprocità *f*. **reciprocal** *adj* reciproco.

recite (ri'sait) *vt* recitare, narrare, raccontare. **recital** *n* **1** racconto *m*. narrazione *f*. **2** *mus* concerto *m*.

reckless ('rekləs) *adj* temerario, imprudente. **recklessness** *n* temerarietà, imprudenza *f*.

reckon ('rekən) *vt* **1** contare, computare. **2** giudicare. **reckoning** *n* conto, calcolo *m*.

reclaim (ri'kleim) *vt* **1** redimere. **2** (land) bonificare. **reclamation** *n* **1** redenzione *f*. **2** bonifica *f*.

recline (ri'klain) *vt* appoggiare, reclinare. *vi* appoggiarsi, sdraiarsi.

recluse (ri'klu:s) *n* recluso, eremita *m*.

recognize ('rekəgnaiz) *vt* riconoscere. **recognition** *n* riconoscimento *m*.

recoil (ri'kɔil) *vi* rinculare, indietreggiare. *n* rinculo, indie-treggiamento *m*.

recollect (rekə'lekt) *vt* ricor-darsi di. **recollection** *n* ri-cordo *m*. memoria *f*.

recommence (riːkə'mens) *vt*, *vi* ricominciare.

recommend (rekə'mend) *vt* raccomandare. **recommen-dation** *n* raccomandazione *f*.

recompense ('rekəmpens) *n* ri-compensa, rimunerazione *f*. *vt* ricompensare, rimunerare.

reconcile ('rekənsail) *vt* ricon-ciliare, comporre. **reconcil-iation** *n* riconciliazione *f*. **reconciliatory** *adj* riconcilia-torio.

reconstruct (riːkən'strʌkt) *vt* ricostruire. **reconstruction** *n* ricostruzione *f*.

record (*v* ri'kɔːd; *n* 'rekɔːd) *vt* registrare, notare. *n* **1** ricordo, registro *m*. **2** *sport* record, primato *m*. **3** *mus* disco *m*. **record player** *n* giradi-schi *m*.

recount (ri'kaunt) *vt* racconta-re, narrare.

recover (ri'kʌvə) *vt* ricuperare, riprendere. *vi* rimettersi, guari-re. **recovery** *n* **1** ricupero *m*. **2** *med* guarigione *f*.

recreation (rekri'eiʃən) *n* diver-timento, passatempo *m*. ricrea-zione *f*.

recruit (ri'kruːt) *n* recluta *f*. *vt* reclutare. **recruitment** *n* re-clutamento *m*.

rectangle ('rektæŋgəl) *n* ret-tangolo *m*. **rectangular** *adj* rettangolare.

rectify ('rektifai) *vt* correggere, rettificare.

recuperate (ri'kjuːpəreit) *vt* ri-cuperare. *vi* rimettersi. **recu-peration** *n* ricupero *m*.

recur (ri'kəː) *vi* ricorrere, ritor-nare. **recurrence** *n* **1** ricor-renza *f*. **2** *med* ripresa *f*. **re-current** *adj* ricorrente, perio-dico.

recycle (ri'səikəl) *vt* riciclare.

red (red) *adj*,*n* rosso *m*. **turn red** arrossire. **redcurrant** *n* ribes *m*. **red-handed** *adj* in flagrante. **reddish** *adj* rossa-stro.

redeem (ri'diːm) *vt* redimere, riscattare, salvare. **redeem-ing** *adj* compensatore. **re-demption** *n* redenzione *f*.

redevelop (riːdi'veləp) *vt* rico-struire. **redevelopment** *n* ri-costruzione *f*.

Red Indian *n* pellerossa *m*,*f*.

redress (ri'dres) *n* riparazione *f*. rimedio *m*. *vt* riparare, cor-reggere.

reduce (ri'djuːs) *vt* ridurre, di-minuire. **reduction** *n* ridu-zione, diminuzione *f*.

redundant (ri'dʌndənt) *adj* ri-dondante. **redundancy** *n* ri-dondanza *f*.

reed (riːd) *n* canna *f*.

reef (riːf) *n* scoglio *m*. scogliera *f*.

reek (riːk) *n* fumo, vapore, puzzo *m*. *vi* puzzare.

reel[1] (riːl) *n* **1** aspo, rocchetto *m*. **2** *phot* rotolo *m*. *vt* aggo-mitolare.

reel[2] (riːl) *vi* vacillare, girare.

re-establish (riːi'stæbliʃ) *vt* ri-stabilire. **re-establishment** *n* ristabilimento *m*.

refectory (ri'fektəri) *n* refetto-rio *m*. mensa *f*.

refer (ri'fəː) *vt* **1** riferire, ri-mandare. **2** attribuire, ascri-vere. *vi* **1** rivolgersi. **2** allude-re. **referee** *n* arbitro *m*. *vt* arbitrare. **reference** *n* **1** rife-rimento *m*. allusione *f*. **2** refe-renza, raccomandazione *f*. **referendum** *n*, *pl* **-da** referen-dum *m*.

refill (*v* riː'fil; *n* 'riːfil) *vt* riem-pire, rifornire. *n* rifornimento *m*. refill *m* invar.

refine (ri'fain) *vt* raffinare, pu-rificare. **refined** *adj* colto, elegante. **refinement** n raffinatezza, eleganza, sottigliezza f. **refinery** n raffineria f.

reflation (riˈfleiʃən) n inflazione controllata f.

reflect (riˈflekt) vt riflettere. vi riflettere, pensare, meditare. **reflection** n 1 riflessione f. 2 biasimo m. **reflective** adj riflessivo, pensieroso. **reflector** n riflettore m.

reflex (ˈriːfleks) adj,n riflesso m. **reflexive** adj riflessivo.

reform (riˈfɔːm) n riforma f. vt riformare, correggere. vi riformarsi, correggersi. **reformation** n riforma f. **reformer** n riformatore m.

refract (riˈfrækt) vt rifrangere.

refrain[1] (riˈfrein) vi frenarsi, trattenersi.

refrain[2] (riˈfrein) n ripresa f.

refresh (riˈfreʃ) vt rinfrescare, ristorare. **refreshments** n pl rinfreschi m pl.

refrigerate (riˈfridʒəreit) vt refrigerare. **refrigeration** n refrigerazione f. **refrigerator** n frigorifero m.

refuel (riːˈfjuːəl) vt rifornire di carburante. vi rifornirsi di carburante.

refuge (ˈrefjuːdʒ) n rifugio, asilo m. **take refuge** rifugiarsi. **refugee** n rifugiato, esule, profugo m.

refund (v riˈfʌnd; n ˈriːfʌnd) vt rimborsare, restituire. n rimborso m.

refuse[1] (riˈfjuːz) vt rifiutare, vietare. vi rifiutarsi. **refusal** n rifiuto m.

refuse[2] (ˈrefjuːs) n immondizie f pl. rifiuti m pl.

refute (riˈfjuːt) vt confutare, ribattere.

regain (riˈgein) vt riprendere, riacquistare, ricuperare.

regal (ˈriːgəl) adj regale, reale.

regard (riˈgɑːd) n 1 rispetto m. 2 sguardo m. 3 considerazione, stima f. 4 pl saluti m pl. **with regard to** quanto a. ~ vt considerare, stimare.

regardless adj senza riguardo. **regardless of** indifferente a.

regatta (riˈgɑːtə) n regata f.

regent (ˈriːdʒənt) n reggente m. **regency** n reggenza f.

regime (reiˈʒiːm) n regime m.

regiment (ˈredʒimənt) n reggimento m. vt irreggimentare. **regimental** adj reggimentale. **regimentation** n reggimentazione f.

region (ˈriːdʒən) n regione f. **regional** adj regionale.

register (ˈredʒistə) n 1 registro m. 2 pol lista elettorale f. vt 1 registrare, indicare. 2 (post) raccomandare. vi iscriversi. **registrar** n segretario m. **registration** n registrazione f. **registry office** n ufficio dello stato civile m. anagrafe f.

regress (riˈgres) vi regredire. **regression** n regressione f. **regressive** adj regressivo.

regret (riˈgret) vt deplorare, rammaricarsi di. n dispiacere, rammarico, rincrescimento m. **regrettable** adj spiacevole.

regular (ˈregjulə) adj regolare, normale, ordinato. **regular soldier** n soldato di professione m. **regularity** n regolarità f.

regulate (ˈregjuleit) vt regolare, moderare. **regulation** n 1 regola, ordinanza f. 2 regolamento m. adj regolamentare. **regulator** n regolatore m.

rehabilitate (riːəˈbiliteit) vt riabilitare. **rehabilitation** n riabilitazione f.

rehearse (riˈhəːs) vt 1 ripetere, narrare. 2 Th provare. **rehearsal** n 1 ripetizione f. 2 Th prova f.

reheat (riː'hiːt) *vt* riscaldare di nuovo.

reign (rein) *n* regno *m*. *vi* regnare.

reimburse (riːim'bəːs) *vt* rimborsare, rifondere. **reimbursement** *n* rimborso *m*.

rein (rein) *n* 1 redine *f*. 2 freno *m*.

reincarnation (riːinkɑː'neiʃən) *n* rincarnazione *f*.

reindeer ('reindiə) *n invar* renna *f*.

reinforce (riːin'fɔːs) *vt* rinforzare, rafforzare. **reinforcement** *n* rinforzo *m*.

reinstate (riːin'steit) *vt* ristabilire, reintegrare. **reinstatement** *n* ristabilimento *m*. reintegrazione *f*.

reinvest (riːin'vest) *vt* rinvestire. **reinvestment** *n* rinvestimento *m*.

reissue (riː'iʃuː) *n* 1 ristampa *f*. 2 *comm* nuova emissione *f*. *vt* 1 ristampare, ripubblicare. 2 *comm* emettere di nuovo.

reject (*v* ri'dʒekt; *n* 'riːdʒekt) *vt* rifiutare, respingere. *n* rifiuto *m*. **rejection** *n* rifiuto *m*. ripulsa *f*.

rejoice (ri'dʒɔis) *vi* rallegrarsi, gioire, godere. **rejoicing** *n* allegrezza, gioia *f*.

rejuvenate (ri'dʒuːvəneit) *vt* ringiovanire. **rejuvenation** *n* ringiovanimento *m*.

relapse (ri'læps) *n* ricaduta *f*. *vi* ricadere.

relate (ri'leit) *vt* 1 raccontare, narrare. 2 riferire. *vi* riferirsi, aver rapporto. **related** *adj* connesso, congiunto. **be related to** essere parente di. **relation** *n* 1 parente *m,f*. 2 narrazione *f*. 3 rapporto *m*. **relationship** *n* 1 parentela *f*. 2 rapporto *m*. **relative** *n* parente *m,f*. *adj* relativo, rispettivo. **relativity** *n* relatività *f*.

relax (ri'læks) *vt* rilassare, allentare, riposare. *vi* riposarsi, distrarsi. **relaxation** *n* 1 ricreazione *f*. riposo *m*. 2 rilassamento *m*. 3 svago *m*.

relay (*n* 'riːlei; *v* ri'lei) *n* 1 muta *f*. 2 trasmissione *f*. *vt* 1 cambiare. 2 ritrasmettere. **relay race** *n* corsa a staffetta *f*.

release (ri'liːs) *vt* 1 liberare, lasciar andare. *n* liberazione *f*.

relent (ri'lent) *vi* pentirsi, cedere. **relentless** *adj* inflessibile, severo.

relevant ('reləvənt) *adj* relativo, pertinente. **relevancy** *n* rapporto *m*.

reliable (ri'laiəbəl) *adj* fidato, sicuro. **reliability** *n* fidatezza, sicurezza *f*.

relic ('relik) *n* 1 reliquia *f*. 2 *pl* resti, avanzi *m pl*.

relief (ri'liːf) *n* 1 sollievo, soccorso *m*. 2 aiuto *m*. 3 rilievo *m*. 4 *mil* cambio *m*.

relieve (ri'liːv) *vt* 1 sollevare, mitigare. 2 soccorrere, aiutare.

religion (ri'lidʒən) *n* religione *f*. **religious** *adj* religioso, pio, devoto.

relinquish (ri'liŋkwish) *vt* abbandonare, rinunziare a. **relinquishment** *n* abbandono *m*.

relish ('reliʃ) *n* 1 gusto *m*. 2 condimento *m*. *vt* gustare, godere.

relive (riː'liv) *vi, vt* rivivere.

reluctant (ri'lʌktənt) *adj* riluttante, poco disposto a. **reluctance** *n* riluttanza, avversione *f*. **reluctantly** *adv* con riluttanza.

rely (ri'lai) *vi* contare, fidarsi. **reliance** *n* confidenza, fiducia *f*.

remain (ri'mein) *vi* rimanere, restare. **remainder** *n* 1 resto, rimanente *m*. 2 *math* avanzo *m*. **remains** *n pl* resti, avanzi *m pl*.

remand (ri'mɑːnd) vt rimandare in carcere sotto processo.

remark (ri'mɑːk) n osservazione f. commento m. vt osservare, notare. vi fare commenti. **remarkable** adj notevole, straordinario.

remarry (riː'mæri) vt riposare. vi riposarsi.

remedy ('remədi) n rimedio m. vt rimediare a.

remember (ri'membə) vt ricordarsi di, rimembrare. vi ricordarsi. **remembrance** n ricordo m. memoria, rimembranza f.

remind (ri'maind) vt ricordare, richiamare alla mente. **reminder** n ricordo m.

reminiscence (remi'nisəns) n reminiscenza f. **reminiscent** adj che fa ricordare.

remiss (ri'mis) adj negligente, trascurato. **remission** n remissione f. perdono m.

remit (ri'mit) vt 1 rimandare. 2 rimettere. 3 ridurre. vi mitigarsi. **remittance** n rimessa f.

remnant ('remnənt) n 1 resto, avanzo m. 2 (of material) scampolo m.

remorse (ri'mɔːs) n rimorso m. **remote** (ri'mout) adj lontano, remoto.

remove (ri'muːv) vt 1 spostare, trasferire, rimuovere. 2 eliminare. vi sgombrare, trasferirsi. **removal** n spostamento, trasferimento m.

remunerate (ri'mjuːnəreit) vt rimunerare. **remuneration** n rimunerazione f. **remunerative** adj rimunerativo.

renaissance (ri'neisəns) n rinascimento m.

rename (riː'neim) vt rinominare.

render ('rendə) vt rendere, fare.

rendez-vous ('rɔndivuː) n appuntamento m.

renew (ri'njuː) vt 1 rinnovare. 2 sostituire. **renewal** n 1 rinnovamento m. 2 ripresa f.

renounce (ri'nauns) vt rinunciare a, ripudiare. **renouncement** n rinuncia f. **renunciation** n rinunzia f.

renovate ('renəveit) vt rinnovare. **renovation** n rinnovamento m.

renown (ri'naun) n fama, rinomanza f. **renowned** adj famoso, celebre.

rent (rent) vt affittare, prendere in affitto, noleggiare. n affitto m. **rental** n affitto m.

reopen (riː'oupən) vt riaprire. vi riaprirsi. **reopening** n riapertura f.

reorganize (riː'ɔːgənaiz) vt riorganizzare. **reorganization** n riorganizzazione f.

repair (ri'pɛə) vt riparare, rifare, aggiustare. vi rifugiarsi, recarsi. n 1 riparazione f. 2 stato m.

repartee (repɑ'tiː) n risposta pronta f. rimbecco m.

repatriate (ri'pætrieit) vt rimpatriare. **repatriation** n rimpatrio m.

repay (ri'pei) vt 1 rimborsare, restituire. 2 ricompensare. **repayment** n 1 rimborso m. restituzione f. 2 ricompensa f.

repeal (ri'piːl) vt abrogare, revocare, annullare. n abrogazione f. annullamento m.

repeat (ri'piːt) vt ripetere, rifare. vi ripetersi. n ripetizione f. **repeatedly** adv ripetutamente.

repel (ri'pel) vt respingere. **repellent** adj repellente.

repent (ri'pent) vi pentirsi. **repentance** n penitenza f. **repentant** adj penitente, contrito.

repercussion (riːpə'kʌʃən) n ripercussione f.

repertoire ('repətwɑɪ) n repertorio m.

repertory ('repətri) n repertorio m.

repetition (repə'tiʃən) n ripetizione, copia f.

replace (ri'pleis) vt 1 rimettere a posto, restituire. 2 sostituire. **replacement** n restituzione, sostituzione f.

replay (v riː'plei; n 'riːplei) vt giocare di nuovo. n 1 partita ripetuta f. 2 ripetizione f.

replenish (ri'pleniʃ) vt riempire, rifornire.

replica ('replikə) n replica f. facsimile m.

reply (ri'plai) n risposta f. vi rispondere.

report (re'pɔːt) n 1 rapporto, resoconto m. 2 diceria f. 3 educ pagella f. vt 1 rapportare, raccontare. 2 fare la cronaca di. vi fare il cronista. **reporter** n giornalista, corrispondente m,f.

repose (ri'pouz) n riposo m. vi 1 riposarsi. 2 fondarsi.

represent (repri'zent) vt rappresentare. **representation** n rappresentazione f. **representative** n 1 rappresentante m,f. 2 deputato m. adj rappresentativo.

repress (ri'pres) vt reprimere, frenare. **repression** n repressione f. **repressive** adj repressivo.

reprieve (ri'priːv) n proroga, sospensione, grazia f. vt sospendere la sentenza di, graziare.

reprimand ('reprimɑːnd) n rimprovero m. sgridata f. vt rimproverare, sgridare.

reprint (v riː'print; n 'riːprint) vt ristampare. n ristampa f.

reprisal (ri'praizəl) n rappresaglia f.

reproach (ri'proutʃ) vt rimproverare, biasimare. n rimprovero, biasimo m.

reproduce (riːprə'djuːs) vt produrre. vi riprodursi. **reproduction** n riproduzione f.

reptile ('reptail) n rettile m.

republic (ri'pʌblik) n repubblica f. **republican** adj,n repubblicano.

repudiate (ri'pjuːdieit) vt ripudiare, sconfessare. **repudiation** n ripudio m. sconfessione f.

repugnant (ri'pʌgnənt) adj ripugnante, spiacevole, contrario. **repugnance** n ripugnanza, avversione f.

repulsion (ri'pʌlʃən) n ripulsione, ripulsa f. rifiuto m. **repulsive** adj ripulsivo, schifoso, ripugnante.

repute (ri'pjuːt) n fama f. nome m. vt reputare, stimare, credere. **reputable** adj stimabile, reputato, onorevole. **reputation** n riputazione, fama f. onore m. **reputedly** adv secondo l'opinione generale.

request (ri'kwest) n richiesta, domanda f. vt chiedere, domandare, pregare.

requiem ('rekwiəm) n requiem m.

require (ri'kwaiə) vt 1 richiedere, esigere. 2 domandare. 3 aver bisogno di. **requirement** n 1 bisogno m. 2 esigenza f.

requisition (rekwi'ziʃən) n 1 richiesta, domanda f. 2 requisizione f. vt requisire.

re-read (riː'riːd) vt rileggere.

re-route (riː'ruːt) vt deviare.

re-run (riː'rʌn) vt ripetere. n ripetizione f.

resale (riː'seil) n rivendita f.

rescue ('reskjuː) n 1 soccorso, aiuto m. 2 liberazione f. vt 1 soccorrere, aiutare. 2 liberare.

research (ri'səːtʃ) n 1 ricerca f. 2 studio m. vi far ricerche, ricercare. **researcher** n ricercatore, investigatore m.

resell (ri:'sel) vt rivendere.

resemble (ri'zembəl) vt somigliare a, assomigliare a. **resemblance** n somiglianza, rassomiglianza f.

resent (ri'zent) vt offendersi di, arrabbiarsi per. **resentful** adj acrimonioso, risentito. **resentment** n risentimento m.

reserve (ri'zə:v) vt riservare. n 1 riserva f. 2 riserbo m. riservatezza f. **reservation** n 1 riserva f. 2 prenotazione f. **reserved** adj riservato.

reservoir ('rezəvwɑ:) n serbatoio m. cisterna f.

reside (ri'zaid) vi abitare, dimorare, stare. **residence** n abitazione, residenza, dimora f. **resident** n residente, abitante m,f. adj residente. **residential** adj residenziale.

residue ('rezidju:) n residuo, resto, avanzo m.

resign (ri'zain) vt rinunciare a. vi dimettersi. **resignation** n 1 dimissione f. 2 rassegnazione f. **resigned** adj rassegnato.

resilient (ri'ziliənt) adj 1 rimbalzante, elastico. 2 capace di ricupero. **resilience** n 1 elasticità f. 2 capacità di ricupero f.

resin ('rezin) n resina f. **resinous** adj resinoso.

resist (ri'zist) vt resistere a, opporsi a. vi resistere. **resistance** n resistenza f. **resistant** adj resistente.

resit (ri:'sit) vt rifare.

resolute ('rezəlu:t) adj risoluto, deciso, determinato. **resolution** n 1 risoluzione f. 2 decisione f. 3 determinazione f.

resolve (ri'zɔlv) vt risolvere, decidere. vi risolversi, decidersi. n risoluzione, decisione f.

resonant ('rezənənt) adj risonante. **resonance** n risonanza f.

resort (ri'zɔ:t) vi ricorrere, recarsi. n 1 ricorso, ritrovo m. 2 stazione di villeggiatura f.

resound (ri'zaund) vi risuonare, echeggiare.

resource (ri'zɔ:s) n 1 risorsa f. 2 espediente, mezzo m. **resourceful** adj intraprendente.

respect (ri'spekt) n riguardo, rispetto m. stima f. vt stimare, rispettare. **respectable** adj rispettabile. **respectful** adj rispettoso. **respective** adj rispettivo.

respite ('respait) n 1 tregua f. 2 respiro, riposo m.

respond (ri'spɔnd) vi rispondere, reagire. **response** n risposta f. **responsibility** n responsabilità f. **responsible** adj responsabile. **responsive** adj che reagisce con prontezza.

rest[1] (rest) n riposo m. sosta f. vi 1 riposarsi. 2 appoggiarsi. 3 fermarsi, stare. vt far riposare. **restless** adj agitato, turbato, inquieto. **restlessness** n agitazione f.

rest[2] (rest) n 1 resto, rimanente m. 2 altri m pl.

restaurant ('restərɔnt) n ristorante m. trattoria f.

restore (ri'stɔ:) vt 1 restaurare. 2 ristabilire. 3 restituire. **restoration** n 1 restaurazione, restituzione f. 2 arch restauro m.

restrain (ri'strein) vt trattenere, frenare, reprimere. **restraint** n freno, ritegno m. restrizione f.

restrict (ri'strikt) vt restringere, limitare. **restriction** n restrizione f. **restrictive** adj restrittivo.

result (ri'zʌlt) n risultato, esito m. consequenza f. vi risultare.

resume (ri'zjuːm) *vt* **1** riprendere. **2** riassumere. **resumption** *n* ripresa *f.*

résumé ('rezumei) *n* sunto *m.*

resurrect (rezə'rekt) *vt* risuscitare. **resurrection** *n* risurrezione *f.*

retail ('riːteil) *n* vendita al minuto *or* al dettaglio *f. adj* al minuto, al dettaglio. *vt* vendere al minuto *or* al dettaglio. **retailer** *n* venditore al minuto *m.*

retain (ri'tein) *vt* ritenere, mantenere, conservare.

retaliate (ri'tælieit) *vt* ricambiare insulto. *vi* rendere la pariglia, reagire. **retaliation** *n* rappresaglia, vendetta *f.*

retard (ri'taːd) *vt,vi* ritardare.

reticent ('retisənt) *adj* reticente. **reticence** *n* reticenza *f.*

retina ('retinə) *n* retina *f.*

retire (ri'taiə) *vi* ritirarsi, andare in pensione. **retirement** *n* ritiro, riposo *m.*

retort¹ (ri'tɔːt) *n* ritorsione, risposta aspra *f. vt* ribattere, rispondere aspramente. *vi* rimbeccare.

retort² (ri'tɔːt) *n* sci storta *f.*

retrace (ri'treis) *vt* rintracciare. **retrace one's steps** rifare la strada.

retract (ri'trækt) *vt* ritirare, ritrarre, disdire. *vi* ritrattarsi.

retreat (ri'triːt) *n* **1** ritiro, asilo *m.* **2** *mil* ritirata *f. vi* ritirarsi, andarsene.

retrieve (ri'triːv) *vt* ricuperare, riprendere, riacquistare.

retrograde ('retrəgreid) *adj* retrogrado.

retrogressive (retrə'gresiv) *adj* regressivo.

retrospect ('retrəspekt) *n* sguardo retrospettivo *m.* **in retrospect** in retrospettivo.

return (ri'təːn) *vi* tornare, ritornare. *vt* **1** rendere, restituire. **2** contraccambiare. *n* **1** ritorno *m.* **2** rinvio *m.* restituzione *f.* **3** *comm* rendiconto *m.* **return ticket** *n* biglietto di andata e ritorno *m.*

reunite (riːjuː'nait) *vt* riunire. *vi* riunirsi. **reunion** *n* riunione *f.*

reveal (ri'viːl) *vt* rivelare, manifestare. **revelation** *n* rivelazione *f.*

revel ('revəl) *vi* **revel in** divertirsi di.

revenge (ri'vendʒ) *n* vendetta *f.*

revenue ('revənjuː) *n* **1** entrata *f.* reddito *m.* **2** fisco *m.*

reverberate (ri'vəːbəreit) *vi* riverberare, risuonare. **reverberation** *n* riverberazione *f.* riverbero *m.*

reverence ('revərəns) *n* riverenza, venerazione *f.*

reverse (ri'vəːs) *n* **1** contrario, opposto *m.* **2** rovescio *m.* **3** *mot* retromarcia *f. adj* **1** contrario. **2** rovescio. *vt* **1** rivoltare, capovolgere. **2** revocare. *vi mot* far retromarcia.

revert (ri'vəːt) *vi* ritornare.

review (ri'vjuː) *n* **1** rivista *f.* **2** recensione *f.* **3** revisione *f. vt* **1** rivedere, ripassare. **2** criticare, recensire.

revise (ri'vaiz) *vt* rivedere, correggere. **revision** *n* revisione, correzione *f.*

revive (ri'vaiv) *vt* ravvivare, rinnovare. *vi* rianimarsi, rinascere. **revival** *n* rinascimento, risorgimento *m.*

revoke (ri'vouk) *vt* revocare, ritirare.

revolt (ri'voult) *n* rivolta, ribellione *f. vi* ribellarsi, rivoltarsi. *vt* disgustare. **revolting** *adj* ripugnante, disgustoso, nauseante. **revolution** *n* rivoluzione *f.* **revolutionary** *adj,n* rivoluzionario.

revolve (ri'vɔlv) *vi* girare. **revolving** *adj* girevole, rotante. **revolver** n revolver m invar.

revue (ri'vjuː) n rivista f.

revulsion (ri'vʌlʃən) n ripugnanza, repulsione f.

reward (ri'wɔːd) n ricompensa f. compenso m. vt ricompensare, retribuire, premiare.

rhetoric ('retərik) n retorica f. **rhetorical** adj retorico. **rhetorical question** n domanda retorica f.

rheumatism ('ruːmətizəm) n reumatismo m. **rheumatic** adj reumatico.

rhinoceros (rai'nɔsərəs) n rinoceronte m.

Rhodesia (rou'diːʃə) n Rhodesia f. **Rhodesian** adj,n rhodesiano.

rhododendron (roudə'dendrən) n rododendro m.

rhubarb ('ruːbɑːb) n rabarbaro m.

rhyme (raim) n rima, poesia f. vt mettere in rima. vi rimare.

rhythm ('riðəm) n ritmo m. **rhythmic** adj ritmico.

rib (rib) n 1 anat costola f. 2 stecca f.

ribbon ('ribən) n nastro m.

rice (rais) n riso m.

rich (ritʃ) adj ricco. **riches** n pl ricchezze f pl. **richness** n ricchezza, opulenza f.

rickety ('rikiti) adj zoppicante, sgangherato.

rid* (rid) vt liberare, sbarazzare. **get rid of** liberarsi di, sbarazzarsi di. **riddance** n liberazione f.

riddle¹ ('ridl) n indovinello, enigma m.

riddle² ('ridl) vt crivellare, vagliare.

ride* (raid) vt cavalcare. vi andare a cavallo. n 1 cavalcata f. 2 corsa f. giro m. **rider** n cavaliere m. **riding** n equitazione f.

ridge (ridʒ) n 1 geog cresta, cima f. 2 arch colmo, comignolo m. 3 solco m.

ridicule ('ridikjuːl) n ridicolo m. vt mettere in ridicolo, canzonare. **ridiculous** adj ridicolo.

rife (raif) adj dominante, diffuso. **be rife** imperversare.

rifle¹ ('raifəl) n fucile m. carabina f.

rifle² ('raifəl) vt svaligiare, saccheggiare, rubare.

rift (rift) n (of a friendship) spaccatura, rottura f.

rig (rig) n 1 arnese m. 2 naut impianto m. vt truccare. **rigging** n attrezzatura f.

right (rait) adj 1 destro. 2 giusto. 3 opportuno. adv 1 bene. 2 diritto. 3 a destra. n 1 diritto m 2 destra f. **on the right** a destra. ~ vt 1 correggere. 2 raddrizzare. **right angle** n angolo retto m. **right hand** n mano destra f. **right-handed** adj destro. **right of way** n diritto di passaggio m. **right-wing** adj della destra.

righteous ('raitʃəs) adj giusto, retto, virtuoso. **righteousness** n giustizia f.

rigid ('ridʒid) adj rigido, inflessibile.

rigour ('rigə) n rigore m. severità f. **rigorous** adj rigoroso, rigido.

rim (rim) n orlo, bordo, margine m.

rind (raind) n 1 bot buccia f. 2 (of cheese) crosta f. 3 (of bacon) cotenna f.

ring¹ (riŋ) n 1 anello m. 2 cerchio m. 3 sport recinto m. 4 comm sindacato m. vt circondare. **ringleader** n caporione m. **ring-road** n raccordo anulare m. **ringside** adj settore di prima fila.

ring*² (riŋ) n 1 suono, squillo, tintinnio m. 2 risonanza f. vi suonare, squillare. *vt* **1** suonare. **2** chiamare. **ring up** telefonare.

rink (riŋk) *n* recinto di pattinaggio *m*. pista di pattinaggio *f*.

rinse (rins) *vt* risciacquare. *n* risciacquatura *f*.

riot ('raiət) *n* tumulto *m*. rivolta *f*. *vi* tumultuare, sollevarsi. **riotous** *adj* tumultuante, sedizioso.

rip (rip) *n* lacerazione *f*. squarcio, strappo *m*. *vt* squarciare, strappare.

ripe (raip) *adj* maturo. **ripen** *vt,vi* maturare. **ripeness** *n* maturità *f*.

ripple ('ripəl) *n* increspamento *m*. *vi* incresparsi.

rise* (raiz) *vi* **1** alzarsi, levarsi. **2** (of sun) sorgere. **3** salire, aumentare. *n* **1** *geog* salita, elevazione *f*. **2** *comm* aumento *m*.

risk (risk) *n* rischio, pericolo *m*. *vt* rischiare, azzardare.

rissole ('risoul) *n* crocchetta *f*.

rite (rait) *n* rito *m*.

ritual ('ritjuəl) *adj,n* rituale *m*.

rival ('raivəl) *adj,n* rivale. *vt,vi* rivaleggiare. **rivalry** *n* rivalità *f*.

river ('rivə) *n* fiume *m*. **down river** a valle. **up river** a monte. **river bank** *n* argine *m*. **riverbed** *n* letto del fiume *m*. **riverside** *n* riva del fiume *f*.

rivet ('rivit) *n* chiodo ribadito *m*. *vt* ribadire, fissare.

road (roud) *n* strada, via *f*. **roadblock** *n* blocco stradale *m*. **roadside** *n* ciglio della strada *m*. **roadworthy** *adj* atto a prendere la strada.

roam (roum) *vi* girovagare, vagare, errare. *vt* percorrere.

roar (rɔː) *n* **1** urlo, ruggito *m*. **2** muggito *m*. **3** (of laughter) scroscio *m*. *vi* **1** urlare, ruggire. **2** muggire. **3** scrosciare. **4** scoppiare.

roast (roust) *n* arrosto *m*. *vt* **1** arrostire. **2** (coffee) tostare. **roast beef** *n* arrosto di manzo *m*.

rob (rɔb) *vt* rubare, spogliare, svaligiare. **robber** *n* ladro *m*. **robbery** *n* furto *m*.

robe (roub) *n* vestito lungo. *m* toga *f*.

robin ('rɔbin) *n* pettirosso *m*.

robot ('roubɔt) *n* automa *m*.

robust (rou'bʌst) *adj* robusto, forte, vigoroso.

rock[1] (rɔk) *n* **1** roccia, rupe *f*. **2** sasso, scoglio *m*. **rock-bottom** *adj* bassissimo. **rock garden** *n* giardino alpino *m*. **rocky** *adj* roccioso, sassoso.

rock[2] (rɔk) *vt* cullare, dondolare. *vi* vacillare, oscillare, dondolarsi. **rocker** *n* asse ricurvo *m*. **rocking-chair** *n* sedia a dondolo *f*. **rocking-horse** *n* cavallo a dondolo *m*.

rocket ('rɔkit) *n* razzo *m*. *vi* rimbalzare.

rod (rɔd) *n* **1** bacchetta, verga *f*. **2** (fishing) canna per pescare *f*.

rode (roud) *v* see **ride**.

rodent ('roudint) *n* roditore *m*.

roe (rou) *n* uova di pesce *f pl*.

rogue (roug) *n* **1** briccone, furfante *m*. **2** (child) birichino *m*. **roguish** *adj* **1** furfante, furbo. **2** birichino.

role (roul) *n* ruolo *m*.

roll (roul) *n* **1** rotolo *m*. **2** (bread) panino *m*. **3** elenco *m*. **4** rullo *m*. *vt* **1** arrotolare. **2** rullare. *vi* **1** rotolarsi. **2** rullare. **rollcall** *n* appello *m*. **roller** *n* cilindro, rullo *m*. **roller-skate** *n* pattino a rotelle *m*. **rolling pin** *n* matterello *m*.

Roman Catholic *adj,n* cattolico.

romance *n* ('roumæns) **1** romanzo *m*. favola *f*. **2** avventura amorosa *f*. *vi* (rə'mæns) favoleggiare. **romantic** *adj* **1** romantico. **2** romanzesco. **romanticism** *n* romanticismo *m*. **romanticize** *vt* rendere romantico.

Rome (roum) *n* Roma *f*. **Roman** *adj*,*n* romano.

romp (rɔmp) *vi* giocare con chiasso. *n* gioco chiassoso *m*. **rompers** *n pl* pagliaccetto da bambino *m*.

roof (ruːf) *n* tetto *m*. *vt* coprire con tetto.

rook[1] (ruk) *n* cornacchia *f*. **rookery** *n* cornacchiaia *f*.

rook[2] (ruk) *n game* torre *f*.

room (ruːm) *n* **1** stanza, sala, camera *f*. **2** posto, spazio *m*. **roomy** *adj* spazioso, ampio.

roost (ruːst) *n* posatoio *m*. pertica *f*. *vi* appollaiarsi.

root[1] (ruːt) *n* radice *f*. *vi* attecchire, radicarsi. *vt* **1** piantare. **2** fissare.

root[2] (ruːt) *vi* frugacchiare, sradicare.

rope (roup) *n* corda, fune *f*. filo *m*. *vt* legare, cingere.

rosary ('rouzəri) *n* rosario *m*.

rose (rouz) *n* rosa *f*. **rose bush** *n* rosaio *m*. **rosette** *n* rosetta *f*. nastrino *m*. **rosy** *adj* roseo, colore di rosa.

rosemary ('rouzməri) *n* rosmarino *m*.

rot (rɔt) *vt* putrefare, corrompere. *vi* marcire, guastarsi, imputridire. *n* **1** putrefazione, decadenza *f*. **2** *sl* sciocchezze *f pl*.

rota ('routə) *n* lista *f*. **rotary** *adj* rotatorio, rotante. **rotate** *vt*,*vi* rotare. **rotation** *n* rotazione, successione *f*.

rotor ('routə) *n* rotore *m*.

rotten ('rɔtin) *adj* marcio, putrido, guasto.

rouble ('ruːbl) *n* rublo *m*.

rouge (ruːʒ) *n* rossetto *m*.

rough (rʌf) *adj* **1** ruvido, rozzo. **2** grossolano, crudo. **3**

agitato. **4** tempestoso. **5** approssimativo. **rough and ready** improvvisato. **roughness** *n* ruvidezza *f*.

roulette (ruː'let) *n* roulette *f*.

round (raund) *n* **1** tondo *m*. **2** cerchio *m*. **3** giro *m*. **4** sfera *f*. **5** *sport* ripresa *f*. *adj* **1** rotondo, circolare, sferico. **2** intero. **3** franco. *adv* in giro, all'intorno. *prep* intorno a. **roundabout** *n* rotatoria *f*. *adj* indiretto.

rouse (rauz) *vt* **1** svegliare. **2** provocare, incitare. **rousing** *adj* eccitante, travolgente.

route (ruːt) *n* via, strada *f*. itinerario *m*. *vt* avviare.

routine (ruː'tiːn) *n* **1** abitudine, usanza *f*. **2** uso *m*. *adj* abitudinario.

rove (rouv) *vi* errare, vagare.

row[1] (rou) *n* (line) fila, riga *f*. rango *m*.

row[2] (rou) *vi*,*vt* *sport* remare. **rower** *n* rematore, canottiere *m*. **rowing** *n* canottaggio *m*. **rowing boat** barca a remi *f*.

row[3] (rau) *n* **1** chiasso, rumore *m*. **2** lite *f*. *vi* litigare.

rowdy ('raudi) *adj* rumoroso, tumultuoso, litigioso.

royal ('rɔiəl) *adj* reale, regale. **royalist** *n* realista *m*. **royalty** *n* **1** regalità *f*. reali *m pl*. **2** *comm* diritti d'autore *m pl*.

rub (rʌb) *n* **1** fregamento, strofinamento *m*. **2** *med* frizione *f*. *vt* **1** fregare, strofinare. **2** lucidare. *vi* fregarsi. **rub out** cancellare.

rubber ('rʌbə) *n* gomma *f*. **rubber band** *n* elastico *m*.

rubbish ('rʌbiʃ) *n* **1** immondizia *f*. rifiuti *m pl*. **2** sciocchezze *f pl*.

rubble ('rʌbəl) *n* macerie *f pl*.

ruby ('ruːbi) *n* rubino *m*. *adj* di rubino, vermiglio.

rucksack ('rʌksæk) *n* sacco da montagna *m*.

rudder ('rʌdə) n timone m.

rude (ruːd) adj grossolano, offensivo, sgarbato. **rudeness** n grossolanità, inciviltà f.

rudiment ('ruːdimənt) n 1 rudimento m. 2 pl elementi m pl. **rudimentary** adj rudimentale.

rueful ('ruːfəl) adj triste, malinconico.

ruff (rʌf) n gorgiera f.

ruffian ('rʌfiən) n furfante, scellerato m.

ruffle ('rʌfəl) vt 1 increspare. 2 arruffare. 3 agitare. 4 irritare.

rug (rʌg) n 1 tappeto, tappetino m. 2 coperta da viaggio f.

rugby ('rʌgbi) n rugby m.

rugged ('rʌgid) adj ruvido, rozzo, aspro. **ruggedness** n ruvidezza f.

ruin ('ruːin) n 1 rovina f. 2 disgrazia f. disastro m. vt rovinare. **ruinous** adj rovinoso, dannoso.

rule (ruːl) n 1 regola, legge f. 2 governo, dominio m. **as a rule** di solito. ~ vt regolare, governare, dirigere. **ruler** n 1 sovrano, governatore m. 2 math regolo m. **ruling** adj dirigente. n decisione f.

rum (rʌm) n rum m.

rumble ('rʌmbəl) vi rimbombare, rumoreggiare. n rumorio m.

rummage ('rʌmidʒ) vt,vi rovistare. n ricerca f. rovistio m.

rumour ('ruːmə) n diceria, voce f. vt far correre voce.

rump (rʌmp) n 1 cul culatta f. 2 natiche f pl. **rump steak** n bistecca f.

run* (rʌn) vi,vt correre. vi 1 fluire. 2 (of colour) spandere. vt condurre. **run away** fuggire. **run out of** esaurire. **run over** (of a car, etc.) investire. ~ n 1 corsa f. 2 serie f invar. 3 corso, recinto

m. 4 gita f. 5 smagliatura f. **in the long run** a lungo andare. **runway** n pista di decollo f. **runner** n 1 fattorino, messaggero m. 2 sport corridore m. **runner bean** n fagiolo rampicante m. **runner-up** n secondo in una gara m. **running** n 1 corsa f. 2 marcia f. funzionamento m. 3 direzione f. adj 1 corrente. 2 consecutivo.

rung¹ (rʌŋ) v see **ring²**.

rung² (rʌŋ) n piolo m.

rupee (ruːˈpiː) n rupia f.

rupture ('rʌptʃə) n 1 rottura f. 2 med ernia f. vt rompere.

rural ('ruərəl) adj rurale, campestre.

rush¹ (rʌʃ) vi precipitarsi, affrettarsi. vt prendere d'assalto. n 1 impeto m. 2 attacco m. 3 fretta, furia f. **rush hour** n ora di punta f.

rush² (rʌʃ) n bot giunco m.

Russia ('rʌʃə) n Russia f. **Russian** adj,n russo. **Russian** (language) n russo m.

rust (rʌst) n ruggine f. vt corrodere. vi arrugginirsi. **rusty** adj rugginoso.

rustic ('rʌstik) adj rustico, campagnolo, rurale.

rustle ('rʌsəl) n fruscio, mormorio m. vi frusciare, stormire.

rut (rʌt) n 1 rotaia f. solco m. 2 abitudine fissa f.

ruthless ('ruːθləs) adj spietato, crudele, inesorabile.

rye (rai) n segale f.

S

Sabbath ('sæbəθ) n domenica f.

sable ('seibəl) n zibellino m. adj di zibellino.

sabotage ('sæbətɑːʒ) n sabotaggio m. vt sabotare.

sabre ('seibə) n sciabola f.

saccharin ('sækərin) *n* saccarina *f*.

sachet ('sæʃei) *n* sacchetto *m*.

sack (sæk) *n* sacco *m*. **get the sack** essere licenziato. ~ *vt inf* congedare.

sacrament ('sækrəmənt) *n* sacramento *m*.

sacred ('seikrid) *adj* **1** sacro, consacrato. **2** santo.

sacrifice ('sækrifais) *n* sacrificio *m*. *vt,vi* sacrificare.

sacrilege ('sækrilidʒ) *n* sacrilegio *m*. **sacrilegious** *adj* sacrilego.

sad (sæd) *adj* triste, addolorato, doloroso. **sadden** *vt* attristare, rattristare. **sadness** *n* tristezza *f*.

saddle ('sædl) *n* sella *f*. *vt* sellare. **saddle with** gravare di. **saddler** *n* sellaio *m*.

sadism ('seidizəm) *n* sadismo *m*. **sadist** *n* sadista *m*.

safari (sə'fɑːri) *n* safari *m* *invar*.

safe (seif) *adj* salvo, sicuro, sano, intatto. **safe and sound** sano e salvo. ~ *n* **1** cassaforte *f*. **2** *cul* armadietto *m* *invar*. **safeguard** *n* salvaguardia *f*. *vt* salvaguardare. **safely** *adv* in salvo. **safety** *n* sicurezza, salvezza *f*. **safety belt** *n* cintura di sicurezza *f*. **safety pin** *n* spillo di sicurezza *m*. **safety valve** *n* valvola di sicurezza *f*.

saffron ('sæfrən) *n* zafferano *m*.

sag (sæg) *vi* ripiegarsi, curvarsi. *n* depressione *f*.

saga ('sɑːgə) *n* saga *f*.

sage[1] (seidʒ) *n* savio *m*. *adj* saggio, prudente.

sage[2] (seidʒ) *n* *bot* salvia *f*.

Sagittarius (sædʒi'tɛəriəs) *n* Sagittario *m*.

sago ('seigou) *n* sago *m*.

said (sed) *v* see **say.**

sail (seil) *n* **1** vela *f*. **2** viaggio

sul mare *m*. **3** (of a windmill, etc.) ala *f*. *vi* navigare, veleggiare. *vt* navigare, percorrere. **sailing** *n* navigazione *f*. **sailor** *n* marinaio *m*.

saint (seint) *n* santo *m*. **saintly** *adj* santo, pio.

sake (seik) *n* ragione, causa *f*.

salad ('sæləd) *n* insalata *f*. **salad dressing** *n* condimento d'insalata *f*.

salamander ('sæləmændə) *n* salamandra *f*.

salami (sə'lɑːmi) *n* salame *m*.

salary ('sæləri) *n* stipendio, salario *m*. paga *f*.

sale (seil) *n* **1** vendita *f*. **2** liquidazione *f*. **3** spaccio *m*. **for sale** da vendere. **on sale** in vendita. **salesman** *n* commesso, venditore *m*. **salesmanship** *n* arte commerciale *f*.

saliva (sə'laivə) *n* saliva *f*. **salivate** *vi* salivare.

sallow ('sælou) *adj* olivastro, pallido.

salmon ('sæmən) *n* salmone *m*.

salon ('sælɒn) *n* salone, negozio *m*.

saloon (sə'luːn) *n* **1** sala *f*. salone *m*. **2** *mot* vettura salone *f*.

salt (sɔːlt) *n* sale *m*. *adj* salato, salso. *vt* salare. **salt cellar** *n* saliera *f*.

salute (sə'luːt) *vt* salutare. *n* **1** saluto *m*. **2** *mil* salva *f*.

salvage ('sælvidʒ) *n* salvataggio, ricupero *m*. *vt* salvare, ricuperare.

salvation (sæl'veiʃən) *n* salvazione, salvezza *f*.

same (seim) *adj* **1** stesso, medesimo. **2** monotono. *pron* stesso *m*. **all the same** nondimeno. **the same to you!** altrettanto!

sample ('sɑːmpəl) *n* campione, modello, esemplare *m*. *vt* assaggiare.

sanatorium (sænə'tɔːriəm) *n* sanatorio *m*. casa di salute *f*.

sanction ('sæŋkʃən) n 1 sanzione f. 2 autorizzazione f. permesso m. vt 1 sanzionare. 2 permettere, autorizzare.

sanctuary ('sæŋktʃuəri) n santuario, asilo m.

sand (sænd) n sabbia, rena f. vt coprire di sabbia. **sandpaper** n carta vetrata f. **sandpit** n cava di rena f. **sandy** adj sabbioso.

sandal ('sændl) n sandalo m.

sandwich ('sænwidʒ) n sandwich, panino imbottito m. tartina f. vt serrare in mezzo.

sane (sein) adj sano di mente, equilibrato. **sanity** n sanità di mente f.

sang (sæŋ) v see **sing**.

sanitary ('sænitri) adj sanitario, igienico. **sanitary towel** n assorbente igienico m. **sanitation** n igiene f.

sank (sæŋk) v see **sink**.

sap (sæp) n bot succhio m. vt indebolire.

sapphire ('sæfaiə) n zaffiro m.

sarcasm ('sɑːkæzəm) n sarcasmo m. **sarcastic** adj sarcastico.

sardine (sɑː'diːn) n sardina f.

Sardinia (sɑː'diniə) n Sardegna f. **Sardinian** adj,n sardo.

sardonic (sɑː'dɔnik) adj sardonico.

sari ('sɑːri) n sari m invar.

sash[1] (sæʃ) n cintura, sciarpa f.

sash[2] (sæʃ) n arch telaio m. **sash-window** n finestra all'inglese f.

sat (sæt) v see **sit**.

Satan ('seitn) n Satana m.

satchel ('sætʃəl) n cartella, borsa f.

satellite ('sætəlait) n satellite m.

satin ('sætin) n raso m.

satire ('sætaiə) n satira f. **satirical** adj satirico.

satisfy ('sætisfai) vt soddisfare, contentare. vi soddisfare, da-

re soddisfazione. **satisfaction** n soddisfazione, contentezza f. **satisfactory** adj soddisfacente.

saturate ('sætʃəreit) vt saturare. **saturation** n saturazione f.

Saturday ('sætədi) n sabato m.

Saturn ('sætən) n Saturno m.

sauce (sɔːs) n salsa f. condimento m. **saucepan** n pentola, casseruola f. tegame m. **saucer** n sottocoppa, piattino m. **saucy** adj insolente, impertinente.

Saudi Arabia ('saudi) n Arabia Saudita f.

sauna ('sɔːnə) n sauna f.

saunter ('sɔːntə) vi gironzolare, girovagare.

sausage ('sɔsidʒ) n 1 (fresh) salsiccia f. 2 (smoked) salame m.

savage ('sævidʒ) adj selvaggio, selvatico, feroce. n selvaggio, barbaro m. vt mordere.

save[1] (seiv) vt 1 salvare, preservare. 2 conservare. 3 risparmiare. vi economizzare. **savings** n pl risparmi m pl.

save[2] (seiv) prep eccetto, tranne, salvo.

saviour ('seiviə) n 1 salvatore m. 2 cap Redentore m.

savoury ('seivəri) adj saporoso, saporito, gustoso. n piatto saporito m.

saw[*][1] (sɔː) n sega f. vt segare. **sawdust** n segatura f.

saw[2] (sɔː) v see **see**[1].

saxophone ('sæksəfoun) n sassofono m.

say[*] (sei) vt,vi dire, affermare. **have one's say** dire la propria. **saying** n adagio, proverbio m.

scab (skæb) n tigna, rogna f.

scaffold ('skæfəld) n palco, patibolo m. **scaffolding** n impalcatura f.

scald (skɔːld) *vt* scottare. *n* scottatura, scottata *f.*

scale[1] (skeil) *n zool* scaglia, squama *f.*

scale[2] (skeil) *n* **1** piatto della bilancia *m.* **2** *pl* bilancia *f.*

scale[3] (skeil) *n* **1** gradazione, scala *f.* **2** *mus* gamma *f. vt* **1** scalare, graduare. **2** scavalcare.

scallop ('skɔləp) *n* **1** *zool* pettine *m.* **2** smerlo *m.* dentellatura *f. vt* smerlare.

scalp (skælp) *n* cuoio capelluto *m. vt* scotennare.

scalpel ('skælpəl) *n* scalpello *m.*

scampi ('skæmpi) *n pl* scampi *m pl.*

scan (skæn) *vt* **1** scrutare, esaminare. **2** *lit* scandire.

scandal ('skændl) *n* **1** scandalo *m.* maldicenza *f.* **2** vergogna *f.* **scandalous** *adj* scandaloso.

Scandinavia (skændi'neiviə) *n* Scandinavia *f.* **Scandinavian** *adj,n* scandinavo.

scant (skænt) *adj* scarso, insufficiente. **scanty** *adj* **1** poco, scarso. **2** sommario.

scapegoat ('skeipgout) *n* capro espiatorio *m.*

scar (skɑː) *n* cicatrice *f.* sfregio, segno *m. vt* cicatrizzare, sfregiare. *vi* cicatrizzarsi.

scarce (skɛəs) *adj* raro, scarso. **scarcely** *adv* appena, quasi. **scarcity** *n* scarsezza *f.*

scare (skɛə) *vt* spaventare, impaurire. **be scared** aver paura. ~ *n* spavento, panico *m.* paura *f.* **scarecrow** *n* spauracchio *m.*

scarf (skɑːf) *n* sciarpa, cravatta *f.*

scarlet ('skɑːlit) *adj,n* scarlatto *m.* **scarlet fever** *n* scarlattina *f.*

scathing ('skeiðiŋ) *adj* mordace, feroce.

scatter ('skætə) *vt* spargere, diffondere, disperdere. *vi* spargersi, disperdersi.

scavenge ('skævindʒ) *vt* spazzare. **scavenger** *n* spazzino *m.*

scene (siːn) *n* **1** scena, scenata *f.* **2** spettacolo *m.* **scenery** *n* **1** paesaggio, panorama *m.* **2** *Th* scenario *m.*

scent (sent) *n* **1** odore, profumo *m.* **2** (of an animal) fiuto *m. vt* profumare.

sceptic ('skeptik) *n* scettico *m.* **sceptical** *adj* scettico. **scepticism** *n* scetticismo *m.*

sceptre ('septə) *n* scettro *m.*

schedule ('ʃedjuːl) *n* orario, prospetto *m.* scheda *f. vt* schedare.

scheme (skiːm) *n* schema, progetto, piano *m. vt* progettare. *vi* far progetti, macchinare.

schizophrenia (skitsou'friːniə) *n* schizofrenia *f.* **schizophrenic** *adj* schizofrenico.

scholar ('skɔlə) *n* **1** erudito, letterato *m.* **2** (pupil) scolaro, alunno *m.* **3** borsista *m.* **scholarship** *n* **1** borsa di studio *f.* **2** erudizione *f.*

scholastic (skə'læstik) *adj* scolastico.

school[1] (skuːl) *n educ* scuola *f.* liceo, ginnasio, collegio *m. vt* istruire. **schoolboy** *n* scolaro *m.* **schoolgirl** *n* scolara *f.* **schoolmaster** *n* maestro, professore *m.* **schoolmistress** *n* maestra, professoressa *f.* **schoolteacher** *n* insegnante *m,f.*

school[2] (skuːl) *n* frotta *f.*

schooner ('skuːnə) *n* goletta *f.*

science ('saiəns) *n* scienza *f.* **science fiction** *n* fantascienza *f.* **scientific** *adj* scientifico. **scientist** *n* scienziato *m.*

scissors ('sizəz) *n pl* forbici *f pl.*

scoff¹ (skɔf) *n* derisione *f.* scherno *m. vi,* schernire.
scoff at beffarsi di, deridere.
scoff² (skɔf) *vt, vi sl* mangiare in fretta.

scold (skould) *vt* sgridare, rimproverare. *vi* brontolare.

scone (skoun) *n* focaccina *f.*

scoop (skuːp) *n* **1** paletta *f.* **2** ramaiolo *m.* **3** *inf* colpo *m. vt* scavare, vuotare. **scoop up** raccogliere.

scooter ('skuːtə) *n* motoretta *f.*

scope (skoup) *n* **1** portata *f.* **2** prospettiva *f.* campo *m.*

scorch (skɔːtʃ) *vt* bruciare, scottare. *n* scottatura *f.*

score (skɔː) *n* **1** *sport* punti *m pl.* **2** sconto *m.* **3** tacca *f.* **4** ventina *f.* **5** *mus* partitura *f. vt* **1** *sport* segnare. **2** intagliare. *vi* far punti. **scoreboard** *n* tabellone *m.*

scorn (skɔːn) *n* sdegno, disprezzo, spregio *m. vt* sdegnare, sprezzare. **scornful** *adj* sdegnoso, sprezzante.

Scorpio ('skɔːpiou) *n* Scorpione *m.*

scorpion ('skɔːpiən) *n* scorpione *m.*

Scot (skɔt) *n* scozzese *m,f.*

Scotch (skɔtʃ) *adj* scozzese. *n* whisky *m invar.*

Scotland ('skɔtlənd) *n* Scozia *f.*

Scots (skɔts) *adj* scozzese.

Scottish ('skɔtiʃ) *adj* scozzese.

scoundrel ('skaundrəl) *n* mascalzone, scellerato *m.*

scour¹ ('skauə) *vt* (clean) pulire, nettare, fregare.

scour² ('skauə) *vt* percorrere.

scout (skaut) *n* esploratore *m. vi* esplorare, perlustrare. *vt* respingere.

scowl (skaul) *n* sguardo torvo *m. vi* aggrottare le sopracciglia.

scramble ('skræmbəl) *n* parapiglia, confusione *f. vi* affrettarsi, sgambare, arrampicar-

si. **scrambled eggs** *n pl* uova strapazzate *f pl.*

scrap (skræp) *n* pezzetto, frammento *m.* briciola *f. vt* rigettare, scartare. **scrapbook** *n* album *m invar.* **scrap iron** *n* ferraccio *m.*

scrape (skreip) *vt* raschiare, grattare, scrostare. *n* **1** raschiatura *f.* **2** imbroglio, impaccio *m.*

scratch (skrætʃ) *n* graffio *m.* graffiatura *f. vt* **1** graffiare, grattare. **2** *sport* ritirare.

scrawl (skrɔːl) *n* scarabocchio *m. vt, vi* scarabocchiare.

scream (skriːm) *vi* gridare, strillare, urlare. *n* grido, strillo *m.*

screech (skriːtʃ) *n* strillo *m. vt, vi* strillare.

screen (skriːn) *n* **1** riparo *m.* **2** parafuoco, paravento *m.* **3** (cinema, etc.) schermo *m. vt* nascondere, proteggere.

screw (skruː) *n* vite *f. vt* avvitare, torcere. **screwdriver** *n* cacciavite *m.*

scribble ('skribəl) *n* scarabocchio *m. vt, vi* scarabocchiare.

script (skript) *n* scritto *m.* scrittura *f.*

Scripture ('skriptʃə) *n* Sacra Scrittura *f.*

scroll (skroul) *n* rotolo *m.*

scrounge (skraundʒ) *vt, vi* mendicare, scroccare.

scrub¹ (skrʌb) *vt* strofinare, fregare. *n* strofinata *f.* **scrubbing brush** *n* spazzola dura *f.*

scrub² (skrʌb) *n* (bush) macchia, boscaglia *f.*

scruffy ('skrʌfi) *adj* scadente, trascurato, disordinato.

scruple ('skruːpəl) *n* scrupolo *m.* **scrupulous** *adj* scrupoloso.

scrutiny ('skruːtini) *n* esame, scrutinio *m.* **scrutinize** *vt* scrutinare, investigare.

scuffle ('skʌfəl) *n* baruffa, rissa, zuffa *f.*

scullery ('skʌləri) n retrocucina m.

sculpt (skʌlpt) vt scolpire. **sculptor** n scultore m. **sculpture** n scultura f.

scum (skʌm) n 1 spuma, schiuma f. 2 feccia f. vt schiumare.

scurf (skəːf) n forfora f.

scythe (saið) n falce f.

sea (siː) n mare m.

seabed ('siːbed) n letto del mare m.

seafaring ('siːfeəriŋ) adj marinario.

seafront ('siːfrʌnt) n marina f.

seagull ('siːgʌl) n gabbiano m.

seahorse ('siːhɔːs) n cavalluccio marino, ippocampo m.

seal[1] (siːl) n 1 sigillo, timbro, suggello m. 2 segno m. vt sigillare, bollare.

seal[2] (siːl) n zool foca f. **sealskin** n pelle di foca f.

sea-level n livello del mare m.

sea-lion n otaria f.

seam (siːm) n 1 cucitura, costura f. 2 geog vena f. giacimento m.

seaman ('siːmən) n marinaio m. **seamanship** n arte marinaresca f.

search (səːtʃ) n ricerca, perquisizione, visita f. vt perquisire. vi cercare, ricercare. **searching** adj penetrante, scrutatore. **searchlight** n proiettore m.

seashore ('siːʃɔː) n spiaggia f.

seasick ('siːsik) adj che soffre il mal di mare. **seasickness** n mal di mare m.

seaside ('siːsaid) n marina, spiaggia f.

season ('siːzən) n 1 stagione f. 2 tempo m. vt condire. **season ticket** n tessera f. **seasoning** n cul condimento m.

seat (siːt) n 1 sedia f. posto m. 2 fondo m. 3 anat sedere m. 4 pol seggio m. 5 castello m. vt 1 far sedere. 2 installare. **seat belt** n cintura di sicurezza f.

seaweed ('siːwiːd) n alga f.

secluded (si'kluːdid) adj ritirato, solitario. **seclusion** n solitudine f.

second[1] ('sekənd) adj secondo. vt secondare. **second-best** adj di seconda qualità, di riserva. **second-class** adj di seconda classe, inferiore. **second-hand** adj d'occasione. **second nature** n seconda natura f. **second-rate** adj inferiore, di secondo grado. **secondary** adj secondario. **secondary school** n scuola media f.

second[2] ('sekənd) n (of time) secondo m.

secret ('siːkrət) adj segreto, nascosto, ritirato. n segreto m. **secretive** adj segreto, riservato.

secretary ('sekrətri) n 1 segretaria f. 2 pol ministro m.

secrete (si'kriːt) vt secernere.

sect (sekt) n setta f.

sectarian (sek'teəriən) adj,n settario. **sectarianism** n spirito settario m.

section ('sekʃən) n sezione, parte, divisione f.

sector ('sektə) n settore m.

secular ('sekjulə) adj 1 laico. 2 mondano. 3 secolare.

secure (si'kjuə) adj sicuro, certo, salvo. vt 1 ottenere. 2 assicurare. 3 chiudere. **security** n 1 sicurezza f. 2 law garanzia f. 3 pl titoli m pl.

sedate (si'deit) adj calmo, composto. vt rendere tranquillo. **sedation** n sedazione f. **sedative** adj,n sedativo, calmante m.

sediment ('sedimənt) n sedimento, deposito m.

seduce (si'djuːs) vt sedur-

re. **seduction** n seduzione f.
seductive adj seducente.

see*¹ (siː) vt,vi 1 vedere. 2
capire. **see to** occuparsi di.

see² (siː) n rel sede f. diocesi f
invar.

seed (siːd) n seme m. semenza
f. **seedling** n pianticella f.
seedy adj 1 trascurato, malconcio. 2 inf indisposto.

seek* (siːk) vt cercare.

seem (siːm) vi sembrare, parere. **seeming** adj apparente.

seep (siːp) vi gocciolare.

seesaw ('siːsɔː) n altalena f.

seethe (siːð) vi bollire, agitarsi.

segment ('segmənt) n 1 segmento m. 2 pezzo m. 3 spicchio m. porzione f.

segregate ('segrigeit) vt segregare. **segregation** n segregazione f.

seize (siːz) vt 1 afferrare,
prendere. 2 confiscare, sequestrare. **seizure** n 1 presa
f. confisca f. 2 med attacco
m.

seldom ('seldəm) adv di rado,
raramente.

select (si'lekt) vt 1 scegliere, 2
sport selezionare. adj scelto,
eletto. **selection** n scelta, selezione f. **selective** adj selet-
tivo.

self (self) n, pl **selves** persona
f. io m. adj,pron stesso.

self-assured adj confidente.

self-aware adj conscio di sé.

self-catering adj con cucina.

self-centred adj egocentrico.

self-confident adj sicuro di
sé. **self-confidence** n sicurezza di sé f.

self-conscious adj imbarazzato.

self-contained adj 1 indipendente. 2 riservato.

self-defence n difesa personale
f.

self-discipline n autodisciplina
f.

self-employed adj che lavora
in proprio.

self-expression n espressione
personale f.

self-government n autonomia
f.

self-indulgent adj indulgente
con se stesso.

self-interest n interesse personale m.

selfish ('selfiʃ) adj egoista, e-
goistico.

self-made adj fatto da sé.

self-pity n autocommiserazione
f.

self-portrait n autoritratto m.

self-respect n dignità f. amor
proprio m.

self-righteous adj compiaciu-
to.

self-sacrifice n abnegazione f.
sacrificio di sé m.

selfsame ('selfseim) adj proprio lo stesso.

self-satisfied adj soddisfatto
di sé.

self-service adj,n self-service
invar.

self-sufficient adj autosuffi-
ciente.

self-will n ostinazione f.

sell* (sel) vt vendere, smercia-
re, spacciare. vi vendersi.

Sellotape ('seləteip) n Tdmk
Scotch Tdmk m.

semantic (si'mæntik) adj semantico. **semantics** n semantica f.

semaphore ('seməfɔː) n semaforo m.

semibreve ('semibriːv) n semibreve f.

semicircle ('semisəːkəl) n semi-
circolo m. **semicircular** adj
semicircolare.

semicolon (semi'koulən) n
punto e virgola m.

semidetached (semidi'tætʃt)
adj gemello, accoppiato.

semifinal (semi'fainɪl) n semifinale f.

seminar ('seminɑɪ) n seminario m.

semiprecious (semi'preʃəs) adj semiprezioso.

semiquaver (semi'kweivə) n semicroma f.

semivowel ('semivauəl) n semivocale f.

semolina (semə'liːnə) n semolino m.

senate ('senət) n senato m. **senator** n senatore m.

send* (send) vt mandare, inviare, spedire. **send for** far venire.

Senegal (seni'gɔːl) n Senegal f. **senegalese** adj,n senegalese.

senile ('siːnail) adj senile.

senior ('siːniə) adj 1 maggiore, più anziano. 2 principale. n seniore, maggiore m.

sensation (sen'seiʃən) n sensazione, impressione f. **sensational** adj sensazionale.

sense (sens) n 1 senso m. 2 facoltà f. **sense of humour** senso dell'umorismo. ~ vt indovinare. **senseless** adj 1 assurdo, stupido. 2 senza conoscenza.

sensible ('sensəbəl) adj 1 ragionevole, saggio. 2 sensibile. **sensibility** n sensibilità f.

sensitive ('sensitiv) adj 1 sensibile, sensitivo. 2 impressionabile. **sensitivity** n sensitività f.

sensual ('senʃuəl) adj sensuale, carnale. **sensuality** n sensualità, voluttà f.

sensuous ('senʃuəs) adj sensoriale, sensuale.

sentence ('sentəns) n 1 gram frase f. 2 law sentenza, condanna f. vt condannare.

sentiment ('sentimənt) n 1 sentimento m. 2 idea, opinione f. **sentimental** adj sentimentale.

sentry ('sentri) n sentinella, guardia f.

separate (v 'sepəreit; adj 'seprit) vt separare, dividere. vi separarsi, dividersi. adj separato, diviso, distinto. **separation** n separazione, divisione f.

September (sep'tembə) n settembre m.

septet (sep'tet) n settimino m.

septic ('septik) adj settico.

sequel ('siːkwəl) n seguito m. conseguenza f.

sequence ('siːkwəns) n successione f. serie f invar.

sequin ('siːkwin) n lustrino m.

serenade (serə'neid) n serenata f.

serene (si'riːn) adj calmo, sereno, tranquillo. **serenity** n serenità, tranquillità f.

serf (səːf) n servo della gleba, schiavo m.

sergeant ('sɑːdʒənt) n sergente m. **sergeant major** n sergente maggiore m.

serial ('siəriəl) n romanzo or film a puntate m. **serialize** vt pubblicare a puntate.

series ('siəriːz) n 1 successione f. seguito m. 2 serie f invar.

serious ('siəriəs) adj grave, serio. **seriousness** n gravità f.

sermon ('səːmən) n predica f. sermone m.

serpent ('səːpənt) n serpente m.

serrated (sə'raitid) adj dentellato.

serve (səːv) vt,vi 1 servire. 2 sport mandare. 3 portare. **servant** n domestico, servo m.

service ('səːvis) n 1 servizio m. 2 impiego m. 3 utilità f. 4 servigio m. 5 rel ufficio divino. vt mettere in ordine, aggiustare. **service station** n stazione di servizio f.

serviette (səːvi'et) n tovagliolo m.

servile ('səːvail) adj servile.

session ('seʃən) n sessione, seduta f.

set* (set) vt 1 mettere, porre. 2 dare. 3 regolare. 4 ridurre. 5 stabilire. 6 montare. 7 assegnare. vi 1 rapprendersi. 2 (of the sun) tramontare. **set about** mettersi a. **set out** partire. ~ n 1 collezione f. serie f invar. 2 (television, etc.) apparecchio m. 3 (of hair) messa in piega f. adj 1 fisso. 2 posto. 3 regolare. **setback** n 1 regresso m. 2 med ricaduta f. **setting** n 1 ambiente m. 2 (of the sun) tramonto m.

settee (se'ti:) n un divano m.

settle ('setl) vt 1 accomodare, fissare. 2 stabilire. 3 decidere. 4 pagare. vi stabilirsi, fissarsi. **settlement** n 1 decisione f. 2 colonia f.

seven ('sevən) adj,n sette m or f. **seventh** adj settimo.

seventeen (sevən'ti:n) adj,n diciassette m or f. **seventeenth** adj diciassettesimo.

seventy ('sevənti) adj,n settanta m. **seventieth** adj settantesimo.

several ('sevrəl) adj 1 parecchi. 2 diversi. pron parecchi.

severe (si'viə) adj 1 severo, austero. 2 duro, rigido. **severity** n severità f.

sew* (sou) vt,vi cucire. **sewing** n cucito m. **sewing machine** n macchina da cucire f.

sewage ('su:idʒ) n fognatura, scolatura f.

sewer ('su:ə) n fogna, cloaca f.

sex (seks) n sesso m. **sexual** adj sessuale. **sexuality** n sessualità f. **sexy** adj sexy invar.

sextet (seks'tet) n sestetto m.

shabby ('ʃæbi) adj 1 trasandato, mal vestito. 2 malconcio. 3 meschino, gretto.

shack (ʃæk) n capanna f.

shade (ʃeid) n 1 ombra, oscurità f. 2 gradazione f. vt 1 ombreggiare, oscurare. 2 proteggere, parare. **shading** n sfumatura f.

shadow ('ʃædou) n ombra, riflessione f. vt 1 ombreggiare, oscurare. 2 sorvegliare, spiare. **shadow cabinet** n gruppo di ministri dell'opposizione m.

shaft (ʃɑ:ft) n 1 asta f. 2 raggio m. 3 tech asse m.

shaggy ('ʃægi) adj peloso, irsuto, ispido.

shake* (ʃeik) vt 1 scuotere, agitare. 2 scrollare. 3 stringere. vi tremolare, vacillare, agitarsi. n scossa f. urto, tremito m.

shall* (ʃəl; stressed ʃæl) v mod aux 1 dovere. 2 expressed by the future tense.

shallot (ʃə'lɔt) n scalogno m.

shallow ('ʃælou) adj 1 basso. 2 superficiale, leggero. n bassofondo m.

sham (ʃæm) n finzione, simulazione f. inganno m. adj finto, falso. vt fingere, simulare.

shame (ʃeim) n vergogna, ignominia, onta f. **what a shame!** che peccato! ~ vt svergognare. **shamefaced** adj vergognoso, timido.

shampoo (ʃæm'pu:) n shampoo m invar.

shamrock ('ʃæmrɔk) n trifoglio d'Irlanda m.

shandy ('ʃændi) n bibita fatta di birra e di limonata f.

shanty[1] ('ʃænti) n capanna f.

shanty[2] ('ʃænti) n (song) canzone marinaresca f.

shape (ʃeip) n forma, figura f. vt 1 formare. 2 modellare. 3 dirigere, concepire. **shapeless** adj informe.

share (ʃeə) n 1 parte, porzione, quota f. 2 comm azione f. vt 1 dividere. 2 condividere. vi partecipare. **shareholder** *n* azionista *m*.

shark (ʃɑːk) *n zool* pescecane *m*.

sharp (ʃɑːp) *adj* **1** acuto, affilato. **2** penetrante, furbo. **3** piccante. **4** aspro, severo. *adv* pronto. *n mus* diesis *m*. **sharp-sighted** *adj* di vista acuta. **sharpen** *vt* **1** appuntare, affilare. **2** eccitare.

shatter (ˈʃætə) *vt* **1** fracassare, spezzare. **2** distruggere.

shave (ʃeiv) *vt* fare la barba a. *vi* farsi la barba. *n* rasatura *f*.

shawl (ʃɔːl) *n* scialle *m*.

she (ʃiː) *pron 3rd pers s* lei, ella *f*.

sheaf (ʃiːf) *n*, *pl* **sheaves** covone, fascio *m*.

shear* (ʃiə) *vt* tosare. **shears** *n pl* cesoie *f pl*.

sheath (ʃiːθ) *n* guaina *f*. fodero, astuccio *m*. **sheathe** *vt* ringuainare, foderare.

shed[1] (ʃed) *n* rimessa, tettoia *f*. capannone *m*.

shed*[2] (ʃed) *vt* versare, spargere, perdere.

sheen (ʃiːn) *n* lustro, splendore *m*.

sheep (ʃiːp) *n invar* pecora *f*. **sheepdog** *n* cane pastore *m*. **sheepish** *adj* timido, goffo. **sheepskin** *n* pelle di pecora *f*.

sheer[1] (ʃiə) *adj* **1** puro, semplice. **2** a piombo *invar*. perpendicolare. **3** diafano. *adv* perpendicolarmente.

sheer[2] (ʃiə) *vi* cambiare rotta.

sheet (ʃiːt) *n* **1** lenzuolo *m*. **2** (of paper) foglio *m*. **3** (of metal, etc.) lastra *f*.

sheikh (ʃeik) *n* sceicco *m*.

shelf (ʃelf) *n*, *pl* **shelves** scaffale *m*. mensola *f*. **shelf-life** *n* durata di conservazione *f*.

shell (ʃel) *n* **1** conchiglia *f*. guscio *m*. **2** involucro *m*. **3** *mil* proiettile, bossolo *m*. *vt* **1** sgusciare. **2** *mil* bombardare. **shellfish** *n* mollusco, crostaceo, frutto di mare *m*.

shelter (ˈʃeltə) *n* riparo, ricovero *m*. *vt* riparare.

shelve (ʃelv) *vt* **1** mettere su scaffali, archiviare. **2** mettere da parte, differire.

shepherd (ˈʃepəd) *n* pastore *m*. **shepherdess** *n* pastorella *f*.

sherbet (ˈʃəːbət) *n* sorbetto *m*.

sheriff (ˈʃerif) *n* sceriffo *m*.

sherry (ˈʃeri) *n* sherry, vino di Xeres *m*.

shield (ʃiːld) *n* **1** scudo *m*. **2** riparo *m*. *vt* riparare.

shift (ʃift) *n* **1** spostamento *m*. sostituzione *f*. **2** turno *m*. *vt* spostare. *vi* sostituirsi. **shifty** *adj* furtivo, equivoco.

shilling (ˈʃiliŋ) *n* scellino *m*.

shimmer (ˈʃimə) *n* luccichio *m*. *vi* luccicare.

shin (ʃin) *n* stinco *m*. tibia *f*.

shine* (ʃain) *vt* lucidare. *vi* brillare, risplendere. *n* brillantezza, luce *f*.

ship (ʃip) *n* nave, imbarcazione *f*. *vt* **1** inviare, spedire. **2** imbarcare. **shipment** *n* **1** carico *m*. **2** consegna *f*. **shipshape** *adj,adv* a posto, in ordine. **shipwreck** *n* naufragio *m*. **shipyard** *n* cantiere navale *m*.

shirk (ʃəːk) *vt* evitare.

shirt (ʃəːt) *n* camicia *f*.

shit (ʃit) *n tab* merda *f*.

shiver (ˈʃivə) *n* tremolio, brivido *m*. *vi* tremare, rabbrividire.

shock[1] (ʃɔk) *n* **1** urto, impatto *m*. **2** spavento *m*. impressione *f*. *vt* spaventare, impressionare. **shock absorber** *n* ammortizzatore *m*. **shocking** *adj* terribile.

shock[2] (ʃɔk) *n* (of hair) zazzera *f*.

shoddy (ˈʃɔdi) *adj* scadente.

shoe* (ʃuː) *n* scarpa, calzatura

f. vt ferrare. **shoelace** n stringa f. **shoemaker** n calzolaio m. **shoeshop** n calzoleria f.

shone (ʃɔn) v see **shine**.

shook (ʃuk) v see **shake**.

shoot* (ʃuːt) vt 1 lanciare, tirare. 2 fucilare. 3 (film) girare. vi 1 tirare. 2 cacciare. 3 crescere, germinare. n 1 bot rampollo m. 2 caccia f. **shooting** n 1 tiro m. 2 caccia f.

shop (ʃɔp) n negozio m. bottega f. vi fare gli acquisti. **shop-assistant** n commesso m. **shop floor** n 1 fabbrica, officina f. 2 gli operai che lavorano nella fabbrica m pl. **shopkeeper** n negoziante m. **shoplifter** n taccheggiatore m. **shopping** n spesa f. **shop steward** n membro della commissione interna m. **shopwindow** n vetrina f.

shore[1] (ʃɔː) n riva, spiaggia, costa f.

shore[2] (ʃɔː) vt puntellare.

shorn (ʃɔːn) v see **shear**.

short (ʃɔːt) adj 1 breve, corto. 2 (in stature) basso. 3 privo. 4 brusco. adv corto. vt, vi mettere in corto circuito. **shortage** n mancanza, carenza f. **shorten** vt accorciare, ridurre. vi raccorciarsi. **shortly** adv fra poco. **shorts** n pl calzoncini m pl. **shortcoming** (ˈʃɔːtkʌmiŋ) n difetto, ostacolo m.

short cut n scorciatoia f.

shorthand (ˈʃɔːthænd) n stenografia f. **shorthand typist** n stenodattilografo m.

short-handed adj a corto di manodopera.

shortlived (ˈʃɔːtlivd) adj di breve durata.

short-sighted adj miope.

short-tempered adj irritabile, brusco.

short-term adj a breve scadenza.

short wave n onda corta f.

shot[1] (ʃɔt) n 1 colpo, sparo m. 2 phot fotografia f. **shotgun** n fucile m.

shot[2] (ʃɔt) v see **shoot**.

should (ʃəd; stressed ʃud) v see **shall**.

shoulder (ˈʃəuldə) n spalla f. **shoulder-blade** n scapola f.

shout (ʃaut) vt, vi gridare. **shout at** rimproverare. ~ n grido m.

shove (ʃʌv) vt, vi spingere. n spinta f.

shovel (ˈʃʌvəl) n pala f. badile m. vt spalare.

show* (ʃou) vt 1 mostrare. 2 manifestare. 3 dimostrare. vi mostrarsi. **show off** pavoneggiarsi, esibire. ~ n 1 mostra f. 2 spettacolo m. 3 sembianza f. 4 pompa f. **show business** n mondo dello spettacolo m. **showcase** n campionario m. vetrina f. **showdown** n resa dei conti f. **show-jumping** n concorso ippico m. **showmanship** n capacità propagandistica f. **showroom** n sala d'esposizione f.

shower (ˈʃauə) n 1 doccia f. 2 (of rain) acquazzone, rovescio m. vt inondare. **shower-proof** adj impermeabile.

shrank (ʃræŋk) v see **shrink**.

shred (ʃred) n strappo, brandello, frammento m. briciola f. vt fare a brandelli, stracciare.

shrewd (ʃruːd) adj accorto, scaltro. **shrewdness** n accortezza, sagacia f.

shriek (ʃriːk) n grido, strillo m. vi gridare, strillare.

shrill (ʃril) adj acuto, stridulo.

shrimp (ʃrimp) n gamberetto m.

shrine (ʃrain) n 1 tempio, altare m. 2 sacrario m.

shrink* (ʃriŋk) vi restringersi. vt diminuire, raccorciare. **shrink from** rifuggire da, tirarsi indietro.

shrivel ('ʃrivəl) vi avvizzire, aggrinzarsi.

shroud (ʃraud) n sudario m. vt 1 avvolgere. 2 celare, nascondere.

Shrove Tuesday (ʃrouv) n Martedì Grasso m.

shrub (ʃrʌb) n arbusto m. **shrubbery** n boschetto m. macchia f.

shrug (ʃrʌg) vt scrollare. vi scrollare le spalle. n alzata di spalle f.

shrunk (ʃrʌŋk) v see **shrink**.

shudder ('ʃʌdə) n brivido, fremito m. vi rabbrividire, fremere.

shuffle ('ʃʌfəl) vt mischiare, mescolare. vi trascinarsi.

shun (ʃʌn) vt evitare, schivare.

shunt (ʃʌnt) vt deviare, smistare. n scambio m.

shut* (ʃʌt) vt chiudere, serrare. **shut down** chiudere. **shut in** rinchiudere. **shut out** escludere. ~ adj chiuso.

shutter ('ʃʌtə) n imposta f.

shuttle ('ʃʌtəl) n navetta f.

shuttlecock ('ʃʌtəlkɔk) n volano m.

shy (ʃai) adj timido. vi esitare. **shyness** n timidezza f.

Sicily ('sisəli) n Sicilia f. **Sicilian** adj,n siciliano.

sick (sik) adj 1 ammalato, indisposto. 2 inf disgustato, stufo. **be sick** vomitare. **sicken** vt nauseare. vi ammalarsi. **sickening** adj disgustoso, nauseante. **sickness** n malattia f. malessere m.

side (said) n 1 lato, fianco m. 2 parte f. 3 bordo m. adj 1 di lato, laterale. 2 indiretto. **sideboard** n credenza f. **side effect** n effetto secondario m. **sidelight** n fa-

nalino m. **sideline** n 1 attività secondaria f. 2 game fuoricampo m. **sideshow** n spettacolo secondario m. **sidestep** vt evitare. **sidetrack** vt distrarre. **sideways** adv lateralmente. **siding** n raccordo m.

sidle ('saidl) vi procedere con timore or furtivamente.

siege (siːdʒ) n assedio m.

siesta (si'estə) n siesta f.

sieve (siv) n setaccio m. vt setacciare.

sift (sift) vt stacciare, separare, distinguere.

sigh (sai) n sospiro m. vi sospirare.

sight (sait) n 1 vista f. 2 spettacolo m. vt avvistare, intravedere. **sightread** vt suonare a prima vista. **sightseeing** n giro turistico m.

sign (sain) n 1 segno, cenno m. 2 indizio m. traccia f. 3 segnale m. vt 1 firmare, sottoscrivere. **signpost** n indicatore stradale m.

signal ('signl) n segnale m. vi segnalare, fare segnalazioni.

signature ('signətʃə) n firma f.

signify ('signifai) vt significare. **significance** n significato m. **significant** adj significativo, importante.

silence ('sailəns) n silenzio m. quiete f. vt ridurre al silenzio. **silencer** n silenziatore m. **silent** adj silenzioso, taciturno.

silhouette (siluːˈet) n profilo m. sagoma f. vt profilare.

silicon ('silikən) n silicio m. **silicon chip** n chip di silicio m.

silk (silk) n seta f. adj di seta. **silkworm** n baco da seta m.

sill (sil) n 1 soglia f. 2 (of a window) davanzale m.

silly ('sili) adj sciocco, stupido.

silt (silt) *n* limo *m*. sedimenti *m pl*.

silver ('silvǝ) *n* argento *m*. *adj* argenteo, d'argento.

similar ('similǝ) *adj* **1** simile. **2** pari. **similarity** *n* somiglianza *f*.

simile ('simili) *n* similitudine *f*.

simmer ('simǝ) *vt* bollire lentamente. *vi* ribollire. **simmer down** calmarsi.

simple ('simpǝl) *adj* semplice. **simple-minded** *adj* ingenuo. **simplicity** *n* semplicità *f*. **simplify** *vt* semplificare. **simply** *adv* semplicemente, assolutamente.

simultaneous (simǝl'teiniǝs) *adj* simultaneo.

sin (sin) *n* peccato *m*. colpa *f*. *vi* peccare.

since (sins) *adv* da allora, dopo. *prep* da quando. *conj* **1** dacché, poiché. **2** da quando.

sincere (sin'siǝ) *adj* sincero, genuino.

sinew ('sinjuː) *n* **1** *anat* tendine *m*. **2** struttura, fibra *f*. tendine *m*.

sing* (siŋ) *vt,vi* cantare. **singer** *n* cantante *m,f*.

singe (sindʒ) *vt* scottare, strinare.

single ('siŋgǝl) *adj* **1** singolo, solo. **2** celibe, nubile. *v* **single out** scegliere, isolare. **single-handed** *adj* da solo, senza aiuto. **single-minded** *adj* schietto, semplice. **singly** *adv* individualmente, ad uno ad uno.

singular ('siŋgjulǝ) *adj,n* singolare *m*. **singularly** *adv* insolitamente, particolarmente.

sinister ('sinistǝ) *adj* sinistro.

sink* (siŋk) *vi* **1** affondare. **2** abbassarsi. *vt* affondare. *n* lavandino, acquaio *m*.

sinner ('sinǝ) *n* peccatore *m*.

sinus ('sainǝs) *n* cavità *f*. seno *m*.

sip (sip) *vt* sorseggiare. *n* sorso *m*.

siphon ('saifǝn) *n* sifone *m*. *vt* sifonare.

sir (sǝː) *n* **1** signore *m*. **2** *cap* Sir *m*.

siren ('sairǝn) *n* sirena *f*.

sirloin ('sǝːloin) *n* lombo *m*.

sister ('sistǝ) *n* **1** sorella *f*. **2** *rel* suora *f*. **3** *med* infermiera *f*. **sisterhood** *n* sorellanza *f*. **sister-in-law** *n* cognata *f*.

sit* (sit) *vi* **1** sedere, sedersi. **2** posare. *vt* far sedere. **sit down** accomodarsi. **sit-in** *n* sit-in *m*. **sitting** *n* **1** seduta, adunanza *f*. **2** *phot* seduta di posa *f*. **sitting room** *n* salotto *m*.

site (sait) *n* sito, luogo *m*. *vt* situare.

situation (sitju'eifǝn) *n* **1** situazione *f*. **2** posto, lavoro *m*.

six (siks) *adj,n* sei *m or f*. **sixth** *adj* sesto.

sixteen (siks'tiːn) *adj,n* sedici *m or f*. **sixteenth** *adj* sedicesimo.

sixty ('siksti) *adj,n* sessanta *m*. **sixtieth** *adj* sessantesimo.

size (saiz) *n* **1** misura *f*. **2** grandezza *f*. *v* **size up** misurare la capacità da.

sizzle ('sizǝl) *vi* sfrigolare. *n* sfrigolio *m*.

skate[1] (skeit) *n* pattino *m*. *vi* pattinare. **skating** *n* pattinaggio *m*.

skate[2] (skeit) *n zool* razza *f*.

skeleton ('skelǝtn) *n* **1** scheletro *m*. **2** telaio *m*. **3** schema *m*.

sketch (sketf) *n* **1** bozzetto *m*. **2** *Th* scenetta *f*. *vt* abbozzare.

skewer ('skjuǝ) *n* spiedo *m*.

ski (skiː) *n* sci *m invar*. *vi* sciare. **skiing** *n* sci *m*. **ski-lift** *n* sciovia *f*.

skid (skid) *n* slittamento *m*. *vi* slittare.

skill (skil) *n* abilità *f.* **skilful** *adj* pratico, abile.

skim (skim) *vt* 1 schiumare, scremare. 2 sfiorare. **skim through** scorrere rapidamente.

skimp (skimp) *vi* fare economie. **skimpy** *adj* scarso.

skin (skin) *n* 1 pelle *f.* 2 (rind) buccia *f.* *vt* scorticare. **skindiving** *n* immersione senza scafandro *f.* **skin-tight** *adj* aderente. **skinny** *adj* magro, ossuto.

skip (skip) *n* balzo, saltello *m.* *vi* saltellare. *vt* omettere.

skipper ('skipə) *n* capitano *m.*

skirmish ('skɜːmiʃ) *n* schermaglia *f.*

skirt (skɜːt) *n* sottana, gonna *f.* *vt* rasentare.

skittle ('skitl) *n* birillo *m.*

skull (skʌl) *n* cranio, teschio *m.*

skunk (skʌŋk) *n* moffetta *f.*

sky (skai) *n* cielo *m.* **sky-high** *adv* alle stelle. **skylark** *n* allodola *f.* **skyline** *n* orizzonte *m.* **skyscraper** *n* grattacielo *m.*

slab (slæb) *n* lastra, piastra *f.*

slack (slæk) *adj* 1 fiacco, inerte. 2 lento. 3 negligente. **slacken** *vt* rallentare, ridurre. *vi* rallentarsi.

slacks (slæks) *n pl* pantaloni *m pl.*

slalom ('slɑːləm) *n* slalom *m.*

slam (slæm) *vt, vi* sbattere. *n* sbattuta *f.*

slander ('slɑːndə) *n* calunnia, diffamazione *f.* *vt* diffamare.

slang (slæŋ) *n* gergo *m.*

slant (slɑːnt) *vi* inclinarsi. *vt* inclinare. *n* inclinazione *f.*

slap (slæp) *n* schiaffo *m.* *vt* schiaffeggiare, dare pacche a. **slapdash** *adj* noncurante. *adv* senza riguardi. **slapstick** *n* commedia grossolana *f.*

slash (slæʃ) *vt* 1 tagliare, sfregiare. 2 ridurre. *n* taglio, spacco *m.*

slat (slæt) *n* assicella, stecca *f.*

slate (sleit) *n* 1 ardesia *f.* 2 lavagna *f.* 3 tegola *f.*

slaughter ('slɔːtə) *n* macello, massacro *m.* *vt* macellare. **slaughterhouse** *n* mattatoio *m.*

slave (sleiv) *n* schiavo *m.*

sledge (sledʒ) *n* slitta *f.*

sledgehammer ('sledʒhæmə) *n* mazza *f.* maglio *m.*

sleek (sliːk) *adj* liscio, lustro.

sleep* (sliːp) *vi* dormire. *n* sonno, riposo *m.* **sleeper** *n* (railway) traversina *f.* **sleeping-bag** *n* sacco a pelo *m.* **sleeping-car** *n* vagone letto *m.* **sleeping-pill** *n* sonnifero *m.* **sleepwalking** *n* sonnambulismo *m.* **sleepy** *adj* assonnato. **feel sleepy** avere sonno.

sleet (sliːt) *n* nevischio *m.* *v imp* nevischiare.

sleeve (sliːv) *n* 1 manica *f.* 2 (of a record) copertina *f.*

sleigh (slei) *n* slitta *f.*

slender ('slendə) *adj* esile, snello.

slept (slept) *v* see **sleep.**

slice (slais) *n* fetta, porzione *f.* *vt* affettare.

slick (slik) *adj* liscio, disinvolto.

slide* (slaid) *vi* scivolare, scorrere. *vt* far scorrere. *n* 1 scivolata *f.* 2 scivolo *m.* 3 *phot* diapositiva *f.* **slide rule** *n* regolo calcolatore *m.*

slight (slait) *adj* esile. *vt* disdegnare. *n* affronto *m.* **slightly** *adv* leggermente, un po'.

slim (slim) *adj* smilzo, snello. *vi* dimagrire.

slime (slaim) *n* fanghiglia *f.*

sling* (sliŋ) *vt* scagliare. *n* 1 fionda *f.* 2 med fascia *f.*

slink* (sliŋk) *vi* strisciare, camminare furtivamente.

slip¹ (slip) *vt, vi* scivolare. *n* 1 scivolata *f.* 2 passo falso *m.* 3 federa *f.* 4 sottoveste *m.*

slippery *adj* scivoloso, viscido.

slip² (slip) *n* (cutting) ritaglio *m*.

slipper ('slipə) *n* pantofola *f*.

slit* (slit) *n* taglio *m*. fessura *f*. *vt* tagliare, fendere.

slobber ('slobə) *n* bava *f*. *vi* sbavare.

slog (slɔg) *vi* sgobbare.

slogan ('slougən) *n* motto *m*.

slop (slɔp) *vt* schizzare. **slops** *n* cibi liquidi *m pl*.

slope (sloup) *n* pendio *m*. china *f*. *vi* pendere, inclinarsi.

sloppy ('slɔpi) *adj* **1** trascurato. **2** *sl* sdolcinato.

slot (slɔt) *n* fessura, scanalatura *f*.

slouch (slautʃ) *vi* ciondolare.

slovenly ('slʌvənli) *adj* sciatto.

slow (slou) *adj* **1** lento. **2** tardo. **3** (of a clock) indietro. *adv* piano, adagio. *v* **slow down** rallentare.

slug (slʌg) *n* *zool* lumaca *f*. **sluggish** *adj* indolente, tardo.

sluice (sluɪs) *n* chiusa *f*.

slum (slʌm) *n* **1** catapecchia *f*. **2** *pl* quartieri poveri *m pl*.

slumber ('slʌmbə) *vi* dormire pacificamente. *n* dormita *f*.

slump (slʌmp) *n* *comm* caduta dei prezzi *f*. ribasso *m*. *vi* **1** subire un tracollo. **2** lasciarsi andare.

slung (slʌŋ) *v see* **sling**.

slur (sləɪ) *vt* biascicare. *n* **1** macchia *f*. **2** *mus* legatura *f*.

slush (slʌʃ) *n* fanghiglia *f*.

sly (slai) *adj* astuto, malizioso, sornione.

smack¹ (smæk) *n* gusto, sapore *m*. *v* **smack of** sapere di.

smack² (smæk) *vt* schiaffeggiare, schioccare. *n* schiaffo, schiocco *m*. *adv* inf in pieno.

small (smɔːl) *adj* piccolo, basso. **smallholding** *n* piccola fattoria *f*. **small-minded** *adj* meschino. **smallpox** *n* vaiolo *m*.

smart (smaɪt) *adj* **1** furbo. **2** elegante. **3** svelto. *vi* dolere. **smarten** *vt* abbellire, ravvivare. **smarten up** ravvivarsi.

smash (smæʃ) *vt* fracassare, rovinare. *n* **1** fracasso *m*. **2** disastro *m*. **3** scontro *m*.

smear (smiə) *vt* **1** macchiare. **2** spalmare. *n* macchia *f*.

smell* (smel) *n* **1** odore *m*. **2** (sense of) odorato *m*. *vt* sentire l'odore di, fiutare. *vi* sentire.

smile (smail) *vi* sorridere. *n* sorriso *m*.

smirk (sməɪk) *vi* sorridere con affettazione. *n* sorriso affettato *m*.

smock (smɔk) *n* grembiule *m*.

smog (smɔg) *n* smog *m*.

smoke (smouk) *n* fumo *m*. *vt,vi* fumare.

smooth (smuːð) *adj* **1** liscio. **2** facile. *vt* lisciare, appianare.

smother ('smʌðə) *vt,vi* soffocare.

smoulder ('smouldə) *vi* bruciare lentamente.

smudge (smʌdʒ) *n* macchia *f*. scarabocchio *m*. *vt* macchiare.

smug (smʌg) *adj* soddisfatto.

smuggle ('smʌgəl) *vt* contrabbandare. **smuggler** *n* contrabbandiere *m*. **smuggling** *n* contrabbando *m*.

snack (snæk) *n* spuntino *m*. **snack-bar** *n* tavola calda *f*.

snag (snæg) *n* ostacolo, intoppo *m*.

snail (sneil) *n* chiocciola *f*.

snake (sneik) *n* serpe *f*. serpente *m*.

snap (snæp) *vt,vi* schioccare. *n* schiocco *m*. *adj* improvviso. **snapshot** *n* istantanea *f*.

snarl (snaɪl) *vt* aggrovigliare. *n* intrico, imbroglio *m*.

snatch (snætʃ) *n* **1** rapimento *m*. **2** tentativo di prendere *m*. **3** brandello, pezzo *m*. *vt* afferrare, carpire.

sneak (sniːk) n spione m.

sneer (sniə) vi ghignare. n ghigno m.

sneeze (sniːz) vi starnutire. n starnuto m.

sniff (snif) vt,vi fiutare, annusare. n annusata f.

snip (snip) n forbiciata f. ritaglio m. vi fare tagli.

snipe (snaip) n beccaccino m.

snivel ('snivəl) vi frignare.

snob (snɔb) n snob m invar.

snooker ('snuːkə) n gioco di biliardo m.

snoop (snuːp) vi curiosare.

snooty ('snuːti) adj altezzoso.

snooze (snuːz) vi sonnecchiare. n pisolino m.

snore (snɔː) vi russare. n russare m.

snort (snɔːt) n sbuffata f. vi sbuffare.

snout (snaut) n muso, grugno m.

snow (snou) n neve f. v imp nevicare. **snowball** n palla di neve f. **snowdrift** n cumulo di neve m. **snowdrop** n bucaneve m invar. **snowflake** n fiocco di neve m. **snowman** n fantoccio di neve m. **snowplough** n spazzaneve m. **snowstorm** n tormenta di neve f.

snub (snʌb) vt fare un affronto a. n affronto m. adj camuso.

snuff (snʌf) n tabacco da fiuto m.

snug (snʌg) adj comodo, intimo.

snuggle ('snʌgəl) vi rannicchiarsi, accoccolarsi.

so (sou) adv 1 così, talmente. 2 anche. **and so on** e così via. **so many** tanti. **so what?** e allora? ~ conj quindi, perciò. **so-and-so** pron un tale. **so-called** adj cosiddetto. **so-so** adv così così.

soak (souk) vt bagnare, inzuppare. n bagno m.

soap (soup) n sapone m. **soap powder** n detersivo m.

soar (sɔː) vi librarsi, veleggiare.

sob (sɔb) n singhiozzo, singulto m. vi singhiozzare.

sober ('soubə) adj sobrio, lucido. v **sober up** smaltire una sbornia.

social ('souʃəl) adj sociale, socievole. **sociable** adj socievole, affabile. **socialism** n socialismo m. **socialist** n socialista m. **society** n 1 società f. 2 comunità, compagnia f. **sociology** n sociologia f.

sock[1] (sɔk) n calza f. calzino m.

sock[2] (sɔk) sl vt percuotere, colpire. n pugno m. percossa f.

socket ('sɔkit) n 1 incavo m. 2 (electric) presa f. 3 anat orbita f.

soda ('soudə) n soda f. **soda-water** n acqua di selz f. selz m invar.

sofa ('soufə) n sofà, divano m.

soft (sɔft) adj soffice, tenero, tenue. **soften** vt ammorbidire. vi placarsi, intenerirsi. **soft-hearted** adj compassionevole. **softly** adv dolcemente.

soggy ('sɔgi) adj fradicio, inzuppato.

soil[1] (sɔil) n terreno m. terra f.

soil[2] (sɔil) vt insudiciare, sporcare.

solar ('soulə) adj solare. **solar plexus** n plesso solare m.

sold (sould) v see **sell**.

solder ('sɔldə) n lega per saldatura f. vt saldare.

soldier ('souldʒə) n soldato, militare m.

sole[1] (soul) adj solo, unico.

sole[2] (soul) n 1 anat pianta del piede f. 2 suola f. vt risuolare.

sole[3] (soul) n zool sogliola f.

solemn ('sɔləm) adj solenne, grave.

solicitor (sə'lisitə) n avvocato, procuratore legale m.

solid (ʻsɔlid) *adj* **1** solido, massiccio. **2** posato. **solidarity** *n* solidarietà *f*. **solidify** *vt* solidificare. *vi* solidificarsi.

solitary (ʻsɔlitri) *adj* **1** solitario, isolato. **2** unico, solo.

solitude (ʻsɔlitjuːd) *n* solitudine *f*. isolamento *m*.

solo (ʻsoulou) *n* assolo *m*. **soloist** *n* solista *m*.

solstice (ʻsɔlstis) *n* solstizio *m*.

soluble (ʻsɔljubəl) *adj* **1** solubile. **2** risolvibile.

solution (səʻluːʃən) *n* **1** risoluzione *f*. **2** *sci* soluzione *f*.

solve (sɔlv) *vt* risolvere, chiarire, sciogliere, spiegare. **solvent** *adj,n* solvente *m*.

sombre (ʻsɔmbə) *adj* tetro, triste, fosco.

some (sʌm) *adj* **1** qualche, alcuni, dei. **2** un po' di, del. *pron* **1** alcuni. **2** ne, un po'. *adv* circa. **somebody** *pron* qualcuno. **somehow** *adv* in qualche modo, in un modo o nell'altro. **someone** *pron* qualcuno. **something** *pron* qualche cosa. **sometime** *adv* un tempo, un giorno o l'altro, presto o tardi. **sometimes** *adv* qualche volta, talvolta, a volte, di quando in quando. **somewhat** *adv* piuttosto, un po'. **somewhere** *adv* qualche posto *or* luogo.

somersault (ʻsʌməsɔːlt) *n* capriola *f*. salto mortale *m*. *vi* fare salti mortali.

son (sʌn) *n* figlio, figliolo *m*. **son-in-law** *n* genero *m*.

sonata (səʻnɑːtə) *n* sonata *f*.

song (sɔŋ) *n* canzone *f*. canto *m*.

sonic (ʻsɔnik) *adj* sonico.

sonnet (ʻsɔnit) *n* sonetto *m*.

soon (suːn) *adv* presto, tosto, tra poco. **as soon as** non appena. **the sooner the better** prima è meglio è.

soot (sut) *n* fuliggine *f*.

soothe (suːð) *vt* calmare, placare, lenire. **soothing** *adj* calmante, riposante.

sophisticated (səʻfistikeitid) *adj* sofisticato, raffinato.

soprano (səʻprɑːnou) *n* soprano *m,f*.

sorbet (ʻsɔːbit) *n* sorbetto *m*.

sordid (ʻsɔːdid) *adj* sordido, gretto.

sore (sɔː) *adj* **1** addolorato. **2** irritato, offeso. *n* piaga, ulcera *f*. **soreness** *n* dolore *m*.

sorrow (ʻsɔrou) *n* **1** dispiacere, dolore *m*. **2** rincrescimento *m*. **sorrowful** *adj* addolorato.

sorry (ʻsɔri) *adj* **1** spiacente, dolente. **2** meschino. **be sorry** dispiacersi. ~ *interj* scusate!

sort (sɔːt) *n* **1** sorta *f*. genere *m*. **2** modo *m*. maniera *f*. **out of sorts** giù di giri. ~ *vt* classificare, scegliere.

soufflé (ʻsuːflei) *n* soufflé, sformato *m*.

sought (sɔːt) *v* see **seek**.

soul (soul) *n* **1** anima *f*. **2** creatura *f*. **not a soul** nessuno. **soul-destroying** *adj* struggente. **soulful** *adj* sentimentale, pieno di sentimento.

sound¹ (saund) *n* rumore, suono *m*. *vt,vi* suonare. **soundproof** *adj* **1** isolato acusticamente. **2** fonoassorbente.

sound² (saund) *adj* **1** giusto, logico. **2** solido, in buona condizione.

sound³ (saund) *vt* sondare, scandagliare.

soup (suːp) *n* zuppa, minestra *f*. brodo *m*.

sour (sauə) *adj* **1** acido, acerbo, stizzoso. **2** aspro.

source (sɔːs) *n* fonte, sorgente, origine *f*.

south (sauθ) *n* sud, mezzogiorno *m*. *adj* del sud, meridionale. **southerly** *adj* del sud, meridionale. **southern** *adj* del sud, del meridione. **south-east** n sud-est m. **south-west** n sud-ovest m.

South Africa n Africa del Sud f. **South African** adj, n sud-africano.

South America n America del Sud f. **South American** adj, n sud-americano.

South Pole n polo sud m.

souvenir (suːvə'niə) n ricordo m.

sovereign ('sɔvrin) n 1 sovrano m. re m invar. 2 comm sterlina, moneta d'oro f. adj sovrano. **sovereignty** n sovranità f.

Soviet Union ('souviət) n Unione Sovietica f.

sow[1] (sou) vt seminare, spargere, piantare.

sow[2] (sau) n scrofa f.

soya bean ('sɔiə) n soia f.

spa (spɑː) n sorgente minerale, stazione termale f.

space (speis) n spazio m. vt spaziare, disporre ad intervalli. **spaceman** n astronauta m. **spaceship** n astronave f. **spacious** adj spazioso, ampio. **spaciousness** n spazio m.

spade[1] (speid) n vanga f. badile m.

spade[2] (speid) n game picche f pl.

Spain (spein) n Spagna f.

Spaniard nm spagnolo m.

Spanish adj spagnolo. **Spanish** (language) n spagnolo m.

span[1] (spæn) n 1 spanna f. palmo m. 2 periodo di tempo m. vt stendersi attraverso.

span[2] (spæn) v see **spin**.

spaniel ('spæniəl) n spaniel m.

spank (spæŋk) vt sculacciare.

spanner ('spænə) n chiave inglese f.

spare (spɛə) adj 1 d'avanzo, in più, extra. 2 parco, frugale. 3 disponibile. vt 1 risparmiare. 2 fare a meno di.

spark (spɑːk) n scintilla, favilla f. lampo m. vi scintillare, emettere scintille. **spark off** lanciare. **spark plug** n candela f.

sparkle ('spɑːkəl) n bagliore m. scintilla f. vi emettere scintille, risplendere.

sparrow ('spærou) n passero m.

sparse (spɑːs) adj rado, sparso.

spasm ('spæzəm) n spasmo, spasimo m. contrazione f. **spastic** adj spastico.

spat (spæt) v see **spit**.

spatial ('speiʃəl) adj spaziale.

spatula ('spætjulə) n spatula f.

spawn (spɔːn) n uova f pl. vt, vi deporre.

speak* (spiːk) vi parlare. vt esprimere, pronunciare. **speak out** parlare francamente. **speak up** alzare la voce.

spear (spiə) n lancia, asta, fiocina f. vt fiocinare, trafiggere.

special ('speʃəl) adj 1 speciale, particolare. 2 straordinario. **specialist** n specialista m. **speciality** n specialità f. **specialize** vi specializzarsi.

species ('spiːʃiːz) n specie f invar. genere, tipo m.

specify ('spesifai) vt specificare, precisare. **specific** adj specifico, particolare.

specimen ('spesimən) n campione, modello, esemplare m.

speck (spek) n granello, punto m. macchiolina f. vt macchiare, chiazzare.

spectacle ('spektəkəl) n 1 spettacolo m. vista f. 2 pl occhiali m pl. **spectacular** adj spettacolare, spettacoloso.

spectator (spek'teitə) n spettatore m.

spectrum ('spektrəm) n spettro m.

speculate ('spekjuleit) *vi* 1 meditare, considerare. 2 *comm* speculare. **speculation** *n* speculazione *f*. **speculator** *n* speculatore *m*.

speech (spiːtʃ) *n* 1 discorso *m*. orazione *f*. 2 favella *f*.

speed* (spiːd) *n* velocità, rapidità, sveltezza *f*. *vi* affrettarsi. **speedboat** *n* motoscafo veloce *m*.

spell*¹ (spel) *vt,vi* sillabare, compitare.

spell² (spel) *n* fascino, incantesimo *m*. magia *f*. **spellbound** *adj* incantato, affascinato.

spell³ (spel) *n* periodo, intervallo *m*.

spend* (spend) *vt* 1 spendere, sborsare. 2 passare, trascorrere. 3 impiegare. *vi* spendere. **spendthrift** *adj,n* prodigo *m*.

sperm (spɜːm) *n* sperma *m*.

sphere (sfiə) *n* 1 sfera *f*. globo *m*. 2 ambiente *m*. **spherical** *adj* sferico.

spice (spais) *n* 1 aroma *f*. 2 *pl* spezie *f pl*. *vt* 1 aromatizzare. 2 rendere piccante. **spicy** *adj* 1 piccante. 2 arguto, mordace.

spider ('spaidə) *n* ragno *m*.

spike (spaik) *n* 1 punta *f*. aculeo *m*. 2 chiodo *m*. *vt* inchiodare.

spill* (spil) *vt* versare, spargere. *n* caduta *f*.

spin* (spin) *vt* 1 filare. 2 far girare. *vi* girare. *n* 1 giro *m*. rotazione *f*. 2 gita *f*. **spin drier** *n* macchina asciugatrice *f*. **spin-dry** *vt* asciugare colla centrifuga. **spinning wheel** *n* filatoio *m*.

spinach ('spinidʒ) *n* spinaci *m pl*.

spine (spain) *n* 1 spina dorsale *f*. 2 spina, lisca *f*. 3 (of a book) dorso *m*. **spineless** *adj* debole.

spinster ('spinstə) *n* zitella, nubile *f*.

spire¹ (spaiə) *n arch* guglia, cuspide *f*.

spire² (spaiə) *n* spira, spirale *f*. **spiral** *adj,n* spirale *f*. **spiral staircase** *n* scala a chiocciola *f*.

spirit ('spirit) *n* 1 spirito *m*. anima *f*. 2 fantasma *m*. 3 coraggio *m*. 4 *pl* liquori *m pl*. **spiritual** *adj* spirituale.

spit*¹ (spit) *vt* sputare. *vi* (of rain) piovigginare. *n* sputo *m*. saliva *f*.

spit² (spit) *n cul* spiedo *m*.

spite (spait) *n* dispetto, rancore, ripicco *m*. **in spite of** malgrado. **out of spite** per dispetto. ~ *vt* contrariare, far dispetto a. **spiteful** *adj* malevolo, dispettoso.

splash (splæʃ) *vt* schizzare, spruzzare. *vi* cadere con un tonfo. *n* spruzzo, schizzo *m*.

splendid ('splendid) *adj* splendido, magnifico. **splendour** *n* splendore, lustro *m*.

splint (splint) *n* 1 scheggia *f*. 2 *med* stecca *f*. **splinter** *n* scheggia *f*. frantume *m*. *vt,vi* frantumare.

split* (split) *vt* fendere, spaccare. *vi* fendersi. *n* spaccatura, fessura *f*.

splutter ('splʌtə) *vt,vi* barbugliare.

spoil* (spɔil) *vt* 1 guastare, rovinare, sciupare. 2 viziare. **spoil-sport** *n* guastafeste *m invar*.

spoke¹ (spouk) *n* (of a wheel) raggio *m*.

spoke² (spouk) *v* see **speak**.

spoken ('spoukən) *v* see **speak**.

spokesman ('spouksmən) *n* portavoce *m*.

sponge (spʌndʒ) *n* spugna *f*. *vt* 1 lavare con la spugna. 2 scroccare.

sponsor ('spɔnsə) n 1 garante m. 2 padrino m. madrina f. vt essere garante di. **sponsorship** n garanzia f.

spontaneous (spɔn'teiniəs) adj spontaneo, naturale.

spool (spuːl) n rocchetto m. bobina f.

spoon (spuːn) n cucchiaio m. **spoonful** n cucchiaiata f.

sport (spɔːt) n 1 gioco, divertimento m. 2 sport m invar. **sportsman** n sportivo m.

spot (spɔt) n 1 luogo, posto m. località f. 2 macchia f. vt 1 macchiare. 2 scoprire, individuare. **spotlight** n riflettore m. luce della ribalta f.

spouse (spaus) n coniuge m,f.

spout (spaut) n tubo di scarico, becco, getto m. vi 1 scaturire, zampillare. 2 declamare.

sprain (sprein) n strappo muscolare m. storta f. vt slogare, storcere.

sprang (spræŋ) v see **spring**.

sprawl (sprɔːl) vi sdraiarsi in modo scomposto.

spray[1] (sprei) n spruzzo, getto m. vt spruzzare, polverizzare.

spray[2] (sprei) n (of flowers, etc.) ramoscello, rametto m.

spread* (spred) vt 1 distendere. 2 diffondere, propagare. 3 spiegare. 4 spalmare. vi 1 stendersi. 2 diffondersi. n 1 distesa, estensione f. 2 diffusione f.

spree (spriː) n 1 baldoria f. 2 divertimento m.

sprig (sprig) n ramoscello, rametto m.

sprightly ('spraitli) adj vivace, spiritoso.

spring* (spriŋ) vi 1 nascere, sorgere, provenire. 2 balzare, scaturire. n 1 fonte, sorgente f. 2 primavera f. 3 molla f. 4 salto m. **springboard** n trampolino m. **spring-clean** vt pulire accuratamente. **spring onion** n cipollina f. **springtime** n primavera f.

sprinkle ('spriŋkəl) vt spruzzare, spargere. n spruzzatina f. **sprinkling** n infarinatura f.

sprint (sprint) vi correre velocemente. n corsa breve f. scatto m.

sprout (spraut) vi germogliare. n germoglio m.

sprung (sprʌŋ) v see **spring**.

spun (spʌn) v see **spin**.

spur (spəː) n 1 sperone, sprone m. vt incitare, stimolare, spronare.

spurt (spəːt) n 1 getto m. 2 breve sforzo m. vt,vi spruzzare.

spy (spai) n spia f. vi spiare, fare la spia.

squabble ('skwɔbəl) n bisticcio m. lite f. vi bisticciarsi, accapigliarsi.

squad (skwɔd) n squadra f. plotone m.

squadron ('skwɔdrən) n 1 mil squadrone m. 2 naut,aviat squadriglia f.

squalid ('skwɔlid) adj misero, squallido.

squander ('skwɔndə) vt sprecare, scialacquare, sperperare.

square (skwɛə) adj 1 quadrato. 2 giusto, preciso. 3 inf all'antica. n 1 quadrato m. 2 piazza f. vt quadrare. adv chiaro e tondo. **square root** n radice quadrata f.

squash (skwɔʃ) n 1 spremuta f. 2 sport squash m. vt 1 schiacciare, spremere. 2 umiliare.

squat (skwɔt) adj tarchiato, tozzo. vi 1 rannicchiarsi, accovacciarsi. 2 occupare abusivamente.

squawk (skwɔːk) vi emettere un grido rauco. n grido rauco m.

squeak (skwiːk) n grido acuto m. vi strillare acutamente, guaire.

squeal (skwiːl) *n* strillo *m*. *vi* strillare.

squeamish ('skwiːmiʃ) *adj* schizzinoso.

squeeze (skwiːz) *vt* spremere, stringere, comprimere, strizzare. *n* stretta, spremitura, compressione *f*.

squid (skwid) *n* seppia *f*. calamaro *m*.

squiggle ('skwigəl) *n* scarabocchio *m*.

squint (skwint) *vi* 1 essere strabico. 2 guardare obliquamente. *n* strabismo *m*. *adj* strabico.

squire ('skwaiə) *n* gentiluomo, proprietario di terre *m*.

squirm (skwəːm) *vi* 1 imbarazzarsi. 2 contorcersi.

squirrel ('skwirəl) *n* scoiattolo *m*.

squirt (skwəːt) *vt* spruzzare, schizzare. *n* schizzetto *m*.

stab (stæb) *n* pugnalata, coltellata *f*. *vt* pugnalare, accoltellare.

stabilize ('steibəlaiz) *vt* stabilizzare. *vi* stabilizzarsi.

stable[1] ('steibəl) *n* stalla, scuderia *f*.

stable[2] ('steibəl) *adj* stabile, permanente.

stack (stæk) *n* catasta *f*. mucchio, cumulo *m*. *vt* ammucchiare, accatastare.

stadium ('steidiəm) *n* stadio *m*.

staff (staːf) *n* 1 bastone *m*. 2 personale *m*. 3 *mil* stato maggiore *m*.

stag (stæg) *n* cervo *m*.

stage (steidʒ) *n* 1 palcoscenico, teatro *m*. 2 stadio *m*. 3 momento *m*. *vt* mettere in scena. **stage manager** *n* direttore di scena *m*.

stagger ('stægə) *vi* vacillare, esitare, barcollare.

stagnate (stæg'neit) *vi* ristagnare. **stagnant** *adj* stagnante, fermo, inattivo.

stain (stein) *n* macchia *f*. *vt* macchiare, colorire. **stained glass** *n* vetro colorato *m*. vetrata a colori *f*.

stair (steə) *n* 1 scalino, gradino *m*. 2 *pl* scale *f pl*. **staircase** *n* scala, tromba delle scale *f*.

stake[1] (steik) *n* palo *m*. incudine *f*. *vt* cintare, chiudere.

stake[2] (steik) *n game* 1 scommessa *f*. 2 *pl* premio *m*. *vt* scommettere, mettere in gioco.

stale (steil) *adj* stantio, vecchio, raffermo.

stalemate ('steilmeit) *n* stallo, punto morto *m*.

stalk[1] (stɔːk) *n* stelo, gambo *m*.

stalk[2] (stɔːk) *vi* camminare maestosamente. *vt* inseguire.

stall[1] (stɔːl) *n* 1 chiosco *m*. edicola, bancherella *f*. 2 *pl Th* poltrona *f*.

stall[2] (stɔːl) *vi* 1 agire evasivamente. 2 *mot* fermarsi.

stallion ('stæliən) *n* stallone *m*.

stamina ('stæminə) *n* capacità di resistenza *f*. vigore *m*.

stammer ('stæmə) *n* balbuzie *f*. balbettamento *m*. *vt, vi* balbettare.

stamp (stæmp) *n* 1 impronta *f*. 2 (on a letter, etc.) francobollo, bollo *m*. *vt* 1 incidere, imprimere. 2 timbrare.

stampede (stæm'piːd) *n* fuga precipitosa *f*.

stand* (stænd) *vi* 1 stare in piedi. 2 stare. 3 essere valido. *vt* sopportare. **stand out** spiccare. ~ *n* 1 posizione *f*. 2 pausa *f*. 3 bancarella *f*. chiosco *m*. 4 *sport* tribuna *f*. **stand-by** *n* scorta, riserva *f*. **standing** *n* posizione, reputazione *f*. *adj* 1 eretto. 2 fermo. **standstill** *n* 1 arresto *m*. 2 fermata *f*. **at a standstill** fermo.

standard ('stændəd) *n* 1 modello, campione *m*. 2 bandiera *f*. stendardo *m*. 3 livello *m*.

qualità f. **4** base f. supporto m. *adj* standard *invar*. normale. **standard lamp** n lampada a stelo f.

stank (stæŋk) v see **stink.**

staple¹ ('steipəl) n chiodo ad U m. graffetta f.

staple² ('steipəl) *adj* principale. n prodotto principale m.

star (staɪ) n **1** stella f. astro m. **2** *Th* diva f. vi *Th* avere il ruolo di protagonista. **starfish** n stella di mare f.

starboard ('staɪbəd) *adj* di dritta. n dritta f. tribordo m.

starch (staɪtʃ) n amido m. vt inamidare.

stare (stɛə) n sguardo fisso m. vi spalancare gli occhi. **stare at** fissare, guardare fisso.

stark (staɪk) *adj* **1** rigido. **2** completo. **3** desolato. *adv* interamente, completamente.

starling ('staɪliŋ) n storno m.

start (staɪt) vi **1** cominciare. **2** partire. **3** trasalire. vt **1** dare inizio a. **2** *mot* mettere in moto. n **1** inizio m. **2** partenza f. **3** soprassalto m. **make an early start** partire di buon'ora.

startle ('staɪtl) vt spaventare, allarmare.

starve (staɪv) vt far soffrire la fame. vi morire di fame.

state (steit) n **1** stato m. condizione, situazione f. **2** *pol* stato m. **3** rango m. *adj* di stato. vt **1** dichiarare. **2** stabilire. **3** esporre. **stately** *adj* signorile, maestoso. **statement** n **1** dichiarazione f. **2** rapporto, esposto m. **3** *comm* bilancio m. **statesman** n uomo di stato, statista m. **statesmanship** n abilità politica f.

static ('stætik) *adj* statico.

station ('steiʃən) n **1** stazione f. **2** posto, luogo m. **3** base f. vt assegnare un posto a, col-

locare. **stationmaster** n capostazione m.

stationary ('steiʃənri) *adj* stazionario, fermo, fisso.

stationer ('steiʃənə) n cartolaio m. **stationer's shop** n cartoleria f. **stationery** n articoli di cancelleria m pl.

statistics (stə'tistiks) n **1** statistica f. **2** *pl* statistiche f pl. **vital statistics** misure vitali f pl.

statue ('stætjuɪ) n statua f.

stature ('stætʃə) n statura f.

status ('steitəs) n stato m. condizione sociale f. **status symbol** n oggetto il cui possesso denota un alto stato sociale m.

statute ('stætjuɪt) n statuto, regolamento m. **statutory** *adj* statutario.

stay¹ (stei) vi fermarsi, restare, soggiornare.

stay² (stei) n sostegno, supporto m.

steadfast ('stedfaɪst) *adj* costante, fermo, risoluto.

steady ('stedi) *adj* **1** fermo, saldo. **2** regolare. **3** serio, equilibrato. vt rafforzare, stabilizzare. vi stabilizzarsi.

steak (steik) n bistecca, fetta di carne f.

steal* (stiɪl) vt,vi rubare, sottrarre.

steam (stiɪm) n vapore m. vt cucinare a vapore. vi emettere vapore, fumare. **steamengine** n macchina a vapore f. **steam-roller** n compressore rullo m. **steamship** n piroscafo, vapore m.

steel (stiɪl) n acciaio m. vt indurire. **steel oneself** corazzarsi. **stainless steel** n acciaio inossidabile m.

steep¹ (stiɪp) *adj* **1** ripido, erto. **2** *inf* esorbitante, irragionevole.

steep² (stiɪp) vt immergere, inzuppare.

steeple ('sti:pǝl) n guglia f. campanile m. **steeplechase** n corsa ad ostacoli f.

steer (stiǝ) vt 1 mot sterzare, manovrare. 2 dirigere. vi sterzare. **steering wheel** n volante m.

stem[1] (stem) n stelo, gambo m.

stem[2] (stem) vt arrestare, arginare.

stencil ('stensǝl) n stampino m. vt stampinare.

step (step) n 1 passo m. 2 orma, impronta f. 3 gradino m. 4 grado, avanzamento m. vi camminare, andare, recarsi. **stepladder** n scala a libretto f. **stepping stone** n 1 pietra per guadare f. 2 trampolino m.

stepbrother ('stepbrʌðǝ) n fratellastro m.

stepdaughter ('stepdɔːtǝ) n figliastra f.

stepfather ('stepfɑːðǝ) n patrigno m.

stepmother ('stepmʌðǝ) n matrigna f.

stepsister ('stepsistǝ) n sorellastra f.

stepson ('stepsʌn) n figliastro m.

stereo ('steriou) n stereo m. adj stereoscopico.

stereophonic (steriǝ'fɔnik) adj stereofonico.

stereotype ('steriǝtaip) n stereotipo m.

sterile ('sterail) adj sterile. **sterilize** vt sterilizzare.

sterling ('stǝːliŋ) adj genuino, puro. n sterlina f.

stern[1] (stǝːn) adj severo, rigido, rigoroso.

stern[2] (stǝːn) n 1 naut poppa f. 2 parte posteriore, coda f.

stethoscope ('steθǝskoup) n stetoscopio m.

stew (stjuː) n stufato, umido m.

steward ('stjuːǝd) n 1 naut cameriere di bordo m. 2 dispensiere m. 3 intendente, amministratore m.

stick[1] (stik) n bastone m. bacchetta, stecca f.

stick[*2] (stik) vt 1 ficcare. 2 incollare. vi 1 ficcarsi. 2 attaccarsi. **stick out** tirare fuori. **stick up for** prendere le difese di. **sticky** adj appiccicoso, viscoso.

stiff (stif) adj rigido, duro. **stiffen** vt irrigidire, indurire, rassodare. vi irrigidirsi.

stifle ('staifǝl) vt reprimere, trattenere.

stigma ('stigmǝ) n,pl **stigmata** marchio, segno, stigma m.

stile (stail) n barriera f.

still[1] (stil) adj 1 immobile, fermo. 2 silenzioso. adv ancora. **stillborn** adj nato morto. **still life** n natura morta f.

still[2] (stil) n alambicco m.

stilt (stilt) n trampolo m.

stilted ('stiltid) adj artificioso.

stimulate ('stimjuleit) vt stimolare, incitare. **stimulus** n, pl **stimuli** stimolo, incentivo m.

sting* (stiŋ) vt, vi pungere, colpire. n pungiglione m. puntura d'insetto f.

stink* (stiŋk) vi puzzare. n puzzo, fetore m. **stinking** adj puzzolente.

stint (stint) vt limitare, lesinare. n limite m. restrizione f.

stipulate ('stipjuleit) vt stipulare. **stipulation** n stipulazione f.

stir (stǝː) vt mescolare, agitare. **stir up** agitare. ~n 1 rimescolio m. 2 animazione f.

stirrup ('stirǝp) n staffa f.

stitch (stitʃ) n 1 punto m. 2 maglia f. 3 med fitta, trafitta f. vt 1 cucire. 2 med suturare.

stoat (stout) n ermellino m.

stock (stɔk) n 1 provvista f. rifornimento m. 2 razza, stirpe *f.* **3** *pl comm* titoli *m pl.* azioni *f pl.* *vt* approvvigionare, fornire. **stockbreeding** *n* allevamento di bestiame *m*. **stockbroker** *n* agente di cambio *m*. **stock exchange** *n* borsa valori *f*. **stockpile** *n* riserva, scorta *f*. *vt* accumulare. **stocktaking** *n* inventario *m*.

stocking ('stɔkiŋ) *n* calza *f*.

stocky ('stɔki) *adj* tozzo, tarchiato.

stodge (stɔdʒ) *n* cibo pesante *m*. **stodgy** *adj* pesante, indigesto.

stoical ('stouikɪl) *adj* stoico.

stoke (stouk) *vt* **1** accudire alle caldaie. **2** alimentare, caricare. **stoker** *n* fochista *m*.

stole[1] (stoul) *v see* **steal**.

stole[2] (stoul) *n* stola *f*.

stolen ('stoulən) *v see* **steal**.

stomach ('stʌmək) *n* stomaco, ventre *m*. *vt* sopportare, digerire, tollerare. **stomach-ache** *n* mal di stomaco *m*.

stone (stoun) *n* **1** pietra, roccia *f*. sasso *m*. **2** *bot* nocciolo di frutta *m*. *vt* **1** lapidare, colpire a sassate. **2** togliere il nocciolo a.

stood (stud) *v see* **stand**.

stool (stuːl) *n* sgabello, seggiolino *m*.

stoop (stuːp) *vi* abbassarsi, chinarsi, curvarsi. *n* curvatura *f*.

stop (stɔp) *vt* **1** fermare, arrestare, cessare, sospendere, smettere. **2** otturare, tamponare. *vi* fermarsi. *n* **1** sosta *f*. arresto *m*. **2** (bus) fermata *f*. **stopgap** *n* palliativo *m*. **stoppage** *n* **1** blocco *m*. ostruzione *f*. **2** pausa, interruzione *f*. **stopper** *n* turacciolo, tappo *m*. **stopwatch** *n* cronometro *m*.

store (stɔː) *n* **1** negozio, magazzino *m*. **2** provvista, scorta *f*. *vt* **1** fornire. **2** immagazzina-

re, conservare. **storage** *n* **1** deposito, immagazzinamento *m*. **2** magazzino *m*.

storey ('stɔːri) *n* piano di edificio *m*.

stork (stɔːk) *n* cicogna *f*.

storm (stɔːm) *n* **1** temporale *m*. tempesta *f*. **2** tumulto *m*. *vt* assalire, attaccare.

story ('stɔːri) *n* storia, favola *f*. racconto, aneddoto *m*.

stout (staut) *adj* grosso, robusto, corpulento. *n* birra scura *f*.

stove (stouv) *n* cucina, stufa *f*. fornello *m*.

stow (stou) *vt* riporre, stipare. **stow away** conservare. **stowaway** *n* passeggero clandestino *m*.

straddle ('strædl) *vt* stare a cavalcioni.

straggle ('strægəl) *vi* sparpagliarsi, disperdersi.

straight (streit) *adj* **1** diritto. **2** onesto. **3** (of drinks, etc.) liscio. *adv* **1** in linea retta. **2** direttamente. **straight away** subito. **straighten** *vt* **1** raddrizzare. **2** rassettare. **3** regolare. **straightforward** *adj* franco, leale, schietto.

strain[1] (strein) *vt* **1** tendere. **2** sforzare, mettere a dura prova. **3** filtrare. *vi* sforzarsi. *n* **1** tensione *f*. **2** sforzo *m*. **3** *med* strappo *m*.

strain[2] (strein) *n* razza, tendenza *f*.

strand[1] (strænd) *vt* arenare.

strand[2] (strænd) *n* filo *m*.

strange (streindʒ) *adj* **1** strano, curioso. **2** estraneo, sconosciuto. **stranger** *n* sconosciuto, forestiero *m*.

strangle ('stræŋgəl) *vt* strangolare, strozzare, soffocare.

strap (stræp) *n* cinghia, correggia *f*. *vt* legare con cinghia.

strategy ('strætidʒi) *n* strategia *f*. **strategic** *adj* strategico.

straw (strɔː) n 1 paglia f. 2 (for drinking) cannuccia f. **the last straw** il colmo. ~ adj di paglia.

strawberry ('strɔːbrɪ) n fragola f. **strawberry plant** n fragola f.

stray (streɪ) adj 1 randagio, smarrito. 2 isolato, occasionale. n trovatello m. vi 1 vagare. 2 deviare.

streak (striːk) n striscia, stria f. vt strisciare.

stream (striːm) n corrente f. corso d'acqua m. vi scorrere, sgorgare. **streamline** vt snellire, organizzare.

street (striːt) n strada, via f.

strength (strenθ) n 1 forza f. vigore m. 2 solidità, tenacia f. **strengthen** vt rafforzare, irrobustire, sviluppare.

strenuous ('strenjuəs) adj strenuo, stancante.

stress (stres) n 1 tensione f. sforzo m. 2 accento m. enfasi f invar. vt accentuare, sottolineare.

stretch (stretʃ) vt stendere, tirare, allungare. **stretch one's legs** sgranchirsi le gambe. ~ n 1 stiramento m. tensione f. 2 estensione, distesa f. **stretcher** n barella, lettiga f.

strict (strɪkt) adj 1 severo, rigoroso, rigido. 2 preciso.

stride* (straɪd) vi 1 camminare a passi lunghi. 2 stare a cavalcioni. n passo lungo m. andatura f. **take in one's stride** superare facilmente.

strike* (straɪk) vt 1 battere, colpire. 2 impressionare. 3 accendere. vi 1 scioperare. 2 suonare le ore. n sciopero m.

string* (strɪŋ) n spago m. corda f. vt 1 legare. 2 (pearls) infilare.

stringent ('strɪndʒənt) adj severo, rigoroso.

strip¹ (strɪp) vt spogliare, denudare. vi svestirsi. **striptease** n spogliarello m.

strip² (strɪp) n striscia f. nastro m.

stripe (straɪp) n 1 riga, striscia f. 2 mil gallone m. vt striare, rigare.

strive* (straɪv) vi sforzarsi.

strode (strəud) v see **stride**.

stroke¹ (strəuk) n 1 colpo m. percossa f. 2 sport bracciata, remata f. 3 med colpo apoplettico m.

stroke² (strəuk) vt accarezzare, lisciare. n carezza f.

stroll (strəul) n passeggiatina f. **go for a stroll** andar a fare quattro passi. ~ vi passeggiare, andare a spasso.

strong (strɔŋ) adj forte, robusto, efficace. **stronghold** n fortezza f. **strong-minded** adj volitivo.

strove (strəuv) v see **strive**.

struck (strʌk) v see **strike**.

structure ('strʌktʃə) n 1 struttura f. 2 costruzione f.

struggle ('strʌgəl) n lotta f. sforzo m. vi lottare, dibattersi, sforzarsi.

strum (strʌm) vt, vi strimpellare.

strung (strʌŋ) v see **string**.

strut¹ (strʌt) vi camminare impettito.

strut² (strʌt) n puntone, contropalo m.

stub (stʌb) n 1 mozzicone m. rimanenza f. 2 comm matrice f. 3 ceppo m. vt inciampare. **stub out** spegnere.

stubborn ('stʌbən) adj ostinato, testardo, cocciuto.

stud¹ (stʌd) n 1 chiodo a capocchia larga m. 2 bottoncino m. vt guarnire, ornare.

stud² (stʌd) n (of horses) scuderia f. allevamento m.

student ('stjuːdnt) n studente m. studentessa f.

studio ('stjuːdiou) n 1 studio m. 2 teatro di posa m.

study ('stʌdi) n 1 studio m. 2 esame attento m. investigazione f. vt studiare, esaminare attentamente. **studious** adj 1 studioso. 2 attento.

stuff (stʌf) n 1 inf sostanza, cosa, roba f. 2 stoffa f. tessuto m. vt 1 imbottire. 2 cul farcire. 3 rimpinzare. **stuffing** n 1 imbottitura f. 2 cul ripieno m. **stuffy** adj afoso, mal ventilato.

stumble ('stʌmbəl) vi inciampare. n inciampata f.

stump (stʌmp) n 1 tronco, ceppo m. 2 moncone di membra m. 3 mozzicone m.

stun (stʌn) vt stordire, tramortire.

stung (stʌŋ) v see **sting**.

stunk (stʌŋk) v see **stink**.

stunt[1] (stʌnt) vt impedire la crescita a.

stunt[2] (stʌnt) n 1 trovata pubblicitaria f. 2 bravata f.

stupid ('stjuːpid) adj stupido, sciocco.

sturdy ('stəːdi) adj forte, robusto, vigoroso.

sturgeon ('stəːdʒən) n storione m.

stutter ('stʌtə) n balbuzie f invar. vi balbettare, tartagliare.

sty (stai) n porcile m.

style (stail) n 1 stile, modello m. 2 moda f. vt chiamare, designare.

stylus ('stailəs) n 1 stilo m. 2 puntina per grammofono f.

subconscious (sʌb'kɔnʃəs) adj,n subcosciente m.

subcontract (n sʌb'kɔntrækt; v sʌbkən'trækt) n subappalto m. vt subappaltare.

subdue (səb'djuː) vt 1 domare, soggiogare. 2 attenuare.

subject (n,adj 'sʌbdʒikt; v səb'dʒekt) n 1 soggetto, argomento m. 2 suddito m. 3 educ materia f. adj soggetto, assoggettato. vt assoggettare, sottomettere, soggiogare.

subjective adj soggettivo, individuale.

subjunctive (səb'dʒʌŋktiv) adj, n congiuntivo m.

sublime (sə'blaim) adj sublime.

submachine-gun (sʌbmə-'fiːŋɡʌn) n mitra f. fucile, mitragliatore m.

submarine (sʌbmə'riːn) n sommergibile m.

submerge (səb'məːdʒ) vt sommergere, immergere.

submit (səb'mit) vi sottomettersi, rassegnarsi. vt presentare. **submission** n sottomissione f.

subnormal (sʌb'nɔːməl) adj subnormale, al di sotto della normalità.

subordinate (adj,n sə'bɔːdinət; v sə'bɔːdineit) adj subordinato, secondario. n subalterno, inferiore m. vt subordinare.

subscribe (səb'skraib) vt 1 sottoscrivere. 2 abbonarsi a. vi 1 approvare. 2 sottoscrivere. 3 abbonarsi. **subscriber** n abbonato m. **subscription** n 1 abbonamento m. 2 sottoscrizione f.

subsequent ('sʌbsikwint) adj successivo, ulteriore.

subservient (səb'səːviənt) adj servile, subordinato.

subside (səb'said) vi 1 decrescere, sprofondare, calare. 2 quietarsi.

subsidiary (səb'sidiəri) adj supplementare, secondario, sussidiario.

subsidize ('sʌbsidaiz) vt sussidiare, sovvenzionare. **subsidy** n sussidio m.

subsist (səb'sist) vi sussistere.

substance ('sʌbstəns) n 1 sostanza, essenza f. 2 solidità f. **substantial** adj 1 sostanzioso, resistente. 2 notevole. **substantive** adj,n sostantivo m.

substitute ('sʌbstitjuːt) *n* sostituto, delegato, supplente *m*. *vt* sostituire.

subtitle ('sʌbtaitl) *n* sottotitolo *m*.

subtle ('sʌtl) *adj* 1 sottile, indefinibile. 2 astuto, scaltro.

subtract (səb'trækt) *vt* sottrarre, detrarre. **subtraction** *n* sottrazione *f*.

suburb ('sʌbəːb) *n* sobborgo *m*. periferia *f*. **suburban** *adj* suburbano, periferico. **suburbia** *n* quartieri fuori città *m pl*.

subvert (sʌb'vəːt) *vt* sovvertire.

subway ('sʌbwei) *n* 1 sottopassaggio *m*. 2 metropolitana *f*.

succeed (sək'siːd) *vi* 1 riuscire. 2 raggiungere la fama. **success** *n* successo *m*. **succession** *n* successione *f*. serie *f invar*. **successive** *adj* successivo, consecutivo.

succulent ('sʌkjulənt) *adj* succulento.

succumb (sə'kʌm) *vi* soccombere.

such (sʌtʃ) *adj* tale, simile. **in such cases** in casi del genere. **such as it is** così com'è. ~*pron* tale, questo. **suchlike** *adj* simile.

suck (sʌk) *vt* succhiare, poppare. *n* succhiata, poppata *f*.

sucker ('sʌkə) *n* 1 *sl* credulone *m*. 2 *tech* pistone *m*. 3 ventosa *f*.

suction ('sʌkʃən) *n* risucchio, assorbimento *m*.

sudden ('sʌdɪn) *adj* subitaneo, improvviso, repentino.

suds (sʌdz) *n pl* schiuma, saponata *f*.

sue (suː) *vt* far causa a. *vi* citare, far causa.

suede (sweid) *n* camoscio *m*. pelle scamosciata *f*. *adj* di camoscio.

suet ('suːit) *n* lardo *m*.

suffer ('sʌfə) *vt, vi* soffrire, patire. *vt* tollerare, subire.

sufficient (sə'fiʃənt) *adj* sufficiente, bastevole.

suffix ('sʌfiks) *n* suffisso *m*.

suffocate ('sʌfəkeit) *vt, vi* soffocare.

sugar ('ʃugə) *n* zucchero *m*. *vt* inzuccherare, addolcire. **sugar beet** *n* barbabietola da zucchero *f*. **sugar cane** *n* canna da zucchero *f*.

suggest (sə'dʒest) *vt* 1 suggerire, proporre. 2 alludere a. **suggestion** *n* 1 suggerimento *m*. proposta *f*. 2 allusione *f*. 3 lieve traccia *f*.

suicide ('suːisaid) *n* 1 suicidio *m*. 2 (person) suicida *m*. **commit suicide** suicidarsi. **suicidal** *adj* che tende al suicidio.

suit (sjuːt) *n* 1 abito da uomo *m*. 2 *law* causa *f*. 3 *game* seme *m*. *vt* 1 soddisfare. 2 star bene a. 3 adattare. **suit yourself** fa' come vuoi. **suitable** *adj* adatto, adeguato. **suitability** *n* convenienza *f*.

suitcase ('sjuːtkeis) *n* valigia *f*.

suite (swiːt) *n* 1 seguito, corteo *m*. 2 (of rooms) appartamento *m*. 3 (of furniture) completo *m*.

sulk (sʌlk) *vi* tenere il broncio. *n* broncio *m*. **sulky** *adj* imbronciato.

sullen ('sʌlən) *adj* accigliato.

sulphur ('sʌlfə) *n* zolfo *m*.

sultan ('sʌltən) *n* sultano *m*. **sultana** (sʌl'taɪnə) *n* uva sultanina *f*.

sultry ('sʌltri) *adj* 1 afoso, soffocante. 2 provocante.

sum (sʌm) *n* 1 somma *f*. 2 addizione *f*. *v* **sum up** ricapitolare.

summarize ('sʌməraiz) *vt* riassumere. **summary** *n* sommario, sunto *m*.

summer ('sʌmə) *n* estate *f*. *adj* d'estate, estivo. **summer-**

house n chiosco m. **summertime** n 1 stagione estiva f. 2 ora legale estiva f.

summit ('sʌmit) n 1 cima f. 2 culmine, apice m.

summon ('sʌmən) vt convocare, fare appello a. **summon up courage** prendere coraggio. **summons** n 1 chiamata f. 2 law citazione f. vt citare in giudizio.

sun (sʌn) n sole m.

sunbathe ('sʌnbeið) vi fare bagni di sole.

sunburn ('sʌnbəɪn) n scottatura f.

Sunday ('sʌndi) n domenica f.

sundial ('sʌndaiəl) n meridiana f.

sundry ('sʌndri) adj parecchi, vari.

sunflower ('sʌnflauə) n girasole m.

sung (sʌŋ) v see **sing**.

sunglasses ('sʌnglaɪsiz) n pl occhiali da sole m pl.

sunk (sʌŋk) v see **sink**.

sunken ('sʌŋkən) adj sprofondato, incavato.

sunlight ('sʌnlait) n luce del sole f.

sunny ('sʌni) adj luminoso, soleggiato.

sunrise ('sʌnraiz) n alba f. sorgere del sole m.

sunset ('sʌnset) n tramonto m.

sunshine ('sʌnʃain) n 1 luce del sole f. 2 bel tempo m.

sunstroke ('sʌnstrouk) n colpo di sole m.

suntan ('sʌntæn) n abbronzatura f.

super ('suɪpə) adj eccellente, sopraffino.

superannuation (suɪpəræ-njuˈeiʃən) n pensione di vecchiaia f.

superb (suɪˈpəɪb) adj eccellente, superbo.

superficial (suɪpəˈfiʃəl) adj superficiale, poco profondo.

superfluous (suɪˈpəɪfluəs) adj superfluo.

superhuman (suɪpəˈhjuɪmən) adj sovrumano.

superimpose (suɪpərimˈpouz) vt sovrapporre.

superintendent (suɪpərinˈtendənt) n sovrintendente m.

superior (suˈpiəriə) adj,n superiore m.

superlative (suˈpəɪlətiv) adj,n superlativo m.

supermarket ('suɪpəmaɪkit) n supermercato m.

supernatural (suɪpəˈnætʃrəl) adj soprannaturale.

supersede (suɪpəˈsiɪd) vt rimpiazzare, sostituire.

supersonic (suɪpəˈsɔnik) adj ultrasonico, supersonico.

superstition (suɪpəˈstiʃən) n superstizione f. **superstitious** adj superstizioso.

supervise ('suɪpəvaiz) vt sorvegliare, sovrintendere. **supervision** n sorveglianza f. **supervisor** n sorvegliante, sovrintendente m.

supper ('sʌpə) n cena f. **have supper** cenare.

supple ('sʌpəl) adj pieghevole, flessibile.

supplement (n 'sʌplimənt; v 'sʌpliment) n supplemento m. vt completare, integrare. **supplementary** adj supplementare.

supply (səˈplai) vt fornire, provvedere. n provvista f. rifornimento m.

support (səˈpɔɪt) n sostegno, appoggio m. vt 1 sostenere, reggere. 2 mantenere.

suppose (səˈpouz) vt supporre, presumere, credere. **supposing** conj nel caso che.

suppress (səˈpres) vt 1 sopprimere, reprimere. 2 tener nascosto.

supreme (səˈpriɪm) adj supremo, massimo.

surcharge ('səɪtʃɑɪdʒ) n soprattassa f.

sure (ʃuə) adj sicuro, certo. adv,interj certamente, davvero. **surely** adv certamente.

surety n 1 certezza f. 2 garanzia f. pegno m.

surf (səɪf) n risacca f.

surface ('səɪfis) n superficie f. vi affiorare.

surfeit ('səɪfit) n eccesso m.

surge (səɪdʒ) n impeto m. vi gonfiarsi.

surgeon ('səɪdʒən) n chirurgo m. **surgery** n 1 chirurgia f. 2 (place) ambulatorio, studio medico m.

surly ('səɪli) adj scontroso, sgarbato.

surmount (sə'maunt) vt sormontare, superare.

surname ('səɪneim) n cognome m.

surpass (sə'pɑɪs) vt superare.

surplus ('səɪplis) n sovrappiù m invar. avanzo m.

surprise (sə'praiz) n sorpresa f. stupore m. adj inaspettato. vt sorprendere, stupire.

surrealism (sə'riəlizəm) n surrealismo m.

surrender (sə'rendə) vt cedere. vi arrendersi. n 1 resa f. 2 abbandono m.

surreptitious (sʌrəp'tiʃəs) adj furtivo, clandestino.

surround (sə'raund) vt circondare, cingere. n bordura f. **surrounding** adj circostante. **surroundings** n pl ambiente m. dintorni m pl.

survey (n 'səɪvei; v sə'vei) n 1 perizia f. 2 esame m. indagine f. vt esaminare, ispezionare.

surveyor (sə'veiə) n topografo, ispettore m.

survive (sə'vaiv) vi sopravvivere. vt sopravvivere a. **survival** n sopravvivenza f.

susceptible (sə'septəbəl) adj 1 suscettibile, impressionabile, permaloso. 2 disposto.

suspect (v sə'spekt; n,adj 'sʌspekt) vt 1 sospettare. 2 credere. n persona sospetta f. adj sospetto.

suspend (sə'spend) vt 1 sospendere. 2 appendere, tenere sospeso. **suspense** n ansia, incertezza f. **suspension** n sospensione f.

suspicion (sə'spiʃən) n sospetto, dubbio m. **suspicious** adj 1 sospettoso, diffidente. 2 losco.

sustain (sə'stein) vt 1 sostenere, sopportare. 2 subire. 3 reggere.

swab (swɔb) n tampone m.

swagger ('swægə) vi pavoneggiarsi, muoversi con boria. n andatura spavalda f.

swallow[1] ('swɔlou) vt inghiottire, ingoiare. n sorso m.

swallow[2] ('swɔlou) n zool rondine f.

swam (swæm) v see **swim**.

swamp (swɔmp) n palude f. vt inondare, sommergere.

swan (swɔn) n cigno m.

swank (swæŋk) vi darsi arie. n inf vanagloria f.

swap (swɔp) n scambio m. vt barattare, scambiare.

swarm (swɔɪm) n sciame m. folla f. vi 1 sciamare. 2 pullulare, brulicare.

swastika ('swɔstikə) n svastica, croce uncinata f.

swat (swɔt) vt inf colpire. n acchiappamosche m.

sway (swei) vi oscillare, ondeggiare. vt influenzare, dominare. n 1 preponderanza f. 2 oscillazione f.

swear* (sweə) vt giurare. vi bestemmiare. **swearword** n bestemmia, imprecazione f.

sweat (swet) vi sudare, traspirare. n sudore m. traspirazione f. **sweater** n maglione m.

swede (swiɪd) n rapa svedese f.

Sweden ('swiɪdn̩) n Svezia f.

Swede n svedese m,f. **Swedish** adj svedese. **Swedish** (language) n svedese m.

sweep* (swiːp) vt 1 spazzare, scopare. 2 sfiorare. vi 1 muoversi velocemente. 2 scopare. n 1 scopata, spazzata f. 2 curva f. 3 movimento rapido m. **sweeping** adj 1 generale. 2 vasto. 3 rapido.

sweet (swiːt) adj 1 dolce. 2 amabile. n dolce m. caramella f. **sweetbread** n animella f. **sweet corn** n granoturco m. **sweeten** vt 1 zuccherare. 2 addolcire. **sweetener** n dolcificante m.

sweetheart n innamorato m. **sweet pea** n pisello odoroso m.

swell* (swel) vt 1 aumentare. 2 gonfiare. vi gonfiarsi. n naut mare lungo m. risacca f. **swelling** n infiammazione f.

swept (swept) v see **sweep**.

swerve (swɜːlv) vi deviare. n deviazione f.

swift (swift) adj 1 svelto. 2 rapido, agile. n zool rondone m.

swig (swig) n inf bevuta, sorsata f. vt, vi tracannare.

swill (swil) n risciacquatura f. vt 1 risciacquare. 2 tracannare.

swim* (swim) vi nuotare. n nuotata f. **swimmer** n nuotatore m. **swimming** n nuoto m. **swimming costume** n costume da bagno m. **swimming pool** n piscina f.

swindle ('swindl) vt frodare, truffare. n frode f.

swine (swain) n maiale, porco m.

swing* (swiŋ) vi 1 dondolare, oscillare. 2 girare. vt agitare. n 1 oscillazione f. dondolio m. 2 altalena f. 3 ritmo m.

swipe (swaip) inf n colpo violento m. vt colpire con forza.

swirl (swɜːl) n vortice, turbine m. vi turbinare.

swish (swiʃ) n sibilo m. sferzata f. vi sibilare, fischiare.

switch (switʃ) n 1 (electric) interruttore m. 2 frustino m. vt mutare, spostare. **switch on/off** accendere/spegnere. **switchboard** n centralino m.

Switzerland ('switsələnd) n Svizzera f. **Swiss** adj,n svizzero.

swivel ('swivəl) n perno, snodo m. vi girare. **swivel chair** sedia girevole.

swollen ('swoulən) v see **swell**.

swoop (swuːp) n attacco, assalto m. vi assalire, abbattersi.

swop (swop) n scambio m. vt barattare, scambiare.

sword (sɔːd) n spada f. **sword fish** n pesce spada m. **swordsman** n spadaccino m. **swordsmanship** n maestria nel maneggiare la spada f.

swore (swɔː) v see **swear**.

sworn (swɔːn) v see **swear**.

swot (swot) sl vi sgobbare. n sgobbone m.

swum (swʌm) v see **swim**.

swung (swʌŋ) v see **swing**.

sycamore ('sikəmɔː) n sicomoro m.

syllable ('siləbəl) n sillaba f.

syllabus ('siləbəs) n programma, prospetto m.

symbol ('simbəl) n simbolo m. **symbolic** adj simbolico. **symbolism** n simbolismo m. **symbolize** vt simboleggiare.

symmetry ('simitri) n simmetria f. **symmetrical** adj simmetrico.

sympathy ('simpəθi) n 1 simpatia, comprensione f. 2 compassione, solidarietà f. **sympathetic** adj 1 simpatizzante, cordiale. 2 simpatico. **sympathize** vi capire, condividere i sentimenti.

symphony ('simfəni) n sinfonia f.

symposium (sim'pouziəm) n simposio m.

symptom ('simptəm) *n* sintomo, indizio *m*.

synagogue ('sinəgɔg) *n* sinagoga *f*.

synchronize ('siŋkrənaiz) *vt* sincronizzare.

syndicate ('sindikət) *n* sindacato *m*.

syndrome ('sindroum) *n* sindrome *f*.

synonym ('sinənim) *n* sinonimo *m*.

synopsis (si'nɔpsis) *n, pl* **synopses** sinossi *f invar*.

syntax ('sintæks) *n* sintassi *f*.

synthesis ('sinθəsis) *n, pl* **syntheses** sintesi *f*. **synthetic** *adj* sintetico.

syphilis ('sifəlis) *n* sifilide *f*.

Syria ('siriə) *n* Siria *f*. **Syrian** *adj,n* siriano.

syringe (si'rindʒ) *n* siringa *f*.

syrup ('sirəp) *n* sciroppo *m*.

system ('sistəm) *n* sistema, metodo *m*. **systematic** *adj* sistematico.

T

tab (tæb) *n* **1** linguetta *f*. **2** etichetta *f*.

tabby ('tæbi) *adj* tigrato. *n* gatto soriano *m*.

table ('teibəl) *n* **1** tavola *f*. **2** tabella, classifica *f*. **lay/clear the table** apparecchiare/sparecchiare la tavola. **tablecloth** *n* tovaglia *f*. **tablemat** *n* tovaglietta *f*. sottopiatto *m*. **tablespoon** *n* cucchiaio *m*. **table tennis** *n* ping-pong *Tdmk m*.

tablet ('tæblət) *n* **1** *med* pastiglia, compressa *f*. **2** lapide, tavoletta *f*.

taboo (tə'buː) *adj,n* tabù *m invar*.

tachograph ('tækou'graːf) *n* tachigrafo *m*.

tack (tæk) *n* **1** puntina *f*. **2** (sewing) imbastitura *f*. *vt* **1** at-

taccare. **2** imbastire. *vi naut* virare.

tackle ('tækəl) *vt* **1** affrontare. **2** *sport* caricare, placcare. *n* attrezzi *m pl*.

tact (tækt) *n* tatto *m*. **tactful** *adj* pieno di tatto.

tactics ('tæktiks) *n pl* tattica *f*.

tadpole ('tædpoul) *n* girino *m*.

taffeta ('tæfitə) *n* taffettà *f*.

tag (tæg) *n* **1** cartellino *m*. etichetta *f*. **2** linguetta *f*.

Tahiti (tɑːˈhiːti) *n* Tahiti *m*. **Tahitian** *adj,n* tahitiano.

tail (teil) *n* **1** coda *f*. **2** *pl* (of a coin) rovescio *m*. **3** *pl* marsina *f*. frac *m*.

tailor ('teilə) *n* sarto *m*.

taint (teint) *vt* contaminare, corrompere, inquinare. *n* **1** infezione *f*. **2** marchio *m*.

take* (teik) *vt* **1** prendere. **2** portare. **3** accompagnare. **4** occorrere. **take after** assomigliare a. **take down 1** abbassare. **2** smontare. **3** *inf* umiliare. **take in 1** comprendere. **2** (clothes) stringere. **3** ingannare. **take off 1** togliere. **2** *aviat* decollare. **take-off** *n* decollo *m*. **take over** rilevare. **take-over** *n* rilevamento *or* assorbimento di una ditta *m*. **takings** *n pl* incassi *m pl*.

talcum powder ('tælkəm) *n* borotalco, talco *m*.

tale (teil) *n* **1** storia *f*. racconto *m*. **2** chiacchiera, diceria *f*.

talent ('tælənt) *n* talento, ingegno *m*.

talk (tɔːk) *vi* parlare, conversare, chiacchierare. **talk over** discutere su. ~ *n* discorso *m*. conversazione, chiacchierata *f*. **talkative** *adj* loquace, chiacchierone.

tall (tɔːl) *adj* **1** alto. **2** incredibile.

tally ('tæli) *n* talloncino *m*. etichetta *f*. *vt* calcolare, registrare. *vi* corrispondere.

tea

talon ('tælən) *n* artiglio *m*.

tambourine (tæmbə'riːn) *n* tamburello *m*.

tame (teim) *adj* 1 domestico, docile, mansueto. 2 banale. *vt* addomesticare, domare.

tamper ('tæmpə) *vi* alterare, corrompere.

tampon ('tæmpon) *n* tampone *m*.

tan (tæn) *vt* 1 abbronzare. 2 (leather) conciare. *vi* abbronzarsi. *n* abbronzatura *f*. *adj* marrone rossiccio.

tangent ('tændʒənt) *n* tangente *f*.

tangerine (tændʒə'riːn) *n* mandarino *m*.

tangible ('tændʒəbəl) *adj* 1 tangibile. 2 chiaro, manifesto.

tangle ('tæŋɡəl) *n* groviglio, imbroglio *m*. *vt* aggrovigliare, ingarbugliare. *vi* aggrovigliarsi.

tango ('tæŋɡou) *n* tango *m*.

tank (tæŋk) *n* 1 vasca, cisterna *f*. 2 *mil* carro armato *m*.
tanker *n* nave cisterna *f*.
oil tanker *n* petroliera *f*.

tankard ('tæŋkəd) *n* boccale *m*.

tantalize ('tæntəlaiz) *vt* tentare, tormentare.

tantrum ('tæntrəm) *n* 1 accesso d'ira *m*. 2 *pl* capricci *m pl*.

tap[1] (tæp) *vt* (hit) colpire lievemente. *n* colpetto.

tap[2] (tæp) *n* rubinetto *m*. *vt* attingere, utilizzare.

tape (teip) *n* 1 nastro *m*. 2 (ribbon) fettuccia *vf*. *vt* 1 legare con un nastro. 2 incidere su un nastro magnetico. **tapemeasure** *n* metro *m*. **taperecorder** *n* registratore *m*.

taper ('teipə) *n* candela sottile *f*. *vt* assottigliare.

tapestry ('tæpistri) *n* arazzo *m*. tappezzeria *f*.

tapioca (tæpi'oukə) *n* tapioca *f*.

tar (taɪ) *n* catrame *m*. *vt* incatramare, impeciare.

tarantula (tə'ræntjulə) *n* tarantola *f*.

target ('taɪgit) *n* bersaglio, obiettivo, traguardo *m*.

tariff ('tærif) *n* tariffa *f*.

Tarmac ('taɪmæk) *n Tdmk* macadam al catrame *m*.

tarnish ('taɪniʃ) *vt* 1 annerire, ossidare. 2 macchiare. *n* annerimento *m*. ossidazione *f*.

tarragon ('tærəgən) *n* dragoncello *m*.

tart[1] (taɪt) *adj* 1 agro, aspro. 2 sarcastico.

tart[2] (taɪt) *n* 1 *cul* crostata *f*. 2 *sl* meretrice *f*.

tartan ('taɪtn) *n* tessuto scozzese *m*.

tartar sauce ('taɪtə) *n* salsa tartara *f*.

task (taɪsk) *n* compito, dovere *m*.

tassel ('tæsəl) *n* nappa *f*. fiocco *m*.

taste (teist) *vt* gustare, assaggiare. **taste of** sapere di. ~ *n* 1 gusto, sapore *m*. 2 assaggio *m*. 3 inclinazione *f*. 4 buon gusto *m*.

tattoo[1] (tə'tuː) *n* ritirata militare *f*.

tattoo[2] (tə'tuː) *n* tatuaggio *m*. *vt* tatuare.

taught (toɪt) *v* see **teach**.

taunt (toɪnt) *n* sarcasmo, insulto *m*. *vt* schernire.

Taurus ('toɪrəs) *n* Toro *m*.

taut (toɪt) *adj* teso, tirato.

tautology (toɪ'tolədʒi) *n* tautologia *f*.

tavern ('tævən) *n* taverna *f*.

tax (tæks) *n* tassa, imposta *f*. *vt* 1 tassare. 2 mettere alla prova.

taxi ('tæksi) *n* tassì *m*.

tea (tiː) *n* tè *m*. **high tea** *n* pasto serale con tè *m*. **tea bag** *n* bustina di tè *f*. **tea-break** *n* intervallo per merenda *m*. **tea cloth** *n* strofinaccio da cucina. **teacup** *n* tazza de tè

f. **tea-leaf** *n* foglia del tè
f. **teapot** *n* teiera *f.* **teaspoon** *n* cucchiaino *m.* **tea-
tray** *n* vassoio da tè *m.*

teach* (tiːtʃ) *vt* insegnare.
teacher *n* insegnante, professore *m.* professoressa *f.*

teak (tiːk) *n* tek *m.*

team (tiːm) *n* **1** squadra *f.* **2**
(of horses) tiro *m.*

tear[1] (tiə) *n* lacrima *f.* **tear-
drop** *n* lacrima *f.* **tear gas** *n*
gas-lacrimogeno *m.*

tear*[2] (tɛə) *vt* **1** strappare. **2**
dividere, lacerare. *vi* strappar-
si. **tear along** correre.. **tear
up** fare a pezzi. ~ *n* strappo *m.*
lacerazione *f.*

tease (tiːz) *vt* stuzzicare, prendere in giro.

teat (tiːt) *n* **1** tettarella *f.* **2**
zool capezzolo *m.*

technical ('teknikəl) *adj* tecnico. **technician** *n* tecnico *m.*
technique *n* tecnica *f.*
technology *n* tecnologia *f.*

teddy bear ('tedi) *n* orsacchiot-
to *m.*

tedious ('tiːdiəs) *adj* tedioso.

tee (tiː) *n* *sport* tee *m.* **to a
tee** a puntino. ~ *vt* mettere sul
tee.

teenage ('tiːneidʒ) *adj* adolescente. **teenager** *n* adolescente *m,f.*

teetotal (tiː'toutl) *adj* astemio. **teetotaller** *n* astemio
m.

telecommunications (telikə-
mjuːni'keiʃənz) *n pl* telecomunicazioni *fpl.* telematica *f.*

telegram ('teligræm) *n* telegramma *m.*

telegraph ('teligraːf) *n* telegrafo *m. vt,vi* telegrafare. **telegraph pole** *n* palo telegrafico
m.

telepathy (ti'lepəθi) *n* telepatia
f.

telephone ('telifoun) *n* telefono *m. vt* telefonare a. *vi* telefonare.

telescope ('teliskoup) *n* telescopio, cannocchiale *m. vi* in-
castrarsi l'uno nell'altro.

televise ('telivaiz) *vt* teletra-
smettere. **television** *n* televisione *f.* **television set** *n* televisore *m.*

telex ('teleks) *n* telex *m. vt* trasmettere per telex.

tell* (tel) *vt* **1** dire, raccontar-
re. **2** distinguere. **telltale** *n*
chiacchierone, pettegolo *m.*
adj rivelatore.

temper ('tempə) *n* **1** collera
f. **2** umore *m.* **3** indole *f. vt*
moderare, temperare. **temperament** *n* temperamento
m. indole *f.* **temperamental**
adj capriccioso. **temperate**
adj temperato, moderato.
temperature *n* temperatura
f. **have a temperature** avere la febbre.

tempestuous (tem'pestjuəs)
adj **1** tempestoso, burrascoso.
2 agitato.

temple[1] ('tempəl) *n* *rel* tempio
m.

temple[2] ('tempəl) *n* *anat* tempia
f.

tempo ('tempou) *n* tempo, ritmo *m.*

temporal ('tempərəl) *adj* temporale. **temporary** *adj* temporaneo.

tempt (tempt) *vt* tentare, indurre al male.

ten (ten) *adj,n* dieci *m* or
f. **tenth** *adj* decimo.

tenacious (tə'neiʃəs) *adj* tenace, ostinato.

tenant ('tenənt) *n* inquilino
m. **tenancy** *n* affitto *m.* lo-
cazione *f.*

tend[1] (tend) *vi* tendere. **tendency** *n* tendenza, inclinazione *f.*

tend[2] (tend) *vt* curare.

tender[1] ('tendə) *adj* **1** affettuoso, tenero. **2** delicato, sensibile.

tender[2] ('tendə) *vt* offrire, presentare. *vi* fare offerte per un appalto. *n* offerta *f*.

tendon ('tendən) *n* tendine *m*.

tendril ('tendril) *n* viticcio *m*.

tenement ('tenəmənt) *n* abitazione *f*.

tennis ('tenis) *n* tennis *m*. **tennis court** *n* campo da tennis *m*.

tenor ('tenə) *n* 1 tenore *m*. 2 *mus* tenore *m*.

tense[1] (tens) *adj* teso. *vt* tendere. *vi* innervosirsi. **tension** *n* tensione *f*.

tense[2] (tens) *n gram* tempo *m*.

tent (tent) *n* tenda *f*.

tentacle ('tentəkəl) *n* tentacolo *m*.

tentative ('tentətiv) *adj* sperimentale, di prova.

tenuous ('tenjuəs) *adj* 1 tenue, sottile. 2 rarefatto.

tepid ('tepid) *adj* tiepido.

term (təːm) *n* 1 termine *m*. 2 *educ* trimestre *m*. 3 termine *m*. parola *f*. 4 *pl* rapporti *m pl*. *vt* chiamare, definire.

terminal ('təːminl̩) *n* 1 stazione terminale, capolinea *f*. 2 *tech* morsetto *m*. 3 *comp* terminale *m*. *adj* estremo, finale.

terminate ('təːmineit) *vt,vi* terminare. **termination** *n* terminazione.

terminology (təːmiˈnɔlədʒi) *n* terminologia *f*.

terminus ('təːminəs) *n, pl* **termini** 1 capolinea *f*. 2 termine *m*.

terrace ('terəs) *n* 1 terrazza *f*. 2 fila di case *f*.

terrestrial (təˈrestriəl) *adj* terrestre.

terrible ('teribəl) *adj* terribile.

terrier ('teriə) *n* terrier *m*.

terrify ('terifai) *vt* atterrire. **terrific** *adj* 1 terrificante. 2 straordinario, magnifico.

territory ('teritri) *n* 1 territorio *m*. 2 zona *f*.

terror ('terə) *n* terrore *m*. **terrorist** *n* terrorista *m*. **terrorize** *vt* terrorizzare.

Terylene ('terilin) *n Tdmk* terital *m*.

test (test) *n* 1 prova *f*. esame *m*. 2 collaudo *m*. 3 *med* analisi *f invar*. *vt* 1 esaminare, mettere alla prova. 2 collaudare. 3 *med* analizzare. **test-tube** *n* provetta *f*.

testament ('testəmənt) *n* testamento *m*.

testicle ('testikəl) *n* testicolo *m*.

testify ('testifai) *vt* 1 attestare, dimostrare. 2 testimoniare.

testimony ('testiməni) *n* attestato *m*. deposizione, testimonianza *f*. **testimonial** *n* testimonianza *f*. benservito *m*.

tether ('teðə) *vt* impastoiare. *n* pastoia *f*.

text (tekst) *n* testo *m*. **textbook** *n* libro di testo *m*. **textual** *adj* testuale.

textile ('tekstail) *adj,n* tessile *m*.

texture ('tekstʃə) *n* 1 *tech* grana *f*. 2 tessuto *m*.

Thames (temz) *n* Tamigi *m*.

than (ðən; *stressed* ðæn) *conj* che, di, di quanto, di quello che, che non.

thank (θæŋk) *vt* ringraziare. **thanks** *n pl* grazie *f pl*. **thank you!** grazie! **thankful** *adj* riconoscente.

that (ðæt) *adj* quel, quello *ms*. quella *fs*. quei, quegli *m pl*. quelle *f pl*. *pron* 1 quello *ms*. quella *fs*. quei, quegli *m pl*. quelle *f pl*. 2 ciò. 3 che, il quale *ms*, la quale *fs*, i quali *m pl*, le quali *f pl*. 4 in cui. *conj* che.

thatch (θætʃ) *n* paglia *f*. *vt* coprire di paglia.

thaw (θɔː) *vt* sgelare. *vi* sgelarsi. *n* disgelo *m*.

the (ðə; *stressed* ðiː) *def art* il, lo *l' ms*. la, l' *fs*. i, gli *m pl*. le *f pl*.

theatre ('θɪətə) n 1 teatro m. scena f. 2 med sala operatoria f. **theatrical** adj teatrale, drammatico.

theft (θeft) n furto m.

their (ðeə) poss adj 3rd pers pl (il) loro, (la) loro, (i) loro, (le) loro. **theirs** pron 3rd pers pl il loro, la loro, i loro, le loro, di loro.

them (ðəm; stressed ðem) pron 3rd pers pl 1 li m pl. le f pl. loro m,f pl. 2 essi m pl. esse f pl. loro m,f pl. **themselves** pron 3rd pers pl 1 se or se stessi. 2 si, sé.

theme (θiːm) n tema, soggetto m. **thematic** adj tematico.

then (ðen; stressed ðen) adv 1 allora, a quel tempo. 2 poi, dopo. conj in questo caso, quindi, dunque. **by then** ormai. **up to then** fino allora, fino a quel momento.

theology (θiˈɒlədʒi) n teologia f. **theologian** n teologo m. **theological** adj teologico.

theorem ('θɪərəm) n teorema m.

theory ('θɪəri) n 1 teoria f. 2 opinione f. **theoretical** adj teorico, astratto. **theoretically** adv in teoria. **theorize** vi formulare teorie, teorizzare.

therapy ('θerəpi) n terapia, cura f. **therapeutic** adj terapeutico, curativo.

there (ðeə) adv 1 lì, là. 2 ci, vi. 3 in ciò. interj ecco! **thereabouts** adv 1 là vicino, nei pressi. 2 circa, pressappoco. **thereafter** adv da allora in poi, in seguito. **thereby** adv così, in tal modo. **therefore** adv quindi, dunque, perciò. **thereupon** adv al che, quindi. **therewith** adv con ciò.

thermal ('θɜːməl) adj also **thermic1** termale. 2 termico.

thermodynamics (θɜːmou-

daiˈnæmiks) n termodinamica f. **thermodynamic** adj termodinamico.

thermometer (θəˈmɒmitə) n termometro m.

thermonuclear (θɜːmouˈnjuːkliə) adj termonucleare.

Thermos ('θɜːməs) n Tdmk termos m invar.

thermostat ('θɜːmɒstæt) n termostato m.

these (ðiːz) adj,pron questi.

thesis ('θiːsis) n, pl **theses** tesi f invar. teoria f.

they (ðei) pron 3rd pers pl essi m pl. esse f pl. loro m,f pl.

thick (θik) adj 1 grosso, spesso. 2 denso. 3 fitto. 4 stupido. **thick as thieves** amici per la pelle. **thick-skinned** adj insensibile. **thicken** vt addensare, rendere più denso. vi 1 infittirsi. 2 complicarsi. 3 offuscarsi. **thickness** n spessore m.

thief (θiːf) n, pl **thieves** ladro m.

thigh (θai) n coscia f.

thimble ('θimbəl) n ditale m.

thin (θin) adj 1 sottile, fine. 2 magro, snello. 3 rado, scarso. **thin-skinned** adj sensibile. **thinness** n magrezza f.

thing (θiŋ) n 1 cosa, roba f. oggetto m. 2 pl effetti m pl. **for one thing...for another** in primo luogo...d'altra parte.

think* (θiŋk) vt,vi 1 pensare, riflettere. 2 credere, immaginare. **think about/of** pensare di/a. **think over** ripensare, ripensarci.

third (θɜːd) adj terzo. n terzo m. terza parte f. **third party** n comm terzi m pl. **third person** n terza persona f. **third-rate** adj scadente.

thirst (θɜːst) n sete f. v thirst for bramare, desiderare. **thirsty** adj assetato. **be thirsty** avere sete.

thirteen (θəɪ'tiːn) *adj,n* tredici *m* or *f*. **thirteenth** *adj* tredicesimo.

thirty ('θəɪti) *adj,n* trenta *m*. **thirtieth** *adj* trentesimo.

this (ðis) *adj,pron* questo.

thistle ('θisəl) *n* cardo *m*.

thorn (θɔɪn) *n* spino *m*. spina *f*.

thorough ('θʌrə) *adj* esauriente, accurato. **thoroughbred** *adj* di razza. **thoroughfare** *n* strada, via di transito *f*. **thoroughly** *adv* a fondo, in dettaglio.

those (ðouz) *adj,pron* quei, quegli, quelli *m pl.* quelle *f pl.* **those who** chi.

though (ðou) *conj* **1** sebbene, benché. **2** anche se. **as though** come se. ~ *adv* tuttavia.

thought[1] (θɔɪt) *n* pensiero *m*. idea, opinione *f*. **on second thoughts** ripensandoci. **thoughtful** *adj* **1** pensieroso. **2** premuroso. **thoughtless** *adj* **1** avventato, sbadato. **2** irriguardoso.

thought[2] (θɔɪt) *v see* **think**.

thousand ('θauzənd) *adj* mille. *n* mille *m*. migliaio *m*, *pl* migliaia *f*. **thousandth** *adj* millesimo.

thrash (θræʃ) *vt* battere, colpire, frustare. **thrashing** *n* **1** percosse *f pl.* **2** sconfitta *f*.

thread (θred) *n* filo *m*. *vt* infilare. **threadbare** *adj* logoro.

threat (θret) *n* minaccia *f*. **threaten** *vt* minacciare. **threatening** *adj* minaccioso.

three (θriɪ) *adj,n* tre *m* or *f*. **three-cornered** *adj* triangolare. **three-dimensional** *adj* tridimensionale. **threequarters** *adv* a tre quarti. **threesome** *n* trio *m*.

thresh (θreʃ) *vt* trebbiare.

threshold ('θreʃhould) *n* soglia *f*.

threw (θruɪ) *v see* **throw**.

thrift (θrift) *n* economia, parsimonia *f*. **thrifty** *adj* frugale, parco.

thrill (θril) *n* brivido *m*. *vt* eccitare. *vi* fremere. **thriller** *n* romanzo poliziesco, giallo *m*. **thrilling** *adj* eccitante.

thrive* (θraiv) *vi* prosperare. **thriving** *adj* prosperoso, florido.

throat (θrout) *n* gola *f*. **have a sore throat** avere mal di gola.

throb (θrɔb) *n* battito, palpito *m*. *vi* battere, palpitare, pulsare.

throne (θroun) *n* trono *m*.

throng (θrɔŋ) *n* folla, ressa *f*. *vt* affollare. *vi* affollarsi.

throttle ('θrɔtɪl) *n* valvola *f*. *vt* strozzare.

through (θruɪ) *prep* **1** per, attraverso. **2** durante. **3** mediante. *adj* diretto. *adv* completamente. **throughout** *adv* completamente. *prep* in tutto.

throw* (θrou) *n* lancio, tiro *m*. *vt* gettare, lanciare, tirare. **throw away** gettar via. **throw out** cacciar fuori, espellere.

thrush (θrʌʃ) *n* tordo *m*.

thrust* (θrʌst) *n* spinta *f*. colpo *m*. *vt* conficcare.

thud (θʌd) *n* tonfo *m*. *vi* cadere con un tonfo.

thumb (θʌm) *n* pollice *m*. *vt* voltare le pagine di.

thump (θʌmp) *n* **1** botta *f*. colpo *m*. **2** tonfo *m*. *vt* battere, colpire.

thunder ('θʌndə) *n* tuono *m*. *vi* tuonare. **thunderstorm** *n* temporale *m*.

Thursday ('θəɪzdi) *n* giovedì *m*.

thus (ðʌs) *adv* così, quindi.

thwart (θwɔɪt) *vt* frustrare, contrastare.

thyme (taim) *n* timo *m*.

thyroid ('θairɔid) *n* tiroide *f*.

tiara (ti'ɑɪrə) *n* tiara *f*.

tick¹ (tik) *n* 1 tic tac, ticchettio, scatto *m*. 2 segno *m*. 3 *inf* attimo *m*. *vi* ticchettare. *vt* segnare. **tick off** spuntare.

tick² (tik) *n zool* zecca *f*. acaro *m*.

ticket ('tikit) *n* biglietto, scontrino *m*. **ticket collector** *n* bigliettaio *m*. **ticket office** *n* biglietteria *f*.

tickle ('tikəl) *vt* fare il solletico a, stuzzicare. *vi* prudere. **ticklish** *adj* 1 sensibile al solletico. 2 difficile.

tide (taid) *n* marea *f*. flusso *m*.

tidy ('taidi) *adj* ordinato. *vt* mettere in ordine. **tidiness** *n* ordine *m*. accuratezza *f*.

tie (tai) *n* 1 legame, vincolo *m*. 2 (clothing) cravatta *f*. *vt* legare, annodare.

tier (tiə) *n* fila *f*. ordine *m*.

tiger ('taigə) *n* tigre *f*.

tight (tait) *adj* 1 stretto, aderente, fermo. 2 *inf* brillo. *adv* saldamente. **tight-fisted** *adj* tirchio. **tightrope** *n* corda dell'acrobata *f*. **tightrope walker** *n* funambolo *m*. **tighten** *vt* serrare. *vi* tendersi. **tights** *n pl* calzamaglia *f*. collant *m*.

tile (tail) *n* tegola, mattonella, piastrella *f*. *vt* lastricare.

till¹ (til) *prep* fino a. *conj* finché.

till² (til) *vt* coltivare.

till³ (til) *n* cassa *f*. cassetto *m*.

tiller ('tilə) *n naut* barra *f*.

tilt (tilt) *n* inclinazione, pendenza *f*. *vt* inclinare. *vi* pendere.

timber ('timbə) *n* legname *m*.

time (taim) *n* 1 tempo *m*. 2 ora *f*. 3 volta *f*. *vt,vi* cronometrare, scegliere il momento. **from time to time** *a* volte, di quando in quando. **time bomb** *n* bomba a orologeria *f*. **timekeeper** *n* cronometrista, segnatempo *m*. **timetable** *n* orario *m*. **timely** *adj* opportuno.

timid ('timid) *adj* timido.

timpani ('timpəni) *n pl* timpani *m pl*.

tin (tin) *n* 1 *min* stagno *m*. 2 barattolo *m*. lattina *f*. *vt* 1 stagnare. 2 inscatolare. **tin-opener** *n* apriscatole *m invar*.

tinge (tindʒ) *n* 1 tinta *f*. 2 sfumatura *f*. *vt* 1 tingere. 2 sfumare.

tingle ('tiŋgəl) *n* formicolio *m*. *vi* formicolare.

tinker ('tiŋkə) *n* calderaio *m*. v **tinker with** armeggiare con.

tinkle ('tiŋkəl) *n* tintinnio, trillo *m*. *vt* far tintinnare. *vi* trillare.

tinsel ('tinsəl) *n* lustrino *m*.

tint (tint) *n* 1 tinta *f*. 2 sfumatura *f*. *vt* 1 tingere. 2 sfumare.

tiny ('taini) *adj* piccolo, minuscolo.

tip¹ (tip) *n* (point) punta *f*. **tiptoe** *n* punta di piedi *f*. *vi* camminare in punta di piedi.

tip² (tip) *n* 1 inclinazione, pendenza *f*. 2 deposito *m*. *vt* 1 inclinare. 2 buttare. **tip over** rovesciare.

tip³ (tip) *n* 1 (gratuity) mancia *f*. 2 informazione riservata *f*. *vt* dare la mancia a. **tip off** avvertire. **tip-off** *n* avvertimento *m*.

tipsy ('tipsi) *adj* brillo, alticcio.

tire (taiə) *vt* stancare. *vi* stancarsi. **tired** *adj* 1 stanco. 2 stufo.

tissue ('tiʃuː) *n* 1 tessuto *m*. 2 fazzoletto di carta *m*.

tit (tit) *n* 1 capezzolo *m*. 2 *zool* cincia *f*. **tit for tat** botta e risposta.

title ('taitl) *n* titolo *m*.

to (tə; *stressed* tuː) *prep* 1 a, da. 2 con, verso, per. 3 fino a. 4 in confronto a. **to and fro** su e giù.

toad (toud) *n* rospo *m*. **toadstool** *n* fungo velenoso *m*.

toast[1] (toust) n *cul* pane tostato, toast m. vt tostare, abbrustolire. **toaster** n tostapane m.

toast[2] (toust) n brindisi m *invar*. vi brindare.

tobacco (tə'bækou) n tabacco m. **tobacconist** n tabaccaio m.

toboggan (tə'bɔgən) n toboga m *invar*. slitta f. scivolo m.

today (tə'dei) adv,n oggi m.

toddler ('tɔdlə) n infante m.

toe (tou) n 1 *anat* dito del piede m. 2 punta f. **toenail** n unghia del piede f.

toffee ('tɔfi) n caramella f.

toga ('tougə) n toga f.

together (tə'geðə) adv 1 insieme. 2 contemporaneamente.

toil (tɔil) n lavoro m. fatica f. vi faticare.

toilet ('tɔilət) n gabinetto m. toletta f. **toilet paper** n carta igienica f. **toilet roll** n rotolo di carta igienica m. **toilet water** n acqua da toletta f.

token ('toukən) n segno, pegno m.

told (tould) v see **tell**.

tolerate ('tɔləreit) vt tollerare, sopportare. **tolerance** n tolleranza, indulgenza f. **tolerant** adj tollerante.

toll[1] (toul) vt suonare. n rintocco m.

toll[2] (toul) n pedaggio m. imposta f. **tollgate** n barriera di pedaggio f.

tomato (tə'mɑːtou) n, pl **-toes** pomodoro m.

tomb (tuːm) n tomba f. **tombstone** n lapide f.

tomorrow (tə'mɔrou) adv,n domani m.

ton (tʌn) n tonnellata f.

tone (toun) n 1 tono m. 2 tonalità f. v **tone down** attenuare, smorzare. **tone with** armonizzarsi con. **tonality** n tonalità f.

tongs (tɔŋz) n pl pinze, molle f pl.

tongue (tʌŋ) n lingua f. **tongue-tied** adj ammutolito, reticente. **tongue-twister** n scioglilingua m.

tonic ('tɔnik) adj,n tonico m. **tonic water** n acqua tonica f.

tonight (tə'nait) adv questa sera, stasera, questa notte, stanotte.

tonsil ('tɔnsəl) n tonsilla f. **tonsillitis** n tonsillite f.

too (tuː) adv 1 anche, inoltre, pure. 2 troppo. **too many** troppi. **too much** troppo.

took (tuk) v see **take**.

tool (tuːl) n attrezzo, strumento m.

tooth (tuːθ) n, pl **teeth** dente m. **toothache** n mal di denti m. **toothbrush** n spazzolino da denti m. **toothpaste** n dentifricio m. **toothpick** n stuzzicadenti m *invar*.

top[1] (tɔp) n 1 cima f. vertice m. 2 coperchio, tappo m. adj superiore, principale. vt 1 superare. 2 coprire. **top hat** n tuba f. **top-heavy** adj sbilanciato.

top[2] (tɔp) n (toy) trottola f.

topaz ('toupæz) n topazio m.

topic ('tɔpik) n argomento, soggetto m. **topical** adj d'attualità.

topography (tə'pɔgrəfi) n topografia f.

topple ('tɔpəl) vt rovesciare. vi vacillare, cadere. **topple over** rovesciarsi.

topsoil ('tɔpsɔil) n terriccio m.

topsy-turvy (tɔpsi'təːvi) adj, adv sottosopra.

torch (tɔːtʃ) n torcia, fiaccola f.

tore (tɔː) v see **tear**.

torment ('tɔːmənt) n tormento m. pena f. vt tormentare, molestare.

torn (tɔːn) v see **tear**.

tornado (tɔrˈneidou) *n, pl* **-does** *or* **-dos** tornado, uragano, ciclone *m*.

torpedo (tɔrˈpiːdou) *n, pl* **-does** torpedine *f*. siluro *m*. *vt* silurare.

torrent (ˈtɔrənt) *n* torrente *m*. **torrential** *adj* torrenziale.

torso (ˈtɔːsou) *n* tronco, torso *m*.

tortoise (ˈtɔːtəs) *n* testuggine, tartaruga *f*.

tortuous (ˈtɔːtʃuəs) *adj* tortuoso.

torture (ˈtɔːtʃə) *n* tortura *f*. supplizio *m*. *vt* torturare, tormentare.

Tory (ˈtɔːri) *adj,n* conservatore *m*.

toss (tɔs) *n* **1** lancio *m*. **2** scrollata *f*. *vt* **1** lanciare. **2** scrollare. *vi* agitarsi.

tot[1] (tɔt) *n* **1** (child) bambino *m*. **2** sorso *m*.

tot[2] (tɔt) *vt* **tot up** sommare.

total (ˈtoutl) *n* totale *m*. *adj* totale, completo. *vt* sommare. *vi* ammontare. **totalitarian** *adj* totalitario.

totem (ˈtoutəm) *n* totem *m invar*. **totem pole** *n* palo del totem *m*.

totter (ˈtɔtə) *vi* barcollare, vacillare.

touch (tʌtʃ) *n* **1** tocco, colpetto *m*. **2** tatto *m*. **3** contatto *m*. **4** po', poco di *m*. **get in touch with** mettersi in contatto con. ~ *vt* **1** toccare. **2** sfiorare. *vi* toccarsi. **touching** *adj* commovente. **touchy** *adj* permaloso, suscettibile.

tough (tʌf) *adj* **1** duro, tenace, violento. **2** forte. **3** difficile. **toughen** *vt* indurire, rafforzare.

toupee (ˈtuːpei) *n* toupet, parrucchino *m*.

tour (tuə) *n* viaggio, giro *m*. *vt* visitare. *vi* viaggiare. **tourism** *n* turismo *m*. **tourist** *n* turista *m*. *adj* turistico.

tournament (ˈtuənəmənt) *n* torneo *m*.

tow (tou) *vt* rimorchiare, trainare. *n* rimorchio *m*. **towrope** *n* cavo da rimorchio *m*.

towards (twɔːdz) *prep also* **toward** verso.

towel (ˈtauəl) *n* asciugamano *m*. salvietta *f*.

tower (ˈtauə) *n* torre *f*. *vi* torreggiare. **towering** *adj* dominante, imponente.

town (taun) *n* città *f*. **town clerk** *n* segretario comunale *m*. **town hall** *n* municipio *m*. **town-planning** *n* urbanistica *f*.

toxic (ˈtɔksik) *adj* tossico, velenoso.

toy (tɔi) *n* giocattolo *m*.

trace (treis) *n* traccia *f*. segno *m*. *vt* **1** tracciare, rintracciare. **2** ricalcare.

track (træk) *n* **1** traccia, impronta *f*. **2** percorso *m*. **3** (railway) binario *m*. *vt* seguire le tracce di, inseguire. **track down** scovare. **tracksuit** *n* tuta ginnica *f*.

tract (trækt) *n* **1** periodo *m*. **2** zona *f*.

tractor (ˈtræktə) *n* trattore *m*.

trade (treid) *n* **1** mestiere *m*. **2** commercio *m*. *vt* scambiare. *vi* commerciare. **trademark** *n* marchio di fabbrica *m*. **tradesman** *n* negoziante, commerciante *m*. **trade union** *n* sindacato *m*.

tradition (trəˈdiʃən) *n* tradizione *f*. **traditional** *adj* tradizionale.

traffic* (ˈtræfik) *n* traffico *m*. *vi* trafficare, commerciare. **traffic jam** *n* ingorgo *m*. **traffic lights** *n pl* semaforo *m*. **traffic warden** *n* addetto al traffico *m*.

tragedy (ˈtrædʒədi) *n* tragedia *f*. **tragic** *adj* tragico.

trail (treil) *n* **1** traccia *f*. **2** scia *f*.

vt **1** trascinare. **2** seguire le tracce di. *vi* strisciare. **trailer** *n* rimorchio *m*.

train (trein) *n* **1** treno *m*. **2** seguito *m*. **3** serie *f invar*. **4** strascico *m*. *vt* addestrare. *vi* allenarsi. **trainee** *n* apprendista *m*. **trainer** *n* allenatore *m*. **training** *n* allenamento *m*.

traitor ('treitə) *n* traditore *m*.

tram (træm) *n* tram *m invar*.

tramp (træmp) *n* vagabondo *m*. *vi* camminare con passo pesante.

trample ('træmpəl) *n* scalpitio *m*. *vt* calpestare. *vi* camminare pesantemente.

trampoline ('træmpəliːn) *n* trampolino *m*.

trance (trɑːns) *n* trance *f*. sonno ipnotico *m*.

tranquil ('træŋkwil) *adj* calmo, tranquillo. **tranquillity** *n* calma, tranquillità *f*. **tranquillizer** *n* tranquillante *m*.

transact (træn'zækt) *vt* trattare. **transaction** *n* trattativa *f*.

transatlantic (trænzət'læntik) *adj* transatlantico.

transcend (træn'send) *vt* trascendere.

transcribe (træn'skraib) *vt* trascrivere. **transcription** *n* trascrizione *f*.

transfer (*v* træns'fəː; *n* 'trænsfəː) *vt* trasferire. *n* trasferimento, trasporto *m*.

transform (træns'fɔːm) *vt* trasformare. **transformation** *n* trasformazione *f*.

transfuse (træns'fjuːz) *vt* travasare. **transfusion** *n* trasfusione *f*.

transistor (træn'zistə) *n* transistor *m invar*.

transit ('trænsit) *n* transito, passaggio *m*.

transition (træn'ziʃən) *n* transizione *f*. cambiamento *m*.

transitive ('trænsitiv) *adj* transitivo.

translate (trænz'leit) *vt* tradurre. **translation** *n* traduzione *f*. **translator** *n* traduttore *m*.

translucent (trænz'luːsənt) *adj* traslucido.

transmit (trænz'mit) *vt* trasmettere. **transmitter** *n* trasmettitore *m*.

transparent (træns'pærənt) *adj* trasparente.

transplant (*v* træns'plɑːnt; *n* 'trænsplɑːnt) *vt* **1** trapiantare. **2** *med* innestare. *n* trapianto *m*.

transport (*v* træns'pɔːt; *n* 'trænspɔːt) *vt* **1** trasportare. **2** deportare. *n* **1** trasporto *m*. **2** slancio *m*.

transpose (træns'pouz) *vt* trasporre, trasportare.

trap (træp) *n* **1** trappola *f*. **2** calesse *m*. *vt* intrappolare, prendere in trappola.

trapdoor (træp'dɔː) *n* botola *f*.

trapeze (trə'piːz) *n* trapezio *m*.

trash (træʃ) *n* **1** rifiuti *m pl*. **2** sciocchezze *f pl*.

trauma ('trɔːmə) *n* trauma *m*. **traumatic** *adj* traumatico.

travel ('trævəl) *vi* viaggiare. *n* viaggi *m pl*. **travel agency** *n* agenzia di viaggio *f*. **traveller** *n* viaggiatore *m*. viaggiatrice *f*. **traveller's cheque** *n* assegno turistico *m*.

trawl (trɔːl) *n* strascico *m*. *vt* pescare con rete. **trawler** *n* barca da pesca a motore *f*.

tray (trei) *n* vassoio *m*.

treachery ('tretʃəri) *n* tradimento *m*. slealtà *f*.

treacle ('triːkəl) *n* melassa *f*.

tread* (tred) *vt* calpestare, schiacciare. *vi* camminare. *n* **1** passo *m*. **2** battistrada *m*.

treason ('triːzən) *n* tradimento *m*.

treasure ('treʒə) *n* tesoro *m*. *vt* custodire gelosamente, aver caro. **treasurer** *n* tesoriere *m*. **treasury** *n* tesoreria *f*. fisco *m*.

treat (triːt) vt **1** trattare. **2** med curare. **3** offrire a, pagare a. n **1** festa f. **2** premio m. **treatment** n **1** trattamento m. **2** med cura f.

treatise ('triːtiz) n trattato m.

treaty ('triːti) n trattato m. convenzione f.

treble ('trebəl) adj **1** triplo. **2** mus di soprano. n **1** triplo m. **2** mus soprano m. vt triplicare. **2** triplicarsi.

tree (triː) n albero m.

trek (trek) n **1** migrazione f. **2** viaggio scomodo m. vi viaggiare senza comodità.

trellis ('trelis) n grata f.

tremble ('trembəl) vi tremare. n tremito, fremito m.

tremendous (tri'mendəs) adj **1** tremendo, terribile. **2** inf straordinario.

tremor ('tremə) n tremore m.

trench (trentʃ) n **1** mil trincea f. **2** fosso m.

trend (trend) n direzione, tendenza f.

trespass ('trespəs) n **1** (of property) trasgressione, violazione f. **2** rel peccato m. offesa f. vi violare, oltrepassare i confini. **trespasser** n trasgressore m.

trestle ('tresəl) n **1** cavalletto m. **2** intelaiatura f.

trial ('traiəl) n **1** law processo m. **2** prova f. esperimento m.

triangle ('traiæŋgəl) n triangolo m. **triangular** adj triangolare.

tribe (traib) n tribù f. **tribesman** n membro di tribù m.

tribunal (trai'bjuːnl) n tribunale m.

tributary ('tribjutəri) adj tributario. n tributario, affluente m.

tribute ('tribjuːt) n **1** tributo m. **2** omaggio m.

trick (trik) n **1** trucco, espediente m. **2** inganno m. **3** gioco

di prestigio m. vt ingannare.

tricky adj **1** complicato. **2** scaltro.

trickle ('trikəl) n gocciolio m. vi gocciolare.

tricycle ('traisikəl) n triciclo m.

trifle ('traifəl) n **1** sciocchezza f. **2** cul zuppa inglese f. vi ballocarsi, scherzare.

trigger ('trigə) n grilletto m.

trill (tril) n trillo m. vi trillare.

trim (trim) adj ordinato, accurato. n ordine m. vt **1** assettare. **2** guarnire, ornare. **3** tagliare.

trio ('triou) n trio m.

trip (trip) n **1** gita f. viaggio m. **2** passo falso, sgambetto m. vi **1** inciampare. **2** camminare con passo svelto.

tripe (traip) n **1** cul trippa f. **2** sl robaccia f.

triple ('tripəl) adj triplo. vt triplicare. vi triplicarsi. **triplet** n bimbo nato da parto trigemino m.

tripod ('traipɔd) n treppiede, tripode m.

trite (trait) adj comune, banale.

triumph ('traiʌmf) n trionfo m. vi trionfare. **triumphant** adj trionfante.

trivial ('triviəl) adj insignificante, banale, frivolo.

trod (trɔd) v see **tread.**

trodden ('trɔdn) v see **tread.**

trolley ('trɔli) n carrello m.

trombone (trɔm'boun) n trombone m.

troop (truːp) n **1** gruppo m. **2** pl mil truppe f pl.

trophy ('troufi) n trofeo m.

tropic ('trɔpik) n tropico m. **tropical** adj tropicale.

trot (trɔt) n trotto m. trottata f. vi trottare. **trotter** n **1** trottatore m. **2** cul piedino m.

trouble ('trʌbəl) n **1** guaio m. preoccupazione f. **2** fastidio, disturbo m. vt **1** turbare, preoccupare. **2** disturbare.

troublemaker n sobillatore, attaccabrighe m.

trough (trɔf) n tinozza f.

troupe (truːp) n troupe, compagnia f.

trousers ('trauzəz) n pl pantaloni, calzoni m pl.

trout (traut) n invar trota f.

trowel ('trauəl) n paletta, cazzuola f.

truant ('truənt) n pigrone m. **play truant** marinare la scuola.

truce (truːs) n tregua f.

truck (trʌk) n carro, autocarro m.

trudge (trʌdʒ) vi camminare faticosamente.

true (truː) adj **1** vero, reale. **2** fedele, leale. **truly** adv sinceramente, veramente.

truffle ('trʌfəl) n tartufo m.

trump (trʌmp) n briscola f. vt, vi giocare.

trumpet ('trʌmpit) n tromba f. vi suonare la tromba.

truncheon ('trʌntʃən) n **1** manganello m. **2** mazza f.

trunk (trʌŋk) n **1** (luggage) baule m. cassa f. **2** tronco m. **3** proboscide f. **4** pl calzoni corti m pl. **trunk call** n telefonata interurbana f.

trust (trʌst) n **1** fiducia, fede f. **2** law patrimonio amministrato m. **3** sindacato m. società finanziaria f. vt **1** aver fiducia in, fidarsi di. **2** sperare. vi fidarsi. **trustee** n fiduciario, amministratore m. **trustworthy** adj fidato, degno di fiducia.

truth (truːθ) n verità f. vero m. **truthful** adj veritiero, sincero.

try (trai) n prova f. tentativo m. vt **1** provare, tentare. **2** mettere alla prova. **3** assaggiare. **4** law processare. **try on** provare. **trying** adj **1** difficile. **2** fastidioso.

tsar (tsɑː) n zar m invar.

T-shirt n maglietta f.

tub (tʌb) n vasca, tinozza f.

tuba ('tjuːbə) n tuba f.

tube (tjuːb) n **1** tubo m. **2** ferrovia sotterranea f.

tuber ('tjuːbə) n tubero m.

tuberculosis (tjuːbəːkjuˈlousis) n tubercolosi f.

tuck (tʌk) n piega f. vt riporre, stipare. **tuck up** rimboccare.

Tuesday ('tjuːzdi) n martedì m.

tuft (tʌft) n ciuffo m.

tug (tʌg) n **1** naut rimorchiatore m. **2** strappo m. vi dare strattoni.

tuition (tjuˈriʃən) n insegnamento m. istruzione f.

tulip ('tjuːlip) n tulipano m.

tumble ('tʌmbəl) n caduta f. capitombolo m. vi cadere, ruzzolare. **tumble drier** n essiccatoio a tamburo m. **tumbler** n bicchiere senza stelo m.

tummy ('tʌmi) n inf stomaco m. pancia f.

tumour ('tjuːmə) n tumore m.

tumult ('tumʌlt) n tumulto m.

tuna ('tjuːnə) n tonno m.

tune (tjuːn) n **1** motivo m. aria f. **2** tono m. **in/out of tune** intonato/stonato. ~ vt accordare. **tuneful** adj armonioso, melodioso.

tunic ('tjuːnik) n tunica f.

tunnel ('tʌnl) n galleria f. traforo, tunnel m.

tunny ('tʌni) n tonno m.

turban ('təːbən) n turbante m.

turbine ('təːbain) n turbina f.

turbot ('təːbət) n rombo m.

turbulent ('təːbjulənt) adj turbolento.

turf (təːf) n **1** tappeto erboso m. **2** torba f. **3** campo da corse m pl. **turf accountant** n allibratore m.

turkey ('təːki) n tacchino m.

Turkey ('təːki) n Turchia f. **Turk** n turco m. **Turkish** adj turco. **Turkish** (language) *n* turco *m*.

turmeric ('tɜːmərik) *n* curcuma *f*.

turmoil ('tɜːmɔil) *n* tumulto, scompiglio *m*.

turn (tɜːn) *vt* 1 girare, voltare. 2 cambiare. 3 rendere, alterare. **turn on/off** accendere/spegnere. **turn out** 1 mandar via. 2 spegnere. 3 risultare. **turn over** rovesciare. **turnover** *n* 1 *comm* giro d'affari *m*. 2 *cul* pasticcio *m*. *n* 1 giro *m*. svolta *f*. 2 volta *f*. turno *m*. **a good turn** un favore *m*. **turning** *n* svolta, curva *f*. **turntable** *n* 1 piattaforma girevole *f*. 2 piatto del grammofono *m*.

turnip ('tɜːnip) *n* rapa *f*.

turpentine ('tɜːpəntain) *n* trementina *f*.

turquoise ('tɜːkwɔiz) *adj,n* turchese *m*.

turret ('tʌrət) *n* torretta *f*.

turtle ('tɜːtl) *n* tartaruga *f*.

Tuscany ('tʌskəni) *n* Toscana *f*. **Tuscan** *adj,n* toscano. **Tuscan** (dialect) *n* toscano *m*.

tusk (tʌsk) *n* zanna *f*.

tussle ('tʌsəl) *n* zuffa, rissa *f*. *vi* azzuffarsi.

tutor ('tjuːtə) *n* 1 tutore *m*. 2 insegnante privato *m*. 3 professore universitario *m*. *vt* istruire. *vi* fare il tutore.

tweed (twiːd) *n* tessuto tweed *m*.

tweezers ('twiːzəz) *n pl* pinzetta *f*.

twelve (twelv) *adj,n* dodici *m* or *f*. **twelfth** *adj* dodicesimo.

twenty ('twenti) *adj,n* venti *m* or *f*. **twentieth** *adj* ventesimo.

twice (twais) *adv* due volte.

twiddle ('twidl) *vt,vi* girare, giocherellare.

twig (twig) *n* ramoscello *m*.

twilight ('twailait) *n* crepuscolo *m*.

twin (twin) *n* gemello *m*.

twine (twain) *n* spago *m*. corda *f*. *vt* attorcigliare, intrecciare.

twinge (twindʒ) *n* fitta *f*.

twinkle ('twiŋkəl) *vi* scintillare, luccicare. *n* scintillio, luccichio *m*.

twirl (twɜːl) *n* giro *m*. piroetta *f*. *vt* girare, roteare. *vi* girare.

twist (twist) *vt* 1 torcere. 2 intrecciare, attorcigliare. 3 alterare. *n* 1 curva *f*. 2 filo ritorto *m*.

twitch (twitʃ) *n* 1 tic nervoso *m*. 2 strattone *m*. *vt* dare uno strattone a. *vi* contrarsi, contorcersi.

twitter ('twitə) *vi* cinguettare, pigolare.

two (tuː) *adj,n* due *m*. **two-faced** *adj* falso. **twosome** *n* coppia *f*. **two-way** *adj* reciproco. **two-way traffic** *n* traffico a senso doppio *m*.

tycoon (tai'kuːn) *n* capitalista, magnate *m*.

type (taip) *n* 1 tipo, genere *m*. 2 carattere *m*. *vt,vi* dattilografare. **typewriter** *n* macchina da scrivere *f*. **typist** *n* dattilografo *m*.

typhoid ('taifɔid) *n* tifoide *m*.

typhoon (tai'fuːn) *n* tifone *m*.

typical ('tipikəl) *adj* tipico, caratteristico.

tyrant ('tairənt) *n* tiranno *m*. **tyranny** *n* tirannia *f*. **tyrannical** *adj* tirannico.

tyre ('taiə) *n* gomma *f*. pneumatico *m*.

Tyrol (ti'roul) *n* Tirolo *m*. **Tirolese** *adj,n* tirolese.

U

ubiquitous (juː'bikwitəs) *adj* onnipresente.

udder ('ʌdə) *n* mammella *f*.

ugly ('ʌgli) *adj* brutto, sgradevole. **ugliness** *n* bruttezza *f*.

ukulele (juːkə'leili) *n* chitarra hawaiana *f*.

ulcer (ˈʌlsə) n ulcera, piaga f.

ulterior (ʌlˈtiəriə) adj 1 ulteriore. 2 segreto.

ultimate (ˈʌltimət) adj ultimo, finale. **ultimatum** n ultimatum m.

ultraviolet (ʌltrəˈvaiələt) adj ultravioletto.

umbrella (ʌmˈbrelə) n ombrello m.

umpire (ˈʌmpaiə) n arbitro m. vt,vi arbitrare.

umpteen (ʌmpˈtiːn) adj innumerevole.

unable (ʌnˈeibəl) adj incapace, inabile.

unacceptable (ʌnəkˈseptəbəl) adj inaccettabile.

unaccompanied (ʌnəˈkʌmpnid) adj 1 solo. 2 mus senza accompagnamento.

unanimous (juˈnæniməs) adj unanime.

unarmed (ʌnˈaimd) adj disarmato.

unattractive (ʌnəˈtræktiv) adj poco attraente.

unavoidable (ʌnəˈvɔidəbəl) adj inevitabile.

unaware (ʌnəˈwɛə) adj ignaro, inconsapevole. **unawares** adv inconsapevolmente, inavvertitamente.

unbalanced (ʌnˈbælənst) adj instabile, squilibrato.

unbearable (ʌnˈbɛərəbəl) adj insopportabile, intollerabile.

unbelievable (ʌnbiˈliːvəbəl) adj incredibile.

unbend* (ʌnˈbend) vt 1 raddrizzare. 2 slegare, allentare. vi rilassarsi, distendersi.

unbreakable (ʌnˈbreikəbəl) adj infrangibile.

unbutton (ʌnˈbʌtn) vt sbottonare.

uncalled-for (ʌnˈkɔːldfɔː) adj superfluo, non meritato.

uncanny (ʌnˈkæni) adj misterioso, prodigioso.

uncertain (ʌnˈsəːtn) adj incerto, dubbio.

uncle (ˈʌŋkəl) n zio m.

unclear (ʌnˈkliə) adj poco chiaro.

uncomfortable (ʌnˈkʌmftəbəl) adj scomodo, a disagio.

unconscious (ʌnˈkɔnʃəs) adj 1 inconscio, involontario, inconsapevole. 2 privo di sensi.

unconventional (ʌnkənˈvenʃənəl) adj anticonformista, non convenzionale.

uncooked (ʌnˈkukt) adj crudo.

uncouth (ʌnˈkuːθ) adj rozzo.

uncover (ʌnˈkʌvə) vt 1 scoprire. 2 rivelare, esporre.

uncut (ʌnˈkʌt) adj non tagliato.

undecided (ʌndiˈsaidid) adj incerto, indeciso.

undeniable (ʌndiˈnaiəbəl) adj innegabile.

under (ˈʌndə) prep sotto. adv al di sotto.

undercharge (ʌndəˈtʃɑidʒ) vt far pagare troppo poco.

underclothes (ˈʌndəklouðz) n pl biancheria personale f.

undercoat (ˈʌndəkout) n prima mano f.

undercover (ˈʌndəkʌvə) adj segreto.

undercut* (ʌndəˈkʌt) vt 1 colpire da sotto. 2 vendere a minor prezzo di.

underdeveloped (ʌndədiˈveləpt) adj sottosviluppato.

underdone (ʌndəˈdʌn) adj poco cotto, al dente.

underestimate (ʌndərˈestimeit) vt sottovalutare.

underfoot (ʌndəˈfut) adv sotto i piedi.

undergo* (ʌndəˈgou) vt subire, sopportare, essere sottoposto a.

undergraduate (ʌndəˈgrædjuət) n studente universitario m.

underground (adv ʌndəˈgraund; adj,n ˈʌndəgraund) adv 1 sotto terra. 2 clandestinamente. adj 1 sotterraneo. 2 segreto, clandestino. *n* metropolitana *f*.

undergrowth ('ʌndəgrouθ) *n* sottobosco *m*.

underhand (ʌndə'hænd) *adj* clandestino, segreto.

underline (ʌndə'lain) *vt* sottolineare.

undermine (ʌndə'main) *vt* 1 minare. 2 indebolire, insidiare.

underneath (ʌndə'niːθ) *adv* al di sotto. *prep* sotto, al di sotto di.

underpants ('ʌndəpænts) *n pl* mutande *f pl*.

underpass ('ʌndəpɑis) *n* sottopassaggio *m*.

underrate (ʌndə'reit) *vt* sottovalutare.

understand* (ʌndə'stænd) *vt* 1 comprendere, capire. 2 sentir dire. 3 dedurre. **understanding** *n* 1 comprensione, conoscenza *f*. 2 accordo *m*.

understate (ʌndə'steit) *vt* minimizzare.

understudy (ʌndəstʌdi) *n* sostituto *m*. *vt* sostituire.

undertake* (ʌndə'teik) *vt* 1 intraprendere, impegnarsi a. 2 assumere. **undertaker** *n* imprenditore di pompe funebri *m*.

undertone ('ʌndətoun) *n* tono sommesso *m*.

underwater (ʌndə'wɔitə) *adj* subacqueo.

underwear ('ʌndəwɛə) *n* biancheria personale *f*.

underworld ('ʌndəwəɪld) *n* 1 malavita *f*. 2 bassifondi *mpl*.

underwrite* ('ʌndərait) *vt* 1 sottoscrivere. 2 *comm* assicurare.

undesirable (ʌndi'zaiərəbəl) *adj* indesiderabile.

undo* (ʌn'duɪ) *vt* 1 disfare, slacciare. 2 annullare.

undoubted (ʌn'dautid) *adj* indubitato, incontestato.

undress (ʌn'dres) *vt* svestire, spogliare. *vi* svestirsi.

undue ('ʌndjuɪ) *adj* 1 non dovuto, ingiusto. 2 indebito.

undulate ('ʌndzəleit) *vi* ondeggiare.

unearth (ʌn'əɪθ) *vt* scoprire, dissotterrare. **unearthly** *adv* 1 soprannaturale. 2 lugubre, sinistro. 3 assurdo.

uneasy (ʌn'iɪzi) *adj* 1 a disagio, impacciato. 2 ansioso.

unemployed (ʌnim'plɔid) *adj* disoccupato. **unemployment** *n* disoccupazione *f*.

unequal (ʌn'iːkwəl) *adj* 1 disuguale. 2 inadeguato, incapace.

uneven (ʌn'iɪvən) *adj* 1 ineguale, irregolare. 2 *math* dispari *invar*.

unfair (ʌn'fɛə) *adj* ingiusto.

unfaithful (ʌn'feiθfəl) *adj* infedele, sleale.

unfamiliar (ʌnfə'miliə) *adj* poco conosciuto.

unfit (ʌn'fit) *adj* 1 inadatto, incapace. 2 inabile.

unfold (ʌn'fould) *vt* 1 spiegare, schiudere. 2 rivelare.

unfortunate (ʌn'fɔitʃunət) *adj* sfortunato.

unfurnished (ʌn'fəɪniʃt) *adj* non ammobiliato.

ungrateful (ʌn'greitfəl) *adj* ingrato.

unhappy (ʌn'hæpi) *adj* 1 infelice. 2 poco opportuno.

unhealthy (ʌn'helθi) *adj* 1 malsano, insalubre. 2 malaticcio.

unicorn ('juɪnikɔɪn) *n* unicorno *m*.

uniform ('juɪnifɔɪm) *n* uniforme, divisa *f*. *adj* uniforme, costante.

unify ('juɪnifai) *vt* unificare.

uninterested (ʌn'intrəstid) *adj* non interessato.

union ('juɪniən) *n* 1 unione *f*. 2 (trade) sindacato *m*.

Union Jack *n* bandiera britannica *f*.

unique (juːˈniːk) *adj* unico.

unison (ˈjuːnizən) *n* unisono *m*.

unit (ˈjuːnit) *n* 1 unità *f*. 2 gruppo, insieme *m*. 3 *mil* reparto *m*.

unite (juːˈnait) *vt* unire, congiungere. *vi* unirsi. **unity** *n* 1 unità *f*. 2 armonia *f*. accordo *m*.

United Kingdom *n* Regno Unito *m*.

United States of America *n pl* Stati Uniti *m pl*.

universe (ˈjuːnivəːs) *n* universo *m*. **universal** *adj* universale.

university (juːniˈvəːsiti) *n* università *f*.

unjust (ʌnˈdʒʌst) *adj* ingiusto.

unkempt (ʌnˈkempt) *adj* trascurato, sciatto.

unkind (ʌnˈkaind) *adj* scortese, sgarbato.

unknown (ʌnˈnoun) *adj* sconosciuto, ignoto.

unlawful (ʌnˈlɔːful) *adj* illegale, illecito.

unless (ənˈles) *conj* a meno che (non), se non.

unlike (ʌnˈlaik) *adj* dissimile, diverso. *prep* all'inverso di. **unlikely** *adj* improbabile, inverosimile.

unload (ʌnˈloud) *vt* scaricare.

unlucky (ʌnˈlʌki) *adj* 1 sfortunato. 2 di cattivo augurio.

unmanned (ʌnˈmænd) *adj* senza equipaggio.

unnatural (ʌnˈnætʃərəl) *adj* innaturale.

unnecessary (ʌnˈnesəsri) *adj* superfluo.

unofficial (ʌnəˈfiʃəl) *adj* ufficioso.

unorthodox (ʌnˈɔːθədɔks) *adj* non ortodosso.

unpack (ʌnˈpæk) *vt* disfare. *vi* disfare le valigie.

unpleasant (ʌnˈplezənt) *adj* spiacevole, sgradevole.

unpopular (ʌnˈpɔpjulə) *adj* impopolare.

unravel (ʌnˈrævəl) *vt* 1 districare, sbrogliare. 2 chiarire.

unreasonable (ʌnˈriːzənəbəl) *adj* irragionevole.

unreliable (ʌnriˈlaiəbəl) *adj* infido.

unrest (ʌnˈrest) *n* agitazione *f*. fermento *m*.

unruly (ʌnˈruːli) *adj* indisciplinato.

unscrew (ʌnˈskruː) *vt* svitare.

unsettle (ʌnˈsetl) *vt* sconvolgere.

unsightly (ʌnˈsaitli) *adj* brutto, spiacevole a vedersi.

unsound (ʌnˈsaund) *adj* 1 in cattivo stato. 2 non solido. 3 difettoso.

unsteady (ʌnˈstedi) *adj* 1 instabile, vacillante. 2 variabile.

unsuccessful (ʌnsəkˈsesfəl) *adj* sfortunato, fallito.

untangle (ʌnˈtæŋgəl) *vt* districare.

untidy (ʌnˈtaidi) *adj* disordinato, trasandato.

untie (ʌnˈtai) *vt* sciogliere, slegare.

until (ʌnˈtil) *prep* fino a. *conj* finché (non), fintanto che.

untrue (ʌnˈtruː) *adj* 1 falso, erroneo. 2 infedele.

unusual (ʌnˈjuːʒuəl) *adj* insolito, fuori del comune.

unwanted (ʌnˈwɔntid) *adj* indesiderato.

unwell (ʌnˈwel) *adj* indisposto, ammalato.

unwind (ʌnˈwaind) *vt* svolgere, srotolare, dipanare.

unwrap (ʌnˈræp) *vt* disfare, svolgere.

up (ʌp) *adv* 1 su, in su. 2 in piedi. *prep* su, su per. *adj* ascendente. **it's up to you** sta a te.

upbringing (ˈʌpbriŋiŋ) *n* educazione *f*.

update (ʌpˈdeit) *vt* aggiornare.

upheaval (ʌp'hiːvəl) *n* sconvolgimento *m.* sommossa *f.*

uphill (ʌp'hil) *adv* in salita. *adj* **1** in salita. **2** difficile.

uphold* (ʌp'hould) *vt* **1** sostenere. **2** approvare.

upholstery (ʌp'houlstəri) *n* tappezzeria *f.*

upkeep ('ʌpkiːp) *n* manutenzione *f.*

uplift (ʌp'lift) *vt* sollevare, alzare. *n* sollevamento *m.*

upon (ə'pɔn) *prep* su, sopra.

upper ('ʌpə) *adj* superiore. **upper-class** *adj* signorile. **upper hand** *n* sopravvento *m.* **uppermost** *adj* il più alto, dominante. *adv* più in alto di tutto.

upright ('ʌprait) *adj* **1** eretto, verticale, diritto. **2** onesto. *adv* in piedi.

uprising ('ʌpraiziŋ) *n* rivolta, insurrezione *f.*

uproar ('ʌprɔː) *n* tumulto, clamore *m.*

uproot (ʌp'ruːt) *vt* sradicare.

upset* (*v,adj* ʌp'set; *n* 'ʌpset) *vt* **1** rovesciare, capovolgere. **2** scombussolare. *adj* sconvolto, turbato. *n* **1** scompiglio *m.* **2** rovesciamento *m.*

upshot ('ʌpʃɔt) *n* risultato *m.* conclusione *f.*

upside down (ʌpsaid 'daun) *adv* sottosopra. **turn upside down** capovolgere.

upstairs (ʌp'steəz) *adv* al piano di sopra. *n* piano superiore *m.*

upstream (ʌp'striːm) *adv* controcorrente.

uptight (ʌp'tait) *adj* teso.

upward ('ʌpwəd) *adv also* **upwards** in su, in alto. *adj* in rialzo, in aumento.

uranium (juː'reiniəm) *n* uranio *m.*

Uranus (ju'reinəs) *n* Urano *m.*

urban ('ɔːbən) *adj* urbano.

urge (əːdʒ) *vt* **1** spronare, esortare. **2** insistere su. *n* impulso, sprone *m.*

urgent ('ɔːdʒənt) *adj* **1** urgente. **2** insistente. **urgency** *n* urgenza *f.*

urine ('juərin) *n* orina, urina *f.* **urinate** *vi* orinare, urinare.

urn (əːn) *n* **1** urna *f.* **2** samovar *m.*

us (ʌs) *pron 1st pers pl* **1** noi *m,f.* **2** ci *m,f.* **3** ce *m,f.*

use (*v* juːz; *n* juːs) *vt* usare, adoperare. **use up** esaurire. ~*n* **1** uso *m.* **2** utilità *f.* **usage** *n* uso *m.* usanza *f.* **used** *adj* usato. **used to** abituato a. **useful** *adj* utile, vantaggioso. **useless** *adj* inutile, vano.

usher ('ʌʃə) *n* usciere, cerimoniere *m.* *vt* **1** introdurre. **2** annunciare.

usual ('juːʒuəl) *adj* usuale, consueto. **as usual** come al solito. **usually** *adv* usualmente, di solito.

usurp (ju'zəːp) *vt* usurpare.

utensil (juː'tensəl) *n* utensile, arnese *m.*

uterus ('juːtərəs) *n, pl* **uteri** utero *m.*

utility (juː'tiliti) *n* utilità *f.* profitto *m.* *adj* utilitario, funzionale.

utmost ('ʌtmoust) *adj also* **uttermost** estremo, ultimo, massimo. **do one's utmost** fare del proprio meglio.

utter¹ ('ʌtə) *vt* **1** emettere. **2** esprimere.

utter² ('ʌtə) *adj* totale, assoluto, completo.

V

vacant ('veikənt) *adj* **1** vuoto, non occupato. **2** distratto. **vacancy** *n* posto vacante *m.*

vacate (və'keit) *vt* lasciare libero.

vacation (vəˈkeiʃən) n 1 rinuncia f. 2 vacanza f.

vaccine (ˈvæksiɪn) n vaccino m. **vaccinate** vt vaccinare. **vaccination** n vaccinazione f.

vacillate (ˈvæsəleit) vi 1 vacillare. 2 esitare.

vacuum (ˈvækjuəm) n 1 vuoto, vuoto pneumatico m. 2 lacuna f. **vacuum cleaner** n aspirapolvere m. **vacuum flask** n termos m.

vagina (vəˈdʒainə) n vagina f.

vagrant (ˈveigrənt) adj,n vagabondo, nomade m.

vague (veig) adj 1 vago, indeterminato. 2 distratto.

vain (vein) adj 1 vano, inutile. 2 vanitoso.

valiant (ˈvæliənt) adj valoroso, prode.

valid (ˈvælid) adj valido.

valley (ˈvæli) n valle, vallata f.

value (ˈvæljuɪ) n 1 valore m. 2 utilità f. vt 1 valutare, stimare, apprezzare. 2 comm valutare. **valuable** adj 1 prezioso, di gran valore. 2 utile. **valuables** n pl oggetti di valore m pl.

valve (ˈvælv) n valvola f.

vampire (ˈvæmpaiə) n vampiro m.

van (væn) n camioncino, furgone m.

vandal (ˈvændl) n vandalo m. **vandalism** n vandalismo m.

vanilla (vəˈnilə) n vaniglia f.

vanish (ˈvæniʃ) vi svanire, sparire.

vanity (ˈvæniti) n vanità f.

vapour (ˈveipə) n vapore m. esalazione f.

variety (vəˈraiəti) n varietà f. assortimento m. **variety show** n spettacolo di varietà m.

various (ˈveəriəs) adj 1 vario, diverso. 2 parecchi.

varnish (ˈvaɪniʃ) n vernice, lacca f. vt verniciare, laccare.

vary (ˈveəri) vi differire. vt variare, cambiare. **variable** adj variabile, mutevole. **variant** adj,n variante m. **variation** n variazione f.

vase (vaɪz) n vaso m.

vasectomy (væˈsektəmi) n vasectomia f.

vast (vaɪst) adj vasto, ampio.

vat (væt) n tino m. tinozza f.

Vatican (ˈvætikən) n Vaticano m.

vault¹ (vɔɪlt) n 1 volta f. 2 cantina f. 3 sepolcro m.

vault² (vɔɪlt) vi volteggiare, saltare. vt saltare. n salto m.

veal (viɪl) n vitello m.

veer (viə) vi cambiare direzione, virare.

vegetable (ˈvedʒtəbəl) n 1 vegetale, ortaggio m. 2 pl verdura f. adj vegetale. **vegetarian** adj,n vegetariano. **vegetation** n vegetazione f.

vehement (ˈviəmənt) adj veemente, impetuoso.

vehicle (ˈviɪkəl) n veicolo m.

veil (veil) n velo m. vt velare, nascondere.

vein (vein) n 1 vena f. 2 umore m. vena f.

velocity (vəˈlɔsiti) n velocità f.

velvet (ˈvelvit) n velluto m. adj di velluto, vellutato.

vendetta (venˈdetə) n vendetta f.

veneer (viˈniə) n 1 impiallacciatura f. 2 vernice, maschera f.

venerate (ˈvenəreit) vt venerare, riverire.

venereal disease (viˈniəriəl) n malattia venerea f.

vengeance (ˈvendʒəns) n vendetta f.

Venice (ˈvenis) n Venezia f. **Venetian** adj,n veneziano.

venison (ˈvenisən) n carne di daino f.

venom (ˈvenəm) n 1 veleno m. 2 cattiveria, malignità f.

vent¹ (vent) n 1 apertura f. foro m. 2 (in a jacket) spacco m.

vent² (vent) *n* sfogo *m.* **give vent to** sfogare. ~ *vt* sfogare.

ventilate ('ventileit) *vt* ventilare. **ventilation** *n* ventilazione *f.* **ventilator** *n* ventilatore *m.*

venture ('ventʃə) *n* **1** avventura *f.* **2** *comm* speculazione *f.* *vt* avventurare. *vi* avventurarsi.

Venus ('viːnəs) *n* Venere *f.*

veranda (və'rændə) *n* veranda *f.*

verb (vəːb) *n* verbo *m.*

verdict ('vəːdikt) *n* **1** *law* verdetto *m.* **2** parere, giudizio *m.*

verge (vəːdʒ) *n* orlo, limite *m.* **on the verge of** sul punto di. ~ *v* **verge on** rasentare, essere vicino a.

verify ('verifai) *vt* verificare, confermare.

vermicelli (vəːmi'tʃeli) *n* vermicelli *m pl.*

vermin ('vəːmin) *n* insetti parassiti *m pl.*

vermouth ('vəːməθ) *n* vermut *m.*

vernacular (və'nækjulə) *adj,n* vernacolo *m.*

versatile ('vəːsətail) *adj* versatile.

verse (vəːs) *n* **1** verso *m.* **2** versi *m pl.* **3** poesia *f.*

version ('vəːʃən) *n* versione *f.*

vertebrate ('vəːtibreit) *adj,n* vertebrato *m.*

vertical ('vəːtikəl) *adj,n* verticale *m.*

verve (vəːv) *n* verve, brio *m.*

very ('veri) *adv* molto, assai. *adj* **1** vero e proprio. **2** esatto. **3** stesso. **4** proprio.

vessel ('vesəl) *n* **1** *naut* vascello *m.* nave *f.* **2** recipiente, vaso *m.*

vest (vest) *n* maglia *f.*

vestment ('vestmənt) *n* veste sacerdotale *f.*

vestry ('vestri) *n* sagrestia *f.*

vet (vet) *n inf* veterinario *m.* *vt* esaminare.

veteran ('vetərən) *adj,n* veterano *m.*

veterinary surgeon ('vetərənəri) *n* veterinario *m.*

veto ('viːtou) *n, pl* **-toes** veto *m.* *vt* vietare.

vex (veks) *vt* **1** affliggere. **2** irritare.

via ('vaiə) *prep* via, attraverso.

viable ('vaiəbəl) *adj* **1** vitale. **2** praticabile.

viaduct ('vaiədʌkt) *n* viadotto *m.*

vibrate (vai'breit) *vi* vibrare, oscillare. *vt* far vibrare. **vibration** *n* vibrazione *f.*

vicar ('vikə) *n* parroco, curato *m.*

vicarious (vi'keəriəs) *adj* **1** delegato. **2** sostituto.

vice¹ (vais) *n* **1** vizio *m.* depravazione *f.* **2** difetto *m.* imperfezione *f.*

vice² (vais) *n tech* morsa *f.*

vice-chancellor *n* vice-cancelliere *m.*

vice-president *n* vice-presidente *m.*

vice versa ('vaisə) *adv* viceversa.

vicinity (vi'siniti) *n* vicinanza, prossimità *f.*

vicious ('viʃəs) *adj* **1** crudele, dispettoso. **2** vizioso.

victim ('viktim) *n* vittima *f.* **victimize** *vt* tormentare.

Victorian (vik'tɔːriən) *adj* vittoriano.

victory ('viktri) *n* vittoria *f.* **victorious** *adj* vittorioso.

video-tape ('vidiouteip) *n* nastro televisivo *m.*

Vietnam (viet'næm) *n* Vietnam *m.* **Vietnamese** *adj,n* vietnamita.

view (vjuː) *n* **1** vista *f.* **2** veduta *f.* panorama *m.* **3** opinione *f.* **4** intento, scopo *m.* **in view of** visto che. ~ *vt* **1** vedere, osservare. **2** ispezionare. **viewfinder** *n* mirino *m.*

vigil ('vidʒil) *n* veglia *f*. **vigilant** *adj* vigile, vigilante.

vigour ('vigə) *n* vigore *m*. energia *f*. **vigorous** *adj* vigoroso.

vile (vail) *adj* **1** abietto, sordido, vile. **2** pessimo.

villa ('vilə) *n* villa *f*.

village ('vilidʒ) *n* villaggio, paese *m*.

villain ('vilən) *n* furfante, farabutto *m*.

vindictive (vin'diktiv) *adj* vendicativo.

vine (vain) *n* vite *f*. **vineyard** *n* vigneto *m*. vigna *f*.

vinegar ('vinigə) *n* aceto *m*.

vintage ('vintidʒ) *n* vendemmia, annata *f*.

vinyl ('vainil) *n* vinile *m*.

viola (vi'oulə) *n* viola *f*.

violate ('vaiəleit) *vt* violare, violentare. **violation** *n* violazione *f*.

violence ('vaiələns) *n* violenza *f*. **violent** *adj* violento.

violet ('vaiələt) *n* **1** *bot* viola *m*. **2** (colour) viola *m invar. adj* violetto.

violin (vaiə'lin) *n* violino *m*.

viper ('vaipə) *n* vipera *f*.

virgin ('vəːdʒin) *adj,n* vergine *f*.

Virgo ('vəːgou) *n* Vergine *f*.

virile ('virail) *adj* virile, maschio.

virtue ('vəːtjuː) *n* virtù *f*. **virtual** *adj* virtuale, effettivo.

virus ('vairəs) *n* virus *m. adj* virale.

visa ('viːzə) *n* visto consolare *m*.

viscount ('vaikaunt) *n* visconte *m*.

vision ('viʒən) *n* **1** visione *f*. **2** capacità visiva *f*. **3** intuito *m*. **visible** *adj* visibile, evidente.

visit ('vizit) *vt* **1** visitare, fare una visita a. **2** ispezionare. *n* visita *f*.

visual ('viziuəl) *adj* **1** visuale, visivo. **2** visibile. **visualize** *vt,vi* immaginarsi, raffigurarsi.

vital ('vaitl) *adj* vitale, essenziale. **vitality** *n* vitalità, forza *f*.

vitamin ('vitəmin) *n* vitamina *f*.

vivacious (vi'veiʃəs) *adj* vivace, vispo.

vivid ('vivid) *adj* vivido, vivo.

vixen ('viksən) *n* volpe femmina *f*.

vocabulary (və'kæbjuləri) *n* vocabolario *m*.

vocal ('voukəl) *adj* vocale. **vocal chords** *n pl* corde vocali *f pl*.

vocation (vou'keiʃən) *n* **1** *rel* vocazione *f*. **2** inclinazione, attitudine *f*.

vodka ('vodkə) *n* vodka *f*.

voice (vois) *n* **1** voce *f*. **2** opinione *f*. *vt* esprimere, dire.

void (void) *adj* **1** vuoto. **2** non valido, nullo. *n* vuoto *m*.

volatile ('volətail) *adj* **1** volatile. **2** volubile.

volcano (vol'keinou) *n,pl* **-noes** *or* **-nos** vulcano *m*.

vole (voul) *n* topo d'acqua *m*.

volley ('voli) *n* scarica, raffica *f*. **volleyball** *n* palla a volo *f*.

volt (voult) *n* volt *m*.

volume ('voljuːm) *n* **1** volume *m*. **2** massa *f*.

volunteer (volən'tiə) *n* volontario *m. vi* **1** offrirsi volontariamente. **2** arruolarsi volontario. **voluntary** *adj* **1** volontario, spontaneo. **2** voluto.

voluptuous (və'lʌptʃuəs) *adj* voluttuoso, sensuale.

vomit ('vomit) *vt,vi* vomitare. *n* vomito *m*.

voodoo ('vuːduː) *n* vuduismo *m*.

vote (vout) *n* voto *m*. votazione *f*. *vt,vi* votare.

vouch (vautʃ) *vi* **vouch for** rispondere di.

voucher ('vautʃə) *n* **1** documento giustificativo *m*. **2** tagliando *m*. **3** garante *m*.

vow (vau) *n* voto *m*. *vt* **1** fare voto di. **2** promettere.

vowel ('vauəl) *n* vocale *f*.

voyage ('vɔiidʒ) *n* viaggio *m*.

vulgar ('vʌlgə) *adj* volgare.

vulnerable ('vʌlnrəbl) *adj* vulnerabile.

vulture ('vʌltʃə) *n* avvoltoio *m*.

W

wad (wɔd) *n* **1** pacchetto, rotolo *m*. **2** tampone *m*. **wadding** *n* **1** imbottitura *f*. **2** ovatta *f*.

waddle ('wɔdl) *vi* camminare ondeggiando. *n* andatura ondeggiante *f*.

wade (weid) *vi* avanzare faticosamente. *vt* guadare.

wafer ('weifə) *n* cialda *f*.

waft (wɔft) *vt* sospingere. *vi* **1** fluttuare. **2** (of a breeze) soffiare blandamente. *n* soffio *m*.

wag (wæg) *vt* scuotere, agitare. *n* scodinzolio *m*.

wage (weidʒ) *n* salario *m*. paga *f*. *vt* (war) intraprendere.

waggle ('wægəl) *vt* scuotere, dondolare.

wagon ('wægən) *n* **1** carro *m*. **2** vagone merci *m*.

waif (weif) *n* trovatello *m*.

wail (weil) *vi* gemere, lamentarsi. *n* gemito, lamento *m*.

waist (weist) *n* vita, cintola *f*. **waistband** *n* cintura, fascia *f*. **waistcoat** *n* panciotto, gilè *m*. **waistline** *n* vita *f*. giro di vita *m*.

wait (weit) *vi,vt* aspettare, attendere. **wait on** servire. ~*n* attesa *f*. **waiter** *n* cameriere *m*. **waiting list** *n* lista d'attesa *f*. **waiting room** *n* sala d'aspetto *f*. **waitress** *n* cameriera *f*.

waive (weiv) *vt* rinunciare a, desistere da.

wake[*1] (weik) *vt* svegliare. *vi* svegliarsi. **waken** *vt* svegliare, risvegliare. *vi* svegliarsi.

wake[2] (weik) *n* *naut* scia *f*.

Wales (weilz) *n* Galles *m*.

walk (wɔːk) *vi* camminare, andare a piedi. *n* **1** passeggiata, camminata *f*. percorso *m*. **2** andatura *f*. **walking stick** *n* bastone *m*. **walkout** *n* sciopero non autorizzato *m*. **walkover** *n* *inf* vittoria facile *f*.

wall (wɔːl) *n* muro *m*. parete *f*. **wallflower** *n* **1** violacciocca *f*. **2** *inf* ragazza che fa da tappezzeria *f*. **wallpaper** *n* carta da parati *f*.

wallet ('wɔlit) *n* portafoglio *m*.

wallop ('wɔləp) *inf* *vt* percuotere. *n* percossa *f*. colpo *m*.

wallow ('wɔlou) *vi* rotolarsi, sguazzare.

walnut ('wɔːlnʌt) *n* noce *f*. **walnut tree** *n* noce *f*.

walrus ('wɔːlrəs) *n* tricheco *m*.

waltz (wɔːls) *n* valzer *m*. *vi* ballare il valzer.

wand (wɔnd) *n* bacchetta *f*.

wander ('wɔndə) *vi* **1** vagare, vagabondare. **2** deviare, smarrirsi. **3** vaneggiare, delirare.

wane (wein) *vi* **1** (of the moon) calare. **2** diminuire. *n* declino *m*. **on the wane** in declino.

wangle ('wæŋgəl) *vt* brigare, ottenere con intrighi.

want (wɔnt) *vt* **1** volere, desiderare. **2** aver bisogno di. *vi* mancare. *n* **1** mancanza *f*. **2** necessità *f*. bisogno *m*.

wanton ('wɔntn) *adj* **1** licenzioso, impudico. **2** arbitrario. **3** capriccioso.

war (wɔː) *n* guerra *f*. *vi* guerreggiare. **warfare** *n* guerra *f*. stato di guerra *m*.

warble ('wɔːbəl) *vt,vi* trillare, gorgheggiare. *n* trillo, gorgheggio *m*.

ward (wɔːd) *n* **1** (of a hospital) reparto *m*. corsia *f*. **2** circoscrizione comunale *f*. **3** *law* pupillo *m*. *v* **ward off** parare. **warden** n guardiano, custode m. **warder** n carceriere m. **wardrobe** n guardaroba f. armadio m.

warehouse ('wɛəhaus) n magazzino, deposito m.

warm (wɔːm) adj 1 caldo. 2 ardente. vt riscaldare. **warm-blooded** adj 1 appassionato. 2 a sangue caldo. **warm-hearted** adj gentile, compassionevole. **warmth** n 1 calore m. 2 zelo m. **warm-up** n esercizio fisico m.

warn (wɔːn) vt mettere in guardia, avvertire. **warning** n allarme, avvertimento m.

warp (wɔːp) vt 1 storcere. 2 pervertire. vi deformarsi. n ordito m.

warrant ('wɔrənt) n autorizzazione f. ordine m. vt assicurare, garantire.

warren ('wɔrən) n garenna f.

warrior ('wɔriə) n guerriero, soldato m.

wart (wɔːt) n verruca f. porro m.

wary ('wɛəri) adj diffidente, prudente.

was (wəz; stressed wɔz) v see **be.**

wash (wɔʃ) vt lavare. vi lavarsi. **wash up** lavare i piatti. ~n lavata f. **washbasin** n lavandino m. **washer** n tech anello m. **washing** n bucato m. **washing machine** n lavatrice f. **washing powder** n detersivo m. **wash-out** n inf disastro m. **washroom** n bagno m.

wasp (wɔsp) n vespa f.

waste (weist) vt rovinare, sprecare. n spreco, sciupio m. **wasteful** adj prodigo. **wastepaper basket** n cestino per carta straccia m.

watch (wɔtʃ) n 1 (wrist) orologio m. 2 sorveglianza f. vt guardare. vi fare la guar-

dia. **watchdog** n cane da guardia m. **watchful** adj attento.

water ('wɔːtə) n acqua f. vt 1 innaffiare. 2 diluire. 3 abbeverare. vi (of eyes) piangere.

water-closet n gabinetto m.

watercolour ('wɔːtəkʌlə) n acquerello m.

watercress ('wɔːtəkres) n crescione m.

waterfall ('wɔːtəfɔːl) n cascata f.

watering-can n annaffiatoio m.

waterlily ('wɔːtəlili) n ninfea f.

waterlogged ('wɔːtələɡd) adj inzuppato.

watermark ('wɔːtəmɑːk) n 1 livello di marea m. 2 filigrana f.

watermelon ('wɔːtəmelən) n cocomero m.

watermill ('wɔːtəmil) n mulino m.

waterproof ('wɔːtəpruːf) adj impermeabile.

water-ski vi fare lo sci nautico. **water-skiing** n sci nautico m.

watertight ('wɔːtətait) adj a tenuta d'acqua, stagno.

waterway ('wɔːtəwei) n canale m.

waterworks ('wɔːtəwəːks) n pl impianto idrico m.

watery ('wɔːtəri) adj acquoso.

watt (wɔt) n watt m invar.

wave (weiv) n 1 onda f. 2 (of the hand) cenno m. vi 1 ondeggiare. 2 far segno di saluto. vt agitare. **waveband** n gamma di lunghezza d'onda f. **wavelength** n lunghezza d'onda f. **wavy** adj ondulato.

waver ('weivə) vi vacillare, fluttuare.

wax¹ (wæks) n cera f.

wax² (wæks) vi (of the moon) crescere, aumentare.

way (wei) n 1 via, direzione f. 2 modo m. 3 mezzo m. **by the way** a proposito. **in the way** ingombrante. **wayside** n bordo della strada m. adj sul bordo della strada.

waylay (wei'lei) vt tendere un agguato a.

wayward ('weiwəd) adj capriccioso, ostinato.

we (wiː) pron 1st pers pl 1 noi m,f. 2 si m,f.

weak (wiːk) adj debole. **weaken** vt indebolire. vi indebolirsi. **weak-kneed** adj smidollato. **weakling** n creatura gracile f. **weakness** n debolezza f. **weak-willed** adj indeciso.

wealth (welθ) n ricchezza f. **wealthy** adj ricco.

weapon ('wepən) n arma f, pl armi.

wear* (wɛə) vt portare, indossare. vi logorarsi. **wear out 1** esaurire. **2** consumare. ~n uso m. **wear and tear** logoramento m.

weary ('wiəri) adj affaticato. vt 1 annoiare. 2 stancare.

weasel ('wiːzəl) n donnola f.

weather ('weðə) n tempo m. vt resistere a.

weave* (wiːv) vt,vi tessere. n tessuto m.

web (web) n 1 (of a spider) ragnatela f. 2 tela f. tessuto m.

wedding ('wediŋ) n matrimonio m. **wedding ring** n fede f.

wedge (wedʒ) n cuneo m. vt incuneare.

Wednesday ('wenzdi) n mercoledì m.

weed (wiːd) n erbaccia f. vt sarchiare.

week (wiːk) n settimana f. **weekday** n giorno feriale m. **weekend** n fine settimana m. **weekly** adj settimana-

le. **weekly magazine** n settimanale m.

weep* (wiːp) vi piangere.

weigh (wei) vt pesare. **weighbridge** n ponte a basculla m. **weight** n 1 peso m. 2 importanza f. **weight-lifting** n sollevamento di pesi m.

weird (wiəd) adj strano.

welcome ('welkəm) adj benvenuto, gradito. n benvenuto m. vt dare il benvenuto a.

weld (weld) vt saldare.

welfare ('welfɛə) n benessere m.

well[1] (wel) adv bene. adj in buona salute. **be well** star bene.

well[2] (wel) n pozzo m.

well-bred adj beneducato.

well-built adj robusto.

well-known adj ben noto.

well-off adj benestante, danaroso.

well-paid adj ben retribuito.

well-spoken adj forbito nel parlare.

well-worn adj usato.

Welsh (welʃ) adj gallese. **Welsh** (language) n gallese m. **Welshman** n gallese m.

went (went) v see **go**.

wept (wept) v see **weep**.

were (wəː) v see **be**.

west (west) n ovest, ponente m. adj occidentale, dell'ovest. **westerly** adj dell'ovest. **western** adj occidentale.

West Indies ('indiz) n Indie Occidentali f pl. **West Indian** adj delle Indie Occidentali.

wet (wet) adj 1 bagnato, umido. 2 fradicio. 3 fresco. n umidità f. vt bagnare, inzuppare. **wet blanket** n guastafeste m. **wet suit** n muta f.

whack (wæk) inf vi bastonare. n percossa f.

whale (weil) n balena f.

wharf (wɔːf) n banchina f.

what (wɔt) pron 1 che? che

cosa? **2** ciò? che. **what for?** perché? **what's the matter?** che cosa hai? ~*adj* **1** quale? che? **2** che. **what a** che. **whatever** *pron* qualsiasi cosa. *adj* qualunque.

wheat (wiːt) *n* frumento, grano *m*.

wheedle ('wiːdl) *vt* adulare, persuadere con lusinghe.

wheel (wiːl) *n* **1** ruota *f*. **2** volante *m*. *vt* far ruotare. **wheelbarrow** *n* carriola *f*. **wheelchair** *n* sedia a rotelle *f*.

wheeze (wiːz) *vi* ansimare. *n* respiro affannoso *m*.

whelk (welk) *n* buccina *f*.

when (wen) *adv,conj* quando. **whenever** *adv* ogni volta che.

where (wɛə) *pron,adv,conj* dove. **where to.** dove. **whereabouts** *adv* da che parte. *n* luogo *m*. posizione *f*. **whereas** *conj* mentre. **whereby** *adv* con cui, come. **whereupon** *adv* dopo di che. **wherever** *adv* dovunque, in qualunque luogo.

whether ('weðə) *conj* se.

which (witʃ) *pron* **1** chi? quale? **2** che, la qual cosa, il quale. *adj* **1** quale? che? **2** il quale. **whichever** *pron* qualsiasi. *adj* qualunque.

whiff (wif) *n* soffio, sbuffo *m*.

while (wail) *conj also* **whilst** mentre. *n* momento *m*.

whim (wim) *n* capriccio *m*.

whimper ('wimpə) *vi* piagnucolare. *n* piagnucolio *m*.

whimsical ('wimzikəl) *adj* capriccioso, bizzarro.

whine (wain) *vi* uggiolare. *n* **1** (of a dog) uggiolio *m*. **2** piagnucolio *m*.

whip (wip) *n* frusta *f*. *vt* frustare.

whir (wəː) *vi* ronzare, rombare. *n* ronzio, rombo *m*.

whirl (wəːl) *n* vortice, giro rapido *m*. *vi* roteare. *vt* far girare. **whirlwind** *n* turbine, vortice *m*. tromba d'aria *f*.

whisk[1] (wisk) *vi* muoversi rapidamente. *vt* spazzare. *n* movimento rapido *m*.

whisk[2] (wisk) *vt* cul frullare. *n* frullino *m*.

whisker ('wiskə) *n* baffo *m*.

whisky ('wiski) *n* whisky *m invar*.

whisper ('wispə) *vt,vi* sussurrare. *n* bisbiglio, mormorio *m*.

whist (wist) *n* whist *m*.

whistle ('wisəl) *vt,vi* fischiare. *n* fischio, sibilo *m*.

white (wait) *adj* **1** bianco, candido. **2** pallido. *n* **1** bianco *m*. **2** (of an egg) chiaro *m*. **3** *cap* Bianco *m*. **whiten** *vt* imbiancare. **whitewash** *n* calce *f*. intonaco *m*. *vt* imbiancare. **whiting** *n* merlano *m*.

Whitsun ('witsən) *n* Pentecoste *f*.

whiz (wiz) *vi* fischiare. *n* fischio *m*.

who (huː) *pron* **1** chi? **2** che, il quale. **whoever** *pron* chiunque.

whole (houl) *adj* intero, tutto. *n* tutto *m*. **wholemeal** *adj* integrale. **wholehearted** *adj* generoso, sincero. **wholesale** *n* vendita all'ingrosso *f*. *adv* all'ingrosso. **wholesome** *adj* sano, salubre. **wholly** *adv* completamente, totalmente.

whom (huːm) *pron* **1** chi? **2** che, il quale.

whooping cough ('huːpiŋ) *n* pertosse *f*.

whore (hɔː) *n* puttana *f*.

whose (huːz) *pron* **1** di chi? **2** di cui, del quale, il cui.

why (wai) *adv* **1** perché? **2** per cui. *conj* perché.

wick (wik) *n* lucignolo *m*.

wicked ('wikid) *adj* cattivo, malvagio.

wicket ('wikit) *n* **1** sportello,

cancelletto *m.* **2** *sport* porta *f.*

wide (waid) *adj* largo, ampio, esteso. *adv* **1** lontano, lungi. **2** bene. **widely** *adv* largamente, molto, diffusamente. **widen** *vt* estendere, allargare. *vi* allargarsi. **widespread** *adj* esteso, generale. **width** *n* larghezza, ampiezza *f.*

widow ('widou) *n* vedova *f.*

wield (wiːld) *vt* **1** tenere, maneggiare. **2** (power) esercitare.

wife (waif) *n, pl* **wives** moglie, sposa *f.*

wig (wig) *n* parrucca *f.*

wiggle ('wigəl) *vt* dimenare. *vi* contorcersi.

wigwam ('wigwæm) *n* tenda dei pellirosse *f.*

wild (waild) *adj* **1** selvaggio, feroce. **2** incolto.

wilderness ('wildənəs) *n* **1** deserto *m.* **2** solitudine *m.*

wilful ('wilfəl) *adj* intenzionale, fatto apposta.

will*[1] (wil) *v mod aux* **1** volere. **2** expressed by the future tense.

will[2] (wil) *n* **1** volontà *f.* volere *m.* **2** *law* testamento *m.* **willing** *adj* pronto, disposto. **willpower** *n* volontà *f.*

willow ('wilou) *n* salice *m.*

wilt (wilt) *vi* appassire.

win* (win) *vt,vi* vincere, guadagnare. *n* vincita, vittoria *f.*

wince (wins) *vi* trasalire. *n* smorfia *f.*

winch (wintʃ) *n* argano *m.* manovella *f.*

wind[1] (wind) *n* **1** vento *m.* **2** *med* flatulenza *f.* **windfall** *n* fortuna inaspettata *f.* **windmill** *n* mulino a vento *m.* **windpipe** *n* trachea *f.* **windscreen** *n* parabrezza *m.* **windscreen wiper** *n* tergicristallo *m.* **windswept**

adj battuto dai venti. **windy** *adj* ventoso.

wind*[2] (waind) *vt* avvolgere, girare. *vi* serpeggiare. **wind up** caricare.

windlass ('windləs) *n* verricello *m.*

window ('windou) *n* finestra, vetrata *f.* **window box** *n* cassetta per fiori *f.* **window-dressing** *n* allestimento di vetrine *m.* **window-shop** *vi* guardare le vetrine.

wine (wain) *n* vino *m.* **wineglass** *n* bicchiere da vino *m.*

wing (win) *n* **1** ala *f.* **2** volo *m.* **3** *pl Th* quinta *f.* **wingspan** *n* apertura d'ali *f.*

wink (wink) *vi* ammiccare, strizzare l'occhio. *n* batter d'occhio, cenno *m.*

winkle ('winkəl) *n* chiocciola marina *f.*

winter ('wintə) *n* inverno *m.*

wipe (waip) *vt* pulire, strofinare. *n* strofinata *f.*

wire ('waiə) *n* **1** filo *m.* **2** *inf* telegramma *m.* *vt* telegrafare. **wireless** *n* radio *f invar.*

wisdom ('wizdəm) *n* saggezza *f.*

wise (waiz) *adj* saggio.

wish (wiʃ) *vt,vi* **1** desiderare. **2** augurare. *n* desiderio *m.* voglia *f.*

wisp (wisp) *n* ciuffo *m.* ciocca *f.*

wisteria (wis'tiəriə) *n* glicine *m.*

wistful ('wistfəl) *adj* pensoso.

wit (wit) *n* arguzia *f.* spirito *m.*

witch (witʃ) *n* strega *f.* **witchcraft** *n* stregoneria *f.*

with (wið) *prep* con, in compagnia di, presso.

withdraw* (wið'drɔː) *vt* ritirare. *vi* ritirarsi. **withdrawal** *n* ritiro *m.*

wither ('wiðə) *vi* appassire, deperire, avvizzire.

withhold* (wið'hould) *vt* **1** trattenere. **2** nascondere.

within (wið'in) *prep* entro, in meno di. *adv* dentro.

without (wið'aut) *prep* senza (di).

withstand* (wið'stænd) *vt* resistere a.

witness ('witnəs) *n* 1 testimone *m*. 2 testimonianza *f*. *vt* testimoniare, essere testimone di.

witty ('witi) *adj* arguto, spiritoso.

wizard ('wizəd) *n* mago, stregone *m*.

wobble ('wɔbəl) *vi* vacillare.

woke (wouk) *v* see **wake**[1].

woken ('woukən) *v* see **wake**[1].

wolf (wulf) *n, pl* **wolves** lupo *m*.

woman ('wumən) *n, pl* **women** donna *f*. **womanhood** *n* femminilità *f*. le donne *f pl*.

womb (wuːm) *n* utero *m*.

won (wʌn) *v* see **win**.

wonder ('wʌndə) *n* meraviglia *f*. *vi* 1 meravigliarsi. 2 domandarsi. **wonderful** *adj* meraviglioso.

wonky ('wɔŋki) *adj sl* 1 traballante. 2 incostante.

wood (wud) *n* 1 (material) legno *m*. 2 bosco *m*. **woodcock** *n* beccaccia *f*. **wooden** *adj* di legno. **woodland** *n* terreno boscoso *m*. **woodpecker** *n* picchio *m*. **woodpigeon** *n* colombo selvatico *m*. **woodwind** *n* strumenti a fiato *m pl*. **woodwork** *n* lavoro in legno *m*. **woodworm** *n* tarlo *m*.

wool (wul) *n* lana *f*. **woollen** *adj* di lana *f*. **woolly** *adj* 1 lanoso. 2 confuso.

word (wəːd) *n* 1 parola *f*. vocabolo *m*. 2 promessa *f*.

wore (wɔː) *v* see **wear.**

work (wəːk) *n* 1 lavoro *m*. 2 daffare *m*. *vi* lavorare. *vt* far funzionare. **working** *adj* 1 che lavora. 2 che funziona. **working class** *n* classe

operaia *f*. **workman** *n* operaio *m*. **workmanship** *n* abilità, esecuzione *f*. **workshop** *n* officina *f*.

world (wəːld) *n* mondo *m*. **worldly** *adj* mondano. **worldwide** *adj* in tutto il mondo.

worm (wəːm) *n* verme *m*.

wormwood ('wəːmwud) *n* assenzio *m*.

worn (wɔːn) *v* see **wear**.

worry ('wʌri) *n* preoccupazione *f*. tormento *m*. *vt* 1 preoccupare. 2 tormentare. *vi* preoccuparsi.

worse ('wəːs) *adj* peggiore, peggio. *adv,n* peggio *m*. **worse and worse** sempre peggio. **worsen** *vt* peggiorare, aggravare. *vi* peggiorare, aggravarsi.

worship ('wəːʃip) *n* adorazione *f*. **His** or **Your Worship** Sua or Vostra Eccellenza. ~ *vt* adorare.

worst (wəːst) *adj* peggiore. *adv* peggio.

worth (wəːθ) *n* valore, merito *m*. *adj* 1 degno di. 2 del valore di. 3 che merita. **be worth** valere. **worthwhile** *adj* che vale la pena. **worthy** *adj* degno.

would (wəd; *stressed* wud) *v* see **will**[1].

wound[1] (wuːnd) *n* ferita *f*. *vt* ferire, offendere.

wound[2] (waund) *v* see **wind**[2].

wove (wouv) *v* see **weave**.

woven ('wouvɪn) *v* see **weave**.

wrangle ('ræŋgəl) *vi* discutere. *n* rissa *f*. alterco *m*.

wrap (ræp) *vt* 1 avvolgere. 2 incartare.

wreath (riːθ) *n* ghirlanda, corona di fiori *f*.

wreathe (riːð) *vt* inghirlandare.

wreck (rek) *n* 1 naufragio *m*. 2 rovina *f*. 3 nave che ha fatto naufragio *f*. *vt* distruggere. **wreckage** n relitti rottami m pl.

wren (ren) n scricciolo m.

wrench (rentʃ) vt storcere. n storta f. strappo m. vt storcere.

wrestle ('resəl) vi lottare. **wrestling** n lotta f.

wretch (retʃ) n disgraziato m. **wretched** adj sfortunato, miserabile.

wriggle ('rigəl) vi contorcersi, dimenarsi.

wring* (riŋ) vt torcere, stringere, strizzare.

wrinkle ('riŋkəl) n ruga, crespa f. vt raggrinzire, corrugare. vi corrugarsi.

wrist (rist) n polso m.

writ (rit) n decreto, ordine m.

write* (rait) vt,vi scrivere. **writer** n scrivente m,f. **writing paper** n carta da lettere f.

writhe (raið) vi contorcersi.

wrong (roŋ) adj 1 sbagliato. 2 ingiusto. **be wrong** avere torto. ~n 1 torto m. 2 ingiustizia f. adv 1 erroneamente. 2 male.

wrote (rout) v see **write.**

wrought iron (rɔːt) n ferro battuto m.

wrung (rʌŋ) v see **wring.**

wry (rai) adj ironico.

X

xenophobia (zenə'foubiə) n xenofobia f.

X-ray n radiografia f. vt radiografare.

xylophone ('zailəfoun) n silofono m.

Y

yacht (jɔt) n panfilo, yacht m. **yachtsman** n 1 proprietario di panfilo m. 2 chi pratica la navigazione su yacht, velista m.

yank (jæŋk) vt tirare con violenza. n strattone, strappo m.

yap (jæp) vi guaire, abbaiare.

yard[1] (jɑːd) n (measurement) iarda f. **yardstick** n pietra di paragone f.

yard[2] (jɑːd) n cortile, recinto m.

yarn (jɑːn) n 1 filato m. 2 inf filastrocca, storia f.

yawn (jɔːn) vi sbadigliare. n sbadiglio m.

year (jiə) n anno m. annata f. **yearly** adj annuale. adv annualmente.

yearn (jəːn) vi desiderare intensamente.

yeast (jiːst) n lievito m.

yell (jel) n urlo, strillo m. vi urlare.

yellow ('jelou) adj,n giallo m.

yelp (jelp) vi guaire. n guaito m.

yes (jes) adv sì.

yesterday ('jestədi) adv ieri.

yet (jet) adv 1 ancora. 2 ma. conj ma, tuttavia.

yew (juː) n tasso m.

Yiddish ('jidiʃ) adj,n yiddish m.

yield (jiːld) vt produrre. vi cedere. n raccolto m.

yodel ('joudl) vi cantare alla tirolese.

yoga ('jougə) n yoga m.

yoghurt ('jogət) n yogurt m.

yoke (jouk) n giogo m.

yolk (jouk) n torlo d'uovo m.

yonder ('jondə) adj quello. adv laggiù.

you (juː) pron 2nd pers s 1 fam tu, ti, te m,f. 2 fml lei m. ella f. 3 pl fam voi, vi, ve m,f. 4 fml pl loro m,f.

young (jʌŋ) adj giovane. **youngster** n ragazzo m.

your (jɔː; juə) poss adj 2nd pers s 1 fam (il) tuo, (la) tua, (i) tuoi, (le) tue. 2 fml (il) suo, (la) sua, (i) suoi, (le) sue. 3 pl fam (il) vostro, (la) vostra, (i)

vostri, (le) vostre. **4** *pl fml*
(il, la, i, *or* le) loro *invar*. **yourself** *pron 2nd pers
s* **1** *fam* tu stesso. **2** *fam* ti,
te. **3** *fml* lei stesso. **4** *pl fml*
voi stessi. **5** *pl fam* vi. **6** *pl
fml* loro stessi.

yours (jɔːz; juəz) *poss pron 2nd
pers s* **1** *fam* il tuo, la tua, i
tuoi, le tue. **2** *fml* il suo, la
sua, i suoi, le sue. **3** *pl fam* il
vostro, la vostra, i vostri, le vostre. **4** *pl fml* il, la, i, *or* le
loro.

youth (juːθ) *n* **1** giovinezza,
gioventù   *f*. **2**   giovane
m. **youth hostel** *n* albergo
della gioventù *m*.

Yugoslavia (juːgou'slɑːviə) *n*
Iugoslavia *f*. **Yugoslav** *adj,n*
Iugoslavo.

Z

zeal (ziːl) *n* zelo *m*. **zealous**
adj premuroso.

zebra ('zebrə) *n* zebra *f*. **zebra crossing** *n* passaggio pedonale *m*.

zero ('ziərou) *n,pl* **-ros** *or* **-roes**
zero *m*.

zest (zest) *n* **1** gusto *m*. **2** sapore *m*.

zigzag ('zigzæg) *n* zigzag *m
invar*. *vi* andare a zig-zag, zig-
zagare.

zinc (ziŋk) *n* zinco *m*.

Zionism ('zaiənizəm) *n* sionismo *m*. **Zionist** *adj,n* sionista.

zip (zip) *n* chiusura lampo *f*,
cerniera *f*.

zither ('ziðə) *n* cetra *f*.

zodiac ('zoudiæk) *n* zodiaco *m*,
segno zodiacale *m*.

zone (zoun) *n* zona *f*.

zoo (zuː) *n* zoo *m*.

zoology (zou'ɔlədʒi) *n* zoologia
f. **zoological** *adj* zoologico.
zoologist *n* zoologo *m*.

zoom (zuːm) *vi* **1** ronzare, rombare. **2** zumare.

ITALIANO - INGLESE

A

a, ad (a, ad) *prep* **1** to. **2** at.
3 in. **4** with. **5** by. **a dieci
chilometri** ten kilometres
away.

abate (a'bate) *nm* abbot.

abbagliare (abba(ʎ 'ʎare) *vt* dazzle. **abbagliante** *adj* dazzl-
ing.

abbaiare (abba'jare) *vi* bark.
can che abbaia non morde
his bark is worse than his bite.

abbaino (abba'ino) *nm* skylight.

abbaio (ab'bajo) *nm* bark.

abbandonare (abbando'nare)
vt abandon, leave, desert.
abbandonarsi a *vr* **1** indulge
in. **2** give free rein to. **abbandonato** *adj* abandoned,
deserted. **abbandono** *nm*
neglect.

abbassare (abbas'sare) *vt* lower. **abbassarsi** *vr* **1** subside.
2 (of temperature) fall. **abbassamento** *nm* **1** lowering. **2**
fall.

abbastanza (abbas'tantsa) *adv*
1 enough. **2** rather, quite.

abbattere (ab'battere) *vt* **1**
knock down. **2** defeat, overthrow. **3** dishearten. **abbat-
timento** *nm* dejection.

abbazia (abbat'tsia) *nf* abbey.

abbellire (abbel'lire) *vt* adorn,
embellish. **abbellimento** *nm*
embellishment.

abbeveratoio (abbevera'tojo)
nm drinking trough.

abbi ('abbi) *v* see **avere**.

abbia ('abbja) *v* see **avere**.

abbiamo (ab'bjamo) *v* see **a-
vere**.

abbiente (ab'bjente) *adj* well-
to-do, wealthy.

abbigliare (abbiʎ 'ʎare) *vt* dress
up, adorn. **abbigliamento**
nm clothing.

abboccare (abbok'kare) *vt* **1**
bite. **2** grip. **abboccarsi** *vr*
confer. **abboccamento** *nm*
interview, talk.

abbonare (abbo'nare) *vt* **1** deduct. **2** subscribe. **abbonar-
si** *vr* **1** subscribe. **2** take out a
season ticket. **abbonamen-
to** *nm* **1** subscription. **2** season
ticket. **abbonato** *nm* subscriber.

abbondare (abbon'dare) *vi*
abound, be plentiful. **abbondante** *adj* abundant. **abbondanza** (abbon'dantsa) *nf*
abundance.

abbordare (abbor'dare) *vt* **1**
approach. **2** broach.

abborracciare (abborrat'tʃare)
vt bungle, do carelessly.

abbottonare (abbotto'nare) *vt*
button (up).

abbozzare (abbot'tsare) *vt*
sketch, outline. **abbozzo** (ab-
'bɔttso) *nm* sketch, rough
draft.

abbracciare (abbrat'tʃare) *vt* **1**
embrace, hug. **2** comprise.
abbraccio *nm* embrace, hug.

abbreviare (abbre'vjare) *vt* abbreviate, shorten. **abbreviazione** *nf* abbreviation.

abbronzare (abbron'dzare) *vt*
tan. **abbronzarsi** *vr* become
sun-tanned. **abbronzato** *adj*
sunburnt, tanned **abbronzatura** *nf* suntan.

abbrustolire (abbrusto'lire) *vt*
1 toast. **2** burn.

abbuono (ab'bwɔno) *nm* **1** discount. **2** handicap.

abdicare (abdi'kare) *vi* **abdicare a** abdicate, renounce.
abdicazione *nf* abdication.

aberrazione (aberrat'tsjone) *nf*
aberration.

abete (a'bete) *nm* fir tree.

abietto (a'bjetto) *adj* abject,
vile.

abiezione (abjet'tsjone) *nf* ab-
jection, degradation.

abile ('abile) *adj* **1** capable,
skilful. **2** suitable. **abilità**
nf ability, skill.

abilitare (abili'tare) *vt* **1** train,

equip. 2qualify. **abilitazione** *nf* qualification, diploma.

Abissinia (abis'sinia) *nf* Abyssinia. **abissino** *adj,n* Abyssinian.

abisso (a'bisso) *nm* abyss, chasm.

abitare (abi'tare) *vt* inhabit, occupy. *vi* dwell, live. **abitante** *nm* inhabitant. **abitato** *adj* inhabited. *nm* built-up area. **abitazione** *nf* dwelling.

abito[1] ('abito) *nm* **1** clothes. **2** suit. **abito da sera** evening dress.

abito[2] ('abito) *nm* habit.

abituare (abitu'are) *vt* accustom. **abituarsi a** *vr* get used to. **abituale** *adj* habitual.

abitudine (abi'tudine) *nf* habit, custom.

abolire (abo'lire) *vt* **1** abolish. **2** annul. **abolizione** *nf* abolition.

abominevole (abomi'nevole) *adj* abominable.

aborigeno (abo'ridʒeno) *adj* native, aboriginal. *nm* Aborigine.

aborrire (abor'rire) *vt* abhor, loathe.

abortire (abor'tire) *vi* **1** abort, miscarry. **2** fail. **aborto** (a'borto) *nm* abortion.

abrasione (abra'zjone) *nf* abrasion.

abrasivo (abra'zivo) *adj,nm* abrasive.

abside ('abside) *nf* apse.

abusare (abu'zare) *vt* abuse, misuse, take advantage of. **abusivo** *adj* unauthorized. **abuso** *nm* abuse, misuse.

accademia (akka'dɛmja) *nf* academy, institute. **accademico** *adj* academic.

accadere* (akka'dere) *vi* happen, occur, take place. **accaduto** *nm* event, occurrence.

accampare (akkam'pare) *vt* **1**

camp. **2** allege. **3** set forth.

accamparsi *vr* camp. **accampamento** *nm* encampment, camp.

accanirsi (akka'nirsi) *vr* **1** rage. **2** persist. **accanimento** *nm* **1** fury. **2** tenacity.

accanito *adj* **1** fierce. **2** obstinate.

accanto (ak'kanto) *adv,prep* near, nearby. **accanto a** beside.

accantonare (akkanto'nare) *vt* set aside.

accappatoio (akkappa'tojo) *nm* beach or bath robe.

accarezzare (akkaret'tsare) *vt* caress, stroke.

accavallare (akkaval'lare) *vt* overlap. **accavallare le gambe** cross one's legs.

accecare (attʃe'kare) *vt* blind.

accelerare (attʃele'rare) *vi* accelerate. *vt* quicken. **accelerato** *nm* slow train. **acceleratore** *nm* accelerator.

accendere* (at'tʃɛndere) *vt* **1** light. **2** switch on. **accendersi** *vr* catch fire. **accendino** (attʃen'dino) *nm* also **accendisigaro** (attʃendisi'garo) cigarette lighter.

accennare (attʃen'nare) *vi* **1** nod, beckon. **2** mention, refer. *vt* point out, indicate. **accenno** *nm* **1** sign, nod. **2** mention.

accensione (attʃen'sjone) *nf* ignition.

accento (at'tʃɛnto) *nm* **1** accent. **2** tone. **3** stress.

accentrare (attʃen'trare) *vt* centralize, concentrate.

accentuare (attʃentu'are) *vt* accentuate, stress.

accertare (attʃer'tare) *vt* assure, verify.

accesi (at'tʃesi) *v* see **accendere**.

acceso (at'tʃeso) *v* see **accendere**. *adj* **1** alight, bright. **2** flushed.

accesso (at'tʃesso) *nm* 1 access. 2 fit. **accessibile** (attʃes'sibile) *adj* accessible.

accessorio (attʃes'sɔrjo) *adj, nm* accessory.

accetta (at'tʃetta) *nf* hatchet.

accettare (attʃet'tare) *vt* accept, agree. **accettazione** *nf* acceptance.

acchiappare (akkjap'pare) *vt* catch, grab hold of, seize.

acciaio (at'tʃajo) *nm* steel. **acciaio inossidabile** stainless steel. **acciaieria** *nf* steelworks.

accidente (attʃi'dɛnte) *nm* 1 accident, misfortune. 2 *med* fit. **non capire un accidente** not to understand a thing. **accidentale** *adj* accidental. **accidenti!** *interj* damn!

accigliarsi (attʃiʎ'ʎarsi) *vr* frown, knit one's brow. **accigliato** *adj* 1 frowning. 2 preoccupied.

acciocché (attʃok'ke) *conj* so that, in order that.

acciuga (at'tʃuga) *nf* anchovy. **pigiati come acciughe** packed like sardines.

acclamare (akkla'mare) *vt* acclaim, cheer. **acclamazione** *nf* acclamation.

acclimatare (akklima'tare) *vt* acclimatize.

accludere* (ak'kludere) *vt* enclose.

accoccolarsi (akkokko'larsi) *vr* crouch, squat.

accogliere* (ak'kɔʎʎere) *vt* 1 greet, welcome, receive. 2 accept. **accogliente** (akkoʎ-'ʎente) *adj* hospitable, cosy.

accomodare (akkomo'dare) *vt* 1 repair. 2 adjust. 3 tidy. *vi* suit. **accomodarsi** *vr* take a seat. **accomodamento** *nm* compromise. **accomodante** *adj* easy-going.

accompagnare (akkompaɲ-

'ɲare) *vt* accompany, escort. **accompagnamento** *nm* 1 accompaniment. 2 procession.

acconciare (akkon'tʃare) *vt* 1 prepare. 2 adorn. **acconciatura** (akkontʃa'tura) *nf* hairstyle.

accondiscendere (akkondiʃ-'ʃendere) *vi* concede, condescend.

acconsentire (akkonsen'tire) *vi* consent, approve.

accorciare (akkor'tʃare) *vt* shorten. *vi* become shorter.

accordare (akkor'dare) *vt* 1 grant. 2 tune. 3 match. **accordarsi** *vr* agree.

accordo (ak'kɔrdo) *nm* agreement. **andare d'accordo** get on well. **d'accordo** okay, very well. **essere d'accordo** agree.

accorgersi* (ak'kɔrdʒersi) *vr* notice, realize.

accorrere* (ak'korrere) *vi* run up, come running.

accorsi (ak'kɔrsi) *v* see **accorgersi**.

accorto (ak'kɔrto) *v* see **accorgersi**. *adj* shrewd. **accortezza** (akkor'tettsa) *nf* shrewdness.

accostare (akkos'tare) *vt* bring near. **accosto** *adv* near by.

accovacciarsi (akkovat'tʃarsi) *vr* crouch, huddle.

accreditare (akkredi'tare) *vt* credit.

accrescere* (ak'kreʃʃere) *vt* increase.

accumulare (akkumu'lare) *vt* amass, store, accumulate.

accurato (akku'rato) *adj* thorough, careful. **accuratezza** (akkura'tettsa) *nf* care.

accusare (akku'zare) *vt* accuse, charge. **accusa** *nf* accusation, charge.

acerbo (a'tʃerbo) *adj* bitter, unripe, sour.

acero ('atʃero) *nm* maple tree.

aceto (a'tʃeto) *nm* vinegar. **sott'aceto** in vinegar.

acido ('atʃido) *adj,nm* acid. **acidità** *nf* acidity.

acne ('akne) *nm* acne.

acqua ('akkwa) *nf* water. **acqua potabile** drinking water.

acquaforte (akkwa'fɔrte) *nf* 1 nitric acid. 2 etching.

acquaio (ak'kwajo) *nm* kitchen sink.

acquaragia (akkwa'radʒa) *nf* turpentine.

acquario (ak'kwarjo) *nm* 1 aquarium. 2 *cap* Aquarius.

acquatico (ak'kwatiko) *adj* aquatic.

acquavite (akkwa'vite) *nf* eau-de-vie.

acquazzone (akkwat'tsone) *nm* heavy shower, downpour.

acquedotto (akwe'dotto) *nm* aqueduct.

acquerello (akkwe'rɛllo) *nm* watercolour.

acquistare (akkwis'tare) *vt* 1 buy, acquire. 2 obtain. 3 gain. **acquisto** *nm* purchase.

acre ('akre) *adj* 1 bitter. 2 pungent. 3 acrid. **acredine** (a'kredine) *nf* bitterness.

acrilico (a'kriliko) *adj* acrylic.

acro ('akro) *nm* acre.

acrobata (a'krɔbata) *nm* acrobat. **acrobatico** (akro'batiko) *adj* acrobatic. **acrobazia** *nf* acrobatics.

acustica (a'kustika) *nf* acoustics. **acustico** (a'kustiko) *adj* acoustic.

acuto (a'kuto) *adj* 1 sharp, acute. 2 intense.

ad (ad) *prep* see **a.**

adagiarsi (ada'dʒarsi) *vr* settle oneself.

adagio (a'dadʒo) *adv* slowly, carefully.

adattabile (adat'tabile) *adj* adaptable.

adattare (adat'tare) *vt* adapt, convert. **adatto** *adj* suitable.

addensare (adden'sare) *vt* thicken. **addensarsi** *vr* thicken.

addetto (ad'detto) *adj* 1 assigned. 2 attached. *nm* attaché.

addietro (ad'djetro) *adv* 1 behind. 2 ago, before.

addio (ad'dio) *interj* goodbye! farewell!

addirittura (addiri'tura) *adv* even, quite.

additare (addi'tare) *vt* indicate, point out.

addizionare (additsjo'nare) *vt* add (up). **addizionatrice** *nf* adding machine. **addizione** *nf* addition.

addolcire (addol'tʃire) *vt* 1 sweeten. 2 soothe.

addome (ad'dɔme) *nm* abdomen.

addomesticare (addomesti'kare) *vt* tame, train.

addormentare (addormen'tare) *vt* put to sleep. **addormentarsi** *vr* fall asleep.

addossare (addos'sare) *vt* 1 lean. 2 saddle, burden. **addossarsi** *vr* undertake.

addosso (ad'dɔsso) *prep,adv* 1 on, upon. 2 close, against. **levarsi d'addosso** get rid of. **mettere le mani addosso** hit, manhandle. **mettersi addosso** put on.

addotto (ad'dotto) *v* see **addurre.**

adduco (ad'duko) *v* see **addurre.**

addurre* (ad'durre) *vt* 1 allege. 2 quote.

addussi (ad'dussi) *v* see **addurre.**

adeguare (ade'gware) *vt* make equal. **adeguarsi** *vr* adapt. **adeguato** *adj* 1 fitting. 2 fair.

adempiere (a'dempjere) *vt* carry out, fulfil. **adempimento** *nm* fulfilment.

adenoidi (ade'nɔidi) *nf pl* adenoids.

aderire (ade'rire) *vt* **1** adhere, stick. **2** support. **aderente** (ade'rɛnte) *nm* adherent. *adj* close fitting.

adescare (ades'kare) *vt* bait, lure.

adesione (ade'zjone) *nf* **1** adhesion. **2** assent. **adesivo** *adj* adhesive.

adesso (a'dɛsso) *adv* now. **per adesso** for the moment.

adiacente (adja'tʃente) *adj* adjacent.

adibire (adi'bire) *vt* **1** use as. **2** convert, adapt.

adirarsi (adi'rarsi) *vr* get angry. **adirato** *adj* angry.

adito ('adito) *nm* access, entrance.

adocchiare (adok'kjare) *vt* eye up, ogle.

adolescente (adoleʃ'ʃente) *adj, n* adolescent. **adolescenza** (adoleʃ'ʃentsa) *nf* adolescence, teens.

adombrare (adom'brare) *vt* **1** shade, conceal. **2** outline. **adombrarsi** *vr* take offence.

adoperare (adope'rare) *vt* use.

adorare (ado'rare) *vt* adore, worship. **adorabile** (ado'rabile) *adj* adorable, charming. **adorazione** (adorat'tsjone) *nf* adoration.

adornare (ador'nare) *vt* adorn.

adottare (adot'tare) *vt* adopt. **adozione** *nf* adoption.

adrenalina (adrena'lina) *nf* adrenaline.

adriatico (adri'atiko) *adj* Adriatic. **(Mare) Adriatico** *nm* Adriatic (Sea).

adulazione (adulat'tsjone) *nf* adulation.

adulterare (adulte'rare) *vt* **1** adulterate. **2** tamper with.

adulterio (adul'tɛrjo) *nm* adultery.

adulto (a'dulto) *adj, n* adult.

adunare (adu'nare) *vt* assemble, gather together. **adunanza** (adu'nantsa) *nf* meeting.

adunque (a'dunkwe) *conj, adv* then.

aerare (ae'rare) *vt* air, ventilate.

aereo (a'ereo) *adj* aerial. *nm* aeroplane.

aerodinamica (aerodi'namika) *nf* aerodynamics.

aerodromo (ae'rɔdromo) *nm* aerodrome, airfield.

aeronautica (aero'nautika) *nf* **1** aeronautics. **2** airforce.

aeroplano (aero'plano) *nm* aeroplane.

aeroporto (aero'pɔrto) *nm* airport.

aerosol (aero'sɔl) *nm invar* aerosol.

afa ('afa) *nf* sultry heat.

affabile (af'fabile) *adj* affable, friendly.

affaccendarsi (affattʃen'darsi) *vr* busy oneself.

affacciarsi (affat'tʃarsi) *vr* appear.

affamato (affa'mato) *adj* **1** starving, hungry. **2** eager.

affannare (affan'nare) *vt* trouble, worry. **affanno** *nm* worry, anxiety.

affare (af'fare) *nm* **1** affair, thing. **2** *pl* business. **uomo d'affari** *nm* business man. **affarista** *nm* speculator.

affascinare (affaʃʃi'nare) *vt* fascinate, bewitch. **affascinante** *adj* fascinating.

affastellare (affastel'lare) *vt* bundle, pile up.

affaticare (affati'kare) *vt* **1** tire. **2** strain.

affatto (af'fatto) *adv* completely. **non...affatto** not at all.

affermare (affer'mare) *vt* assert, affirm. **affermazione** *nf* affirmation.

afferrare (affer'rare) *vt* grasp, hold on to.

affettare¹ (affet'tare) *vt* affect. **affettato** *adj* affected, studied. **affettazione** *nf* affectation.

affettare² (affet'tare) *vt* slice, cut. **affettato** *nm* sliced cold ham or salami.

affetto¹ (af'fetto) *adj* afflicted, suffering.

affetto² (af'fetto) *nm* affection, love. **affettuoso** (affettu'oso) *adj* affectionate, loving.

affezionarsi (affettsjo'narsi) *vr* **affezionarsi a** become fond of or attached to. **affezionato** *adj* affectionate. **affezione** *nf* 1 affection. 2 illness, disease.

affidare (affi'dare) *vt* entrust.

affiggere* (af'fiddʒere) *vt* 1 affix. 2 display.

affilare (affi'lare) *vt* sharpen. **affilato** *adj* sharp.

affiliare (affi'ljare) *vt* affiliate, associate. **affiliarsi** *vr* become a member. **affiliazione** *nf* affiliation.

affinché (affin'ke) *conj* so that, in order that.

affinità (affini'ta) *nf* affinity, resemblance.

affissi (af'fissi) *v* see **affiggere**.

affissione (affis'sjone) *nf* billposting. **è vietata l'affissione** no bills.

affisso (af'fisso) *v* see **affiggere**. *nm* bill, poster.

affittare (affit'tare) *vt* 1 let. 2 rent. 3 hire. **affittasi** to let. **affitto** *nm* 1 rent. 2 lease. **dare in affitto** let.

affliggere* (af'fliddʒere) *vt* 1 afflict. 2 torment.

afflissi (af'flissi) *v* see **affliggere**.

afflitto (af'flitto) *v* see **affliggere**. *adj* afflicted.

afflizione (afflit'tsjone) *nf* affliction.

affluire (afflu'ire) *vi* 1 flow. 2 pour in. **affluenza** (afflu'entsa) *nf* affluence, abundance.

affogare (affo'gare) *vt,vi* 1 drown. 2 suffocate.

affollare (affol'lare) *vt* crowd, throng. **affollarsi** *vr* gather round. **affollato** *adj* crowded.

affondare (affon'dare) *vt,vi* sink.

affresco (af'fresko) *nm* fresco.

affrettare (affret'tare) *vt* hurry, quicken. **affrettarsi** (affret-'tarsi) *vr* hurry.

affrontare (affron'tare) *vt* confront, face. **affronto** *nm* insult.

affumicare (affumi'kare) *vt* 1 smoke. 2 *cul* cure.

Afganistan (afganis'tan) *nm* Afghanistan. **afgano** *adj,n* Afghan.

afoso (a'foso) *adj* sultry, close.

Africa ('afrika) *nf* Africa. **Africa del Sud** South Africa. **africano** *adj,n* African.

agenda (a'dʒenda) *nf* 1 diary. 2 notebook.

agente (a'dʒente) *nm* agent, representative. **agente di cambio** stockbroker.

agenzia (adʒen'tsia) *nf* agency, office. **agenzia di viaggi** travel agency.

agevole (a'dʒevole) *adj* 1 comfortable. 2 reasonable.

aggettivo (addʒet'tivo) *nm* adjective.

agghiacciare (aggjat'tʃare) *vt* freeze.

aggiornare (addʒor'nare) *vt* 1 bring up to date. 2 adjourn. **aggiornamento** *nm* 1 revision, bringing up to date. 2 adjournment.

aggiudicare (addʒudi'kare) *vt* award.

aggiungere* (ad'dʒundʒere) *vt* add. **aggiunta** *nf* addition.

aggiustare (addʒus'tare) *vt* 1 repair. 2 adjust. 3 settle.

aggrappare (aggrap'pare) *vt* seize. **aggrapparsi** *vr* cling.

aggravare (aggra'vare) *vt* aggravate. **aggravarsi** *vr* become worse, deteriorate.

aggregare (aggre'gare) *vt* enrol. **aggregarsi** *vr* join.

aggressione (aggres'sjone) *nf* assault, attack. **aggressivo** *adj* aggressive.

aggrottare (aggrot'tare) *vt* **aggrottare le ciglia** frown.

aggruppare (aggrup'pare) *vt* group together.

agguato (ag'gwato) *nm* ambush. **tendere un agguato** lay an ambush.

agile ('adʒile) *adj* 1 agile. 2 alert. **agilità** *nf* agility.

agio ('adʒo) *nm* ease, comfort.

agire (a'dʒire) *vi* 1 act, behave. 2 work.

agitare (adʒi'tare) *vt* 1 shake. 2 trouble. **agitarsi** *vr* 1 toss. 2 worry. **agitato** *adj* restless. **agitatore** *nm* agitator. **agitazione** *nf* agitation.

agli ('aʎʎi) contraction of **a gli**.

aglio ('aʎʎo) *nm* garlic.

agnello (aɲ'ɲello) *nm* lamb.

agnostico (aɲ'ɲɔstiko) *adj,nm* agnostic.

ago ('ago) *nm* needle.

agonia (ago'nia) *nf* agony. **agonizzare** (agonid'dzare) *vi* be on the point of death.

agopuntura (agopun'tura) *nf* acupuncture.

agosto (a'gosto) *nm* August.

agraria (a'grarja) *nf* agriculture. **agrario** *adj* agrarian.

agricoltore (agrikol'tore) *nm* farmer. **agricolo** (a'grikolo) *adj* agricultural. **agricoltura** *nf* agriculture.

agrifoglio (agri'fɔʎʎo) *nm* holly.

agro ('agro) *adj* 1 bitter. 2 harsh.

agrumi (a'grumi) *nm pl* citrus fruits.

aguzzare (agut'tsare) *vt* 1 sharpen. 2 stimulate. **aguzzo** *adj* sharp, pointed.

ahimè (ai'mɛ) *interj* alas!

ai ('ai) contraction of **a i**.

aia ('aja) *nf* threshing floor. **menare il can per l'aia** beat about the bush.

Aia, L' ('aja) *nf* The Hague.

airone (ai'rone) *nm* heron.

aiuola (a'jwɔla) *nf* flowerbed.

aiutare (aju'tare) *vt* help, aid. **aiutante** *nm* 1 helper. 2 adjutant. **aiuto** *nm* help.

aizzare (ait'tsare) *vt* provoke, incite.

al (al) contraction of **a il**.

ala ('ala) *nf, pl* **ali** wing.

alabastro (ala'bastro) *nm* alabaster.

alano (a'lano) *nm* Great Dane.

alba ('alba) *nf* dawn, daybreak.

Albania (alba'nia) *nf* Albania. **albanese** *adj,n* Albanian.

albatro ('albatro) *nm* albatross.

albergare (alber'gare) *vt* 1 house. 2 cherish. *vi* lodge.

albergo (al'bergo) *nm* hotel. **albergo diurno** toilet facilities. **albergo per la gioventù** youth hostel.

albero ('albero) *nm* 1 tree. 2 mast. 3 shaft.

albicocca (albi'kɔkka) *nf* apricot. **albicocco** *nm* apricot tree.

album ('album) *nm* album.

alcali ('alkali) *nm invar* alkali.

alchimia (alki'mia) *nf* alchemy. **alchimista** *nm* alchemist.

alcool ('alkool) *nm invar* alcohol. **alcoolico** (alko'ɔliko) *adj* alcoholic.

alcoolismo (alkoo'lizmo) *nm* alcoholism. **alcoolizzato** (alkoolid'dzato) *adj,n* alcoholic.

alcunché (alku'ke) *pron* 1 anything. 2 something.

alcuno (al'kuno) *adj* 1 any. 2 some. *pron* 1 somebody. 2 anybody.

alfabeto (alfa'beto) *nm* alphabet. **alfabetico** (alfa'betiko) *adj* alphabetical.

alfiere (al'fjere) *nm* game bishop.

alfine (al'fine) *adv* at last.

alga ('alga) *nf* seaweed.

algebra ('aldʒebra) *nf* algebra.

Algeria (aldʒe'ria) *nf* Algeria. **algerino** *adj,n* Algerian.

aliante (ali'ante) *nm* glider.

alibi ('alibi) *nm invar* alibi.

alice (a'litʃe) *nf* anchovy.

alienare (alje'nare) *vt* alienate.

alienato *nm* lunatic. **alienazione** *nf* 1 alienation. 2 insanity.

alieno (a'ljeno) *adj* **alieno da** averse to.

alimentare (alimen'tare) *vt* nourish, feed. **alimentari** *nm pl* foodstuffs. **negozio di alimentari** *nm* grocer's shop. **alimento** *nm* 1 food. 2 *pl* alimony.

aliscafo (alis'kafo) *nm* hydrofoil.

alito ('alito) *nm* breath.

all' (al) contraction of **a l'**.

alla ('alla) contraction of **a la**.

allacciare (allat'tʃare) *vt* lace up, fasten.

allagare (alla'gare) *vt* flood. **allagamento** *nm* flood.

allargare (allar'gare) *vt* widen, broaden.

allarmare (allar'mare) *vt* alarm. **allarmarsi** *vr* take fright. **allarmante** *adj* alarming. **allarme** *nm* alarm.

alle ('alle) contraction of **a le**.

alleanza (alle'antsa) *nf* alliance.

alleato (alle'ato) *adj* allied. *nm* ally.

allegare (alle'gare) *vt* 1 allege. 2 enclose. **allegazione** *nf* allegation.

allegoria (allego'ria) *nf* allegory. **allegorico** (alle'goriko) *adj* allegorical.

allegro (al'legro) *adj* happy, gay. **allegria** *nf* gaiety, joy.

allenare (alle'nare) *vt* train. **allenamento** *nm* training. **allenatore** *nm* coach, trainer.

allentare (allen'tare) *vt* loosen, relax.

allergia (aller'dʒia) *nf* allergy. **allergico** *adj* allergic.

allestire (alles'tire) *vt* 1 prepare. 2 stage. **allestimento** *nm* preparation.

allettare (allet'tare) *vt* lure, entice.

allevare (alle'vare) *vt* 1 bring up. 2 breed.

alleviare (alle'vjare) *vt* alleviate.

allibratore (allibra'tore) *nm* bookmaker, turf accountant.

allievo (al'ljevo) *nm* pupil, student.

alligatore (alliga'tore) *nm* alligator.

allineare (alline'are) *vt* put in line, line up.

allitterazione (allitterat'tsjone) *nf* alliteration.

allo ('allo) contraction of **a lo**.

allodola (al'lodola) *nf* lark.

alloggiare (allod'dʒare) *vt,vi* lodge. **alloggio** (al'loddʒo) *nm* lodgings.

allontanare (allonta'nare) *vt* remove, take away, avert. **allontanarsi** *vr* go away. **allontanamento** *nm* removal.

allora (al'lora) *adv* 1 then. 2 at that time. 3 in that case. **d'allora in poi** from then on.

allorché (allor'ke) *conj* when.

alloro (al'loro) *nm* laurel.

allucinazione (allutʃinat'tsjone) *nf* hallucination.

alludere* (al'ludere) *vi* allude, hint.

alluminio (allu'minjo) *nm* aluminium.

allungare (allun'gare) *vt* 1 lengthen, let down (a hem). 2 dilute. 3 hand, pass. 4

quicken. **allungarsi** *vr* lengthen, stretch.

allusi (al'luzi) *v* see **alludere**.

allusione (allu'zjone) *nf* allusion.

alluso (al'luzo) *v* see **alludere**.

almeno (al'meno) *adv* at least.

Alpi ('alpi) *nf pl* Alps. **alpino** *adj* alpine.

alpinismo (alpi'nizmo) *nm* mountaineering, (mountain) climbing. **alpinista** *nm* mountaineer, (mountain) climber.

alquanto (al'kwanto) *adj* quite a lot (of). *adv* somewhat, rather.

alt (alt) *interj* halt! stop!

altalena (alta'lena) *nf* **1** swing. **2** seesaw.

altare (al'tare) *nm* altar.

alterare (alte'rare) *vt* alter, forge, falsify, adulterate. **alterarsi** *vr* **1** go bad, perish. **2** become angry. **alterazione** *nf* alteration, forgery.

alternare (alter'nare) *vt* alternate. **alternarsi** *vr* alternate. **alternativa** *nf* alternative. **alternativo** *adj* alternative. **alterno** (al'terno) *adj* alternate.

altero (al'tero) *adj* haughty, arrogant.

altezza (al'tettsa) *nf* **1** height. **2** depth. **3** width. **4** *cap* Highness. **essere all'altezza** be capable.

altipiano (alti'pjano) *nm* plateau.

altitudine (alti'tudine) *nf* altitude.

alto ('alto) *adj* **1** high, tall. **2** loud. **ad alta voce** aloud. ~*adv* high. **in alto** upwards. **mani in alto** hands up. **altoparlante** *nm* loudspeaker.

altresì (altre'si) *adv* also, as well.

altrettanto (altret'tanto) *adj, pron* as much, as many. *interj* the same to you! *adv* equally.

altro ('altro) *adj* **1** other. **2** different. **3** previous. **4** next. **altro ieri** day before yesterday. ~*pron* another. **altro che!** yes indeed! **non volere altro** want nothing more. **tutt'altro** on the contrary.

altronde (al'tronde) **d'altronde** *adv* **1** besides. **2** on the other hand.

altrove (al'trove) *adv* elsewhere.

altrui (al'trui) *adj invar* of others.

alunno (a'lunno) *nm educ* pupil.

alveare (alve'are) *nm* beehive.

alzare (al'tsare) *vt* **1** raise, lift up. **2** erect. **alzarsi** *vr* get up, rise. **alzarsi in piedi** stand up.

amaca (a'maka) *nf* hammock.

amare (a'mare) *vt* love. **amabile** (a'mabile) *adj* **1** lovable. **2** amiable. **3** (of wine) sweet. **amante** *nm* lover. **amato** *adj* loved. *nm* loved-one. **amatore** *nm* **1** lover. **2** connoisseur.

amarena (ama'rena) *nf* black cherry.

amaro (a'maro) *adj* bitter. *nm* aperitive. **amarezza** *nf* bitterness.

amatriciano (amatri'tʃano) **spaghetti all'amatriciana** *nm pl* spaghetti with a sauce made of pork, onion, tomato, and cheese.

ambasciata (ambaʃ'ʃata) *nf* embassy. **ambasciatore** (ambaʃʃa'tore) *nm* ambassador.

ambedue (ambe'due) *adj invar, pron invar* both.

ambidestro (ambi'destro) *adj* ambidextrous.

ambientarsi (ambjen'tarsi) *vr* get used to one's surroundings, find one's feet. **ambiente** (am'bjente) *nm* surroundings, environment, habitat. *adj* surrounding. **temperatura ambiente** *nf* room temperature.

ambiguo (am'biguo) *adj* **1** ambiguous. **2** dubious. **ambiguità** *nf* ambiguity.

ambito (am'bito) *nm* range, scope.

ambivalente (ambiva'lente) *adj* ambivalent.

ambizione (ambit'tsjone) *nf* ambition. **ambizioso** (ambit'tsjoso) *adj* ambitious.

ambo ('ambo) *adj,pron invar* both.

ambra ('ambra) *nf* amber.

ambulante (ambu'lante) *adj* wandering, itinerant.

ambulanza (ambu'lantsa) *nf* ambulance.

ambulatorio (ambula'tɔrjo) *nm* **1** surgery. **2** outpatients' department.

ameba (a'meba) *nf* amoeba.

ameno (a'meno) *adj* pleasant, enjoyable.

America (a'merika) *nf* America. **America del Nord/Sud** North/South America. **americano** *adj,n* American.

ametista (ame'tista) *nf* amethyst.

amianto (a'mjanto) asbestos.

amichevole (ami'kevole) *adj* friendly.

amico (a'miko) *nm, pl* **amici** friend. **amicizia** (ami'tʃittsja) *nf* friendship.

amido ('amido) *nm* starch.

ammaccare (ammak'kare) *vt* bruise. **ammaccatura** *nf* bruise.

ammaestrare (ammaes'trare) *vt* train, teach. **ammaestrato** *adj* tame. **ammaestratore** *nm* trainer.

ammalarsi (amma'larsi) *vr* fall ill. **ammalato** *adj* sick. *nm* sick person, patient.

ammansire (amman'sire) *vt* **1** tame. **2** calm down.

ammassare (ammas'sare) *vt*

amass, accumulate. **ammasso** *nm* heap, pile.

ammazzare (ammat'tsare) *vt* kill, murder. **ammazzarsi** *vr* **1** kill oneself. **2** wear oneself out. **ammazzatoio** *nm* slaughterhouse.

ammenda (am'menda) *nf* **1** amends. **2** fine.

ammettere* (am'mettere) *vt* **1** admit. **2** allow, grant. **3** suppose.

ammiccare (ammik'kare) *vi* wink. **ammicco** *nm* wink.

amministrare (amminis'trare) *vt* **1** administer. **2** manage. **amministrativo** *adj* administrative. **amministratore** *nm* director, manager. **amministrazione** *nf* administration.

ammiraglio (ammi'raʎʎo) *nm* admiral. **ammiragliato** *nm* admiralty.

ammirare (ammi'rare) *vt* admire, praise. **ammiratore** *nm* admirer. **ammirazione** *nf* admiration.

ammissibile (ammis'sibile) *adj* permissible, acceptable.

ammissione (ammis'sjone) *nf* admission. **esame di ammissione** *nm* entrance exam.

ammobiliare (ammobi'ljare) *vt* furnish. **ammobiliato** *adj* furnished.

ammollare (ammol'lare) *vt* soak.

ammollire (ammol'lire) *vt* soften.

ammoniaca (ammo'niaka) *nf* ammonia.

ammonire (ammo'nire) *vt* warn, reprimand. **ammonimento** *nm* reprimand, reproof.

ammontare (ammon'tare) *vi* amount.

ammorbidire (ammorbi'dire) *vt* soften.

ammortire (ammor'tire) *vt* **1** deaden. **2** dull, tone down.

ammortizzatore (ammortidd-
za'tore) *nm* shock absorber.

ammucchiare (ammuk'kjare)
vt pile up, amass.

ammuffire (ammuf'fire) *vi*
grow mouldy.

ammutinamento (ammutina-
'mento) *nm* mutiny.

amnistia (amnis'tia) *nf* amnesty.

amo ('amo) *nm* fishhook.

amorale (amo'rale) *adj* amoral.

amore (a'more) *nm* love. **amore proprio** self-esteem. **fare
all'amore** or **l'amore** make
love. **amoroso** (amo'roso)
adj loving. *nm* lover.

ampère (ã'per) *nm* ampere.

ampio ('ampjo) *adj* ample,
vast, spacious. **ampiezza** (a-
m'pjettsa) *nf* breadth, abundance.

amplificare (amplifi'kare) *vt*
amplify. **amplificatore** *nm*
amplifier.

amputare (ampu'tare) *vt* amputate. **amputazione** *nf* am-
putation.

anacronismo (anakro'nizmo)
nm anachronism.

anagramma (ana'gramma) *nm*
anagram.

analcolico (anal'koliko) *adj*
non-alcoholic.

anale (a'nale) *adj* anal.

analfabeta (analfa'beta) *adj* illiterate. *nm* illiterate person.
analfabetismo *nm* illiteracy.

analizzare (analid'dzare) *vt* analyse. **analisi** (a'nalizi) *nf*
invar analysis. **analitico** (a-
na'litiko) *adj* analytical.

analogo (a'nalogo) *adj* analogous. **analogia** *nf* analogy.

ananas ('ananas) *nm* pineapple.

anarchia (anar'kia) *nf* anarchy.
anarchico (a'narkiko) *nm*
anarchist.

anatomia (anato'mia) *nf* anatomy. **anatomico** (ana'tomi-
ko) *adj* anatomical.

anatra ('anatra) *nf* duck. **anatroccolo** (ana'trokkolo) *nm*
duckling.

anca ('anka) *nf* hip, thigh,
haunch.

anche ('anke) *conj* **1** also, too.
2 moreover. **3** even. **quan-
d'anche** even if.

ancora[1] ('ankora) *nf* anchor.

ancora[2] (an'kora) *adv* **1** still.
2 yet. **3** more. **4** again.

andare* (an'dare) *vi* **1** go. **2**
work, function. **3** suit. **4** be
popular. **5** please, be to one's
taste. **a lungo andare** in the
long run. **andare a finire**
end up. **va'fan culo!** *tab*
fuck off! **va'via!** *tab* piss
off! **andarsene** *vr* go away,
leave. **andante** *adj* current,
ordinary. **andata** *nf* outward
journey. **biglietto d'andata
e ritorno** *nm* return ticket.
andatura *nf* gait.

andirivieni (andir'vjeni) *nm*
invar coming and going.

andito ('andito) *nm* passage-
way.

andrò (an'dro) *v* see **andare**.

aneddoto (a'neddoto) *nm* anecdote.

anelare (ane'lare) *vi* pant,
gasp.

anello (a'nello) *nm* ring. **anello di fidanzamento/matri-
monio** engagement/wedding
ring.

anemia (ane'mia) *nf* anaemia.
anemico (a'nemiko) *adj* anaemic.

anemone (a'nemone) *nm* anemone.

anestesista (aneste'zista) *nm*
anaesthetist. **anestetico** (a-
nes'tetiko) *adj, nm* anaesthetic. **anestetizzare** (aneste-
tid'dzare) *vt* anaesthetize.

anfetamina (anfeta'mina) *nf*
amphetamine.

anfibio (an'fibjo) *adj* amphibious. *nm* amphibian.

angariare (anga'rjare) *vt* harass.

angelica (an'dʒelika) *nf* angelica.

angelo ('andʒelo) *nm* angel. **angelico** *adj* angelic.

anglicano (angli'kano) *adj,n* Anglican.

angolo ('angolo) *nm* **1** corner. **2** angle. **angolare** *adj* angular.

angoscia (an'goʃʃa) *nf* anguish, desolation. **angoscioso** (angoʃ'ʃoso) *adj* painful, harrowing.

anguilla (an'gwilla) *nf* eel.

anguria (an'gurja) *nf* watermelon.

anice ('anitʃe) *nm* aniseed.

anima ('anima) *nf* **1** spirit. **2** mind. **3** soul.

animale (ani'male) *nm* **1** animal. **2** brute. *adj* animal. **animalesco** *adj* bestial.

animare (ani'mare) *vt* **1** enliven. **2** encourage. **animato** *adj* animated, vivacious.

animo ('animo) *nm* **1** mind. **2** courage.

animosità (animosi'ta) *nf* animosity.

annacquare (annak'kware) *vt* dilute, water down.

annaffiare (annaf'fjare) *vt* water (plants, etc.). **annaffiatoio** *nm* watering-can.

annali (an'nali) *nm pl* annals.

annata (an'nata) *nf* **1** year. **2** crop.

annebbiare (anneb'bjare) *vt* cloud, obscure. **annebbiarsi** *vr* **1** become foggy. **2** grow dim.

annegare (anne'gare) *vt,vi* drown.

annettere* (an'nettere) *vt* annex. **annettere importanza** attach importance. **annesso** *nm* annexe.

annichilare (anniki'lare) *vt* annihilate, destroy.

annientare (annjen'tare) *vt* reduce to nothing, destroy.

anniversario (anniver'sarjo) *nm* anniversary.

anno ('anno) *nm* year. **anno scorso** last year. **capo d'anno** *nm* New Year's Day. **quanti anni hai?** how old are you?

annodare (anno'dare) *vt* **1** knot, tie. **2** conclude.

annoiare (anno'jare) *vt* **1** bore. **2** annoy. **annoiarsi** *vr* be bored.

annotare (anno'tare) *vt* annotate, note, jot down. **annotazione** *nf* entry, note.

annuario (annu'arjo) *nm* yearbook, directory.

annuire (annu'ire) *vi* nod in assent.

annullare (annul'lare) *vt* annul, cancel. **annullamento** *nm* annulment.

annunciare (annun'tʃare) *vt* **1** announce. **2** foretell. **annunciatore** *nm* announcer. **annuncio** *nm* announcement, notice.

Annunciazione (annuntʃat-'tsjone) *nf* Annunciation.

annusare (annu'sare) *vt* sniff, smell. **annusare tabacco** take snuff.

annuvolare (annuvo'lare) *vt* darken. **annuvolarsi** *vr* cloud over, darken.

ano ('ano) *nm* anus.

anodo ('anodo) *nm* anode.

anomalia (anoma'lia) *nf* anomaly.

anonimo (a'nɔnimo) *adj* anonymous. **società anonima** *nf* limited company.

anormale (anor'male) *adj* abnormal. **anormalità** *nf* abnormality.

ansare (an'sare) *vi* puff, pant.

ansia ('ansja) *nf* anxiety. **ansioso** (an'sjoso) *adj* anxious.

antagonismo (antago'nizmo)

nm antagonism. **antagonista** *nm* antagonist.

antartico (an'tartiko) *adj,nm* Antarctic.

antenato (ante'nato) *nm* ancestor.

antenna (an'tenna) *nf* 1 antenna, feeler. 2 aerial.

anteprima (ante'prima) *nf* preview.

anteriore (ante'rjore) *adj* 1 front. 2 previous.

antiabbagliante (antiabbaʎ-'ʎante) *adj* antiglare. **faro antiabbagliante** *nm* dipped headlight.

antiaereo (antia'ɛreo) *adj* antiaircraft.

antibiotico (antibi'ɔtiko) *adj, nm* antibiotic.

anticamera (anti'kamera) *nf* antechamber, waiting room.

antichità (antiki'ta) *nf* antiquity.

anticiclone (antitʃi'klone) *nm* anticyclone.

anticipare (antitʃi'pare) *vt* 1 anticipate. 2 *comm* advance. *vi* be early.

anticipo (an'titʃipo) *nm* 1 anticipation. 2 deposit. **in anticipo** ahead of time.

antico (an'tiko) *adj* 1 ancient. 2 old-fashioned. 3 former.

anticonformista (antikonfor-'miesta) *nm* non-conformist.

anticorpo (anti'kɔrpo) *nm* antibody.

antidoto (an'tidoto) *nm* antidote.

antifecondativo (antifekonda-'tivo) *adj,nm* contraceptive.

antifurto (anti'furto) *adj* antitheft.

antigelo (anti'dʒelo) *nm* antifreeze.

antilope (an'tilope) *nm* antelope.

antincendio (antin'tʃendjo) *adj invar* fireproof.

antipasto (anti'pasto) *nm* hors d'oeuvre.

antipatia (antipa'tia) *nf* dislike, antipathy. **antipatico** (anti-'patiko) *adj* disagreeable, unpleasant.

antiquario (anti'kwarjo) *nm* antique dealer.

antiquato (anti'kwato) *adj* antiquated.

antisemita (antise'mita) *adj* anti-Semitic. **antisemitismo** *nm* anti-Semitism.

antisettico (anti'settiko) *adj, nm* antiseptic.

antisociale (antiso'tʃale) *adj* antisocial.

antitesi (an'titezi) *nf invar* antithesis.

antologia (antolo'dʒia) *nf* anthology.

antro ('antro) *nm* 1 cave. 2 den.

antropologia (antropolo'dʒia) *nf* anthropology. **antropologo** (antri'pɔlogo) *nm* anthropologist.

anulare (anu'lare) *nm* ring finger.

anzi ('antsi) *conj* 1 rather. 2 on the contrary.

anziano (an'tsjano) *adj* 1 old, aged. 2 senior. **anzianità** *nf* seniority.

anziché (antsi'ke) *conj* rather than.

anzitutto (antsi'tutto) *adv* first of all.

apatia (apa'tia) *nf* apathy. **apatico** *adj* apathetic.

ape ('ape) *nf* bee.

aperitivo (aperi'tivo) *nm* aperitive.

aperto (a'pɛrto) *v* see **aprire**. *adj* 1 open. 2 frank. **all'aperto** in the open air. **apertura** *nf* opening, gap.

apice ('apitʃe) *nm* summit, height.

apostolo (a'postolo) *nm* apostle, disciple.

apostrofo (a'pɔstrofo) *nm* apostrophe.

appagare (appa'gare) *vt* **1** satisfy. **2** quench.

appaio (ap'pajo) *v* see **apparire**.

appalto (ap'palto) *nm* contract.

appannare (appan'nare) *vt* veil, blur.

apparato (appa'rato) *nm* **1** decoration, pomp. **2** apparatus. **3** equipment. **apparato scenico** props.

apparecchiare (apparek'kjare) *vt* set (the table). **apparecchio** *nm* **1** machine, device, set. **2** aeroplane.

apparenza (appa'rentsa) *nf* aspect, appearance. **salvare le apparenze** keep up appearances.

apparire* (appa'rire) *vi* appear, seem. **apparizione** *nf* apparition.

apparsi (ap'parsi) *v* see **apparire**.

apparso (ap'parso) *v* see **apparire**.

appartamento (apparta'mento) *nm* flat.

appartare (appar'tare) *vt* set aside, separate. **appartato** *adj* secluded.

appartenere* (apparte'nere) *vi* belong.

apparvi (ap'parvi) *v* see **apparire**.

appassionare (appassjo'nare) *vt* enthrall, captivate. **appassionarsi** *vr* grow very fond of.

appena (ap'pena) *adv* **1** hardly, scarcely. **2** as soon as. **appena un po'** just a little.

appendere* (ap'pendere) *vt* hang. **appendice** *nf* appendix.

appendicite (appendi'tʃite) *nf* appendicitis.

appesi (ap'pesi) *v* see **appendere**.

appeso (ap'peso) *v* see **appendere**.

appestare (appes'tare) *vt* infect.

appetito (appe'tito) *nm* appetite. **appetitoso** (appeti'toso) *adj* appetizing.

appianare (appja'nare) *vt* **1** flatten, level. **2** settle.

appiccare (appik'kare) *vt* **1** hang. **2** attach.

appiccicare (appittʃi'kare) *vt* stick, glue. **appiccicoso** (appittʃi'koso) *adj* sticky.

appiè (ap'pjɛ) *prep* at the foot.

appigionare (appidʒo'nare) *vt* let.

appisolarsi (appizo'larsi) *vr* doze.

applaudire (applau'dire) *vt* applaud, clap. **applauso** (ap'plauzo) *nm* applause.

applicare (appli'kare) *vt* **1** put on, affix. **2** apply. **applicazione** *nf* application.

appoggiare (appod'dʒare) *vt* lean, rest. **appoggio** (ap'poddʒo) *nm* support.

apporre* (ap'porre) *vt* add, affix.

apportare (appor'tare) *vt* bring.

apposito (ap'pozito) *adj* suitable, proper.

apposta (ap'posta) *adv* on purpose, deliberately.

apprendere* (ap'prendere) *vt* learn. **apprendista** *nm* apprentice.

apprensione (appren'sjone) *nf* apprehension.

apprestare (appres'tare) *vt* prepare.

apprezzare (appret'tsare) *vt* appreciate.

approfittare (approfit'tare) *vi* gain, profit. **approfittarsi di** *vr* take advantage of.

approfondire (approfon'dire) *vt* go into thoroughly.

approssimativo (approssima'tivo) *adj* approximate, rough.

approvare (appro'vare) *vt* approve. **approvazione** *nf* approval.

appuntamento (appunta'mento) *nm* appointment.

appuntare (appun'tare) *vt* **1** sharpen. **2** point. **3** fix.

appuntare gli orecchi prick up one's ears. **appuntalapis** (appunta'lapis) *nm invar* pencil-sharpener.

appunto[1] (ap'punto) *nm* **1** note. **2** mark.

appunto[2] (ap'punto) *adv* exactly, precisely.

appurare (appu'rare) *vt* verify.

aprile (a'prile) *nm* April.

aprire* (a'prire) *vt* **1** open. **2** inaugurate. **3** unlock. **4** switch on. **apribottiglie** *nm invar* bottle opener. **apriscatole** (apris'katole) *nm invar* tinopener.

aquila ('akwila) *nf* eagle. **aquilone** (akwi'lone) *nm* kite.

Arabia (a'rabia) *nf* Arabia. **Arabia Saudita** (sau'dita) Saudi Arabia. **arabico** (a'rabiko) *adj* Arabic, Arabian. **arabo** *adj* Arab. *nm* **1** Arab. **2** Arabic.

arachide (a'rakide) *nf* peanut.

aragosta (ara'gosta) *nf* lobster.

araldo (a'raldo) *nm* herald. **araldico** *adj* heraldic.

arancia (a'rantʃa) *nf* **1** *bot* orange. **2** orange (colour). **aranciata** *nf* orangeade. **arancio** *nm* orange tree. **arancione** *adj* orange-coloured.

arare (a'rare) *vt* plough. **arabile** *adj* arable. **aratro** *nm* plough.

arazzo (a'rattso) *nm* tapestry.

arbitrare (arbi'trare) *vt* **1** judge. **2** umpire, referee. **arbitrario** *adj* arbitrary.

arbitrio (ar'bitrjo) *nm* will. **libero arbitrio** free will. **arbitro** *nm* **1** judge, arbitrator. **2** umpire, referee.

arbusto (ar'busto) *nm* shrub.

arca ('arka) *nf* ark.

arcaico (ar'kaiko) *adj* archaic.

arcata (ar'kata) *nf* **1** arch. **2** arcade.

archeologia (arkeolo'dʒia) *nf* archaeology. **archeologico** (arkeo'lodʒiko) *adj* archaeological. **archeologo** (arke-'ɔlogo) *nm* archaeologist.

archetipo (ar'kɛtipo) *nm* archetype.

architetto (arki'tetto) *nm* architect. **architettura** *nf* architecture.

archivio (ar'kivjo) *nm* archive.

arciduca (artʃi'duka) *nm* archduke.

arciere (ar'tʃere) *nm* archer.

arcigno (ar'tʃiɲɲo) *adj* sullen.

arcipelago (artʃi'pelago) *nm* archipelago.

arcivescovo (artʃi'veskovo) *nm* archbishop.

arco ('arko) *nm* **1** bow. **2** arch. **3** *pl* string instruments.

arcobaleno (arkoba'leno) *nm* rainbow.

ardere* ('ardere) *vt, vi* burn. **ardente** *adj* burning.

ardesia (ar'dezja) *nf* slate.

ardire (ar'dire) *vi* dare. **ardito** *adj* daring, bold.

arduo ('arduo) *adj* **1** arduous. **2** steep.

area ('area) *nf* area, zone.

arena *nf* **1** (a'rena) sand. **2** (a'rena) arena. **2 arena.**

arenare (are'nare) *vi* run aground.

argento (ar'dʒento) *nm* silver. **argenteo** (ar'dʒenteo) *adj* silvery. **argenteria** *nf* silverware. **argentiere** (ardʒen-'tjere) *nm* silversmith.

argilla (ar'dʒilla) *nf* clay.

argine ('ardʒine) *nm* dyke.

argomento (argo'mento) *nm* **1** topic, subject, theme. **2** summary.

arguto (ar'guto) *adj* shrewd, quick-witted.

aria ('arja) *nf* **1** air. **2** appearance. **3** melody.

arido ('arido) *adj* arid, dry.

arieggiare (arjed'dʒare) *vt* air.

ariete (a'rjɛte) *nm* 1 ram. 2 *cap* Aries.

aringa (a'ringa) *nf* herring.

aristocrazia (aristokrat'tsia) *nf* aristocracy. **aristocratico** (a-risto'kratiko) *adj* aristocratic.

aritmetica (arit'mɛtika) *nf* a-rithmetic.

armadio (ar'madjo) *nm* 1 wardrobe. 2 cupboard.

armare (ar'mare) *vt* arm. **arma** *nf, pl* **armi** arm, weapon.

armata (ar'mata) *nf* 1 army. 2 fleet.

armonia (armo'nia) *nf* harmony. **armonioso** (armo'njoso) *adj* harmonious. **armonizzare** *vt* harmonize, match. **armonica** (ar'mɔnika) *nf* harmonica.

arnese (ar'nese) *nm* tool.

arnia ('arnja) *nf* beehive.

aroma (a'rɔma) *nm* smell, aroma.

arpa ('arpa) *nf* harp.

arrabbiarsi (arrab'bjarsi) *vr* lose one's temper, get angry. **arrabbiato** *adj* angry.

arrampicarsi (arrampi'karsi) *vr* climb.

arrangiare (arran'dʒare) *vt* adjust, arrange. **arrangiarsi** *vr* do the best one can.

arrecare (arre'kare) *vt* 1 cause. 2 bring.

arredare (arre'dare) *vt* furnish, equip. **arredamento** *nm* furnishings. **arredi** (ar'redi) *nm pl* furnishings, fittings.

arrendersi* (arren'dersi) *vr* surrender.

arrestare (arres'tare) *vt* 1 stop. 2 arrest. **arresto** (ar'resto) *nm* arrest.

arretrare (arre'trare) *vi* recoil, withdraw. **arretrato** *adj* 1 underdeveloped. 2 in arrears, behind. *nm* arrears.

arricchire (arrik'kire) *vi* be-

come rich. *vt* enrich, adorn. **arricchirsi** *vr* become rich.

arricciare (arrit'tʃare) *vt* 1 curl. 2 wrinkle.

arrischiare (arris'kjare) *vt* risk, endanger.

arrivare (arri'are) *vi* 1 arrive, reach. 2 manage. 3 happen. **arrivo** *nm* arrival. **ben arrivato!** welcome!

arrivederci (arrive'dertʃi) *interj also* **arrivederla** goodbye!

arrogante (arro'gante) *adj* haughty, arrogant. **arroganza** (arro'gantsa) *nf* arrogance.

arrossire (arros'sire) *vi* blush.

arrostire (arros'tire) *vt* roast. **arrosto** (ar'rɔsto) *nm* roast meat. *adj invar* roast.

arrotolare (arroto'lare) *vt* roll up.

arrotondare (arroton'dare) *vt* make round.

arrovesciare (arroveʃ'ʃare) *vt* 1 overturn. 2 turn inside out.

arruffare (arruf'fare) *vt* ruffle. **arruffarsi** *vr* bristle.

arrugginire (arruddʒi'nire) *vt, vi* rust. **arrugginito** *adj* rusty.

arruolare (arrwo'lare) *vt* enlist. **arruolarsi** *vr* join up, enlist.

arsenale (arse'nale) *nm* 1 shipyard. 2 arsenal.

arsenico (ar'sɛniko) *nm* arsenic.

arsi ('arsi) *v see* **ardere.**

arso ('arso) *v see* **ardere.**

arte ('arte) *nf* 1 art. 2 skill. **artefice** (ar'tefitʃe) *nm* craftsman.

arteria (ar'tɛrja) *nf* 1 artery. 2 main road or line.

artico ('artiko) *adj, nm* Arctic.

articolare (artiko'lare) *vt* pronounce clearly, articulate.

articolo (ar'tikolo) *nm* article. **articolo di fondo** newspaper leader.

artificiale (artifi'tʃale) *adj* artificial, false.

artificio (arti'fitʃo) *nm* **1** skill, cunning. **2** affectation.

artigiano (arti'dʒano) *nm* artisan, craftsman. **artigianato** *nm* **1** small industry. **2** handicraft.

artiglieria (artiʎʎe'ria) *nf* artillery.

artiglio (ar'tiʎʎo) *nm* claw, talon.

artista (ar'tista) *nm* **1** artist. **2** entertainer. **artistico** (ar'tistiko) *adj* artistic.

artrite (ar'trite) *nf* arthritis.

asbesto (az'bɛsto) *nm* asbestos.

ascella (aʃ'ʃɛlla) *nf* armpit.

ascensore (aʃʃen'sore) *nm* lift.

ascesa (aʃ'ʃesa) *nf* rise, ascent.

ascesso (aʃ'ʃɛsso) *nm* abscess.

asceta (aʃ'ʃɛta) *nm* ascetic.

ascia ('aʃʃa) *nf* axe, hatchet.

asciugare (aʃʃu'gare) *vt, vi* dry, wipe. **asciugacapelli** (aʃʃugaka'pelli) *nm invar* hair drier. **asciugamano** (aʃʃuga'mano) *nm* towel. **asciugatrice** (aʃʃuga'tritʃe) *nf* tumble drier.

asciutto (aʃ'ʃutto) *adj* dry.

ascoltare (askol'tare) *vt* **1** listen to. **2** understand. *vi* listen. **ascoltatore** *nm* listener.

asfalto (as'falto) *nm* asphalt.

Asia ('azia) *nf* Asia. **asiatico** *adj, n* Asian.

asilo (a'zilo) *nm* **1** refuge, shelter. **2** nursery school. **asilo politico** political asylum.

asino ('asino) *nm* **1** donkey, ass. **2** fool.

asma ('azma) *nf* asthma.

asparago (as'parago) *nm, pl* **asparagi** asparagus.

aspettare (aspet'tare) *vt* **1** await, wait for. **2** expect. **aspettarsi** *vr* suspect, expect. **sala d'aspetto** *nf* waiting room.

aspetto (as'pɛtto) *nm* look, aspect.

aspirare (aspi'rare) *vt* inhale. *vi* aspire. **aspirapolvere** (aspira'polvere) *nm invar* vacuum cleaner.

aspirina (aspi'rina) *nf* aspirin.

aspro ('aspro) *adj* **1** bitter. **2** harsh, rough. **asprezza** (as'prettsa) *nf* harshness, severity.

assaggiare (assad'dʒare) *vt* taste, try.

assai (as'sai) *adv* **1** enough. **2** very, much.

assalire* (assa'lire) *vt* attack. **assalitore** *nm* assailant. **assalto** *nm* attack, assault.

assassinare (assassi'nare) *vt* **1** murder, kill. **2** ruin. **assassinio** *nm* assassination, murder. **assassino** *nm* assassin, murderer. *adj* murderous.

asse¹ ('asse) *nm* axle, axes.

asse² ('asse) *nf* plank. **asse da stiro** ironing-board.

assediare (asse'djare) *vt* **1** beseige. **2** beset. **assedio** (as'sɛdjo) *nm* seige.

assegnare (assen'ɲare) *vt* assign, attach, allot.

assegno (as'seɲɲo) *nm* **1** allowance. **2** cheque. **assegno per viaggiatore** traveller's cheque.

assemblea (assem'blɛa) *nf* meeting, assembly.

assembramento (assembra'mento) *nm* meeting, demonstration.

assenso (as'sɛnso) *nm* agreement, assent.

assente (as'sɛnte) *adj* absent. **assenza** *nf* absence.

assentire (assen'tire) *vi* assent, approve.

asserire (asse'rire) *vt* affirm, assert.

assestare (asses'tare) *vt* **1** put in order, arrange, settle. **2** deliver (blow).

assetato (asse'tato) *adj* thirsty, parched.

assettare (asset'tare) *vt* **1** tidy.

2 adjust. **assetto** (as'sɛtto) *nm* order.

assicurare (assiku'rare) *vt* **1** attach, secure. **2** assure. **3** insure. **assicurazione** *nf* **1** assurance. **2** insurance.

assiduo (as'siduo) *adj* **1** diligent. **2** constant.

assieme (as'sjeme) *adv* together.

assieparsi (assje'parsi) *vr* crowd round.

assimilare (assimi'lare) *vt* assimilate.

assise (as'size) *nf pl* assizes.

assistere* (as'sistere) *vt* aid, assist. *vi* be present, attend. **assistente** (assis'tɛnte) *adj,nm* assistant. **assistenza** (assis'tɛntsa) *nf* aid, assistance. **assistenza sociale** welfare services.

asso ('asso) *nm* ace. **piantare in asso** leave in the lurch.

associare (asso'tʃare) *vt* **1** associate. **2** admit. **3** unite. **associarsi** *vr* join. **associato** *nm* associate. **associazione** *nf* association.

assoggettare (assoddʒet'tare) *vt* subject, control.

assolsi (as'sɔlsi) *v* see **assolvere.**

assolto (as'sɔlto) *v* see **assolvere.**

assoluto (asso'luto) *adj* absolute, complete.

assolvere* (as'sɔlvere) *vt* acquit. **assoluzione** *nf* acquittal.

assomigliare (assomiʎ'ʎare) *vt* compare. *vi* resemble. **assomigliarsi** *vr* resemble one another, look alike.

assonnato (asson'nato) *adj* sleepy.

assopirsi (asso'pirsi) *vr* doze.

assorbire (assor'bire) *vt* absorb. **assorbente** (assor'bɛnte) *adj* absorbent. **assorbente igienico** *nm* sanitary towel.

carta assorbente *nf* blotting paper.

assordare (assor'dare) *vt* deafen.

assortire (assor'tire) *vt* **1** arrange. **2** stock. **assortimento** *nm* assortment. **assortito** *adj* assorted.

assuefare (assue'fare) *vt* accustom. **assuefarsi** *vr* get used to.

assumere* (as'sumere) *vt* **1** undertake, assume. **2** employ. **3** raise.

assunsi (as'sunsi) *v* see **assumere.**

assunto (as'sunto) *v* see **assumere.**

Assunzione (assun'tsjone) *nf* Assumption.

assurdo (as'surdo) *adj* absurd.

asta ('asta) *nf* **1** lance. **2** mast, pole. **3** auction. **vendere all'asta** auction.

astante (as'tante) *nm* bystander. **astanteria** *nf* casualty ward.

astenersi* (aste'nersi) *vr* abstain. **astensione** *nf* abstention.

asterisco (aste'risko) *nm* asterisk.

asteroide (aste'rɔjde) *nm* asteroid.

astinenza (asti'nentsa) *nf* abstinence.

astio ('astjo) *nm* rancour, resentment. **astioso** (as'tjoso) *adj* spiteful.

astratto (as'tratto) *adj,nm* abstract.

astro ('astro) *nm* star.

astrologia (astrolo'dʒia) *nf* astrology. **astrologo** (as'trɔlogo) *nm, pl* **astrologi** astrologer.

astronauta (astro'nauta) *nm* astronaut.

astronomia (astrono'mia) *nf* astronomy. **astronomico** (astro'nɔmiko) *adj* astronomical. **astronomo** (as'trɔno-mo) *nm* astronomer.

astuccio (as'tuttʃo) *nm* box, case.

astuto (as'tuto) *adj* cunning, astute. **astuzia** (as'tuttsja) *nf* cunning, guile.

Atene (a'tene) *nf* Athens.

ateo ('ateo) *nm* atheist. **ateismo** *nm* atheism.

atlante (a'tlante) *nm* atlas.

atlantico (a'tlantiko) *adj* Atlantic. **(Oceano) Atlantico** *nm* Atlantic (Ocean).

atleta (a'tleta) *nm* athlete. **atletica** (at'lɛtika) *nf* athletics. **atletico** (at'lɛtiko) *adj* athletic.

atmosfera (atmos'fɛra) *nf* atmosphere. **atmosferico** (atmo'sfɛriko) *adj* atmospheric.

atomo ('atomo) *nm* atom. **atomico** (a'tɔmiko) *adj* atomic.

atrio ('atrjo) *nm* hall, entrance.

atroce (a'trotʃe) *adj* terrible, atrocious. **atrocità** *nf* atrocity.

attaccare (attak'kare) *vt* **1** attach, hang. **2** attack. **3** begin. *vi* stick. **attaccabrighe** *nm invar* quarrelsome person. **attaccapanni** *nm invar* hanger, peg. **attacco** *nm* attack.

attecchire (attek'kire) *vi* take root.

atteggiare (atted'dʒare) *vt* pose, arrange. **atteggiamento** *nm* **1** pose. **2** attitude.

attempato (attem'pato) *adj* elderly.

attendere* (at'tendere) *vt* await, wait for. *vi* apply oneself, attend to. **attendibile** (atten'dibile) *adj* reliable.

attentato (atten'tato) *nm* **1** assassination attempt. **2** outrage.

attento (at'tento) *adj* careful, attentive, close.

attenzione (atten'tsjone) *nf* attention.

attergare (atter'gare) *vt* endorse.

atterrare (atter'rare) *vi* land. **atterraggio** *nm* landing, touch-down.

attesa (at'tesa) *nf* wait, delay.

attestare (attes'tare) *vt* testify, declare. **attestato** *nm* certificate.

attiguo (at'tiguo) *adj* adjacent, next.

attimo ('attimo) *nm* moment.

attirare (atti'rare) *vt* attract.

attitudine[1] (atti'tudine) *nf* aptitude.

attitudine[2] (atti'tudine) *nf* attitude.

attivare (atti'vare) *vt* activate, start.

attivo (at'tivo) *adj* active. *nm* assets. **attività** *nf* activity.

attizzare (attit'tsare) *vt* **1** poke (fire). **2** incite.

atto[1] ('atto) *nm* act, action. **mettere in atto** put into effect.

atto[2] ('atto) *adj* suitable, apt.

attonito (at'tɔnito) *adj* surprised, amazed.

attorcigliare (attortʃiʎ'ʎare) *vt* twist, coil.

attore (at'tore) *nm* actor.

attorniare (attor'njare) *vt* surround, encircle.

attorno (at'torno) *adv* around. **attorno a** *prep* around.

attrarre (at'trarre) *vt* attract. **attraente** (attra'ente) *adj* attractive. **attrazione** *nf* attraction.

attraversare (attraver'sare) *vt* cross. **attraverso** (attra'verso) *prep* **1** across. **2** through.

attrezzo (at'trettso) *nm* tool, piece of equipment.

attribuire (attribu'ire) *vt* assign, attribute. **attributo** *nm* attribute.

attrice (at'tritʃe) *nf* actress.

attrito (at'trito) friction.

attuale (attu'ale) *adj* present,

current. **attualmente** *adv* at this moment.

attualità (attuali'ta) *nf* **1** tropical subject. **2** *pl* news.

attuare (attu'are) *vt* **1** bring into being. **2** carry out.

attuario (attu'arjo) *nm* actuary.

audace (au'datʃe) *adj* bold, fearless. **audacia** *nf* boldness, daring.

audiovisuale (audjovizu'ale) *adj* audiovisual.

auditorio (audi'torjo) *nm* hall, auditorium.

audizione (audit'tsjone) *nf* **1** hearing. **2** audition.

augurare (augu'rare) *vt* wish. **augurio** (au'gurjo) *nm* **1** wish. **2** *pl* best wishes.

aula ('aula) *nf* hall. **aula scolastica** classroom.

aumentare (aumen'tare) *vt,vi* increase, augment. **aumento** *nm* increase.

aureola (au'rɛola) *nf* halo.

aurora (au'rɔra) *nf* daybreak.

ausiliare (auzi'ljare) *adj,n* auxiliary. **ausiliario** (auzi'ljarjo) *adj* auxiliary.

austero (aus'tero) *adj* austere, severe.

Australia (aus'tralja) *nf* Australia. **australiano** *adj,n* Australian.

Austria ('austria) *nf* Austria. **austriaco** *adj,n* Austrian.

autentico (au'tɛntiko) *adj* real, genuine, authentic.

autista (au'tista) *nm* chauffeur.

autistico (au'tistiko) *adj* autistic.

auto ('auto) *nf invar* car. **auto a portellone posteriore** *nf* hatchback.

autobiografia (autobiogra'fia) *nf* autobiography.

autoblinda (auto'blinda) *nf* armoured car.

autobus ('autobus) *nm* bus.

autocarro (auto'karro) *nm* lorry.

automa (au'tɔma) *nm* automaton.

automatico (auto'matiko) *adj* automatic.

automezzo (auto'mɛddzo) *nm* vehicle.

automobile (auto'mɔbile) *nf* car.

autonomo (au'tɔnomo) *adj* autonomous. **autonomia** (autono'mia) *nf* autonomy.

autopsia (autop'sia) *nf* post-mortem.

autore (au'tore) *nm* author, composer.

autorevole (auto'revole) *adj* authoritative.

autorimessa (autori'messa) *nf* garage.

autorità (autori'ta) *nf* authority.

autoritratto (autori'tratto) *nf* self-portrait.

autorizzare (autorid'dzare) *vt* authorize.

autostop (autos'tɔp) *nm invar* hitch-hiking. **fare l'autostop** hitch.

autostrada (autos'trada) *nf* motorway.

autotrasporto (autotras'pɔrto) *nm* road transport.

autoveicolo (autove'ikolo) *nm* vehicle.

autunno (au'tunno) *nm* autumn.

avambraccio (avam'brattʃo) *nm* forearm.

avanguardia (avan'gwardja) *nf* **1** vanguard. **2** forefront.

avanti (a'vanti) *adv* before, ahead. *prep* before. **avantieri** (avan'tjeri) *adv* the day before yesterday.

avanzare (avan'tsare) *vt* **1** advance. **2** promote. **3** precede. **4** lend. **5** put aside. *vi* **1** proceed. **2** be left over. **avanzarsi** *vr* approach, near.

avanzo (a'vantso) *nm* **1** remainder. **2** *pl* leftovers.

avaro (a'varo) *adj* mean. **avarizia** (ava'rittsja) *nf* meanness.

avemmo (a'vemmo) *v* see **avere**.

avena (a'vena) *nf* oats.

avere* (a'vere) *vt* **1** have. **2** possess. **3** get. **4** wear. **5** be. *v aux* have. **avercela con uno** have something against someone. **avere da** have to. ~ *nm* **1** property. **2** *pl* possessions.

aveste (a'veste) *v* see **avere**.

avesti (a'veste) *v* see **avere**.

avete (a'vete) *v* see **avere**.

avevo (a'vevo) *v* see **avere**.

aviazione (avjat'tsjone) *nf* **1** aviation. **2** Air Force. **aviatore** *nm* airman, pilot.

avido ('avido) *adj* **1** greedy. **2** eager. **avidità** *nf* greed.

avo ('avo) *nm* ancestor.

avocado (avo'kado) *nm invar* avocado.

avorio (a'vorjo) *nm* ivory.

avrei (a'vrɛi) *v* see **avere**.

avrò (a'vro) *v* see **avere**.

avuto (a'vuto) *v* see **avere**.

avvampare (avvam'pare) *vi* flare up, burn.

avvantaggiare (avvantad'dʒare) *vt* favour. **avvantaggiarsi** *vr* profit, make use.

avvedersi* (avve'dersi) *vr* become aware, realize.

avvelenare (avvele'nare) *vt* poison.

avvenire* (avve'nire) *vi* happen, occur. *nm* future. **avvenimento** *nm* event, happening.

avventato (avven'tato) *adj* rash, imprudent.

avventurare (avventu'rare) *vt* risk. **avventurarsi** *vr* venture. **avventura** *nf* adventure.

avverbio (av'verbjo) *nm* adverb.

avversario (avver'sarjo) *nm* opponent, adversary.

avversione (avver'sjone) *nf* dislike, repugnance, aversion. **avverso** (av'verso) *adj* adverse, hostile.

avvertire (avver'tire) *vt* **1** inform. **2** warn. **avvertenza** (avver'tentsa) *nf* **1** attention. **2** foreword. **3** *pl* instructions. **avvertimento** (avverti'mento) *nm* warning.

avvezzare (avvet'tsare) *vt* accustom. **avvezzarsi** *vr* become accustomed. **avvezzo** (av'vettso) *adj* accustomed.

avviare (avvi'are) *vt* **1** start, begin. **2** direct. **avviarsi** *vr* set out. **avviamento** *nm* start.

avvicinare (avvitʃi'nare) *vt* approach, bring near. **avvicinarsi** *vr* **1** approach. **2** resemble.

avvilire (avvi'lire) *vt* humiliate. **avvilirsi** *vr* **1** humble oneself. **2** lose heart. **avvilimento** *nm* **1** despondency. **2** degradation.

avviluppare (avvilup'pare) *vt* wrap up.

avvincere (av'vintʃere) *vt* **1** bind. **2** attract.

avvisare (avvi'zare) *vt* **1** announce, inform. **2** warn, advise. **avviso** *nm* **1** announcement. **2** opinion. **3** warning.

avvizzire (avvit'tsire) *vi* wither, fade.

avvocato (avvo'kato) *nm* lawyer.

avvolgere (av'voldʒere) *vt* **1** roll up. **2** cover.

avvoltoio (avvol'tojo) *nm* vulture.

azalea (addza'lea) *nf* azalea.

azienda (ad'dzjenda) *nf* business, firm.

azione (at'tsjone) *nf* **1** action. **2** *comm* share. **azionista** *nm* shareholder.

azoto (ad'dzɔto) *nm* nitrogen.

azzardare (addzar'dare) *vt,vi*

risk, attempt. **azzardarsi** vr
dare. **azzardo** nm 1 risk. 2
chance.

azzuffarsi (attsufˈfarsi) vr fight,
come to blows.

azzurro (adˈdzurro) adj blue.

B

babbo (ˈbabbo) nm inf dad,
daddy.

babbuino (babbuˈino) nm baboon.

babordo (baˈbordo) nm naut
port.

bacca (ˈbakka) nf berry.

baccalà (bakkaˈla) nm invar
dried cod.

baccano (bakˈkano) nm din,
uproar.

baccarà (bakkaˈra) nm baccarat.

baccelliere (battʃelˈljere) nm
educ bachelor.

baccello (batˈtʃello) nm pod.

bacchetta (bakˈketta) nf 1
stick, baton. 2 wand.

baciare (baˈtʃare) vt kiss. **bacio** nm kiss.

bacino (baˈtʃino) nm 1 basin.
2 dock.

baco (ˈbako) nm 1 worm. 2
maggot.

badare (baˈdare) vi take care,
pay attention. **badare ai fatti suoi** mind one's own business.

badessa (baˈdessa) nf abbess.

badia (baˈdia) nf abbey.

baffi (ˈbaffi) nm pl 1 moustache. 2 whiskers. **leccarsi
i baffi** lick one's lips.

bagaglio (baˈgaʎʎo) nm baggage, luggage. **fare i bagagli**
pack.

bagattella (bagatˈtella) nf trin-
ket, trifle.

bagliore (baʎˈʎore) nm 1 daz-
zling light. 2 flash, ray.

bagnare (baɲˈɲare) vt 1 wet.
2 bathe. **bagnarsi** vr 1 bathe.

2 get soaked. **bagnato** adj
soaked.

bagnino (baɲˈɲino) nm bathing
attendant.

bagno (ˈbaɲɲo) nm 1 bath. 2
bathroom. **fare il bagno 1**
take a bath. **2** go for a bathe.
mettere a bagno soak.

baia (ˈbaja) nf geog bay.

baio (ˈbajo) adj bay. nm bay
horse.

baionetta (bajoˈnetta) nf bayonet.

balbettare (balbetˈtare) vi stutter, stammer. vt mutter, mumble. **balbuzie** (balˈbuttsje) nf
invar stammer.

balcone (balˈkone) nm balcony.

baldacchino (baldakˈkino) nm
canopy.

baldanza (balˈdantsa) nf 1 audacity. 2 self-confidence.
baldanzoso (baldanˈtsoso) adj
daring, bold.

baldoria (balˈdɔrja) nf merry-
making. **fare baldoria** make
merry.

balena (baˈlena) nf whale.

balenare (baleˈnare) vi 1 flash
lightning. 2 flash. **baleno**
nm flash of lightning. **in un
baleno** in a moment.

balia[1] (ˈbalja) nf nurse.

balìa[2] (baˈlia) nf power, authority.

balistica (baˈlistika) nf ballistics. **balistico** (baˈlistiko) adj
ballistic.

balla (ˈballa) nf bale.

ballare (balˈlare) vt dance. vi 1
dance. 2 sway. **via la gatta
i topi ballano** when the cat's
away the mice will play.

ballata (balˈlata) nf ballad.

ballerina (balleˈrina) nf ballerina. **ballerino** nm dancer.

balletto (balˈletto) nm ballet.

ballo (ˈballo) nm dance, ball.

balneare (balneˈare) adj seaside.

balocco (ba'lɔkko) *nm* toy, plaything.

balordo (ba'lordo) *adj* foolish, stupid.

baltico ('baltiko) *adj* Baltic. **(Mare) Baltico** *nm* Baltic (Sea).

balzare (bal'tsare) *vi* 1 jump. 2 bounce. **balzo** *nm* 1 bounce. 2 crag.

bambagia (bam'badʒa) *nf also* **bambagio** *nm* cottonwool.

bambinaia (bambi'naja) *nf* children's nurse.

bambino (bam'bino) *nm* 1 baby. 2 child, little boy.

bambola ('bambola) *nf* doll.

bambù (bam'bu) *nm invar* bamboo plant.

banale (ba'nale) *adj* trivial, banal.

banana (ba'nana) *nf* banana. **banano** *nm* banana tree.

banca ('banka) *nf comm* bank. **banca d'affari** *nf* merchant bank. **biglietto di banca** *nm* banknote. **banchiere** (ban-'kjere) *nm* banker.

bancarella (banka'rɛlla) *nf* stall, barrow.

bancarotta (banka'rotta) *nf* bankruptcy.

banchetto (ban'ketto) *nm* banquet.

banchina (ban'kina) *nf* 1 quay. 2 platform.

banco ('banko) *nm* 1 bench. 2 counter. 3 (in gambling) bank. 4 *geog* bank, reef. **banconota** (banko'nɔta) *nf* banknote.

banda[1] ('banda) *nf* side. **lasciare da banda** leave aside.

banda[2] ('banda) *nf* band, stripe.

banda[3] ('banda) *nf* band, group.

bandiera (ban'djera) *nf* flag.

bandire (ban'dire) *vt* 1 announce, proclaim. 2 banish, exile. **bando** *nm* 1 announcement. 2 ban. 3 banishment.

bandito *nm* bandit, outlaw.

bangio ('bandʒo) *nm* banjo.

bar (bar) *nm invar* 1 bar, cafe. 2 cocktail cabinet. **barista** *nm* barman. *nf* barmaid.

bara ('bara) *nf* coffin.

baracca (ba'rakka) *nf* hut. **stentare a mandare avanti la baracca** have difficulty in making ends meet.

barattare (barat'tare) *vt* 1 exchange. 2 barter.

barattolo (ba'rattolo) *nm* 1 jar, pot. 2 tin, can.

barba ('barba) *nf* beard. **farsi la barba** shave. **barbuto** *adj* bearded.

barbabietola (barba'bjetola) *nf* beetroot.

barbaro ('barbaro) *adj,nm* barbarian.

barbiere (bar'bjere) *nm* barber.

barbiturato (barbitu'rato) *nm* barbiturate.

barca ('barka) *nf* boat. **barca a remi/vela** rowing/sailing boat.

barcollare (barkol'lare) *vi* stagger, totter.

bardare (bar'dare) *vt* harness. **bardatura** *nf* harness.

barella (ba'rɛlla) *nf* stretcher.

barile (ba'rile) *nm* barrel, cask.

baritono (ba'ritono) *adj,nm* baritone.

barlume (bar'lume) *nm* glimmer, gleam.

barometro (ba'rɔmetro) *nm* barometer.

barone (ba'rone) *nm* baron. **baronessa** *nf* baroness.

barricare (barri'kare) *vt* barricade. **barricata** *nf* barricade.

barriera (bar'rjera) *nf* 1 barrier. 2 gate. 3 fence.

baruffa (ba'ruffa) *nf* scuffle, brawl.

barzelletta (bardzel'letta) *nf* joke.

basare (ba'zare) *vt* base, found.

bascula ('baskula) *nf* weighing machine.

base ('baze) *nf* **1** base. **2** bases, foundation. **in base a** on the basis of.

basetta (ba'zetta) *nf* sideburn, whisker.

basilica (ba'zilika) *nf* basilica.

basilico (ba'ziliko) *nm* basil.

basso ('basso) *adj* **1** low. **2** short in stature. **3** shallow. **4** vulgar, shameful. *nm* **1** bottom. **2** *mus* bass.

bassofondo (basso'fondo) *nm* shallow, sandbank. **bassifondi** *nm pl* underworld, slums.

bastardo (bas'tardo) *adj,nm* **1** bastard. **2** *zool* mongrel.

bastare (bas'tare) *vi* **1** be enough or sufficient. **2** last. **basta!** *interj* enough!

bastonare (basto'nare) *vt* beat, cane.

bastone (bas'tone) *nm* **1** stick, cane. **2** *pl game* clubs. **bastone da passeggio** walking stick. **mettere un bastone tra le ruote** put a spoke in the wheel. **bastoncino** (baston-'tʃino) *nm* little stick.

battaglia (bat'taʎʎa) *nf* battle.

battaglione (battaʎ'ʎone) *nm* battalion.

battello (bat'tɛllo) *nm* boat, steamer.

battere ('battere) *vt* **1** beat, strike. **2** defeat, beat. *vi* beat, knock. **battere a macchina** type. **battere le mani** clap one's hands. **in un batter d'occhio** in a flash.

batteri (bat'tɛri) *nm pl* bacteria.

batteria (batte'ria) *nf* **1** *mil* battery. **2** set.

battesimo (bat'tezimo) *nm* baptism, christening. **battezzare** (batted'dzare) *vt* baptize, christen.

battibaleno (battiba'leno) **in un battibaleno** *adv* in an instant.

battistero (battis'tero) *nm* baptistry.

battitore (batti'tore) *nm* **1** *sport* server. **2** batsman.

battuta (bat'tuta) *nf* **1** blow. **2** witty remark. **3** *sport* service.

batuffolo (ba'tuffolo) *nm* wad.

baule (ba'ule) *nm* (luggage) trunk.

bava ('bava) *nf* **1** dribble. **2** foam.

bavaglino (bavaʎ'ʎino) *nm* bib.

bavaglio (ba'vaʎʎo) *nm* gag.

bavero ('bavero) *nm* coat collar.

bazzicare (battsi'kare) *vt* frequent.

beatitudine (beati'tudine) *nf* beatitude. **Sua Beatitudine** His Holiness.

beato (be'ato) *adj* **1** happy. **2** blessed. **beato te!** lucky you!

beccaccia (bek'kattʃa) *nf* woodcock. **beccaccino** (bek-kat'tʃino) *nm* snipe.

beccare (bek'kare) *vt* **1** peck (food). **2** peck, nip. **3** get, catch. **beccarsi** *vr* obtain.

beccamorti (bekka'mɔrti) *nm invar* gravedigger. **becco** *nm* **1** beak. **2** point. **3** nib.

becchime (bek'kime) *nm* bird food.

becchino (bek'kino) *nm* gravedigger.

befana (be'fana) *nf* **1** old woman supposed to bring gifts to children on the feast of the Epiphany. **2** ugly old woman. **3** Epiphany.

beffare (bef'fare) *vt* mock, ridicule. **beffarsi di** *vr* make fun of. **beffa** ('beffa) *nf* **1** mockery. **2** practical joke.

begli ('beʎʎi) *adj* see **bello.**

bei ('bɛi) *adj* see **bello.**

bel (bɛl) *adj* see **bello.**

belare (be'lare) *vi* bleat.

Belgio ('bɛldʒo) *nm* Belgium. **belga** ('bɛlga) *adj,n* Belgian.

belletto (bel'letto) *nm* make-up.

bello ('bɛllo) *adj* **bello, bel**

ms. **bella** *fs.* **belli, bei, begli** *m pl.* **belle** *f pl.* beautiful, handsome, lovely, fine. **bell'e fatto** well and truly done. **bellezza** (bel'lettsa) *nf* beauty. **bellino** *adj* pretty.

benché (ben'ke) *conj* although.

bendare (ben'dare) *vt* **1** bind, bandage. **2** blindfold. **benda** (ˈbɛnda) *nf* **1** bandage. **2** blindfold.

bene (ˈbɛne) *nm* **1** good. **2** *pl* goods, possessions. *adv* well. **voler bene** love, be fond of.

benedire* (beneˈdire) *vt* bless. **benedetto** (beneˈdetto) *adj* holy, blessed.

beneducato (beneduˈkato) *adj* well-mannered.

beneficenza (benefiˈtʃentsa) *nf* charity.

beneficio (beneˈfitʃo) *nm* **1** benefit. **2** profit.

benessere (beˈnɛssere) *nm* well-being, welfare.

benestante (benesˈtante) *adj* well-to-do.

benevolo (beˈnevolo) *adj* well-disposed, kindly. **benevolenza** (benevoˈlentsa) *nf* goodwill, benevolence.

beninteso (beninˈteso) *adv* of course.

benvenuto (benveˈnuto) *nm* welcome. **dare il benvenuto** welcome.

benzina (benˈdzina) *nf* petrol.

bere* (ˈbere) *vt* drink.

bernoccolo (berˈnɔkkolo) *nm* bump, lump.

berretto (berˈretto) *nm* cap, beret.

berrò (berˈrɔ) *v see* **bere**.

bersaglio (berˈsaʎʎo) *nm* target.

bestemmia (besˈtemmja) *nf* curse, oath. **bestemmiare** *vi* curse, swear.

bestia (ˈbɛstja) *nf* **1** beast, animal. **2** ignoramus. **bestiale** *adj* bestial, brutal.

bestiame (besˈtjame) *nm* livestock.

betoniera (betoˈnjɛra) *nf* cement-mixer.

bettola (ˈbettola) *nf* pub.

betulla (beˈtulla) *nf* birch tree.

bevanda (beˈvanda) *nf* drink, beverage.

bevo (ˈbevo) *v see* **bere**.

bevuto (beˈvuto) *v see* **bere**.

bevvi (ˈbevvi) *v see* **bere**.

biada (ˈbjada) *nf* **1** fodder. **2** *pl* crops.

biancheria (bjankeˈria) *nf* household linen.

bianco (ˈbjanko) *adj,nm* white. **lasciare in bianco** leave blank. **pesce in bianco** boiled fish. **riso in bianco** *nm* boiled rice, usually with butter. **biancospino** (bjankoˈspino) *nm* hawthorn.

biascicare (bjaʃʃiˈkare) *vt* **1** chew. **2** mumble.

biasimare (bjaziˈmare) *vt* blame. **biasimo** (ˈbjazimo) *nm* blame.

Bibbia (ˈbibbja) *nf* Bible.

bibita (ˈbibita) *nf* drink, beverage.

biblico (ˈbibliko) *adj* biblical.

bibliografia (bibljograˈfia) *nf* bibliography.

biblioteca (bibljoˈtɛka) *nf* library. **bibliotecario** *nm* librarian.

bicchiere (bikˈkjere) *nm* glass.

bicicletta (bitʃiˈkletta) *nf* bicycle.

bicipite (biˈtʃipite) *nm* biceps.

bidè (biˈdɛ) *nm* bidet.

bidone (biˈdone) *nm* drum, bin.

bieco (ˈbjɛko) *adj* (of a glance or expression) threatening.

biennale (bienˈnale) *adj* two yearly. *nf* two yearly event.

bietta (ˈbjetta) *nf* wedge.

bifocale (bifoˈkale) *adj* bifocal. **lenti bifocali** *nfpl* bifocals.

biforcarsi (biforˈkarsi) *vr* branch off, fork.

bigamia (biga'mia) *nf* bigamy.
bigamo *nm* bigamist. *adj*
bigamous.

bighellonare (bigello'nare) *vi*
saunter, idle.

bigio ('bidʒo) *adj,nm* grey.
pane bigio *nm* brown bread.

bigliardo (biʎ'ʎardo) *nm* 1 billiard table. 2 game of billiards. **bigliardino** *nm* pinball machine.

biglietto (biʎ'ʎetto) *nm* 1 note,
card. 2 ticket. 3 banknote.
biglietto d'ingresso platform ticket. **bigliettaio** *nm*
ticket collector. **biglietteria**
nf ticket office.

bigodino (bigo'dino) *nm* (hair)
roller.

bigotto (bi'gɔtto) *adj* bigoted.
nm bigot.

bilancia (bi'lantʃa) *nf* 1 scales.
2 *cap* Libra. **bilanciare** *vt* 1
balance. 2 weigh.

bilancio (bi'lantʃo) *nm* 1 budget. 2 balance sheet.

bilingue (bi'lingwe) *adj* bilingual.

bimbo ('bimbo) *nm* child.

binario (bi'narjo) *nm* 1 railway
track or line. 2 platform.

binocolo (bi'nɔkolo) *nm* binoculars.

biodegradabile (biodegra'dabile) *adj* biodegradable.

biografia (biogra'fia) *nf* biography. **biografico** (bio'grafiko) *adj* biographical.

biologia (biolo'dʒia) *nf* biology. **biologico** (bio'lɔdʒiko)
adj biological. **biologo** (bi'ɔ-
logo) *nm* biologist.

biondo ('bjondo) *adj,nm* blond.

birbante (bir'bante) *nm* rascal.

birbone (bir'bone) *nm* rogue.

birichino (biri'kino) *adj* naughty. *nm* mischievous child.

birillo (bi'rillo) *nm* skittle.

Biro ('biro) *nf invar Tdmk* Biro.

birra ('birra) *nf* beer.

bis (bis) *adv, interj* encore.

bisaccia (bi'zattʃa) *nf* knap-
sack.

bisbigliare (bisbiʎ'ʎare) *vt,vi*
whisper. **bisbiglio** *nm* whisper.

biscia ('biʃʃa) *nf* snake.

biscotto (bi'skɔtto) *nm* biscuit.

bisestile (bizes'tile) **anno bisestile** *nm* leap year.

bisognare (bizoɲ'ɲare) *v imp* 1
be necessary, must. 2 need.
bisogno *nm* need, want. **avere bisogno di** need.

bistecca (bis'tekka) *nf* steak.

bisticciare (bistit'tʃare) *vi* quarrel, argue. **bisticcio** *nm* 1
quarrel. 2 pun.

bistrattare (bistrat'tare) *vt* ill-
treat.

bivio ('bivjo) *nm* junction,
fork.

bizzarro (bid'dzarro) *adj* odd,
strange.

blandire (blan'dire) *vt* entice.

blando ('blando) *adj* 1 mild.
2 gentle.

blatta ('blatta) *nf* cockroach.

blindare (blin'dare) *vt* armour.

bloccare *nm* (blok'kare) *vt*
block. **blocco** *nm* 1 block,
lump. 2 blockade. 3 notepad.

blu (blu) *adj,nm* blue.

blusa ('bluza) *nf* blouse.

boa ('bɔa) *nf* buoy.

bobina (bo'bina) *nf* bobbin,
spool.

bocca ('bokka) *nf* 1 mouth. 2
opening. **a bocca aperta** o-
pen-mouthed. **in bocca al
lupo!** good luck! **boccata** *nf*
mouthful. **boccone** *nm*
mouthful, bite.

boccale (bok'kale) *nm* jug.

boccia ('bɔttʃa) *nf* 1 bud. 2
decanter. 3 *sport* bowl.

bocciare (bot'tʃare) *vt* fail.
essere bocciato fail.

boccio ('bɔttʃo) *nm* bud.

bocconi (bok'koni) *adv* face
downwards, flat on one's face.

boia ('bɔja) *nm invar* executioner.

boicottare (boikot'tare) *vt* boycott.

bolla ('bolla) *nf* **1** bubble. **2**
blister.

bollare (bol'lare) *vt* stamp, seal.

bolletta (bol'letta) *nf* receipt,
note. **bollettino** (bollet'tino)
nm **1** bulletin. **2** receipt.

bollire (bol'lire) *vt,vi* boil.
bollito *nm* boiled beef. **bollitore** *nm* kettle.

bollo ('bollo) *nm* seal, stamp.

bolognese (bolon'nese) *adj*
Bolognese. **alla bolognese**
with meat sauce.

bomba ('bomba) *nf* bomb.

bombardare (bombar'dare) *vt*
bombard, bomb.

bombetta (bom'betta) *nf* bowler hat.

bombola ('bombola) *nf* cylinder.

bonario (bo'narjo) *adj* good-
natured. **bonarietà** *nf* kind-
liness.

bontà (bon'ta) *nf* goodness,
kindness.

borbottare (borbot'tare) *vt*
mutter. *vi* rumble.

bordello (bor'dello) *nm* **1**
brothel. **2** uproar.

bordo ('bordo) *nm* **1** side (of a
ship). **2** edge, border. **a
bordo** on board. **giornale
di bordo** *nm* ship's log.

borghese (bor'gese) *adj* bourgeois. **borghesia** *nf* middle
class.

borgo ('borgo) *nm* **1** village.
2 suburb.

boria ('borja) *nf* arrogance,
pride. **borioso** (bo'rjoso) *adj*
haughty.

borotalco (boro'talko) *nm* talcum powder.

borsa¹ ('borsa) *nf* bag, purse.
borsa di studio *educ* grant.

borsa² ('borsa) *nf* stock exchange. **borsanera** (borsa'nera) *nf* black market.

bosco ('bosko) *nm* wood, forest.

botanica (bo'tanika) *nf* botany. **botanico** *adj* botanical.
nm botanist.

botta ('botta) *nf* blow, knock.
dare le botte a spank.

botte ('botte) *nf* cask, barrel.

bottega (bot'tega) *nf* **1** shop.
2 workshop. **bottegaio** (botte'gajo) *nm* shopkeeper.

bottiglia (bot'tiʎʎa) *nf* bottle.

bottone (bot'tone) *nm* **1** button. **2** knob, button. **3** bud.

boxe (boks) *nf* boxing.

bozza ('bottsa) *nf* draft, rough
sketch. **bozzetto** (bot'tsetto)
nm outline, sketch.

bozzolo ('bottsolo) *nm* cocoon.

braccetto (brat'tʃetto) **a braccetto** *adv* arm in arm.

braccialetto (brattʃa'letto) *nm*
bracelet.

bracciante (brat'tʃante) *nm*
workman, labourer.

braccio ('brattʃo) *nm* **1** *pl*
braccia *f anat* arm. **2** *pl*
bracci *m* arm, wing. **bracciuolo** (brat'tʃɔlo) *nm* arm
rest.

braciola (bra'tʃɔla) *nf cul* chop.

bramare (bra'mare) *vt* desire.

branchia ('brankja) *nf zool* gill.

branco ('branko) *nm* flock,
herd.

brancolare (branko'lare) *vi*
grope.

branda ('branda) *nf* camp bed.

brandello (bran'dello) *nm* tatter, rag. **a brandelli** in shreds.

brano ('brano) *nm* **1** scrap,
shred. **2** extract, passage.

branzino (bran'dzino) *nm zool*
bass.

Brasile (bra'zile) *nm* Brazil.
brasiliano *adj,n* Brazilian.

bravo ('bravo) *adj* **1** good,
competent. **2** skilful. **3** honest. *interj* well done! **su** or
da bravo! there's a good boy!

breccia ('brettʃa) *nf* breach.

Bretagna (bre'tanna) *nf* Britta-
ny. **bretone** *adj,n* Breton.

bretelle (bre'tɛlle) *nf pl* braces.
breve ('breve) *adj* short, brief. **brevità** *nf* brevity.
brevetto (bre'vetto) *nm* **1** patent. **2** licence.
brezza ('breddza) *nf* breeze.
bricco ('brikko) *nm* jug.
briccone (brik'kone) *nm* rascal, scamp.
briciola ('britʃola) *nf* crumb.
bridge (bridʒ) *nm game* bridge.
briga ('briga) *nf* quarrel, trouble.
brigadiere (briga'djere) *nm* **1** brigadier. **2** sergeant.
brigante (bri'gante) *nm* bandit, robber.
brigata (bri'gata) *nf* **1** company, group. **2** brigade.
briglia ('briʎʎa) *nf* bridle.
brillare (bril'lare) *vi* shine, glitter, sparkle. **brillante** *adj* brilliant. *nm* diamond.
brindare (brin'dare) *vi* toast, drink someone's health.
brindello (brin'dello) *nm* rag, tatter.
brindisi ('brindizi) *nm invar* toast. **fare un brindisi** drink a toast.
brio ('brio) *nm* gaiety, vivacity.
brivido ('brivido) *nm* shiver. **fare venire i brividi a qualcuno** give someone the creeps.
brocca ('brɔkka) *nf* jug.
broccolo ('brɔkkolo) *nm* broccoli.
brodo ('brɔdo) *nm* soup, broth.
broglio ('brɔʎʎo) *nm* malpractice.
bronchite (bron'kite) *nf* bronchitis.
broncio ('brontʃo) *nm* pout, sulk.
brontolare (bronto'lare) *vi* grumble, mutter.
bronzo ('brondzo) *nm* bronze.
bruciapelo (brutʃa'pelo) **a bruciapelo** *adv* pointblank.
bruciare (bru'tʃare) *vt* burn, set fire to. *vi* burn, blaze. **bruciato** *adj* burnt.

bruco ('bruko) *nm* caterpillar.
brughiera (bru'gjera) *nf* moor.
brulicare (bruli'kare) *vi* swarm, teem.
bruno ('bruno) *adj* brown, dark-haired. *nm* brown. **bruna** *nf* brunette.
brusco ('brusko) *adj* **1** sharp. **2** rough. **3** brusque.
brusio (bru'zio) *nm* buzz, bustle.
bruto ('bruto) *adj,nm* brute. **brutale** *adj* brutal. **brutalità** *nf* brutality.
brutto ('brutto) *adj* **1** ugly. **2** bad, unpleasant. **fare brutta figura** disgrace oneself.
buca ('buka) *nf* hole, cavity, pit. **buca delle lettere** letter-box.
bucaneve (buk'aneve) *nf* snowdrop.
bucare (bu'kare) *vt* **1** pierce. **2** punch (ticket). *vi* get a puncture. **avere le mani bucate** be a spendthrift.
bucato (bu'kato) *nm* washing, laundry.
buccia ('buttʃa) *nf* peel, skin, rind.
buco ('buko) *nm* hole.
buddismo (bud'dizmo) *nm* Buddhism. **buddista** *nm* Buddhist.
budello (bu'dello) *nm,pl* **budella** *f* intestine, bowel.
budino (bu'dino) *nm* pudding.
bue ('bue) *nm,pl* **buoi** oxen.
bufalo ('bufalo) *nm* buffalo.
bufera (bu'fera) *nf* blizzard, hurricane.
buffè (buf'fe) *nm invar* **1** sideboard. **2** buffet.
buffo ('buffo) *adj* funny, amusing.
bugia[1] (bu'dʒia) *nf* candlestick.
bugia[2] (bu'dʒia) *nf* lie. **bugiardo** *nm* liar.
buio ('bujo) *nm* darkness, dark. *adj* dark, gloomy.
bulbo ('bulbo) *nm* **1** bulb. **2** eyeball.

Bulgaria (bulga'ria) *nf* Bulgaria. **bulgaro** *adj,n* Bulgarian.

buono ('bwɔno) *adj* 1 good. 2 kind. **buon mercato** cheap. **buono a nulla** good for nothing. **di buon'ora** early. ~ *nm* 1 good. 2 bill, bond. **con le buone** gently. **buongustaio** (bwongus'tajo) *nm* gourmet.

burattino (burat'tino) *nm* puppet.

burbanza (bur'bantsa) *nf* arrogance. **burbanzoso** (burban'tsoso) *adj* haughty.

burlare (bur'lare) *vt* play a trick on. *vi* joke. **burlarsi di** *vr* make fun of. **burla** *nf* joke.

burocrate (bu'rɔkrate) *nm* bureaucrat. **burocratico** (buro'kratiko) *adj* bureaucratic. **burocrazia** (burokrat'tsia) *nf* bureaucracy.

burrasca (bur'raska) *nf* tempest, storm.

burro ('burro) *nm* butter.

burrone (bur'rone) *nm* ravine, gorge.

bussare (bus'sare) *vi* knock.

bussola ('bussola) *nf* compass.

busta ('busta) *nf* 1 envelope. 2 case. **bustarella** (busta-'rɛlla) *nf* bribe.

busto ('busto) *nm* 1 bust. 2 corset.

buttare (but'tare) *vt* throw. **buttare via** throw away. **buttarsi** *vr* throw oneself, jump.

C

cabina (ka'bina) *nf* 1 cabin. 2 cockpit. **cabina telefonica** telephone box.

cablogramma (kablo'gramma) *nm* cablegram.

cacao (ka'kao) *nm* cocoa.

caccia ('kattʃa) *nf* hunting. **dare la caccia a** hunt. **cacciatore** *nm* hunter.

cacciagione (kattʃa'dʒone) *nf* (hunting) game.

cacciare (kat'tʃare) *vt* 1 hunt, shoot. 2 chase. 3 thrust, put. **cacciare un urlo** let out a yell. **cacciavite** *nm invar* screwdriver.

cachi ('kaki) *adj,nm* khaki.

cacio ('katʃo) *nm* cheese.

cacto ('kakto) *nm* cactus.

cadavere (ka'davere) *nm* corpse.

caddi ('kaddi) *v see* **cadere**.

cadere* (ka'dere) *vi* fall. **caduta** *nf* 1 fall. 2 ruin.

cadetto (ka'detto) *nm* cadet.

cadrò (ka'drɔ) *v see* **cadere**.

caffè (kaf'fɛ) *nm invar* 1 coffee. 2 bar, cafe. **caffè corretto** coffee with liqueur. **caffè macchiato** coffee with a little milk. **caffellatte** *nm* white coffee. **caffettiera** (kaffet'tjɛre) *nf* coffee pot.

caffeina (kaffe'ina) *nf* caffeine.

cagionare (kadʒo'nare) *vt* cause. **cagione** *nf* cause, reason.

cagna ('kaɲɲa) *nf* bitch. **guardare in cagnesco** scowl. **cagnolino** *nm* puppy.

calabrone (kala'brone) *nm* hornet.

calamaio (kala'majo) *nm* inkstand.

calamaro (kala'maro) *nm* squid.

calamita (kala'mita) *nf* magnet.

calare (ka'lare) *vt* lower, drop. *vi* 1 descend. 2 grow shorter. 3 (of the sun) set. 4 lose weight.

calcagno (kal'kaɲɲo) *nm* heel.

calcare (kal'kare) *vt* 1 tread, press down. 2 stress.

calce ('kaltʃe) *nf* lime.

calcestruzzo (kaltʃes'truttso) *nm* concrete.

calcio¹ ('kaltʃo) *nm* 1 kick. 2 football. **calciatore** *nm* footballer.

calcio² ('kaltʃo) *nm* calcium.

calcolare (kalko'lare) *vt, vi* calculate. **calcolatore** *nf* computer. **calcolatrice** *nf* calculator, calculating machine.

calcolo ('kalkolo) *nm* 1 calculation. 2 plan. 3 *med* stone.

caldaia (kal'daja) *nf* boiler.

caldo ('kaldo) *adj* hot, warm. **avere caldo** (of a person) be hot. **fare caldo** (of weather) be hot. ~ *nm* heat.

caleidoscopio (kaleidos'kɔpjo) *nm* kaleidoscope.

calendario (kalen'darjo) *nm* calendar.

calice ('kalitʃe) *nm* chalice.

calligrafia (kalligra'fia) *nf* handwriting.

callo ('kallo) *nm med* corn.

calmare (kal'mare) *vt* soothe, calm (down). **calmante** *nm* sedative, tranquillizer. **calmo** *adj* calm.

calore (ka'lore) *nm* heat, warmth. **caloroso** *adj* warm, cordial.

caloria (kalo'ria) *nf* calorie.

calorifero (kalo'rifero) *nm* radiator.

caloscia (ka'lɔʃʃa) *nf* wellington, galosh.

calpestare (kalpes'tare) *vt* trample. **calpestio** *nm* tramping (of feet).

calunnia (ka'lunnja) *nf* slander.

calvo ('kalvo) *adj* bald. **calvizie** (kal'vittsje) *nf pl* baldness.

calza ('kaltsa) *nf* sock, stocking. **calzatura** (kaltsa'tura) *nf* footwear. **calzino** *nm* sock.

calzolaio (kaltso'lajo) *nm* cobbler, shoemaker. **calzoleria** (kaltsole'ria) *nf* shoemaker's shop.

calzoni (kal'tsoni) *nm pl* trousers. **calzoncini** *nm pl* shorts.

camaleonte (kamale'onte) *nm* chameleon.

cambiale (kam'bjale) *nf* bill of exchange.

cambiare (kam'bjare) *vt, vi* change, alter. **cambiamento** *nm* change, alteration. **cambio** *nm* 1 change. 2 *comm* exchange. 3 *mot* gears.

camera¹ ('kamera) *nf* 1 bedroom, room. 2 chamber. **Camera dei Comuni/Lords** House of Commons/Lords.

camera² ('kamera) *nf* camera.

camerata¹ (kame'rata) *nf* dormitory.

camerata² (kame'rata) *nm* comrade.

cameriera (kame'rjera) *nf* 1 waitress. 2 maid. **cameriere** (kame'rjere) *nm* waiter.

camicia (ka'mitʃa) *nf* shirt. **camicetta** (kami'tʃetta) *nf* blouse.

camino (ka'mino) *nm* 1 fireplace. 2 chimney. **caminetto** *nm* 1 fireplace. 2 mantelpiece.

camion ('kamjon) *nm* lorry.

cammello (kam'mello) *nm* camel.

camminare (kammi'nare) *vi* 1 walk. 2 go.

cammino (kam'mino) *nm* way, path.

camoscio (ka'mɔʃʃo) *nm* chamois (leather).

campagna (kam'paɲɲa) *nf* 1 countryside. 2 campaign.

campana (kam'pana) *nf* bell. **sordo come una campana** deaf as a post. **campanello** (kampa'nello) *nm* doorbell. **campanile** *nm* belltower.

campeggiare (kamped'dʒare) *vi* camp. **campeggio** *nm* 1 camping. 2 camp, camp site. **campeggiatore** *nm* camper.

campione (kam'pjone) *nm* 1 champion. 2 sample, specimen. **campionato** *nm* championship.

campo ('kampo) *nm* 1 field. 2

field, sphere. **3** *sport* ground. **campo di tennis** tennis court.

camposanto (kampo'santo) *nm,pl* **campisanti** cemetery.

camuffamento (kamuffa'mento) *nm* camouflage.

Canada (kana'da) *nm* Canada. **canadese** (kana'dese) *adj,n* Canadian.

canaglia (ka'naʎʎa) *nf* rabble, mob.

canale (ka'nale) *nm* **1** canal. **2** (television) channel.

canapa ('kanapa) *nf* hemp.

canapè (kana'pe) *nm invar* sofa.

Canarie (ka'narje) **Isole Canarie** *nf pl* Canary Islands.

canarino (kana'rino) *nm* canary.

cancellare (kantʃel'lare) *vt* **1** score out, cancel. **2** annul.

cancelliere (kantʃel'ljere) *nm* chancellor. **Cancelliere dello Scacchiere** Chancellor of the Exchequer.

cancello (kan'tʃello) *nm* gate.

cancro ('kankro) *nm* **1** cancer. **2** *cap* Cancer.

candeggiare (kanded'dʒare) *vt* bleach.

candela (kan'dela) *nf* **1** candle. **2** spark plug. **3** watt.

candidato (kandi'dato) *nm* candidate.

candito (kan'dito) *adj* candied. *nm* candy, sweet.

cane (ka'ne) *nm* dog. **fatica da cani** *nf* great effort. **tempo da cani** *nm* bad weather.

canguro (kan'guro) *nm* kangaroo.

canile (ka'nile) *nm* kennel.

canna ('kanna) *nf* **1** reed, cane. **2** rod. **3** pipe, tube.

cannella (kan'nella) *nf* cinnamon.

cannelloni (kannel'loni) *nm pl* tubes of pasta stuffed with a meat sauce and baked.

cannibale (kan'nibale) *nm* cannibal. **cannibalismo** *nm* cannibalism.

cannocchiale (kannok'kjale) *nm* **1** binoculars. **2** telescope.

cannone (kan'none) *nm* cannon.

cannuccia (kan'nuttʃa) *nf* (drinking) straw.

canoa (ka'nɔa) *nf* canoe.

canone ('kanone) *nm* canon, law.

canonico (ka'nɔniko) *nm rel* canon.

canonizzare (kanonid'dzare) *vt* canonize.

canottaggio (kanot'taddʒo) *nm* boating, rowing.

canottiera (kanot'tjera) *nf* vest, T-shirt.

canotto (ka'nɔtto) **1** canoe. **2** small boat.

cantare (kan'tare) *vt,vi* sing. *vi* (of a cock) crow. **cantante** *nm* singer.

cantiere (kan'tjere) *nm* **1** shipyard. **2** site, yard.

cantina (kan'tina) *nf* cellar.

canto[1] ('kanto) *nm* **1** song. **2** singing. **3** crow (of a cock).

canto[2] ('kanto) *nm* side, corner. **dall'altro canto** on the other hand.

cantone (kan'tone) *nm* **1** corner. **2** canton.

cantoniere (kanto'njere) *nm* signalman.

canuto (ka'nuto) *adj* white-haired.

canzonare (kantso'nare) *vt* make fun of. *vi* joke.

canzone (kan'tsone) *nf* song.

caos ('kaos) *nm invar* chaos.

capace (ka'patʃe) *adj* capable, able. **capacità** *nf* **1** capacity. **2** ability.

capanna (ka'panna) *nf* hut.

capannone (kapan'none) *nm* hangar, shed.

caparbio (ka'parbjo) *adj* obstinate, stubborn.

capello (ka'pello) *nm* **1** hair.

2 *pl* hair (of head). **da fare rizzare i capelli** make one's hair stand on end. **spaccare un capello in quattro** split hairs.

capezzale (kapet'tsale) *nm* bolster.

capezzolo (ka'pettsolo) *nm* nipple, teat.

capire (ka'pire) *vt,vi* understand.

capitale (kapi'tale) *adj,nf* capital. *nm comm* capital. **capitalismo** *nm* capitalism. **capitalista** *nm* capitalist.

capitano (kapi'tano) *nm* captain.

capitare (kapi'tare) *vi* **1** happen. **2** turn up.

capitolo (ka'pitolo) *nm* chapter.

capo ('kapo) *nm* **1** head, mind. **2** top, end. **3** cape. **4** item. **5** chief, leader. **da capo** over again.

capodanno (kapo'danno) *nm* New Year's Day.

capofitto (kapo'fitto) **a capofitto** *adv* headfirst.

capogiro (kapo'dʒiro) *nm, pl* **capogiri** fit of dizziness.

capolavoro (kapola'voro) *nm, pl* **capolavori** masterpiece.

capolinea (kapo'linea) *nm, pl* **capilinea** terminus.

caporale (kapo'rale) *nm* corporal.

capostazione (kapostat'tsjone) *nm, pl* **capistazione** station master.

capotreno (kapo'treno) *nm, pl* **capitreno** guard.

capovolgere (kapo'voldʒere) *vt* overturn.

cappa ('kappa) *nf* cloak, cape.

cappella (kap'pella) *nf* chapel.

cappello (kap'pello) *nm* hat.

cappero (kap'pero) *nm bot* caper. **capperi!** *interj* gosh!

cappotta (kap'pɔtta) *nf mot* hood.

cappotto (kap'pɔtto) *nm* overcoat.

cappuccino (kapput'tʃino) *nm* coffee with milk.

cappuccio (kap'puttʃo) *nm* hood.

capriccio (ca'prittʃo) *nm* whim, caprice. **capriccioso** (kaprit'tʃoso) *adj* capricious, wilful.

Capricorno (kapri'kɔrno) *nm* Capricorn.

caprifoglio (kapri'fɔʎʎo) *nm* honeysuckle.

capriola (kapri'ɔla) *nm* somersault.

capro (kapro) *nm* billy-goat. **capro espiatorio** scapegoat.

capretto (ka'pretto) *nm* kid.

capsico ('kapsiko) *nm* capsicum.

capsula ('kapsula) *nf* capsule.

carabiniere (karabi'njere) *nm* military policeman.

caraffa (ka'raffa) *nf* carafe.

caraibo (kara'ibo) *adj* Caribbean. **(Mar dei) Caraibi** *nm* Caribbean (Sea).

caramella (kara'mella) *nf* sweet.

carato (ka'rato) *nm* carat.

carattere (ka'rattere) *nm* **1** character, nature. **2** letter, character. **caratteristico** (karatte'ristiko) *adj* typical, characteristic.

carboidrato (karboi'drato) *nm* carbohydrate.

carbone (kar'bone) *nm* coal.

carbonio (kar'bɔnjo) *nm* carbon. **carbonico** (kar'bɔniko) *adj* carbonic.

carburante (karbu'rante) *nm mot* fuel.

carburatore (karbura'tore) *nm* carburettor.

carcassa (kar'kassa) *nf* skeleton, carcass.

carcere ('kartʃere) *nm, pl* **carceri** *f* prison.

carciofo (kar'tʃɔfo) *nm* artichoke.

cardiaco (kar'diako) *adj* cardiac. **attacco cardiaco** *nm* heart attack.

cardinale (kardi'nale) *nm rel* cardinal. *adj* cardinal, principal.

cardine ('kardine) *nm* hinge.

cardo ('kardo) *nm* thistle.

carena (ka'rena) *nf* keel.

carestia (kares'tia) *nf* scarcity, shortage.

carezzare (karet'tsare) *vt* caress, stroke. **carezza** *nf* caress.

cariarsi (ka'rjarsi) *vr* decay.

carica ('karika) *nf* appointment, office. **in carica** 1 in office. 2 in charge.

caricare (kari'kare) *vt* 1 load, fill. 2 overload. 3 wind up.

caricatura (karika'tura) *nf* caricature.

carico ('kariko) *nm* 1 load. 2 weight, responsibility. 3 *naut* cargo. *adj* laden, loaded.

carie ('karje) *nf invar* decay.

carità (kari'ta) *nf* charity, love. **per carità!** for heaven's sake! please!

carlinga (kar'linga) *nf* cockpit.

carnagione (karna'dʒone) *nf* complexion.

carne ('karne) *nf* 1 flesh. 2 meat. **carnale** *adj* carnal.

carneficina (karnefi'tʃina) *nf* slaughter, massacre.

carnevale (karne'vale) *nm* carnival.

caro ('karo) *adj* 1 dear, beloved. 2 expensive, dear. *adv* at a high price.

carosello (karo'zɛllo) *nm* merry-go-round.

carota (ka'rɔta) *nf* carrot.

carponi (kar'poni) *adv* on all fours.

carrello (kar'rɛllo) *nm* trolley, truck.

carriera (kar'rjera) *nf* career, profession.

carro ('karro) *nm* 1 cart. 2 lorry, truck.

carrozza (kar'rɔttsa) *nf* coach, carriage. **carrozzeria** *nf mot* bodywork. **carrozzina** *nf* pram.

carrucola (kar'rukola) *nf* pulley.

carta ('karta) *nf* 1 paper. 2 document. 3 map, chart. 4 card. **carta da lettere** notepaper. **carta d'identità** identity card. **cartacarbone** *nf* carbon paper. **cartapecora** (karta'pɛkora) *nf* parchment. **cartapesta** (karta'pesta) *nf* papiermâché. **cartella** (kar'tella) *nf* 1 folder, file. 2 satchel. **cartellino** *nm* 1 tag. 2 nameplate. **cartello** (kar'tello) *nm* poster, notice. **cartolina** *nf* postcard. **cartone** *nm* cardboard.

cartilagine (karti'ladʒine) *nf* cartilage.

cartolaio (karto'lajo) *nm* stationer. **cartoleria** *nf* stationery shop.

cartuccia (kar'tuttʃa) *nf* cartridge.

casa ('kasa) *nf* 1 house, home. 2 company, firm. 3 family, house.

casalinga (kasa'linga) *nf* housewife. **casalingo** *adj* 1 domestic. 2 home-made. 3 plain.

cascare (kas'kare) *vi* fall, tumble. **cascata** *nf* waterfall.

casco ('kasko) *nm* helmet, crash helmet.

casella (ka'sella) *nf* pigeonhole. **casella postale** post office box.

caserma (ka'zɛrma) *nf* barracks.

casino (ka'sino) *nm* 1 casino. 2 *inf* brothel.

caso ('kazo) *nm* 1 chance. 2 event, occurrence. 3 case. 4 way, possibility. **caso mai** if by chance. **far caso di** take into account. **in ogni caso**

in any case. **per caso** by chance.

cassa (ˈkassa) *nf* **1** box, case, chest. **2** cash desk. **3** bank, fund. **4** cash. **cassa da morto** coffin. **cassaforte** (kasˈsaˈforte) *nf, pl* **casseforti** strongbox.

cassetta (kasˈsetta) *nf* box. **cassetta delle lettere** letterbox. **cassetto** (kasˈsetto) *nm* drawer. **cassettone** (kassetˈtone) *nm* chest of drawers.

cassata (kasˈsata) *nf* Neapolitan ice-cream.

casseruola (kasseˈrwɔla) *nf* saucepan.

cassiere (kasˈsjere) **1** cashier. **2** treasurer.

casta (ˈkasta) *nf* caste.

castagna (kasˈtaɲɲa) *nf* chestnut. **castagno** *nm* chestnut tree. *adj* chestnut, brown.

castello (kasˈtello) *nm* castle.

castigare (kastiˈgare) *vt* punish. **castigo** *nm* punishment.

casto (ˈkasto) *adj* chaste. **castità** *nf invar* chastity.

castoro (kasˈtɔro) *nm* beaver.

castrare (kasˈtrare) *vt* castrate.

casuale (kazuˈale) *adj* chance.

catacomba (kataˈkomba) *nf* catacomb.

catalogo (kaˈtalogo) *nm* catalogue.

catapulta (kataˈpulta) *nf* catapult.

catarro (kaˈtarro) *nm* catarrh.

catastrofe (kaˈtastrofe) *nf* disaster, catastrophe.

catechismo (kateˈkizmo) *nm* catechism.

categoria (kategoˈria) *nf* category, class. **categorico** (kateˈgɔriko) *adj* categorical, explicit.

catena (kaˈtena) *nf* chain. **catena di negozi** chain store.

catino (kaˈtino) *nm* basin. **catinella** *nf* small basin. **piovere a catinelle** rain cats and dogs.

catodo (ˈkatodo) *nm* cathode.

catrame (kaˈtrame) *nm* tar.

cattedrale (katteˈdrale) *nf* cathedral.

cattivo (katˈtivo) *adj* **1** bad, naughty. **2** evil.

cattolico (katˈtɔliko) *adj,n* Catholic. **cattolicesimo** (kattoliˈtʃezimo) *nm* Catholicism.

catturare (kattuˈrare) *vt* **1** capture. **2** arrest. **cattura** *nf* **1** capture. **2** arrest.

cauccIù (kautˈtʃu) *nm invar* rubber.

causa (ˈkauza) *nf* **1** cause, reason. **2** *law* case, action. **a causa di** owing to, because of.

causare (kauˈzare) *vt* cause, produce.

caustico (ˈkaustiko) *adj* caustic.

cauto (ˈkauto) *adj* cautious, careful. **cautela** (kauˈtela) *nf* **1** caution. **2** precaution.

cauzione (kautˈtsjone) *nf* **1** caution money, deposit. **2** bail.

cava (ˈkava) *nf* quarry, pit.

cavalcare (kavalˈkare) *vt,vi* ride. **cavalcioni** *adv* astride.

cavaliere (kavaˈljere) *nm* knight.

cavalleria (kavalleˈria) *nf* **1** cavalry. **2** chivalry. **cavalleresco** *adj* chivalrous.

cavallo (kaˈvallo) *nm* **1** horse. **2** *game* knight. **a cavallo** on horseback. **cavallo a dondolo** rocking horse. **cavallo di corsa** racehorse. **cavalletto** (kavalˈletto) *nm* easel.

cavare (kaˈvare) *vt* **1** extract, remove. **2** obtain. **cavarsela** *vr* get out of a difficult situation. **cavatappi** *nm invar* corkscrew.

caverna (kaˈverna) *nf* cavern, cave.

caviale (kaˈvjale) *nm* caviar.

caviglia (kaˈviʎʎa) *nf* ankle.

cavo[1] (ˈkavo) *adj,nm* hollow. **cavità** *nf* hollow, cavity.

cavo[2] ('kavo) *nm* cable, rope.

cavolo ('kavolo) *nm* cabbage. **cavolfiore** *nm* cauliflower.

ce (tʃe) *pron 1st pers m,f pl* us, to us. *adv* there.

cecità (tʃetʃi'ta) *nf* blindness.

Cecoslovacchia (tʃekoslo'vak kja) *nf* Czechoslovakia. **ce co** *adj,n* Czech. *nm* Czech (language). **cecoslovacco** *adj,n* Czechoslovakian.

cedere ('tʃedere) *vi* 1 collapse. 2 yield, give up. *vt* 1 hand over. 2 renounce.

cedola ('tʃedola) *nf* 1 coupon. 2 counterfoil.

cedro[1] ('tʃedro) *nm* 1 lime tree. 2 lime (fruit).

cedro[2] ('tʃedro) *nm* cedar.

celare (tʃe'lare) *vt* hide, conceal.

celebrare (tʃele'brare) *vt* celebrate.

celebre ('tʃelebre) *adj* famous, well-known. **celebrità** *nf* celebrity.

celeste (tʃe'lɛste) *adj* 1 heavenly, celestial. 2 azure.

celibe ('tʃelibe) *nm* bachelor.

cella ('tʃella) *nf* cell.

cellula ('tʃellula) *nf sci* cell.

celluloide (tʃellu'lɔide) *nf* celluloid.

cemento (tʃe'mento) *nm* 1 cement. 2 concrete. **cemento armato** reinforced concrete.

cenacolo (tʃe'nakolo) *nm* painting of the Last Supper.

cenare ('tʃenare) *vi* dine, have dinner. **cena** *nf* dinner, supper.

cencio ('tʃentʃo) *nm* 1 rag. 2 duster, cloth.

cenere ('tʃenere) *nf* ash. **Ceneri** (tʃe'neri) *nf pl* Ash Wednesday.

cenno ('tʃenno) *nm* 1 nod. 2 sign. 3 hint. **fare cenno di** mention.

censimento (tʃensi'mento) *nm* census.

censurare (tʃensu'rare) *vt* censure, reprove. **censura** *nf* censorship. **censore** (tʃen'sore) *nm* censor.

centenario (tʃente'narjo) *nm* 1 centenary. 2 centenarian.

centigrado (tʃen'tigrado) *adj* centigrade.

centimetro (tʃen'timetro) *nm* centimetre.

cento ('tʃento) *adj,nm* one hundred. **per cento** per cent.

centesimo (tʃen'tezimo) *adj* hundredth. **centinaio** (tʃenti'najo) *nm, pl* **centinaia** *f* about a hundred.

centrale (tʃen'trale) *adj* 1 central. 2 principal. **sede centrale** *nf* head office. ~*nf* centre of production, plant, station. **centrale elettrica** power station. **centralista** *nm* operator. **centralino** *nm* telephone exchange. **centralizzare** (tʃentralid'dzare) *vt* centralize.

centro ('tʃentro) *nm* 1 centre, middle. 2 *sport* centre. **centro avanti** or **attacco** centreforward. **centro mediano** or **sostegno** half-back.

ceppo ('tʃeppo) *nm* 1 stump. 2 log. 3 block.

cera[1] ('tʃera) *nf* wax.

cera[2] ('tʃera) *nf* appearance.

ceramica (tʃe'ramika) *nf* ceramics.

cercare (tʃer'kare) *vt* 1 search. 2 look for, seek. *vi* try, attempt. **cercasi** (in newspaper advertisements) wanted. **cerca** *nf* search.

cerchio ('tʃerkjo) *nm* circle.

cereale (tʃere'ale) *adj,nm* cereal.

cerimonia (tʃeri'mɔnja) *nf* ceremony.

cerino (tʃe'rino) *nm* 1 wax match. 2 taper.

cerniera (tʃer'njera) *nf* hinge. **cerniera lampo** zip (fastener).

cerotto (tʃe'rɔtto) *nm med* plaster.

certificare (tʃertifi'kare) *vt* 1 certify. 2 confirm. **certificato** *nm* certificate.

certo ('tʃerto) *adj* 1 sure, certain. 2 certain, particular. *adv* certainly, of course.

cervello (tʃer'vello) *nm, pl* **cervella** *f* or **cervelli** *m* brain.

cervo ('tʃervo) *nm* deer.

cesello (tʃe'zello) *nm* chisel.

cesoie (tʃe'zoje) *nf pl* shears.

cespo ('tʃespo) *nm* tuft.

cespuglio (tʃes'puʎʎo) *nm* bush.

cessare (tʃes'sare) *vi* stop, cease.

cesta ('tʃesta) *nf* basket, hamper. **cestino** *nm* wastepaper basket. **cestino da viaggio** lunch pack.

ceto ('tʃeto) *nm* class, rank.

cetriolo (tʃetri'ɔlo) *nm* cucumber.

che (ke) *pron invar* 1 who, whom. 2 which. 3 that. **un gran che** something important. **un non so che di** a hint of. ~*adj* 1 what? which? 2 what, what a. 3 how. *conj* 1 that. 2 than. 3 as **non...che** only. **ma che!** *interj also* **macché!** rubbish!

cheto ('keto) *adj* quiet. **chetichella** (keti'kella) **alla chetichella** *adv* furtively, inconspicuously.

chi (ki) *pron* 1 who? whom? 2 those who, he who, whoever. **chi...chi** some...some. **di chi è?** whose is it?

chiacchierare (kjakkje'rare) *vi* chat, chatter, gossip. **chiacchiera** ('kjakkjera) *nf* chat, piece of gossip. **fare due chiacchiere** have a chat. **chiacchierata** *nf* chat.

chiamare (kja'mare) *vt* 1 call. 2 send for, summon. **chiamarsi** *vr* be called. **chiamata** *nf* call.

chiarire (klja'rire) *vt* clarify, clear up. **chiaro** *adj* clear, bright. **chiarore** *nm* glimmer. **chiaroscuro** *nm Art* light and shade. **chiaroveggente** (kjaroved'dʒente) *adj* clear-sighted.

chiasso ('kjasso) *nm* hubbub, din. **chiassoso** (kjas'soso) *adj* noisy.

chiavare (kja'vare) *vt* have sexual intercourse with.

chiave ('kjave) *nf* key. **chiudere a chiave** lock. **tenere sotto chiave** keep under lock and key.

chiavistello (kjavi'stello) *nm* bolt.

chiazzare (kjat'tsare) *vt* stain. **chiazza** *nf* stain.

chicchirichì (kikkiri'ki) *nm* cock-a-doodle-do.

chicco ('kikko) *nm* 1 grain. 2 (coffee) bean. 3 grape.

chiedere* ('kjedere) *vt* 1 ask. 2 ask for, request, beg.

chiesa ('kjeza) *nf* church.

chiesi ('kjesi) *v see* **chiedere**.

chiesto ('kjesto) *v see* **chiedere**.

chiglia ('kiʎʎa) *nf* keel.

chilo ('kilo) *nm* kilo. **chilogrammo** (kilo'grammo) *nm* kilogram. **chilometro** (ki'lɔmetro) *nm* kilometre. **chilowatt** ('kilovat) *nm invar* kilowatt.

chimera (ki'mera) *nf* illusion.

chimica ('kimika) *nf* chemistry. **chimico** ('kimiko) *adj* chemical. *nm* chemist.

china ('kina) *nf* slope, descent.

chinare (ki'nare) *vt* lower, bend. **chinarsi** *vr* stoop, bend.

chincaglieria (kinkaʎʎe'ria) *nf* bric-a-brac, trinkets.

chiocciare (kjot'tʃare) *vi* cluck.

chiocciola ('kjɔttʃola) *nf* snail. **scala a chiocciola** *nf* spiral staircase.

chiodo ('kjɔdo) *nm* **1** nail. **2** debt.

chiosco ('kjɔsko) *nm* kiosk.

chiostro ('kjɔstro) *nm* cloister.

chirurgia (kirur'dʒia) *nf* surgery. **chirurgico** *adj* surgical. **chirurgo** *nm, pl* **chirurghi** or **chirurgi** surgeon.

chitarra (ki'tarra) *nf* guitar.

chiudere* ('kjudere) *vt* **1** close, shut. **2** end. **3** switch or turn off.

chiunque (ki'unkwe) *pron invar* whoever, anyone who.

chiusi ('kjusi) *v see* **chiudere**.

chiuso ('kjuso) *v see* **chiudere**. *adj* shut, closed.

chiusura (kju'sura) *nf* **1** closure. **2** fastening. **chiusura lampo** zip fastener.

ci (tʃi) *pron 1st pers m,f pl* **1** us, to us. **2** ourselves. *adv* here, there.

cialda ('tʃalda) *nf* waffle.

ciambella (tʃam'bella) *nf* **1** ring-shaped bun. **2** rubber ring.

ciambellano (tʃambel'lano) *nm* chamberlain.

cianuro (tʃa'nuro) *nm* cyanide.

ciao ('tʃao) *interj* **1** hello! **2** bye-bye! cheerio!

ciarlare (tʃar'lare) *vi* chatter, gabble.

ciarlatano (tʃarla'tano) *nm* charlatan.

ciascuno (tʃas'kuno) *also* **ciascheduno** *adj* each, every. *pron* each one, every one.

cibare (tʃi'bare) *vt* feed, nourish. **cibo** *nm* food.

cicala (tʃi'kala) *nf* cicada.

cicatrice (tʃika'tritʃe) *nf* scar.

cicca ('tʃikka) *nf* butt, cigarette end.

cicerone (tʃitʃe'rone) *nm* guide.

ciclamino (tʃikla'mino) *nm* cyclamen.

ciclo ('tʃiklo) *nm* **1** cycle. **2** bicycle, cycle. **ciclismo** *nm* cycling. **ciclista** *nm* cyclist.

ciclone (tʃi'klone) *nm* cyclone.

cicogna (tʃi'koɲɲa) *nf* stork.

cicoria (tʃi'kɔrja) *nf* chicory.

cieco ('tʃeko) *adj* blind. *nm* blind man.

cielo ('tʃelo) *nm* **1** sky. **2** heaven.

cifra ('tʃifra) *nf* **1** figure, number. **2** sum, amount.

ciglio ('tʃiʎʎo) *nm* **1** *pl* **ciglia** *f* eyelash. **2** *pl* **cigli** *m* edge, brink.

cigno ('tʃiɲɲo) *nm* swan.

cigolare (tʃigo'lare) *vi* squeak, creak.

ciliegia (tʃi'ljedʒa) *nf* cherry. **ciliegio** *nm* cherry tree.

cilindro (tʃi'lindro) *nm* cylinder.

cima ('tʃima) *nf* summit, top.

cimice ('tʃimitʃe) *nf* bug.

ciminiera (tʃimi'njera) *nf* **1** factory chimney. **2** *naut* funnel.

cimitero (tʃimi'tero) *nm* cemetery, graveyard.

Cina ('tʃina) *nf* China. **cinese** (tʃi'nese) *adj,n* Chinese. *nm* Chinese (language).

cinema ('tʃinema) *nm invar* cinema. **cineasta** *nm* person connected with the cinema.

cinetico (tʃi'netiko) *adj* kinetic.

cingere* ('tʃindʒere) *vt* surround, encircle.

cinghia ('tʃingja) *nf* strap, belt.

cinghiale (tʃin'gjale) *nm* **1** wild boar. **2** pigskin.

cinguettare (tʃingwet'tare) *vi* twitter, chirp.

cinico ('tʃiniko) *adj* cynical, sceptical.

cinquanta (tʃin'kwanta) *adj, nm* fifty. **cinquantesimo** *adj* fiftieth.

cinque ('tʃinkwe) *adj,nm* five. **cinquecento** (tʃinkwe'tʃento) *adj* five hundred. *nm* **1** five hundred. **2** sixteenth century.

cintura (tʃin'tura) *nm* belt. **cintura di sicurezza** seat belt. **cinturino** *nm* strap.

ciò (tʃo) *pron invar* that, this. **ciò che** that which.

cioccolata (tʃokkoˈlata) *nf also* **cioccolato** *nm* chocolate. **cioccolatino** *nm* chocolate sweet.

cioè (tʃoˈɛ) *adv* that is to say, that is.

ciondolo (ˈtʃondolo) *nm* pendant.

ciottolo (ˈtʃɔttolo) *nm* 1 stone, pebble. 2 cobble.

cipiglio (tʃiˈpiʎʎo) *nm* scowl, frown.

cipolla (tʃiˈpolla) *nf* onion. **cipollina** *nf* spring onion.

cipresso (tʃiˈpresso) *nm* cypress.

cipria (ˈtʃiprja) *nf* face powder.

Cipro (ˈtʃipro) *nm* Cyprus. **cipriota** *adj,n* Cypriot.

circa (ˈtʃirka) *prep* about, concerning. *adv* roughly, approximately, about.

circo (ˈtʃirko) *nm* circus.

circolare[1] (tʃirkoˈlare) *vi* 1 circulate, spread, flow. 2 move about, circulate. **circolante** *adj* mobile. *nm* currency. **circolazione** *nf* 1 circulation. 2 traffic.

circolare[2] (tʃirkoˈlare) *adj* circular. *nf* circular (letter).

circolo (ˈtʃirkolo) *nm* 1 circle. 2 group, club.

circoncidere (tʃirkonˈtʃidere) *vt* circumcize.

circondare (tʃirkonˈdare) *vt* surround.

circonferenza (tʃirkonfeˈrentsa) *nf* circumference.

circonvallazione (tʃirkonvallatˈtsjone) *nf* ring-road.

circoscrivere (tʃirkosˈkrivere) *vt* limit, restrict.

circostante (tʃirkosˈtante) *adj* surrounding. *nm* bystander.

circostanza (tʃirkosˈtantsa) *nf* circumstance.

circuito (tʃirˈkuito) *nm* circuit.

cisterna (tʃisˈterna) *nf* tank, cistern. **nave cisterna** *nf naut* tanker.

citare (tʃiˈtare) *vt* 1 quote, cite. 2 summon. **citazione** *nf* 1 quotation. 2 summons.

città (tʃitˈta) *nf invar* town, city. **cittadino** *nm* citizen.

ciuffo (ˈtʃuffo) *nm* tuft.

civetta (tʃiˈvetta) *nf* 1 owl. 2 flirt.

civico (ˈtʃiviko) *adj* civic.

civile (tʃiˈvile) *adj* civil, civilian. *nm* civilian.

civiltà (tʃivilˈta) *nf* civilization.

civilizzare (tʃivilidˈdzare) *vt* civilize. **civilizzazione** *nf* civilization.

clacson (ˈklakson) *nm* motor horn.

clamore (klaˈmore) *nm* 1 din, uproar. 2 outcry. **clamoroso** (klamoˈroso) *adj* noisy, sensational.

clandestino (klandesˈtino) *adj* clandestine.

clarinetto (klariˈnetto) *nm* clarinet.

classe (ˈklasse) *nf* 1 class. 2 classroom. **di classe** of high quality. **fuori classe** in a class of its own.

classico (ˈklassiko) *adj* classic, classical.

classificare (klassifiˈkare) *vt* classify, class. **classificazione** *nf* classification.

clausola (ˈklauzola) *nf* clause.

claustrofobia (klaustrofoˈbia) *nf* claustrophobia.

clavicembalo (klaviˈtʃembalo) *nm* harpsichord.

clavicola (klaˈvikola) *nf* collarbone.

clemenza (kleˈmɛntsa) *nf* mercy, clemency.

cleptomane (klepˈtɔmane) *nm* kleptomaniac. **cleptomania** *nf* kleptomania.

clero (ˈklɛro) *nm* clergy.

cliente (kliˈɛnte) *nm* client, customer. **clientela** (klienˈtɛla) *nf* clientele.

clima ('klima) *nm* climate.
clinica ('klinika) *nf* **1** clinical medicine. **2** clinic, nursing home.
cloro ('klɔro) *nm* chlorine.
clorofilla (kloro'filla) *nf* chlorophyll.
cloroformio (kloro'fɔrmjo) *nm* chloroform.
cloruro (klo'ruro) *nm* chloride.
coabitare (koabi'tare) *vi* cohabit, live together.
coagulare (koagu'lare) *vt* coagulate. **coagularsi** *vr* coagulate. **coagulo** (ko'agulo) *nm* **1** clot. **2** curd.
coalizione (koalit'tsjone) *nf* coalition.
cobra ('kɔbra) *nm invar* cobra.
cocaina (koka'ina) *nf* cocaine.
cocchio ('kɔkkjo) *nm* coach, carriage.
coccinella (kottʃi'nɛlla) *nf* ladybird.
cocco ('kɔkko) *nm* **1** coconut. **2** coconut palm.
coccodrillo (kokko'drillo) *nm* crocodile. **lagrime di coccodrillo** *nf pl* crocodile tears.
cocente (ko'tʃɛnte) *adj* **1** hot, burning. **2** acute.
cociamo (ko'tʃamo) *v see* **cuocere.**
cocomero (ko'komero) *nm* watermelon.
coda ('koda) *nf* **1** tail. **2** queue. **guardare con la coda dell'occhio** look out of the corner of one's eye.
codardo (ko'dardo) *adj* cowardly.
codeina (kode'ina) *nf* codeine.
codesto (ko'desto) *adj* this, that. *pron* that one.
codice ('kɔditʃe) *nm* code.
coerente (koe'rɛnte) *adj* coherent. **coerenza** (koe'rɛntsa) *nf* **1** coherence. **2** consistency.
coesistere (koe'zistere) *vi* coexist.

coetaneo (koe'taneo) *adj,nm* contemporary.
cofano ('kɔfano) *nm* **1** chest, casket. **2** *mot* bonnet.
cogliere* ('kɔʎʎere) *vt* **1** pick. **2** gather, collect. **3** catch. **4** hit, strike. **cogliere l'occasione** seize the opportunity.
cognato (koɲ'ɲato) *nm* brother-in-law. **cognata** *nf* sister-in-law.
cognome (koɲ'ɲome) *nm* surname.
coincidere (koin'tʃidere) *vi* coincide. **coincidenza** (kointʃi'dentsa) *nf* **1** coincidence. **2** (railway) connection.
coinvolgere (koin'vɔldʒere) *vt* involve.
coito ('kɔito) *nm* coitus, sexual intercourse.
colare (ko'lare) *vt* **1** strain. **2** pour. *vi* drip, trickle. **colare a picco** sink. **colapasta** *nm invar* pasta strainer. **colino** *nm* strainer.
colatoio (kola'tojo) *nm* colander.
colazione (kolat'tsjone) *nf* lunch. **prima colazione** breakfast.
colei (ko'lei) *pron fs* she, that woman.
colera (ko'lɛra) *nm* cholera.
colgo ('kɔlgo) *v see* **cogliere.**
colla ('kɔlla) *nf* glue.
collaborare (kollabo'rare) *vi* **1** collaborate. **2** contribute. **collaborazione** *nf* collaboration.
collana (kol'lana) *nf* **1** necklace. **2** series. **3** collection.
collare (kol'lare) *nm* collar.
collasso (kol'lasso) *nm* collapse.
collaudare (kollau'dare) *vt* test, try. **collaudo** *nm* **1** test. **2** approval.
colle ('kɔlle) *nm* hill.
collega (kol'lɛga) *nm* colleague.

collegare (kolle'gare) *vt* join, connect, link. **collegamento** *nm* link, connection.

collegio (kol'lɛdʒo) *nm* 1 college. 2 boarding school.

collera ('kɔllera) *nf* anger. **montare in collera** get angry.

colletta (kol'letta) *nf* collection.

collettivo (kollet'tivo) *adj* collective, joint.

colletto (kol'letto) *nm* collar.

collezionare (kollettsjo'nare) *vt* collect. **collezione** *nf* collection. **fare collezione di** collect.

collina (kol'lina) *nf* hill.

collo[1] ('kɔllo) *nm* neck.

collo[2] ('kɔllo) *nm* parcel, package.

collocare (kollo'kare) *vt* place, put.

colloquio (kol'lɔkwjo) *nm* 1 talk, discussion. 2 interview.

colmare (kol'mare) *vt* fill. **colmo** *adj* full, overflowing. *nm* 1 top. 2 height.

colomba (ko'lomba) *nf* dove. **colombo** *nm* pigeon.

colonia (ko'lɔnja) *nf* 1 colony. 2 summer camp. **coloniale** *adj* colonial. **colonizzare** (kolonid'dzare) *vt* colonize.

colonna (ko'lonna) *nf* column, pillar.

colonnello (kolon'nello) *nm* colonel.

colorire (kolo'rire) *vt* colour. **colore** *nm* 1 colour. 2 colouring. **di colore** coloured.

colossale (kolos'sale) *adj* gigantic.

colpa ('kolpa) *nf* 1 offence. 2 blame. 3 fault.

colpevole (kol'pevole) *adj* guilty. *nm* culprit.

colpire (kol'pire) *vt* strike, hit. **rimanere colpito** be amazed.

colpo ('kolpo) *nm* 1 blow, stroke, knock. 2 shot. **colpo d'aria** draught. **colpo di sole** sunstroke. **colpo di Stato** coup d'état. **colpo di telefono** telephone call. **colpo d'occhio** glance.

colsi (kɔlsi) *v* see **cogliere**.

coltello (kol'tello) *nm* knife. **coltello a serramanico** penknife.

coltivare (kolti'vare) *vt* cultivate.

colto[1] ('kɔlto) *v* see **cogliere**.

colto[2] ('kolto) *adj* cultured, learned.

coltura (kol'tura) *nf* 1 cultivation, breeding. 2 culture.

colui (ko'lui) *pron ms* he, that man. **coloro** *pron m,f pl* those, those people.

coma ('kɔma) *nm* coma.

comandare (koman'dare) *vt* 1 command, order. 2 control. **comandante** *nm* commander. **comando** *nm* command, order.

combattere (kom'battere) *vi,vt* fight, combat. **combattente** (kombat'tɛnte) *nm* soldier. **combattimento** *nm* combat, fight.

combinare (kombi'nare) *vt* 1 combine. 2 arrange. *vi* 1 agree. 2 match. **cosa sta combinando?** what is he up to? **combinazione** *nf* 1 combination. 2 chance.

combustione (kombus'tjone) *nf* combustion.

come ('kome) *adv* 1 like, as. 2 as well as. 3 how. *prep* as soon as. **come se** as if. ~*interj* what! **come?** what did you say?

cometa (ko'meta) *nf* comet.

comico ('kɔmiko) *adj* 1 comic. 2 funny, comical. *nm* comedian, comic.

cominciare (komin'tʃare) *vt,vi* begin, start.

comitato (komi'tato) *nm* committee, board.

comitiva (komi'tiva) *nf* party, group.

comizio (ko'mittsjo) *nm* meeting.

commedia (kom'mɛdja) *nf* 1 comedy. 2 play. **commediante** *nm* 1 actor. 2 comedian. *nf* 1 actress. 2 comedienne.

commemorare (kommemo'rare) *vt* commemorate. **commemorativo** *adj* commemorative. **commemorazione** *nf* commemoration.

commentare (kommen'tare) *vt* 1 annotate. 2 comment upon. **commentatore** *nm* commentator. **commento** *nm* comment.

commercio (kom'mɛrtʃo) *nm* commerce, business, trade. **commerciale** *adj* commercial. **commerciante** *nm* 1 businessman. 2 merchant.

commesso (kom'messo) *nm* 1 shop assistant. 2 clerk. **commesso viaggiatore** travelling salesman.

commestibile (kommes'tibile) *adj* edible.

commettere* (kom'mettere) *vt* commit.

commissariato (kommissa'rjato) *nm* commissariat. **commissariato di polizia** police station. **commissario** (kommis'sarjo) *nm* commissioner.

commissione (kommis'sjone) *nf* 1 errand. 2 order. 3 commission, committee.

commosso (kom'mɔsso) *adj* touched, moved.

commozione (kommot'tsjone) *nf* agitation. **commozione cerebrale** concussion.

commuovere* (kom'mwɔvere) *vt* move, touch, affect.

commutare (kommu'tare) *vt* change.

commutatore (kommuta'tore) *nm* switch.

comodino (komo'dino) *nm* bedside table.

comodo ('kɔmodo) *adj* 1 comfortable. 2 handy. 3 convenient. 4 useful. **stia comodo!** please don't get up! ~*nm* 1 comfort. 2 convenience. **con comodo** at one's leisure. **comodità** *nf* 1 convenience. 2 comfort.

compagno (kompaɲ'ɲo) *nm* 1 companion, comrade. 2 partner. **compagnia** *nf* company.

comparativo (kompara'tivo) *adj* comparative.

comparire* (kompa'rire) *vi* 1 appear. 2 seem.

compartimento (komparti'mento) *nm* compartment.

compassione (kompas'sjone) *nf* pity, compassion.

compasso (kom'passo) *nm* 1 compass. 2 pair of compasses.

compatire (kompa'tire) *vt* 1 pity. 2 sympathize with. **compatimento** *nm* pity.

compatriota (kompatri'ɔta) *nm* fellow countryman.

compatto (kom'patto) *adj* compact.

compendio (kom'pendjo) *nm* 1 compendium. 2 summary.

compensare (kompen'sare) *vt* compensate, make up for. **compenso** (kom'penso) *nm* compensation.

competente (kompe'tente) *adj* 1 apt, suitable. 2 competent.

competere (kom'pɛtere) *vi* compete. **competitore** (kompeti'tore) *nm* competitor. **competizione** *nf* competition.

compiacere* (kompja'tʃere) *vt* 1 please. 2 humour. **compiacersi** *vr* 1 delight in. 2 deign. **compiacente** *adj* obliging. **compiacimento** *nm* pleasure.

compiangere* (kom'pjandʒere) *vt* pity.

compiere ('kompjere) vt 1 complete, finish. 2 fulfil, accomplish. **compiere gli anni** have a birthday.

compilare (kompi'lare) vt compile.

compito (kom'pito) nm 1 task. 2 homework.

compleanno (komple'anno) nm birthday. **buon compleanno!** happy birthday!

complesso (kom'plesso) adj complex, complicated. nm 1 whole, mass. 2 complex. 3 group, band. **nel complesso** on the whole. **complessivo** adj total, comprehensive.

completare (komple'tare) vt complete. **completo** (kom'pleto) adj 1 complete. 2 full. nm suit.

complicare (compli'kare) vt complicate. **complicato** adj complicated. **complicazione** nf complication.

complice ('komplitʃe) nm accomplice.

complimentare (komplimen'tare) vt compliment. **complimento** nm 1 compliment. 2 pl congratulations. **fare complimenti** stand on ceremony. **senza complimenti** without ceremony.

complotto (kom'plotto) nm plot.

componente (kompo'nente) adj component. nm,f 1 component. 2 member.

comporre* (kom'porre) vt compose.

comportare (kompor'tare) vt 1 tolerate, permit. 2 involve. **comportarsi** vr behave. **comportamento** nm behaviour.

compositore (kompozi'tore) nm composer.

composizione (kompozit'tsjone) nf composition.

composto (kom'posto) adj 1 compound. 2 calm, sedate, composed. nm compound.

comprare (kom'prare) vt buy.

comprendere* (kom'prendere) vt 1 include, comprise. 2 understand, comprehend.

comprensibile (kompren'sibile) adj comprehensible, understandable. **comprensione** nf comprehension, understanding. **comprensivo** adj comprehensive.

compressa (kom'pressa) nf 1 compress. 2 tablet. **compressore** nm compressor.

comprimere* (kom'primere) vt compress.

compromettere (kompro'mettere) vt 1 compromise. 2 endanger. **compromesso** nm compromise.

compunto (kom'punto) adj 1 contrite. 2 solemn.

computerizzare (komputerit'tzare) vt computerize.

comune (ko'mune) adj common, ordinary, everyday. nm 1 town council. 2 municipal buildings. **comunale** adj 1 communal. 2 municipal. **comunità** nf community.

comunicare (komuni'kare) vt communicate, pass on. vi communicate, keep in contact. **comunicazione** nf communication.

comunione (komu'njone) nf communion.

comunismo (komu'nizmo) nm communism. **comunista** nm communist.

comunque (ko'munkwe) adv however, anyhow.

con (kon) prep 1 with. 2 by. 3 to.

conca ('konka) nf 1 container. 2 basin. 3 shell.

concavo ('konkavo) adj concave.

concedere* (kon'tʃedere) vt 1 grant, allow. 2 admit.

concentrare (kontʃen'trare) vt concentrate. **concentramen-**

to *nm* concentration. **campo di concentramento** *nm* concentration camp. **concentrazione** *nf* concentration.

concentrico (kon'tʃɛntriko) *adj* concentric.

concepire (kontʃe'pire) *vt* 1 conceive. 2 imagine, devise. 3 understand.

concernere (kon'tʃɛrnere) *vt* concern.

concerto (kon'tʃɛrto) *nm* concert.

concessi (kon'tʃɛssi) *v* see **concedere**.

concessione (kontʃes'sjone) *nf* concession.

concesso (kon'tʃɛsso) *v* see **concedere**.

concetto (kon'tʃɛtto) *nm* 1 concept, idea. 2 opinion.

concezione (kontʃet'tsjone) *nf* conception.

conchiglia (kon'kiʎʎa) *nf* shell.

conciliare (kontʃi'ljare) *vt* 1 reconcile. 2 induce. **conciliarsi** *vr* 1 be reconciled. 2 gain.

concilio (kon'tʃiljo) *nm* council.

concime (kon'tʃime) *nm* dung, manure.

conciso (kon'tʃizo) *adj* concise.

concittadino (kontʃitta'dino) *nm* fellow citizen.

concludere* (kon'kludere) *vt* conclude, finish. **concludersi** *vr* end, finish. **conclusione** *nf* conclusion. **conclusivo** (konklu'zivo) *adj* conclusive.

concorrere* (kon'korrere) *vi* 1 assemble. 2 contribute. 3 compete. 4 concur. **concorrente** (konkor'rɛnte) *nm* competitor. **concorrenza** (konkor'rɛntsa) *nf* rivalry, competition.

concorso (kon'korso) *nm* competition.

concreto (kon'krɛto) *adj* concrete, actual.

condannare (kondan'nare) *vt* 1 condemn. 2 sentence, convict. 3 blame. **condanna** *nf law* sentence. **condannato** *nm* convict.

condensazione (kondensat'tsjone) *nf* condensation.

condire (kon'dire) *vt cul* season. **condimento** *nm* seasoning, dressing.

condiscendere (kondiʃ'ʃendere) *vi* 1 yield. 2 condescend. **condiscendente** (kondiʃʃen'dente) *adj* 1 indulgent. 2 condescending.

condividere* (kondi'videre) *vt* share.

condizione (kondit'tsjone) *nf* condition. **condizionale** *adj* conditional. **condizionare** *vt* condition. **condizionato** *adj* 1 conditioned. 2 packed. **aria condizionata** *nf* air conditioning.

condoglianza (kondoʎ'ʎantsa) *nf* condolence, sympathy.

condolersi* (kondo'lersi) *vr* 1 grieve. 2 sympathize.

condotta (kon'dotta) *nf* 1 conduct, behaviour. 2 leadership. 3 medical practice controlled by local authority.

condotto (kon'dotto) *v* see **condurre**. *nm* tube, pipe.

conducente (kondu'tʃɛnte) *nm* driver.

conduco (kon'duko) *v* see **condurre**.

condurre* (kon'durre) *vt* 1 lead, accompany, take. 2 manage, run. 3 drive. **condursi** *vr* behave.

condussi (kon'dussi) *v* see **condurre**.

conduttore (kondut'tore) *nm* 1 driver. 2 *sci* conductor.

confarsi (kon'farsi) *vr* suit.

confederazione (konfederat'tsjone) *nf* federation.

conferire (konfe'rire) vt bestow, give. vi confer. **conferenza** (konfe'rentsa) nf 1 conference. 2 lecture. **conferenziere** (konferen'tsjere) nm 1 speaker. 2 lecturer.

confermare (konfer'mare) vt confirm. **conferma** nf confirmation.

confessare (konfes'sare) vt confess. **confessionale** nm confessional box. **confessione** nf confession.

confetto (kon'fetto) nm 1 sweet. 2 sugared almond.

confettura (konfet'tura) nf jam.

confezionare (konfettsjo'nare) vt make, manufacture. **confezione** nf 1 manufacture. 2 pl clothes. 3 packaging. **confezioni su misura** made-to-measure clothes.

confidare (konfi'dare) vt confide. vi trust. **confidenza** (konfi'dentsa) nf 1 confidence, trust. 2 familiarity. **confidenziale** adj confidential.

confinare (konfi'nare) vt confine, banish. **confinare con** be adjacent to, border on. **confine** nm 1 border. 2 boundary.

confiscare (konfis'kare) vt confiscate.

conflitto (kon'flitto) nm conflict, struggle.

confondere* (kon'fondere) vt 1 confuse, mix up, mistake. 2 perplex, blur. **confondersi** vr become confused.

conformare (konfor'mare) vt conform. **conformarsi a** vr conform to, comply with. **conforme** adj similar. **conformista** nm conformist.

confortare (konfor'tare) vt comfort, console. **conforto** (kon'forto) nm comfort.

confrontare (konfron'tare) vt compare. **confronto** nm comparison. **in** or **a confronto di** compared with.

confusione (konfu'zjone) nf 1 disorder, confusion. 2 embarrassment. **confuso** adj 1 confused. 2 embarrassed.

congedare (kondʒe'dare) vt dismiss. **congedo** (kon'dʒedo) nm leave, leave of absence.

congelare (kondʒe'lare) vt freeze. **congelarsi** vr freeze.

congestionare (kondʒestjo'nare) vt overcrowd, congest. **congestione** nf congestion.

congiungere* (kon'dʒundʒere) vt join, link.

congiurare (kondʒu'rare) vi conspire, plot. **congiura** nf conspiracy, plot. **congiurato** nm conspirator.

congratularsi (kongratu'larsi) vr congratulate. **congratulazione** nf congratulation.

congregare (kongre'gare) vt assemble. **congregarsi** vr congregate.

congresso (kon'gresso) nm 1 congress. 2 conference.

coniare (ko'njare) vt coin.

conico ('kɔniko) adj conical.

conifero (ko'nifero) adj coniferous.

coniglio (ko'niʎʎo) nm rabbit. **conigliera** (koniʎ'ʎera) nf rabbit-hutch.

coniugare (konju'gare) vt conjugate. **coniugazione** nf conjugation.

coniuge ('kɔnjudʒe) nm,f spouse. **coniugale** adj conjugal.

connettere* (kon'nettere) vt connect.

cono ('kɔno) nm cone.

conobbi (ko'nobbi) v see **conoscere.**

conoscere* (ko'noʃʃere) vt know, be acquainted with. **conoscente** (konoʃ'ʃente) nm acquaintance. **conoscenza** (konoʃ'ʃentsa) nf 1 knowledge. **2** acquaintance. **3** consciousness. **fare conoscenza di** get to know. **conoscitore** *nm* connoisseur, expert.

conquistare (konkwis'tare) *vt* conquer. **conquista** *nf* conquest.

consacrare (konsa'krare) *vt* **1** consecrate, ordain. **2** devote.

consapevole (konsa'pevole) *adj* aware, informed.

consecutivo (konseku'tivo) *adj* consecutive.

consegnare (konsen'nare) *vt* **1** hand over, deliver, entrust. **2** confine. **consegna** *nf* delivery. **pagamento alla consegna** cash on delivery.

conseguire (konse'gwire) *vt, vi* follow, result. **conseguente** (konse'gwente) *adj* consequent. **conseguenza** (konse'gwentsa) *nf* consequence.

consenso (kon'senso) *nm* **1** consent, approval. **2** consensus.

consentire (konsen'tire) *vi* consent, agree.

conservare (konser'vare) *vt* keep, preserve. **conserva** (kon'serva) *nf* preserve. **frutta in conserva** *nf* preserved fruit. **conservazione** *nf* preservation.

considerare (konside'rare) *vt* **1** examine. **2** consider, regard. **considerabile** (konside'rabile) *adj* considerable. **considerazione** *nf* consideration.

consigliare (consiʎ'ʎare) *vt* advise. **consigliarsi** *vr* take advice. **consigliere** (consiʎ'ʎere) *nm* councillor.

consiglio (kon'siʎʎo) *nm* **1** piece of advice, advice. **2** council.

consistere (kon'sistere) *vi* consist.

consolare (konso'lare) *vt* console. **consolazione** *nf* consolation.

console ('konsole) *nm* consul. **consolato** *nm* consulate.

consolidare (konsoli'dare) *vt* consolidate.

consonante (konso'nante) *nf* consonant.

consorzio (kon'sortsjo) *nm* consortium.

consueto (konsu'ɛto) *adj* usual. *nm* habit, custom. **consuetudine** (konsue'tudine) *nf* habit, custom.

consultare (konsul'tare) *vt* consult. **consultazione** *nf* consultation. **consulto** *nm* consultation.

consumare (konsu'mare) *vt* **1** consume, use up. **2** commit. **consumatore** *nm* consumer. **consumo** *nm* consumption.

contabile (kon'tabile) *nm* bookkeeper. **contabilità** *nf* bookkeeping.

contadino (konta'dino) *nm* peasant.

contado (kon'tado) *nm* countryside (around a town).

contagioso (konta'dʒoso) *adj* contagious, infectious.

contaminare (kontami'nare) *vt* contaminate, infect. **contaminazione** *nf* contamination.

contante (kon'tanti) *adj* (of money) ready. *nm* cash.

contare (kon'tare) *vt* **1** count. **2** consider. **3** intend. *vi* **1** count, have importance. **2** rely. **contatore** *nm* meter.

contatto (kon'tatto) *nm* contact.

conte ('konte) *nm* (title) count. **contea** *nf* county. **contessa** *nf* countess.

conteggio (kon'teddʒo) *nm* calculation. **conteggio alla rovescia** countdown.

contegno (kon'teɲɲo) *nm* appearance, bearing.

contemplare (kontem'plare) *vt* contemplate.

contemporaneo (kontempo-'raneo) *adj,nm* contemporary.

contendere* (kon'tendere) *vt* dispute, contest.

contenere* (konte'nere) *vt* 1 contain, hold. 2 repress. **contenersi** *vr* restrain oneself. **contenuto** *nm* contents.

contentare (konten'tare) *vt* satisfy. **contentarsi** *vr* be satisfied. **contento** (kon'tento) *adj* happy, glad, pleased.

contestare (kontes'tare) *vt* challenge.

contiguo (kon'tiguo) *adj* adjoining.

continente (konti'nente) *nm* continent. **continentale** *adj* continental.

continuare (kontinu'are) *vt,vi* continue. **continuazione** *nf* continuation.

continuo (kon'tinuo) *adj* continual, continuous, unbroken. **di continuo** incessantly.

conto ('konto) *nm* 1 calculation. 2 bill, account. 3 esteem, regard. 4 notice. 5 report. **conto alla rovescia** countdown. **conto corrente** current account. **fare conto** imagine, suppose. **per conto mio** 1 on my behalf. 2 for my part.

contorcere* (kon'tɔrtʃere) *vt* twist. **contorcersi** *vr* writhe.

contorno (kon'torno) *nm* 1 contour. 2 border. 3 vegetables served with meat course.

contrabbandare (kontrabban-'dare) *vt* smuggle. **contrabbandiere** (kontrabban'djere) *nm* smuggler. **contrabbando** *nm* smuggling.

contrabbasso (kontrab'basso) *nm* double bass.

contraccolpo (kontrak'kolpo) *nm* repercussion.

contraddire* (kontrad'dire) *vt* contradict. **contraddittorio** *adj* contradictory. **contraddizione** *nf* contradiction.

contraereo (kontra'ereo) *adj* anti-aircraft.

contraffare* (kontraf'fare) *vt* 1 imitate. 2 forge, copy. **contraffatto** *adj* counterfeit.

contrapporre* (kontrap'porre) *vt* oppose.

contrariare (kontra'rjare) *vt* 1 contradict. 2 annoy.

contrario (kon'trarjo) *adj* 1 opposite, contrary. 2 unfavourable, adverse. *nm* contrary, opposite. **al contrario** on the contrary.

contrarre* (kon'trarre) *vt* contract.

contrastare (kontras'tare) *vt* 1 oppose, resist. 2 dispute. *vi* 1 struggle. 2 clash. **contrasto** *nm* 1 conflict, opposition, clash. 2 contrast.

contrattare (kontrat'tare) *vt,vi* negotiate.

contratto (kon'tratto) *nm* contract.

contravvenire* (kontravve'nire) *vi* infringe, violate. **contravvenzione** *nf* 1 infringement. 2 fine.

contribuire (kontribu'ire) *vi* 1 contribute. 2 help. **contributo** *nm* contribution.

contristare (kontris'tare) *vt* sadden, grieve.

contro ('kontro) *prep,adv* against. **controffensiva** *nf* counterattack.

controllare (kontrol'lare) *vt* inspect, examine. **controllo** (kon'trɔllo) *nm* control. **controllo delle nascite** birth control. **controllore** (kontrol-'lore) *nm* ticket inspector.

controversia (kontro'vɛrsja) *nf* controversy. **controverso** (kontro'vɛrso) *adj* controversial.

conturbare (kontur'bare) *vt* disturb, upset.

contusione (kontu'zjone) *nf* bruise.

convalescenza (konvaleʃ'ʃentsa) *nf* convalescence.

convegno (kon'veɲɲo) *nm* meeting.

convenire* (konve'nire) *vi* 1 meet, converge. 2 agree. *v imp* 1 suit. 2 be in one's interest. **conveniente** (konve'njɛnte) *adj* 1 advantageous. 2 suitable. **convenienza** (konve'njɛntsa) *nf* 1 suitability. 2 propriety.

convento (kon'vento) *nm* 1 convent. 2 monastery.

convenzione (konven'tsjone) *nf* convention.

convergere (kon'vɛrdʒere) *vi* converge.

conversare (konver'sare) *vi* talk, chat, converse. **conversazione** *nf* conversation.

conversione (konver'sjone) *nf* conversion.

convertire (konver'tire) *vt* convert. **convertito** *nm* convert.

convesso (kon'vɛsso) *adj* convex.

convincere* (kon'vintʃere) *vt* persuade, convince.

convitato (konvi'tato) *nm* guest.

convito (kon'vito) *nm* banquet.

convitto (kon'vitto) *nm* boarding school.

convocare (konvo'kare) *vt* summon, convene.

convoglio (kon'vɔʎʎo) *nm* convoy, escort.

convulsione (konvul'sjone) *nf* convulsion.

cooperare (koope'rare) *vi* cooperate. **cooperativa** *nf* cooperative. **cooperazione** *nf* cooperation.

coordinare (koordi'nare) *vt* coordinate.

coperchio (ko'pɛrkjo) *nm* lid, cover.

coperta (ko'pɛrta) *nf* 1 blan-

ket. 2 cover. 3 *pl* bed clothes.

copertina *nf* cover, jacket (of a book). **copertura** *nf* covering.

coperto (ko'pɛrto) *v* see **coprire**.

copia ('kɔpja) *nf* copy. **copiare** (ko'pjare) *vt* copy.

copioso (ko'pjoso) *adj* abundant, copious.

coppa ('kɔppa) *nf* 1 goblet. 2 *sport* cup. 3 tub of ice cream.

coppia ('kɔppja) *nf* pair, couple.

coprire* (ko'prire) *vt* 1 cover. 2 hide. **coprifuoco** (kopri'fwoko) *nm* curfew. **copriletto** (kopri'letto) *nm* bedspread.

coraggio (ko'raddʒo) *nm* courage, bravery. *interj* come on! **coraggioso** (korad'dʒoso) *adj* brave.

corallo (ko'rallo) *nm* coral.

corazzare (korat'tsare) *vt* armour-plate.

corbello (kor'bɛllo) *nm* basket.

corda ('kɔrda) *nf* 1 cord, rope. 2 *mus* string, bow. 3 *mus* chord. **cordone** (kor'done) *nm* 1 cord. 2 cordon.

cordiale (kor'djale) *adj* cordial.

coreografo (kore'ɔgrafo) *nm* choreographer. **coreografia** *nf* choreography.

coricare (cori'kare) *vt* lay down. **coricarsi** *vr* go to bed.

cornacchia (kor'nakkja) *nf* crow.

cornamusa (korna'muza) *nf* bagpipes.

cornice (kor'nitʃe) *nf* 1 frame. 2 cornice. **mettere in cornice** frame.

corno ('kɔrno) *nm* 1 *pl* **corna** *f* horn (of an animal). 2 *pl* **corni** *m* horn. **fare le corna a** be unfaithful to.

coro ('kɔro) *nm* 1 choir. 2 chorus. **coronare** (koro'nare) *vt* crown. **corona** *nf* crown. **corona funebre** wreath.

corpo ('kɔrpo) *nm* **1** body. **2** corpse. **3** corps.

corporazione (korporat'tsjone) *nf* company, corporation.

corpulento (korpu'lento) *adj* stout.

corredo (kor'redo) *nm* trousseau.

correggere* (kor'reddʒere) *vt* correct.

corrente (kor'rɛnte) *adj* **1** running. **2** current. *nf* current. **corrente d'aria** draught. **mettere al corrente** bring up-to-date. **tenere al corrente** keep informed.

correre* ('korrere) *vi* **1** run, flow. **2** pass. **3** circulate. *vt* run, race.

corretto (kor'retto) *adj* correct.

correzione (korret'tsjone) *nf* correction. **correzione di bozze** proofreading.

corrida (kor'rida) *nf* bullfight.

corridoio (korri'dojo) *nm* corridor.

corridore (korri'dore) *nm* **1** runner. **2** rider.

corriera (kor'rjɛra) *nf* bus, coach. **corriere** (kor'rjɛra) *nm* **1** courier. **2** mail, post.

corrispondere* (korris'pondere) *vi* **1** correspond. **2** return. **corrispondente** (korrispon-'dɛnte) *nm* correspondent. *adj* corresponding. **corrispondenza** (korrispon'dɛntsa) *nf* correspondence, mail.

corroborare (korrobo'rare) *vt* corroborate, reinforce.

corrompere* (kor'rompere) *vt* corrupt, contaminate. **corrotto** *adj* corrupt, contaminated.

corrucciarsi (korrut'tʃare) *vr* get angry.

corrugare (korru'gare) *vt* wrinkle. **corrugare la fronte** frown.

corruzione (korrut'tsjone) *nf* corruption.

corsa ('kɔrsa) *nf* **1** run. **2** race. **3** journey. **di corsa 1** running. **2** in a hurry. **fare una corsa** run.

corsi ('korsi) *v* see **correre**.

corsia (kor'sia) *nf* **1** passage. **2** *med* ward. **3** dormitory. **4** lane.

corso[1] ('korso) *v* see **correre**.

corso[2] ('korso) *nm* **1** course, progress. **2** main street. **3** *educ* course. **corso del cambio** exchange rate. **in corso** current, valid. **lavori in corso** *nm pl* roadworks.

corte ('korte) *nf* court. **fare la corte a** court.

corteccia (kor'tettʃa) *nf* bark.

corteggiare (korted'dʒare) *vt* court.

corteo (kor'teo) *nm* procession, cortege.

cortese (kor'teze) *adj* **1** kind. **2** courteous. **cortesia** *nf* courtesy. **fare una cortesia** do a favour. **per cortesia** please.

cortile (kor'tile) *nm* **1** courtyard. **2** farmyard.

cortina (kor'tina) *nf* curtain.

corto ('korto) *adj* short, brief. **per farla corta** cut a long story short.

corvo ('kɔrvo) *nm* crow, raven.

cosa ('kɔsa) *nf* **1** thing, matter, affair. **2** act, deed. **che cosa?** what? **(che) cosa hai?** what is the matter? **per prima cosa** first of all.

coscia ('kɔʃʃa) *nf* thigh, leg (of an animal).

cosciente (koʃ'ʃente) *adj* conscious.

coscienza (koʃ'ʃentsa) *nf* conscience.

coscritto (kos'kritto) *nm* conscript.

coscrizione (koskrit'tsjone) *nf* conscription.

così (ko'si) *adv* **1** thus, in this way. **2** so, therefore. **così così** so-so. **e così via** and so on. ~*adj* such, similar. **cosicché** (kosik'ke) *conj* so that. **cosiddetto** *adj* so-called.

cosmetico (koz'metiko) *adj,nm* cosmetic.

cosmo ('kɔzmo) *nm* cosmos. **cosmico** ('kɔzmiko) *adj* cosmic. **cosmonauta** (kozmo-'nauta) *nm* cosmonaut.

cosmopolita (kozmopo'lita) *adj* cosmopolitan.

coso ('kɔso) *nm inf* what's-its-name, what's-his-name.

cospicuo (kos'pikuo) *adj* notable, eminent.

cospirare (kospi'rare) *vi* conspire, plot. **conspiratore** *nm* conspirator. **conspirazione** *nf* conspiracy.

cossi ('kɔssi) *v* see **cuocere**.

costa ('kɔsta) *nf* **1** rib (of a ship). **2** slope, hillside. **3** coast.

costà (kos'ta) *adv* there.

costante (kos'tante) *adj* firm, constant.

costare (kos'tare) *vi* **1** cost. **2** require. **costo** ('kɔsto) *nm* cost, price. **a tutti i costi** at all costs. **costo della vita** cost of living. **costoso** (kos'toso) *adj* dear, expensive.

costeggiare (kosted'dʒare) *vt* skirt, run alongside.

costei (kos'tei) see **costui**.

costellazione (kostellat'tsjone) *nf* constellation.

costituire (kostitu'ire) *vt* **1** form, constitute, make up. **2** found. **3** elect. **costituzione** *nf* constitution.

costola ('kɔstola) *nf* rib.

costoro (kos'toro) see **costui**.

costringere* (kos'trindʒere) *vt* force, oblige.

costruire* (kostru'ire) *vt* build, construct.

costrussi (kos'trussi) *v* see **costruire**.

costui (kos'tui) *pron ms* that man. **costei** *pron fs* that woman. **costoro** *pron m,f pl* those people.

costumato (kostu'mato) *adj* well-bred.

costume (kos'tume) *nm* **1** custom, habit. **2** costume. **costume da bagno** swimsuit.

costura (kos'tura) *nf* seam.

cotesto (ko'testo) *adj* that. *pron* that one.

cotoletta (koto'letta) *nf* cutlet.

cotone (ko'tone) *nm* **1** cotton. **2** cotton thread.

cottimo ('kɔttimo) *nm* piecework.

cotto ('kɔtto) *v* see **cuocere**. *adj* **1** cooked. **2** *sl* in love.

cottura (kot'tura) *nf* cooking.

covare (ko'vare) *vt,vi* hatch. **covata** *nf* brood.

covile (ko'vile) *nm also* **covo** lair, den.

cozza ('kɔttsa) *nf* mussel.

cozzare (kot'tsare) *vt,vi* butt, collide.

crampo ('krampo) *nm* cramp.

cranio ('kranjo) *nm* skull.

cratere (kra'tere) *nm* crater.

cravatta (kra'vatta) *nf* tie.

creanza (kre'antsa) *nf* breeding, education.

creare (kre'are) *vt* **1** create. **2** establish. **3** appoint. **creativo** *adj* creative. **creatore** *nm* creator. **creatura** *nf* creature. **creazione** *nf* creation.

crebbi ('krebbi) *v* see **crescere**.

credenza[1] (kre'dentsa) *nf* belief, faith.

credenza[2] (kre'dentsa) *nf* sideboard.

credere ('kredere) *vt,vi* **1** believe. **2** think.

credito (kre'dito) *nm* **1** credit. **2** esteem. **3** trust.

credulo ('kredulo) *adj* credulous.

crema ('krema) *nf* cream. **cremoso** *adj* creamy.

cremare (kre'mare) *vt* cremate.

cremisi ('kremizi) *adj,nm* crimson.

crepare (kre'pare) *vi* **1** crack, split. **2** *sl* die. **crepa** ('krepa) *nf* crack.

crepitare (krepi'tare) *vi* crackle.

crepuscolo (kre'puskolo) *nm* dusk.

crescere* ('kreʃʃere) *vi* **1** grow. **2** increase. **3** rise. **crescita** ('kreʃʃita) *nf* growth.

crescione (kreʃ'ʃone) *nm* watercress.

cresima ('krezima) *nf* confirmation.

crespo ('krespo) *adj* **1** curly. **2** pleated.

cresta ('kresta) *nf* **1** crest. **2** comb (of a cock).

cretino (kre'tino) *nm* idiot, fool.

cricco ('krikko) *nm tech* jack.

criminale (krimi'nale) *adj,nm* criminal.

criniera (kri'njera) *nf* mane.

cripta ('kripta) *nf* crypt.

crisalide (kri'zalide) *nf* chrysalis.

crisantemo (krizan'temo) *nm* chrysanthemum.

crisi ('krizi) *nf invar* crisis.

cristallizzare (kristallid'dzare) *vt* crystallize.

cristallo (kris'tallo) *nm* crystal.

cristiano (kris'tjano) *adj,n* Christian. **cristianesimo** *nm* Christianity.

critica ('kritika) *nf* **1** criticism. **2** *lit* review. **criticare** *vt* criticize. **critico** ('kritiko) *adj* critical. *nm* critic.

crivellare (krivel'lare) *vt* riddle (with holes). **crivello** (kri'vello) *nm* sieve.

croccante (krok'kante) *nm* nutty sweet.

crocchia ('krɔkkja) *nf* bun, chignon.

crocchio ('krɔkkjo) *nm* group.

croce (kro'tʃe) *nf* cross. **crocevia** (krotʃe'via) *nm* crossroads.

crociata (kro'tʃata) *nf* crusade.

crocicchio (kro'tʃikkjo) *nm* crossroads.

crociera (kro'tʃera) *nf* cruise.

crocifiggere (krotʃi'fiddʒere) *vt* crucify.

crocifisso (krotʃi'fisso) *nm* crucifix. **crocifissione** *nf* crucifixion.

croco ('krɔko) *nm* crocus.

crollare (krol'lare) *vt* shake. *vi* collapse, crumble. **crollo** ('krɔllo) *nm* collapse, crash.

cromo ('krɔmo) *nm* chrome. **cromato** *adj* chromiumplated.

cromosoma (kromo'sɔma) *nm* chromosome.

cronaca ('krɔnaka) *nf* **1** chronicle. **2** news item, report.

cronico ('krɔniko) *adj* chronic.

cronista (kro'nista) *nm* reporter, columnist.

cronologico (krono'lɔdʒiko) *adj* chronological.

cronometro (kro'nɔmetro) *nm* chronometer.

crosta ('krɔsta) *nf* crust. **crostata** *nf* pie, tart.

crostacei (kros'tatʃei) *nm pl* shellfish.

crucciare (krut'tʃare) *vt* annoy. **crucciarsi** *vr* **1** get angry. **2** worry.

cruciale (kru'tʃale) *adj* crucial.

crudele (kru'dele) *adj* cruel, heartless. **crudeltà** *nf* cruelty.

crudo ('krudo) *adj* **1** raw. **2** harsh, severe.

crumiro (kru'miro) *nm* blackleg.

cruscotto (krus'kɔtto) *nm* dashboard.

cubo ('kubo) *nm* cube. *adj* cubic.

cuccetta (kut'tʃetta) *nf* couchette, berth.

cucchiaio (kuk'kjajo) *nm* **1** spoon. **2** spoonful. **cucchiaio da frutta/tavola** dessertspoon/tablespoon. **cucchiaino** *nm* teaspoon.

cucciolo (kuttʃolo) *nm* puppy.

cucinare (kutʃi'nare) *vt* cook. **cucina** *nf* **1** kitchen. **2** cooking. **con cucina** *adj* self-catering.

cucire (ku'tʃire) *vt* sew. **cucitura** *nf* seam.

cuculo (ku'kulo) *nm* cuckoo.

cuffia ('kuffja) *nf* **1** bonnet. **2** bath cap. **3** headphones.

cugino (ku'dʒino) *nm* cousin.

cui ('kui) *pron invar* **1** whom, which. **2** whose, of whom.

culla ('kulla) *nf* cradle.

culto ('kulto) *nm* cult.

cultura (kul'tura) *nf* culture, learning. **culturale** *adj* cultural.

cumulo ('kumulo) *nm* pile, heap.

cuneo ('kuneo) *nm* wedge.

cunetta (ku'netta) *nf* gutter.

cuocere* ('kwɔtʃere) *vt* cook. **cuoco** *nm* cook, chef.

cuoio ('kwɔjo) *nm* leather. **cuoio capelluto** *nm* scalp.

cuore ('kwɔre) *nm* **1** heart. **2** courage. **3** *game* hearts. **amico del cuore** *nm* best friend.

cupido ('kupido) *adj* greedy. **cupidigia** *nf* greed.

cupo ('kupo) *adj* gloomy, sombre, dark.

cupola ('kupola) *nf* dome.

cura ('kura) *nf* **1** care, charge. **2** attention. **3** treatment. **a cura di** edited by. **aver cura di** look after. **curare** *vt* **1** look after, attend to. **2** edit. **3** treat, cure. **curabile** (ku'rabile) *adj* curable.

curioso (ku'rjoso) *adj* **1** curious, inquisitive. **2** strange, odd, curious. **curiosità** *nf* curiosity.

curvare (kur'vare) *vt* bend, curve. **curvarsi** *vr* bend. **curva** *nf* curve, bend. **curvo** *adj* bent, curved.

cuscino (kuʃ'ʃino) *nm* **1** pillow. **2** cushion.

custode (kus'tɔde) *nm* **1** guardian. **2** caretaker. **3** warder. **custodia** (kus'tɔdja) *nf* **1** custody, care. **2** case. **custodire** *vt* **1** take care of. **2** guard.

cuticola (ku'tikola) *nf* cuticle.

D

da (da) *prep* **1** from. **2** by. **3** to, at. **4** since, for. **5** as, like. **6** with. **7** for the purpose of.

dà (da) *v* see **dare**.

dabbasso (dab'basso) *adv* **1** below. **2** downstairs.

dabbene (dab'bɛne) *adj invar* decent, respectable.

daccapo (dak'kapo) *adv* over again.

dacché (dak'ke) *conj* since.

dado ('dado) *nm* **1** dice. **2** stock cube. **3** *tech* nut.

daffare (daf'fare) *nm invar* work. **avere molto daffare** be very busy.

daga ('daga) *nf* dagger.

dagli ('daʎʎi) contraction of **da gli.**

dai[1] ('dai) contraction of **da i.**

dai[2] ('dai) *v* see **dare**.

daino ('daino) *nm* deer.

dal (dal) contraction of **da il.**

dalia ('dalja) *nf* dahlia.

dall' (dall) contraction of **da l'.**

dalla ('dalla) contraction of **da la.**

dalle ('dalle) contraction of **da le.**

dallo ('dallo) contraction of **da lo.**

daltonismo (dalto'nizmo) *nm* colour-blindness. **daltonico** (dal'tɔniko) *adj* colour-blind.

d'altronde (dal'tronde) *adv* on the other hand, besides.

dama ('dama) *nf* **1** lady. **2** draughts.

damasco (da'masko) *nm* damask.

dancing ('dansiŋ) *nm* dance hall.

Danimarca (dani'marka) *nf* Denmark. **danese** (da'nese) *adj* Danish. *nm* **1** Dane. **2** Danish (language).

dannare (dan'nare) *vt* damn. **dannazione** *nf* damnation.

danneggiare (danned'dʒare) *vt* damage, harm. **danno** *nm* **1** damage, harm. **2** loss.

danzare (dan'tsare) *vi,vt* dance. **danza** *nf* dance.

dappertutto (dapper'tutto) *adv* everywhere.

dappoco (dap'pɔko) *adj invar* worthless.

dappresso (dap'presso) *adv* close by.

dapprima (dap'prima) *adv* at first.

dardeggiare (darded'dʒare) *vt* shoot forth.

dardo ('dardo) *nm* dart.

dare* ('dare) *vt* **1** give. **2** yield, produce. **3** assign, attach. **4** show. **dare alla testa** go to one's head. **dare in prestito** lend. **dare nell'occhio** catch the eye. **dare su** overlook. **darsi** *vr* dedicate oneself. **darsi da fare** keep oneself busy. **può darsi** it is possible.

darsena ('darsena) *nf* dock, basin.

data ('data) *nf* date. **datare** *vt,vi* date.

dattero ('dattero) *nm bot* date.

dattilografa (datti'lɔgrafa) *nf* typist. **dattilografia** *nf* typing.

dattorno (dat'torno) *prep,adv* around, about. **levarsi dattorno** get rid of.

davanti (da'vanti) *prep* before, in front of. *adv* before, in front. *nm* front.

davanzale (davan'tsale) *nm* windowsill.

davvero (dav'vero) *adv* really, indeed.

dazio ('dattsjo) *nm* duty, toll. **daziare** *vt* tax, put duty on.

dea ('dea) *nf* goddess.

debito ('debito) *nm* debt. *adj* due, proper. **debitore** *nm* debtor.

debole ('debole) *adj* weak, feeble. *nm* weak point, weakness. **debolezza** (debo'lettsa) *nf* weakness.

debuttare (debut'tare) *vi* make one's debut.

decadere (deka'dere) *vi* decay, decline. **decadente** (deka-'dɛnte) *adj* in decline, decadent. **decadenza** (deka'dentsa) *nf* decline.

decaffeinato (dekaffei'nato) *adj* decaffeinated.

decano (de'kano) *nm rel* dean.

decapitare (dekapi'tare) *vt* behead.

decennio (de'tʃɛnnjo) *nm* decade.

decente (de'tʃɛnte) *adj* decent, respectable. **decenza** (de-'tʃɛnsa) *nf* decency.

decentrare (detʃen'trare) *vt* decentralize.

decesso (de'tʃɛsso) *nm* death, decease.

decibel (detʃi'bɛl) *nm* decibel.

decidere* (de'tʃidere) *vt,vi* decide, settle. **decidersi** *vr* make up one's mind.

deciduo (de'tʃiduo) *adj* deciduous.

decifrare (detʃi'frare) *vt* decipher.

decimale (detʃi'male) *adj,nm* decimal.

decimo ('detʃimo) *adj* tenth.

decisi (de'tʃizi) *v* see **decidere**.

decisione (detʃi'zjone) *nf* decision. **decisivo** *adj* decisive.

deciso (de'tʃizo) *v* see **decidere**.

declamare (dekla'mare) *vt* declaim.

declinare (dekli'nare) *vt* decline. *vi* decline, decay, sink. **declino** *nm* decline.

declivio (de'klivjo) *nm* slope.

decollare (dekol'lare) *vi* aviat take off. **decollo** (de'kɔllo) *nm* take-off.

decomporsi (dekom'porsi) *vr* decompose. **decomposizione** *nf* decomposition.

decorare (deko'rare) *vt* decorate. **decorativo** *adj* decorative. **decorazione** *nf* decoration.

decoro (de'kɔro) *nm* dignity, decorum.

decorrere (de'korrere) *vi* run, have effect. **a decorrere da** starting from.

decrepito (de'krɛpito) *adj* decrepit.

decrescere* (de'kreʃʃere) *vi* decrease, diminish.

decreto (de'kreto) *nm* decree.

dedalo ('dɛdalo) *nm* labyrinth.

dedicare (dedi'kare) *vt* dedicate. **dedica** ('dɛdika) *nf* dedication.

dedito ('dɛdito) *adj* devoted.

dedurre* (de'durre) *vt* **1** deduce. **2** deduct, subtract.

deferente (defe'rente) *adj* respectful, deferential. **deferenza** (defe'rɛntsa) *nf* deference.

deficiente (defi'tʃente) *adj,n* idiot.

deficit ('dɛfitʃit) *nm* deficit.

definire (defi'nire) *vt* **1** define. **2** settle. **definitivo** *adj* definitive. **definizione** *nf* definition.

deflazione (deflat'tsjone) *nf* deflation.

deflettere (de'flɛttere) *vi* **1** deflect, swerve. **2** deviate.

deformare (defor'mare) *vt* deform. **deforme** *adj* deformed, disfigured. **deformità** *nf* deformity.

defunto (de'funto) *adj* dead, deceased. *nm* dead person.

degenerare (dedʒene'rare) *vi* degenerate, deteriorate. **degenerazione** *nf* degeneration, deterioration.

degente (de'dʒente) *adj* bedridden.

degenza (de'dʒentsa) *nf* stay in hospital or bed.

degli ('deʎʎi) contraction of **di gli.**

degnare (deɲ'ɲare) *vi* deign. **degnarsi** *vr* condescend. **degno** *adj* worthy, deserving.

degradare (degra'dare) *vt* degrade. **degradazione** *nf* degradation.

degustare (degus'tare) *vt* try, taste.

dei[1] ('dei) contraction of **di i.**

dei[2] ('dɛi) *nm pl* gods.

deificare (deifi'kare) *vt* deify.

del (del) contraction of **di il.**

delegare (dele'gare) *vt* delegate. **delegato** *nm* delegate. **delegazione** *nf* delegation.

delfino (del'fino) *nm* dolphin.

deliberare (delibe'rare) *vt* decide. *vi* deliberate. **deliberazione** *nf* **1** deliberation. **2** decision.

delicato (deli'kato) *adj* **1** delicate. **2** gentle. **3** refined. **delicatezza** (delika'tettsa) *nf* delicacy.

delimitare (delimi'tare) *vt* define, delimit.

delineare (deline'are) *vt* outline, trace.

delinquente (delin'kwente) *adj,n* delinquent, criminal. **delinquenza** (delin'kwentsa) *nf* delinquency. **delinquenza minorile** juvenile delinquency.

deliquio (de'likwjo) *nm* fainting fit.

delirare (deli'rare) *vi* be delirious. **delirante** *adj* delirious.
delirio *nm* delirium, frenzy.

delitto (de'litto) *nm* crime.

delizia (de'littsja) *nf* delight.
delizioso (delit'tsjoso) *adj* delicious, delightful.

dell' (del) contraction of **di l'**.

della ('della) contraction of **di
la**.

delle ('delle) contraction of **di
le**.

dello ('dello) contraction of **di
lo**.

delta ('dɛlta) *nm* delta.

deludere* (de'ludere) *vt* 1 disappoint. **2** deceive.

delusione (delu'zjone) *nf* 1 disappointment. **2** deception.

demanio (de'manjo) *nm* state
property.

demente (de'mente) *adj* insane, mad. **demenza** (de-
'mentsa) *nf* madness.

democrazia (demokrat'tsia) *nf*
democracy. **democratico** (demo'kratiko) *adj* democratic.

democristiano (demokris'tjano) *nm* Christian Democrat.

demolire (demo'lire) *vt* demolish. **demolizione** *nf* demolition.

demone ('demone) *nm* demon.

demonio (de'mɔnjo) *nm* 1 devil. **2** demon.

demoralizzare (demoralid'dzare) *vt* demoralize.

denaro (de'naro) *nm* money.

denigrare (deni'grare) *vt* deni-
grate, run down.

denominatore (denomina'tore) *nm* denominator.

denotare (deno'tare) *vt* denote,
indicate.

denso ('dɛnso) *adj* dense,
thick. **densità** *nf* density.

dente ('dɛnte) *nm* tooth.
dente del giudizio wisdom
tooth. **dentiera** (den'tjɛra)
nf set of false teeth. **dentifricio** *nm* toothpaste.

dentista (den'tista) *nm* dentist.

dentro ('dentro) *adv,prep* inside, within, in.

denunciare (denun'tʃare) *vt*
declare, denounce. **denun-
cia** *nf* declaration, denuncia-
tion.

deodorante (deodo'rante) *nm*
deodorant.

deperire (depe'rire) *vi* fade or
waste away. **deperimento**
nm decline.

depilare (depi'lare) *vt* remove
hair. **depilatorio** (depila'tɔrjo) *adj,nm* depilatory.

deplorare (deplo'rare) *vt* deplore. **deplorevole** (deplo'revole) *adj* deplorable.

deporre* (de'porre) *vt* 1 place,
put down. **2** deposit. **3** remove. **4** depose. **5** testify.

deportare (depor'tare) *vt* deport. **deportazione** *nf* de-
portation.

deposito (de'pozito) *nm* 1 deposit. **2** store, warehouse. **3**
left-luggage office. **4** sediment. **depositare** *vt* deposit.

depredare (depre'dare) *vt*
plunder, loot.

depresso (de'presso) *adj* de-
pressed. **depressione** *nf* depression.

deprezzare (depret'tsare) *vt*
depreciate.

deprimere* (de'primere) *vt*
depress.

depurare (depu'rare) *vt* purify.

deputare (depu'tare) *vt* appoint. **deputato** *nm* deputy.

deragliare (deraʎ'ʎare) *vi* be
derailed.

derelitto (dere'litto) *adj* abandoned, derelict.

deretano (dere'tano) *nm sl* bottom, backside.

deridere* (de'ridere) *vt* deride,
mock. **derisione** *nf* scorn,
derision.

derisorio (deri'zɔrjo) *adj* deri-
sory.

deriva (de'riva) *nf* drift. **andare alla deriva** drift.

derivare (deri'vare) *vt,vi* derive. *vt* divert.

derogare (dero'gare) *vi* 1 revoke. 2 contravene.

derubare (deru'bare) *vt* rob.

descrivere* (des'krivere) *vt* describe. **descrittivo** *adj* descriptive. **descrizione** *nf* description.

deserto (de'zɛrto) *nm* desert. *adj* deserted.

desiderare (deside'rare) *vt* 1 want, desire. 2 require. **desiderio** (desi'dɛrjo) *nm* wish, desire.

designare (deziɲ'ɲare) *vt* designate.

desinare (dezi'nare) *vi* dine. *nm* dinner.

desistere (de'sistere) *vi* cease, abandon.

desolare (dezo'lare) *vt* devastate. **desolato** *adj* 1 desolate. 2 upset. **desolazione** *nf* desolation.

destare (des'tare) *vt* 1 waken. 2 arouse.

desti ('deste) *v* see **dare**.

destinare (desti'nare) *vt* 1 destine. 2 appoint. 3 address (a letter). **destinazione** *nf* destination. **destino** *nm* destiny.

destituire (destitu'ire) *vt* dismiss.

destro ('dɛstro) *adj* 1 right. 2 agile. **destra** *nf* 1 right side. 2 right hand.

detenere (dete'nere) *vt* hold, detain. **detenuto** *adj* imprisoned. *nm* prisoner.

detergente (deter'dʒɛnte) *adj, nm* detergent.

deteriorare (deterjo'rare) *vi* deteriorate. **deterioramento** *nm* deterioration.

determinare (determi'nare) *vt* determine, fix.

deterrente (deter'rɛnte) *nm* deterrent.

detersivo (deter'sivo) *nm* detergent.

detestare (detes'tare) *vt* hate, abhor. **detestabile** (detes'tabile) *adj* detestable.

detonatore (detona'tore) *nm* detonator.

detrarre* (de'trarre) *vt* subtract.

detrito (de'trito) *nm* debris.

dettagliare (dettaʎ'ʎare) *vt* 1 give in detail. 2 sell retail. **dettaglio** *nm* 1 detail. 2 retail.

dettare (det'tare) *vt* dictate. **dettato** *nm* dictation.

detti ('detti) *v* see **dare**.

detto ('detto) *v* see **dare**. *adj* 1 so-called. 2 aforesaid. *nm* 1 saying. 2 word. **detto fatto** no sooner said than done.

deturpare (detur'pare) *vt* deform, disfigure.

devastare (devas'tare) *vt* devastate. **devastazione** *nf* devastation.

deviare (devi'are) *vi* 1 swerve. 2 deviate. *vt* divert. **deviazione** *nf* deviation.

devo ('dɛvo) *v* see **dovere**.

devoto (de'vɔto) *adj* 1 devout. 2 devoted. **devozione** *nf* devotion.

di (di) *prep* 1 of. 2 from, out of. 3 with. 4 about. 5 by. 6 than. 7 at. 8 in.

diabete (dia'bɛte) *nm* diabetes. **diabetico** (dia'bɛtiko) *adj,nm* diabetic.

diacono (di'akono) *nm* deacon.

diaframma (dia'framma) *nm* diaphragm.

diagnosi (di'aɲɲozi) *nf* diagnosis. **diagnosticare** *vt* diagnose.

diagonale (diago'nale) *adj,nm* diagonal.

diagramma (dia'gramma) *nm* diagram.

dialetto (dia'letto) *nm* dialect. **dialettale** *adj* dialectal.

dialogo (di'alogo) *nm* dialogue.

diamante (dia'mante) *nm* diamond.

diametro (di'ametro) *nm* diameter.

diapositiva (diapozi'tiva) *nf* phot slide.

diario (di'arjo) *nm* diary.

diarrea (diar'rea) *nf* diarrhoea.

diavolo ('djavolo) *nm* devil.

dibattere (di'battere) *vt* debate, discuss. **dibattersi** *vr* struggle.

dibattito (di'battito) *nm* debate.

dicastero (dikas'tero) *nm* ministry.

dicembre (di'tʃembre) *nm* December.

dichiarare (dikja'rare) *vt* declare. **dichiarazione** *nf* declaration.

diciannove (ditʃan'nɔve) *adj* nineteen. *nm* or *f* nineteen.

diciannovesimo (ditʃanno-'vezimo) *adj* nineteenth.

diciassette (ditʃas'sette) *adj* seventeen. *nm* or *f* seventeen.

diciassettesimo (ditʃasset'tezimo) *adj* seventeenth.

diciotto (di'tʃɔtto) *adj* eighteen. *nm* or *f* eighteen. **diciottesimo** (ditʃot'tezimo) *adj* eighteenth.

dico ('diko) *v see* **dire.**

didattico (di'dattiko) *adj* didactic.

dieci ('djetʃi) *adj* ten. *nm* or *f* ten.

diedi ('djɛdi) *v see* **dare.**

dieta ('djeta) *nf* diet.

dietro ('djetro) *adv* **1** behind. **2** back. *prep* **1** behind, after. **2** following, upon.

difatti (di'fatti) *adv* in fact.

difendere* (di'fendere) *vt* defend, protect.

difensiva (difen'siva) *nf* defensive. **difensivo** *adj* defensive.

difesa (di'fesa) *nf* defence.

difesi (di'fesi) *v see* **difendere.**

difeso (di'feso) *v see* **difendere.**

difetto (di'fetto) *nm* defect, fault. **difettoso** (difet'toso) *adj* defective.

diffamare (diffa'mare) *vt* slander.

differente (diffe'rɛnte) *adj* different.

differenza (diffe'rɛntsa) *nf* difference. **differenziare** *vt* differentiate.

differire (diffe'rire) *vi* differ, be different. *vt* put off, postpone.

difficile (dif'fitʃile) *adj* **1** difficult, hard. **2** hard to please. **3** improbable. **difficilmente** *adv* with difficulty.

difficoltà (diffikol'ta) *nf* difficulty.

diffidare (diffi'dare) *vi* distrust.

diffondere* (dif'fondere) *vt* **1** spread. **2** divulge.

diffusione (diffu'zjone) *nf* **1** circulation (of a newspaper). **2** diffusion.

diga ('diga) *nf* dyke.

digerire (didʒe'rire) *vt* digest. **digestione** (didʒes'tjone) *nf* digestion.

digitale (didʒi'tale) *adj* digital. *nf* foxglove. **impronta digitale** *nf* fingerprint.

digiunare (didʒu'nare) *vi* fast. **digiuno** *nm* fast.

dignità (diɲɲi'ta) *nf* dignity. **dignitoso** (diɲɲi'toso) *adj* dignified.

digressione (digres'sjone) *nf* digression.

digrignare (digriɲ'ɲare) *vt* gnash (one's teeth).

dilapidare (dilapi'dare) *vt* squander, waste.

dilatare (dila'tare) *vt* expand, spread.

dileguare (dile'gware) *vt* **1** melt. **2** remove. **dileguarsi** *vr* fade away.

dilemma (di'lemma) *nm* dilemma.

dilettare (dilet'tare) *vt, vi* please. **dilettarsi a** *vr* take pleasure in. **dilettante** *vi* amateur. **diletto** (di'letto) *nm* delight, pleasure.

diligente (dili'dʒente) *adj* 1 diligent. 2 careful.

diligenza[1] (dili'dʒentsa) *nf* diligence.

diligenza[2] (dili'dʒentsa) *nf* stagecoach.

diluire (dilu'ire) *vt* dilute.

dilungare (dilun'gare) *vt* prolong. **dilungarsi** *vr* digress.

diluvio (di'luvjo) *nm* flood.

dimagrire (dima'grire) *vi* grow thin, lose weight.

dimenare (dime'nare) *vt* shake. **dimenare la coda** wag the tail. **dimenarsi** *vr* wriggle, writhe.

dimensione (dimen'sjone) *nf* dimension.

dimenticare (dimenti'kare) *vt* forget. **dimenticarsi** *vr* forget. **dimentico** (di'mentiko) *adj* forgetful.

dimettere (di'mettere) *vt* dismiss, discharge. **dimettersi** *vr* resign.

dimezzare (dimed'dzare) *vt* halve.

diminuire (diminu'ire) *vt* reduce, diminish. *vi* decrease.

dimissione (dimis'sjone) *nf* resignation. **dare le dimissioni** resign.

dimorare (dimo'rare) *vi* live, stay. **dimora** (di'mɔra) *nf* residence, home.

dimostrare (dimos'trare) *vt* show, prove. **dimostrazione** *nf* demonstration.

dinamica (di'namika) *nf* dynamics. **dinamico** (di'namiko) *adj* dynamic.

dinamite (dina'mite) *nf* dynamite.

dinamo ('dinamo) *nf invar* dynamo.

dinanzi (di'nantsi) *adv* in front. **dinanzi a** *prep* in front of, before.

dinastia (dinas'tia) *nf* dynasty.

dinoccolato (dinokko'lato) *adj* lanky.

dinosauro (dino'sauro) *nm* dinosaur.

dintorno (din'torno) *prep, adv* 1 around. 2 about. *nm pl* outskirts.

Dio ('dio) *nm* God.

diocesi (di'ɔtʃezi) *nf* diocese.

dipartimento (diparti'mento) *nm* department.

dipendere* (di'pendere) *vi* 1 depend. 2 be subject. **dipendere da** depend on. **dipendente** (dipen'dɛnte) *adj* dependent. *nm* dependant. **dipendenza** (dipen'dentsa) *nf* dependence.

dipingere* (di'pindʒere) *vt* 1 paint. 2 portray.

diploma (diplɔ'ma) *nm* diploma. **diplomatico** (diplo'matiko) *adj* diplomatic. **diplomazia** (diploma'tsia) *nf* diplomacy.

diradare (dira'dare) *vt* reduce. *vi* become sparse. **diradarsi** *vr* become sparse, clear.

diramare (dira'mare) *vt* 1 circulate. 2 broadcast. **diramarsi** *vr* branch off.

dire* ('dire) *vt* 1 say. 2 tell. **per così dire** so to speak.

diressi (di'ressi) *v* see **dirigere**.

diretto (di'retto) *v* see **dirigere**. *adj* direct, straight. *nm* fast train. **direttissimo** *nm* express train.

direttore (diret'tore) *nm* 1 director, manager. 2 editor. 3 headmaster. 4 *mus* conductor. **direttrice** *nf* 1 manageress. 2 headmistress.

direzione (diret'tsjone) *nf* 1 management. 2 direction.

dirigere* (di'ridʒere) *vt* 1 run, manage. 2 address, direct.

dirigente (diri'dʒente) *nm* director. *adj* ruling.

dirimpetto (dirim'petto) *prep, adv* opposite.

diritto[1] (di'ritto) *adj* **1** direct, straight. **2** right-hand. *adv* straight on. *nm* right side (of material).

diritto[2] (di'ritto) *nm* **1** right, claim. **2** law. **diritti d'autore** *nm pl* royalties.

diroccare (dirok'kare) *vt* demolish.

dirottare (dirot'tare) *vt* **1** divert. **2** hijack.

dirotto (di'rotto) *adj* unrestrained. **pioggia dirotta** *nf* pouring rain.

dirupato (diru'pato) *adj* rugged, precipitous.

dirupo (di'rupo) *nm* ravine.

disabitato (dizabi'tato) *adj* uninhabited.

disaccordo (dizak'kɔrdo) *nm* disagreement.

disadatto (diza'datto) *adj* unsuited.

disagevole (diza'dʒevole) *adj* **1** difficult. **2** uncomfortable.

disagio (di'zadʒo) *nm* discomfort. **a disagio** ill at ease.

disapprovare (dizappro'vare) *vt* disapprove. **disapprovazione** *nf* disapproval.

disappunto (dizap'punto) *nm* disappointment, displeasure.

disarmare (dizar'mare) *vt* disarm. **disarmo** *nm* disarmament.

disastro (di'zastro) *nm* disaster. **disastroso** (dizas'troso) *adj* disastrous.

disattento (dizat'tento) *adj* inattentive. **disattenzione** (dizatten'tsjone) *nf* carelessness.

discendere[*] (diʃ'ʃendere) *vi* **1** come down, descend. **2** descend, be descended. *vt* go or come down. **discendente** (diʃʃen'deente) *nm* descendant. **discendenza** (diʃʃen'dentsa) *nf* origin, descent.

discepolo (diʃ'ʃepolo) *nm* disciple.

discernere (diʃ'ʃernere) *vt* distinguish, discern. **discernimento** *nm* judgment, discernment.

discesa (diʃ'ʃesa) *nf* descent.

disciplinare (diʃʃipli'nare) *vt* control, discipline. **disciplina** *nf* discipline.

disco ('disko) *nm* **1** disc. **2** record, gramophone. **3** discus. **disco flessibile** floppy disc. **disco orario** parking disc.

discolpare (diskol'pare) *vt* prove innocent, clear of blame.

discorrere[*] (dis'korrere) *vi* discuss, talk.

discorso (dis'korso) *nm* talk, speech. **cambiare il discorso** change the subject.

discoteca (disko'tɛka) *nf* discotheque.

discreto (dis'kreto) *adj* **1** reasonable, moderate, passable. **2** cautious, discreet. **discrezione** *nf* discretion.

discriminazione (diskrimina't'tsjone) *nf* discrimination.

discussi (dis'kussi) *v* see **discutere**.

discussione (diskus'sjone) *nf* **1** discussion. **2** argument.

discusso (dis'kusso) *v* see **discutere**.

discutere[*] (dis'kutere) *vt* discuss, debate.

disdire (diz'dire) *vt* **1** retract, take back. **2** cancel.

disegnare (disen'ɲare) *vt* **1** draw. **2** design. **disegno** *nm* **1** drawing. **2** design.

diseredare (dizere'dare) *vt* disinherit.

disertare (dizer'tare) *vi* desert. **disertore** *nm* deserter.

disfare[*] (dis'fare) *vt* **1** undo. **2** unpack. **3** destroy. **disfarsi** *vr* melt. **disfarsi di** get rid of.

disgelare (dudzdʒe'lare) *vi* thaw. **disgelo** (diz'dʒelo) *nm* thaw.

disputare

disgrazia (diz' grattsja) *nf* 1 misfortune. 2 mishap, accident. **disgraziato** *adj* unfortunate. *nm* wretch.

disgregare (dizgre'gare) *vt* break up, disintegrate.

disgustare (dizgus'tare) *vt* disgust. **disgusto** *nm* disgust. **disgustoso** (dizgus'toso) *adj* disgusting.

disidratare (dizidra'tare) *vt* dehydrate.

disimpegnare (dizimpeɲ'ɲare) *vt* 1 discharge. 2 relieve. 3 redeem. **disimpegnarsi** *vr* manage.

disinfettare (dizinfet'tare) *vt* disinfect. **disinfettante** *adj, nm* disinfectant.

disintegrare (dizinte'grare) *vt* split. **disintegrarsi** *vr* disintegrate.

disinteressarsi (dizinteres'sarsi) *vr* ignore, not to be aware of.

disinvolto (dizin'volto) *adj* nonchalant, free and easy. **disinvoltura** *nf* ease.

disistima (dizis'tima) *nf* discredit.

dismisura (dizmi'sura) *nf* excess.

disoccupato (dizokku'pato) *adj* unemployed. *nm* unemployed person. **disoccupazione** *nf* unemployment.

disonesto (dizo'nesto) *adj* dishonest.

disonorare (dizono'rare) *vt* dishonour. **disonore** *nm* dishonour, shame.

disopra (di'sopra) *adv* 1 above. 2 upstairs.

disordinare (dizordi'nare) *vt* upset, disarrange. **disordinato** *adj* untidy. **disordine** (di'zordine) *nm* disorder, confusion.

disorientare (dizorjen'tare) *vt* disorientate, confuse.

disossare (dizos'sare) *vt* bone, fillet.

disotto (di'sotto) *adv* 1 below, beneath. 2 downstairs. **al disotto di** *prep* below, beneath.

dispaccio (dis'pattʃo) *nm* dispatch.

disparato (dispa'rato) *adj* dissimilar, heterogeneous.

dispari ('dispari) *adj invar* uneven, odd. **disparità** *nf invar* disparity.

disparte (dis'parte) *adv* aside. **in disparte da** apart from, on one side.

dispensa (dis'pensa) 1 larder. 2 number, volume. 3 *pl* duplicated university lectures. 4 exemption. 5 dispensation. **dispensare** *vi* 1 dispense. 2 exempt. exempt.

disperare (dispe'rare) *vi* despair. **disperato** *adj* 1 desperate, in despair. 2 hopeless. **disperazione** *nf* desperation.

disperdere* (dis'perdere) *vt* 1 scatter. 2 waste.

dispetto (dis'petto) *nm* 1 spite. 2 annoyance. **dispettoso** (dispet'toso) *adj* spiteful.

dispiacere* (dispja'tʃere) *v imp* 1 mind. 2 be sorry. *nm* 1 displeasure. 2 regret.

disponibile (dispo'nibile) *adj* available.

disporre* (dis'porre) *vt* 1 arrange. 2 prepare. **disporre di** 1 dispose of. 2 have at one's disposal.

dispositivo (dispozi'tivo) *nm* gadget, device.

disposizione (dispozit'tsjone) *nf* 1 disposition, inclination. 2 order, command.

disprezzare (dispret'tsare) *vt* scorn, despise. **disprezzo** (dis'prettso) *nm* scorn, contempt.

disputare (dispu'tare) *vi* discuss, debate. *vt* contest. **disputa** ('disputa) *nf* 1 discussion. 2 quarrel.

dissecare (disse'kare) *vt* dissect.

disseccare (dissek'kare) *vt* dry up.

dissenteria (dissente'ria) *nf* dysentery.

dissentire (dissen'tire) *vi* dissent, disagree.

dissertazione (dissertat'tsjone) *nf* dissertation, thesis.

dissestare (disses'tare) *vt* ruin. **dissesto** (dis'sesto) *nm* financial disaster.

dissetare (disse'tare) *vt* quench the thirst of.

dissi ('dissi) *v* see **dire.**

dissidente (dissi'dente) *nm* dissident.

dissidio (dis'sidjo) *nm* quarrel.

dissimile (dis'simile) *adj* unlike.

dissimulare (dissimu'lare) *vt* conceal, hide.

dissipare (dissi'pare) *vt* **1** disperse. **2** waste.

dissociare (disso'tʃare) *vt* separate, dissociate.

dissoluto (disso'luto) *adj* dissolute.

dissoluzione (dissolut'tsjone) *nf* dissolution.

dissolvere (dis'sɔlvere) *vt* dissolve, break up.

dissuadere* (dissua'dere) *vt* dissuade.

distaccare (distak'kare) *vt* separate, detach. **distaccarsi** *vr* stand out. **distacco** *nm* **1** aloofness. **2** separation.

distante (dis'tante) *adj* distant, far away. **distanza** *nf* distance.

distendere* (dis'tendere) *vt* spread, open out. **distendersi** *vr* stretch oneself.

disteso (dis'teso) *adj* **1** open, spread out. **2** spacious. **distesa** *nf* expanse.

distillare (distil'lare) *vt* distil. **distilleria** *nf* distillery.

distinguere* (dis'tingwere) *vt* distinguish.

distinsi (dis'tinsi) *v* see **distinguere.**

distintivo (distin'tivo) *nm* badge.

distinto (dis'tinto) *v* see **distinguere.** *adj* **1** distinct, clear. **2** refined.

distinzione (distin'tsjone) *nf* distinction.

distogliere* (dis'tɔʎʎere) *vt* dissuade.

distrarre* (dis'trarre) *vt* divert, distract. **distrarsi** *vr* **1** relax. **2** let one's mind wander. **distratto** *adj* absent-minded, inattentive. **distrazione** *nf* distraction.

distretto (dis'tretto) *nm* district.

distribuire (distribu'ire) *vt* distribute. **distributore** *nm* distributor. **distributore automatico** slot-machine. **distributore di benzina** petrol pump. **distribuzione** *nf* distribution.

districare (distri'kare) *vt* unravel.

distruggere* (dis'truddʒere) *vt* destroy. **distruttivo** *adj* destructive. **distruzione** *nf* destruction.

disturbare (distur'bare) *vt* disturb, interrupt. **disturbarsi** *vr* put oneself out. **disturbo** *nm* trouble.

disubbidire (dizubbi'dire) *vi,vt* disobey. **disubbidiente** (dizubbi'djente) *adj* disobedient. **disubbidienza** (dizubbi'djentsa) *nf* disobedience.

disuguale (dizu'gwale) *adj* **1** unequal. **2** eneven.

disunire (dizu'nire) *vt* divide, disunite.

disuso (di'zuzo) *nm* disuse. **disusato** *adj* **1** disused. **2** out-of-date.

dito ('dito) *nm* **1** *pl* **dita** *f* finger. **2** *pl* **diti** finger, finger's breadth. **dito del piede** *nm* toe. **sulla punta della dita** at one's fingertips. **ditale** nm thimble.

ditta ('ditta) nf company, firm.

dittatore (ditta'tore) nm dictator. **dittatura** nf dictatorship.

dittico ('dittiko) nm diptych.

dittongo (dit'tɔngo) nm diphthong.

diurno (di'urno) adj diurnal, daily.

diva ('diva) nf film star.

divagare (diva'gare) vi wander, ramble.

divampare (divam'pare) vi burst into flames, burn.

divano (di'vano) nm 1 divan. 2 settee.

divenire* (dive'nire) vi become.

diventare (diven'tare) vi become.

divergere (di'verdʒere) vi diverge.

diverso (di'verso) adj 1 different. 2 pl several. **diversione** (diver'sjone) nf diversion. **diversità** nf variety.

divertirsi (diver'tirsi) vr 1 amuse oneself. 2 enjoy oneself. **divertente** (diver'tente) adj funny, amusing. **divertimento** nm 1 pastime. 2 amusement.

dividendo (divi'dɛndo) nm dividend.

dividere* (di'videre) vt divide, share. **dividersi** vr separate, split.

divieto (di'vjɛto) nm restriction, ban. **divieto di sosta/transito** no parking/thoroughfare.

divincolare (divinko'lare) vt wriggle. **divincolarsi** vr writhe.

divino (di'vino) adj 1 divine. 2 wonderful.

divisa (di'viza) nf 1 uniform. 2 currency.

divisi (di'vizi) v see **dividere**.

divisione (divi'zjone) nf 1 division. 2 separation.

diviso (di'vizo) v see **dividere**.

divorare (divo'rare) vt devour.

divorzio (di'vortsjo) nm divorce. **divorziare** vt, vi divorce.

divulgare (divul'gare) vt reveal, divulge. **divulgarsi** vr spread.

dizionario (dittsjo'narjo) nm dictionary.

dizione (dit'tsjone) nf 1 diction. 2 wording.

do (dɔ) v see **dare**.

dobbiamo (dob'bjamo) v see **dovere**.

doccia ('dottʃa) nf shower. **fare la doccia** take a shower.

docente (do'tʃente) nm teacher.

docile ('dɔtʃile) adj docile. **docilità** nf docility.

documento (doku'mento) nm document, brief. **documentare** vt document. **documentario** nm documentary.

dodici ('doditʃi) adj twelve. nm or f twelve. **dodicesimo** (do-di'tʃezimo) adj twelfth.

dogana (do'gana) nf 1 customs. 2 duty. **doganiere** (doga'njere) nm customs officer.

doge ('dɔdʒe) nm doge, chief Venetian magistrate.

doglia ('dɔʎʎa) nf pain.

dogma ('dɔgma) nm dogma. **dogmatico** (dog'matiko) adj dogmatic.

dolce ('doltʃe) adj 1 sweet. 2 gentle. 3 mild. 4 (of water) fresh. nm sweet. **dolcezza** (dol'tʃettsa) nf sweetness. **dolcificante** (doltʃifi'kante) nm sweetener. **dolciumi** nm pl sweet things, sweets.

dolere* (do'lere) v imp 1 hurt, ache. 2 be sorry. **dolersi** vr lament, regret. **dolore** nm 1

pain, ache. **2** sorrow. **doloroso** (dolo'roso) *adj* painful.
dollaro ('dɔllaro) *nm* dollar.
dolse ('dɔlse) *v* see **dolere**.
domandare (doman'dare) *vt* ask, request. **domandarsi** *vr* wonder. **domanda** *nf* **1** question. **2** request, application. **fare una domanda** ask a question.
domani (do'mani) *adv,nm* tomorrow. **domani a otto** tomorrow week. **domani l'altro** day after tomorrow.
domare (do'mare) *vt* tame. **domatore** *nm* trainer.
domattina (domat'tina) *adv* tomorrow morning.
domenica (do'menika) *nf* Sunday.
domestico (do'mɛstiko) *adj* **1** domestic, household. **2** tame. *nm* servant. **domestica** (do'mɛstika) *nf* maid, servant.
domiciliarsi (domitʃi'ljarsi) *vr* settle, take up residence.
domicilio (domi'tʃiljo) *nm* residence, dwelling.
dominare (domi'nare) *vt* **1** dominate, control. **2** overlook. *vi* dominate, rule. **dominarsi** *vr* restrain oneself. **dominante** *adj* dominant. **dominazione** *nf* domination, rule.
dominio (do'minjo) *nm* **1** control. **2** possession, property. **3** field, domain.
domino ('dɔmino) *nm game* dominoes.
donare (do'nare) *vt* give, present. **donatore** *nm* donor. **dono** *nm* gift.
dondolare (dondo'lare) *vi* swing, rock, sway. *vt* shake. **dondolo** ('dondolo) *nm* swing.
donna ('dɔnna) *nm* **1** woman, lady **2** *cap* Lady. **donna di servizio** *nf* charwoman.
donnola ('dɔnnola) *nf* weasel.
dopo ('dopo) *prep* after. *adv*

1 behind. **2** afterwards. **3** then. **dopo tutto** after all. **subito dopo** immediately afterwards. **dopodomani** (dopodo'mani) *adv,nm* day after tomorrow. **dopopranzo** (dopo'prandzo) *nm* afternoon.
doppiare (dop'pjare) *vt* dub. **doppiaggio** *nm* dubbing.
doppio ('doppjo) *adj,adv* double. **doppiogiochista** (doppjodʒo'kista) *nm* double-dealer. **doppiogioco** (doppjo-'dʒɔko) *nm* double-dealing.
dorare (do'rare) *vt* gild. **dorato** *adj* gilt.
dormire (dor'mire) *vi* sleep. **dormire come un ghiro** sleep like a log. **dormirci sopra** sleep on it.
dormitorio (dormi'tɔrjo) *nm* dormitory.
dorso ('dɔrso) *nm* **1** back. **2** spine (of a book). **dorsale** *adj* dorsal. **spina dorsale** *nf* spine.
dose ('dɔze) *nf* dose.
dosso ('dɔsso) *nm* back. **togliere di dosso** remove, get rid of.
dote ('dɔte) *nf* dowry.
dotto ('dɔtto) *adj* learned, scholarly.
dottore (dot'tore) *nm med* doctor. **dottorato** *nm* doctorate. **dottoressa** *nf med* female doctor.
dottrina (dot'trina) *nf* **1** doctrine. **2** catechism classes.
dove ('dove) *adv* **1** where. **2** wherever. **3** in which.
dovere* (do'vere) *vi* **1** have to, be obliged to, need. **2** owe. *nm* duty.
dovrò (do'vrɔ) *v* see **dovere**.
dovunque (do'vunkwe) *adv* wherever.
dozzina (dod'dzina) *nf* dozen.
dragare (dra'gare) *vt* dredge. **draga** *nf* dredger.
dragone (dra'gone) *nm* also **drago** *nm* dragon.

dramma[1] ('dramma) *nm* drama, theatre. **drammatico** (dram'matiko) *adj* dramatic.

dramma[2] ('dramma) *nm* drachma.

drammatizzare (drammatid'dzare) *vt* dramatize.

drammaturgo (dramma'turgo) *nm* dramatist, playwright.

drenare (dre'nare) *vt* drain. **drenaggio** *nm* drainage.

dritto ('dritto) *adj* 1 right. 2 upright. 3 straight. *nm* right side, upper side.

drizzare (drit'tsare) *vt* 1 erect. 2 straighten. **drizzare le orecchie** prick up one's ears.

drogare (dro'gare) *vt* 1 drug. 2 spice. **droga** ('drɔga) *nf* 1 drug. 2 drug-taking. **drogato** *nm* drug addict.

droghiere (dro'gjere) *nm* grocer. **drogheria** *nf* grocer's shop.

dromedario (drome'darjo) *nm* dromedary.

duale (du'ale) *adj* dual.

dubbio ('dubbjo) *nm* doubt, suspicion. *adj* doubtful, uncertain. **dubbioso** (dub'bjoso) *adj* doubtful.

dubitare (dubi'tare) *vi* 1 doubt, hesitate. 2 suspect.

duca ('duka) *nm* duke. **ducale** *adj* ducal. **ducato** *nm* 1 duchy. 2 ducat.

duce ('dutʃe) *nm* guide, leader.

duchessa (du'kessa) *nf* duchess.

due ('due) *adj,nm* two. **duecento** (due'tʃento) *adj* two hundred. *nm* 1 two hundred. 2 thirteenth century. **due pezzi** *nm invar* 1 bikini. 2 suit.

duello (du'ello) *nm* duel.

duetto (du'etto) *nm* duet.

duna ('duna) *nf* dune.

dunque ('dunkwe) *conj* 1 therefore, so. 2 then.

duole ('dwole) *v* see **dolere**.

duomo ('dwɔmo) *nm* cathedral.

duplicare (dupli'kare) *vt* duplicate. **duplicato** *nm* duplicate. **duplicatore** *nm* duplicator, duplicating machine.

durata *nf* duration. **durabile** (du'rabile) *adj* durable. **durante** (du'rante) *prep* during.

durare (du'rare) *vi* 1 last. 2 resist. **durabile** *adj* durable. **durante** *prep* during. **durata** *nf* duration. **durata di conservazione** *nf* shelf-life. **duro** ('duro) *adj* 1 hard. 2 tough, stale. 3 severe. 4 difficult. 5 stupid, dull. **tener duro** hold firm. **durevole** *adj* lasting. **durezza** (du'rettsa) *nf* 1 hardness. 2 severity.

E

e, ed (e, ed) *conj* and, also. **e...e** both...and.

è (e) *v* see **essere**.

ebano ('ɛbano) *nm* ebony.

ebbe ('ebbe) *v* see **avere**.

ebbene (eb'bene) *conj* well then, well.

ebbero ('ɛbbero) *v* see **avere**.

ebbi ('ɛbbi) *v* see **avere**.

ebbro ('ɛbbro) *adj* 1 drunk. 2 elated. **ebbrezza** (eb'brettsa) *nf* intoxication.

ebdomadario (ebdoma'darjo) *adj* weekly. *nm* weekly publication.

ebete ('ɛbete) *adj* stupid.

ebollizione (ebollit'tsjone) *nf* boiling. **punto di ebollizione** *nm* boiling point.

ebraico (e'braiko) *adj* Jewish, Hebrew. *nm* Hebrew (language).

ebreo (e'brɛo) *adj* Jewish. *nm* Jew.

eccedere (et'tʃedere) *vt* surpass, exceed. **eccedenza** (ettʃe'dentsa) *nf* surplus.

eccellere* (et'tʃellere) *vi* excel, stand out. **eccellente** (ettʃel-

'lente) *adj* excellent. **eccellenza** (ettʃel'lentsa) *nf* **1** excellence. **2** *cap* Excellency.

eccentrico (et'tʃentriko) *adj* eccentric. **eccentricità** *nf* eccentricity.

eccesso (et'tʃɛsso) *nm* excess. **all'eccesso** in the extreme. **eccessivo** *adj* excessive.

eccetera (et'tʃetera) *nm invar* et cetera, and so on.

eccetto (et'tʃɛtto) *prep* except. **eccetto che 1** apart from. **2** unless.

eccettuare (ettʃettu'are) *vt* exclude, leave out.

eccezione (ettʃet'tsjone) *nf* exception. **eccezionale** *adj* exceptional.

eccitare (ettʃi'tare) *vt* excite, arouse, stimulate. **eccitabile** (ettʃi'tabile) *adj* excitable. **eccitato** *adj* excited.

ecclesiastico (ekkle'zjastiko) *adj* ecclesiastical. *nm* clergyman.

ecco ('ɛkko) *adv* here is or are, there is or are. **ecco fatto** that's it, done.

echeggiare (eked'dʒare) *vi* echo, resound.

eclissare (eklis'sare) *vt* eclipse. **eclissi** *nm,f* eclipse.

eco ('ɛko) *nm or f, pl* **echi** *m* echo.

ecologia (ekolo'dʒia) *nf* ecology.

economia (ekono'mia) *nf* **1** saving, economy. **2** economics. **economico** (eko'nɔmiko) *adj* **1** economic. **2** economical.

economizzare (ekonomid'dzare) *vi* economize.

economo (e'kɔnomo) *nm* bursar, treasurer.

edera ('edera) *nf* ivy.

edicola (e'dikola) *nf* newspaper kiosk.

edificare (edifi'kare) *vt* build, construct. **edificio** *nm* building.

edilizio (edi'littsjo) *adj* building. **speculazione edilizia** *nf* property speculation. **edile** *adj* building. **edilizia** (edi'littsja) *nf* building trade.

Edimburgo (edim'burgo) *nf* Edinburgh.

editore (edi'tore) *nm* publisher. *adj* publishing. **edito** ('edito) *adj* published. **editoriale** *adj* editorial. *nm* newspaper editorial. **casa editrice** *nf* publishing house.

edizione (edit'tsjone) *nf* edition.

educare (edu'kare) *vt* **1** bring up. **2** educate, instruct. **educato** *adj* well-bred. **educazione** *nf* **1** education. **2** manners.

effeminato (effemi'nato) *adj* effeminate.

effetto (ef'fetto) *nm* **1** effect. **2** result. **in effetti** in fact.

effettuare (effettu'are) *vt* accomplish. **effettuarsi** *vr* take place.

efficace (effi'katʃe) *adj* sure, effectual.

efficiente (effi'tʃente) *adj* efficient. **efficienza** (effi'tʃentsa) *nf* **1** efficiency. **2** working order.

effige (ef'fidʒe) *nf also* **effigie** *nf invar* effigy.

effimero (ef'fimero) *adj* fleeting, ephemeral.

egeo (e'dʒɛo) *adj* Aegean. **(Mare) Egeo** *nm* Aegean (Sea).

Egitto (e'dʒitto) *nm* Egypt. **egiziano** *adj,n* Egyptian.

egli ('eʎʎi) *pron 3rd pers ms* he.

egoista (ego'ista) *nm* egoist, selfish person. **egoismo** (e-go'izmo) *nm* egoism, selfishness.

egregio (e'grɛdʒo) *adj* distinguished.

elaborare (elabo'rare) *vt* elaborate. **elaborato** *adj* elaborate.

elastico (e'lastiko) *pl* **elastici**

adj elastic. *nm* **1** elastic. **2** elastic band.

elefante (ele'fante) *nm* elephant. **fare d'una mosca un elefante** make a mountain out of a molehill.

elegante (ele'gante) *adj* elegant. **eleganza** *nf* elegance.

eleggere* (e'ledd3ere) *vt* **1** elect. **2** choose.

elegia (ele'd3ia) *nf* elegy.

elemento (ele'mento) *nm* **1** element. **2** unit. **3** *pl* rudiments, principles. **elementare** *adj* elementary. **scuola elementare** *nf* primary school.

elemosina (ele'mɔzina) *nf* charity.

elenco (e'lɛnko) *nm* list. **elenco telefonico** telephone directory. **elencare** *vt* list.

elettore (elet'tore) *nm* constituent, voter. **elettorato** *nm* electorate.

elettrico (e'lɛttriko) *adj* electric. **elettricista** *nm* electrician. **elettricità** *nf* electricity. **elettrodomestico** (elettrodo'mestiko) *nm* electrical household appliance.

elettrificare (elettrifi'kare) *vt* electrify.

elettrizzare (elettrid'dzare) *vt* excite, electrify.

elettrodo (e'lettrodo) *nm* electrode.

elettromagnete (elettroma'ɲɲete) *nm* electromagnet. **elettromagnetico** *adj* electromagnetic.

elettrone (elet'trone) *nm* electron. **elettronico** (elet'trɔniko) *adj* electronic.

elevare (ele'vare) *vt* raise.

elezione (elet'tsjone) *nf* election.

elica ('ɛlika) *nf* propeller. **elicottero** (eli'kɔttero) *nm* helicopter.

eliminare (elimi'nare) *vt* eliminate. **eliminazione** *nf* elimination.

ella ('ella) *pron* **1** *3rd pers fs* she. **2** *cap 2nd pers fs fml* you.

elmo ('elmo) *nm* helmet.

eloquente (elo'kwɛnte) *adj* eloquent. **eloquenza** (elo'kwɛntsa) *nf* eloquence.

eludere* (e'ludere) *vt* evade, elude.

emaciato (ema'tʃato) *adj* emaciated.

emancipare (emantʃi'pare) *vt* free, emancipate. **emancipazione** *nf* emancipation.

embargo (em'bargo) *nm* embargo.

emblema (em'blema) *nm* emblem.

embrione (embri'one) *nm* embryo.

emendare (emen'dare) *vt* amend. **emendamento** *nm* amendment.

emergenza (emer'd3entsa) *nf* emergency.

emergere* (e'mɛrd3ere) *vi* emerge.

emettere* (e'mettere) *vt* emit, issue.

emicrania (emi'kranja) *nf* migraine.

emigrare (emi'grare) *vi* emigrate. **emigrante** *nm* emigrant. **emigrato** *nm* **1** emigrant. **2** political exile. **emigrazione** *nf* emigration.

eminente (emi'nente) *adj* eminent.

emisfero (emis'fero) *nm* hemisphere.

emissione (emis'sjone) *nf* **1** issue. **2** programme, broadcast.

emorragia (emorra'd3ia) *nf* haemorrhage.

emozionare (emottsjo'nare) *vt* move, affect. **emozionante** *adj* moving, thrilling. **emozione** *nf* emotion.

empio ('empjo) *adj* **1** impious. **2** evil. **3** pitiless.

empire (em'pire) *vt* fill.
empirico (em'piriko) *adj* empirical.
emporio (em'pɔrjo) *nm* market, emporium.
emù (e'mu) *nm invar* emu.
enciclopedia (entʃiklope'dia) *nf* encyclopedia.
endemico (en'dɛmiko) *adj* endemic.
energia (ener'dʒia) *nf* energy. **energico** (e'nerdʒiko) *adj* energetic.
enfasi ('ɛnfazi) *nf invar* emphasis. **enfatico** (en'fatiko) *adj* emphatic.
enfiare (en'fjare) *vi* swell. **enfiarsi** *vr* swell up.
enigma (e'nigma) *nm* **1** enigma. **2** puzzle. **enigmatico** (enig'matiko) *adj* enigmatic.
ennesimo (en'nezimo) *adj* umpteenth.
enorme (e'norme) *adj* huge, enormous.
ente ('ɛnte) *nm* corporation, society.
entità (enti'ta) *nf invar* entity.
entrambi (en'trambi) *pron pl* both.
entrare (en'trare) *vi* **1** enter, go or come in. **2** have relevance. **io non c'entro** it has nothing to do with me. **entrata** *nf* entrance.
entro ('ɛntro) *prep* within.
entusiasmo (entu'zjazmo) *nm* enthusiasm. **entusiasta** *nm* enthusiast. *adj* enthusiastic. **entusiastico** (entu'zjastiko) *adj* enthusiastic.
enumerare (enume'rare) *vt* enumerate.
enzima (en'dzima) *nm* enzyme.
epico ('ɛpiko) *adj,nm* epic.
epidemia (epide'mia) *nf* epidemic.
Epifania (epifa'nia) *nf* Epiphany.
epigramma (epi'gramma) *nm* epigram.

epilessia (epiles'sia) *nf* epilepsy.
epilogo (e'pilogo) *nm* epilogue.
episodio (epi'zɔdjo) *nm* episode.
epistola (e'pistola) *nf* epistle.
epitaffio (epi'taffjo) *nm* epitaph.
epiteto (e'piteto) *nm* epithet.
epoca ('ɛpoka) *nf* epoch, period.
eppure (ep'pure) *conj* nevertheless, and yet.
epurare (epu'rare) *vt* purge.
equatore (ekwa'tore) *nm* equator.
equazione (ekwat'tsjone) *nf* equation.
equestre (e'kwɛstre) *adj* equestrian.
equilibrare (ekwili'brare) *vt* balance.
equilibrio (ekwi'librjo) *nm* balance. **equilibrista** *nm* tightrope walker.
equinozio (ekwi'nɔttsjo) *nm* equinox.
equipaggiare (ekwipad'dʒare) *vt* equip. **equipaggio** *nm* crew. **senza equipaggio** *adj* unmanned.
equitazione (ekwitat'tsjone) *nf* **1** riding. **2** horsemanship.
equivalere (ekwiva'lere) *vi* be equivalent. **equivalente** (ekwiva'lente) *adj,nm* equivalent.
equivoco (e'kwivoko) *adj* ambiguous, doubtful.
era[1] ('era) *v* see **essere.**
era[2] ('era) *nf* era.
erba ('ɛrba) *nf* **1** grass. **2** herb.
erbaccia (er'battʃa) *nf* weed.
erbivendolo (erbi'vendolo) *nm* greengrocer.
ereditare (eredi'tare) *vt* inherit. **erede** (e'rede) *nm,f* heir. **eredità** *nf* inheritance. **ereditario** *adj* hereditary.
eremita (ere'mita) *nm* hermit.
eresia (ere'zia) *nf* heresy. **eretico** (e'retiko) *adj* heretical.

esile

eretto (e'retto) *adj* erect, upright.

erezione (eret'tsjone) *nf* erection.

eri ('eri) *v* see **essere.**

erica ('erika) *nf* heather.

erigere* (e'ridʒere) *vt* erect.

ermellino (ermel'lino) *nm* ermine.

ermetico (er'mɛtiko) *adj* hermetic.

ernia ('ɛrnja) *nf* hernia.

ero ('ɛro) *v* see **essere.**

eroe (e'rɔe) *nm* hero. **eroico** (e'rɔiko) *adj* heroic.

eroina[1] (ero'ina) *nf* heroine.

eroina[2] (ero'ina) *nm* heroin.

erosione (ero'zjone) *nf* erosion.

erotico (e'rɔtiko) *adj* erotic.

errare (er'rare) *vi* **1** wander, roam. **2** err.

erroneo (er'rɔneo) *adj* false, mistaken.

errore (er'rore) *nm* mistake, error.

erudito (eru'dito) *adj* erudite. **erudizione** *nf* erudition.

eruttare (erut'tare) *vt* erupt. **eruzione** (erut'tsjone) *nf* eruption.

esagerare (ezadʒe'rare) *vt* exaggerate, overdo, go too far. **esagerazione** *nf* exaggeration.

esagonale (ezago'nale) *adj* hexagonal.

esalare (eza'lare) *vt* exhale.

esaltare (ezal'tare) *vt* exalt.

esame (e'zame) *nm* **1** examination, inspection. **2** exam. **dare un esame** sit an exam.

esaminare (ezami'nare) *vt* examine, inspect.

esasperare (ezaspe'rare) *vt* irritate, exasperate. **esasperazione** *nf* exasperation.

esatto (e'zatto) *adj* exact, precise. **esattezza** (ezat'tettsa) *nf* precision.

esattore (ezat'tore) *nm* tax man, tax collector.

esaurire (ezau'rire) *vt* exhaust, wear out. **esaurimento** *nm* exhaustion. **esaurimento nervoso** nervous breakdown. **esaurito** *adj* **1** exhausted. **2** finished, sold out.

esca ('eska) *nf* bait.

esclamare (eskla'mare) *vi* exclaim. **esclamazione** *nf* exclamation.

escludere* (es'kludere) *vt* exclude. **esclusione** *nf* exclusion.

esclusivo (esklu'zivo) *adj* exclusive. **esclusiva** *nf* monopoly, sole rights.

esco ('esko) *v* see **uscire.**

escursione (eskur'sjone) *nf* excursion.

esecutivo (ezeku'tivo) *adj, nm* executive.

esecutore (ezeku'tore) *nm* executor.

esecuzione (ezekut'tsjone) *nf* execution.

eseguire (eze'gwire) *vt* carry out, perform.

esempio (e'zɛmpjo) *nm* example, illustration. **per esempio** for example.

esemplare (ezem'plare) *adj* exemplary. *nm* **1** copy. **2** example.

esentare (ezen'tare) *vt* exempt. **esente** (e'zɛnte) *adj* exempt.

esequie (e'zɛkwje) *nf pl* funeral.

esercitare (ezertʃi'tare) *vt* **1** exercise. **2** practise. **esercito** (e'zɛrtʃito) *nm* army. **esercizio** (ezer'tʃittsjo) *nm* **1** exercise. **2** practice.

esibire (ezi'bire) *vt* show, exhibit. **esibizione** *nf* exhibition. **esibizionista** *nm* exhibitionist.

esigere* (e'zidʒere) *vt* demand, claim.

esilarare (ezila'rare) *vt* exhilarate.

esile ('ɛzile) *adj* slim, slender.

esiliare (ezi'ljare) vt exile. **esiliato** nm exile.

esilio (e'ziljo) nm exile.

esimere (e'zimere) vt exempt.

esistenzialismo (ezistentsja'lizmo) nm existentialism.

esistere* (e'zistere) vi exist. **esistenza** (ezis'tentsa) nf existence, life.

esitare (ezi'tare) vi hesitate. **esitazione** nf hesitation.

esito ('ezito) nm outcome, result.

esonerare (ezone'rare) vt release, dismiss. **esonero** (e'zɔnero) nm exemption.

esorbitante (ezorbi'tante) adj exorbitant.

esorcizzare (ezortʃid'dzare) vt exorcize. **esorcismo** (ezor'tʃizmo) nm exorcism. **esorcista** (ezor'tʃista) nm exorcist.

esortare (ezor'tare) vt encourage, urge.

esoso (e'zɔzo) adj 1 hateful. 2 mean.

esoterico (ezo'teriko) adj esoteric.

esotico (e'zɔtiko) adj exotic.

espandere (es'pandere) vt expand. **espansione** nf expansion. **espansivo** adj expansive.

espatriare (espa'trjare) vi emigrate.

espediente (espe'djɛnte) nm expedient.

espellere* (es'pɛllere) vt expel.

esperienza (espe'rjɛntsa) nf 1 experience. 2 experiment.

esperimento (esperi'mento) nm experiment.

esperto (es'pɛrto) adj skilled, expert. nm expert.

espiare (espi'are) vt expiate.

esplicito (es'plitʃito) adj explicit.

esplodere* (es'plɔdere) vi explode.

esplorare (esplo'rare) vt explore, investigate. **esplora-**

tore nm explorer. **esplorazione** nf exploration.

esplosi (es'plɔzi) v see **esplodere.**

esplosione (esplo'zjone) nf explosion.

esplosivo (esplo'zivo) adj,nm explosive.

esploso (es'plɔzo) v see **esplodere.**

esporre* (es'porre) vt exhibit, expose.

esportare (espor'tare) vt export. **esportazione** nf export, exportation.

esposizione (espozit'tsjone) nf 1 exposition, explanation. 2 exhibition.

espressione (espres'sjone) nf expression. **espressivo** (espres'sivo) adj expressive.

espresso (es'presso) adj express. nm 1 express train. 2 express letter.

esprimere* (es'primere) vt express.

espulsi (es'pulsi) v see **espellere.**

espulsione (espul'sjone) nf expulsion.

espulso (es'pulso) v see **espellere.**

esquimese (eskwi'mese) adj,n Eskimo.

essa ('essa) pron 3rd pers fs 1 she. 2 her, it.

esse ('esse) 3rd pers f pl them.

essenza (es'sentsa) nf essence. **essenziale** adj,nm essential.

essere* ('essere) vi exist, be. v aux be. **che ore sono?** what time is it? **cosa c'è?** what is the matter? **essere di 1** belong to. **2** be from.

essi ('essi) 3rd pers m pl them.

esso ('esso) pron 3rd pers ms 1 he. 2 him, it.

est (est) nm east. adj invar east, eastern. **dell'est 1** eastern. **2** easterly. **verso est** eastwards.

estasi ('εstazi) *nf* ecstasy. **estatico** (es'tatiko) *adj* ecstatic.

estate (es'tate) *nf* summer.

estendere* (es'tεndere) *vt* extend, enlarge.

estensione (esten'sjone) *nf* extension.

esteriore (este'rjore) *adj,nm* outside, exterior.

esterno (es'tεrno) *adj* external.

estero ('εstero) *adj* foreign. **all'estero** abroad.

estetico (es'tεtiko) *adj* aesthetic. **estetica** *nf* aesthetics.

estetista (este'tista) *nf* beautician.

estinguere* (es'tingwere) *vt* **1** put out, extinguish. **2** quench. **3** pay off. **estintore** *nm* fire-extinguisher. **estinzione** *nf* extinction.

estivo (es'tivo) *adj* summer, summery.

estradare (estra'dare) *vt* extradite. **estradizione** *nf* extradition.

estraneo (es'traneo) *adj* alien, foreign. *nm* stranger.

estrarre* (es'trarre) *vt* **1** extract. **2** pick out. **estratto** *nm* **1** extract. **2** excerpt.

estremo (es'trεmo) *adj,nm* extreme. **estremista** *nm* extremist.

estro ('εstro) *nm* **1** inspiration. **2** whim.

estrogeno (es'trɔdʒeno) *nm* oestrogen.

estroverso (estro'vεrso) *adj,n* extrovert.

estuario (estu'arjo) *nm* estuary.

esuberante (ezube'rante) *adj* exuberant. **esuberanza** (ezube'rantsa) *nf* exuberance.

esule ('εzule) *nm* exile. *adj* exiled.

età (e'ta) *nf* age.

etere ('εtere) *nm* ether.

eterno (e'tεrno) *adj* eternal,

never-ending. **eternità** *nf* eternity.

etica ('εtika) *nf* ethics. **etico** ('εtiko) *adj* ethical.

etichetta (eti'ketta) *nf* **1** etiquette. **2** label, ticket.

etimologia (etimolo'dʒia) *nf* etymology.

etnico ('εtniko) *adj* ethnic.

ettaro ('εttaro) *nm* hectare.

etto ('εtto) *nm also* **ettogrammo** hundred grams, hectogram.

eucalipto (euka'lipto) *nm* eucalyptus tree.

eufemismo (eufe'mizmo) *nm* euphemism.

eunuco (eu'nuko) *nm* eunuch.

Europa (eu'rɔpa) *nf* Europe. **europeo** (euro'pεo) *adj,nm* European.

eutanasia (eutana'zia) *nf* euthanasia.

evacuare (evaku'are) *vt* evacuate. **evacuazione** *nf* evacuation.

evadere* (e'vadere) *vi* escape, flee.

evangelista (evandʒe'lista) *nm* Evangelist.

evaporare (evapo'rare) *vi* evaporate. **evaporazione** *nf* evaporation.

evasi (e'vazi) *v* see **evadere**.

evasione (eva'zjone) *nf* escape.

evasivo (eva'zivo) *adj* evasive.

evaso (e'vazo) *v* see **evadere**. *nm* **1** fugitive. **2** escaped convict.

evento (e'vεnto) *nm* **1** outcome. **2** event. **eventuale** *adj* possible.

evidente (evi'dεnte) *adj* evident, obvious. **evidenza** (evi'dεntsa) *nf* clarity. **mettersi in evidenza** show oneself.

evitare (evi'tare) *vt* avoid.

evizione (evit'tsjone) *nf* eviction.

evocare (evo'kare) *vt* evoke.

evoluzione (evolut'tsjone) *nf* evolution.

evviva (ev'viva) *interj* **1** hurrah! **2** long live.

F

fa[1] (fa) *adv* ago.

fa[2] (fa) *v* see **fare**.

fabbrica ('fabbrika) *nf* **1** building. **2** factory. **fabbricare** *vt* **1** build. **2** make, manufacture. **3** invent.

fabbro ('fabbro) *nm* smith. **fabbro ferraio** *nm* blacksmith.

faccenda (fat'tʃɛnda) *nf* **1** task, chore. **2** matter, affair.

facchino (fak'kino) *nm* porter.

faccia ('fattʃa) *nf* **1** face. **2** side (of a record). **facciata** *nf* facade.

facciano (fat'tʃamo) *v* see **fare**.

faccio ('fattʃo) *v* see **fare**.

facezia (fa'tʃɛttsja) *nf* joke.

facile ('fatʃile) *adj* **1** easy, simple. **2** probable, likely. **3** easy-going. **facilità** *nf* **1** ease **2** aptitude.

facilitare (fatʃili'tare) *vt* facilitate, make easier.

facoltà (fakol'ta) *nf* **1** faculty. **2** right, authority. **3** university faculty. **facoltativo** *adj* optional.

faggio ('faddʒo) *nm* beech tree.

fagiano (fa'dʒano) *nm* pheasant.

fagiolo (fa'dʒɔlo) *nm* bean. **fagiolino** *nm* french bean.

fagotto (fa'gɔtto) *nm* **1** bundle. **2** bassoon. **far fagotto** leave.

fai ('fai) *v* see **fare**.

falce ('faltʃe) *nf* scythe, sickle.

falciare (fal'tʃare) *vt* **1** mow. **2** mow down. **falciatrice** *nf* mower.

falco ('falko) *nm* hawk. **falcone** *nm* falcon.

falda ('falda) *nf* **1** layer. **2** fold, pleat. **3** coat-tail. **4** brim. **5** slope. **6** foot (of a mountain). **7** flake.

falegname (faleɲ'ɲame) *nm* carpenter, joiner.

falena (fa'lena) *nf* moth.

falla ('falla) *nf* leak, leakage.

fallace (fal'latʃe) *adj* false, deceptive.

fallire (fal'lire) *vi* fail. *vt* miss. **fallimento** *nm* **1** failure. **2** bankruptcy.

fallo[1] ('fallo) *nm* **1** error. **2** *sport* foul.

fallo[2] ('fallo) *nm* phallus.

falò (fa'lo) *nm* bonfire.

falsare (fal'sare) *vt* distort, falsify. **falsario** (fal'sarjo) *nm* counterfeiter, forger.

falsariga (falsa'riga) *nf* sheet of ruled paper.

falsificare (falsifi'kare) *vt* **1** forge, fake. **2** tamper with.

falso ('falso) *adj* **1** false, artificial. **2** wrong. **3** untrue. **falso allarme** *nm* false alarm.

fama ('fama) *nf* fame, renown.

fame ('fame) *nf* hunger. **avere fame** be hungry.

famelico (fa'meliko) *adj* ravenous, starving.

famiglia (fa'miʎʎa) *nf* family.

familiare (fami'ljare) *adj* **1** domestic, family. **2** intimate, familiar.

famoso (fa'moso) *adj* famous, well-known.

fanale (fa'nale) *nm* **1** lamp, lantern. **2** headlight.

fanatico (fa'natiko) *adj* fanatical. *nm* fanatic.

fanciullo (fan'tʃullo) *nm* child, boy. **fanciulla** *nf* child, girl. **fanciullezza** (fantʃul'lettsa) *nf* childhood.

fandonia (fan'dɔnja) *nf* lie.

fanfara (fan'fara) *nf* brass band.

fango ('fango) *nm* mud. **fangoso** (fan'goso) *adj* muddy.

fanno ('fanno) *v* see **fare**.

fannullone (fannul'lone) *nm* lazybones.

fantascienza (fantaʃ'ʃɛntsa) *nf* science fiction.

favola

fantasia (fanta'zia) *nf* imagination, fantasy.

fantasma (fan'tazma) *nm* ghost.

fante ('fante) *nm* **1** infantryman. **2** *game* knave, jack. **fanteria** *nf* infantry. **fantino** *nm* jockey.

fantoccio (fan'tɔttʃo) *nm* puppet.

farabutto (fara'butto) *nm* rogue, scoundrel.

faraone (fara'one) *nm* pharaoh.

farcire (far'tʃire) *vt* stuff.

fardello (far'dɛllo) *nm* bundle, load.

fare* ('fare) *vt* **1** make. **2** do. **3** say. **4** be. **fare acqua** leak. **fare benzina** fill up with petrol. **fare da** act as. **fare per** suit. **non fa niente** it doesn't matter.

farfalla (far'falla) *nf* butterfly.

farina (fa'rina) *nf* flour.

faringe (fa'rindʒe) *nf* pharynx.

farmacia (farma'tʃia) *nf* **1** pharmacy. **2** chemist's shop. **farmacista** *nm* chemist. **farmaco** ('farmako) *nm* medicine, drug.

faro ('faro) *nm* **1** lighthouse. **2** headlight, headlamp.

farragine (far'radʒine) *nf* jumble, medley.

farsa ('farsa) *nf* farce.

fascia ('faʃʃa) *nf* **1** band, strip. **2** bandage.

fasciare (faʃ'ʃare) *vt* bind, bandage.

fascicolo (faʃ'ʃikolo) *nm* **1** dossier, file. **2** number, issue (of a journal).

fascino ('faʃʃino) *nm* fascination, charm.

fascio ('faʃʃo) *nm* bundle.

fascismo (faʃ'ʃizmo) *nm* fascism. **fascista** *adj,nm* fascist.

fase ('faze) *nf* phase.

fastidio (fas'tidjo) *nm* **1** annoy-

ance, trouble. **2** disgust. **dare fastidio a** annoy. **fastidioso** (fasti'djoso) *adj* annoying.

fasto ('fasto) *nm* pomp. **fastoso** (fas'toso) *adj* ostentatious.

fata ('fata) *nf* fairy.

fatale (fa'tale) *adj* fatal.

faticare (fati'kare) *vi* struggle, toil. **fatica** *nf* **1** toil, labour. **2** exhaustion, weariness. **3** trouble. **faticoso** (fati'koso) *adj* **1** tiring. **2** difficult.

fato ('fato) *nm* fate.

fatta ('fatta) *nf* kind, sort.

fattezze (fat'tettse) *nf pl* features.

fatto ('fatto) *v* see **fare**. *nm* **1** fact. **2** action, deed. **3** event. **4** subject. **badare ai fatti propri** mind one's own business. **dire il fatto suo** speak one's mind. **in fatto di** with respect to. **venire al fatto** come to the point.

fattore (fat'tore) *nm* **1** creator. **2** factor.

fattoria (fatto'ria) *nf* farm, farmhouse.

fattorino (fatto'rino) *nm* **1** office boy. **2** telegraph boy.

fattucchiera (fattuk'kjera) *nf* witch. **fattucchiere** (fattuk-'kjere) *nm* sorcerer, wizard.

fattura (fat'tura) *nf* **1** manufacture, workmanship. **2** bill, invoice.

fatturare (fattu'rare) *vt* **1** adulterate, tamper with. **2** charge, invoice.

fatuo ('fatuo) *adj* silly, fatuous.

fauna ('fauna) *nf* fauna.

fausto ('fausto) *adj* lucky, happy.

fautore (fau'tore) *nm* supporter, follower.

fava ('fava) *nf* bean.

favilla (fa'villa) *nf* spark.

favo ('favo) *nm* honeycomb.

favola ('favola) *nf* **1** fable, sto-

ry. 2 laughing-stock. **favoloso** (favo'loso) *adj* fabulous,
fantastic, incredible.

favore (fa'vore) *nm* 1 goodwill.
2 favour. **a favore di** 1 in
the interest of. 2 on behalf
of. **entrata di favore** *nf*
complimentary seat. **per favore** please.

favoreggiare (favored'dʒare)
vt 1 favour. 2 aid and abet.

favorevole (favo'revole) *adj*
favourable, suitable.

favorire (favo'rire) *vt* 1 favour.
2 back, assist. 3 oblige. **favorito** *adj,nm* favourite.

fazione (fat'tsjone) *nf* faction.

fazzoletto (fattso'letto) *nm* 1
handkerchief. 2 headscarf.

febbraio (feb'brajo) *nm* February.

febbre ('febbre) *nf* fever. **avere la febbre** have a temperature.

feccia ('fettʃa) *nf* 1 dregs, sediment. 2 scum, riffraff.

feci ('fetʃi) *v* see **fare**.

fecondare (fekon'dare) *vt* fertilize. **fecondo** *adj* fertile.

fede ('fede) *nf* 1 belief, trust.
2 faith, religion. 3 word of
honour. 4 honesty. 5 cer-
tificate, document. 6 wedding ring. **fedele** *adj* 1 faithful, loyal. 2 exact. **fedeltà**
nf fidelity, loyalty.

federa ('federa) *nf* pillowcase.

federale (fede'rale) *adj* federal.

federazione (federat'tsjone) *nf*
federation.

fedina (fe'dina) *nf* 1 criminal
record. 2 side-whisker.

fegato ('fegato) *nm* liver.

felce ('feltʃe) *nf* fern.

felice (fe'litʃe) *adj* 1 happy,
contented. 2 lucky. **felicità**
nf happiness.

felicitare (felitʃi'tare) *vt* make
happy. **felicitarsi** *vr* congratulate. **felicitazioni** *nf pl*
congratulations.

felino (fe'lino) *adj,nm* feline.

feltro ('feltro) *nm* felt.

femmina ('femmina) *nf* 1 female. 2 woman. **femminile**
adj feminine.

fendere* ('fendere) *vt* split,
crack, break. **fenditura** *nf*
crack, fissure.

fenice (fe'nitʃe) *nf* phoenix.

fenicottero (feni'kɔttero) *nm*
flamingo.

fenomeno (fe'nɔmeno) *nm* phenomenon. **fenomenale** *adj*
phenomenal.

feria ('ferja) *nf* holiday. **feriale** *adj* working. **giorno
feriale** *nm* weekday.

ferire (fe'rire) *vt* 1 wound, injure. 2 strike. **ferita** *nf*
wound, injury.

fermare (fer'mare) *vt* 1 stop,
halt. 2 fix, fasten. 3 arrest.
fermarsi *vr* stop. **fermata** *nf*
1 stop. 2 pause. **fermacar-
te** *nm invar* paperweight. **fer-
macravatta** *nm invar* tiepin. **fermaglio** *nm* 1 fastener,
clasp. 2 brooch.

fermentare (fermen'tare) *vi*
ferment. **fermentazione** *nf*
fermentation.

fermo ('fermo) *adj* 1 motionless, still. 2 firm, steady.
fermo in posta poste restante.
tener per fermo be con-
vinced. **fermezza** (fer'mett-
sa) *nf* firmness.

feroce (fe'rotʃe) *adj* fierce,
wild. **ferocia** (fe'rɔtʃja) *nf*
ferocity.

ferragosto (ferra'gosto) *nm*
feast of Assumption, 15th
August.

ferraio (fer'rajo) *nm* blacksmith.

ferrare (fer'rare) *vt* shoe (a
horse).

ferreo ('ferreo) *adj* 1 strong. 2
iron.

ferro ('ferro) *nm* iron. **ferro
da calza** knitting needle. **fer-**

ro da cavallo horse-shoe. **ferro da stiro** *dom* iron. **ferramento** *nm pl* **ferramenta** *f* **1** iron tool. **2** hardware. **negozio di ferramenta** *nm* ironmonger's shop.

ferrovia (ferro'via) *nf* railway. **ferroviario** *adj* rail, railway. **ferroviere** (ferro'vjere) *nm* railwayman.

fertile ('fertile) *adj* fertile. **fertilità** *nf* fertility.

fertilizzare (fertilid'dzare) *vt* fertilize. **fertilizzante** *nm* fertilizer.

fervore (fer'vore) *nm* fervour.

festa ('festa) *nf* **1** feast, holiday. **2** birthday, name day. **3** party. **fare festa** take a holiday. **fare festa a** welcome. **festivo** *adj* festive. **giorni festivi** *nm pl* holidays.

festeggiare (fested'dʒare) *vt* celebrate.

festevole (fes'tevole) *adj* festive, merry.

fetido ('fetido) *adj* fetid.

feto ('feto) *nm* foetus.

fetore (fe'tore) *nm* stench.

fetta ('fetta) *nf* slice. **fettuccine** *nf pl* strips of pasta.

feudale (feu'dale) *adj* feudal.

fiaba ('fjaba) *nf* fairy tale.

fiaccare (fjak'kare) *vt* **1** weaken. **2** break. **fiacco** *adj* listless, weak.

fiaccola ('fjakkola) *nf* torch.

fiala ('fjala) *nf* phial.

fiamma ('fjamma) *nf* **1** flame. **2** pennant.

fiammeggiare (fjammed'dʒare) *vi* **1** blaze, flame. **2** flash.

fiancheggiare (fjanked'dʒare) *vt* flank.

fianco ('fjanko) *nm* side, flank. **a fianco di** at the side of. **di fianco** sideways.

fiasco ('fjasko) *nm* **1** flask. **2** failure, fiasco.

fiatare (fja'tare) *vi* breathe. **fiato** *nm* breath. **strumenti a fiato** *nm pl* wind instruments.

fibbia ('fibbja) *nf* buckle.

fibra ('fibra) *nf* fibre.

ficcare (fik'kare) *vt* thrust, drive in, fix. **ficcarsi** *vr* intrude. **ficcarsi in capo** get into one's head.

fico ('fiko) *nm* **1** fig. **2** fig tree.

fidanzarsi (fidan'tsarsi) *vr* get engaged. **fidanzamento** engagement. **fidanzata** *nf* fiancée. **fidanzato** *nm* fiancé.

fidarsi (fi'darsi) *vr* trust.

fiducia (fi'dutʃa) *nf* trust, faith. **voto di fiducia** *nm* vote of confidence.

fiele ('fjele) *nm* **1** bile. **2** bitterness.

fieno ('fjeno) *nm* hay. **fienile** *nm* hay loft.

fiera¹ ('fjera) *nf* fair, exhibition.

fiera² ('fjera) *nf* wild beast.

fiero ('fjero) *adj* **1** fearsome, bold. **2** proud.

fifa ('fifa) *nf inf* fear, funk.

figgere* ('fiddʒere) *vt* fix, attach.

figlia ('fiʎʎa) *nf* daughter. **figliastra** *nf* stepdaughter. **figlio** ('fiʎʎo) *nm* son. **figliastro** *nm* stepson.

figura (fi'gura) *nf* **1** form, shape. **2** figure. **3** appearance. **4** illustration. **fare la figura di** play the part of. **figurare** (figu'rare) *vt* **1** figure. **2** represent, symbolize. *vi* **1** look well. **2** pretend. **figurarsi** *vr* think, imagine. **figurati!** *interj* **1** just imagine! **2** not at all!

fila ('fila) *nf* **1** row, line. **2** queue. **di fila** without interruption. **fare la fila** queue.

filantropo (fi'lantropo) *nm* philanthropist. **filantropico** (filan'trɔpiko) *adj* philanthropic.

filare¹ (fi'lare) *vt* **1** spin. **2** let out (rope). *vi* **1** trickle. **2** run. **3** be off. **filanda** *nf* spinning mill.

filare¹ (fi'lare) *nm* row, line.

filastrocca (filas'trɔkka) *nf* 1 yarn. 2 nonsense rhyme.

filatelia (filate'lia) *nf* philately, stamp-collecting. **filatelista** *nm* philatelist, stamp-collector.

filetto (fi'letto) *nm* fillet.

filiale (fi'ljale) *nf* branch office. *adj* filial.

filigrana (fili'grana) *nf* 1 filigree. 2 watermark.

film (film) *nm invar* film.

filmare (fil'mare) *vt* film.

filo ('filo) *nm* 1 thread. 2 yarn. 3 string. 4 wire. 5 edge. **filo di voce** weak voice. **filo d'erba** blade of grass. **per filo e per segno** minutely.

filobus ('filobus) *nm* trolleybus.

filologo (fi'lɔlogo) *nm* philologist.

filosofia (filozo'fia) *nf* philosophy. **filosofico** (filo'zɔfiko) *adj* philosophical. **filosofo** (fi'lɔzofo) *nm* philosopher.

filtrare (fil'trare) *vt,vi* filter. **filtro** *nm* filter.

filza (filtsa) *nf* series.

finale (fi'nale) *adj* final, last. *nm* finale. *nf* finals. **finalista** *nm* finalist. **finalmente** *adv* finally, at last.

finanza (fi'nantsa) *nf* finance. **finanziare** (finan'tsjare) *vt* finance. **finanziario** *adj* financial. **finanziere** (finan'tsjere) *nm* financier.

finché (fin'ke) *conj* 1 until. 2 as long as.

fine¹ ('fine) *nf* end, conclusion. *nm* 1 purpose, aim. 2 outcome.

fine² ('fine) *adj* 1 fine, thin. 2 delicate, refined.

fine-settimana *nm or f invar* weekend.

finestra (fi'nestra) *nf* window. **finestrino** *nm* window (of train, etc.).

fingere* ('findʒere) *vt* 1 feign, fake, pretend. 2 imagine, suppose.

finire (fi'nire) *vt* finish, complete, end. *vi* end, be over. **andare a finire** end up.

Finlandia (fin'landja) *nf* Finland. **finlandese** *adj* Finnish. *nm* 1 Finn. 2 Finnish (language). **finnico** *adj* Finnish.

fino¹ ('fino) *adj* 1 fine, slender. 2 pure. 3 shrewd.

fino² ('fino) *prep* 1 until, as far as. 2 from.

finocchio (fi'nɔkkjo) *nm* fennel.

finora (fi'nora) *adv* until now.

finsi ('finsi) *v* see **fingere**.

finta ('finta) *nf* pretence. **far finta di** pretend to.

finto ('finto) *v* see **fingere**. *adj* fake, false, artificial. *nm* hypocrite.

finzione (fin'tsjone) *nf* deceit, sham.

fio ('fio) *nm* penalty.

fioccare (fjok'kare) *vi* 1 snow. 2 pour or flock in.

fiocco ('fjɔkko) *nm* 1 bow, knot. 2 flake, tuft.

fioco ('fjɔko) *adj* weak, feeble.

fionda ('fjonda) *nf* catapult.

fiordo ('fjɔrdo) *nm* fiord.

fiore ('fjore) *nm* 1 flower. 2 *pl* game clubs. **fiorario** *nm* florist. **fiorame** *nm* floral pattern. **a fiorami** floral patterned.

fiorire (fjo'rire) *vi* 1 flower. 2 flourish.

Firenze (fi'rentse) *nf* Florence. **fiorentino** *adj,n* Florentine.

firmare (fir'mare) *vt* sign. **firma** *nf* signature.

fisarmonica (fizar'mɔnika) *nf* accordion.

fischiare (fis'kjare) *vi,vt* 1 whistle. 2 hiss, boo. **fischietto** *nm* (child's) whistle. **fischio** *nm* whistle.

fisica ('fizika) nf physics.

fisico ('fiziko) adj physical. nm 1 physique. 2 physicist.

fisiologia (fizjolo'dʒia) nf physiology. **fisiologico** adj physiological.

fisionomia (fizjono'mia) nf countenance, aspect.

fisioterapia (fizjotera'pia) nf physiotherapy. **fisioterapista** nm physiotherapist.

fissare (fis'sare) vt 1 fix, direct. 2 arrange. 3 book. **fisso** adj fixed. **guardare fisso** stare.

fissione (fis'sjone) nf fission.

fittizio (fit'tittsjo) adj 1 fictitious. 2 artificial, false.

fitto[1] ('fitto) adj thick, dense. **a capo fitto** adv headlong.

fitto[2] ('fitto) nm rent.

fiume ('fjume) nm river.

fiutare (fju'tare) vt 1 sniff, smell, scent. 2 detect. **fiuto** nm smell, sense of smell.

flaccido ('flattʃido) adj flabby.

flacone (fla'kone) nm phial.

flagellare (fladʒel'lare) vt lash, whip. **flagello** nm 1 whip. 2 scourge.

flagrante (fla'grante) adj flagrant. **in flagrante** in the act.

flanella (fla'nella) nf flannel.

flauto ('flauto) nm flute. **flautista** nm flautist.

flebile ('flebile) adj weak, plaintive.

flessibile (fles'sibile) adj flexible. **flessibilità** nf flexibility.

flessuoso (flessu'oso) adj pliable.

flipper ('flipper) nm pinball.

flirt (flirt) nm flirtation.

flora ('flɔra) nf flora.

florido ('flɔrido) adj 1 florid. 2 prosperous.

floscio ('floʃʃo) adj 1 limp. 2 languid. **cappello floscio** nm soft hat.

flotta ('flɔtta) nf fleet.

fluido ('fluido) adj,nm fluid.

fluire (flu'ire) vi flow.

fluorescente (fluoreʃ'ʃente) adj fluorescent.

fluoro (flu'ɔro) nm fluoride.

flusso ('flusso) nm 1 flux. 2 discharge.

fluttuare (fluttu'are) vi fluctuate.

fobia (fo'bia) nf phobia.

foca ('fɔka) nf zool seal.

focaccia (fo'kattʃa) nf tart, bun.

foce ('fotʃe) nf 1 outlet. 2 river mouth.

focena (fo'tʃena) nf porpoise.

focolare (foko'lare) nm 1 hearth. 2 fireside.

fodera ('fodera) nf 1 lining. 2 cover. **foderare** (fode'rare) vt 1 line. 2 cover. **fodero** ('fodero) nm sheath.

foga ('foga) nf ardour.

foggia ('fɔddʒa) nf manner, style. **foggiare** vt form, mould.

foglia ('fɔʎʎa) nf leaf. **fogliame** nm foliage.

foglio ('fɔʎʎo) nm 1 sheet of paper, leaf. 2 pamphlet. 3 document. 4 note.

fogna ('foɲɲa) nf 1 drain. 2 sewer.

föhn (fœn) nm invar hair drier.

folata (fo'lata) nf gust.

folclore (fol'klore) nm folklore. **folcloristico** (folklo-'ristiko) adj folk. **canto folcloristico** nm folk song.

folgorare (folgo'rare) vi 1 (of lightning) flash. 2 shine brightly. **folgore** ('folgore) nf flash of lightning.

folla ('folla) nf crowd, throng.

folle ('fɔlle) adj mad, insane. **follia** nf madness.

follicolo (fol'likolo) nm follicle.

folto ('folto) adj thick, dense.

fomentare (fomen'tare) vt 1 foment. 2 incite.

fondamento (fonda'mento) nm
1 pl **fondamenti** m foundation, basis. 2 pl **fon-
damenta** f arch foundation.
fondamentale adj fundamental.

fondare (fon'dare) vt 1 found.
2 base, found. **fondarsi** vr
rely upon.

fondere* ('fondere) vt 1 melt.
2 fuse. **fondersi** vr dissolve.

fonderia (fonde'ria) nf foundry.

fondina (fon'dina) nf holster.

fondo[1] ('fondo) nm 1 bottom,
base. 2 background. 3 estate. 4 pl capital, funds.
5 pl dregs. **a fondo** in
depth. **andare a fondo** sink.
in fondo basically. **in fondo
a** at the bottom of.

fondo[2] ('fondo) adj deep.

fonetica (fo'netika) nf phonetics. **fonetico** (fo'netiko) adj
phonetic.

fonografo (fo'nɔgrafo) nm
gramophone.

fontana (fon'tana) nf fountain.
fontaniere (fonta'njere) nm
plumber.

fonte ('fonte) nf 1 fountain. 2
source. 3 font.

fontina (fon'tina) nf soft
cheese.

foraggiare (forad'dʒare) vt
supply.

forare (fo'rare) vt 1 pierce. 2
perforate. 3 bore. vi have a
puncture.

forbici ('forbitʃi) nf pl scissors.

forca ('forka) nf 1 pitchfork.
2 gallows.

forchetta (for'ketta) nf fork.

forcipe ('fɔrtʃipe) nm forceps.

foresta (fo'resta) nf forest.

forestiere (fores'tjere) adj foreign. nm 1 foreigner. 2
stranger.

forfecchia (for'fekkja) nf
earwig.

forfora ('forfora) nf dandruff.

formaggio (for'maddʒo) nm
cheese.

formale (for'male) adj formal. **formalità** nf formality.

formare (for'mare) vt form,
shape. **formare un numero**
dial a number. **forma** nf 1
form, shape. 2 mould. 3
formality. **formato** nm for-
mat.

formica (for'mika) nf ant.

formicolare (formiko'lare) vi 1
swarm, abound. 2 have pins
and needles. **formicolio** nm
pins and needles.

formidabile (formi'dabile) adj
formidable, tremendous.

formula ('fɔrmula) nf formula.

formulare (formu'lare) vt formulate, express.

fornace (for'natʃe) nf furnace.

fornaio (for'najo) nm baker.

fornire (for'nire) vt provide,
furnish. **fornitore** nm sup-
plier.

forno ('forno) nm 1 oven. 2
furnace. 3 bakery. **fornello** (for'nello) nm 1 ring. 2
bowl (of a pipe). **fornello a
gas** gas cooker.

foro[1] ('foro) nm hole.

foro[2] ('foro) nm forum.

forse ('forse) adv perhaps,
maybe. **essere in forse** be
in doubt.

forsennato (forsen'nato) adj
mad, insane. nm madman.

forte ('forte) adj 1 strong,
powerful. 2 loud. 3 ex-
pert. 4 well-built. nm 1
strong point. 2 fort. adv 1
strongly. 2 loudly.

fortezza (for'tettsa) nf 1 forti-
tude. 2 fortress.

fortificare (fortifi'kare) vt fortify. **fortificazione** nf forti-
fication.

fortuito (for'tuito) adj chance,
accidental.

fortuna (for'tuna) nf 1 fortune,
chance, luck. 2 riches. **per**

fortuna luckily. **atterraggio di fortuna** nm emergency landing. **fortunato** adj lucky.

foruncolo (fo'runkolo) nm boil.

forza ('fɔrtsa) nf 1 strength. 2 power. 3 force. **a forza di** by dint of. interj come on! **forzare** (for'tsare) vt force.

foschia (fos'kia) nf mist, haze.

fosco ('fosko) adj dark, gloomy.

fosfato (fos'fato) nm phosphate.

fosforescente (fosforeʃ'ʃente) adj phosphorescent.

fossa ('fɔssa) nf 1 ditch, trench. 2 pit. 3 grave. **fossetta** nf dimple.

fossile ('fɔssile) nm fossil.

fosso ('fɔsso) nm ditch.

foste ('foste) v see **essere.**

fosti ('fosti) v see **essere.**

foto ('fɔto) nf photo. **fotocopia** (foto'kɔpja) nf photocopy. **fotomodella** (fotomo'della) nf phot model. **fotogenico** (foto'dʒeniko) adj photogenic. **fotografare** (fotogra'fare) vt photograph. **fotografia** nf photograph. **fotografico** (foto'grafiko) adj photographic. **fotografo** (fo'tɔgrafo) nm photographer.

fra (fra) prep 1 between, among. 2 in, within. **fra poco** soon.

frac (frak) nm invar evening dress.

fracassare (frakas'sare) vt smash, break. **fracasso** nm 1 crash, din. 2 commotion. 3 crowd.

fradicio ('fraditʃo) adj 1 soaked, drenched. 2 rotten. **ubriaco fradicio** blind drunk.

fragile ('fradʒile) adj fragile. **fragilità** nf fragility.

fragola ('fragola) nf 1 strawberry. 2 strawberry plant.

fragore (fra'gore) nm crash, roar.

fragrante (fra'grante) adj fragrant. **fragranza** (fra'grantsa) nf fragrance, scent.

fraintendere* (frain'tendere) vi misunderstand.

frammassone (frammas'sone) nm freemason. **frammassoneria** nf freemasonry.

frammento (fram'mento) nm fragment.

frammettere* (fram'mettere) vt insert. **frammettersi** vr interfere.

frana ('frana) nf landslide.

Francia ('frantʃa) nf France. **francese** (fran'tʃeze) adj French. nm 1 Frenchman. 2 French (language).

franchezza (fran'kettsa) nf 1 frankness. 2 boldness.

franco[1] ('franko) adj 1 free. 2 frank, sincere.

franco[2] ('franko) nm franc. **francobollo** (franko'bollo) nm postage stamp.

frangere* ('frandʒere) vt 1 break. 2 crush.

frangia ('frandʒa) nf fringe.

frantumare (frantu'mare) vt smash, shatter. **frantume** nm fragment.

frapporre* (frap'porre) vt insert. **frapporsi** vr intervene.

frase ('fraze) nf 1 phrase. 2 sentence.

frassino ('frassino) nm ash tree.

frastuono (fras'twɔno) nm hubbub, din.

frate ('frate) nm friar, brother.

fratello (fra'tello) nm brother.

fraterno (fra'terno) adj fraternal.

frattaglie (frat'taʎʎe) nf pl giblets.

frattanto (frat'tanto) adv meanwhile.

frattempo (frat'tempo) **nel frattempo** adv in the meantime.

fratturare (frattu'rare) *vt* fracture. **frattura** *nf* fracture.

frazione (frat'tsjone) *nf* fraction.

freccia ('frettʃa) *nf* arrow.

freddo ('freddo) *adj* 1 cold, cool. 2 indifferent. *nm* cold. **freddezza** (fre'dettsa) *nf* 1 coldness, coolness. 2 indifference.

fregare (fre'gare) *vt* 1 rub, polish. 2 *inf* cheat, swindle. **(io) me ne frego** I don't give a damn.

fregio ('fredʒo) *nm* 1 frieze. 2 decoration.

fremere ('fremere) *vi* 1 tremble, shake. 2 rage. **fremito** ('fremito) *nm* 1 roar. 2 tremor.

frenare (fre'nare) *vt* restrain. *vi* brake.

freno ('freno) *nm* 1 horse's bit. 2 brake.

frequentare (frekwen'tare) *vt* 1 frequent. 2 attend. **frequente** *adj* frequent. **frequenza** (fre'kwɛntsa) *nf* frequency.

fresco ('fresko) *adj* 1 fresh. 2 cool. **freschezza** (fres'kettsa) *nf* freshness.

fretta ('fretta) *nf* hurry. **avere fretta** be in a hurry. **in fretta** hurriedly.

friggere* ('friddʒere) *vt,vi* fry.

frigido ('fridʒido) *adj* frigid.

frigo ('frigo) *nm* fridge.

frigorifero (frigo'rifero) *nm* refrigerator.

fringuello (frin'gwɛllo) *nm* chaffinch.

frissi ('frissi) *v* see **friggere**.

frittata (frit'tata) *nf* omelette.

fritto ('fritto) *v* see **friggere**. *adj* fried.

frivolo ('frivolo) *adj* frivolous.

frizione (frit'tsjone) *nf* friction.

frizzare (frid'dzare) *vi* 1 sting. 2 fizz, sparkle. **frizzante** *adj* sparkling.

frodare (fro'dare) *vt* defraud, cheat. **frode** ('frɔde) *nf* fraud.

fronda ('fronda) *nf* branch.

fronte ('fronte) *nf* 1 forehead. 2 front. **di fronte a** opposite.

fronteggiare (fronted'dʒare) *vt* confront.

frontiera (fron'tjɛra) *nf* border, frontier.

frottola ('frɔttola) *nf* 1 fib. 2 *pl* nonsense.

frugale (fru'gale) *adj* meagre, frugal.

frugare (fru'gare) *vt* search. *vi* rummage.

frullare (frul'lare) *vi* spin. *vt* whip, beat. **frullatore** *nm* whisk. **frullino** *nm* eggwhisk.

frumento (fru'mento) *nm* wheat.

frusciare (fruʃ'ʃare) *vi* rustle. **fruscio** *nm* rustle.

frustare (frus'tare) *vt* whip. **frusta** *nf* whip.

frustrazione (frustra'tsjone) *nf* frustration.

frutto ('frutto) *nm, pl* **frutti** 1 fruit (on the tree). 2 gain, reward. **frutta** *nf* fruit (on the table). **frutteto** *nm* orchard. **frutti di mare** *nm pl* seafood. **fruttivendolo** (frutti'vendolo) *nm* fruiterer.

fu (fu) *v* see **essere**. *adj* deceased, late.

fucilare (futʃi'lare) *vt* shoot. **fucile** *nm* rifle.

fucina (fu'tʃina) *nf* forge.

fucsia ('fuksja) *nf* fuchsia.

fuga ('fuga) *nf* 1 flight, escape. 2 leak. **fugace** *adj* fleeting.

fuggire (fud'dʒire) *vi* flee, run away. *vt* avoid. **fuggiasco** *nm* fugitive.

fui ('fui) *v* see **essere**.

fuliggine (fu'liddʒine) *nf* soot.

fulminare (fulmi'nare) *vt* 1 strike down. 2 electrocute. *vi* flash (lightning), lighten. **fulmine** ('fulmine) *nm* flash of lightning, thunderbolt.

fumare (fu'mare) *vt,vi* smoke. **fumaiolo** (fuma'jɔlo) *nm* 1 chimneypot. 2 funnel.

fumatore *nm* smoker. **fumetto** *nm* strip cartoon. **fumo** *nm* 1 smoke. 2 vapour.

fummo ('fummo) *v see* **essere**.

funambolo (fu'nambolo) *nm* tightrope walker.

fune ('fune) *nf* rope. **funicolare** *nf* funicular railway. **funivia** *nf* cable car.

funebre ('funebre) *adj* funereal, gloomy. **pompe funebri** *nf pl* funeral service.

funerale (fune'rale) *nm* funeral. **funereo** (fu'nɛreo) *adj* funereal, gloomy.

funesto (fu'nesto) *adj* grievous, distressing.

fungo ('fungo) *nm* 1 fungus. 2 mushroom.

funzionare (funtsjo'nare) *vi* work, function. **funzione** *nf* function.

funzionario (funtsjo'narjo) *nm* civil servant.

fuoco ('fwɔko) *nm* 1 fire. 2 focus. **dare fuoco a** set fire to. **fuoco d'artificio** firework.

fuorché (fwor'ke) *conj,prep* except.

fuori ('fwɔri) *prep* beyond, out of. *adv* away, outside, out. **fuoribordo** *nm* outboard motor (boat). **fuorilegge** *nm* outlaw. **fuoruscito** *nm* exile.

furbo ('furbo) *adj* shrewd, cunning. **furberia** *nf* cunning.

furetto (fu'retto) *nm* ferret.

furfante (fur'fante) *nm* rogue, rascal.

furgone (fur'gone) *nm* van.

furia ('furja) *nf* anger, fury. **a furia di** by dint of.

furibondo (furi'bondo) *adj* furious, livid.

furioso (fu'rjoso) *adj* furious, angry.

furono (fu'rono) *v see* **essere**.

furore (fu'rore) *nm* 1 fury, vehemence. 2 craze.

furtivo (fur'tivo) *adj* furtive.

furto ('furto) *nm* theft.

fuscello (fuʃ'ʃello) *nm* twig.

fusi ('fuzi) *v see* **fondere**.

fusibile (fu'zibile) *nm* fuse.

fusione (fu'zjone) *nf* fusion.

fuso[1] ('fuzo) *v see* **fondere**.

fuso[2] ('fuzo) *nm* 1 *pl* **fusi** *m* spindle. 2 *pl* **fusa** *f*. **fare le fusa** purr.

fusoliera (fuzo'ljɛra) *nf* fuselage.

fustagno (fus'taɲɲo) *nm* corduroy.

fusto ('fusto) *nm* 1 stem, stalk. 2 trunk (of tree or body). 3 cask, container.

futile ('futile) *adj* vain, futile. **futilità** *nf* futility.

futuro (fu'turo) *adj,nm* future.

G

gabbare (gab'bare) *vt* 1 trick, swindle. 2 mock.

gabbia ('gabbja) *nf* cage.

gabbiano (gab'bjano) *nm* seagull.

gabella (ga'bɛlla) *nf* tax, duty.

gabinetto (gabi'netto) *nm* 1 study, consulting room. 2 lavatory. 3 *pol* cabinet.

gaffe (gaf) *nf* blunder.

gagliardo (gaʎ'ʎardo) *adj* robust, vigorous.

gaio ('gajo) *adj* 1 gay, merry. 2 bright. **gaiezza** (ga'jettsa) *nf* gaiety.

gala ('gala) *nf* gala.

galantuomo (galan'twɔmo) *nm* gentleman.

galassia (ga'lassja) *nf* galaxy.

galea (ga'lea) *nf* galley.

galeone (gale'one) *nm* galleon.

galera (ga'lera) *nf* 1 *naut* galley. 2 prison.

galla ('galla) *nf bot* gall. **a galla** afloat. **stare a galla** float.

galleggiare (galled'dʒare) *vi* float.

galleria (galle'ria) *nf* **1** gallery. **2** tunnel.

Galles ('galles) *nm* Wales. **gallese** (gal'lese) *adj* Welsh. *nm* **1** Welshman. **2** Welsh (language).

gallo ('gallo) *nm* cock. **gallina** *nf* hen.

gallone[1] (gal'lone) *nm* **1** braid. **2** *mil* stripe.

gallone[2] (gal'lone) *nm* gallon.

galoppare (galop'pare) *vi* gallop. **galoppo** (ga'lɔppo) *nm* gallop.

galoscia (ga'lɔʃʃa) *nf* galosh, wellington.

galvanizzare (galvanid'dzare) *vt* galvanize.

gamba ('gamba) *nf* leg. **darsela a gambe** take to one's heels. **persona in gamba** *nf* competent person.

gambero ('gambero) *nm* crayfish. **gambero di mare** lobster. **gamberetto** *nm* shrimp.

gambo ('gambo) *nm* stalk, stem.

gamma ('gamma) *nf* range, gamut.

ganascia (ga'naʃʃa) *nf* jaw.

gancio ('gantʃo) *nm* hook.

ganghero ('gangero) *nm* hinge. **andare fuori dai gangheri** lose one's self-control.

gara ('gara) *nf* competition, race, match.

garage (ga'raʒ) *nm* garage.

garanzia (garan'tsia) *nf* guarantee. **garantire** *vt* guarantee.

garbare (gar'bare) *vi* please. **garbato** *adj* polite. **garbo** *nm* **1** taste, style. **2** courtesy.

garbuglio (garbuʎʎo) *nm* muddle.

gareggiare (gared'dʒare) *vi* compete. **gareggiatore** *nm* competitor.

gargarismo (garga'rizmo) *nm* gargle. **gargarizzare** (gargarid'dzare) *vt* gargle.

garitta (ga'ritta) *nf* sentry-box.

garofano (ga'rɔfano) *nm* carnation. **chiodo di garofano** *nm* clove.

garrire (gar'rire) *vi* **1** twitter, chirp. **2** (of a flag, etc.) flutter.

garrulo ('garrulo) *adj* talkative.

garza ('gardza) *nf* gauze.

garzone (gar'dzone) *nm* errand boy, helper.

gas (gas) *nm invar* gas.

gasolina (gazo'lina) *nf* gasoline.

gasolio (ga'zɔljo) *nm* diesel fuel.

gassosa (gas'sosa) *nf* fizzy drink.

gastrico ('gastriko) *adj* gastric.

gastronomia (gastrono'mia) *nf* gastronomy.

gatto ('gatto) *nm* cat. **gattino** *nm* kitten. **gattoni** *adv* **1** on all fours. **2** stealthily. **gattopardo** *nm* leopard, tiger-cat.

gavitello (gavi'tello) *nm* buoy.

gazza ('gaddza) *nf* magpie.

gazzella (gad'dzella) *nf* gazelle.

gazzetta (gad'dzetta) *nf* gazette.

gelare (dʒe'lare) *vi,vt* freeze. **gelateria** *nf* ice-cream shop. **gelatina** *nf* jelly. **gelato** *nm* ice-cream. **gelo** ('dʒɛlo) *nm* frost. **gelone** *nm* chilblain.

gelido ('dʒɛlido) *adj* icy, cold.

gelosia[1] (dʒelo'sia) *nf* jealousy, envy.

gelosia[2] (dʒelo'sia) *nf* shutter. **geloso** (dʒe'loso) *adj* jealous, envious.

gelsomino (dʒelso'mino) *nm* jasmine.

gemello (dʒe'mello) *adj* twin. *nm* **1** twin. **2** *pl* cuff links. **3** *pl cap* Gemini.

gemere ('dʒemere) *vi* moan, groan. **gemito** ('dʒemito) *nm* groan, moan.

gemma ('dʒemma) *nf* **1** gem, precious stone. **2** bud.

gene ('dʒene) *nm* gene.

genealogia (dʒenealo'dʒia) *nf* genealogy. **genealogico** (dʒenea'lɔdʒiko) *adj* genealogical. **albero genealogico** *nm* family tree.

generale (dʒene'rale) *adj* general, common. *nm* general. **star sulle generali** speak in general terms.

generalizzare (dʒeneralid'dzare) *vt* spread. *vi* generalize.

generare (dʒene'rare) *vt* produce, generate. **generatore** *nm* generator. **generazione** *nf* generation.

genere ('dʒenere) *nm* **1** type, sort, kind. **2** genre. **3** product. **4** gender. **genere umano** human race. **in genere** generally.

generico (dʒe'neriko) *adj* generic.

genero ('dʒenero) *nm* son-in-law.

generoso (dʒene'roso) *adj* generous. **generosità** *nf* generosity.

genetica (dʒe'netika) *nf* genetics. **genetico** (dʒe'netiko) *adj* genetic.

gengiva (dʒen'dʒiva) *nf anat* gum.

genio ('dʒenjo) *nm* **1** genius. **2** talent. **andare a genio** suit. **geniale** *adj* **1** clever. **2** pleasing.

genitali (dʒeni'tali) *nm pl* genitals.

genitore (dʒeni'tore) *nm* parent.

gennaio (dʒen'najo) *nm* January.

Genova ('dʒenova) *nf* Genoa.

gente ('dʒente) *nf* people.

gentile (dʒen'tile) *adj* kind, courteous. **Gentile signore** Dear sir. **gentilezza** (dʒenti'lettsa) *nf* **1** kindness. **2** favour. **gentiluomo** (dʒenti'lwɔmo) *nm* gentleman.

genuino (dʒenu'ino) *adj* genuine.

genziana (dʒen'tsjana) *nf* gentian.

geografia (dʒeogra'fia) *nf* geography. **geografico** *adj* geographic. **geografo** (dʒe'ɔgrafo) *nm* geographer.

geologia (dʒeolo'dʒia) *nf* geology. **geologico** *adj* geological. **geologo** (dʒe'ɔlogo) *nm* geologist.

geometra (dʒe'ɔmetra) *nm* surveyor.

geometria (dʒeome'tria) *nf* geometry. **geometrico** (dʒeo'metriko) *adj* geometric.

geranio (dʒe'ranjo) *nm* geranium.

gerarchia (dʒerar'kia) *nf* hierarchy.

gerente (dʒe'rente) *nm* director, manager. **gerenza** (dʒe'rentsa) *nf* management.

gergo ('dʒergo) *nm* slang, jargon.

geriatria (dʒerja'tria) *nf* geriatrics.

Germania (dʒer'manja) *nf* Germany.

germe ('dʒerme) *nm* seed.

germogliare (dʒermoʎ'ʎare) *vi* sprout, bud. **germoglio** *nm* shoot, bud.

gesso ('dʒesso) *nm* chalk.

gesticolare (dʒestiko'lare) *vi* gesticulate.

gestire (dʒes'tire) *vt* run, manage. **gestione** *nf* administration.

gesto ('dʒesto) *nm* gesture.

Gesù (dʒe'zu) *nm* Jesus.

gesuita (dʒezu'ita) *nm* Jesuit.

gettare (dʒet'tare) *vt* throw, hurl.

getto ('dʒetto) *nm* **1** jet. **2**

shoot. **di getto** at a stroke. **primo getto** draft.

gettone (dʒet'tone) *nm* token, counter.

ghermire (ger'mire) *vt* clutch, seize.

ghetto ('getto) *nm* ghetto.

ghiacciaia (gjat'tʃaja) *nf* icebox. **ghiacciaio** *nm* glacier.

ghiacciare (gjat'tʃare) *vt, vi* freeze.

ghiaccio ('gjattʃo) *nm* ice. **ghiacciolo** (gjat'tʃɔlo) *nm* 1 icicle. 2 ice lolly.

ghiaia ('gjaja) *nf* gravel.

ghianda ('gjanda) *nf* acorn.

ghigliottina (giʎʎot'tina) *nf* guillotine.

ghignare (giɲ'ɲare) *vi* grimace, sneer. **ghigno** *nm* sneer.

ghiotto ('gjotto) *adj* greedy. **ghiottone** *nm* glutton.

ghiribizzo (giri'biddzo) *nm* whim.

ghirlanda (gir'landa) *nf* garland, wreath.

ghiro ('giro) *nm* dormouse.

già (dʒa) *adv* 1 once, formerly. 2 already. 3 yes, indeed.

giacca ('dʒakka) *nf* jacket.

giacché (dʒak'ke) *conj* since.

giacchetta (dʒak'ketta) *nf* jacket.

giaccio ('dʒattʃo) *v* see **giacere.**

giacere* (dʒa'tʃere) *vi* lie.

giacinto (dʒa'tʃinto) *nm* hyacinth.

giacqui ('dʒakkwi) *v* see **giacere.**

giada ('dʒada) *nf* jade.

giaggiolo (dʒad'dʒɔlo) *nm bot* iris.

giaguaro (dʒa'gwaro) *nm* jaguar.

giallo ('dʒallo) *adj* 1 yellow. 2 detective. **romanzo giallo** *nm* thriller. ~ *nm* 1 yellow. 2 yolk (of an egg).

giammai (dʒam'mai) *adv* never.

Giappone (dʒap'pone) *nm* Japan. **giapponese** (dʒappo'nese) *adj, n* Japanese. *nm* Japanese (language).

giardino (dʒar'dino) *nm* garden. **giardino d'infanzia** kindergarten. **giardino pubblico** park. **giardino zoologico** zoo. **giardinaggio** (dʒardi'naddʒo) *nm* gardening. **giardinetta** *nf* estate car. **giardiniere** (dʒardi'njere) *nm* gardener.

giarrettiera (dʒarret'tjera) *nf* 1 garter. 2 suspender.

giavellotto (dʒavel'lɔtto) *nm* javelin.

gibboso (dʒib'boso) *adj* humped.

gigante (dʒi'gante) *nm* giant. *adj* huge. **gigantesco** *adj* gigantic.

giglio ('dʒiʎʎo) *nm* lily.

gilè (dʒi'le) *nm* waistcoat.

gin (dʒin) *nm* gin.

ginecologo (dʒine'kɔlogo) *nm* gynaecologist. **ginecologia** *nf* gynaecology.

ginepro (dʒi'nepro) *nm* juniper.

ginestra (dʒi'nestra) *nf bot* broom.

Ginevra (dʒi'nevra) *nf* Geneva.

gingillarsi (dʒindʒil'larsi) *vr* loiter, dawdle. **gingillo** *nm* plaything.

ginnasio (dʒin'nazjo) *nm* 1 secondary school. 2 gymnasium. **ginnasta** *nm* gymnast. **ginnastica** (dʒin'nastika) *nf* gymnastics. **ginnastico** *adj* gymnastic.

ginocchio (dʒi'nɔkkjo) *nm* knee.

giocare (dʒo'kare) *vi, vt* play. *vi* gamble. **giocatore** *nm* player. **giocattolo** (dʒo'kattolo) *nm* toy. **gioco** ('dʒɔko) *nm* game. **giocoso** *adj* playful.

giogo ('dʒogo) *nm* yoke.

gioia[1] ('dʒɔja) *nf* joy. **gioioso** (dʒo'joso) *adj* joyful.

gioia[2] ('dʒɔja) *nf* precious stone. **gioielliere** (dʒojel'ljɛre) *nm* jeweller. **gioiello** (dʒo'jɛllo) *nm* jewel.

gioire (dʒo'ire) *vi* rejoice.

giornalaio (dʒorna'lajo) *nm* newsagent.

giornale (dʒor'nale) *nm* 1 newspaper. 2 journal. **giornalismo** *nm* journalism. **giornalista** *nm* journalist, reporter.

giorno ('dʒorno) *nm* day, daytime. **a giorni** sometimes. **al giorno d'oggi** nowadays. **di giorno** by day. **due volte al giorno** twice daily. **giornata** *nf* 1 day. 2 day's pay.

giostra ('dʒɔstra) *nf* merry-go-round.

giovane ('dʒovane) *adj* 1 young. 2 new. *nm* young man, youth. *nf* young girl. **giovanile** *adj* youthful. **giovanotto** (dʒova'nɔtto) *nm* youth.

giovare* (dʒo'vare) *vi* be of use. *vt* aid. **giovarsi di** *vr* make use of.

Giove ('dʒove) *nm* Jupiter (planet).

giovedì (dʒove'di) *nm* Thursday.

gioventù (dʒoven'tu) *nf* youth.

gioviale (dʒo'vjale) *adj* jovial.

giraffa (dʒi'raffa) *nf* giraffe.

girandolare (dʒirando'lare) *vi* wander.

girare (dʒi'rare) *vt* 1 turn, spin. 2 go round. 3 travel round. 4 shoot (film). *vi* 1 spin, revolve. 2 wander. 3 turn, veer. **mi gira la testa** my head is spinning. **giradischi** *nm invar* record-player.

giramondo *nm* globetrotter.

girarrosto (dʒirar'rosto) *nm cul* spit. **girasole** *nm* sunflower. **girata** *nf* 1 turn, twist. 2 stroll. **giro** *nm* 1 turn. 2 stroll. 3 circle, ring.

4 circulation. 5 circuit. **in giro** around. **prendere in giro** make fun of.

girino (dʒi'rino) *nm* tadpole.

gironzolare (dʒirondzo'lare) *vi* roam.

girovagare (dʒirova'gare) *vi* wander.

gita ('dʒita) *nf* excursion.

giù (dʒu) *adv* down. **in giù** downwards. **su per giù** thereabouts.

giubba ('dʒubba) *nf* jacket. **giubbotto** (dʒub'botto) *nm* jerkin.

giubilare (dʒubi'lare) *vi* rejoice. *vt* pension off.

giudicare (dʒudi'kare) *vt* judge.

giudice ('dʒuditʃe) *nm* judge. **giudice popolare** juror.

giudizio (dʒu'dittsjo) *nm* 1 judgment. 2 opinion. 3 common sense.

giugno ('dʒuɲɲo) *nm* June.

giulivo (dʒu'livo) *adj* joyful.

giullare (dʒul'lare) *nm* jester.

giunco ('dʒunko) *nm* rush, reed.

giungere* (dʒundʒere) *vi* arrive. *vt* join. **giungere a** reach.

giungla ('dʒungla) *nf* jungle.

giunsi ('dʒunsi) *v* see **giungere**.

giunta ('dʒunta) *nf* 1 addition. 2 town council. 3 junta.

giunto ('dʒunto) *v* see **giungere**.

giurare (dʒu'rare) *vi,vt* swear. **giuramento** *nm* oath.

giuria (dʒu'ria) *nf* jury. **giurato** *nm* juror.

giurisdizione (dʒurizdit'tsjone) *nf* jurisdiction.

giustificare (dʒustifi'kare) *vt* justify. **giustificazione** *nf* justification.

giustizia (dʒus'tittsja) *nf* justice.

giusto ('dʒusto) *adj* 1 just, right, fair. 2 correct, right. *adv* exactly.

glaciale (gla'tʃale) *adj* glacial, icy.

glandola ('glandola) *nf* gland.

gli[1] (ʎi) *def art, m pl* the.

gli[2] (ʎi) *pron* **1** *3rd pers ms* to him or it. **2** *3rd pers m,f pl* them.

glicerina (glitʃe'rina) *nf* glycerine.

glicine ('glitʃine) *nm* wisteria.

globo ('globo) *nm* globe, sphere. **globale** *adj* global.

gloria ('glɔrja) *nf* glory. **glorioso** (glo'rjoso) *adj* glorious.

glorificare (glorifi'kare) *vt* glorify.

glucosio (glu'kɔzjo) *nm* glucose.

gnocco ('ɲɔkko) *nm* **1** small ball of pasta or flour. **2** lump.

gnomo ('ɲɔmo) *nm* gnome.

gobba ('gɔbba) *nf* hump. **gobbo** ('gɔbbo) *nm* hunchback. *adj* humped.

gocciolare (gottʃo'lare) *vt,vi* drip. **goccia** *nf* drop, drip. **gocciola** ('gottʃola) *nf* drop.

godere (go'dere) *vt* enjoy. *vi* **1** rejoice. **2** benefit. **godimento** *nm* enjoyment.

goffo ('gɔffo) *adj* clumsy, awkward.

gol (gɔl) *nm invar* goal.

gola ('gola) *nf* throat.

golf (gɔlf) *nm invar* **1** golf. **2** sweater.

golfo ('gɔlfo) *nm* gulf.

goloso (go'loso) *adj* greedy, avaricious. **golosità** *nf* greed.

golpe ('golpe) *nf* right-wing coup.

gomito ('gomito) *nm* elbow. **gomitata** *nf* nudge.

gomitolo (go'mitolo) *nm* ball of thread.

gomma ('gomma) *nf* **1** gum. **2** rubber. **3** tyre.

gondola ('gondola) *nf* gondola. **gondoliere** (gondo'ljere) *nm* gondolier.

gonfalone (gonfa'lone) *nm* banner.

gonfiare (gon'fjare) *vt* blow up, inflate. *vi* swell. **gonfiarsi** *vr* swell. **gonfio** ('gonfjo) *adj* swollen. **gonfiore** *nm* swelling.

gong (gɔng) *nm invar* gong.

gonna ('gonna) *nf* skirt.

gonzo ('gondzo) *nm* simpleton.

gorgheggiare (gorged'dʒare) *vi,vt* warble, trill. **gorgheggio** *nm* trill.

gorgo ('gorgo) *nm* whirlpool.

gorgogliare (gorgoʎ'ʎare) *vi* gurgle.

gorilla (go'rilla) *nm invar* gorilla.

gotta ('gɔtta) *nf* gout.

governante (gover'nante) *nf* governess.

governare (gover'nare) *vt* govern. **governatore** *nm* governor. **governo** (go'verno) *nm* government.

gracchiare (grak'kjare) *vi* croak.

gracidare (gratʃi'dare) *vi* croak, cackle.

gracile ('gratʃile) *adj* frail, delicate.

gradasso (gra'dasso) *nm* boaster.

gradino (gra'dino) *nm* step, stair.

gradire (gra'dire) *vt* **1** accept. **2** wish, like. *v imp* please. **gradevole** (gra'devole) *adj* pleasing.

grado ('grado) *nm* **1** degree. **2** grade, rank, position. **essere in grado di** be in a position to. **graduale** *adj* gradual.

graffiare (graf'fjare) *vt* scratch. **graffiatura** *nf* scratch. **graffio** ('graffjo) *nm* scratch.

grafico ('grafiko) *adj* graphic. *nm* graph.

grammatica (gram'matika) *nf* grammar.

grammo ('grammo) *nm* gramme.

grammofono (gram'mɔfono) *nm* gramophone.

grosso

granaglie (gra'naʎʎe) *nf pl* grain.

granaio (gra'najo) *nm* granary.

granata (gra'nata) *nf* **1** brush, broom. **2** *mil* shell.

Gran Bretagna *nf* Great Britain.

granchio ('grankjo) *nm* **1** crab. **2** mistake.

grande ('grande) *adj* **1** big, tall. **2** great. *nm,f* adult. **grandezza** (gran'dettsa) *nf* **1** size. **2** greatness.

grandeggiare (granded'dʒare) *vi* stand out.

grandinare (grandi'nare) *vi* hail. **grandine** ('grandine) *nf* hail. **chicco di grandine** *nm* hailstone.

grandioso (gran'djoso) *adj* grandiose.

granduca (gran'duka) *nm* grand duke.

granito (gra'nito) *nm* granite.

grano ('grano) *nm* **1** wheat. **2** grain. **granello** (gra'nello) *nm* grain, seed.

granturco (gran'turko) *nm* maize.

granulo (granulo) *nm* granule.

grappolo ('grappolo) *nm* bunch.

grasso ('grasso) *adj* **1** fat. **2** greasy. **grassezza** (gras'settsa) *nf* fatness.

grata ('grata) *nf* grating. **gratella** (gra'tella) *nf* grill.

graticola (gra'tikola) *nf* grill.

gratis ('gratis) *adv* free of charge, free.

gratitudine (grati'tudine) *nf* gratitude.

grato ('grato) *adj* **1** grateful. **2** pleasing.

grattare (grat'tare) *vt* **1** scratch. **2** grate. **grattacielo** (gratta'tʃɛlo) *nm* skyscraper.

grattugiare (grattu'dʒare) *vt* grate. **grattugia** *nf* grater.

gratuito (gra'tuito) *adj* free.

gravare (gra'vare) *vt* oppress, burden.

grave ('grave) *adj* **1** heavy. **2** serious, grave, solemn. **gravità** *nf* gravity.

gravido ('gravido) *adj* **1** pregnant. **2** laden. **gravidanza** (gravi'dantsa) *nf* pregnancy.

grazia ('grattsja) *nf* **1** grace, charm. **2** favour, goodwill. **3** mercy, pardon. **4** *pl* thanks. **grazioso** (grat'tsjoso) *adj* gracious, charming.

Grecia ('gretʃa) *nf* Greece. **greco** ('grɛko) *pl* **greci** *adj,n* Greek. *nm* Greek (language).

gregge ('greddʒe) *nm,pl* **greggi** *f* flock.

greggio ('greddʒo) *adj* raw, coarse.

grembiule (grem'bjule) *nm* apron.

grembo ('grembo) *nm* lap.

gremire (gre'mire) *vt* cram. **gremirsi** *vr* fill up. **gremito** *adj* crammed.

gretto ('gretto) *adj* **1** mean, stingy. **2** petty.

gridare (gri'dare) *vt,vi* shout, cry. **grida** *nf* proclamation. **grido** *nm* **1** *pl* **grida** *f* shout, cry. **2** *pl* **gridi** *m* cry (of an animal). **di grido** famous.

grigio ('gridʒo) *adj,nm* grey.

griglia ('griʎʎa) *nf* grill.

grilletto (gril'letto) *nm* trigger.

grillo ('grillo) *nm* **1** *zool* cricket. **2** whim.

grinza ('grintsa) *nf* **1** crease. **2** wrinkle.

grippe ('grippe) *nm* influenza.

grissino (gris'sino) *nm* breadstick.

grondare (gron'dare) *vi* **1** drip. **2** pour. **gronda** *nf* eaves. **grondaia** *nf* gutter.

groppa ('groppa) *nf* **1** back. **2** rump.

grossa ('grɔssa) *nf* gross.

grosso ('grɔsso) *adj* **1** big. **2** coarse, rough. **pezzo grosso** *nm* important person. **grossezza** (gros'settsa) *nf* **1**

size. **2** thickness. **grosso-lano** *adj* rough, coarse.

grotta ('grɔtta) *nf* cave.

grottesco (grot'tesko) *adj* grotesque.

groviglio (go'viʎʎo) *nm* tangle.

gru (gru) *nf invar* **1** *zool* crane. **2** mechanical crane.

gruccia ('gruttʃa) *nf* **1** crutch. **2** coathanger.

grugnire (gruɲ'ɲire) *vi* grunt. **grugnito** *nm* grunt.

grugno ('gruɲɲo) *nm* snout.

grullo ('grullo) *adj* silly.

grumo ('grumo) *nm* clot (of blood, etc.).

gruppo ('gruppo) *nm* group.

gruviera (gru'vjɛra) *nm* Gruyère.

guadagnare (gwadaɲ'ɲare) *vt* **1** earn. **2** gain. **3** reach. **4** win. **guadagno** *nm* **1** gain. **2** earnings.

guado ('gwado) *nm* ford.

guaina (gwa'ina) *nf* sheath.

guaio ('gwajo) *nm* mishap, trouble.

guaire (gwa'ire) *vi* howl, whine. **guaito** *nm* whine.

guancia ('gwantʃa) *nf anat* cheek. **guanciale** *nm* pillow.

guanto ('gwanto) *nm* glove.

guardare (gwar'dare) *vt* **1** look at. **2** look after, watch, protect. **3** examine. *vi* **1** look. **2** take care, pay attention. **guardarsi** *vr* **1** look at oneself. **2** look at one another. **3** beware. **guardacaccia** *nm* gamekeeper. **guardacoste** (gwarda'kɔste) *nm* coastguard. **guardaroba** (gwarda'rɔba) *nm invar* **1** wardrobe. **2** cloakroom. **guardata** *nf* glance.

guardia ('gwardja) *nf* guard. **guardia del corpo** bodyguard. **guardiano** *nm* guardian, keeper.

guardingo (gwar'dingo) *adj* cautious.

guarire (gwa'rire) *vi* recover, get well. *vt* cure, heal.

guarnigione (gwarni'dʒone) *nf* garrison.

guarnire (gwar'nire) *vt* **1** equip, furnish. **2** trim, decorate. **guarnizione** *nf* **1** decoration. **2** *cul* garnish.

guastare (gwas'tare) *vt* spoil, destroy, ruin. **guastarsi** *vr* go bad. **guastafeste** (gwasta'feste) *nm* spoilsport. **guasto** *adj* spoilt, damaged. *nm* **1** damage. **2** fault.

guazza ('gwattsa) *nf* dew.

guazzabuglio (gwattsa'buʎʎo) *nm* hotchpotch.

guazzare (gwat'tsare) *vi* splash. **guazzo** *nm* **1** puddle. **2** pool. **3** gouache.

guercio ('gwertʃo) *adj* cross-eyed.

guerra ('gwerra) *nf* war. **guerriero** (gwer'rjero) *nm* warrior.

guerreggiare (gwerred'dʒare) *vi* wage war.

guerresco (gwer'resko) *adj* warlike.

guerriglia (gwer'riʎʎa) *nf* guerrilla warfare. **guerrigliere** (gwerriʎ'ʎere) *nm* guerrilla.

gufo ('gufo) *nm* owl.

guglia ('guʎʎa) *nf* spire.

guidare (gwi'dare) *vt* **1** guide. **2** drive, pilot. **guida** *nf* **1** guidance. **2** guide. **3** guidebook, guide. **lezione di guida** *nf* driving lesson. **scuola guida** *nf* school of motoring.

guinzaglio (gwin'tsaʎʎo) *nm* leash.

guisa ('gwiza) *nf* manner, way. **a guisa di** like.

guizzare (gwit'tsare) *vi* **1** flash. **2** dart. **3** wriggle. **4** flicker.

guscio ('guʃʃo) *nm* shell.

gustare (gus'tare) *vt* **1** taste. **2** enjoy. **3** try, sample. **gusto** *nm* **1** taste. **2** pleasure. **3** good taste. **gustoso** (gus'toso) *adj* agreeable.

gutturale (guttu'rale) *adj* guttural.

H

ha (a) *v* see **avere**.
hai ('ai) *v* see **avere**.
hamburger (am'burger) *nm* beefburger.
hanno ('anno) *v* see **avere**.
hascisc (aʃ'ʃiʃ) *nm invar* hashish.
ho (ɔ) *v* see **avere**.
hockey ('hɔki) *nm* hockey.

I

i (i) *def art, m pl* the.
iarda ('jarda) *nf* yard (measurement).
iattanza (jat'tantsa) *nf* arrogance.
ibernazione (ibernat'tsjone) *nf* hibernation.
ibrido ('ibrido) *adj,nm* hybrid.
icona (i'kɔna) *nf* icon.
Iddio (id'dio) *nm* God.
idea (i'dɛa) *nf* **1** idea. **2** opinion. **cambiare idea** change one's mind. **ideale** *adj,nm* ideal. **idealista** *nm* idealist. **idealizzare** (idealid'dzare) *vt* idealize.
idem ('idem) *adv* the same.
identico (i'dɛntiko) *adj* identical.
identificare (identifi'kare) *vt* identify. **identificazione** *nf* identification.
identità (identi'ta) *nf* identity.
ideologia (ideolo'dʒia) *nf* ideology.
idillio (i'dilljo) *nm* idyll. **idillico** (i'dilliko) *adj also* **idilliaco** (idil'liako) idyllic.
idioma (i'djoma) *nm* **1** language. **2** dialect. **idiomatico** (idjo'matiko) *adj* idiomatic.
idiota (i'djɔta) *nm* idiot. *adj* idiotic.
idiotismo (idjo'tizmo) *nm* idiom.

idolo ('idolo) *nm* idol.
idoneo (i'dɔneo) *adj* suitable, fit.
idraulico (i'drauliko) *adj* hydraulic. *nm* plumber.
idroelettrico (idroe'lettriko) *adj* hydro-electric.
idrogeno (i'drɔdʒeno) *nm* hydrogen.
idroplano (idro'plano) *nm* hydroplane.
idrosci (idroʃ'ʃi) *nm* waterskiing.
idrovolante (idrovo'lante) *nm* seaplane.
iena ('jena) *nf* hyena.
ieri ('jeri) *adv* yesterday. **ieri l'altro** the day before yesterday.
igiene (i'dʒene) *nf* hygiene. **igienico** (i'dʒeniko) *adj* hygienic. **carta igienica** *nf* toilet-paper.
iglù (i'glu) *nm* igloo.
ignaro (iɲ'ɲaro) *adj* ignorant, unaware.
ignominia (iɲɲo'minja) *nf* **1** ignominy. **2** shameful deed.
ignorare (iɲɲo'rare) *vt* **1** not to know, be unaware of. **2** ignore. **ignorante** *adj* ignorant. *nm* ignoramus. **ignoranza** (iɲɲo'rantsa) *nf* ignorance.
ignoto (iɲ'ɲɔto) *adj* unknown.
ignudo (iɲ'ɲudo) *adj* naked.
il (il) *def art, ms* the.
ilare ('ilare) *adj* cheerful. **ilarità** *nf* hilarity.
illecito (il'letʃito) *adj* illicit.
illegale (ille'gale) *adj* illegal.
illeggibile (illed'dʒibile) *adj* illegible.
illegittimo (ille'dʒittimo) *adj* illegitimate.
illeso (il'lezo) *adj* unhurt.
illimitato (illimi'tato) *adj* unlimited.
illogico (il'lɔdʒiko) *adj* illogical.
illudere* (il'ludere) *vt* deceive, delude.

illuminare (illumi'nare) *vt* 1 illuminate, light up. 2 enlighten. **illuminare a giorno** floodlight. **illuminazione** *nf* lighting.

illusione (illu'zjone) *nf* illusion.

illusorio (illu'zɔrjo) *adj* deceptive.

illustrare (illus'trare) *vt* illustrate. **illustrazione** *nf* illustration.

illustre (il'lustre) *adj* famous, renowned.

imbacuccare (imbakuk'kare) *vt* muffle up. **imbacuccarsi** *vr* wrap oneself up.

imballaggio (imbal'laddʒo) *nm* packing. **carta d'imballaggio** *nf* brown paper, wrapping paper.

imballare (imbal'lare) *vt* pack.

imbalsamare (imbalsa'mare) *vt* embalm.

imbarazzare (imbarat'tsare) *vt* 1 impede. 2 embarrass. **imbarazzante** *adj* embarrassing. **imbarazzato** *adj* 1 embarrassed. 2 perplexed. **imbarazzo** *nm* 1 obstacle. 2 embarrassment.

imbarcare (imbar'kare) *vt* take on board. **imbarcarsi** *vr* embark. **imbarcadero** (imbarka'dero) *nm* landing stage.

imbastire (imbas'tire) *vt* 1 (sewing) tack. 2 rough out.

imbattersi (im'battersi) *vr* come across by chance, bump into.

imbattibile (imbat'tibile) *adj* unbeatable.

imbavagliare (imbavaʎ'ʎare) *vt* gag.

imbecille (imbe'tʃille) *adj,nm* imbecile.

imbellettare (imbellet'tare) *vt* 1 make up. 2 embellish. **imbellettarsi** *vr* put on make-up.

imbellire (imbel'lire) *vt* adorn. *vi* improve in looks.

imbiancare (imbjan'kare) *vt* 1 whiten. 2 whitewash. *vi* turn white.

imboccare (imbok'kare) *vt* 1 feed. 2 suggest. 3 enter. **imboccatura** *nf* opening, entrance.

imboscata (imbos'kata) *nf* ambush.

imbottigliare (imbottiʎ'ʎare) *vt* bottle.

imbottire (imbot'tire) *vt* 1 stuff. 2 pad. **imbottito** *adj* stuffed. **panino imbottito** *nm* sandwich.

imbrattare (imbrat'tare) *vt* dirty.

imbrigliare (imbriʎ'ʎare) *vt* bridle.

imbrogliare (imbroʎ'ʎare) *vt* 1 confuse, muddle. 2 cheat. **imbrogliarsi** *vr* become involved. **imbroglio** *nm* 1 tangle, muddle. 2 trick, swindle.

imbronciarsi (imbron'tʃarsi) *vr* sulk.

imbrunire (imbru'nire) *vi* darken, grow dark. **sull'imbrunire** towards dusk.

imbruttire (imbrut'tire) *vt* make ugly. *vi* become ugly. **imbruttirsi** *vr* become ugly.

imbucare (imbu'kare) *vt* post.

imburrare (imbur'rare) *vt* butter.

imbuto (im'buto) *nm* funnel.

imitare (imi'tare) *vt* imitate. **imitazione** *nf* imitation.

immagazzinare (immagaddzi'nare) *vt* store.

immaginare (immadʒi'nare) *vt* 1 imagine. 2 suppose. **immaginazione** *nf* imagination. **immagine** (im'madʒine) *nf* 1 image. 2 figure.

immangiabile (imman'dʒabile) *adj* uneatable.

immatricolarsi (immatriko'larsi) *vr* 1 enrol. 2 *educ* matriculate.

immaturo (imma'turo) *adj* immature. **immaturità** nf immaturity.

immedesimarsi (immedezi'-marsi) vr identify oneself.

immediato (imme'djato) adj immediate.

immemorabile (immemo'rabile) adj immemorial.

immenso (im'mɛnso) adj huge, immense.

immergere* (im'mɛrdʒere) vt 1 immerse. 2 plunge. 3 dip. **immersione** nf immersion.

immeritato (immeri'tato) adj undeserved.

immigrare (immi'grare) vi immigrate. **immigrante** adj,n immigrant. **immigrazione** nf immigration.

imminente (immi'nɛnte) adj imminent.

immischiare (immis'kjare) vt involve. **immischiarsi** vr interfere.

immobile (im'mɔbile) adj still, motionless. **beni immobili** nm pl real estate.

immobiliare (immobi'ljare) adj immovable. **società immobiliare** nf building society.

immobilizzare (immobilid'dzare) vt immobilize.

immoderato (immode'rato) adj excessive.

immondo (im'mondo) adj 1 filthy, foul. 2 unclean. **immondizia** (immon'dittsja) nf 1 filth. 2 pl rubbish, refuse.

immorale (immo'rale) adj immoral.

immortale (immor'tale) adj immortal. **immortalità** nf immortality.

immune (im'mune) adj 1 immune. 2 free. **immunità** nf immunity. **immunizzare** vt immunize.

immutabile (immu'tabile) adj unchangeable.

impaccare (impak'kare) vt pack. **impacco** nm compress.

impacchettare (impakket'tare) vt parcel.

impacciare (impat'tʃare) vt 1 hinder, impede. 2 trouble. **impacciarsi** vr meddle. **impaccio** nm hindrance.

impadronirsi (impadro'nirsi) vr 1 seize. 2 take possession. 3 master.

impagliare (impaʎ'ʎare) vt stuff.

impalcatura (ipalka'tura) nf scaffolding, frame.

impallidire (impalli'dire) vi turn pale.

impanare (impa'nare) vt dip in breadcrumbs.

imparare (impa'rare) vt learn.

impareggiabile (impared'dʒabile) adj incomparable.

impari ('impari) adj invar 1 unequal. 2 uneven.

impartire (impar'tire) vt impart.

imparziale (impar'tsjale) adj impartial. **imparzialità** nf impartiality, fairness.

impassibile (impas'sibile) adj impassive.

impastare (impas'tare) vt 1 knead. 2 paste. **impasto** nm mixture.

impaurire (impau'rire) vt frighten. **impaurirsi** vr become frightened.

impazientirsi (impattsjen'tirsi) vr lose one's patience. **impaziente** adj impatient. **impazienza** (impat'tsjentsa) nf impatience.

impazzire (impat'tsire) vi go mad.

impeccabile (impek'kabile) adj impeccable.

impedire (impe'dire) vt 1 prevent. 2 hinder, obstruct. **impedimento** nm 1 obstacle. 2 hindrance.

impegnare (impeɲ'ɲare) vt 1 pawn. 2 pledge. 3 occupy. 4 oblige. 5 book, reserve. **impegnarsi** vr promise. **im-**

pegnativo adj 1 binding. 2 exacting. **impegno** nm 1 obligation. 2 engagement. 3 attention.

impenetrabile (impene'trabile) adj impenetrable.

impenitente (impeni'tɛnte) adj impenitent.

impennarsi (impen'narsi) vr 1 (of a horse) rear. 2 become annoyed.

imperativo (impera'tivo) adj imperative.

imperatore (impera'tore) nm emperor. **imperatrice** nf empress.

impercettibile (impertʃet'tibile) adj imperceptible.

imperdonabile (imperdo'nabile) adj unpardonable.

imperfetto (imper'fɛtto) adj 1 imperfect. 2 incomplete. **imperfezione** (imperfet'tsjone) nf imperfection.

imperioso (impe'rjoso) adj 1 imperious. 2 compelling.

impermalirsi (imperma'lirsi) vr take offence.

impermeabile (imperme'abile) adj 1 waterproof. 2 airtight. nm raincoat.

imperniare (imper'njare) vt 1 pivot. 2 base.

impero (im'pero) nm empire. **imperiale** adj imperial.

imperscrutabile (imperskru'tabile) adj inscrutable.

impersonale (imperso'nale) adj impersonal.

impersonare (imperso'nare) vt 1 personify. 2 play the role of.

imperterrito (imper'tɛrrito) adj intrepid, fearless.

impertinente (imperti'nɛnte) adj impertinent. **impertinenza** (imperti'nɛntsa) nf impertinence.

imperturbabile (impertur'babile) adj imperturbable.

imperturbato (impertur'bato) adj unperturbed.

impeto ('impeto) nm impetus.

impetuoso (impetu'oso) adj impetuous. **impetuosità** nf impetuosity.

impiantare (impjan'tare) vt 1 install. 2 establish.

impiantito (impjan'tito) nm floor. **impianto** nm 1 installation, fitting. 2 tech plant. **impianto stereofonico** nm music centre.

impiastrare (impjas'trare) vt smear. **impiastro** nm 1 poultice. 2 nuisance.

impiccare (impik'kare) vt hang.

impicciare (impit'tʃare) vt impede, hinder. **impicciarsi** vr interfere, meddle. **impiccio** nm 1 hindrance. 2 mess.

impiegare (impje'gare) vt 1 use, employ. 2 spend. 3 invest. **impiegato** nm 1 employee. 2 clerk. **impiego** (im'pjɛgo) nm job, employment.

impiombare (impjom'bare) vt fill (a tooth). **impiombatura** nf filling.

implacabile (impla'kabile) adj implacable.

implicare (impli'kare) vt implicate, involve. **implicazione** nf implication.

implicito (im'plitʃito) adj implicit.

implorare (implo'rare) vt beg, implore.

impolverare (impolve'rare) vt cover with dust. **impolverarsi** vr become dusty.

imponente (impo'nɛnte) adj imposing.

imponibile (impo'nibile) adj taxable.

impopolare (impopo'lare) adj unpopular.

imporre* (im'porre) vt 1 impose, give. 2 command. **imporsi** vr dominate.

importante (impor'tante) adj

important. **importanza** (impor'tantsa) *nf* importance.

importare (impor'tare) *vt* **1** import. **2** imply. *v imp* matter, be important. **importatore** *nm* importer. **importazione** *nf* **1** importation. **2** import.

importunare (importu'nare) *vt* pester, annoy. **importuno** *adj* annoying. *nm* nuisance.

imposizione (impozit'tsjone) *nf* imposition.

impossessarsi (imposses'sarsi) *vr* **1** take possession. **2** master.

impossibile (impos'sibile) *adj* impossible.

imposta[1] (im'pɔsta) *nf* shutter.

imposta[2] (im'pɔsta) *nf* tax.

impostare[1] (impos'tare) *vt* **1** begin. **2** plan, set out.

impostare[2] (impos'tare) *vt* post.

impostore (impos'tore) *nm* impostor.

impotente (impo'tente) *adj* **1** weak, powerless. **2** impotent. **impotenza** (impo'tentsa) *nf* impotence.

impoverire (impove'rire) *vt* impoverish. **impoverirsi** *vr* become poor.

impreciso (impre'tʃizo) *adj* inexact, vague.

impregnare (impreɲ'ɲare) *vt* impregnate.

imprenditore (imprendi'tore) *nm* **1** entrepreneur. **2** contractor.

impreparato (imprepa'rato) *adj* unprepared.

impresa (im'presa) *nf* **1** undertaking, venture. **2** firm, concern.

impressionare (impressjo'nare) *vt* **1** make an impression upon, affect. **2** frighten. **impressionante** *adj* **1** striking. **2** frightening. **impressione** *nf* impression. **impressionismo** (impressjo'nizmo) *nm* impressionism.

imprestare (impres'tare) *vt* lend.

imprevisto (impre'visto) *adj* unforeseen.

imprigionare (impridʒo'nare) *vt* imprison.

imprimere* (im'primere) *vt* **1** imprint, stamp. **2** print.

improbabile (impro'babile) *adj* improbable.

improduttivo (improdut'tivo) *adj* unproductive.

impronta (im'prɔnta) *nf* imprint, mark.

improprio (im'prɔprjo) *adj* improper.

improvvisare (improvvi'zare) *vt* improvise. **improvviso** *adj* sudden. **all'improvviso** unexpectedly.

imprudente (impru'dente) *adj* unwise, rash.

impudente (impu'dente) *adj* impudent. **impudenza** (impu'dentsa) *nf* impudence.

impudico (impu'diko) *adj* immodest.

impugnare (impuɲ'ɲare) *vt* **1** grip. **2** contest.

impulso (im'pulso) *nm* impulse. **impulsivo** *adj* impulsive.

impunito (impu'nito) *adj* unpunished. **impunità** *nf* impunity.

impuntarsi (impun'tarsi) *vr* be obstinate.

impuro (im'puro) *adj* impure.

imputare (impu'tare) *vt* ascribe.

imputridire (imputri'dire) *vi* rot.

in (in) *prep* **1** in, at. **2** to. **3** into. **4** by. **5** on. **in casa** at home. **in piedi** standing.

inabile (i'nabile) *adj* unable, unfit.

inabitabile (inabi'tabile) *adj* uninhabitable.

inaccessibile (inattʃes'sibile) *adj* inaccessible.

inaccettabile (inattʃet'tabile) *adj* unacceptable.

inadeguato (inade'gwato) *adj* inadequate.

inalare (ina'lare) *vt* inhale.

inalienabile (inalje'nabile) *adj* inalienable.

inalterabile (inalte'rabile) *adj* unalterable.

inamidare (inami'dare) *vt* starch.

inammissibile (inammis'sibile) *adj* unacceptable.

inapplicabile (inappli'kabile) *adj* inapplicable.

inarcare (inar'kare) *vt* **1** arch. **2** bend.

inaridire (inari'dire) *vi* dry up. **inaridirsi** *vr* become dried up.

inaspettato (inaspet'tato) *adj* unexpected.

inasprire (inas'prire) *vt* **1** embitter. **2** exacerbate.

inastare (inas'tare) *vt* hoist.

inattendibile (inatten'dibile) *adj* unreliable.

inatteso (inat'teso) *adj* unexpected.

inaudito (inau'dito) *adj* unheard of.

inaugurare (inaugu'rare) *vt* inaugurate. **inaugurale** *adj* inaugural. **inaugurazione** *nf* inauguration.

inavvertenza (inavver'tentsa) *nf* inadvertence.

incagliare (inkaʎ'ʎare) *vt* hamper, impede. **incagliarsi** *vr* run aground.

incalcolabile (inkalko'labile) *adj* incalculable.

incalzare (inkal'tsare) *vt* **1** follow closely. **2** press, be imminent. **incalzante** *adj* **1** urgent. **2** imminent.

incamminare (inkammi'nare) *vt* start. **incamminarsi** *vr* set off.

incantare (inkan'tare) *vt* enchant, charm. **incantesimo** (inkan'tezimo) *nm* spell. **incanto** *nm* enchantment.

incapace (inka'patʃe) *adj* incapable, unable.

incappare (inkap'pare) *vi* run into danger.

incarcerare (inkartʃe'rare) *vt* imprison.

incaricare (inkari'kare) *vt* entrust, charge. **incaricarsi** *vr* undertake. **incaricato** *nm* official.

incarico (in'kariko) *nm* task.

incartare (inkar'tare) *vt* wrap up.

incartocciare (inkartot'tʃare) *vt* put into a paper bag.

incassare (inkas'sare) *vt* **1** pack, encase. **2** collect. *vi* fit. **incasso** *nm* takings.

incastrare (inkas'trare) *vt* insert.

incatenare (inkate'nare) *vt* chain up.

incauto (in'kauto) *adj* imprudent.

incendiare (intʃen'djare) *vt* set fire to. **incendiarsi** *vr* catch fire. **incendio** (in'tʃendjo) *nm* fire.

incenso (in'tʃenso) *nm* incense.

incensurabile (intʃensu'rabile) *adj* irreproachable.

inceppare (intʃep'pare) *vt* obstruct. **incepparsi** *vr* jam.

incerto (in'tʃerto) *adj* uncertain, doubtful. **incertezza** (intʃer'tettsa) *nf* uncertainty.

incespicare (intʃespi'kare) *vi* stumble.

incessante (intʃes'sante) *adj* incessant.

incesto (in'tʃesto) *nm* incest.

inchiesta (in'kjesta) *nf* investigation, inquiry.

inchinare (inki'nare) *vt* bow. **inchinarsi** *vr* bow. **inchino** *nm* bow, curtsy.

inchiodare (inkjo'dare) *vt* nail, pin.

inchiostro (in'kjostro) *nm* ink.

inciampare (intʃam'pare) *vi* stumble, trip. **inciampo** *nm* obstacle.

incidente (intʃi'dɛnte) *nm* accident.

incidere* (in'tʃidere) *vt* **1** engrave, cut. **2** record.

incinta (in'tʃinta) *adj* pregnant.

incipriare (intʃi'prjare) *vt* powder.

incisione (intʃi'zjone) *nf* **1** incision. **2** engraving.

incivilire (intʃivi'lire) *vt* civilize. **incivile** *adj* **1** uncivilized. **2** rude.

inclinare (inkli'nare) *vt* bend. *vi* incline.

includere* (in'kludere) *vt* include. **incluso** (in'kluzo) *adj* **1** included. **2** enclosed. **inclusione** *nf* inclusion.

incoerente (inkoe'rɛnte) *adj* incoherent.

incognito (in'kɔɲɲito) *adj* incognito.

incollare (inkol'lare) *vt* glue, paste.

incolore (inko'lore) *adj* colourless.

incolpare (inkol'pare) *vt* accuse, charge.

incolto (in'kolto) *adj* **1** neglected. **2** uneducated.

incolume (in'kɔlume) *adj* safe, unhurt.

incombustibile (inkombus'tibile) *adj* fireproof.

incominciare (inkomin'tʃare) *vt,vi* begin, start.

incomodare (inkomo'dare) *vt* trouble. **incomodarsi** *vr* put oneself out. **incomodo** (in'kɔmodo) *adj* troublesome, inconvenient. *nm* trouble.

incomparabile (inkompa'rabile) *adj* incomparable.

incompatibile (inkompa'tibile) *adj* incompatible.

incompetente (inkompe'tɛnte) *adj* incompetent. **incompetenza** (inkompe'tɛntsa) *nf* incompetence.

incompiuto (inkom'pjuto) *adj* incomplete, unfinished.

incompleto (inkom'pleto) *adj* incomplete.

incomprensibile (inkompren-'sibile) *adj* incomprehensible.

inconcepibile (inkontʃe'pibile) *adj* incredible.

inconcludente (inkonklu'dɛnte) *adj* inconclusive.

inconsapevole (inkonsa'pevole) *adj* ignorant, unaware.

inconsolabile (inkonso'labile) *adj* inconsolable.

inconsueto (inkonsu'ɛto) *adj* unusual.

incontrare (inkon'trare) *vt* meet.

incontro¹ (in'kontro) **1** meeting. **2** match. **andare incontro (a)** **1** meet. **2** face.

incontro² (in'kontro) *prep,adv* **1** towards. **2** against.

inconveniente (inkonve'njɛnte) *nm* snag, drawback.

incoraggiare (inkorad'dʒare) *vt* encourage. **incoraggiamento** *nm* encouragement.

incorniciare (inkorni'tʃare) *vt* frame.

incoronare (inkoro'nare) *vt* crown.

incorporare (inkorpo'rare) *vt* incorporate.

incorrere* (in'korrere) *vi* incur.

incorruttibile (inkorrut'tibile) *adj* incorruptible.

incosciente (inkoʃ'ʃɛnte) *adj* irresponsible.

incredibile (inkre'dibile) *adj* unbelievable, incredible.

incredulo (in'kredulo) *adj* incredulous. **incredulità** *nf* incredulity.

increspare (inkres'pare) *vt* **1** ruffle. **2** wrinkle. **incresparsi** *vr* ripple.

incrinare (inkri'nare) *vt* crack. **incrinarsi** *vr* crack.

incrociare (inkro'tʃare) *vt* cross. *vi* cruise. **incrociarsi** *vr* cross, interlace. **incrociato** *adj* crossed. **parole incrociate** *nf pl* crossword.

incrocio *nm* crossing, cross-roads.

incubatrice (inkuba'tritʃe) *nf* incubator.

incubo ('inkubo) *nm* nightmare.

incudine (in'kudine) *nf* anvil.

incuneare (inkune'are) *vt* wedge.

incupire (inku'pire) *vt, vi* darken. **incupirsi** *vr* become gloomy.

incurabile (inku'rabile) *adj* incurable.

incurante (inku'rante) *adj* careless.

incursione (inkur'sjone) *nf* raid, attack.

indagare (inda'gare) *vt* investigate. **indagine** (in'dadʒine) *nf* investigation, inquiry.

indebolire (indebo'lire) *vt, vi* weaken. **indebolirsi** *vr* weaken.

indecente (inde'tʃente) *adj* indecent. **indecenza** (inde'tʃentsa) *nf* indecency.

indecisione (indetʃi'zjone) *nf* indecision.

indeciso (inde'tʃizo) *adj* undecided.

indefinito (indefi'nito) *adj* indefinite.

indegno (in'deɲɲo) *adj* unworthy.

indenne (in'denne) *adj* unhurt. **indennità** *nf* 1 compensation, damages. 2 indemnity. **indennizzare** (indenniď'dzare) *vt* compensate.

indescrivibile (indeskri'vibile) *adj* indescribable.

indesiderabile (indeside'rabile) *adj* undesirable.

indeterminato (indetermi'nato) *adj* vague, indefinite.

India ('indja) *nf* India. **indiano** *adj, n* Indian.

indicare (indi'kare) *vt* 1 point to, indicate. 2 show. 3 recommend. **indicatore** *nm* indicator, gauge. **indicatore stradale** road sign. **indicazione** *nf* indication.

indice ('inditʃe) *nm* 1 index finger, forefinger. 2 index. 3 needle, pointer. 4 sign.

indietreggiare (indjetred'dʒare) *vi* retreat, withdraw.

indietro (in'djetro) *adv* 1 back. 2 behind. 3 backwards. **all'indietro** backwards. **andare indietro** (of a watch) be slow.

indifeso (indi'feso) *adj* undefended.

indifferente (indiffe'rente) *adj* indifferent. **indifferenza** (indiffe'rentsa) *nf* indifference.

indigesto (indi'dʒesto) *adj* indigestible. **indigestione** *nf* indigestion.

indignare (indiɲ'ɲare) *vt* make indignant. **indignarsi** *vr* become angry. **indignato** *adj* indignant. **indignazione** *nf* indignation.

indimenticabile (indimenti'kabile) *adj* unforgettable.

indipendente (indipen'dente) *adj* independent, free. **indipendenza** (indipen'dentsa) *nf* independence.

indiretto (indi'retto) *adj* indirect.

indirizzare (indirit'tsare) *vt* 1 direct. 2 address. **indirizzarsi** *vr* set out. **indirizzo** *nm* 1 direction. 2 address.

indiscreto (indis'kreto) *adj* indiscreet.

indispensabile (indispen'sabile) *adj* necessary, indispensable.

indistinto (indis'tinto) *adj* indistinct.

indivia (in'divja) *nf* endive.

individuale (individu'ale) *adj* individual. **individuo** (indi'viduo) *nm* individual.

indivisibile (indivi'zibile) *adj* inseparable, indivisible.

indizio (in'dittsjo) *nm* clue, sign.

indole ('indole) *nf* disposition, nature. **indolente** (indo'lɛnte) *adj* indolent.

indolenzire (indolen'tsire) *vi* go numb.

indomani (indo'mani) *adv* next day, day after.

indossare (indos'sare) *vt* put on, wear. **indossatrice** *nf* model.

indovinare (indovi'nare) *vt* guess. **indovinello** (indovi-'nɛllo) *nm* riddle.

indù (in'du) *adj,n* Hindu.

indubbio (in'dubbjo) *adj* certain.

indubitato (indubi'tato) *adj* undoubted.

indugiare (indu'dʒare) *vi* delay, linger. **indugiarsi** *vr* loiter. **indugio** *nm* delay.

indulgente (indul'dʒɛnte) *adj* indulgent. **indulgenza** (indul'dʒɛntsa) *nf* indulgence.

indumento (indu'mento) *nm* 1 garment. 2 *pl* clothes.

indurire (indu'rire) *vt* harden.

indurre* (in'durre) *vt* induce.

industria (in'dustrja) *nf* industry. **industriale** *adj* industrial. *nm* industrialist.

inebriare (inebri'are) *vt* intoxicate.

inedito (i'nedito) *adj* unpublished.

ineguale (ine'gwale) *adj* 1 unequal. 2 uneven. **ineguaglianza** (inegwaʎ'ʎantsa) *nf* inequality.

inerente (ine'rɛnte) *adj* inherent.

inerpicarsi (inerpi'karsi) *vr* climb.

inerte (i'nɛrte) *adj* inert. **inerzia** (i'nɛrtsja) *nf* inertia.

inesatto (ine'zatto) *adj* inexact.

inescusabile (inesku'zabile) *adj* inexcusable.

inesistente (inezis'tɛnte) *adj* non-existent.

inesorabile (inezo'rabile) *adj* inexorable.

inesperto (ines'pɛrto) *adj* inexperienced.

inesplicabile (inespli'kabile) *adj* inexplicable.

inetto (i'netto) *adj* 1 inept. 2 unsuited.

inevitabile (inevi'tabile) *adj* inevitable.

inezia (i'nɛttsja) *nf* trifle, thing of no importance.

infagottare (infagot'tare) *vt* bundle up.

infallibile (infal'libile) *adj* infallible.

infame (in'fame) *adj* infamous.

infangare (infan'gare) *vt* spatter with mud.

infante (in'fante) *nm* infant. **infanzia** (in'fantsja) *nf* 1 infancy. 2 childhood. 3 children.

infarcire (infar'tʃire) *vt* stuff, cram.

infarinare (infari'nare) *vt* coat with flour.

infastidire (infasti'dire) *vt* annoy.

infatti (in'fatti) *adv* in fact.

infatuarsi (infatu'arsi) *vr* become infatuated.

infedele (infe'dele) *adj* unfaithful. **infedeltà** *nf* infidelity.

infelice (infe'litʃe) *adj* unhappy, unfortunate. **infelicità** *nf* unhappiness.

inferiore (infe'rjore) *adj* 1 lower. 2 inferior. **inferiorità** *nf* inferiority. **complesso d'inferiorità** *nm* inferiority complex.

infermeria (inferme'ria) *nf* sick bay. **infermiera** (infer'mjera) *nf* nurse. **infermiere** (infer'mjere) *nm* male nurse.

inferno (in'ferno) *nm* hell. **infernale** *adj* infernal.

infestare (infes'tare) *vt* infest.

infettare (infet'tare) *vt* infect. **infezione** *nf* infection.

infiacchire (infjak'kire) *vt* weaken.

infiammare (infjam'mare) *vt* inflame. **infiammarsi** *vr* **1** flare up. **2** *med* be inflamed. **infiammazione** *nf* inflamation.

infido (in'fido) *adj* unreliable.

infilare (infi'lare) *vt* **1** thread. **2** insert. **infilarsi** *vr* put on.

infiltrarsi (infil'trarsi) *vr* infiltrate.

infimo ('infimo) *adj* lowest.

infine (in'fine) *adv* at last.

infinito (infi'nito) *adj* infinite.

infischiarsi (infis'kjarsi) *vr* not to care.

inflazione (inflat'tsjone) *nf* inflation.

inflessibile (infles'sibile) *adj* inflexible.

infliggere* (in'fliddʒere) *vt* inflict.

influenzare (influen'tsare) *vt* influence. **influenza** (influ-'entsa) *nf* **1** influence. **2** influenza.

influire (influ'ire) *vi* have an influence.

infondato (infon'dato) *adj* unfounded.

informare (infor'mare) *vt* inform. **informarsi** *vr* make enquiries. **informazioni** *nf pl* information.

informe (in'forme) *adj* shapeless.

informicolirsi (informiko'lirsi) *vr* have pins and needles.

infornare (infor'nare) *vt* put in oven. **infornata** *nf* **1** batch (of bread). **2** group.

infortunio (infor'tunjo) *nm* accident.

infossato (infos'sato) *adj* hollow, sunken.

inframmettersi* (inframmet-'tersi) *vr* interfere.

infrangere* (in'frandʒere) *vt* break. **infrangibile** (infran-'dʒibile) *adj* unbreakable.

infrastruttura (infrastrut'tura) *nf* infrastructure.

infrazione (infrat'tsjone) *nf* violation.

infreddarsi (infred'darsi) *vr* catch cold.

infuriare (infu'rjare) *vi* become angry. **infuriarsi** *vr* fly into a temper.

ingannare (ingan'nare) *vt* deceive, cheat. **inganno** *nm* deceit.

ingegnarsi (indʒeɲ'ɲarsi) *vr* strive. **ingegno** *nm* **1** intelligence. **2** talent. **ingegnoso** (indʒeɲ'ɲoso) *adj* ingenious.

ingegnere (indʒeɲ'ɲere) *nm* engineer. **ingegneria** *nf* engineering.

ingenuo (in'dʒenuo) *adj* naive, simple.

ingerirsi (indʒe'rirsi) *vr* meddle.

Inghilterra (ingil'terra) *nf* England.

inghiottire (ingjot'tire) *vt* swallow.

inginocchiarsi (indʒinok'kjarsi) *vr* kneel (down).

ingiù (in'dʒu) *adv* **1** downwards. **2** down.

ingiuriare (indʒu'rjare) *vt* insult. **ingiuria** (in'dʒurja) *nf* insult. **ingiurioso** (indʒu-'rjoso) *adj* insulting.

ingiusto (in'dʒusto) *adj* unjust, unfair. **ingiustizia** (indʒu-s'tittsja) *nf* injustice.

inglese (in'glese) *adj* English. *nm* **1** Englishman. **2** English (language).

ingoiare (ingo'jare) *vt* swallow, gulp.

ingombrare (ingom'brare) *vt* block, obstruct. **ingombro** *nm* obstacle.

ingommare (ingom'mare) *vt* gum.

ingordo (in'gordo) *adj* voracious.

ingorgarsi (ingor'garsi) *vr* be blocked or choked up. **in-**

gorgo *nm* blockage. **ingorgo stradale** traffic jam.

ingranare (ingra'nare) *vt mot* engage. **ingranare la marcia** put into gear.

ingrandire (ingran'dire) *vt* enlarge, increase, magnify. **ingrandimento** *nm* enlargement. **lente d'ingrandimento** *nf* magnifying glass.

ingrassare (ingras'sare) *vt* fatten. *vi* grow fat. **ingrassarsi** *vr* get fat.

ingrato (in'grato) *adj* 1 ungrateful. 2 disagreeable. **ingratitudine** (ingrati'tudine) *nf* ingratitude.

ingrediente (ingre'djente) *nm* ingredient.

ingresso (in'gresso) *nm* entrance.

ingrossare (ingros'sare) *vt* enlarge. **all'ingrosso** *adv* 1 wholesale. 2 about.

inguine ('ingwine) *nm* groin.

inibire (ini'bire) *vt* inhibit. **inibizione** *nf* inhibition.

iniettare (injet'tare) *vt* inject. **iniezione** (injet'tsjone) *nf* injection.

inimicizia (inimi'tʃittsja) *nf* animosity.

inintelligibile (inintelli'dʒibile) *adj* unintelligible.

ininterrotto (inter'rotto) *adj* unbroken.

iniziare (init'tsjare) *vt* 1 begin. 2 initiate. **iniziale** *adj, nf* initial. **iniziativa** *nf* initiative. **inizio** *nm* beginning.

innaffiare (innaf'fjare) *vt* water.

innalzare (innal'tsare) *vt* raise.

innamorare (innamo'rare) *vt* charm. **innamorarsi** *vr* fall in love. **innamorato** *nm* lover.

innanzi (in'nantsi) *adv* 1 before. 2 in front, ahead. **da oggi innanzi** from today onwards. ~ *prep* before.

innato (in'nato) *adj* innate.

innegabile (inne'gabile) *adj* undeniable.

innestare (innes'tare) *vt* 1 graft. 2 vaccinate. 3 insert. **innestare la marcia** put into gear.

inno ('inno) *nm* 1 hymn. 2 anthem.

innocente (inno'tʃente) *adj* innocent. **innocenza** (inno-'tʃentsa) *nf* innocence.

innocuo (in'nɔkuo) *adj* harmless.

innovare (inno'vare) *vt* innovate.

innumerabile (innume'rabile) *adj* innumerable.

inoculare (inoku'lare) *vt* inoculate.

inoffensivo (inoffen'sivo) *adj* inoffensive.

inoltrare (inol'trare) *vt* forward. **inoltrarsi** *vr* advance.

inoltre (i'noltre) *adv* besides, moreover.

inondare (inon'dare) *vt* flood.

inoperoso (inope'roso) *adj* inactive.

inorridire (inorri'dire) *vt* horrify. *vi* feel horror.

inosservato (inosser'vato) *adj* unobserved.

inossidabile (inossi'dabile) **acciaio inossidabile** *nm* stainless steel.

inquadrare (inkwa'drare) *vt* frame. **inquadratura** *nf* shot (in a film).

inquietare (inkwje'tare) *vt* worry. **inquietarsi** *vr* become anxious. **inquieto** *adj* 1 anxious. 2 restless. **inquietudine** (inkwje'tudine) *nf* anxiety.

inquilino (inkwi'lino) *nm* tenant.

inquinare (inkwi'nare) *vt* pollute. **inquinamento** *nm* pollution.

insalata (insa'lata) *nf* salad. **insalatiera** (insala'tjera) *nf* salad bowl.

insalubre (insa'lubre) *adj* unhealthy.

insanabile (insa'nabile) *adj* incurable.

insanguinare (insangwi'nare) *vt* stain with blood.

insaputa (insa'puta) **all'insaputa di** *adv* unknown to.

insaziabile (insat'tsjabile) *adj* insatiable.

insegna (in'seɲɲa) *nf* 1 flag, banner. 2 decoration. 3 sign (board).

insegnare (inseɲ'ɲare) *vt* 1 teach. 2 point out. **insegnamento** *nm* teaching. **insegnante** *nm* teacher.

inseguire (inse'gwire) *vt* pursue, chase.

insensato (insen'sato) *adj* stupid.

insensibile (insen'sibile) *adj* 1 imperceptible. 2 insensitive.

inseparabile (insepa'rabile) *adj* inseparable.

inserire (inse'rire) *vt* insert. **inserzione** *nf* 1 insertion. 2 advertisement, notice.

insetto (in'setto) *nm* insect. **insetticida** *nm* insecticide.

insicuro (insi'kuro) *adj* unsure. **insicurezza** (insiku'rettsa) *nf* insecurity.

insidia (in'sidja) *nf* snare, trap.

insieme (in'sjeme) *adv,prep* together.

insignificante (insiɲɲifi'kante) *adj* insignificant.

insinuare (insinu'are) *vt* insinuate.

insipido (in'sipido) *adj* insipid.

insistere* (in'sistere) *vi* insist, persist. **insistente** (insi'stente) *adj* insistent.

insocievole (inso'tʃevole) *adj* unsociable.

insoddisfato (insoddis'fatto) *adj* dissatisfied.

insolente (inso'lente) *adj* insolent. **insolenza** (inso'lentsa) *nf* insolence.

insolito (in'solito) *adj* unusual.

insolubile (inso'lubile) *adj* insoluble.

insomma (in'somma) *adv* in short. *interj* well! for heaven's sake!

insonnia (in'sɔnnja) *nf* insomnia.

insopportabile (insoppor'tabile) *adj* unbearable.

instabile (in'stabile) *adj* unstable. **instabilità** *nf* instability.

installare (instal'lare) *vt* install.

insù (in'su) *adv* 1 up. 2 upwards.

insubordinato (insubordi'nato) *adj* insubordinate.

insudiciare (insudi'tʃare) *vt* dirty.

insufficiente (insuffi'tʃente) *adj* inadequate.

insulina (insu'lina) *nf* insulin.

insultare (insul'tare) *vt* insult. **insulto** *nm* insult.

insurrezione (insurret'tsjone) *nf* rising, revolt.

intaccare (intak'kare) *vt* 1 cut into. 2 corrodes.

intagliare (intaʎ'ʎare) *vt* carve. **intaglio** *nm* carving.

intanto (in'tanto) *adv* meanwhile.

intascare (intas'kare) *vt* pocket.

intatto (in'tatto) *adj* intact.

integrale (inte'grale) *adj* complete. **pane integrale** *nm* wholemeal bread.

integrare (inte'grare) *vt* integrate. **integrazione** *nf* integration.

integro ('integro) *adj* 1 complete. 2 honest.

intelletto (intel'letto) *nm* intellect. **intellettuale** *adj,n* intellectual.

intelligente (intelli'dʒente) *adj* intelligent, clever. **intelligenza** (intelli'dʒentsa) *nf* intelligence.

intemperie (intem'pɛrje) *nf pl* bad weather.

intendente (inten'dente) *nm* superintendent.

intendere* (in'tendere) *vt* 1

understand. **2** hear. **3** mean. **4** intend. **intendersi** *vr* **1** get on together, agree. **2** be an expert. **s'intende** of course.

intensificare (intensifiˈkare) *vt* intensify.

intenso (inˈtenso) *adj* intense. **intensità** *nf* intensity.

intento (inˈtento) *adj* intent, fixed. *nm* intent.

intenzione (intenˈtsjone) *nf* intention. **avere l'intenzione di** intend. **intenzionale** *adj* intentional.

intercettare (intertʃetˈtare) *vt* intercept.

interdire* (interˈdire) *vt* forbid, prohibit.

interessare (interesˈsare) *vt* **1** interest. **2** concern. *vi* matter. **interessarsi** *vr* take an interest. **interessante** *adj* interesting. **interesse** (inteˈresse) *nm* interest.

interfaccia (interˈfattʃa) *nf* interface.

interferire (interfeˈrire) *vi* interfere. **interferenza** (interfeˈrentsa) *nf* interference.

interiore (inteˈrjore) *adj* interior, inner. *nm* interior, inside.

intermedio (interˈmedjo) *adj* intermediate. **intermediario** (intermeˈdjarjo) *adj,nm* intermediary.

interminabile (intermiˈnabile) *adj* endless.

internare (interˈnare) *vt* intern.

internazionale (internattsjoˈnale) *adj* international.

interno (inˈterno) *adj* interior, internal. *nm* interior.

intero (inˈtero) *adj* whole, complete, entire.

interpretare (interpreˈtare) *vt* interpret. **interpretazione** *nf* **1** interpretation. **2** performance. **interprete** (inˈterprete) *nm,f* **1** interpreter. **2** performer.

interrogare (interroˈgare) *vt*

question, examine, interrogate. **interrogazione** *nf* **1** question. **2** interrogation.

interrompere* (interˈrompere) *vt* interrupt. **interruzione** *nf* interruption.

interruttore (interrutˈtore) *nm* switch.

interurbano (interurˈbano) *adj* inter-city. **chiamata interurbana** *nf* long-distance telephone call.

intervallo (interˈvallo) *nm* **1** space. **2** interval.

intervenire* (interveˈnire) *vi* **1** happen. **2** take part, intervene. **3** *med* operate. **intervento** (interˈvento) *nm* **1** intervention. **2** *med* operation.

intervistare (intervisˈtare) *vt* interview. **intervista** *nf* interview.

intesa (inˈtesa) *nf* **1** agreement. **2** understanding.

intestino (intesˈtino) *nm* intestine.

intimidire (intimiˈdire) *vt* intimidate.

intimo (ˈintimo) *adj* intimate.

intimorire (intimoˈrire) *vt* frighten. *vi* be afraid. **intimorirsi** *vr* get frightened.

intingolo (inˈtingolo) *nm* **1** sauce. **2** stew.

intirizzire (intiridˈdzire) *vt* numb.

intitolare (intitoˈlare) *vt* **1** entitle. **2** dedicate. **intitolarsi** *vr* be called.

intollerabile (intolleˈrabile) *adj* intolerable.

intollerante (intolleˈrante) *adj* intolerant. **intolleranza** (intolleˈrantsa) *nf* intolerance.

intonaco (inˈtɔnako) *nm* plaster.

intontire (intonˈtire) *vt* daze.

intoppare (intopˈpare) *vi* stumble.

intorno (inˈtorno) *prep* around, round, about.

intorpidire (intorpi'dire) vt numb.

intralciare (intral'tʃare) vt hinder. **intralcio** nm obstacle.

intransitivo (intransi'tivo) adj, nm intransitive.

intraprendere* (intra'prendere) vt undertake. **intraprendente** (intrapren'dɛnte) adj go-ahead.

intrattenere* (intratte'nere) vt entertain. **intrattenersi** vr linger.

intravedere* (intrave'dere) vt catch a glimpse of.

intreccio (in'trettʃo) nm plot, story.

intrepido (in'trɛpido) adj bold, fearless.

intrigo (in'trigo) nm plot, intrigue.

introdurre* (intro'durre) vt 1 insert. 2 introduce. 3 show in. **introduzione** nf introduction.

intromettersi* (intro'mettersi) vr 1 intervene. 2 interfere. **intromissione** (intromis'sjone) nf 1 intervention. 2 interference.

intronare(intro'nare)vt deafen.

introspettivo (introspet'tivo) adj introspective.

introverso (intro'verso) adj introverted. nm introvert.

intrusione (intru'zjone) nf intrusion. **intruso** nm intruder.

intuitivo (intui'tivo) adj intuitive. **intuizione** nf intuition.

inumano (inu'mano) adj inhuman, cruel.

inumidire (inumi'dire) vt damp, dampen.

inusitato (inuzi'tato) adj unusual.

inutile (i'nutile) adj useless.

invadere* (in'vadere) vt invade. **invasione** (inva'zjone) nf invasion. **invasore** nm invader.

invalido (in'valido) adj 1 invalid, not valid. 2 disabled. nm invalid.

invano (in'vano) adv in vain.

invariabile (inva'rjabile) adj invariable.

invecchiare (invek'kjare) vt age. vi age, grow old.

invece (in'vetʃe) adv 1 instead. 2 on the contrary. **invece di** instead of.

inventare (inven'tare) vt invent. **inventore** nm inventor. **invenzione**nf invention.

inverno (in'verno) nm winter.

inverosimile (invero'simile) adj unlikely.

inverso (in'verso) adj opposite, inverse.

invertebrato (inverte'brato) adj,nm invertebrate.

investigare (investi'gare) vt investigate. **investigatore** nm investigator. **investigazione** nf investigation.

investire (inves'tire) vt 1 invest. 2 assail. 3 knock down, run over. **investimento** nm 1 investment. 2 collision.

invetriare (inve'trjare) vt glaze.

inviare (invi'are) vt send. **inviato** nm 1 envoy. 2 correspondent. **invio**nm sending.

invidiare (invi'djare) vt envy. **invidia** nf envy. **invidioso** (invi'djoso) adj envious.

invigorire (invigo'rire) vt strengthen.

invisibile (invi'zibile) adj invisible.

invitare (invi'tare) vt invite. **invitato** nm guest. **invito** nm invitation.

involgere* (in'vɔldʒere) vt 1 wrap. 2 involve.

involontario (involon'tarjo) adj unintentional.

involto (in'volto) nm package.

invulnerabile (invulne'rabile) adj invulnerable.

inzaccherare (intsakke'rare) *vt* splash with mud.

inzuppare (intsup'pare)*vt* soak.

io ('io) *pron 1st pers m,f s* I. **io stesso** *pron 1st pers s* myself.

iodio ('jɔdjo) *nm* iodine.

ione ('jone) *nm* ion.

ipermercato (ipermer'kato) *nm* hypermarket.

ipnosi (ip'nɔzi) *nf invar* hypnosis.

ipnotizzare (ipnotid'dzare) *vt* hypnotize.

ipocondriaco (ipokon'driako) *adj,nm* hypochondriac.

ipocrisia (ipokri'zia) *nf* hypocrisy. **ipocrita** (i'pɔkrita) *adj* hypocritical. *nm* hypocrite.

ipoteca (ipo'tɛka) *nf* mortgage.

ipotesi (i'pɔtezi) *nf invar* hypothesis. **ipotetico** (ipo'tetiko) *adj* hypothetical.

ippica ('ippika) *nf* horseracing. **ippico** ('ippiko) *adj* of horses.

ippocampo (ippo'kampo) *nm* seahorse.

ippocastano (ippokas'tano) *nm* horse chestnut tree.

ippodromo (ip'pɔdromo) *nm* racecourse.

ippopotamo (ippo'pɔtamo) *nm* hippopotamus.

ira ('ira) *nf* anger.

iride ('iride) *nf* **1** rainbow. **2** *bot* iris. **3** *anat* iris.

Irlanda (ir'landa) *nf* Ireland. **irlandese** (irlan'dese) *adj* Irish. *nm* **1** Irishman. **2** Irish (language).

ironia (iro'nia) *nf* irony. **ironico** (i'rɔniko) *adj* ironic.

irraggiungibile (irraddʒun'dʒibile) *adj* unattainable.

irragionevole (irradʒo'nevole) *adj* unreasonable.

irrazionale (irratsjo'nale) *adj* irrational.

irregolare (irrego'lare) *adj* **1** irregular. **2** uneven.

irrequieto (irre'kwjeto) *adj* troubled.

irresistibile (irresis'tibile) *adj* irresistible.

irresoluto (irreso'luto) *adj* irresolute.

irresponsabile (irrespon'sabile) *adj* irresponsible.

irrigare (irri'gare) *vt* irrigate. **irrigazione** *nf* irrigation.

irrigidire (irridʒi'dire) *vi* stiffen. **irrigidirsi** *vr* stiffen.

irritare (irri'tare) *vt* irritate. **irritabile** (irri'tabile) *adj* irritable. **irritazione** *nf* irritation.

irrompere* (ir'rompere) *vi* rush.

irto ('irto) *adj* **1** bristly. **2** bristling.

iscrivere* (is'krivere) *vt* enrol, register. **iscrizione** (iskrit'tsjone) *nf* **1** enrolment. **2** inscription.

Islanda (iz'landa) *nf* Iceland. **islandese** *adj* Icelandic. *nm* 1 Icelander. **2** Icelandic (language).

isola ('izola) *nf* island.

isolare (izo'lare) *vt* **1** isolate. 2 insulate. **isolamento** *nm* **1** isolation. **2** insulation.

ispettore (ispet'tore) *nm* inspector.

ispezionare (ispettsjo'nare) *vt* inspect. **ispezione** *nf* inspection.

ispirare (ispi'rare) *vt* inspire. **ispirazione** *nf* inspiration.

Israele (izra'ele) *nm* Israel. **israeliano** *adj,n* Israeli.

issare (is'sare) *vt* hoist.

istante (is'tante) *nm* instant. **istantaneo** (istan'taneo) *adj* instantaneous.

isterico (is'teriko) *adj* hysterical. **isterismo** *nm* hysteria.

istinto (is'tinto) *nm* instinct. **istintivo** *adj* instinctive.

istituire (istitu'ire) *vt* institute, found. **istituzione** *nf* institution.

istituto (isti'tuto) *nm* institute. **istitutore** *nm* tutor. **istitutrice** *nf* governess.

istrice ('istritʃe) *nm,f* porcupine.

istruire* (istru'ire) *vt* instruct, teach. **instruttore** *nm* instructor. **istruzione** *nf* **1** instruction. **2** teaching, education.

Italia (i'talja) *nf* Italy. **italiano** *adj,n* Italian. *nm* Italian (language).

itinerario (itine'rarjo) *nm* route, itinerary.

itterizia(itte'rittsja)*nf*jaundice.

Iugoslavia (jugo'slavja) *nf* Yugoslavia. **iugoslavo** *adj,n* Yugoslav.

iuta ('juta) *nf* jute.

L

la[1] (la) *def art, fs* the.

la[2] (la) *pron* **1** *3rd pers fs* her, it. **2** *2nd pers m,f s fml* you.

là (la) *adv* there. **di là di** beyond. **più in là** further on.

labbro ('labbro) *nm* **1** *pl* **labbra** *f anat* lip. **2** *pl* **labbri** *m* lip, rim.

labirinto (labi'rinto) *nm* labyrinth.

laboratorio (labora'tɔrjo) *nm* **1** laboratory. **2** workshop.

laborioso (labo'rjoso) *adj* **1** laborious. **2** hard-working.

laburista (labu'rista) *nm* Labour Party member.

lacca ('lakka) *nf* lacquer.

laccio ('lattʃo) *nm* noose. **laccio delle scarpe** shoelace.

lacerare (latʃe'rare) *vt* tear.

lacrima ('lakrima) *nf* tear.

lacrimogeno (lakri'mɔdʒeno) **gas lacrimogeno** *nm* tear gas.

ladro ('ladro) *nm* thief, robber.

laggiù (lad'dʒu) *adv* down there.

lagnarsi (laɲ'ɲarsi) *vr* complain, grumble.

lago ('lago) *nm* lake.

laguna (la'guna) *nf* lagoon.

laico ('laiko) *adj* lay, secular.

lama ('lama) *nf* blade. **lametta** *nf* razor blade.

lambiccarsi (lambik'karsi) *vr* **lambiccarsi il cervello** rack one's brains.

lambire (lam'bire) *vt* lick, lap.

lambrusco (lam'brusko) *nm* type of red wine.

lamentare (lamen'tare) *vt* lament. **lamentarsi** *vr* **1** complain, moan. **2** lament. **lamento** *nm* **1** lament. **2** complaint.

laminato (lami'nato) *adj* laminated. **laminato plastico** *nm* laminated plastics.

lampada ('lampada) *nf* lamp. **lampadina** *nf* light bulb.

lampeggiare (lamped'dʒare) *vi* (of lightning) flash.

lampione (lam'pjone) *nm* streetlamp.

lampo ('lampo) *nm* **1** flash of lightning. **2** flash. **in un lampo** in a flash.

lampone (lam'pone) *nm* raspberry. **pianta di lampone** *nf* raspberry cane.

lana ('lana) *nf* wool.

lancetta (lan'tʃetta) *nf* **1** hand (of a watch). **2** pointer.

lancia[1] ('lantʃa) *nf* lance.

lancia[2] ('lantʃa) *nf* launch.

lanciare (lan'tʃare) *vt* **1** throw, hurl. **2** launch. **lancio** *nm* **1** throw. **2** launching.

languire (lan'gwire) *vi* **1** languish. **2** flag. **languido** ('langwido) *adj* **1** weak. **2** languid.

lanterna (lan'terna) *nf* lantern.

lapide ('lapide) *nf* **1** tombstone. **2** plaque.

lapis ('lapis) *nm invar* pencil.

lardo ('lardo) *nm* lard.

largo ('largo) *adj* **1** wide, broad. **2** liberal. *nm* **1** breadth. **2** space. **3** open sea. **farsi largo** clear one's way. **larghezza** (lar'gettsa) *nf* **1** width, breadth. **2** generosity.

larice ('laritʃe) *nm* larch.

laringe (la'rindʒe) *nf* larynx. **laringite** *nf* laryngitis.

larva ('larva) *nf* larva.

lasagne (la'zaɲɲe) *nf pl* dish made of strips of pasta and covered with sauce.

lasciare (laʃ'ʃare) *vt* **1** leave. **2** let, allow. **3** abandon, give up. **4** keep. **5** leave. **lasciare cadere** drop. **lasciapassare** *nm invar* pass, permit.

lascivo (laʃ'ʃivo) *adj* lascivious.

lassativo (lassa'tivo) *adj,nm* laxative.

lassù (las'su) *adv* up there.

lastra ('lastra) *nf* **1** slab, sheet. **2** paving slab. **3** X-ray plate. **lastricare** (lastri'kare) *vt* pave. **lastrico** ('lastriko) *nm* pavement.

latente (la'tente) *adj* latent, hidden.

latino (la'tino) *adj,nm* Latin.

latitudine (lati'tudine) *nf* latitude.

lato[1] ('lato) *nm* side. **d'altro lato** on the other hand.

lato[2] ('lato) *adj* wide.

latrina (la'trina) *nf* public lavatory.

latta ('latta) *nf* **1** tin plate. **2** can, tin.

lattaio (lat'tajo) *nm* milkman.

latte ('latte) *nm* milk. **latteria** *nf* dairy. **lattiera** (lat'tjera) *nf* milk jug.

lattuga (lat'tuga) *nf* lettuce.

laurea ('laurea) *nf educ* degree. **laurearsi** (laure'arsi) *vr* graduate.

lauro ('lauro) *nm* laurel.

lava ('lava) *nf* lava.

lavagna (la'vaɲɲa) *nf* blackboard.

lavanda (la'vanda) *nf* lavender.

lavandaia (lavan'daja) *nf* washerwoman, laundress.

lavanderia (lavande'ria) *nf* laundry.

lavandino (lavan'dino) *nm* sink.

lavare (la'vare) *vt* **1** wash. **2** clean. **lavare a secco** dry-clean. **lavapiatti** (lava'pjatti) *nm also* **lavastoviglie** (lavasto'viʎʎe) *nf* dishwasher. **lavatrice** *nf* washing machine.

lavorare (lavo'rare) *vi,vt* work. **lavorante** *nm also* **lavoratore** *nm* worker. **lavoro** *nm* **1** work. **2** job.

le[1] (le) *def art, f pl* the.

le[2] (le) *pron* **1** *3rd pers f pl* them. **2** *3rd pers fs* to her or it. **3** *2nd pers m,f s fml* to you.

leale (le'ale) *adj* loyal. **lealtà** *nf* loyalty.

lebbra ('lebbra) *nf* leprosy. **lebbroso** (leb'broso) *nm* leper.

leccare (lek'kare) *vt* lick. **leccarsi le labbra** lick one's lips. **leccalecca** (lekka'lekka) *nm* lollipop.

lecito ('letʃito) *adj* permitted, allowed.

lega ('lega) *nf* **1** league. **2** alloy.

legale (le'gale) *adj* legal. *nm* lawyer. **legalizzare** (legalid'dzare) *vt* **1** legalize. **2** authenticate.

legare (le'gare) *vt* **1** tie (up), bind. **2** join. **legame** *nm* link, tie, bond. **legatura** *nf* binding.

legato (le'gato) *nm* legacy.

legge ('leddʒe) *nf* law, rule.

leggenda (led'dʒenda) *nf* legend.

leggere* ('leddʒere) *vt* read. **leggibile** (led'dʒibile) *adj* legible.

leggero (led'dʒero) *adj* **1** light. **2** slight. **3** agile. **leggerezza** (leddʒe'rettsa) *nf* **1** lightness. **2** agility.

leggiadro (led'dʒadro) *adj* **1** pretty. **2** lovely.

legione (le'dʒone) *nf* legion.
legislazione (ledʒizlat'tsjone) *nf* legislation. **legislativo** *adj* legislative.
legittimo (le'dʒittimo) *adj* legitimate.
legno ('leɲɲo) *nm* wood. **di legno** wooden. **legna** *nf* firewood. **legname** *nm* wood, timber.
lei ('lɛi) *pron* 1 *3rd pers fs* she, her, it. 2 *cap 2nd pers ms fml* you. **dare del lei** use the polite form of address. **lei stessa** *pron* 1 *3rd pers fs* herself, itself. 2 *cap 2nd pers fs fml* yourself. **Lei stesso** *pron 2nd pers ms fml* yourself.
lembo ('lɛmbo) *nm* 1 edge. 2 hem.
lente ('lɛnte) *nf* lens. **lente a contatto** contact lens.
lenticchia (len'tikkja) *nf* lentil.
lentiggine (len'tiddʒine) *nf* freckle.
lento ('lɛnto) *adj* 1 slow. 2 slack. **lentezza** (len'tettsa) *nf* slowness.
lenzuolo (len'tswɔlo) *nm* 1 *pl* **lenzuoli** *m* sheet. 2 *pl* **lenzuola** *f* pair of sheets.
leone (le'one) *n* 1 lion. 2 *cap* Leo.
leopardo (leo'pardo) *nm* leopard.
lepre ('lɛpre) *nf* hare.
lesbico ('lɛzbiko) *adj* lesbian.
lessare (les'sare) *vt* boil. **lesso** *adj* boiled. *nm* boiled beef.
lessi ('lɛssi) *v* see **leggere**.
lessico ('lɛssiko) *nm* lexicon, dictionary.
lesto ('lɛsto) *adj* 1 swift. 2 agile.
letame (le'tame) *nm* manure, dung.
letizia (le'tittsja) *nf* happiness.
lettera ('lɛttera) *nf* letter. **letterale** *adj* literal.
letterario (lette'rarjo) *adj* literary. **proprietà letteraria** *nf* copyright.

letteratura (lettera'tura) *nf* literature.
lettiga (let'tiga) *nf* stretcher.
letto[1] ('lɛtto) *v* see **leggere**.
letto[2] ('lɛtto) *nm* bed. **letto matrimoniale** double bed.
lettore (let'tore) *nm* reader.
lettura (let'tura) *nf* reading.
leucemia (leutʃe'mia) *nf* leukaemia.
leva[1] ('lɛva) *nf* lever.
leva[2] ('lɛva) *nf* conscription.
levante (le'vante) *nm* east.
levare (le'vare) *vt* 1 raise, lift up. 2 remove. **levarsi** *vr* 1 rise, get up. 2 take off. **levarsi di mezzo** get out of the way. **levata** *nf* 1 rising. 2 postal collection.
levatoio (leva'tojo) **ponte levatoio** *nm* drawbridge.
levigare (levi'gare) *vt* smooth.
levriere (le'vrjere) *nm* greyhound.
lezione (let'tsjone) *nf* lesson.
lezioso (let'tsjoso) *adj* affected.
lezzo ('leddzo) *nm* stench.
li (li) *pron 3rd pers m,f pl* them.
lì (li) *adv* there. **essere lì lì per** be on the point of.
Libano ('libano) *nm* Lebanon. **libanese** *adj,n* Lebanese.
libbra ('libbra) *nf* pound (weight).
libellula (li'bellula) *nf* dragonfly.
liberale (libe'rale) *adj* liberal.
liberare (libe'rare) *vt* free, liberate. **liberazione** *nf* liberation.
libero ('libero) *adj* 1 free. 2 vacant. 3 open. **libertà** *nf* freedom, liberty.
Libia (li'bia) *nf* Libya. **libico** *adj,n* Libyan.
Libra ('libra) *nf* Libra.
libro ('libro) *nm* book. **libro mastro** ledger. **libreria** *nf* 1 bookshop. 2 bookcase. **libretto** *nm* 1 notebook, book-

let. **2** libretto. **libretto di assegni** chequebook.

licenza (li'tʃentsa) *nf* **1** licence. **2** permission. **3** leave. **4** notice. **5** diploma.

licenziare (litʃen'tsjare) *vt* dismiss.

liceo (li'tʃɛo) *nm* high school, grammar school.

lichene (li'kɛne) *nm* lichen.

lido ('lido) *nm* shore.

lieto ('ljɛto) *adj* happy, joyful.

lieve ('ljeve) *adj* light.

lievito ('ljevito) *nm* yeast.

ligustro (li'gustro) *nm* privet.

lilla ('lilla) *adj invar* lilac (coloured). *nm* **1** lilac (colour). **2** *bot* lilac.

limare (li'mare) *vt* file. **lima** *nf* file.

limitare (limi'tare) *vt* limit, restrict.

limite ('limite) *nm* **1** limit. **2** boundary.

limone (li'mone) *nm* **1** *bot* lemon. **2** lemon (colour). **3** lemon tree. **limonata** *nf* lemonade. **limonato** *adj* lemon (coloured).

limpido ('limpido) *adj* clear, limpid.

lince ('lintʃe) *nf* lynx.

linciare (lin'tʃare) *vt* lynch.

lindo ('lindo) *adj* neat.

linea ('linea) *nf* line.

lineamenti (linea'menti) *nm pl* features.

lingua ('lingwa) *nf* also **linguaggio** *nm* **1** tongue. **2** language. **linguistica** (lin'gwistika) *nf* linguistics.

lino ('lino) *nm* **1** flax. **2** linen.

linoleum (li'nɔleum) *nm* linoleum.

liocorno (lio'kɔrno) *nm* unicorn.

liquidare (likwi'dare) *vt* **1** settle, pay. **2** sell off. **3** eliminate. **liquidazione** *nf* **1** settlement, winding-up. **2** sale. **3** elimination.

liquido ('likwido) *adj,nm* liquid.

liquirizia (likwi'rittsja) *nf* liquorice.

lira[1] ('lira) *nf* lira. **lira sterlina** pound sterling.

lira[2] ('lira) *nf* lyre.

lirico ('liriko) *adj* lyric. *nm* lyric poet.

lisca ('liska) *nf* fishbone.

lisciare (liʃ'ʃare) *vt* **1** smooth. **2** caress. **liscio** *adj* **1** smooth. **2** (of a drink) neat.

liso ('lizo) *adj* worn out.

lista ('lista) *nf* **1** list. **2** strip. **listino** *nm* list.

litania (lita'nia) *nf* litany.

lite ('lite) *nf* **1** lawsuit. **2** quarrel, argument.

litigare (liti'gare) *vi* quarrel. **litigio** *nm* quarrel.

litorale (lito'rale) *nm* coast.

litro ('litro) *nm* litre.

liuto (li'uto) *nm* lute.

livellare (livel'lare) *vt* level. **livello** (li'vello) *nm* level. **passaggio a livello** *nm* level crossing.

livido ('livido) *adj* livid. *nm* bruise.

Livorno (li'vorno) *nf* Leghorn.

livrea (li'vrea) *nf* livery.

lo[1] (lo) *def art, ms* the.

lo[2] (lo) *pron 3rd pers ms* him, it.

lobo ('lɔbo) *nm* lobe.

locale[1] (lo'kale) *adj* local.

locale[2] (lo'kale) *nm* **1** room. **2** *pl* premises. **3** place.

localizzare (lokalid'dzare) *vt* localize.

locanda (lo'kanda) *nf* inn. **locandiere** (lokan'djere) *nm* innkeeper.

locomotiva (lokomo'tiva) *nf* locomotive.

lodare (lo'dare) *vt* praise. **lode** *nf* praise. **lodevole** (lo'devole) *adj* praiseworthy.

logaritmo (loga'ritmo) *nm* logarithm.

loggia ('lɔddʒa) *nf* 1 balcony. 2 loggia. 3 masonic lodge.

logica ('lɔdʒika) *nf* logic. **logico** ('lɔdʒiko) *adj* logical.

logorare (logo'rare) *vt* wear out. **logoro** ('logoro) *adj* worn, worn out.

Londra ('londra) *nf* London.

longitudine (londʒi'tudine) *nf* longitude.

lontano (lon'tano) *adj* 1 distant, far away. 2 far. *adv* far away, far. **di lontano** from a distance. **lontano un chilometro** a kilometre away. **lontananza** (lonta'nantsa) *nf* distance.

lontra ('lontra) *nf* otter.

loquace (lo'kwatʃe) *adj* talkative.

lordo ('lordo) *adj* filthy.

loro ('loro) *pron* 1 *3rd pers m,f pl* they, them, to them. 2 *cap 2nd pers m,f fml* you, to you. *poss adj* 1 *3rd pers pl invar* their. 2 *2nd pers pl fml invar* your. *poss pron* 1 *3rd pers pl invar* theirs. 2 *2nd pers pl fml invar* yours. **loro stesse** *pron* 1 *3rd pers f pl* themselves. 2 *cap 2nd pers f pl* yourselves. **loro stessi** *pron* 1 *3rd pers m pl* themselves. 2 *cap 2nd pers m pl* yourselves.

losco ('losko) *adj* 1 squint-eyed. 2 shady, suspicious.

loto ('lɔto) *nm* lotus.

lottare (lot'tare) *vi* 1 struggle. 2 wrestle. **lotta** *nf* struggle. **lottatore** *nm* wrestler.

lotteria (lotte'ria) *nf* lottery.

lozione (lot'tsjone) *nf* lotion.

lubrificare (lubrifi'kare) *vt* lubricate. **lubrificante** *nm* lubricant.

lucchetto (luk'ketto) *nm* padlock.

luccicare (luttʃi'kare) *vi* shine, gleam.

lucciola ('luttʃola) *nf* firefly.

luce ('lutʃe) *nf* light. **fare luce su** throw light on. **lucente** (lu'tʃente) *adj* shining.

lucerna (lu'tʃerna) *nf* oil lamp.

lucernario (lutʃer'narjo) *nm* skylight.

lucertola (lu'tʃertola) *nf* lizard.

lucidare (lutʃi'dare) *vt* shine, polish.

lucido ('lutʃido) *adj* 1 shining. 2 lucid. **lucidità** *nf* lucidity.

luglio ('luʎʎo) *nm* July.

lugubre ('lugubre) *adj* gloomy.

lui ('lui) *pron 3rd pers ms* 1 he. 2 him, it. **lui stesso** *pron 3rd pers ms* himself, itself.

lumaca (lu'maka) *nf* 1 snail. 2 slug.

lume ('lume) *nm* light.

luminoso (lumi'noso) *adj* luminous.

luna ('luna) *nf* moon. **luna di miele** honeymoon. **lunare** *adj* lunar. **lunapark** ('lunapark) *nm invar* amusements park.

lunedì (lune'di) *nm* Monday.

lungo ('lungo) *adj* 1 long. 2 slow. 3 thin, diluted. *prep* along. **di gran lunga** by far. **per lungo e per largo** far and wide. **lunghezza** (lun'gettsa) *nf* length. **lungi** *adv* far.

luogo ('lwɔgo) *nm* 1 place. 2 position, site. 3 passage (in a book). **avere luogo** take place.

lupo ('lupo) *nm* wolf. **cane lupo** *nm* Alsatian. **lupo di mare** old salt, old sailor.

luppolo ('luppolo) *nm bot* hop.

lurido ('lurido) *adj* filthy.

lusingare (luzin'gare) *vt* flatter. **lusinga** *nf* flattery.

Lussemburgo (lussem'burgo) *nm* Luxembourg.

lusso ('lusso) *nm* luxury. **di lusso** de luxe, luxury. **lussuoso** (lussu'oso) *adj* luxurious.

lustrare (lus'trare) *vt* polish, shine. **lustrascarpe** *nm invar* shoeshine boy. **lustro** *adj* shiny.

lutto ('lutto) *nm* mourning.

M

ma (ma) *conj* 1 but. 2 yet.

macabro ('makabro) *adj* macabre.

maccheroni (makke'roni) *nm pl* macaroni.

macchia[1] ('makkja) *nf* stain, spot.

macchia[2] ('makkja) *nf* bush, scrub.

macchiare (mak'kjare) *vt* stain, spot. **macchiato** *adj* spotted. **caffè macchiato** *nm* coffee with a drop of milk.

macchina ('makkina) *nf* 1 engine, machine. 2 car. **macchina da cucire** sewing machine. **macchina da scrivere** typewriter. **macchina fotografica** camera. **macchinetta** *nf* 1 cigarette lighter. 2 coffee percolator. **macchinista** *nm* engine-driver.

macchinare (makki'nare) *vt* plot.

macedonia (matʃe'dɔnja) *nf* fruit salad.

macellare (matʃel'lare) *vt* butcher, slaughter. **macellaio** *nm* butcher. **macelleria** *nf* butcher's shop. **macello** (ma'tʃɛllo) *nm* abattoir, slaughterhouse.

macina ('matʃina) *nf* millstone. **macinare** *vt* grind, mill. **macinino** *nm* 1 coffee grinder. 2 pepper-mill.

macrobiotico (makrobi'ɔtiko) *adj* macrobiotic. **cibo macrobiotico** *nm* health food.

Madera (ma'dera) *nm* Madeira wine.

madido ('madido) *adj* damp, moist.

Madonna (ma'dɔnna) *nf* 1 Our Lady. 2 Madonna.

madre ('madre) *nf* mother. **madreperla** (madre'perla) *nf* mother-of-pearl. **madrina** *nf* godmother.

madrigale (madri'gale) *nm* madrigal.

maestà (maes'ta) *nf* 1 majesty, grandeur. 2 *cap* Majesty. **maestoso** (maes'toso) *adj* majestic.

maestro (ma'ɛstro) *nm* 1 master. 2 schoolteacher. *adj* 1 main. 2 skilful. **maestra** *nf* schoolmistress.

mafia ('mafja) *nf* Mafia. **mafioso** (ma'fjoso) *nm* member of the Mafia.

magari (ma'gari) *adv* 1 even. 2 perhaps. *conj* if only. *interj* if only it were so!

magazzino (magad'dzino) *nm* warehouse.

maggio ('maddʒo) *nm* May. **primo maggio** *nm* May Day.

maggiorana (maddʒo'rana) *nf* marjoram.

maggiore (mad'dʒore) *adj* 1 greater. 2 bigger. 3 older. 4 greatest. 5 biggest. 6 oldest. *nm mil* major. **maggiordomo** (maddʒor'dɔmo) *nm* butler. **maggiorenne** (maddʒo'renne) *adj law* of age.

magia (ma'dʒia) *nf* magic. **magico** ('madʒiko) *adj* magic, magical.

magistero (madʒis'tero) *nm* 1 skill. 2 teaching profession. **magistrato** (madʒis'trato) *nm* magistrate.

maglia ('maʎʎa) *nf* 1 stitch, link. 2 pullover. 3 vest. **lavorare a maglia** knit.

magnete (maɲ'ɲete) *nm* magnet. **magnetico** (maɲ'ɲetiko) *adj* magnetic.

magnetofono (maɲɲe'tɔfono) *nm tech* taperecorder.

magnifico (maɲ'ɲifiko) *adj* splendid, magnificent.

magnolia (maɲˈɲɔlja) *nf* magnolia.

mago (ˈmago) *nm* magician, wizard. **maga** *nf* sorceress.

magro (ˈmagro) *adj* **1** thin. **2** scanty, meagre. **3** lean. **mangiare di magro** abstain from eating meat. **magrezza** (maˈgrettsa) *nf* thinness.

mai (ˈmai) *adv* **1** ever. **2** never. **come mai?** how is that? **mai più** never again.

maiale (maˈjale) *nm* **1** pig. **2** pork.

maionese (majoˈnese) *nf* mayonnaise.

mais (ˈmais) *nm* maize.

maiuscolo (maˈjuskolo) *adj* (of a letter) capital. **maiuscola** (maˈjuskola) *nf* capital letter.

malaccorto (malakˈkɔrto) *adj* imprudent.

malafede (malaˈfede) *nf* bad faith.

malanno (maˈlanno) *nm* misfortune.

malapena (malaˈpena) **a malapena** *adv* hardly.

malaria (maˈlarja) *nf* malaria.

malato (maˈlato) *adj* **1** sick, ill. **2** sore. *nm* sick person, patient. **malattia** *nf* illness.

malavoglia (malaˈvɔʎʎa) *nf* ill will.

malcontento (malkonˈtento) *adj* discontented. *nm* discontent.

male (ˈmale) *nm* **1** evil, wrong. **2** ache, pain. **andare a male** go bad. **di male in peggio** from bad to worse. **mal di denti** toothache. **mal di gola** sore throat. **mal di mare** seasickness. **mal di testa** headache. *adv* **1** badly. **2** ill. **non c'è male** not too bad.

maledire* (maleˈdire) *vt* curse. **maledetto** *adj* cursed. **maledizione** *nf* curse.

maleducato (maleduˈkato) *adj* rude, ill-bred.

malefico (maˈlɛfiko) *adj* malign.

malerba (maˈlɛrba) *nf* weed.

malessere (maˈlessere) *nm* **1** uneasiness. **2** indisposition.

malevolo (maˈlevolo) *adj* malevolent. **malevolenza** (malevoˈlɛntsa) *nf* malevolence.

malfamato (malfaˈmato) *adj* notorious.

malfatto (malˈfatto) *adj* misshapen.

malfattore (malfatˈtore) *nm* evildoer, criminal.

malfermo (malˈfermo) *adj* unstable.

malfido (malˈfido) *adj* unreliable.

malgrado (malˈgrado) *prep* despite, in spite of. *conj* although.

malia (maˈlia) *nf* enchantment.

maligno (maˈliɲɲo) *adj* malignant.

malinconia (malinkoˈnia) *nf* melancholy. **malinconico** (malinˈkɔniko) *adj* melancholy.

malinteso (malinˈteso) *adj* misunderstood. *nm* misunderstanding.

malizia (maˈlittsja) *nf* malice. **malizioso** (malitˈtsjoso) *adj* malicious.

malmenare (malmeˈnare) *vt* illtreat.

malnutrizione (malnutritˈtsjone) *nf* malnutrition.

malo (ˈmalo) *adj* bad. **di mala voglia** *adv* unwillingly.

malsano (malˈsano) *adj* unhealthy.

malta (ˈmalta) *nf* mortar.

malto (ˈmalto) *nm* malt.

maltrattare (maltratˈtare) *vt* illtreat.

malumore (maluˈmore) *nm* bad mood. **di malumore** in a bad mood.

malvagio (malˈvadʒo) *adj* evil.

malversare (malver'sare) vt embezzle. **malversazione** nf embezzlement.

malvolentieri (malvolen'tjeri) adv unwillingly.

mamma ('mamma) nf inf mummy, mum. **mamma mia!** my goodness!

mammella (mam'mella) nf breast.

mammifero (mam'mifero) nm mammal.

mancare (man'kare) vi 1 lack, want. 2 miss, be missing. 3 fail. **non ci mancherebbe altro!** that's all we need! **mancante** adj 1 missing. 2 lacking. **mancanza** (man'kantsa) nf lack.

mancia ('mantʃa) nf tip, gratuity.

mancino (man'tʃino) adj 1 left. 2 left-handed. 3 disloyal.

mandare (man'dare) vt send. **mandare giù** swallow. **mandato** nm 1 mandate. 2 warrant.

mandarino[1] (manda'rino) nm mandarin.

mandarino[2] (manda'rino) nm mandarin, tangerine.

mandolino (mando'lino) nm mandolin.

mandorla ('mandorla) nf 1 almond. 2 kernel. **mandorlo** ('mandorlo) nm almond tree.

mandria ('mandrja) nf herd.

maneggiare (maned'dʒare) vt handle. **maneggio** nm 1 handling. 2 management.

manette (ma'nette) nf pl handcuffs.

mangano ('mangano) nm mangle.

mangianastri (mandʒa'nastri) nm Tdmk portable cassette recorder.

mangiare (man'dʒare) vt eat. 2 corrode. 3 waste. 4 (in draughts, etc.) take. **mangiabile** (man'dʒabile) adj edible. **mangime** nm fodder.

mangiatoia (mandʒa'toja) nf manger.

mango ('mango) nm 1 mango. 2 mango tree.

mania (ma'nia) nf 1 mania. 2 obsession, craze. **maniaco** (ma'niako) adj 1 maniacal. 2 crazy. nm maniac.

manica ('manika) nf 1 sleeve. 2 cap English Channel. **essere un altro paio di maniche** be another kettle of fish.

manichino (mani'kino) nm tailor's dummy.

manico (ma'niko) nm handle.

manicomio (mani'kɔmjo) nm lunatic asylum.

maniera (ma'njera) nf 1 way, manner, style. 2 pl manners. **in maniera che** so that. **manierato** adj affected.

manifattura (manifat'tura) nf 1 manufacture. 2 factory.

manifestare (manifes'tare) vt display, show. vi pol demonstrate. **manifestazione** nf pol demonstration. **manifesto** (mani'festo) nm 1 poster. 2 manifesto.

maniglia (ma'niʎʎa) nf handle, knob.

manipolare (manipo'lare) vt handle, manipulate.

mannaggia (man'naddʒa) interj damn!

mano ('mano) nf,pl **mani** 1 hand. 2 power. 3 skill. 4 help. 5 coat (of paint). **alla mano** affable. **a mano** by hand. **battere le mani** clap. **di seconda mano** secondhand. **man mano** gradually. **sotto mano** or **a portata di mano** at hand. **stringere la mano** a shake hands with. **manata** nf handful. **manicotto** (mani'kɔtto) nm muff. **manodopera** (mano'dɔpera) nf labour. **manopola** (ma'nɔpola) nf knob. **manoscritto** (manos'kritto) nm manuscript. **manovella** (mano'vella) *nf* handle.

manomettere (mano'mettere) *vt* ill-treat.

manovrare (mano'vrare) *vt* manoeuvre. **manovra** (ma'nɔvra) *nf* manoeuvre.

mansueto (mansu'eto) *adj* 1 tame. 2 meek.

mantello (man'tello) *nm* cloak.

mantenere* (mante'nere) *vt* 1 keep, maintain. 2 support. **mantenimento** *nm* maintenance.

mantice (man'titʃe) *nm* bellows.

mantiglia (man'tiʎʎa) *nf* mantilla.

manuale (manu'ale) *adj* manual. *nm* manual, handbook.

manubrio (ma'nubrjo) *nm* 1 handle. 2 handlebar.

manutenzione (manuten'tsjone) *nf* maintenance.

manzo ('mandzo) *nm* beef.

mappa ('mappa) *nf* map. **mappamondo** *nm* globe.

marca ('marka) *nf* mark. **marca di fabbrica** trademark.

marcare (mar'kare) *vt* 1 mark, note. 2 *sport* score.

marchese (mar'keze) *nm* marquis. **marchesa** *nf* marchioness.

marchio ('markjo) *nm* brand.

marcia[1] ('martʃa) *nf* 1 march. 2 *mot* gear. **marciapiede** (martʃa'pjede) *nm* 1 pavement. 2 platform.

marcia[2] ('martʃa) *nf* pus.

marciare (mar'tʃare) *vi* march.

marcire (mar'tʃire) *vi* go bad. **marcio** *adj* rotten, bad.

marco[1] ('marko) *nm* mark (coin).

marco[2] ('marko) *nm* mark, sign.

mare ('mare) *nm* sea, ocean. **mare grosso** heavy sea. **marea** (ma'rea) *nf* tide.

maremma (ma'remma) *nf* swamp.

maresciallo (mareʃ'ʃallo) *nm* marshal.

margarina (marga'rina) *nf* margarine.

margherita (marge'rita) *nf* daisy.

margine ('mardʒine) *nm* 1 edge, border. 2 margin.

marina (ma'rina) *nf* 1 sea. 2 coast. 3 navy. 4 *Art* seascape. **marinaio** *nm* sailor.

marino *nm* marine.

marinare (mari'nare) *vt* marinade. **marinare la scuola** play truant.

marionetta (marjo'netta) *nf* puppet.

maritare (mari'tare) *vt* marry. **maritarsi** *vr* marry, get married. **maritale** *adj* marital.

marito (ma'rito) *nm* husband.

marittimo (ma'rittimo) *adj* maritime.

marmellata (marmel'lata) *nf* jam, marmalade.

marmo ('marmo) *nm* marble.

marra ('marra) *nf* hoe.

marrone (mar'rone) *nm* chestnut. *adj* brown.

marsupiale (marsu'pjale) *nm* marsupial.

martedì (marte'di) *nm* Tuesday. **martedì grasso** Shrove Tuesday.

martellare (martel'lare) *vt,vi* hammer. *vi* throb. **martello** (mar'tello) *nm* hammer.

martire (mar'tire) *nm,f* martyr. **martirio** *nm* 1 martyrdom. 2 torment.

marxismo (mark'sizmo) *nm* Marxism. **marxista** *adj,n* Marxist.

marzapane (martsa'pane) *nm* marzipan.

marziale (mar'tsjale) *adj* martial.

marzo ('martso) *nm* March.

mascalzone (maskal'tsone) *nm* villain.

mascara (mas'kare) *nm* mascara.

mascella maʃˈʃella *nf* jaw.

mascherare (maskeˈrare) *vt* mask, conceal. **maschera** (ˈmaskera) *nf* mask. **ballo in maschera** *nm* masked ball.

maschile (masˈkile) *adj* masculine, male, manly.

maschio (ˈmaskjo) *adj* male, manly. *nm* **1** male. **2** boy.

masochismo (mazoˈkizmo) *nm* masochism.

massa (ˈmassa) *nf* pile, heap, mass.

massacrare (massaˈkrare) *vt* massacre. **massacro** *nm* massacre.

massaggiare (massadˈdʒare) *vt* massage. **massaggio** *nm* massage.

massaia (masˈsaja) *nf* housewife.

massiccio (masˈsittʃo) *adj* **1** solid. **2** huge. **oro massiccio** *nm* solid gold.

massima (ˈmassima) *nf* maxim, rule.

massimo (ˈmassimo) *adj* greatest. *nm* maximum. **al massimo** at the most.

massone (masˈsone) *nm* freemason. **massoneria** *nf* freemasonry.

masticare (mastiˈkare) *vt* chew.

mastro (ˈmastro) *nm* ledger.

matematica (mateˈmatika) *nf* mathematics. **matematico** (mateˈmatiko) *nm* mathematician. *adj* mathematical.

materasso (mateˈrasso) *nm* mattress.

materia (maˈterja) *nf* **1** matter, material. **2** subject. **materiale** *adj,nm* material.

materno (maˈterno) *adj* maternal. **maternità** *nf* maternity, motherhood.

matita (maˈtita) *nf* pencil.

matriarcale (matriarˈkale) *adj* matriarchal.

matrice (maˈtritʃe) *nf* **1** womb. **2** counterfoil.

matricolare (matrikoˈlare) *vt* enroll. **matricolarsi** *vr* matriculate. **matricola** (maˈtrikola) *nf* **1** register. **2** first year student.

matrigna (maˈtriɲɲa) *nf* stepmother.

matrimonio (matriˈmɔnjo) *nm* marriage, matrimony. **matrimoniale** *adj* matrimonial.

matterello (matteˈrello) *nm* rolling pin.

mattina (matˈtina) *nf* also **mattino** *nm* morning. **mattinata** *nf* **1** morning. **2** matinée.

matto (ˈmatto) *adj* mad, crazy. *nm* madman.

mattone (matˈtone) *nm* brick. **mattonella** (mattoˈnella) *nf* tile.

maturare (matuˈrare) *vi* **1** ripen. **2** mature. **maturità** *nf* maturity. **maturo** *adj* **1** ripe. **2** mature.

mausoleo (mauzoˈlɛo) *nm* mausoleum.

mazza (ˈmattsa) *nf* club.

mazzo (ˈmattso) *nm* bunch.

me (me) *pron 1st pers m,f s* **1** me. **2** myself.

meccanica (mekˈkanika) *nf* mechanics. **meccanico** (mekˈkaniko) *adj* mechanical. *nm* mechanic. **meccanismo** *nm* mechanism. **meccanizzare** (mekkanidˈdzare) *vt* mechanize.

mèche (mɛʃ) *nf* streak (in the hair).

medaglia (meˈdaʎʎa) *nf* medal.

medesimo (meˈdezimo) *adj* same.

media (ˈmɛdja) *nf* average. **in media** on average.

mediante (meˈdjante) *prep* by means of.

medicare (mediˈkare) *vt* med treat, dress. **medicamento** *nm* treatment, remedy. **medicina** *nf* medicine. **medico**

('mɛdiko) *nm* doctor. **medico condotto** panel doctor.
medio ('mɛdjo) *adj* 1 middle. 2 average. *nm* middle finger. **scuola media** *nf* secondary school.
mediocre (me'djɔkre) *adj* 1 average. 2 mediocre. **mediocrità** *nf* mediocrity.
medioevo (medjo'evo) *nm* Middle Ages. **medioevale** *adj* medieval.
meditare (medi'tare) *vt* 1 meditate upon. 2 ponder. *vi* meditate. **meditazione** *nf* meditation.
mediterraneo (mediter'raneo) *adj* Mediterranean. **(Mare) Mediterraneo** *nm* Mediterranean (Sea).
medusa (me'duza) *nf* jellyfish.
megafono (me'gafono) *nm* loudspeaker.
meglio ('mɛʎʎo) *adv,adj invar* 1 better. 2 best. **tanto meglio** so much the better. ~ *nm* best. **fare del proprio meglio** do one's best.
mela ('mela) *nf* apple. **melo** *nm* apple tree.
melagrana (mela'grana) *nf* pomegranate.
melanzana (melan'dzana) *nf* aubergine.
melassa (me'lassa) *nf* molasses.
melodia (melo'dia) *nf* melody.
melodramma (melo'dramma) *nm* melodrama. **melodrammatico** (melodram'matiko) *adj* melodramatic.
melone (me'lone) *nm* melon.
membrana (mem'brana) *nf* membrane.
membro ('mɛmbro) *nm* 1 *pl* **membra** *f* limb. 2 *pl* **membri** *m* member.
memoria (me'mɔrja) *nf* 1 memory. 2 *pl* memoirs. **a memoria** by rote; by heart. **memorabile** (memo'rabile) *adj* memorable.

menare (me'nare) *vt* 1 lead, take. 2 deliver (a blow). **sapere a menadito** have at one's fingertips.
mendicare (mendi'kare) *vt,vi* beg. **mendicante** *nm* beggar.
meno ('meno) *adv* 1 less. 2 minus. 3 least. **a meno che** unless. **meno male** so much the better. **per lo meno** at least. **venire meno** 1 fail. 2 faint. ~ *conj* except. *adj invar* 1 less, fewer. 2 least. *nm* least.
menopausa (meno'pauza) *nf* menopause.
mensa ('mensa) *nf* canteen, refectory.
mensile (men'sile) *adj* monthly.
menta ('menta) *nf* mint.
mente ('mente) *nf* mind. **sapere a mente** know by heart. **mentale** *adj* mental. **mentalità** *nf* mentality.
mentire (men'tire) *vi* lie.
mento ('mento) *nm* chin.
mentre ('mentre) *conj* 1 while. 2 whereas.
menu (mə'ny) *nm* also **menù** menu.
menzionare (mentsjo'nare) *vt* mention. **menzione** *nf* mention.
menzogna (men'tsoɲɲa) *nf* lie.
meraviglia (mera'viʎʎa) *nf* amazement, wonder. **a meraviglia** wonderfully. **meraviglioso** (meravi'ʎoso) *adj* wonderful. **meravigliarsi** *vr* be amazed.
mercante (mer'kante) *nm* merchant.
mercanzia (merkan'tsia) *nf* merchandise.
mercato (mer'kato) *nm* market. **a buon mercato** cheaply.
merce ('mertʃe) *nf* goods.
mercenario (mertʃe'narjo) *adj, nm* mercenary.
merciaio (mer'tʃajo) *nm* haberdasher. **merceria** *nf* haberdashery (shop).

mercoledì (merkole'di) *nm* Wednesday.

mercurio (mer'kurjo) *nm* mercury.

merda ('merda) *n tab* excrement *f*.

merenda (me'renda) *nf* mid-afternoon snack.

meridiana (meri'djana) *nf* sundial.

meridionale (meridjo'nale) *adj* southern.

meringa (me'ringa) *nf* meringue.

meritare (meri'tare) *vt* deserve, merit, earn. **meritevole** (meri'tevole) *adj* deserving. **merito** ('merito) *nm* merit.

merletto (mer'letto) *nm* lace.

merlo[1] ('merlo) *nm* blackbird.

merlo[2] ('merlo) *nm arch* battlement.

merluzzo (mer'luttso) *nm* cod.

mero ('mero) *adj* mere.

meschino (mes'kino) *adj* 1 wretched. 2 scanty, poor, mean.

mescita ('meʃʃita) *nf* 1 bar. 2 public house.

mescolare (mesko'lare) *vt* 1 mix, blend. 2 shuffle (cards). **mescolanza** *nf* mixture.

mese ('mese) *nm* month.

messa[1] ('messa) *nf* Mass.

messa[2] ('messa) *nf* putting, placing. **messa in piega** (hair) set.

messaggio (mes'saddʒo) *nm* message, note. **messaggero** (messad'dʒero) *nm* messenger.

Messico ('messiko) *nm* Mexico. **messicano** *adj,n* Mexican.

messo ('messo) *v see* **mettere.**

mestiere (mes'tjere) *nm* job, trade.

mesto ('mesto) *adj* sad.

mestolo ('mestolo) *nm also* **mestola** ('mestola) *nf* ladle.

mestruazione (mestruat'tsjone) *nf* menstruation. **avere le mestruazioni** have a period.

meta ('meta) *nf* aim, object.

metà (me'ta) *nf* half.

metabolismo (metabo'lizmo) *nm* metabolism.

metafisica (meta'fizika) *nf* metaphysics.

metafora (me'tafora) *nf* metaphor. **metaforico** *adj* metaphorical.

metallo (me'tallo) *nm* metal. **metallico** (me'talliko) *adj* metallic. **metallurgia** *nf* metallurgy.

metano (me'tano) *nm* methane.

meteora (me'teora) *nf* meteor.

meteorologia (meteorolo'dʒia) *nf* meteorology. **meteorologico** (meteoro'lɔdʒiko) *adj* meteorological.

meticcio (me'tittʃo) *adj,nm* half-breed.

meticoloso (metiko'loso) *adj* scrupulous, meticulous.

metodista (meto'dista) *nm* Methodist.

metodo ('metodo) *nm* 1 method. 2 order. **metodico** (me'tɔdiko) *adj* methodical.

metro ('metro) *nm* metre. **metrico** ('metriko) *adj* metric.

metropoli (me'trɔpoli) *nf invar* metropolis. **metropolitana** *nf* underground, tube.

mettere* ('mettere) *vt* 1 put, place, set. 2 take (time). 3 suppose. 4 install. 5 put forth, sprout. **mettere in onda** transmit. **mettere su** set up. **mettersi** *vr* 1 place oneself. 2 put on. 3 begin.

mezzo ('meddzo) *adj* 1 half. 2 medium. *adv* half. *nm* 1 half. 2 middle. 3 means. **le due e mezzo** half past two. **mezzaluna** *nf* crescent. **mezzanotte** (meddza'nɔtte) *nf* midnight. **mezzogiorno** *nm* 1 midday, noon. 2 south. **mezz'ora** *adj,nf* half-hour.

mi (mi) *pron 1st pers m,f s* 1 me, to me. 2 myself.

mia ('mia) *poss adj, poss pron*
see **mio.**

miagolare (mjago'lare) *vi*
miaow.

mica ('mika) *adv* **mica male**
not too bad. **non...mica** not
at all.

miccia ('mittʃa) *nf* fuse.

micio ('mitʃo) *nm inf* cat.

microbo ('mikrobo) *nm also*
microbio (mi'krɔbjo)microbe.

microfono (mi'krɔfono) *nm*
microphone.

microscopio (mikros'kɔpjo)
nm microscope.

midollo (mi'dollo) *nm anat*
marrow.

mie ('mie) *poss adj, poss pron*
see **mio.**

miei ('mjɛi) *poss adj,poss pron*
see **mio.**

miele ('mjele) *nm* honey.

mietere ('mjɛtere) *vt* reap.

migliaio (miʎ'ʎajo) *nm,pl*
migliaia *f* about a thousand.

miglio (miʎʎo) *nm,pl* **miglia** *f*
mile.

migliore (miʎ'ʎore) *adj* 1 better. 2 best. **miglioramen-
to** *nm* improvement. **migliorare** *vt,vi* improve.

mignolo (mi'ʎʎolo) *nm* 1 little
finger. 2 little toe.

migrare (mi'grare) *vi* migrate.

mila ('mila) *adj,n invar*
thousands.

Milano (mi'lano) *nf* Milan.

milione (mi'ljone) *nm* million.

milionario (miljo'narjo) *nm*
millionaire. **milionesimo** *adj*
millionth.

milite ('milite) *nm* soldier.
militare *vi* 1 fight. 2 *mil*
serve. *adj* military. **militante**
adj,nm militant.

millantare (millan'tare) *vt* exaggerate. **millantatore** *nm*
boaster.

mille ('mille) *adj,nm* thousand.
millennio (mil'lennjo) *nm* millennium. **millesimo***adj* thousandth.

millepiedi (mille'pjɛdi) *nm
invar* centipede.

milligrammo (milli'grammo)
nm milligram.

mimetizzare (mimetid'dzare)
vt camouflage.

mimo ('mimo) *nm* 1 mimic. 2
mime.

minacciare (minat'tʃare) *vt*
threaten. **minaccia** *nf* threat.

minare (mi'nare) *vt* 1 mine. 2
undermine. **mina** *nf* mine
(explosive). **minatore** *nm*
miner.

minareto (mina'reto) *nm* minaret.

minerale (mine'rale) *adj,nm*
mineral.

minestra (mi'nestra) *nf* soup.
minestrone *nm* thick vegetable and pasta soup.

miniatura (minja'tura) *nf* miniature.

miniera (mi'njɛra) *nf* mine,
quarry.

minimo ('minimo) *adj* 1
least. 2 lowest. *nm* minimum.

ministero (minis'tero) *nm* 1
ministry. 2 office. **ministero degli affari esteri** Foreign Office. **ministero del-
l'interno** Home Office. **ministro** *nm* minister.

minore (mi'nore) *adj* 1 smaller,
less. 2 younger. 3 minor.
4 smallest. 5 youngest. **minoranza** (mino'rantsa) *nf* minority. **minorenne** (mino-
'renne) *adj* under age. *nm law*
minor.

minuetto (minu'etto) *nm* minuet.

minuscolo (mi'nuskolo) *adj*
small, tiny. **minuscola** (mi-
'nuskola) *nf* small letter.

minuto[1] (mi'nuto) *adj* 1 minute. 2 precise. **al minuto**
retail.

minuto[2] (mi'nuto) *nm* minute.

mio, mia, miei, mie ('mio,
'mia, 'mjɛi, 'mie) *poss adj* 1st

pers s my. *poss pron 1st pers s* mine.

miope ('miope) *adj* short-sighted.

miracolo (mi'rakolo) *nm* miracle.

miraggio (mi'raddʒo) *nm* mirage.

mirare (mi'rare) *vt* gaze at, look at. *vi* aim. **mira** *nf* aim. **mirino** *nm* viewfinder.

miscela (miʃ'ʃela) *nf* mixture. **miscellaneo** (miʃʃel'laneo) *adj* miscellaneous.

mischia ('miskja) *nf* fray, fight.

mischiare (mis'kjare) *vt* mix.

miscuglio (mis'kuʎʎo) *nm* mixture.

miseria (mi'zerja) *nf* 1 poverty. 2 misery. **miserabile** (mize'rabile) *adj* wretched. **misero** ('mizero) *adj* 1 wretched. 2 poor.

misi ('mizi) *v* see **mettere**.

missile ('missile) *nm* missile.

missione (mis'sjone) *nf* mission. **missionario** *nm* missionary.

mistero (mis'tero) *nm* mystery. **misterioso** (miste'rjoso) *adj* mysterious.

mistico ('mistiko) *adj* mystical. **misticismo** *nm* mysticism.

misto ('misto) *adj* mixed. *nm* mixture.

mistura (mis'tura) *nf* mixture.

misurare (mizu'rare) *vt* measure. **misura** (mi'zura) *nf* 1 measure. 2 size, measurement. **a misura che** in proportion as. **su misura** made to measure.

mite ('mite) *adj* mild.

mito ('mito) *nm* myth. **mitologia** *nf* mythology.

mitra[1] ('mitra) *nf* mitre.

mitra[2] ('mitra) *nm* submachine gun.

mitragliatrice (mitraʎʎa'tritʃe) *nf* machine-gun.

mittente (mit'tente) *nm* sender.

mobile ('mobile) *adj* movable, mobile. *nm* 1 piece of furniture. 2 *pl* furniture.

mobilio (mo'biljo) *nm* furniture.

mobilitare (mobili'tare) *vt* mobilize.

moda ('mɔda) *nf* fashion. **di moda** in fashion. **modista** *nf* milliner.

modellare (model'lare) *vt* model. **modella** (mo'della) *nf Art* model. **modello** (mo'dello) *nm* 1 model. 2 pattern.

moderare (mode'rare) *vt* moderate. **moderato** *adj* moderate. **moderazione** *nf* moderation.

moderno (mo'dɛrno) *adj* modern, up-to-date. **modernizzare** (modernid'dzare) *vt* modernize.

modestia (mo'dɛstja) *nf* modesty. **modesto** (mo'desto) *adj* modest.

modificare (modifi'kare) *vt* modify, alter.

modo ('mɔdo) *nm* 1 way, method. 2 *mus* key. 3 means. **a ogni modo** anyway. **in tutti i modi** in any case. **per modo di dire** so to speak.

modulare (modu'lare) *vt* modulate.

modulo ('mɔdulo) *nm* form.

mogano ('mɔgano) *nm* mahogany.

moglie ('mɔʎʎe) *nf* wife.

molecola (mo'lɛkola) *nf* molecule.

molesto (mo'lɛsto) *adj* annoying.

molla ('mɔlla) *nf* 1 spring. 2 *pl* tongs. **molletta** *nf* 1 clothes peg. 2 hairgrip.

molle ('mɔlle) *adj* soft.

mollusco (mol'lusko) *nm* mollusc, shellfish.

molo ('mɔlo) *nm* pier.

molteplice (mol'teplitʃe) *adj* 1 complex. 2 various.

moltiplicare (moltipli'kare) *vt* multiply.

moltitudine (molti'tudine) *nf* crowd.

molto ('molto) *adj* **1** much, a lot of. **2** *pl* many. **3** (of time) long. *adv* **1** much, a lot. **2** very.

momento (mo'mento) *nm* moment. **momentaneo** *adj* momentary.

monaco ('mɔnako) *nm* monk. **monaca** ('mɔnaka) *nf* nun.

Monaco ('mɔnako) *nf* Monaco. **Monaco di Baviera** Munich.

monarca (mo'narka) *nm* monarch. **monarchia** *nf* monarchy.

monastero (monas'tero) *nm* **1** monastery. **2** convent. **monastico** (mo'nastiko) *adj* monastic.

monco ('monko)*adj* **1** maimed. **2** incomplete.

mondezzaio (mondet'tsajo) *nm* rubbish tip.

mondo ('mondo) *nm* world. **mondiale** *adj* **1** world. **2** worldwide.

monello (mo'nɛllo) *nm* rascal.

moneta (mo'neta) *nf* **1** coin. **2** small change. **carta moneta** *nf* paper money.

monetario (mone'tarjo) *adj* monetary. **monetarismo** *nm* monetarism.

monocromo (mo'nɔkromo)*adj* monochrome.

monologo (mo'nɔlogo) *nm* monologue.

monopolio (mono'pɔljo) *nm* monopoly. **monopolizzare** (monopolid'dzare) *vt* monopolize.

monotono (mo'nɔtono) *adj* monotonous. **monotonia** *nf* monotony.

monsone (mon'sone) *nm* monsoon.

montaggio (mon'taddʒo) *nm* *tech* assembly.

montagna (mon'taʎʎa) *nf* mountain. **montagnoso** *adj* mountainous. **montanaro** *nm* person living in the highlands.

montare (mon'tare) *vi* climb, mount. *vt* **1** mount. **2** assemble, put together. **3** whip (cream).

monte ('monte) *nm* **1** mountain. **2** pile, heap.

montone (mon'tone) *nm* **1** ram. **2** mutton.

monumento (monu'mento) *nm* monument. **monumentale** *adj* monumental.

mora ('mɔra) *nf* blackberry.

morale (mo'rale) *nf* morality. *nm* morale. **moralità** *nf* morality. **moraleggiare** (moraled'dʒare) *vi* moralize.

morbido ('mɔrbido) *adj* soft. **morbidezza** (morbi'dettsa) *nf* softness.

morbillo (mor'billo) *nm* measles.

mordere* ('mɔrdere) *vt* bite. **mordente** (mor'dente) *adj* biting.

morfina (mor'fina) *nf* morphine.

morire* (mo'rire) *vi* die.

mormorare (mormo'rare) *vi* murmur, mutter.

moro ('mɔro) *adj* dark. *nm* Negro.

morsi ('mɔrsi) *v* see **mordere**.

morsicare (morsi'kare) *vt* **1** nibble. **2** sting. **morso** ('mɔrso) *v* see **mordere**. *nm* **1** bite. **2** sting. **3** horse's bit.

mortadella (morta'della) *nf* spicy pork sausage.

mortaio (mor'tajo) *nm* mortar.

mortale (mor'tale) *adj* **1** mortal. **2** deadly. *nm* mortal. **mortalità** *nf* mortality.

morte ('mɔrte) *nf* death.

morto ('mɔrto) *v* see **morire**. *adj* dead. *nm* dead man.

mosaico (mo'zaiko) *nm* mosaic.

mosca ('moska) *nf* fly.

moschea (mos'kɛa)*nf* mosque.

moschetto (mos'ketto) *nm* musket.

mossa ('mɔssa) *nf* 1 movement. 2 *game* move.

mossi ('mɔssi) *v see* **muovere**.

mosso ('mɔsso) *v see* **muovere**. *adj* agitated. **mare mosso** *nm* rough sea.

mostarda (mos'tarda) *nf* mustard.

mostrare (mos'trare) *vt* show, exhibit. **mostra** *nf* exhibition, show.

mostro ('mostro) *nm* monster. **mostruoso** (mostru'oso) *adj* monstrous.

motivo (mo'tivo) *nm* 1 cause, motive. 2 motif.

moto[1] ('mɔto) *nm* motion. **mettere in moto** start.

moto[2] ('mɔto) *nf invar* motorbike.

motocicletta (mototʃi'kletta) *nf* motorcycle. **motociclista** *nm* motorcyclist.

motocisterna (mototʃis'terna) *nf* mot tanker.

motore (mo'tore) *nm* motor, engine. **motorino** *nm* motorcycle.

motoscafo (motos'kafo) *nm* motorboat.

movesti (mo'vesti) *v see* **muovere**.

movimento (movi'mento) *nm* movement.

mozione (mot'tsjone) *nf* motion.

mozzare (mot'tsare) *vt* cut off.

mozzarella (mottsa'rella) *nf* sweet Neapolitan cheese.

mozzicone (mottsi'kone) *nm* cigar or cigarette stub.

mucca ('mukka) *nf* cow.

mucchio ('mukkjo) *nm* heap, pile.

muco ('muko) *nm* mucus.

muffa ('muffa) *nf* mould, must.

mugghiare (mug'gjare) *vi* bellow, roar.

muggire (mud'dʒire) *vi* 1 moo. 2 bellow, roar. **muggito** *nm* roar.

mughetto (mu'getto) *nm* lily-of-the-valley.

mugnaio (muɲ'najo) *nm* miller.

mugolare (mugo'lare) *vi* 1 howl. 2 whine.

mulino (mu'lino) *nm* mill. **mulino a vento** windmill.

mulo ('mulo) *nm* mule.

multa ('multa) *nf* fine.

multicolore (multiko'lore) *adj* multicoloured.

multirazziale (multirat'tsjale) *adj* multiracial.

mummia ('mummja) *nf* mummy.

mungere* ('mundʒere) *vt* milk.

municipio (muni'tʃipjo) *nm* 1 municipality. 2 town hall. **municipale** *adj* municipal.

munire (mu'nire) *vt* 1 fortify. 2 supply, provide. **munizioni** *nf pl* ammunition.

muoio ('mwɔjo) *v see* **morire**.

muori ('mwɔri) *v see* **morire**.

muovere* ('mwɔvere) *vt,vi* move. **muovere un passo** take a step. **muoversi** *vr* move, stir.

muraglia (mu'raʎʎa) *nf* 1 wall. 2 barrier.

muro ('muro) *nm* 1 *pl* **muri** *m* wall. 2 *pl* **mura** *f* city wall. **muratore** *nm* mason.

muschio ('muskjo) *nm* musk.

muscolo ('muskolo) *nm* muscle.

museo (mu'zɛo) *nm* museum, art gallery.

musica ('muzika) *nf* music. **musicale** *adj* musical.

muso ('muzo) *nm* snout.

mussolina (musso'lina) *nf* muslin.

muta ('muta) *nf* wet suit.

mutande (mu'tande) *nf pl* pants, knickers. **mutandine** *nf pl* 1 bathing trunks. 2 pants.

mutare (mu'tare) *vt* change.

mutilare (muti'lare) *vt* mutilate.

muto ('muto) *adj* dumb, mute.

mutuo ('mutuo) *adj* mutual, reciprocal. *nm* loan.

N

nacchera ('nakkera) *nf* castanet.

nacqui ('nakkwi) *v see* **nascere**.

nafta ('nafta) *nf* diesel (oil).

nailon ('nailon) *nm* nylon.

nanna ('nanna) *nf inf* sleep.

nano ('nano) *nm* dwarf.

napalm ('napalm) *nm* napalm.

Napoli ('napoli) *nf* Naples. **napoletano** *adj,n* Neapolitan.

nappa ('nappa) *nf* tassel.

narcotico (nar'kɔtiko) *adj,nm* narcotic.

narice (na'ritʃe) *nf* nostril.

narrare (nar'rare) *vt* tell, relate. **narrativa** *nf* 1 narrative. 2 fiction. **narratore** *nm* narrative writer. **narrazione** *nf* narration, account.

nascere* ('naʃʃere) *vi* be born. **nascita** ('naʃʃita) *nf* birth.

nascondere* (nas'kondere) *vt* hide, conceal. **nascondersi** *vr* hide. **nascondiglio** *nm* 1 hiding place. 2 hide and seek.

nascosi (nas'kosi) *v see* **nascondere**.

nascosto (nas'kosto) *v see* **nascondere**. *adj* hidden. **di nascosto** secretly.

nasello (na'sello) *nm* whiting.

naso ('naso) *nm* nose. **nasale** (na'sale) *adj* nasal.

nastro ('nastro) *nm* 1 ribbon. 2 tape. **nastro magnetico** recording tape.

nasturzio (nas'turtsjo) *nm* nasturtium.

natale (na'tale) *adj* native, natal. **natalità** *nf* birth rate.

Natale (na'tale) *nm* Christmas.

natatoia (nata'toja) *nf* fin.

natica ('natika) *nf* buttock.

nativo (na'tivo) *adj,nm* native.

nato ('nato) *v see* **nascere**. *adj* born. **nato morto** still-born.

natura (na'tura) *nf* 1 nature. 2 temperament. **naturale** *adj* natural. **naturalismo** *nm* naturalism.

naturalizzare (naturalid'dzare) *vt* naturalize.

naufragio (nau'fradʒo) *nm* shipwreck.

nausea ('nauzea) *nf* 1 nausea. 2 disgust. **nauseare** *vt* 1 nauseate. 2 disgust.

nautico ('nautiko) *adj* nautical.

navata (na'vata) *nf* nave.

nave (na've) *nf* ship, boat, liner. **navale** *adj* naval.

navetta (na'vetta) *nf* shuttle.

navigare (navi'gare) *vi* sail. **navigazione** *nf* navigation.

nazionalizzare (nattsjonalid'dzare) *vt* nationalize. **nazionalizzazione** *nf* nationalization.

nazione (nat'tsjone) *nf* nation. **nazionale** *adj* national. **nazionalismo** *nm* nationalism. **nazionalista** *nm* nazionalist. **nazionalità** *nf* nationality.

nazismo (nat'tsizmo) *nm* Nazism. **nazista** (nat'tsista) *nm* Nazi.

ne (ne) *pron* 1 of him, her, it, or them. 2 about it or them. *adv* from there. *partitive* some, any.

né (ne) *conj* neither, nor. **né...né** neither...nor.

neanche (ne'anke) *adv,conj* not even.

nebbia ('nebbja) *nf* 1 fog. 2 mist. **nebbioso** (neb'bjoso) *adj* 1 foggy. 2 misty.

necessario (netʃes'sarjo) *adj* essential, necessary. **necessità** *nf* necessity, need.

negare (ne'gare) *vt* 1 deny. 2 refuse. **negativa** *nf* negative. **negativo** *adj* negative.

negli ('neʎʎi) contraction of **in gli**.

negligere* (ne'glidʒere) vt neglect. **negligente** adj negligent. **negligenza** (negli'dʒentsa) nf negligence.

negoziare (negot'tsjare) vt negotiate. vi trade, deal. **negoziante** nm dealer. **negoziato** nm negotiation. **negoziatore** nm negotiator.

negozio (ne'gɔttsjo) nm 1 shop. 2 business.

negro ('negro) adj,n Negro.

nei ('nei) contraction of **in i**.

nel ('nel) contraction of **in il**.

nell' ('nel) contraction of **in l'**.

nella ('nella) contraction of **in la**.

nelle ('nelle) contraction of **in le**.

nello ('nello) contraction of **in lo**.

nemico (ne'miko) adj hostile. nm, pl **nemici** enemy.

nemmeno (nem'meno) adv, conj not even.

neo ('nɛo) nm beauty spot, mole.

neon ('nɛon) nm neon.

neonato (neo'nato) adj newborn. nm newborn child.

nepotismo (nepo'tizmo) nm nepotism.

neppure (nep'pure) adv,conj not even.

nero ('nero) adj black. nm 1 black. 2 cap Black.

nervo ('nɛrvo) nm nerve, sinew. **dare ai nervi** get on one's nerves. **nervoso** (ner'voso) adj 1 nervous. 2 excitable.

nessuno (nes'suno) adj 1 no, none. 2 any. pron invar no-one, nobody.

nettare ('nettare) nm nectar.

netto ('netto) adj 1 clean, pure. 2 net.

neutrale (neu'trale) adj neutral. **neutralità** nf neutrality. **neutralizzare** (neutralid'dzare) vt neutralize.

neutro ('nɛutro) adj 1 neuter. 2 neutral.

neve ('neve) nf snow.

nevicare (nevi'kare) vi snow. **nevicata** nf fall of snow.

nevischio (ne'viskjo) nm sleet.

nevrosi (ne'vrɔzi) nf invar neurosis.

nicchia ('nikkja) nf niche.

nichel ('nikel) nm invar nickel.

nicotina (niko'tina)nf nicotine.

nido ('nido) nm nest.

niente ('njɛnte) pron invar,nm invar nothing. adv not at all.

ninfa ('ninfa) nf nymph.

ninfea (nin'fea) nf waterlily.

ninna-nanna (ninna'nanna) nf lullaby.

ninnolo ('ninnolo) nm knick-knack, plaything.

nipote (ni'pote) nm 1 nephew. 2 grandson. 3 pl grandchildren. nf 1 niece. 2 granddaughter.

nitido ('nitido) adj 1 clear. 2 bright.

nitrire (ni'trire) vi neigh.

no (nɔ) adv 1 no. 2 not.

nobile ('nɔbile) adj,nm noble. **nobiltà** nf nobility.

nocca ('nɔkka) nf knuckle.

nocciola (not'tʃɔla) nf hazelnut. **nocciuolo** (not'tʃwɔlo) nm hazelnut tree.

nocciolo ('nɔtlʃolo) nm 1 kernel. 2 stone.

noce ('notʃe) nf walnut, nut. nm walnut tree.

nocivo (no'tʃivo) adj harmful.

nocqui ('nɔkkwi) v see **nuocere**.

nodo ('nɔdo) nm knot.

noi ('noi) pron 1st pers m,f pl 1 we. 2 us. **noialtri** pron 1st pers m,f pl 1 we. 2 us. **noi stessi** pron 1st pers pl ourselves.

noia ('nɔja) nf 1 boredom. 2 annoyance. **dare noia** annoy. **noioso** (no'joso) adj 1 boring. 2 irritating.

noleggiare (noled'dʒare) *vt* hire, rent. **noleggio** *nm also* **nolo** ('nɔlo) *nm* hire.

nomade ('nɔmade) *adj* nomadic. *nm* nomad.

nome ('nome) *nm* 1 name. 2 noun.

nominare (nomi'nare) *vt* name, elect. **nomina** ('nɔmina) *nf* nomination.

non (non) *adv* not. **non...che** only.

noncurante (nonku'rante) *adj* careless.

nondimeno (nondi'meno) *conj* nonetheless.

nonno ('nɔnno) *nm inf* grandfather, grandad, or grandpa. **nonna** *nf inf* grandmother, grandma.

nono ('nɔno) *adj* ninth.

nonostante (nonos'tante) *prep* in spite of, despite.

non-ti-scordar-me *nm invar* forget-me-not.

nord (nɔrd) *nm* north. *adj invar* north, northern. **del nord** 1 northern. 2 northerly. **verso nord** northwards. **nordest** *nm* north-east. *adj invar* north-east, north-eastern. **del nord-est** 1 north-eastern. 2 north-easterly. **nordico** *adj* northern. **nord-ovest** *nm* north-west. *adj invar* north-west, north-western. **del nord-ovest** 1 north-western. 2 north-westerly.

norma ('nɔrma) *nf* 1 norm. 2 regulation.

normale *adj* normal, usual. **normalità** *nf* normality.

Norvegia (nor'vedʒa) *nf* Norway. **norvegese** *adj,n* Norwegian. *nm* Norwegian (language).

nostalgia (nostal'dʒia) *nf* nostalgia. **nostalgico** (nos'taldʒiko) *adj* nostalgic.

nostro ('nɔstro) *poss adj 1st pers pl* our. *poss pron 1st pers pl* ours.

notaio (no'tajo) *nm* notary.

notare (no'tare) *vt* 1 note (down), mark. 2 observe. **nota** ('nɔta) *nf* 1 note. 2 mark. 3 bill. 4 list. **notevole** (no'tevole) *adj* noteworthy.

notificare (notifi'kare) *vt* notify, inform.

notizia (no'tittsja) *nf* 1 piece of news. 2 *pl* news, information.

noto ('nɔto) *adj* well-known.

notorio (no'tɔrjo) *adj* notorious.

notte ('nɔtte) *nf* night. **notturno** *adj* nocturnal. **guardiano notturno** *nm* nightwatchman.

novanta (no'vanta) *adj,nm* ninety. **novantesimo** *adj* ninetieth.

nove ('nɔve) *adj,nm* nine. **novecento** (nove'tʃento) *adj* nine hundred. *nm* 1 nine hundred. 2 twentieth century.

novella (no'vella) *nf* short story. **novelliere** (novel'ljere) *nm* short story writer.

novembre (no'vembre) *nm* November.

novità (novi'ta) *nf* 1 novelty, innovation. 2 news.

novizio (no'vittsjo) *nm* novice.

nozze ('nɔttse) *nf pl* marriage, wedding.

nuca ('nuka) *nf* nape (of the neck).

nucleo ('nukleo) *nm* nucleus. **nucleare** *adj* nuclear.

nudo ('nudo) *adj* 1 naked, nude. 2 bare, plain. *nm* nude. **nudismo** *nm* nudism. **nudista** *nm* nudist. **nudità** *nf* nudity.

nulla ('nulla) *pron invar* nothing. *adv* nothing.

nullo ('nullo) *adj* void, null.

numero ('numero) *nm* number. **numerico** (nu'meriko) *adj* numerical. **numeroso** (nume'roso) *adj* numerous.

nuoccio ('nwɔttʃo) v see **nuocere**.

nuocere* ('nwɔtʃere) vi harm, hurt, damage.

nuora ('nwɔra) nf daughter-in-law.

nuotare (nwo'tare) vi swim. **nuotatore** nm swimmer. **nuoto** ('nwɔto) nm swimming.

nuovo ('nwɔvo) adj 1 new. 2 recent. **di nuovo** again.

nutrire (nu'trire) vt feed, nourish. **nutriente** (nutri'ɛnte) adj nutritious. **nutrimento** nm nourishment.

nuvola ('nuvola) nf cloud. **nuvoloso** (nuvo'loso) adj cloudy.

O

o (o) conj or. **o...o** either...or.

oasi ('ɔazi) nf oasis.

obbedire* (obbe'dire) vt, vi see **ubbidire**.

obbligare (obbli'gare) vt oblige, compel. **obbligato** adj obliged, grateful. **obbligatorio** (obbliga'tɔrjo) adj compulsory. **obbligo** ('ɔbbligo) nm 1 obligation. 2 duty.

obeso (o'bɛzo) adj obese. **obesità** nf obesity.

obiettare (objet'tare) vt object. **obiettivo** (objet'tivo) adj, nm objective. **obiettore** nm objector. **obiezione** nf objection.

obitorio (obi'tɔrjo) nm mortuary.

oblio (o'blio) nm oblivion.

obliquo (o'blikwo) adj oblique, slanting.

obliterare (oblite'rare) vt obliterate.

oblò (o'blɔ) nm porthole.

oblungo (o'blungo) adj oblong.

oboe ('ɔboe) nm invar oboe.

oca ('ɔka) nf goose.

occasionare (okkazjo'nare) vt cause.

occasione (okka'zjone) nf opportunity, occasion. **oggetto d'occasione** nm bargain.

occhio ('ɔkkjo) nm eye. **a quattr'occhi** tete à tete. **dare nell'occhio** catch the eye. **occhiali** nm pl glasses, spectacles. **occhiali da sole** sunglasses. **occhiata** nf glimpse, glance. **occhiello** (ok'kjɛllo) nm buttonhole.

occidente (ottʃi'dɛnte) nm west. **occidentale** adj western.

occorrere* (ok'korrere) v imp need. vi happen. **occorrente** (okkor'rɛnte) adj necessary. nm all that is necessary. **occorrenza** (okkor'rɛntsa) nf 1 need. 2 occasion. 3 occurrence.

occulto (ok'kulto) adj occult.

occupare (okku'pare) vt 1 occupy, take up. 2 use, employ. **occuparsi** vr busy oneself, concern oneself. **occupante** nm occupier. **occupato** adj 1 busy. 2 occupied, taken, engaged. **occupazione** nf 1 occupation. 2 job, employment.

oceano (o'tʃeano) nm ocean.

ocra ('ɔkra) nf ochre.

oculista (oku'lista) nm oculist.

ode ('ɔde) nf ode.

odiare (o'djare) vt hate, detest. **odio** ('ɔdjo) nm hatred. **odioso** (o'djoso) adj hateful.

odo ('ɔdo) v see **udire**.

odorare (odo'rare) vt, vi smell. **odore** nm 1 smell. 2 pl herbs.

offendere* (of'fendere) vt offend, hurt. **offendersi** vr take offence. **offensiva** nf offensive. **offensivo** (offen'sivo) adj offensive.

offersi (of'fersi) v see **offrire**.

offerta (of'ferta) nf offer.

offerto (of'ferto) v see **offrire**.

offesa (of'fesa) nf offence.

officina (offi'tʃina) *nf* workshop.

offrire* (of'frire) *vt* offer.

offuscare (offus'kare) *vt* darken, obscure.

oggetto (od'dʒetto) *nm* object. **oggettivo** *adj* objective.

oggi ('ɔddʒi) *adv* today. **al giorno d'oggi** nowadays. **oggi a otto** a week today.

ogni ('oɲɲi) *adj* each, every. **in ogni modo** in any case. **ogni tanto** now and again.

Ognissanti (oɲɲis'santi) *nm* All Saints' Day.

ognuno (oɲ'ɲuno) *pron* each one, everyone, everybody.

ohimè (oi'mɛ) *interj* oh dear!

Olanda (o'landa) *nf* Holland. **olandese** (olan'dese) *adj* Dutch. *nm* **1** Dutchman. **2** Dutch (language).

olfatto (ol'fatto) *nm* sense of smell.

olimpiade (olim'piade) *nf* Olympic Games. **olimpico** (o'limpiko) *adj* Olympic.

olio ('ɔljo) *nm* oil.

oliva (o'liva) *nf* olive. **olivo** *nm* olive tree.

olmo ('olmo) *nm* elm tree.

oltraggiare (oltrad'dʒare) *vt* outrage, violate. **oltraggio** *nm* outrage, offence. **oltraggioso** (oltrad'dʒoso) *adj* outrageous.

oltre ('oltre) *prep* **1** beyond. **2** over. **3** besides. *adv* **1** ahead. **2** further.

oltrepassare (oltrepas'sare) *vt* exceed, overstep.

omaggio (o'maddʒo) *nm* homage.

ombelico (ombe'liko) *nm* navel.

ombra ('ombra) *nf* **1** shade, shadow. **2** ghost. **ombreggiare** *vt* shade.

ombrello (om'brɛllo) *nm* umbrella. **ombrellino** *nm* parasol. **ombrellone** *nm* beach umbrella.

omettere* (o'mettere) *vt* omit.

omicidio (omi'tʃidjo) *nm* murder. **omicida** (omi'tʃida) *nm* murderer.

omissione (omis'sjone) *nf* omission.

omogeneo (omo'dʒɛneo) *adj* homogeneous.

omosessuale (omosessu'ale) *adj,nm* homosexual.

oncia ('ontʃa) *nf* ounce.

onda ('onda) *nf* wave. **onde** ('onde) *adv* whence, from where. *pron* with or by which. *conj* so that.

ondeggiare (onded'dʒare) *vi* **1** undulate. **2** waver.

ondulare (ondu'lare) *vi,vt* wave, undulate. **ondulazione** *nf* **1** undulation. **2** (in hair) wave.

onesto (o'nesto) *adj* honest, decent. **onestà** *nf* honesty.

onice ('ɔnitʃe) *nf* onyx.

onnipotente (onnipo'tente) *adj* omnipotent, almighty.

onomastico (ono'mastiko) *nm* name-day.

onore (o'nore) *nm* honour. **onorabile** *adj* honourable. **onorare** *vt* honour. **onorario** *adj* honorary. **onorevole** (ono'revole) *adj* honourable.

ontano (on'tano) *nm* alder.

opaco (o'pako) *adj* opaque.

opale (o'pale) *nm* opal.

opera ('ɔpera) *nf* **1** work. **2** *mus* opera.

operaio (ope'rajo) *nm* worker.

operare (ope'rare) *vi* work, act. *vt med* operate on. **operazione** *nf* operation. **operoso** (ope'roso) *adj* industrious.

opinione (opi'njone) *nf* opinion.

oppio ('ɔppjo) *nm* opium.

opponente (oppo'nente) *adj* opposing. *nm* adversary.

opporre* (op'porre) *vt* oppose.

opportuno (oppor'tuno) *adj* timely.

opposizione (oppozit'tsjone) *nf* opposition.

opposto (op'posto) *adj,nm* opposite, contrary. **all'opposto** on the contrary.

oppressi (op'pressi) *v* see **opprimere.**

oppressione (oppres'sjone) *nf* oppression.

oppresso (op'presso) *v* see **opprimere.** *adj* oppressed. **oppressivo** (oppres'sivo) *adj* oppressive.

opprimere* (op'primere) *vt* 1 oppress. 2 burden.

oppure (op'pure) *conj* or else.

opulento (opu'lento) *adj* opulent.

opuscolo (o'puskolo) *nm* pamphlet.

ora[1] ('ora) *nf* 1 hour. 2 time. **che ore sono?** what time is it? **di buon'ora** early. **non vedere l'ora di** long to.

ora[2] ('ora) *adv* now, just now.

orale (o'rale) *adj* oral.

orario (o'rarjo) *nm* timetable.

orazione (orat'tsjone) *nf* oration.

orbene (or'bɛne) *conj* so, well.

orbita ('ɔrbita) *nf* orbit.

orchestra (or'kɛstra) *nf* orchestra.

orchidea (orki'dea) *nf* orchid.

ordinare (ordi'nare) *vt* 1 tidy, put in order. 2 order, command. 3 prescribe. 4 ordain. **ordinamento** *nm* regulation. **ordinazione** *nf* 1 ordination. 2 prescription.

ordinario (ordi'narjo) *adj* ordinary.

ordine ('ordine) *nm* 1 order. 2 command.

ordire (or'dire) *vt* plot, scheme.

orecchia (o'rekkja) *nf* dog-ear. **orecchio** *nm* ear. **orecchino** *nm* earring.

orefice (o'refitʃe) *nm* goldsmith.

orfano ('ɔrfano) *adj,nm* or-

phan. **orfanotrofio** (orfano'trɔfjo) *nm* orphanage.

organico (or'ganiko) *adj* organic.

organizzare (organid'dzare) *vt* organize. **organizzazione** *nf* organization.

organo ('ɔrgano) *nm* organ. **organista** *nm* organist.

orgasmo (or'gazmo) *nm* 1 orgasm. 2 agitation, anxiety.

orgia ('ɔrdʒa) *nf* orgy.

orgoglio (or'goʎʎo) *nm* pride, arrogance. **orgoglioso** (orgoʎ'ʎoso) *adj* proud, haughty.

orientare (orjen'tare) *vt* orientate.

oriente (o'rjɛnte) *nm* east. **orientale** *adj* eastern, oriental.

origano (o'rigano) *nm* oregano.

originare (oridʒi'nare) *vi* derive, originate.

origine (o'ridʒine) *nf* 1 origin, source. 2 cause. **originale** *adj,nm* original. **originalità** *nf* originality.

origliare (oriʎ'ʎare) *vi* eavesdrop.

orina (o'rina) *nf* urine.

orizzonte (orid'dzonte) *nm* horizon. **orizzontale** *adj* horizontal.

orlo ('orlo) *nm* 1 rim, edge. 2 hem.

orma ('orma) *nf* 1 footprint. 2 trace.

ormai (or'mai) *adv* 1 by now. 2 by then.

ormeggiare (ormed'dʒare) *vt* moor.

ormone (or'mone) *nm* hormone.

ornare (or'nare) *vt* decorate, adorn. **ornamento** *nm* decoration.

ornitologia (ornitolo'dʒia) *nf* ornithology.

oro ('ɔro) *nm* gold. **d'oro** golden.

orologio (oro'lɔdʒo) *nm* 1 clock. 2 watch. **orologio da polso** wristwatch.

oroscopo (o'rɔskopo) *nm* horoscope.

orpello (or'pɛllo) *nm* tinsel.

orribile (or'ribile) *adj* horrible, awful.

orrore (or'rore) *nm* horror.

orso ('orso) *nm* bear. **orso polare** polar bear.

ortica (or'tika) *nf* nettle.

orto ('ɔrto) *nm* garden, market garden. **orticultura** *nf* horticulture.

ortodosso (orto'dɔsso) *adj* orthodox.

ortografia (ortogra'fia) *nf* spelling.

orzo ('ɔrdzo) *nm* barley. **orzata** *nf* barley water.

osare (o'zare) *vt,vi* dare.

osceno (oʃ'ʃeno) *adj* obscene. **oscenità** *nf* obscenity.

oscillare (oʃʃil'lare) *vi* **1** sway, swing. **2** vary. **3** hesitate.

oscurare (osku'rare) *vt* darken, obscure. **oscuramento** *nm* blackout. **oscurità** *nf* **1** darkness. **2** obscurity. **oscuro** *adj* **1** dark. **2** obscure.

ospedale (ospe'dale) *nm* hospital.

ospitare (ospi'tare) *vt* lodge, put up.

ospite ('ɔspite) *nm* **1** host. **2** guest. **ospitale** *adj* hospitable, friendly. **ospitalità** *nf* hospitality.

ospizio (os'pittsjo) *nm* **1** (establishment) home. **2** hostel.

ossequio (os'sɛkwjo) *nm* respect, reverence.

osservare (osser'vare) *vt* **1** observe. **2** note, remark. **osservatore** *nm* observer. **osservatorio** (osserva'tɔrjo) *nm* observatory. **osservazione** *nf* observation.

ossessionare (ossessjo'nare) *vt* obsess. **ossessione** *nf* obsession. **ossesso** (os'sɛsso) *adj* obsessed.

ossia (os'sia) *conj* or rather.

ossigeno (os'sidʒeno) *nm* oxygen. **ossigenato** *adj* bleached.

osso ('ɔsso) *nm* **1** *pl* **ossi** *m* (of animals or figurative) bone. **2** *pl* **ossa** *f anat* bone. **ossatura** *nf* framework. **ossobuco** *nm* **1** marrow bone. **2** dish made with this.

ostacolare (ostako'lare)*vt* hinder, impede. **ostacolo** (os'takolo) *nm* obstacle.

ostaggio (os'taddʒo) *nm* hostage.

oste ('ɔste) *nm* innkeeper.

ostello (os'tello) *nm* **ostello della gioventù** youth hostel.

osteria (oste'ria) *nf* inn.

ostetrica (os'tetrika) *nf* midwife.

ostile (os'tile) *adj* hostile. **ostilità** *nf* hostility.

ostinarsi (osti'narsi) *vr* persist. **ostinato** *adj* obstinate. **ostinazione** *nf* obstinacy.

ostrica ('ɔstrika) *nf* oyster.

ostruire (ostru'ire) *vt* block.

ottagono (ot'tagono) *nm* octagon. **ottagonale** *adj* octagonal.

ottano (ot'tano) *nm* octane.

ottanta (ot'tanta) *adj,nm* eighty. **ottantesimo** *adj* eightieth.

ottava (ot'tava) *nf* octave.

ottenere* (otte'nere) *vt* gain, get, obtain.

ottico ('ɔttiko) *nm* optician.

ottimo ('ɔttimo) *adj* excellent, very good. *nm* best. **ottimismo** *nm* optimism. **ottimista** *nm* optimist.

otto ('ɔtto) *adj,nm* eight. **ottocento** (otto'tʃɛnto) *adj* eight hundred. *nm* **1** eight hundred. **2** nineteenth century. **ottavo** *adj* eighth.

ottobre (ot'tobre) *nm* October.

ottone (ot'tone) *nm* brass.

otturare (ottu'rare) *vt* fill (a tooth).

ottuso (ot'tuzo) *adj* blunt.

ovaia (o'vaja) *nf* ovary.

ovale (o'vale) *adj* oval.

ovatta (o'vatta) *nf* cottonwool.

ovazione (ovat'tsjone) *nf* ovation.

ovest ('ɔvest) *nm* west. *adj invar* west, western. **dell'ovest** 1 western. 2 westerly. **verso ovest** west-wards.

ovile (o'vile) *nm* sheepfold.

ovulo ('ɔvulo) *nm* ovule.

ovvero (ov'vero) *conj* or else.

ovvio ('ɔvvjo) *adj* obvious.

oziare (ot'tsjare) *vi* idle. **ozio** ('ɔttsjo) *nm* 1 idleness. 2 leisure. **ozioso** (ot'tsjoso) *adj* idle.

P

pacchetto (pak'ketto) *nm* packet.

pacco ('pakko) *nm* parcel, package.

pace ('patʃe) *nf* peace. **pacifico** (pa'tʃifiko) *adj* peaceful. **(Oceano) Pacifico** *nm* Pacific (Ocean).

pacificare (patʃifi'kare) *vt* appease, pacify.

pacifismo (patʃi'fizmo) *nm* pacifism. **pacifista** *nm* pacifist.

padella (pa'dɛlla) *nf* frying pan.

padiglione (padiʎ'ʎone) *nm* 1 pavilion. 2 tent.

Padova ('padova) *nf* Padua.

padre ('padre) *nm* father. **padrino** *nm* godfather.

padrone (pa'drone) *nm* 1 owner, boss. 2 landlord.

paesaggio (pae'zaddʒo) *nm* landscape.

paese (pa'eze) *nm* 1 country. 2 village. **paesano** *nm* countryman.

paffuto (paf'futo) *adj* puffy.

pagaia (pa'gaja) *nf* paddle.

pagano (pa'gano) *adj,nm* pagan.

pagare (pa'gare) *vt* pay. **paga** *nf* pay, payment, salary.

pagamento *nm* payment.

pagella (pa'dʒella) *nf* report card.

paggio ('paddʒo) *nm* 1 page. 2 pageboy.

pagina ('padʒina) *nf* page (of a book).

paglia ('paʎʎa) *nf* straw. **paglietta** *nf* 1 steel wool. 2 boater (hat).

pagliaccio (paʎ'ʎattʃo) *nm* clown.

pagnotta (paɲ'ɲɔtta) *nf* round loaf.

pagoda (pa'gɔda) *nf* pagoda.

paio[1] ('pajo) *nm* pair.

paio[2] ('pajo) *v* see **parere**.

pala ('pala) *nf also* **paletta** shovel.

palato (pa'lato) *nm* palate.

palazzo (pa'lattso) *nm* 1 palace. 2 block, building.

palchetto (pal'ketto) *nm* 1 shelf. 2 *Th* box.

palco ('palco) *nm* 1 platform. 2 *Th* box. **palcoscenico** (palkoʃ'ʃeniko) *nm* stage.

palese (pa'leze) *adj* clear, evident.

palestra (pa'lestra) *nf* gymnasium.

palio ('paljo) *nm* horserace at Siena.

palla ('palla) *nf* 1 ball. 2 bullet. **pallacanestro** (pallaka'nestro) *nf* basketball.

pallavolo *nf* volleyball.

palleggiare (palled'dʒare) *vi sport* dribble.

pallido ('pallido) *adj* pale. **pallidezza** (palli'dettsa) *nf* paleness.

pallone (pal'lone) *nm* football. **palloncino** *nm* toy balloon.

pallottola (pal'lɔttola) *nf* 1 pellet. 2 bullet.

palma[1] ('palma) *nf also* **palmo** *nm anat* palm.

palma[2] ('palma) *nf bot* palm.

palo ('palo) *nm* pole, post.

palombaro (palom'baro) *nm* diver.

palpare (pal'pare) *vt* touch, feel.

palpebra ('palpebra) *nf* eyelid.

palpitare (palpi'tare) *vi* throb, palpitate. **palpito** ('palpito) *nm* beat.

paltò (pal'tɔ) *nm invar* overcoat.

palude (pa'lude) *nf* marsh.

panca ('panka) *nf* bench. **pancone** *nm* workbench.

pancetta (pan'tʃetta) *nf* bacon.

panchina (pan'kina) *nf* garden seat.

pancia ('pantʃa) *nf* belly. **panciotto** (pan'tʃɔtto) *nm* waistcoat.

pancreas ('pankreas) *nm invar* pancreas.

panda ('panda) *nm invar* panda.

pane ('pane) *nm* 1 bread. 2 loaf of bread. **pane grattato** breadcrumbs. **panforte** (pan'fɔrte) *nm* gingerbread. **panino** *nm* roll. **panino imbottito** sandwich.

panico ('paniko) *nm* panic.

paniere (pa'njere) *nm* basket.

panna[1] ('panna) *nf* cream. **panna montata** whipped cream.

panna[2] ('panna) *nf* mot breakdown.

panneggiare (panned'dʒare) *vt,vi* drape.

pannello (pan'nello) *nm* panel.

panno ('panno) *nm* 1 cloth. 2 *pl* clothes. **pannolino** *nm* 1 nappy. 2 sanitary towel.

panorama (pano'rama) *nm* view, panorama.

pantaloni (panta'loni) *nm pl* trousers.

pantera (pan'tera) *nf* panther.

pantofola (pan'tɔfola) *nf* slipper.

pantomima (panto'mima) *nf* pantomime.

papà (pa'pa) *nm inf* daddy, dad.

Papa ('papa) *nm* pope. **papale** *adj* papal. **papato** *nm* papacy.

papavero (pa'pavero) *nm* poppy.

papero ('papero) *nm* gosling.

papiro (pa'piro) *nm* papyrus.

pappagallo (pappa'gallo) *nm* parrot.

paprica ('paprika) *nf* 1 red pepper. 2 paprika.

parabola (pa'rabola) *nf* parable.

parabrezza (para'breddza) *nm* windscreen.

paracadute (paraka'dute) *nm invar* parachute. **paracadutista** *nm* parachutist.

paradiso (para'dizo) *nm* paradise, heaven.

paradosso (para'dɔsso) *nm* paradox.

parafango (para'fango) *nm* mudguard.

paraffina (paraf'fina) *nf* paraffin.

parafuoco (para'fwɔko) *nm* fireguard.

paragonare (parago'nare) *vt* compare. **paragone** *nm* comparison.

paragrafo (pa'ragrafo) *nm* paragraph.

paralisi (pa'ralizi) *nf invar* paralysis. **paralizzare** (paralid'dzare) *vt* paralyse.

parallelo (paral'lelo) *adj,nm* parallel.

paralume (para'lume) *nm* lampshade.

paranoia (para'nɔja) *nf* paranoia.

parapetto (para'petto) *nm* parapet.

parare (pa'rare) *vt* 1 adorn. 2 ward off. 3 avert.

parasole (para'sole) *nm* parasol.

parassita (paras'sita) *nm* parasite.

parata[1] (pa'rata) *nf* 1 sport parry. 2 defence.

parata[2] (pa'rata) *nf* parade.
paraurti (para'urti) *nm invar* bumper.
paravento (para'vento) *nm* screen.
parcheggiare (parked'dʒare) *vt* park. **parcheggio** *nm* 1 parking. 2 car park.
parchimetro (par'kimetro) *nm* parking meter.
parco[1] ('parko) *nm* park.
parco[2] ('parko) *adj* sparing, economical.
parecchio (pa'rekkjo) *adj* 1 a lot of, a good deal of. 2 considerable, some. *pron* a good many. *adv* much.
pareggiare (pared'dʒare) *vt* level, balance. *vi sport* draw. **pareggio** *nm* 1 balance. 2 *sport* draw.
parente (pa'rente) *nm,f* relation, relative. **parentela** (paren'tela) *nf* 1 relationship. 2 relatives.
parentesi (pa'rentezi) *nf invar* 1 parenthesis. 2 bracket.
parere* (pa'rere) *v imp* 1 seem, appear. 2 think. *nm* opinion.
parete (pa'rete) *nf* wall.
pari ('pari) *adj invar* 1 equal. 2 same. 3 (of a number) even. **parità** *nf* parity.
Parigi (pa'ridʒi) *nf* Paris.
parlamento (parla'mento) *nm* parliament.
parlare (par'lare) *vi* speak, talk. *vt* speak.
parmigiano (parmi'dʒano) *adj, nm* Parmesan.
parodia (paro'dia) *nf* parody.
parola (pa'rɔla) *nf* 1 word. 2 speech. 3 promise.
parolaccia (paro'lattʃa) *nf* bad word, swearword.
parrò (par'rɔ) *v see* **parere.**
parrocchia (par'rɔkkja) *nf* parish.
parroco ('parroko) *nm* parish priest.
parrucca (par'rukka) *nf* wig.

parrucchiere (parruk'kjere) *nm* hairdresser.
parsi ('parsi) *v see* **parere.**
parso ('parso) *v see* **parere.**
parte ('parte) *nf* 1 part. 2 portion, share. 3 side, direction. 4 *law,comm* party. **a parte** separately. **da parte** aside. **da una parte...d'altra parte** on the one hand...on the other.
partecipare (partetʃi'pare) *vi* 1 take part, participate. 2 share. *vt* announce.
participio (parti'tʃipjo) *nm* participle.
particolare (partiko'lare) *adj* 1 particular. 2 strange. 3 special. 4 private. *nm* detail.
partigiano (parti'dʒano) *adj,n* partisan.
partire (par'tire) *vi* leave, go away, depart. **a partire da oggi** starting from today.
partenza (par'tentsa) *nf* departure.
partita (par'tita) *nf* game, match.
partito (par'tito) *nm* 1 choice. 2 match (marriage). 3 *pol* party.
partitura (parti'tura) *nf mus* score.
partorire (parto'rire) *vt* give birth to. **parto** *nm* birth, delivery.
parvi ('parvi) *v see* **parere.**
parziale (par'tsjale) *adj* partial.
pascere* (paʃʃere) *vi* graze.
pascolare (pasko'lare) *vt,vi* graze. **pascolo** ('paskolo) *nm* pasture, meadow.
Pasqua ('paskwa) *nf* Easter.
passabile (pas'sabile) *adj* passable.
passaggio (pas'saddʒo) *nm* 1 passage. 2 crossing. 3 lift (in a car). **essere di passaggio** be passing through.
passare (pas'sare) *vi* 1 pass (by). 2 cease, stop. 3 go

away. **4** happen. *vt* **1** pass. **2** exceed. **3** spend (time). **4** strain. **passante** *nm* passer-by. **passaporto** (passa'porto) *nm* passport. **passatempo** (passa'tempo) *nm* hobby, pastime. **passato** *adj, nm* past.

passeggero (passed'dʒɛro) *nm* passenger.

passeggiare (passed'dʒare) *vi* go for a walk. **passeggiata** *nf* **1** walk. **2** drive, run, excursion.

passerella (passe'rella) *nf* **1** gangplank. **2** catwalk.

passero ('passero) *nm* sparrow.

passione (pas'sjone) *nf* passion.

passivo (pas'sivo) *adj* passive. **passività** *nf* passivity.

passo ('passo) *nm* **1** step. **2** excerpt, passage. **fare due passi** go for a short walk.

pasta ('pasta) *nf* **1** dough, pastry. **2** pasta. **3** cake. **pasta dentifricia** toothpaste.

pastasciutta (pastaʃ'ʃutta) *nf* pasta (with sauce).

pastello (pas'tello) *nm* pastel.

pasticca (pas'tikka) *nf* pastille.

pasticceria (pastittʃe'ria) *nf* cake shop.

pasticciare (pastit'tʃare) *vt* bungle. **pasticcio** *nm* **1** pie. **2** mess.

pastiglia (pas'tiʎʎa) *nf* tablet.

pastinaca (pasti'naka) *nf* parsnip.

pasto ('pasto) *nm* meal. **vino da pasto** *nm* table wine.

pastore (pas'tore) *nm* shepherd.

pastorizzare (pastorid'dzare) *vt* pasteurize.

pastrano (pas'trano) *nm* overcoat.

pastura (pas'tura) *nf* pasture.

patata (pa'tata) *nf* potato. **patata fritta** chip. **patatina** *nf* potato crisp.

patella (pa'tella) *nf* limpet.

patente[1] (pa'tente) *nf* licence, certificate.

patente[2] (pa'tente) *adj* obvious, evident.

paterno (pa'terno) *adj* paternal.

patetico (pa'tetiko) *adj* pathetic.

patibolo (pa'tibolo) *nm* scaffold.

patire (pa'tire) *vt, vi* suffer.

patria ('patrja) *nf* homeland, native land.

patrigno (pa'triɲɲo) *nm* stepfather.

patrimonio (patri'monjo) *nm* **1** estate. **2** heritage.

patriota (patri'ota) *nm* patriot. **patriottico** (patri'ottiko) *adj* patriotic.

patrono (pa'trono) *nm* patron saint.

pattinare (patti'nare) *vi* skate. **pattinaggio** *nm* skating. **pattino** *nm* skate.

patto ('patto) *nm* agreement, pact.

pattuglia (pat'tuʎʎa) *nf* patrol.

pattume (pat'tume) *nm* rubbish, refuse. **pattumiera** (pattu'mjera) *nf* dustbin.

paura (pa'ura) *nf* fear, fright. **fare paura a** frighten. **pauroso** (pau'roso) *adj* **1** timid. **2** frightening.

pausa ('pauza) *nf* pause.

pavimento (pavi'mento) *nm* floor.

pavone (pa'vone) *nm* peacock.

pavoneggiarsi (pavoned'dʒarsi) *vr* show off.

paziente (pat'tsjente) *adj* patient. *nm med* patient. **pazienza** (pat'tsjentsa) *nf* patience.

pazzo ('pattso) *adj* mad, insane. *nm* madman. **pazzia** *nf* madness.

peccare (pek'kare) *vi* sin. **peccato** *nm* sin. **che peccato!** what a shame! **peccatore** *nm* sinner.

pecora ('pɛkora) *nf* sheep.

pecorino *nm* sheep's milk cheese.

peculiare (peku'ljare) *adj* peculiar.

pedale (pe'dale) *nm* pedal. **pedalare** *vi* pedal.

pedana (pe'dana) *nf* **1** rug. **2** *sport* springboard.

pedante (pe'dante) *adj* pedantic. *nm* pedant.

pedata (pe'data) *nf* **1** footstep. **2** kick.

pediatria (pedja'tria) *nf* paediatrics.

pedicure (pedi'kure) *nm,f* chiropodist.

pedina (pe'dina) *nf* game **1** draughtsman. **2** pawn.

pedone (pe'done) *nm* pedestrian. **pedonale** *adj* pedestrian.

peggio ('peddʒo) *adv, adj invar* **1** worse. **2** worst. *nm,f* worst.

peggiorare (peddʒo'rare) *vt* make worse. *vi* worsen, deteriorate.

peggiore (ped'dʒore) *adj* **1** worse. **2** worst.

pegno ('peɲɲo) *nm* **1** pledge, pawn. **2** token. **3** forfeit.

pelare (pe'lare) *vt* **1** peel, skin. **2** pluck (a bird). **pelame** *nm* hair, fur.

pelle ('pelle) *nf* **1** skin. **2** hide. **3** leather. **amici per la pelle** *nm pl* friends for life.

pellegrino (pelle'grino) *nm* pilgrim. **pellegrinaggio** *nm* pilgrimage.

pellicano (pelli'kano) *nm* pelican.

pelliccia (pel'littʃa) *nf* fur coat, fur.

pellicola (pel'likola) *nf* **1** film, layer. **2** *phot* film.

pelo ('pelo) *nm* **1** hair. **2** fur, coat. **peloso** (pe'loso) *adj* hairy.

peltro ('peltro) *nm* pewter.

peluria (pe'lurja) *nf* down, soft hair.

pelvi ('pɛlvi) *nf invar* pelvis.

pena ('pena) *nf* **1** penalty, punishment. **2** pain, distress. **vale la pena** it is worthwhile. **penale** *adj* penal. **penalizzare** (penalid'dzare) *vt* penalize. **penoso** (pe'noso) *adj* painful.

pendere* ('pendere) *vi* **1** hang. **2** lean, slope. **pendente** (pen'dente) *adj* leaning. *nm* pendant. **pendenza**(pen'dentsa) *nf also* **pendice** slope. **pendio** *nm* slope, slant. **pendolo** ('pendolo) *nm* pendulum. **pendola** ('pendola) *nf* pendulum clock.

pene ('pene) *nm* penis.

penetrare (pene'trare) *vi* enter, penetrate. *vt* penetrate.

penicillina (penitʃil'lina) *nf* penicillin.

penisola (pe'nizola) *nf* peninsula.

penitente (peni'tente) *adj,n* penitent. **penitenza** (peni'tentsa) *nf* penance.

penna ('penna) *nf* **1** feather. **2** pen.

pennello (pen'nɛllo) *nm* paintbrush.

penombra (pe'nombra) *nf* dim light.

pensare (pen'sare) *vi* think, consider. *vt* think over, ponder. **pensatore** *nm* thinker.

pensiero (pen'sjɛro) *nm* thought. **stare in pensiero** be worried. **pensieroso** (pensje'roso) *adj* thoughtful.

pensile ('pensile) *adj* hanging.

pensionare (pensjo'nare) *vt* pension (off). **pensionato** *nm* pensioner. **pensione** *nf* **1** pension. **2** board. **3** boarding house.

pentagono (pen'tagono) *nm* pentagon.

Pentecoste (pente'kɔste) *nf* Pentecost, Whitsun.

pentirsi (pen'tirsi) *vr* **1** repent. **2** regret, be sorry. **pen-**

timento *nm* **1** repentance. **2** regret.

pentola ('pentola) *nf* pot. **pentola a pressione** pressure cooker.

penzolare (pendzo'lare) *vi* dangle. **penzoloni** *adv* dangling.

pepe ('pepe) *nm* pepper. **peperone** *nm* pepper, capsicum.

pepita (pe'pita) *nf* nugget.

per (per) *prep* **1** for. **2** by. **3** through. **4** during. **5** towards. **per amico** as a friend.

pera ('pera) *nf* pear.

perbacco (per'bakko) *interj* by Jove!

perbene (per'bɛne) *adj invar* respectable.

percalle (per'kalle) *nm* gingham.

percentuale (pertʃentu'ale) *nf* percentage.

percepire (pertʃe'pire) *vt* **1** notice, perceive. **2** receive. **percezione** *nf* perception.

perché (per'ke) *conj* **1** why. **2** because. **3** so that.

perciò (per'tʃɔ) *conj* therefore.

percorrere* (per'korrere) *vt* go through, cross.

percorso (per'korso) *nm* **1** distance. **2** journey.

percossa (per'kɔssa) *nf* blow.

percuotere* (per'kwɔtere) *vt* strike, hit.

percussione (perkus'sjone) *nf* percussion.

perdere* ('perdere) *vt* **1** lose. **2** miss. *vi* leak. **perdersi** *vr* get lost. **perdita** ('perdita) *nf* loss.

perdonare (perdo'nare) *vt* forgive, pardon. **perdono** *nm* pardon.

perfetto (per'fetto) *adj* perfect.

perfezionare (perfettsjo'nare) *vt* perfect. **perfezionarsi** *vr* specialize. **perfezione** *nf* perfection.

perfidia (per'fidja) *nf* treachery. **perfido** ('perfido) *adj* treacherous.

perfino (per'fino) *adv* even.

perforare (perfo'rare) *vt* **1** pierce, perforate. **2** bore.

pergamena (perga'mena) *nf* parchment.

pericolo (pe'rikolo) *nm* danger. **pericoloso** (periko'loso) *adj* dangerous.

periferia (perife'ria) *nf* outskirts, suburbs.

perimetro (pe'rimetro) *nm* perimeter.

periodo (pe'riodo) *nm* period. **periodico** (peri'ɔdiko) *adj* periodic. *nm* periodical.

perire (pe'rire) *vi* perish.

periscopio (peris'kɔpjo) *nm* periscope.

perito (pe'rito) *adj* skilled, expert. *nm* expert.

perla ('perla) *nf* pearl.

perlustrare (perlus'trare) *vt* search.

permaloso (perma'loso) *adj* touchy.

permanente (perma'nɛnte) *adj* permanent.

permeare (perme'are) *vt* permeate.

permesso (per'messo) *adj* permitted. *nm* **1** permission, permit. **2** leave. *interj* excuse me! **permesso?** may I come in?

permettere* (per'mettere) *vt* allow, permit.

pernice (per'nitʃe) *nf* partridge.

perno ('perno) *nm* pivot.

pero ('pero) *nm* pear tree.

però (pe'rɔ) *conj* however, yet.

perossido (pe'rɔssido) *nm* peroxide.

perpendicolare (perpendiko-'lare) *adj,nf* perpendicular.

perpetuo (per'pɛtuo) *adj* perpetual.

perplesso (per'plɛsso) *adj* perplexed.

perquisire (perkwi'zire) *vt* search. **perquisizione** *nf*

search. **mandato di perquisizione** nm search warrant.
perseguitare (persegwi'tare) vt 1 pursue. 2 persecute. **persecutore** nm persecutor. **persecuzione** nf persecution.
perseverare (perseve'rare) vi persevere.
persi ('persi) v see **perdere**.
persiana (per'sjana) nf shutter.
persino (per'sino) adv even.
persistere*(per'sistere) vi continue, persist.
perso ('perso) v see **perdere**.
persona (per'sona) nf person. **personale** adj personal. nm staff. **personalità** nf personality.
personaggio (perso'naddʒo) nm character.
personificare (personifi'kare) vt personify.
persuadere* (persua'dere) vt persuade, convince. **persuasione** nf persuasion. **persuasivo** adj persuasive.
pertanto (per'tanto) conj therefore.
pertosse (per'tosse) nf whooping cough.
pervenire*(perve'nire)vi reach.
pesare (pe'sare) vt, vi weigh. **pesante** (pe'sante) adj heavy. **peso** ('peso) nm 1 weight. 2 burden.
pesca[1] ('peska) nf peach. **pesco** nm peach tree.
pesca[2] ('peska) nf fishing. **pescare** vt 1 fish. 2 catch. **pescatore** nm fisherman.
pesce ('peʃʃe) nm 1 fish. 2 pl cap Pisces. **non sapere che pesci pigliare** not know which to choose. **pesce d'aprile** April fool. **pescecane** (peʃʃe'kane) nm shark. **pescheria** nf fishmonger's shop. **pescivendolo** (peʃʃi'vendolo) nm fishmonger.
pessimismo (pessi'mizmo) nm pessimism. **pessimista** nm

pessimist. **pessimistico** adj pessimistic.
pessimo ('pessimo) adj 1 very bad. 2 worst.
pestare (pes'tare) vt 1 trample on. 2 crush. 3 stamp (feet). **pestello** (pes'tello) nm pestle. **pesto** adj ground. nm kind of sauce. **carta pesta** nf papiermâché.
peste ('peste) nf 1 plague. 2 nuisance.
petalo ('petalo) nm petal.
petizione (petit'tsjone) nf petition.
petrolifero (petro'lifero) **pozzo petrolifero** nm oilwell. **petrolio** (pe'trɔljo) nm 1 oil. 2 petroleum. **petroliera** (petro'ljere) nf oil tanker.
pettegolo (pet'tegolo) adj gossipy. nm also **pettegola** nf gossip. **pettegolezzo** (pettego'leddzo) nm gossip.
pettinare (petti'nare) vt comb. **pettinarsi** vr comb one's hair. **pettinatura** nf hairstyle. **pettine** ('pettine) nm comb.
petto ('petto) nm 1 anat chest. 2 breast. **pettirosso** (petti'rosso) nm robin.
pezza ('pettsa) nf 1 patch. 2 cloth.
pezzo ('pettso) nm 1 piece, bit. 2 portion. **pezzo di ricambio** spare part. **pezzo grosso** bigwig. **un gran pezzo** a long time.
piaccio('pjattʃo)v see **piacere**.
piacere* (pja'tʃere) vi please, be pleasing. v imp like. **piacere a** please. ~ nm 1 pleasure, enjoyment. 2 favour. **per piacere** please. **piacevole** adj pleasant.
piaga ('pjaga) nf wound, sore, grief.
piagnucolare (pjaɲɲuko'lare) vi whimper.
pianerottolo (pjane'rɔttolo) nm arch landing.

pianeta (pja'neta) *nm* planet.
piangere* ('pjandʒere) *vi* cry,
weep. *vt* lament.
pianista (pja'nista) *nm* pianist.
piano[1] ('pjano) *adj* flat, level.
adv **1** quietly, gently. **2** slowly. **pian piano** very slowly.
piano[2] ('pjano) *nm* **1** plain. **2**
plane. **3** floor, storey. **pri-
mo piano** fore ground. **pianterreno** *nm* ground floor.
piano[3] ('pjano) *nm* **1** plan. **2**
project.
piano[4] ('pjano) *nm* piano.
pianoforte (pjano'fɔrte) *nm*
piano.
piansi ('pjansi) *v* see **piangere**.
piantare (pjan'tare) *vt* **1** plant.
2 fix, put. **3** abandon. **pian-
tarsi** *vr* stand. **pianta** *nf* **1**
bot plant. **2** *anat* sole **3**
plan. **piantagione** *nf* plantation.
pianto[1] ('pjanto) *v* see **piangere**.
pianto[2] ('pjanto) *nm* weeping.
pianura (pja'nura) *nf* plain.
piastra ('pjastra) *nf* slab. **piastrella** (pjas'trella) *nf* tile.
piattaforma (pjatta'forma) *nf*
platform.
piatto ('pjatto) *adj* flat. *nm* **1**
plate. **2** dish (of food). **3**
cul course. **4** *pl* cymbals.
piattino *nm* saucer.
piazza ('pjattsa) *nf* square,
marketplace. **fare piazza pu-
lita** make a clean sweep. **piaz-
zale** *nm* square, open space.
picca ('pikka) *nf* **1** lance, pike.
2 *pl* game spades.
piccante (pik'kante) *adj* spicy,
pungent.
picchiare (pik'kjare) *vt* hit,
strike. *vi* knock. **picchiotto**
(pik'kjɔtto) *nm* doorknocker.
picchio ('pikkjo) *nm* woodpecker.
piccino (pit'tʃino) *adj* small,
tiny.
piccione (pit'tʃone) *nm* pigeon.

picco ('pikko) *nm* peak. **andare a picco** sink. **a picco**
perpendicularly.
piccolo ('pikkolo) *adj* small,
little. *nm* little child.
piccone (pik'kone)*nm* pickaxe.
pidocchio (pi'dɔkkjo) *nm*
louse.
piede ('pjede) *nm* foot. **a piedi** on foot. **stare in piedi**
stand. **piedistallo** (pjedi-
s'tallo) *nm* pedestal.
piegare(pje'gare) *vt* fold, bend.
vi **1** turn. **2** lean. **piegarsi**
vr bow. **piega** *nf* **1** fold. **2**
pleat.
pieghevole (pje'gevole) *adj*
flexible.
pieno ('pjeno) *adj* full, complete. **fare il pieno** *mot* fill
up. **pieno zeppo** full up.
pietà (pje'ta) *nf* pity, mercy.
monte di pietà *nm* pawnbroker's shop. **pietoso** (pje'toso) *adj* **1** pitiful. **2** compassionate.
pietanza (pje'tantsa) *nf* **1** dish.
2 *cul* course.
pietra ('pjetra) *nf* stone.
piffero ('piffero) *nm mus* pipe.
pigiama (pi'dʒama) *nm*
pyjamas.
pigione (pi'dʒone) *nf* rent.
pigliare (piʎ'ʎare) *vt* **1** take. **2**
catch.
pigmeo (pig'mɛo) *adj,n* Pigmy.
pigna ('piɲɲa) *nf* pine cone.
pigolare (pigo'lare) *vi* cheep,
chirp.
pigro ('pigro) *adj* **1** lazy. **2**
slow. **pigrizia** (pi'grittsja) *nf*
laziness.
pila ('pila) *nf* **1** *arch* pile, support. **2** battery.
pilastro (pi'lastro) *nm* pillar.
pillola ('pillola) *nf* pill.
pilone (pi'lone) *nm* pylon.
pilotare (pilo'tare) *vt* **1** pilot.
2 *mot* drive. **pilota** *nm* pilot.
pimento (pi'mento) *nm* cayenne pepper.

pinacoteca (pinako'tɛka) *nf* art gallery.

pingue ('pingwe) *adj* fat.

pinguino (pin'gwino) *nm* penguin.

pinna ('pinna) *nf* 1 fin. 2 flipper.

pinnacolo (pin'nakolo) *nm* pinnacle.

pino ('pino) *nm* pine tree. **pineta** *nf* pine forest.

pinta ('pinta) *nf* pint.

pinza ('pintsa) *nf* pliers, pincers. **pinzette** *nf pl* tweezers.

pio ('pio) *adj* devout, charitable.

pioggia ('pjɔddʒa) *nf* rain.

piombare[1] (pjom'bare) *vi* fall heavily. **piombare su** assail.

piombare[2] (pjom'bare) *vt* 1 seal. 2 fill (a tooth). **piombo** ('pjombo) *nm* lead.

pioniere (pjo'njere) *nm* pioneer.

pioppo ('pjɔppo) *nm* poplar tree.

piovere* ('pjɔvere) *vi* 1 rain. 2 pour. **piovere a catinelle** rain cats and dogs.

piovigginare (pjoviddʒi'nare) *vi* drizzle.

piovra ('pjɔvra) *nf* octopus.

piovve ('pjɔvve) *v* see **piovere**.

pipa ('pipa) *nf* pipe.

pipistrello (pipis'trɛllo) *nm* *zool* bat.

piramide (pi'ramide) *nf* pyramid.

pirata (pi'rata) *nm* pirate.

piroscafo (pi'rɔskafo) *nm* steamship.

piscina (piʃ'ʃina) *nf* swimming pool.

pisello (pi'sɛllo) *nm* pea.

pisolino (pizo'lino) *nm* nap.

pista ('pista) *nf* 1 track. 2 runway.

pistola (pis'tɔla) *nf* pistol.

pistone (pis'tone) *nm* piston.

pitone (pi'tone) *nm* python.

pittore (pit'tore) *nm* painter.

pittoresco (pitto'resko) *adj* picturesque.

pittura (pit'tura) *nf* painting, picture.

più (pju) *adv* 1 more. 2 most. **di più** more. **non...più** no longer. **più tardi** later. **tanto più che** all the more since. ~*prep* plus. *adj* more. *nm* majority. **per lo più** generally.

piuma ('pjuma) *nf* 1 down. 2 feather. **peso piuma** *nm sport* featherweight.

piuttosto (pjut'tosto) *adv* rather, somewhat.

pizza ('pittsa) *nf* dough base covered with various tomato mixtures.

pizzicare (pittsi'kare) *vt* 1 nip, pinch. 2 sting, bite. *vi* itch. **pizzicotto** (pittsi'kɔtto) *nm* also **pizzico** ('pittsiko) nip. **pizzicagnolo** (pittsi'kaɲɲolo) *nm* specialist grocer. **pizzicheria** (pittsike'ria) *nf* delicatessen.

pizzo ('pittso) *nm* 1 lace. 2 goatee beard.

placare (pla'kare) *vt* calm.

placca ('plakka) *nf* plaque.

placenta (pla'tʃenta) *nf* placenta.

placido ('platʃido) *adj* 1 tranquil, calm. 2 placid.

plagiare (pla'dʒare) *vt* plagiarize.

planare (pla'nare) *vi* glide.

plasmare (plaz'mare) *vt* mould. **plasma** *nm* plasma.

plastica ('plastika) *nf* plastic. **plastico** ('plastiko) *adj* plastic.

platano ('platano) *nm* plane tree.

platea (pla'tɛa) *nf Th* stalls, pit.

platino ('platino) *nm* platinum.

platonico (pla'tɔniko) *adj* platonic.

plausibile (plau'zibile) *adj* plausible.

plebaglia (ple'baʎʎa) *nf* rabble.

plebe ('plɛbe) *nf* common people.

plico ('pliko) *nm* 1 packet (of letters). 2 envelope.

plotone (plo'tone) *nm* platoon.

plumbeo ('plumbeo)*adj* leaden.

plurale(plu'rale)*adj,nm* plural.

pneumatico (pneu'matiko) *adj* pneumatic. *nm* tyre.

po' (pɔ) *adj* contraction of **poco.**

pochino(po'kino)*adj,nm* little.

poco ('pɔko) *adj* **1** little. **2** insufficient. **3** *pl* few. **da poco** worthless. ~*pron* **1** little. **2** *pl* few. **un altro poco** another little bit. ~*adv* little. **a poco a poco** little by little. **per poco non** almost. **vediamo un po'** let's have a look.

podere (po'dere) *nm* farm.

podestà (podes'ta) *nm* mayor.

poema(po'ema)*nm*poem. **poesia** (poe'zia) *nf* **1** poetry. **2** poem. **poeta** (po'ɛta) *nm* poet. **poetico** (po'etiko) *adj* poetic.

poi ('pɔi) *adv* then, after. **d'allora in poi** from then on.

poiché (poi'ke) *conj* for, since.

polacco (po'lakko) *adj* Polish. *nm* **1** Pole. **2** Polish(language).

polarizzare (polarid'dzare) *vt* polarize.

polca ('pɔlka) *nf* polka.

polemica (po'lemika) *nf* controversy, polemic.

polenta (po'lenta) *nf* pudding made of maize flour.

poliestere (poli'estere) *nm* polyester.

poligamia (poliga'mia) *nf* polygamy.

poligono (po'ligono) *nm* polygon.

poliinsaturo (poliin'saturo) *adj* polyunsaturated.

polistirene (polisti'rene) *nm* polystyrene.

politecnico (poli'tekniko) *nm* polytechnic.

politica (po'litika) *nf* **1** politics. **2** policy. **politico** (po'litiko) *adj* political. *nm* politician.

polizia (polit'tsia) *nf* police. **poliziotto** *nm* policeman. **romanzo poliziesco** *nm* detective story.

polizza ('pɔlittsa) *nf* **1** voucher. **2** receipt. **3** bill. **polizza d'assicurazione** insurance policy.

pollaio (pol'lajo) *nm* poultry yard.

pollice (pollitʃe) *nm* **1** thumb. **2** big toe. **3** inch.

polline ('pɔlline) *nm* pollen.

pollo ('pollo) *nm* chicken. **pollame** *nm* poultry.

polmone (pol'mone) *nm* lung. **polmonite** *nf* pneumonia.

polo[1] ('pɔlo) *nm* (astronomy) pole. **polare** *adj* polar.

polo[2] ('pɔlo) *nm* polo.

Polonia (po'lɔnja) *nf* Poland.

polpa ('pɔlpa) *nf* flesh, pulp. **polpetta** *nf* meatball.

polpaccio (pol'pattʃo) *nm anat* calf.

polso ('pɔlso) *nm* **1** pulse. **2** wrist. **polsino** *nm* shirt cuff.

poltrona (pol'trona) *nf* **1** armchair. **stall.**

poltrone (pol'trone) *adj* lazy.

polvere ('polvere) *nf* **1** dust. **2** powder. **polveroso** (polve'roso) *adj* dusty.

polverizzare (polverid'dzare) *vt* pulverize.

pomata (po'mata) *nf* ointment.

pomeriggio (pome'riddʒo) *nm* afternoon.

pomice ('pomitʃe) *nf* pumice.

pomo ('pomo) *nm* **1** apple. **2** apple tree. **pomo d'Adamo** Adam's apple.

pomodoro (pomo'dɔro) *nm* tomato.

pompa[1] ('pompa) *nf* pomp, splendour.

pompa[2] ('pompa) *nf* pump.

pompelmo (pom'pelmo) *nm* grapefruit.

pompiere (pom'pjere) *nm* fireman.

ponce ('pɔntʃe) nm also **punch** (pʌntʃ)nm invar punch(drink).
ponderare (ponde'rare) vt ponder.
ponente (po'nente) nm west.
ponesti (po'nesti) v see **porre**.
pongo ('pɔngo) v see **porre**.
poni ('poni) v see **porre**.
ponte ('ponte) nm 1 bridge. 2 naut deck.
pontefice (pon'tefitʃe) nm pontiff.
popolare (popo'lare) vt populate. adj popular. **popolarità** nf popularity.
popolo ('pɔpolo) nm people, nation. **popolazione** nf population.
popone (po'pone) nm melon.
poppa[1] ('poppa) nf stern.
poppa[2] ('poppa) nf breast.
poppare (pop'pare) v see suck.
porcellana (portʃel'lana) nf china, porcelain.
porco ('pɔrko) nm, pl **porci** 1 pig. 2 pork. **porcellino** nm piglet. **porcile** nm pigsty. **porcospino** nm porcupine.
porgere* ('pɔrdʒere) vt 1 hand. 2 hold out. **porgere una mano** lend a hand.
pornografia (pornogra'fia) nf pornography. **pornografico** (porno'grafiko) adj pornographic.
poro ('pɔro) nm pore. **poroso** (po'roso) adj porous.
porpora ('pɔrpora) nf purple. **porporino** adj purple.
porre* ('porre) vt 1 place, put, set. 2 suppose.
porro ('pɔrro) nm leek.
porta ('pɔrta) nf 1 door. 2 gate. **portiera** (por'tjɛra) nf door. **portiere** (por'tjɛre) nm 1 doorman, porter. 2 goalkeeper.
portabagagli (portaba'gaʎʎi) nm invar 1 luggage rack. 2 porter.
portacenere (porta'tʃenere) nm invar ashtray.

portachiavi (porta'kjavi) nm key ring.
portaerei (porta'ɛrei) nf invar aircraft-carrier.
portafoglio (porta'fɔʎʎo) nm invar 1 wallet. 2 portfolio.
portalettere (porta'lettere) nm invar postman.
portamonete (portamo'nete) nm invar purse.
portare (por'tare) vt 1 carry. 2 take. 3 bring. 4 wear. 5 lead. 6 feel. **portarsi** vr behave. **portamento** nm bearing. **portata** nf 1 range. 2 capacity. **portatile** adj portable.
portariviste (portari'viste) nm invar magazine rack.
portasapone (portasa'pone) nm invar soap dish.
portasigarette (portasiga'rette) nm invar cigarette case.
portaspilli (portas'pilli) nm invar pin cushion.
portauova (porta'wɔva) nm egg cup.
portavoce (porta'votʃe) nm invar 1 megaphone. 2 mouthpiece, spokesman.
portico ('pɔrtiko) nm porch.
portinaio (porti'najo) nm porter, doorman. **portineria** nf porter's lodge.
porto[1] ('pɔrto) nm 1 carriage, transport. 2 postage.
porto[2] ('pɔrto) nm naut port.
porto[3] ('pɔrto) nm port (drink).
Portogallo (porto'gallo) nm Portugal. **portoghese** (porto'gese) adj,nm Portuguese. nm Portuguese (language).
porzione (por'tsjone) nf 1 share, portion. 2 helping (of food).
posa ('pɔsa) nf 1 pause. 2 pose. 3 phot exposure.
posare (po'sare) vt put, place, set or lay down. vi pose. **posarsi** vr alight. **posata** nf piece of cutlery.

posatoio (posa'tojo) *nm* perch.

poscritto (pos'kritto) *nm* post-script.

posi ('posi) *v* see **porre**.

positivo (pozi'tivo) *adj* positive.

posizione (pozit'tsjone) *nf* 1 position. 2 site. 3 situation.

posporre* (pos'porre) *vt* postpone.

possedere* (posse'dere) *vt* possess, own, have. **possedimento** *nm* 1 estate. 2 possession. **possesso** (pos'sesso) *nm* possession. **possessore** *nm* possessor, owner.

possiamo (pos'sjamo) *v* see **potere**.

possibile (pos'sibile) *adj* possible. **possibilità** *nf* 1 possibility. 2 opportunity.

posso ('posso) *v* see **potere**.

posta ('posta) *nf* 1 post, mail. 2 post office. **postale** *adj* postal. **cassetta postale** *nf* postbox. **postino** *nm* postman.

posteggiare (posted'dʒare) *vi* park. **posteggio** *nm* parking place.

posteriore (poste'rjore) *adj* 1 back, hind. 2 later.

posterità (posteri'ta) *nf* posterity.

posticcio (pos'tittʃo) *adj* false, fake.

posto[1] ('posto) *v* see **porre**.

posto[2] ('posto) *nm* 1 place, spot, site. 2 place, seat. 3 job, position. 4 space, room. 5 post. **a posto** in order. **posto di primo soccorso** first-aid post.

postumo ('postumo) *adj* posthumous.

potabile (po'tabile) *adj* drinkable.

potare (po'tare) *vt* prune.

potassio (po'tassjo) *nm* potassium.

potente (po'tente) *adj* powerful. **potenza** (po'tentsa) *nf* power.

potenziale (poten'tsjale) *adj, nm* potential.

potere*[1] (po'tere) *vi* 1 be able. 2 be allowed. **può darsi** it is possible.

potere[2] (po'tere) *nm* power.

potrò (po'trɔ) *v* see **potere**.

povero ('povero) *adj* poor, needy. *nm* 1 poor man. 2 beggar. **poveretto** *nm* poor wretch. **povertà** *nf* poverty.

pozza ('pottsa) *nf* puddle, pool. **pozzanghera** (pot'tsangera) *nf* puddle. **pozzo** ('pottso) *nm* well.

pranzare (pran'dzare) *vi* 1 lunch. 2 dine. **pranzo** *nm* 1 lunch. 2 dinner.

pratica ('pratika) *nf* 1 experience. 2 practice. 3 knowledge, familiarity. **praticare** *vt* 1 practice. 2 exercise.

pratico ('pratiko) *adj* 1 practical. 2 experienced.

prato ('prato) *nm* meadow.

preavvertire (preavver'tire) *vt* forewarn.

preavvisare (preavvi'zare) *vt* forewarn. **preavviso** *nm* notice, warning.

precario (pre'karjo) *adj* precarious.

precauzione (prekaut'tsjone) *nf* precaution.

precedere (pre'tʃedere) *vt* precede, go before. **precedente** (pretʃe'dente) *adj* preceding. *nm* precedent. **precedenza** (pretʃe'dentsa) *nf* 1 precedence. 2 *mot* right-of-way, priority.

precipitare (pretʃipi'tare) *vt* 1 hurl. 2 speed up. *vi* crash down, fall. **precipizio** (pretʃi'pittsjo) *nm* precipice.

precisare (pretʃi'zare) *vt* specify, relate precisely. **precisione** *nf* precision. **preciso** *adj* exact, precise. **alle due precise** at exactly two o'clock.

precoce (pre'kɔtʃe) *adj* precocious.

preconcetto (prekon'tʃetto) *adj* preconceived. *nm* preconception.

precursore (prekur'sore) *nm* forerunner.

predare (pre'dare) *vt* pillage. **preda** *nf* **1** prey. **2** booty.

predecessore (predetʃes'sore) *nm* predecessor.

predestinare (predesti'nare) *vt* predestine. **predestinazione** *nf* predestination.

predica ('predika) *nf* sermon. **predicare** *vt,vi* preach.

prediletto (predi'letto) *adj,nm* favourite.

predire* (pre'dire) *vt* predict. **predizione** *nf* prediction.

predominare (predomi'nare) *vi* predominate, prevail. **predominio** *nm* predominance.

prefabbricato (prefabbri'kato) *adj* prefabricated.

prefazione (prefat'tsjone) *nf* preface.

preferire (prefe'rire) *vt* prefer. **preferenza** (prefe'rentsa) *nf* preference. **preferibile** (prefe'ribile) *adj* preferable.

prefetto (pre'fetto) *nm* prefect. **prefettura** *nf* prefecture.

prefiggere* (pre'fiddʒere) *vt* arrange in advance. **prefiggersi** *vr* intend.

prefisso (pre'fisso) *nm* prefix.

pregare (pre'gare) *vt* **1** pray. **2** beg, ask. **prego** *interj* **1** yes please! **2** pardon? **3** don't mention it!

pregevole (pre'dʒevole) *adj* valuable.

preghiera (pre'gjera)*nf* prayer.

pregiare (pre'dʒare) *vt* esteem. **pregio** ('predʒo) *nm* **1** esteem. **2** merit.

pregiudicare (predʒudi'kare) *vt* prejudice. **pregiudizio** (predʒu'dittsjo) *nm* prejudice.

pregustare (pregus'tare) *vt* look forward to.

preistorico (preis'tɔriko) *adj* prehistoric.

prelato (pre'lato) *nm* prelate.

prelevare (prele'vare) *vt* **1** withdraw. **2** take.

preliminare (prelimi'nare) *adj, nm* preliminary.

preludio (pre'ludjo)*nm* prelude.

prematuro (prema'turo) *adj* premature.

premeditato (premedi'tato) *adj* premeditated.

premere* ('premere) *vt,vi* squeeze, press. *vi* **1** insist. **2** be urgent.

premiare (pre'mjare) *vt* reward. **premio** (pre'mjo) *nm* **1** prize. **2** reward. **3** award.

preminente (premi'nente) *adj* pre-eminent. **preminenza**(premi'nentsa) *nf* pre-eminence.

premura (pre'mura) *nf* **1** care, attention. **2** hurry, urgency. **premuroso** (premu'roso) *adj* thoughtful.

prenatale (prena'tale) *adj* antenatal.

prendere* ('prɛndere)*vt* **1** take. **2** seize, catch. **3** surprise. **4** receive, get, earn. **5** take up, occupy. **6** catch (illness). **7** treat, consider. **8** hit, catch. *vi* set, take root. **prendere a** begin to. **prendere a destra** turn right. **prendere con le buone** treat nicely. **prendere fuoco** catch fire. **prendersela con** *vr* get angry with.

prenotare (preno'tare) *vt* book, reserve.

preoccupare (preokku'pare) *vt* worry, be anxious. **preoccuparsi** *vr* get worried. **preoccupato** *adj* worried. **preoccupazione** *nf* worry.

preparare (prepa'rare) *vt* prepare. **prepararsi** *vr* get oneself ready. **preparazione** *nf also* **preparativo** *nm* preparation.

preposizione (prepozit'tsjone) *nf* preposition.

prepotente (prepo'tente) *adj*

overbearing, tyrannical. **prepotenza** (prepo'tɛntsa) *nf* arrogance.

prerogativa (preroga'tiva) *nf* privilege, prerogative.

presa ('presa) *nf* 1 capture, seizure. 2 dose. 3 pinch. 4 electric plug.

presbite ('prɛzbite) *adj* long-sighted.

prescrivere* (pres'krivere) *vt* prescribe.

presentare (prezen'tare) *vt* 1 present. 2 introduce. 3 offer. 4 show. **presentarsi** *vr* appear. **presentatore** *nm* compere. **presentazione** *nf* introduction.

presente (pre'zɛnte) *adj,nm* present.

presentire (presen'tire) *vt* foresee. **presentimento** (presenti'mento) *nm* premonition.

presenza (pre'zɛntsa) *nf* presence.

preservativo (preserva'tivo) *nm* contraceptive.

presi ('presi) *v* see **prendere.**

preside ('prɛside) *nm* 1 principal. 2 dean.

presidente (presi'dɛnte) *nm* president.

presidio (pre'sidjo) *nm* garrison.

presiedere (pre'sjɛdere) *vt,vi* preside over.

preso ('preso) *v* see **prendere.**

pressare (pres'sare) *vt* press. **pressa** ('pressa) *nf* press.

pressione (pres'sjone) *nf* pressure.

presso ('prɛsso) *adv* near, nearby. **da presso** closely. **presso a** about to. ~*prep* 1 nearby. 2 in, at. 3 care of. 4 in the opinion of. 5 among. **presso a** in comparison with. **pressi** *nm pl* vicinity. **pressappoco** (pressap'pɔko) *adv* roughly, more or less.

prestabilire (prestabi'lire) *vt* arrange in advance.

prestare (pres'tare) *vt* 1 lend. 2 give.

prestigio (pres'tidʒo) *nm* 1 trick. 2 prestige. **gioco di prestigio** *nm* conjuring trick.

prestito ('prestito) *nm* loan. **dare in prestito** lend.

presto ('presto) *adv* 1 quickly. 2 early. 3 soon. **al più presto** as quickly as possible. **fare presto** hurry.

presumere* (pre'zumere) *vi* presume. **presuntuoso** *adj* presumptuous. **presunzione** *nf* presumption.

presupporre* (presup'porre) *vt* presuppose.

prete ('prɛte) *nm* priest.

pretendere* (pre'tendere) *vt* 1 claim. 2 assert. 3 demand. 4 want, ask (a price). *vi* claim.

pretenzioso (preten'tsjoso) *adj* pretentious.

pretesa (pre'tesa) *nf* 1 claim. 2 pretension.

pretesto (pre'testo) *nm* pretext, excuse.

prevalere* (preva'lere) *vi* prevail. **prevalersi** *vr* take advantage.

prevedere* (preve'dere) *vt* 1 foresee. 2 forecast.

prevenire* (preve'nire) *vt* anticipate.

preventivare (preventi'vare) *vt* allocate. **preventivo** *nm* budget.

previdenza (previ'dɛntsa) *nf* foresight.

previsione (previ'zjone) *nf* expectation. **previsioni del tempo** *nf pl* weather forecast.

prezioso (pret'tsjoso) *adj* precious.

prezzemolo (pret'tsemolo) *nm* parsley.

prezzo ('prettso) *nm* 1 cost. 2 price.

prigione (pri'dʒone) *nf* prison. **prigioniero** *nm* prisoner.

prima ('prima) *adv* 1 first. 2

before. **3** beforehand. **4** formerly. *prep* before. *nf* **1** first night. **2** *mot* first gear. **3** first class. **prima o poi** sooner or later.

primavera (prima'vera) *nf* spring.

primitivo (primi'tivo) *adj* primitive.

primo ('primo) *adj* **1** first. **2** principal. *nm* first. **primogenito** (primo'dʒenito) *adj, nm* firstborn.

primula ('primula) *nf* primrose.

principale (printʃi'pale) *adj* main, chief, principal. *nm* manager, boss.

principe ('printʃipe) *nm* prince. **principessa** *nf* princess.

principio (prin'tʃipjo) *nm* **1** start, beginning. **2** principle.

priore (pri'ore) *nm rel* prior.

priorità (priori'ta) *nf* priority.

prisma ('prizma) *nm* prism.

privare (pri'vare) *vt* deprive.

privatizzare (privatid'dzare) *vt* privatize.

privato (pri'vato) *adj* private.

privilegio (privi'ledʒo) *nm* privilege.

privo ('privo) *adj* lacking, wanting.

probabile (pro'babile) *adj* probable, likely. **probabilità** *nf* probability.

problema (pro'blema) *nm* problem.

procacciare (prokat'tʃare) *vt* seek, obtain.

procedere (pro'tʃedere) *vi* **1** proceed, go on. **2** start. **3** act. **procedimento** *nm* **1** process. **2** *law* proceedings.

processione (protʃes'sjone) *nf* procession.

processo (pro'tʃesso) *nm* **1** process. **2** *law* trial, lawsuit.

proclamare (prokla'mare) *nf* proclaim, declare. **proclamazione** *nf* proclamation.

procreare (prokre'are) *vt* procreate.

procurare (proku'rare) *vt* **1** obtain. **2** cause.

proda ('prɔda) *nf* **1** bank, shore. **2** edge.

prodigare (prodi'gare) *vt* lavish. **prodigo** ('prɔdigo) *adj* lavish.

prodigio (pro'didʒo) *nm* miracle.

produrre* (pro'durre) *vt* **1** produce. **2** cause. **prodursi** *vr* happen. **prodotto** *nm* product. **produttivo** *adj* productive. **produttore** *nm* producer. **produzione** *nf* **1** production. **2** manufacture.

proemio (pro'emjo) *nm* introduction.

profanare (profa'nare) *vt* profane. **profano** *adj* profane.

proferire* (profe'rire) *vt* pronounce.

professare (profes'sare) *vt* **1** profess. **2** practise. **professione** *nf* profession. **professionista** *nm* professional. **professore** *nm* **1** teacher. **2** professor.

profeta (pro'feta) *nm* prophet. **profetico** (pro'fetiko) *adj* prophetic. **profezia** (profet'tsia) *nf* prophecy.

profilo (pro'filo) *nm* profile, outline. **di profilo** in profile.

profittare (profit'tare) *vi* profit, gain. **profitto** *nm* profit, gain.

profondo (pro'fondo) *adj* **1** deep. **2** profound. **poco profondo** shallow. **profondità** *nf* depth.

profugo ('prɔfugo) *nm* refugee.

profumare (profu'mare) *vt* perfume. **profumo** *nm* perfume.

profusione (profu'zjone) *nf* profusion.

progettare (prodʒet'tare) *vt* plan. **progetto** (pro'dʒetto) *nm* plan, project.

prognosi ('prɔɲɲozi) *nf* prognosis.

programmare (program'mare)
vt program. **programma** *nm*
1 programme. **2** program.

progredire (progre'dire) *vi*
progress, advance. **progresso** (pro'gresso) *nm* progress.

proibire (proi'bire) *vt* forbid,
prohibit.

proiettare (projet'tare) *vt*
throw, project. *vi* project.
proiettile (pro'jettile) *nm* **1**
missile. **2** shot, shell, bullet.
proiettore *nm* **1** searchlight.
2 projector.

proletario (prole'tarjo) *adj,nm*
proletarian. **proletariato** *nm*
proletariat.

prolifico (pro'lifiko) *adj* prolific.

prologo ('prɔlogo) *nm* prologue.

prolungare (prolun'gare) *vt*
lengthen, extend, prolong.
prolungamento *nm* extension.

promettere* (pro'mettere) *vt*
promise. **promessa** *nf*
promise.

prominente (promi'nɛnte) *adj*
prominent.

promiscuo (pro'miskuo) *adj* **1**
mixed. **2** promiscuous.

promontorio (promon'tɔrjo)
nm headland, promontory.

promozione (promot'tsjone)
nf promotion.

promuovere* (pro'mwɔvere)
vt **1** promote. **2** encourage,
provoke.

pronome (pro'nome) *nm*
pronoun.

pronto ('pronto) *adj* **1** ready.
2 quick, prompt. **pronto
soccorso** *nm* first aid.
~*interj* (on the telephone)
hello!

prontuario (prontu'arjo) *nm*
handbook.

pronunciare (pronun'tʃare) *vt*
pronounce. **pronuncia** *nf*
pronunciation.

propaganda (propa'ganda) *nf*
propaganda.

propendere* (pro'pendere) *vi*
incline. **propensione** *nf* inclination. **propenso** (pro'-
penso) *adj* inclined.

propizio (pro'pittsjo) *adj*
favourable.

proponimento (proponi'mento) *nm* resolution.

proporre* (pro'porre) *vt* propose, suggest. **proporsi** *vr*
intend.

proporzione (propor'tsjone) *nf*
proportion. **proporziona-
le** *adj* proportional.

proposito (pro'pɔzito) *nm* **1**
aim, intention. **2** theme, subject. **a proposito 1** by the
way. **2** to the point. **a proposito di** with regard to.

proposizione (propozit'tsjone)
nf proposition.

proposta (pro'posta) *nf*
proposal.

proprietà (proprje'ta) *nf* **1** property. **2** owner ship. **proprietario** *nm* **1** owner, proprietor. **2** landlord.

proprio ('prɔprjo) *adj* **1** own.
2 suitable, convenient. **3** characteristic. **4** proper. *nm*
one's own. *adv* **1** exactly, just,
precisely. **2** really.

propulsione (propul'sjone) *nf*
propulsion.

prora ('prɔra) *nf* prow, bows.

prorogare (proro'gare) *vt* defer, postpone, put off.
proroga (prɔroga) *nf* extension, adjournment.

prorompere* (pro'rompere) *vi*
burst out.

prosa ('prɔza) *nf* prose.

prosciutto (proʃ'ʃutto) *nm*
ham.

proscrivere* (pros'krivere) *vt*
outlaw, proscribe.

proseguire (prose'gwire) *vt*
continue, pursue. *vi* proceed,
continue.

prosperare (prospe'rare) *vi* flourish, thrive. **prosperità** *nf* prosperity. **prospero** ('prɔspero) *adj* 1 favourable. 2 prosperous.

prospettiva (prospet'tiva) *nf* 1 perspective. 2 view. 3 prospect.

prospetto (pros'petto) *nm* 1 view. 2 prospectus.

prossimo ('prɔssimo) *adj* 1 near. 2 next. *nm* 1 fellow human being. 2 neighbour. **prossimità** *nf* nearness, proximity.

prostituire (prostitu'ire) *vt* prostitute. **prostituta** *nf* prostitute. **prostituzione** *nf* prostitution.

protagonista (protago'nista) *nm* 1 protagonist. 2 chief actor.

proteggere* (pro'tɛddʒere) *vt* protect, defend.

proteina (prote'ina) *nf* protein.

protendere* (pro'tɛndere) *vt* extend. **protendersi** *vr* lean forward.

protessi (pro'tessi) *v* see **proteggere**.

protestante (protes'tante) *adj,n* Protestant.

protestare (protes'tare) *vi* protest. **protesta** (pro'tɛsta) *nf* protest.

protetto (pro'tetto) *v* see **proteggere**.

protettore (protet'tore) *nm* 1 protector. 2 patron.

protezione (protet'tsjone) *nf* 1 protection. 2 patronage.

protocollo (proto'kɔllo) *nm* 1 protocol. 2 register.

prototipo (pro'tɔtipo) *nm* prototype.

protrarre* (pro'trarre) *vt* 1 prolong. 2 put off.

provare (pro'vare) *vt* 1 prove. 2 test, try. 3 feel, experience. **provarsi** *vr* try on. **prova** ('prɔva) *nf* 1 trial, test. 2 ex-

amination. 3 proof, evidence. 4 rehearsal. **prova generale** dress rehearsal. **in prova** on trial.

provenire* (prove'nire) *vi* come from. **provenienza** (prove'njentsa) *nf* origin, source.

proverbio (pro'vɛrbjo) *nm* proverb. **proverbiale** *adj* proverbial.

provincia (pro'vintʃa) *nf* province. **provinciale** *adj* provincial.

provocare (provo'kare) *vt* provoke. **provocante** *adj* provocative. **provocazione** *nf* provocation.

provvedere* (provve'dere) *vt* provide, furnish, supply. *vi* attend to, take care of. **provvedimento** *nm* measure, precaution.

provvigione (provvi'dʒone) *nf* commission.

provvisorio (provvi'zɔrjo) *adj* provisional.

provvista (prov'vista) *nf* supply.

prua ('prua) *nf* prow.

prudente (pru'dɛnte) *adj* prudent, wise. **prudenza** *nf* prudence, caution.

prudere* ('prudere) *vi* itch. **prurito** *nm* itch.

prugna ('pruɲɲa) *nf* plum. **prugna secca** prune. **prugno** *nm* plum tree.

pseudonimo (pseu'dɔnimo) *nm* pseudonym.

psicanalisi (psika'nalizi) *nf invar* psychoanalysis. **psicanalista** *nm* psychoanalyst.

psichiatra (psi'kjatra) *nm* psychiatrist. **psichiatria** *nf* psychiatry. **psichiatrico** (psi-'kjatriko) *adj* psychiatric.

psichico ('psikiko) *adj* psychic.

psicologo (psi'kɔlogo) *nm* psychologist. **psicologia** *nf* psychology. **psicologico** (psiko'lɔdʒiko) *adj* psychological.

psicopatico (psiko'patiko) *adj* psychopathic. *nm* psychopath.

psicosi (psi'kɔzi) *nf* psychosis.

pubblicare (pubbli'kare) *vt* publish. **pubblicazione** *nf* publication. **pubblicità** *nf* publicity, advertising.

pubblico ('pubbliko) *adj* 1 public. 2 state. *nm* 1 public. 2 audience.

pubertà (puber'ta) *nf* puberty.

pudico (pu'diko) *adj* modest, decent. **pudicizia** (pudi'-tʃittsja) *nf* modesty.

pudore (pu'dore) *nm* modesty, decency.

puerile (pue'rile) *adj* childish.

pugilato (pudʒi'lato) *nm* boxing. **pugile** ('pudʒile) *nm* boxer.

pugnalare (puɲɲa'lare) *vt* stab. **pugnale** *nm* dagger.

pugno ('puɲɲo) *nm* 1 fist. 2 fistful. 3 punch. **fare a pugni** fight. **prendersi a pugni** begin to fight. **tirare pugni** punch.

pulce ('pultʃe) *nf* flea.

pulcino (pul'tʃino) *nm* chick.

puledro (pu'ledro) *nm* foal.

puleggia (puleddʒa) *nf* pulley.

pulire (pu'lire) *vt* 1 clean. 2 polish. **pulito** *adj* 1 clean. 2 tidy. **pulizia** (pulit'tsia) *nf* cleaning.

pullman ('pulman) *nm invar* 1 mot coach. 2 *(railway)* pullman coach.

pulpito (pulpito) *nm* pulpit.

pulsare (pul'sare) *vi* throb.

pungere* ('pundʒere) *vt* 1 prick. 2 sting.

punire (pu'nire) *vt* punish. **punizione** *nf* punishment.

punta ('punta) *nf* 1 point, tip, end. 2 top. 3 pinch, touch. 4 promontory. **camminare in punta di piedi** walk on tiptoe. **ore di punta** *nf pl* rush hours. **puntina** *nf* 1 pin. 2 gramophone needle. **punti-na da disegno** drawing-pin.

puntare (pun'tare) *vt* 1 point, direct, aim. 2 set. 3 bet. *vi* push. **puntata** *nf* 1 thrust. 2 bet. 3 instalment, number.

punteggio (pun'teddʒo) *nm* score.

puntellare (puntel'lare) *vt* prop up. **puntello** (pun'tɛllo) *nm* prop.

puntiglioso (puntiʎ'ʎoso) *adj* 1 punctilious. 2 obstinate.

punto ('punto) *nm* 1 point, dot. 2 stitch. 3 mark. 4 section. **fare punto** score. **in punto** exactly. ~*adv* no, not at all.

puntuale (puntu'ale) *adj* punctual. **puntualità** *nf* punctuality.

puntura (pun'tura) *nf* 1 prick, sting, bite. 2 injection. 3 pain.

punzecchiare (puntsek'kjare) *vt* prick.

può (pwɔ) *v* see **potere.**

puoi ('pwoi) *v* see **potere.**

pupattola (pu'pattola) *nf* doll.

pupazzo (pu'pattso) *nm* puppet.

pupilla (pu'pilla) *nf anat* pupil.

purché (pur'ke) *conj* provided that.

pure ('pure) *conj* 1 however, nonetheless, yet. 2 even, still. *adv* also, too.

purgare (pur'gare) *vt* purge, cleanse. **purga** *nf* purge.

purgatorio (purga'tɔrjo) *nm* purgatory.

purificare (purifi'kare) *vt* purify.

puritano (puri'tano) *adj,n* Puritan.

puro ('puro) *adj* pure. **purità** *nf* purity.

purpureo (pur'pureo) *adj* crimson.

purtroppo (pur'trɔppo) *adv* unfortunately.

pus (pus) *nm invar* pus.

putrefare* (putre'fare) *vi* rot.

putrido ('putrido) *adj* rotten, putrid.

puzzare (put'tsare) *vi* stink. **puzzo** *nm* bad smell, stink. **puzzolente** (puttso'lente) *adj* stinking.

Q

qua (kwa) *adv* here. **di qua** this way. **quaggiù** *adv* down here. **quassù** *adv* up here.
quacchero ('kwakkero) *nm* Quaker.
quaderno (kwa'derno) *nm* 1 exercise book. 2 notebook.
quadrante (kwa'drante) *nm* 1 quadrant. 2 dial, face (of a clock).
quadrato (kwa'drato) *adj* square. *nm* 1 *math* square. 2 boxing ring.
quadretto (kwa'dretto) *nm* check (of material). **a quadretti** checked.
quadrifoglio (kwadri'fɔʎʎo) *nm* four-leaved clover.
quadro ('kwadro) *adj* square. *nm* 1 painting, picture. 2 *math* square. 3 *pl game* diamonds.
quadrupede (kwa'drupede) *adj,nm* quadruped.
quaglia ('kwaʎʎa) *nf* quail.
qualche ('kwalke) *adj invar* 1 some, a few. 2 any. **qualche volta** sometimes. **qualcheduno** *pron* someone.
qualcosa (kwal'kɔsa) *pron also* **qualchecosa** something.
qualcuno (kwal'kuno) *pron* 1 someone. 2 anyone. **qualora** (kwa'lora) *conj* if, in case.
qualsiasi (kwal'siasi) *adj* 1 any. 2 whatever. 3 ordinary. **qualunque** *adj invar* any, whatever.
quale ('kwale) *adj* what, which. *pron* 1 who. 2 whom, which. 3 whose. *adv* like.
qualificare (kwalifi'kare) *vt* 1 qualify. 2 define. **qualificarsi** *vr* qualify. **qualifica** (kwa'lifika) *nf* qualification.

qualità (kwali'ta) *nf* 1 quality. 2 type, kind.
quando ('kwando) *conj* 1 when. 2 while.
quantità (kwanti'ta) *nf* quantity.
quanto ('kwanto) *adj* how much or many. **quanto tempo?** how long? ~*pron* 1 how much or many. 2 what. **tutto quanto** 1 the lot. 2 *pl* all. ~*adv* 1 how. 2 as much as. **quanto a** as regards. **quantunque** *conj* although.
quaranta (kwa'ranta) *adj,nm* forty. **quarantena** (kwaran-'tena) *nf* quarantine. **quarantesimo** *adj* fortieth.
quaresima (kwa'rezima) *nf* Lent.
quartiere (kwar'tjere) *nm* 1 district, zone, quarter. 2 *mil* quarters.
quarto ('kwarto) *adj* fourth. *nm* quarter. **quartetto** *nm* quartet.
quarzo ('kwartso) *nm* quartz.
quasi ('kwazi) *adv* almost, nearly. *conj* as if.
quatto ('kwatto) *adj* 1 crouched. 2 silent. **quatto quatto** quietly.
quattordici (kwat'torditʃi) *adj* fourteen. *nm* or *f* fourteen.
quattordicesimo *adj* fourteenth.
quattrini (kwat'trini) *nm pl* money, cash.
quattro ('kwattro) *adj* four. **fare quattro passi** take a walk. ~*nm* or *f* four. **quattrocento** (kwattro'tʃento) *adj* four hundred. *nm* 1 four hundred. 2 fifteenth century.
quegli ('kweʎʎi) *adj* see **quello.**
quei ('kwei) *adj* see **quello.**
quel (kwel) *adj* see **quello.**
quello, quel, quella ('kwello, kwel, 'kwella) *pl* **quelli, quegli, quelle** *pron* 1 that man,

he. **2** that (one). **3** *pl* those, the ones. *adj* **1** that. **2** *pl* those.

quercia ('kwertʃa) *nf* oak.

questionario (kwestjo'narjo) *nm* questionnaire.

questione (kwes'tjone) *nf* question, matter.

questo ('kwesto) *pron* **1** this man. **2** this (one). **3** *pl* these, the ones. *adj* **1** this. **2** *pl* these.

questore (kwes'tore) *nm* chief constable.

questura (kwes'tura) *nf* police station.

qui (kwi) *adv* here.

quietanza (kwje'tantsa) *nf* receipt.

quietare (kwje'tare) *vt* quieten. **quietarsi** *vr* calm down. **quiete** ('kwjete) *nf* calm.

quindi ('kwindi) *adv* therefore.

quindici ('kwinditʃi) *adj* fifteen. *nm* or *f* fifteen.

quindicesimo *adj* fifteenth.

quinta ('kwinta) *nf* Th wing.

quinto ('kwinto) *adj* fifth. **quintetto** *nm* quintet.

quota ('kwota) *nf* **1** quota, share. **2** instalment. **3** altitude. **4** *sport* odds. **prendere quota** gain height.

quotidiano (kwoti'djano) *adj* daily. *nm* daily newspaper.

R

rabarbaro (ra'barbaro) *nm* rhubarb.

rabberciare (rabber'tʃare) *vt* patch up.

rabbia ('rabbja) *nf* **1** rabies. **2** rage.

rabbino (rab'bino) *nm* rabbi.

rabbonire (rabbo'nire) *vt* placate. **rabbonirsi** *vr* calm down.

rabbrividire (rabbrivi'dire) *vi* shiver, shudder.

rabbuffare (rabbuf'fare) *vt* ruffle.

rabbuiare (rabbu'jare) *vi* grow dark. **rabbuiarsi** *vr* get dark.

raccapezzare (rakkapet'tsare) *vt* **1** gather. **2** understand.

raccapricciare (rakkaprit'tʃare) *vt* horrify. **raccapricciarsi** *vr* be horrified.

raccattare (rakkat'tare) *vt* pick up.

racchetta (rak'ketta) *nf* tennis racket.

racchiudere* (rak'kjudere) *vt* contain.

raccogliere* (rak'kɔʎʎere) *vt* **1** gather, collect, pick. **2** pick up. **raccogliersi** *vr* **1** assemble. **2** concentrate.

raccolta (rak'kɔlta) *nf* **1** harvest, crop. **2** collection.

raccolto (rak'kɔlto) *nm* crop, harvest.

raccomandare (rakkoman'dare) *vt* **1** recommend. **2** register (a letter, etc.). **raccomandata** *nf* registered letter. **raccomandazione** *nf* recommendation.

raccomodare (rakkomo'dare) *vt* **1** repair, mend. **2** put in order.

racconciare (rakkon'tʃare) *vt* repair.

raccontare (rakkon'tare) *vt* tell, narrate, recount. **racconto** *nm* **1** account. **2** tale, story.

raccorciare (rakkor'tʃare) *vt* shorten.

raccordare (rakkor'dare) *vt* join, connect. **raccordo** *nm* **1** *mech* connection. **2** sliproad, link road.

raccostare (rakkos'tare) *vt* *also* **raccozzare** (rakkot'tsare) bring together.

radar ('radar) *nm* radar.

raddolcire (raddol'tʃire) *vt* sweeten.

raddoppiare (raddop'pjare) *vt, vi* double.

raddrizzare (raddrit'tsare) *vt* straighten.

radere* ('radere) *vt* shave.

radiare (ra'djare) *vt* cancel, cross out.

radiatore (radja'tore) *nm* radiator.

radiazione (radjat'tsjone) *nf* radiation.

radicale (radi'kale) *adj,n* radical.

radicchio (ra'dikkjo) *nm* chicory.

radice (ra'ditʃe) *nf* root.

radio[1] ('radjo) *nm* radium. **radioattività** *nf* radioactivity. **radioattivo** *adj* radioactive.

radio[2] ('radjo) *nf invar* radio. **radioascoltatore** (radjoaskol-ta'tore) *nm* listener. **radiodiffusione** *nf* broadcasting.

radiografare (radjogra'fare) *vt* X-ray. **radiografia** *nf* X-ray.

rado ('rado) *adj* 1 sparse, thin. 2 infrequent. **di rado** rarely.

radunare (radu'nare) *vt* gather, collect. **radunarsi** *vr* assemble.

rafano ('rafano) *nm* radish.

raffica ('raffika) *nf* 1 gust, squall. 2 *mil* hail, burst.

raffigurare (raffigu'rare) *vt* represent.

raffinare (raffi'nare) *vt* refine. **raffinamento** *nm also* **raffinatezza** (raffina'tettsa) *nf* refinement. **raffineria** *nf* refinery.

raffreddare (raffred'dare) *vt* cool. *vi* get cold. **raffreddarsi** *vr* 1 get cold. 2 catch a cold. **raffreddore** *nm* cold, chill.

raffrenare (raffre'nare) *vt* restrain.

rafia ('rafja) *nf* raffia.

raganella (raga'nella) *nf* 1 frog. 2 rattle.

ragazzo (ra'gattso) *nm* 1 boy. 2 boyfriend. **ragazza** *nf* 1 girl. 2 girlfriend. **ragazza alla pari** au pair.

raggiare (rad'dʒare) *vi* shine, beam. **raggio** *nm* ray, beam.

raggirare (raddʒi'rare) *vt* trick, cheat. **raggiro** *nm* trick.

raggiungere* (rad'dʒundʒere) *vt* 1 reach, arrive at. 2 catch up with. 3 achieve. 4 hit (a target).

raggiustare (raddʒus'tare) *vt* 1 repair, mend. 2 put in order, tidy.

raggomitolare (raggomito'lare) *vt* wind into a ball. **raggomitolarsi** *vr* curl up.

raggrinzare (raggrin'tsare) *vt* crease, wrinkle. *vi* become wrinkled.

raggruppare (raggrup'pare) *vt* group, assemble. **raggrupparsi** *vr* assemble.

ragguagliare (raggwaʎ'ʎare) *vt* 1 level. 2 brief, inform. **ragguaglio** *nm* 1 comparison. 2 information.

ragia ('radʒa) *nf* resin.

ragionare (radʒo'nare) *vi* reason. **ragionamento** *nm* reasoning.

ragione (ra'dʒone) *nf* 1 reason. 2 right. **aver ragione** be right. **ragioneria** *nf* 1 accountancy. 2 bookkeeping. **ragionevole**(radʒo'nevole)*adj* reasonable. **ragioniere** (ra-dʒo'njere) *nm* accountant.

ragliare (raʎ'ʎare) *vi* bray.

ragno ('raɲɲo) *nm* spider. **ragnatela** *nf* spider's web.

ragù (ra'gu) *nm* sauce, ragout.

raion ('rajon) *nm* rayon.

rallegrare (ralle'grare) *vt* cheer. **rallegrarsi** *vr* 1 cheer up. 2 rejoice. **rallegrarsi con** congratulate.

rallentare (rallen'tare) *vt* slacken. **rallentarsi** *vr* slow down.

rame ('rame) *nm* copper.

rammaricare (rammari'kare) *vt* vex. **rammaricarsi** *vr* 1 lament, complain. 2 regret. **rammarico** (ram'mariko) *nm* regret.

rammendare (rammen'dare) *vt* 1 mend. 2 darn.

rammentare (rammen'tare) *vt* remember, recall. **rammentarsi** *vr* remember.

rammollire (rammol'lire) *vt* **1** soften. **2** melt.

ramo ('ramo) *nm* branch. **ramoscello** (ramoʃ'ʃello) *nm* twig.

rampicare (rampi'kare) *vi* climb.

rampollo (ram'pollo) *nm* **1** *bot* shoot. **2** scion.

rampone (ram'pone) *nm* harpoon.

rana ('rana) *nf* frog.

rancido ('rantʃido) *adj* rancid.

rancore (ran'kore) *nm* rancour.

randagio (ran'dadʒo) *adj* stray.

randello (ran'dello) *nm* club, stick.

rango ('rango) *nm* rank, status.

rannicchiarsi (rannik'kjarsi) *vr* crouch.

rannuvolare (rannuvo'lare) *vt* cloud. **rannuvolarsi** *vr* cloud over.

ranocchio (ra'nɔkkjo) *nm* frog.

ranuncolo (ra'nunkolo) *nm* buttercup.

rapa ('rapa) *nf* turnip.

rapace (ra'patʃe) *adj* rapacious.

rapida ('rapida) *nf* rapid.

rapido ('rapido) *adj* rapid, quick. *nm* express train.

rapina (ra'pina) *nf* robbery.

rapire (ra'pire) *vt* **1** snatch. **2** abduct, kidnap. **3** delight. **rapitore** *nm* kidnapper.

rappezzare (rappet'tsare) *vt* piece together. **rappezzo** (rap'pettso) *nm* patch.

rapporto (rap'porto) *nm* **1** report. **2** relation, connection.

rappresaglia (rappre'saʎʎa) *nf* reprisal, retaliation.

rappresentare (rapprezen'tare) *vt* **1** represent. **2** perform, act. **rappresentarsi** *vr* imagine. **rappresentante** *nm* **1** representative. **2** sales-man.

rappresentazione *nf* performance.

raro ('raro) *adj* rare.

rasare (ra'sare) *vt* **1** shave. **2** level.

raschiare (ras'kjare) *vt* scrape. *vi* clear one's throat.

rasentare (razen'tare) *vt* go close to, skim. **rasente** *prep* close to.

rasi ('rasi) *v* see **radere**.

raso ('raso) *v* see **radere**. *nm* satin.

rasoio (ra'sojo) *nm* razor.

rassegnarsi (rassen'ɲarsi) *vr* resign oneself. **rassegna** *nf* **1** *mil* inspection. **2** review. **3** report.

rasserenarsi (rassere'narsi) *vr* clear up.

rassettare (rasset'tare) *vt* **1** tidy, arrange. **2** repair, mend.

rassicurare (rassiku'rare) *vt* reassure. **rassicurarsi** *vr* be reassured.

rassomigliare (rassomiʎ'ʎare) *vi* resemble, look like. **rassomigliarsi** *vr* look alike. **rassomiglianza** (rassomiʎ'ʎantsa) *nf* resemblance.

rastrello (ras'trello) *nm* rake. **rastrelliera** (rastrel'ljera) *nf* **1** hay rack. **2** dish rack.

rata ('rata) *nf* instalment. **comprare a rate** buy on hire purchase.

ratificare (ratifi'kare) *vt* confirm, ratify.

ratto[1] ('ratto) *nm* kidnapping.

ratto[2] ('ratto) *nm* rat.

rattoppare (rattop'pare) *vt* patch, mend.

rattrappire (rattrap'pire) *vi* be stiff.

rattristare (rattris'tare) *vt* sadden. **rattristarsi** *vr* become sad.

rauco ('rauko) *adj* hoarse.

ravanello (rava'nello) *nm* radish.

ravioli (ravi'ɔli) *nm pl* pieces of stuffed pasta.

ravviare (ravvi'are) *vt* put in order, tidy.

ravvisare (ravvi'zare) *vt* recognize.

ravvivare (ravvi'vare) *vt* revive.

ravvolgere* (rav'vɔldʒere) *vt* wrap.

razionale (rattsjo'nale) *adj* rational.

razionare (rattsjo'nare) *vt* ration. **razione** *nf* ration.

razza ('rattsa) *nf* race, breed.

razzia (rat'tsia) *nf* raid. **razzismo** (rat'tsizmo) *nm* racialism. **razzista** *nm* racialist.

razzo ('raddzo) *nm* rocket.

re (re) *nm invar* king.

reagire (rea'dʒire) *vi* react.

reale[1] (re'ale) *adj* real. **realismo** *nm* realism. **realtà** *nf* reality.

reale[2] (re'ale) *adj* royal.

realizzare (realid'dzare) *vt* achieve, carry out. **realizzarsi** *vr* come about.

reato (re'ato) *nm* crime.

reattore (reat'tore) *nm* reactor.

reazione (reat'tsjone) *nf* reaction.

rebbio ('rebbjo) *nm* prong.

recapito (re'kapito) *nm* address.

recare (re'kare) *vt* 1 bring. 2 cause. **recarsi** *vr* go.

recensire (retʃen'sire) *vt* review. **recensione** *nf* review.

recente (re'tʃente) *adj* recent, new.

recessione (retʃes'sjone) *nf* recession.

recingere* (re'tʃindʒere) *vt* surround, enclose. **recinto** *nm* enclosure.

recipiente (retʃi'pjente) *nm* container.

reciproco (re'tʃiproko) *adj* mutual, reciprocal.

recitare (retʃi'tare) *vt* 1 recite.

2 perform. **recita** ('retʃita) *nf* performance.

reclamare (rekla'mare) *vi* protest, complain. *vt* demand, claim. **reclamo** *nm* claim.

reclame (re'klam) *nf* 1 advertisement. 2 advertising.

reclusione (reklu'zjone) *nf* 1 seclusion. 2 imprisonment.

reclutare (reklu'tare) *vt* enlist, enrol, recruit. **recluta** *nf* recruit.

record ('rekord) *nm invar* record (in sport, etc.).

recriminare (rekrimi'nare) *vi* recriminate. **recriminazione** *nf* recrimination.

recto ('rekto) *nm* 1 recto, right-hand side of page. 2 reverse (of a coin).

redarguire (redargu'ire) *vt* reprove, reproach.

redattore (redat'tore) *nm* 1 writer. 2 editor. **redazione** *nf* 1 editing. 2 editorial staff.

reddito ('reddito) *nm* income, revenue.

redentore (reden'tore) *nm* redeemer. **redenzione** *nf* redemption.

redigere* (re'didʒere) *vt* compile, draft.

redine ('redine) *nf* rein.

reduce ('redutʃe) *nm* survivor. *adj* returned.

refe ('refe) *nm* thread.

referendum (refe'rendum) *nm invar* referendum.

referenza (refe'rentsa) *nf* reference.

refettorio (refet'tɔrjo) *nm* refectory.

regalare (rega'lare) *vt* give. **regalo** *nm* gift.

regale (re'gale) *adj* regal.

regata (re'gata) *nf* boat race.

reggere* ('reddʒere) *vt* 1 hold, support. 2 direct. 3 rule. *vi* resist. **reggersi** *vr* stand. **reggente** (red'dʒente) *nm* regent.

reggia ('rɛddʒa) nf royal palace.

reggimento (reddʒi'mento) nm regiment.

reggipetto (reddʒi'pɛtto) nm invar also **reggiseno** nm bra, brassiere.

regia (re'dʒia) nf (film) direction.

regime (re'dʒime) nm 1 regime. 2 diet.

regina (re'dʒina) nf queen. **reginetta** nf beauty queen.

regio ('rɛdʒo) adj royal.

regione (re'dʒone) nf region. **regionale** adj regional.

regista (re'dʒista) nm 1 (of a film) director. 2 Th producer.

registrare (redʒis'trare) vt 1 note, register. 2 record. **registratore** nm tape-recorder. **registratore di cassa** cash register. **registrazione** nf 1 registration. 2 recording. **registro** nm register.

regnare (reɲ'ɲare) vi reign. **regno** nm 1 kingdom. 2 reign.

regola ('rɛgola) nf rule. **in regola** in order.

regolare (rego'lare) vt regulate, adjust. adj regular. **regolarità** nf regularity.

regolo ('rɛgolo) nm ruler. **regolo calcolatore** slide rule.

reincarnazione (reinkarnat'tsjone) nf reincarnation.

relativo (rela'tivo) adj 1 relative. 2 relevant. **relatività** nf relativity.

relazione (relat'tsjone) nf 1 relation, relationship. 2 report.

relegare (rele'gare) vt 1 confine. 2 relegate.

religione (reli'dʒone) nf religion. **religioso** (reli'dʒoso) adj religious.

reliquia (re'likwja) nf relic. **reliquiario** (reli'kwarjo) nm shrine.

remare (re'mare) vi row. **re-**

matore nm oars-man. **remo** nm oar.

reminiscenza (reminiʃ'ʃɛntsa) nf 1 remembrance. 2 reminiscence.

remissivo (remis'sivo) adj submissive.

remoto (re'mɔto) adj remote.

rena ('rena) nf sand.

rendere* ('rendere) vt 1 give back, return. 2 give. 3 make. 4 yield. **rendersi** vr become. **rendersi conto** realize. **rendiconto** nm comm statement.

rendita ('rendita) nf income.

rene ('rene) nm anat kidney. **reni** ('reni) nf pl anat back.

renna ('renna) nf reindeer.

Reno ('reno) nm Rhine.

reparto (re'parto) nm 1 department, section. 2 mil detachment.

repellente (repel'lɛnte) adj repulsive.

repertorio (reper'tɔrjo) nm 1 index. 2 repertory.

replicare (repli'kare) vt 1 reply. 2 repeat. **replica** ('replika) nf 1 reply. 2 Th repeat per-formance, run.

reprensibile (repren'sibile) adj blameworthy.

repressione (repres'sjone) nf repression. **repressivo** adj repressive.

reprimere* (re'primere) vt check, suppress.

repubblica (re'pubblika) nf republic. **repubblicano** adj,n republican.

reputare (repu'tare) vt consider, judge. **reputazione** nf reputation.

requie ('rekwje) nf rest.

requisire (rekwi'zire) vt requisition.

resa ('resa) nf 1 surrender. 2 return.

resi ('resi) v see **rendere**.

residente (resi'dɛnte) adj,nm resident. **residenza** (resi'dɛn-

tsa) *nf* residence. **residenziale** *adj* residential.

residuo (re'siduo) *nm* remainder.

resina ('rezina) *nf* resin.

resistere (re'sistere) *vi* 1 resist, hold out. 2 endure. **resistente** *adj* resistant. **resistenza** (resis'tentsa) *nf* resistance.

reso ('reso) *v* see **rendere**.

resoconto (reso'konto) *nm* report.

respingere* (res'pindʒere) *vt* 1 repel, force back. 2 reject.

respirare (respi'rare) *vi,vt* breathe. **respirazione** *nf* respiration. **respiro** *nm* 1 breath. 2 rest.

responsabile (respon'sabile) *adj* responsible. **responsabilità** *nf* responsibility.

ressa ('ressa) *nf* crowd.

ressi ('ressi) *v* see **reggere**.

restare (res'tare) *vi* 1 stay, remain. 2 be left.

restaurare (restau'rare) *vt* restore. **restauro** *nm* restoration, repair.

restio (res'tio) *adj* reluctant.

restituire (restitu'ire) *vt* give back, restore.

resto ('resto) *nm* 1 rest, remainder. 2 change (money). **del resto** besides.

restringere* (res'trindʒere) *vt* 1 tighten, squeeze. 2 restrict. 3 take in (clothes). **restringersi** *vr* 1 narrow. 2 shrink. 3 close up. **restrizione** *nf* restriction.

rete ('rete) *nf* 1 net. 2 network. 3 *sport* goal. **reticella** (reti'tʃella) *nf* luggage rack.

reticente (reti'tʃente) *adj* reticent. **reticenza** (reti'tʃentsa) *nf* reticence.

reticolato (retiko'lato) *nm* wire netting.

retina ('retina) *nf* retina.

retorica (re'tɔrika) *nf* rhetoric.

retorico (re'tɔriko) *adj* rhetorical.

retribuire (retribu'ire) *vt* 1 pay. 2 reward. **retribuzione** *nf* payment.

retro ('retro) *nm* back, reverse side. **retrodatare** (retroda'tare) *vt* backdate. **retrogrado** (re'trɔgrado) *adj* backward, retrograde. **retroguardia** (retro'gwardja) *nf* rearguard. **retromarcia** (retro'martʃa) *nf* reverse gear. **retrospettivo** (retrospet'tivo) *adj* retrospective. **retrovisore** (retrovi'zore) *nm* driving mirror.

retrocedere* (retro'tʃedere) *vi* retreat.

retta ('retta) *nf* **dare retta** listen, pay attention.

rettangolo (ret'tangolo) *nm* rectangle. **rettangolare** *adj* rectangular.

rettificare (rettifi'kare) *vt* correct, rectify.

rettile ('rettile) *nm* reptile.

retto[1] ('retto) *adj* 1 straight. 2 honest. 3 correct, right. *nm* 1 right angle. 2 *anat* rectum.

retto[2] ('retto) *v* see **reggere**.

rettore (ret'tore) *nm educ* rector.

reumatismo (reuma'tizmo) *nm* rheumatism. **reumatico** (reu'matiko) *adj* rheumatic.

reverendo (reve'rendo) *adj,nm* reverend.

revisione (revi'zjone) *nf* revision.

revocare (revo'kare) *vt* annul.

revolver (re'vɔlver) *nm invar* revolver.

riabbassare (riabbas'sare) *vt* lower again.

riabbracciare (riabbrat'tʃare) *vt* embrace again.

riabilitare (riabili'tare) *vt* 1 rehabilitate. 2 reinstate. **riabilitazione** *nf* rehabilitation.

riaccendere* (riat'tʃendere) *vt* relight.

riaccompagnare (riakkompa-
ɲ'ɲare) vt take back.

riacquistare (riakkwis'tare) vt
regain.

riaddormentarsi (riaddormen-
'tarsi) vr fall asleep again.

riaffermare (riaffer'mare) vt
reaffirm.

rialto (ri'alto) nm hill, rise.

rialzare (rial'tsare) vt lift up,
raise. **rialzarsi** vr rise. **rialzo** (ri'altso) nm rise.

riammettere* (riam'mettere)
vt readmit.

rianimare (riani'mare) vt revive.

riapertura (riaper'tura) nf reopening.

riapparire* (riappa'rire) vi reappear.

riaprire* (ria'prire) vt,vi reopen.

riassumere* (rias'sumere) vt 1
resume. 2 re-employ. 3 summarize. **riassunto** nm summary.

riattaccare (riattak'kare) vt 1
reattach. 2 hang up (telephone).

riattivare (riatti'vare) vt put
back into operation.

ribadire (riba'dire) vt rivet.

ribaldo (ri'baldo) nm rogue.

ribaltare (ribal'tare) vt,vi, overturn. **ribaltarsi** vr capsize.
ribalta nf 1 footlights. 2 flap.

ribassare (ribas'sare) vt lower.
vi fall. **ribasso** nm fall, reduction.

ribattere (ri'battere) vt return
(ball). vi retort.

ribellarsi (ribel'larsi) vr rebel,
revolt. **ribelle** (ri'belle) nm
rebel. adj rebellious. **ribellione** nf rebellion.

ribes ('ribes) nm invar gooseberry. **ribes nero** blackcurrant. **ribes spinoso** gooseberry bush.

riboccare (ribok'kare) vi overflow.

ribrezzo (ri'breddzo) nm shudder.

ributtare (ribut'tare) vt repel.

ricacciare (rikat'tʃare) vt drive
back.

ricadere* (rika'dere) vi fall a-
gain. **ricaduta** nf relapse.

ricamare (rika'mare) vt embroider. **ricamo** nm embroidery.

ricambiare (rikam'bjare) vt exchange. **ricambio** nm exchange.

ricapitolare (rikapito'lare) vt
sum up.

ricaricare (rikari'kare) vt
reload.

ricattare (rikat'tare) vt blackmail. **ricattatore** nm black-
mailer. **ricatto** nm blackmail.

ricavare (rika'vare) vt obtain,
gain.

ricchezza (rik'kettsa) nf wealth.

riccio[1] ('rittʃo) nm hedgehog.
riccio di mare sea urchin.

riccio[2] ('rittʃo) adj curly. nm
curl. **ricciuto** adj curly.

ricco ('rikko) adj rich.

ricercare (ritʃer'kare) vt 1 seek.
2 investigate. **ricerca** nf research.

ricetta (ri'tʃetta) nf 1 med prescription. 2 recipe.

ricevere (ri'tʃevere) vt receive.
ricevimento nm reception.
ricevitore nm receiver. **ricevuta** nf receipt.

richiamare (rikja'mare) vt 1
call back, recall. 2 attract,
draw. 3 rebuke. **richiamo**
nm 1 recall. 2 call.

richiedere* (ri'kjedere) vt 1
ask again. 2 demand, re-
quest. 3 need. **richiesta**
(ri'kjesta) nf demand, request.

riciclare (ritʃi'klare) vt recycle.

ricino ('ritʃino) nm castoroil
plant. **olio di ricino** castor
oil.

ricominciare (rikomin'tʃare) vt
begin again.

ricompensa (rikom'pensa) *nf* reward.

riconciliare (rikontʃi'ljare) *vt* reconcile. **riconciliarsi** *vr* be reconciled.

ricondurre* (rikon'durre) *vt* take back.

riconoscere* (riko'noʃʃere) *vt* 1 recognize. 2 acknowledge. **riconoscente** (rikonoʃ'ʃente) *adj* grateful. **riconoscenza** (rikonoʃ'ʃentsa) *nf* gratitude. **riconoscimento** *nm* recognition.

ricopiare (riko'pjare) *vt* copy out.

ricoprire* (riko'prire) *vt* cover.

ricordare (rikor'dare) *vt* 1 remember, recall. 2 remind of. 3 commemorate. **ricordarsi** *vr* remember. **ricordo** (ri'kɔrdo) *nm* 1 memory. 2 souvenir.

ricorrere* (ri'korrere) *vi* 1 turn to. 2 appeal. 3 recur.

ricostruire (rikostru'ire) *vt* reconstruct.

ricotta (ri'kɔtta) *nf* cottage cheese.

ricoverare (rikove'rare) *vt* 1 shelter. 2 admit to hospital. **ricovero** (ri'kovero) *nm* refuge.

ricrearsi (rikre'arsi) *vr* amuse oneself. **ricreazione** *nf* recreation.

ricredersi (rikre'dersi) *vr* change one's mind.

ricuperare (rikupe'rare) *vt* recover, salvage.

ricusare (riku'zare) *vt* refuse.

ridare (ri'dare) *vt* give back.

ridere* ('ridere) *vi* laugh.

ridicolo (ri'dikolo) *adj* ridiculous.

ridire* (ri'dire) *vt* 1 repeat. 2 find fault.

ridurre* (ri'durre) *vt* 1 reduce. 2 adapt. **riduzione** *nf* 1 reduction. 2 *mus* arrangement.

riempire (riem'pire) *vt* 1 fill. 2 stuff. 3 fill in.

rientrare. (rien'trare) *vi* 1 reenter. 2 return.

rifare* (ri'fare) *vt* 1 do or make again. 2 repair.

riferire (rife'rire) *vt* 1 report. 2 ascribe. **riferirsi** *vr* refer. **riferimento** *nm* reference.

rifiutare (rifju'tare) *vt* 1 refuse. 2 reject. **rifiutarsi** *vr* refuse. **rifiuto** *nm* 1 refusal. 2 *pl* refuse, rubbish. **merce di rifiuto** *nf pl* waste goods.

riflessione (rifles'sjone) *nf* reflexion.

riflessivo (rifles'sivo) *adj* thoughtful.

riflesso (ri'flesso) *nm* 1 reflection. 2 reflex.

riflettere* (ri'flettere) *vt, vi* reflect. **riflettersi** *vr* be reflected. **riflettore** *nm* searchlight, floodlight.

rifondere* (ri'fondere) *vt* refund.

riformare (rifor'mare) *vt* 1 reform. 2 *mil* discharge. **riforma** *nf* 1 reform. 2 Reformation. **riformatore** *nm* reformer.

rifornire (rifor'nire) *vt* supply, provide. **rifornimento** *nm* supply. **stazione di rifornimento** *nf* filling station.

rifuggire (rifud'dʒire) *vi* 1 flee. 2 shun.

rifugiarsi (rifu'dʒarsi) *vr* take refuge. **rifugiato** *nm* refugee. **rifugio** *nm* refuge, shelter.

rifulgere* (ri'fuldʒere) *vi* shine.

rigaglie (ri'gaʎʎe) *nf pl* giblets.

rigare ('rigare) *vt* rule. **riga** *nf* 1 line, stripe. 2 row. 3 ruler. 4 parting (in hair). **a righe** striped. **rigato** *adj* lined, striped.

rigettare (ridʒet'tare) *vt* 1 throw back. 2 reject. **rigetto** (ri'dʒetto) *nm* rejection.

rigido ('ridʒido) *adj* 1 stiff, rigid. 2 strict, severe. **rigidez-**

za (ridʒi'dettsa) *nf* severity. **rigidità** *nf* rigidity.

rigirare (ridʒi'rare) *vt* turn. **rigirarsi** *vr* turn round. **rigiro** *nm* 1 turning. 2 trick.

rigo ('rigo) *nm* line.

rigoglioso (rigoʎ'ʎoso) *adj* exuberant.

rigore (ri'gore) *nm* rigour, harshness. **rigoroso** *adj* 1 severe. 2 rigorous.

rigovernare (rigover'nare) *vt* wash up (dishes).

riguardare (rigwar'dare) *vt* 1 look at again. 2 concern. 3 consider. *vi* overlook. **riguardarsi** *vr* take care of oneself. **riguardo** *nm* 1 regard, respect. 2 care. **riguardo a** as regards.

rilasciare (rilaʃ'ʃare) *vt* 1 leave again. 2 release. 3 issue. **rilascio** *nm* 1 release. 2 issue.

rilassare (rilas'sare) *vt* relax. **rilassarsi** *vr* slacken.

rilegare (rile'gare) *vt* 1 bind (a book). 2 set (a jewel). **rilegatura** *nf* binding.

rileggere* (ri'leddʒere) *vt* reread.

rilevare (rile'vare) *vt* 1 lift up. 2 notice. 3 point out. 4 survey. 5 understand. 6 relieve. 7 take over.

rilievo (ri'ljevo) *nm* relief.

rilucere* (ri'lutʃere) *vi* glitter.

riluttante (rilut'tante) *adj* reluctant. **riluttanza** (rilut'tantsa) *nf* reluctance.

rima ('rima) *nf* rhyme.

rimandare (riman'dare) *vt* 1 send back. 2 put off, postpone. **rimando** *nm* 1 return. 2 postponement.

rimanere* (rima'nere) *vi* 1 stay, remain. 2 be left, remain. **rimanere ferito** be wounded.

rimango (ri'mango) *v* see **rimanere.**

rimarrò (rimar'rɔ) *v* see **rimanere.**

rimasi (ri'masi) *v* see **rimanere.**

rimasto (ri'masto) *v* see **rimanere.**

rimasugli (rima'suʎʎi) *nm pl* leftovers.

rimbalzare (rimbal'tsare) *vi* rebound. **rimbalzo** *nm* rebound.

rimbambire (rimbam'bire) *vi* become childish.

rimbeccare (rimbek'kare) *vt* retort.

rimboccare (rimbok'kare) *vt* turn or tuck up.

rimbombare (rimbom'bare) *vi* resound.

rimborsare (rimbor'sare) *vt* refund, repay.

rimediare (rime'djare) *vi* cure. **rimedio** (ri'mɛdjo) *nm* cure, remedy.

rimescolare (rimesko'lare) *vt* 1 mix. 2 shuffle (cards).

rimessa (ri'messa) *nf* 1 shed. 2 garage.

rimettere (ri'mettere) *vt* 1 replace, return. 2 put on again. 3 lose. 4 postpone. 5 send. 6 pardon. 7 entrust. **rimettersi** *vr* 1 return. 2 recover. 3 (of the weather) clear up. 4 rely.

rimodernare (rimoder'nare) *vt* update, modernize.

rimontare (rimon'tare) *vt* 1 reassemble. 2 go up again. 3 remount. *vi* 1 remount. 2 date.

rimorchiare (rimor'kjare) *vt* tow. **rimorchio** (ri'mɔrkjo) *nm* trailer.

rimorso (ri'mɔrso) *nm* remorse.

rimpasto (rim'pasto) *nm* reshuffle.

rimpatriare (rimpa'trjare) *vi* return home. *vt* repatriate. **rimpatrio** (rim'patrio) *nm* repatriation.

rimpiangere* (rim'pjandʒere) vt regret.

rimpiattino (rimpjat'tino) nm hide-and-seek.

rimpiccolire (rimpikko'lire) vt make smaller. vi become smaller.

rimpinzarsi (rimpin'tsarsi) vr overeat.

rimproverare (rimprove'rare) vt rebuke. **rimprovero** (rim-'provero) nm rebuke, reproof.

rimuovere* (ri'mwovere) vt 1 remove. 2 dissuade.

Rinascimento (rinaʃʃi'mento) nm Renaissance.

rincagnato (rinkaɲ'ɲato) adj snub (of a nose).

rincalzare (rinkal'tsare) vt 1 prop up. 2 tuck in. 3 chase.

rincarare (rinka'rare) vt increase the price of.

rincasare (rinka'sare) vi go home.

rinchiudere* (rin'kjudere) vt enclose, shut up.

rincontrare (rinkon'trare) vt meet.

rincorrere* (rin'korrere) vt chase, pursue. **rincorsa** nf short run.

rincrescere* (rin'kreʃʃere) vi cause regret. v imp be sorry.

rinculare (rinku'lare) vi recoil.

rinfiancare (rinfjan'kare) vt prop up.

rinforzare (rinfor'tsare) vt reinforce, strengthen. **rinforzo** (rin'fortso) nm 1 support. 2 mil reinforcement.

rinfrescare (rinfres'kare) vt 1 cool. 2 refresh. **rinfrescarsi** vr 1 cool down. 2 have a cool drink. **rinfrescante** adj refreshing. **rinfresco** nm refreshment.

rinfusa (rin'fuza) adv,adj **alla rinfusa** higgledy-piggledy.

ringhiare (rin'gjare) vi growl. **ringhio** nm growl.

ringhiera (rin'gjera) nf 1 railing. 2 pl banisters.

ringiovanire (rindʒova'nire) vt make younger. vi become younger.

ringraziare (ringrat'tsjare) vt thank. **ringraziamento** nm thanks.

rinnegare (rinne'gare) vt 1 deny. 2 disown.

rinnovare (rinno'vare) vt renew.

rinoceronte (rinotʃe'ronte) nm rhinoceros.

rinomato (rino'mato) adj famous.

rintoccare (rintok'kare) vi (of a clock) strike, (of a bell) toll.

rintoppare (rintop'pare) vi come across, bump into.

rintracciare (rintrat'tʃare) vt trace.

rintronare (rintro'nare) vt 1 shake. 2 stun. vi resound.

rintuzzare (rintut'tsare) vt blunt.

rinunciare (rinun'tʃare) vi give up, relinquish. vt renounce. **rinuncia** nf renunciation.

rinvenire* (rinve'nire) vt find. vi revive.

rinviare (rinvi'are) vt 1 send back. 2 put off, defer.

rinvigorire (rinvigo'rire) vt strengthen.

riordinare (riordi'nare) vt 1 tidy. 2 reorganize.

riorganizzare (riorganid'dzare) vt reorganize. **riorganizzazione** nf reorganization.

ripagare (ripa'gare) vt repay.

riparare (ripa'rare) vt 1 repair, mend. 2 protect. **riparazione** nf repair. **riparo** nm shelter. **senza riparo** irreparably.

ripartire (ripar'tire) vt divide, share. vi leave again.

ripassare (ripas'sare) vt 1 recross. 2 revise. 3 retouch. 4 look over. **ripassata** nf 1 revision. 2 look over, inspection. **ripasso** nm revision.

ripensare (ripen'sare) *vi* **1** reconsider. **2** change one's mind.

ripentirsi (ripen'tirsi) *vr* repent.

ripercussione (riperkus'sjone) *nf* repercussion.

ripetere (ri'petere) *vt* repeat. **ripetizione** *nf* **1** repetition. **2** rehearsal.

ripiano (ri'pjano) *nm* shelf.

ripido ('ripido) *adj* steep.

ripiegare (ripje'gare) *vt* fold up.

ripiego (ri'pjεgo) *nm* expedient.

ripieno (ri'pjeno) *adj* stuffed. *nm* stuffing, filling.

riporre* (ri'porre) *vt* place.

riportare (ripor'tare) *vt* **1** take or bring back. **2** report. **3** win, obtain, receive. **riportarsi** *vr* refer.

riposare (ripo'sare) *vt* **1** put back. **2** rest. *vi* rest. **riposarsi** *vr* rest. **riposo** (ri'pɔso) *nm* rest. **a riposo** retired.

ripostiglio (ripos'tiλλo) *nm* **1** hiding place. **2** storeroom.

riprendere* (ri'prεndere) *vt* **1** take back. **2** take again. **3** resume. **4** reprove. **5** film. *vi* revive. **riprendersi** *vr* **1** recover. **2** correct oneself.

ripresa (ri'presa) *nf* **1** resumption. **2** *sport* second half or round.

riprodurre* (ripro'durre) *vt* reproduce. **riproduzione** *nf* reproduction.

ripugnante (ripuɲ'ɲante) *adj* repugnant. **ripugnanza** (ripuɲ'ɲantsa) *nf* repugnance.

ripulsione (ripul'sjone) *nf* repulsion. **ripulsivo** *adj* repulsive.

risaia (ri'saja) *nf* paddy field.

risalire (risa'lire) *vt* **1** go up again. **2** go back to, date from.

risaltare (risal'tare) *vi* stand

out. **risalto** *nm* relief, prominence. **fare risalto** stand out.

risanare (risa'nare) *vt* cure.

risarcire (risar'tʃire) *vt* compensate.

risata (ri'sata) *nf* laugh.

riscaldare (riskal'dare) *vt* **1** heat, heat up. **2** warm. **riscaldarsi** *vr* warm up. **riscaldamento** *nm* heating. **riscaldatore** *nm* heater.

riscatto (ris'katto) *nm* ransom.

rischiarare (riskja'rare) *vt* **1** light up. **2** enlighten. **3** clear. *vi* light up. **rischiararsi** *vr* clear up. clear up.

rischiare (ris'kjare) *vt* risk. *vi* run the risk. **rischio** *nm* risk. **rischioso** (ris'kjoso) *adj* risky.

risciacquare (riʃʃak'kware) *vt* rinse.

risciò (riʃ'ʃɔ) *nm* rickshaw.

riscontrare (riskon'trare) *vt* **1** compare. **2** verify. **riscontrarsi** *vr* correspond. **riscontro** *nm* **1** checking. **2** comparison.

riscossa (ris'kɔssa) *nf* insurrection.

riscuotere* (ris'kwɔtere) *vt* **1** cash, draw, collect (one's salary). **2** obtain. **3** shake. **riscuotersi** *vr* **1** start. **2** *med* come round.

risentire (risen'tire) *vt* feel, experience. *vi* show signs of. **risentirsi** *vr* take offence. **risentimento** *nm* resentment.

riserbo (ri'serbo) *nm* reserve.

riservare (riser'vare) *vt* keep, reserve. **riserva** (ri'serva) *nf* **1** stock, reserve. **2** reservation. **3** reserve, preserve. **4** *sport* reserve. **riservato** *adj* reserved.

risi ('risi) *v* see **ridere**.

risiedere (ri'sjεdere) *vi* reside.

riso[1] ('riso) *v* see **ridere**.

riso[2] ('riso) *nm* rice.

riso[3] ('riso) *nm* **1** laugh. **2** laughter.

risolsi (ri'sɔlsi) v see **risolvere**.

risolto (ri'sɔlto) v see **risolvere**.

risoluto (riso'luto) adj determined. **risolutezza** (risolu'tettsa) nf determination.

risoluzione (risolut'tsjone) nf resolution.

risolvere* (ri'sɔlvere) vt 1 resolve, solve. 2 break down, dissolve. 3 decide. 4 annul. **risolversi** vr 1 dissolve. 2 make up one's mind.

risonare (riso'nare) vi resound, ring out. **risonanza** (riso'nantsa) nf 1 resonance. 2 echo.

risorgere* vi rise again. **risorgimento** nm 1 revival. 2 cap Italian 19th-century independence movement.

risorsa (ri'sorsa) nf resource.

risparmiare (rispar'mjare) vt 1 save. 2 spare. **risparmio** (ris'parmjo) nm saving. **cassa di risparmio** nf savings bank.

rispettare (rispet'tare) vt respect. **rispettabile** (rispet'tabile) adj respectable. **rispettabilità** nf respectability. **rispetto** (ris'petto) nm respect. **rispetto a** as regards. **rispettoso** (rispet'toso) adj respectful.

rispettivo (rispet'tivo) adj respective.

risplendere (ris'plendere) vi shine.

rispondere* (ris'pondere) vi 1 reply, answer. 2 be responsible for. 3 correspond. 4 respond. **rispondere di sì/no** answer yes/no.

risposi (ris'posi) v see **rispondere**.

risposta (ris'posta) nf 1 reply, answer. 2 response.

risposto (ris'posto) v see **rispondere**.

rissa ('rissa) nf brawl. **rissoso** (ris'soso) adj quarrelsome.

ristabilire (ristabi'lire) vt restore.

ristagnare (ristaɲ'ɲare) vi stagnate. **ristagno** nm stagnation.

ristampare (ristam'pare) vt reprint.

ristorante (risto'rante) nm restaurant.

ristorare (risto'rare) vt refresh, restore. **ristoro** (ris'tɔro) nm 1 relief. 2 refreshments.

ristretto (ris'tretto) adj 1 narrow. 2 restricted, limited.

risultare (risul'tare) vi result, ensure. **risultare chiaro** be clear. **risultato** nm result.

risuonare (risuo'nare) vi resound, ring out. **risuonanza** nf 1 resonance. 2 echo.

risurrezione (risurret'tsjone) nf resurrection.

risuscitare (risuʃʃi'tare) vt bring back to life, revive. vi rise again.

risvegliare (rizveʎ'ʎare) vt awaken, revive. **risveglio** nm revival.

ritaglio (ri'taʎʎo) nm 1 newspaper cutting. 2 scrap.

ritardare (ritar'dare) vt slow down, delay. vi 1 be late. 2 (of a watch) lose. **ritardo** nm delay. **in ritardo** late.

ritegno (ri'teɲɲo) nm restraint.

ritenere* (rite'nere) vt 1 keep back. 2 keep, hold. 3 consider. 4 remember. **ritenersi** vr consider oneself.

ritirare (riti'rare) vt 1 withdraw, draw back. 2 retract. 3 draw (money). **ritirarsi** vr 1 withdraw. 2 retire. **ritirata** nf 1 retreat. 2 lavatory. **ritiro** nm withdrawal.

ritmo ('ritmo) nm rhythm. **ritmico** ('ritmiko) adj rhythmic.

rito ('rito) nm rite. **rituale** adj ritual.

ritoccare (ritok'kare) vt touch up. **ritocco** (ri'tokko) nm retouch.

ritornare (ritor'nare) vi 1 return, come back. 2 recur. vt give back. **ritorno** nm return. **essere di ritorno** be back. **ritorno di fiamma** 1 backfire. 2 renewed passion.

ritrarre* (ri'trarre) vt 1 draw back. 2 reproduce. **ritrarsi** vr withdraw.

ritratto (ri'tratto) nm portrait.

ritroso (ri'troso) adj 1 reluctant. 2 shy.

ritrovare (ritro'vare) vt 1 find (again). 2 discover. 3 recover. **ritrovarsi** vr 1 meet. 2 find oneself. **ritrovo** (ri'trovo) nm 1 meeting. 2 meeting place. **ritrovo notturno** nightclub.

ritto ('ritto) adj 1 upright. 2 straight. **stare ritto** stand up. ~nm right side.

riunire (riu'nire) vt 1 gather, collect. 2 reunite. **riunirsi** vr 1 be reunited. 2 meet. **riunione** nf meeting.

riuscire* (riuʃ'ʃire) vi 1 go out. 2 work or turn out. 3 result. 4 succeed, manage. **riuscita** nf 1 result. 2 success.

riva ('riva) nf bank, shore.

rivale (ri'vale) adj, n rival. **rivaleggiare** vi rival. **rivalità** nf rivalry.

rivedere* (rive'dere) vt 1 see again. 2 revise, examine.

rivelare (rive'lare) vt reveal, disclose. **rivelazione** nf revelation.

riverberare (riverbe'rare) vt reverberate.

riverire (rive'rire) vt respect. **riverente** (rive'rente) adj reverent. **riverenza** (rive'rentsa) nf 1 reverence. 2 bow.

rivestire (rives'tre) vt 1 cover. 2 line.

riviera (ri'vjera) nf coast.

rivista (ri'vista) nf 1 mil parade. 2 magazine, review. 3 revue.

rivolgere* (ri'voldʒere) vt 1 turn (over). 2 direct. **rivolgersi** vr 1 turn round. 2 apply. 3 go towards. **rivolgimento** nm upheaval.

rivoltare (rivol'tare) vt turn. **rivoltarsi** vr revolt. **rivolta** nf revolt.

rivoltella (rivol'tella) nf revolver.

rivoluzione (rivolut'tsjone) nf revolution. **rivoluzionario** adj revolutionary.

rizzare (rit'tsare) vt raise, erect. **rizzarsi** vr 1 stand up. 2 stand on end.

roba ('rɔba) nf stuff, things, possessions.

robusto (ro'busto) adj strong, sturdy.

rocca ('rɔkka) nf fortress. **roccaforte** nf stronghold.

roccia ('rɔttʃa) nf rock. **roccioso** (rot'tʃoso) adj rocky.

rodaggio (ro'daddʒo) nm mot running in. **in rodaggio** running in.

Rodano ('rɔdano) nm Rhône.

rodere* ('rodere) vt 1 gnaw. 2 nibble. **roditori** nm pl rodents.

Rodesia (ro'dezja) nf Rhodesia. **rodesiano** adj, n Rhodesian.

rododendro (rodo'dendro) nm rhododendron.

rogna ('roɲɲa) nf 1 itch. 2 scabies.

rognone (roɲ'ɲone) nm cul kidney.

rollare (rol'lare) vi naut roll.

Roma ('roma) nf Rome. **romano** adj, n Roman.

Romania (roma'nia) nf Rumania. **romeno** adj, n Rumanian.

romanico (ro'maniko) adj romanesque.

romantico (ro'mantiko) adj romantic. **romanticismo** nm romanticism.

romanzo[1] (ro'mandzo) adj romance (language).

romanzo[2] (ro'mandzo) *nm* **1** novel. **2** romance. **romanziere** (roman'dzjere) *nm* novelist.

romito (ro'mito) *nm* hermit.

rompere* ('rompere) *vt* break, smash. *vi* break. **rompere la testa** annoy. **rompersi** *vr* break up. **rompersi la testa** rack one's brains. **rompicapo** *nm* annoyance. **rompiscatole** (rompis'katole) *nm sl* pest, nuisance.

ronda ('ronda) *nf mil* rounds, patrol.

rondine ('rondine) *nf zool* swallow.

rondone (ron'done) *nm* swift.

ronzare (ron'dzare) *vi* buzz, hum, whirr. **ronzio** *nm* buzz, hum.

ronzino (rond'zino) *nm inf* nag.

rosa ('rɔza) *nf* rose. *adj invar, nm invar* pink.

rosario (ro'zarjo) *nm* rosary.

rosbif ('rɔzbif) *nm invar* roast beef.

rosicchiare (rosik'kjare) *vt* nibble.

rosmarino (rozma'rino) *nm* rosemary.

rosolare (rozo'lare) *vt cul* brown.

rosolia (rozo'lia) *nf* German measles.

rospo ('rɔspo) *nm* toad. **ingoiare un rospo** swallow an insult.

rosso ('rosso) *adj,nm* red. **rossetto** *nm* lipstick. **rossore** *nm* shame.

rosticceria (rostittʃe'ria) *nf* shop selling cooked food.

rostro ('rɔstro) *nm* rostrum.

rotaia (ro'taja) *nf* **1** rail. **2** rut.

rotare (ro'tare) *vt,vi* rotate. **rotazione** *nf* rotation.

roteare (rote'are) *vt* whirl. *vi* wheel.

rotella (ro'tella) *nf* wheel. **pattino a rotelle** *nm* roller-skate.

rotolare (roto'lare) *vt* roll. *vi* roll down. **rotolo** ('rɔtolo) *nm* roll.

rotondo (ro'tondo) *adj* round.

rotore (ro'tore) *nm* rotor.

rotta[1] ('rotta) *nf* **1** break. **2** rout. **a rotta di collo** at breakneck speed.

rotta[2] ('rotta) *nf* course, route.

rotto ('rotto) *v see* **rompere.** *adj* broken. **rottame** *nm* **1** fragment. **2** *pl* wreckage, ruins. **rottami di ferro** *nm pl* scrap iron. **rottura** *nf* break, breaking off.

rovesciare (roveʃ'ʃare) *vt* **1** upset, spill. **2** overturn. **3** turn inside out. **4** overthrow. **rovesciarsi** *vr* **1** overturn, capsize. **2** fall down. **rovescio** (ro've ʃʃo) *nm* wrong side, other side. **a rovescio** back to front. **capire a rovescio** misunderstand. **alla rovescia 1** inside out. **2** upside down.

rovinare (rovi'nare) *vt* ruin. **rovina** *nf* fall, ruin.

rovistare (rovis'tare) *vt* ransack.

rovo ('rovo) *nm* bramble, blackberry bush.

rozzo ('roddzo) *adj* rough, coarse.

ruba ('ruba) *nf* **andare a ruba** sell like hot cakes.

rubacchiare (rubak'kjare) *vt* pilfer.

rubare (ru'bare) *vt* steal, rob. **rubacuori** (ruba'kwɔri) *nm sl* lady-killer.

rubinetto (rubi'netto) *nm* tap.

rubino (ru'bino) *nm* ruby.

rubrica (ru'brika) *nf* **1** directory. **2** feature, column.

rude ('rude) *adj* rough.

rudere ('rudere) *nm* ruin.

ruga ('ruga) *nf* wrinkle. **rugoso** (ru'goso) *adj* wrinkled.

rugby ('rugbi) *nm* rugby. **rugbista** *nm* rugby-player.

ruggine ('ruddʒine) *nf* rust.

rugginoso (ruddʒi'noso) *adj* rusty.

ruggire (rud'dʒire) *vi* roar. **ruggito** *nm* roar.

rugiada (ru'dʒada) *nf* dew.

rullare (rul'lare) *vt* roll. *vi* 1 roll. 2 *aviat* taxi. **rullio** *nm* roll. **rullo** *nm* 1 roll. 2 *tech* roller. **rullo compressore** steamroller.

rum (rum) *nm* rum.

ruminare (rumi'nare) *vt* 1 chew. 2 ruminate.

rumore (ru'more) *nm* 1 noise, din. 2 rumour. **rumoroso** (rumo'roso) *adj* noisy.

rumoreggiare (rumored'dʒare) *vi* make a noise.

ruolo ('rwɔlo) *nm* 1 roll, list. 2 role.

ruota ('rwɔta) *nf* wheel. **ruota di ricambio** spare wheel. **girare a ruota libera** *vi* freewheel.

rupe ('rupe) *nf* cliff.

rupia (ru'pia) *nf* rupee.

ruppi ('ruppi) *v see* **rompere**.

rurale (ru'rale) *adj* rural.

ruscello (ruʃ'ʃɛllo) *nm* stream.

russare (rus'sare) *vi* snore.

Russia ('russja) *nf* Russia. **russo** *adj,n* Russian. *nm* Russian (language).

rustico ('rustiko) *adj* rustic.

ruttare (rut'tare) *vi* belch, burp. **rutto** *nm* belch.

ruvido ('ruvido) *adj* rough, coarse. **ruvidezza** (ruvi'dettsa) *nf* coarseness.

ruzzare (rud'dzare) *vi* gambol.

ruzzolare (ruttso'lare) *vi* roll down.

S

sa (sa) *v see* **sapere**.

sabato ('sabato) *nm* Saturday.

sabbia ('sabbja) *nf* sand. **sabbie mobili** *n pl* quicksands. **sabbioso** (sab'bjoso) *adj* sandy.

sabotare (sabo'tare) *vt* sabotage. **sabotaggio** *nm* sabotage. **sabotatore** *nm* saboteur.

sacca ('sakka) *nf* 1 bag, satchel. 2 pocket.

saccarina (sakka'rina) *nf* saccharin.

saccente (sat'tʃɛnte) *nm* knowall.

saccheggiare (sakked'dʒare) *vt* sack, plunder. **saccheggio** *nm* sack, pillage.

sacchetto (sak'ketto) *nm* paper bag.

sacco ('sakko) *nm* sack, bag. **sacco a pelo** sleeping-bag.

saccoccia (sak'kɔttʃa) *nf* pocket.

sacerdote (satʃer'dɔte) *nm* priest. **sacerdotale** *adj* priestly. **sacerdozio** (satʃer'dɔttsjo) *nm* priesthood.

sacramento (sakra'mento) *nm* sacrament.

sacrificare (sakrifi'kare) *vt* sacrifice. **sacrificio** *nm* sacrifice.

sacrilegio (sakri'ledʒo) *nm* sacrilege.

sacro ('sakro) *adj* holy, sacred.

sadico ('sadiko) *adj* sadistic. *nm* sadist. **sadismo** *nm* sadism.

saetta (sa'etta) *nf* arrow.

safari (sa'fari) *nm* safari.

saga ('saga) *nf* saga.

sagace (sa'gatʃe) *adj* clever, shrewd. **sagacità** *nf* sagacity.

saggezza (sad'dʒettsa) *nf* wisdom.

saggio[1] ('saddʒo) *adj* wise, prudent. *nm* sage.

saggio[2] ('saddʒo) *nm* 1 trial, test. 2 sample. 3 study, essay.

Sagittario (sadʒit'tarjo) *nm* Sagittarius.

sagoma ('sagoma) *nf* outline, profile.

sagra ('sagra) *nf* festival.

sagrestia (sagres'tia) *nf* sacristy. **sagrestano** *nm* sacristan.

sai ('sai) *v* see **sapere**.

sala ('sala) *nf* room, hall. **sala da pranzo** dining room. **sala operatoria** operating theatre.

salamandra (sala'mandra) *nf* salamander.

salame (sa'lame) *nm* pork sausage, salami.

salamoia (sala'mɔja) *nf* brine.

salario (sa'larjo) *nm* wages, salary.

saldare (sal'dare) *vt* 1 join, weld. 2 settle, pay (a bill). **saldezza** (sal'dettsa) *nf* firmness. **saldo** *adj* solid, firm.

sale ('sale) *nm* salt. **salare** *vt* salt. **salato** *adj* 1 salt, salty. 2 expensive. **saliera** (sa'ljɛra) *nf* saltcellar.

salgo ('salgo) *v* see **salire**.

salice (salitʃe) *nm* willow.

salire* (sa'lire) *vt,vi* climb, go up. *vi* rise, increase. **salire in macchina** get into a car. **salita** *nf* ascent, climb.

saliva (sa'liva) *nf* saliva.

salma ('salma) *nf* corpse.

salmo ('salmo) *nm* psalm.

salmone (sal'mone) *nm* salmon.

salone (sa'lone) *nm* 1 hall. 2 assembly room.

salotto (sa'lɔtto) *nm* sitting room.

salpare (sal'pare) *vi* set sail.

salsa ('salsa) *nf* 1 sauce. 2 gravy. **salsiera** (sal'sjera) *nf* sauceboat.

salsiccia (sal'sittʃa) *nf* pork sausage.

salso ('salso) *adj* salt, salty.

saltare (sal'tare) *vi* jump, leap. *vt* 1 jump over. 2 miss. **saltare in aria** explode.

saltatoio (salta'tojo) *nm* perch.

saltellare (saltel'lare) *vi* skip, hop. **saltello** (sal'tello) *nm* jump.

salterellare (salterel'lare) *vi* hop, skip. **salterello** (salte-'rello) *nm* skip, jump.

saltimbanco (saltim'banko) *nm* acrobat.

saltimbocca (saltim'bokka) *nm invar* meat in anchovy sauce.

salto ('salto) *nm* jump, leap. **salto mortale** somersault.

salubre ('salubre) *adj* healthy.

salume (sa'lume) *nm* salted meat. **salumeria** *nf* delicatessen.

salutare (salu'tare) *vt* greet, say hello or goodbye to. **andare a salutare** go and see. **saluto** *nm* 1 greeting. 2 salute. **tanti saluti** best regards.

salute (sa'lute) *nf* health. **salutare** *adj* salutary.

salva ('salva) *nf* salvo.

salvaguardare (salvagwar'dare) *vt* safeguard. **salvaguardia** *nf* safeguard.

salvare (sal'vare) *vt* 1 save. 2 rescue. **salvarsi** *vr* escape. **salvagente** (salva'dʒente) *nm invar* lifebelt. **salvazione** *nf* salvation. **salvezza** (sal'vettsa) *nf* safety. **salvo** *adj* safe. *prep* except.

salvataggio (salva'taddʒo) *nm* rescue.

salvia ('salvja) *nf bot* sage.

sambuco (sam'buko) *nm* elder tree.

san (san) *adj* contraction of **santo**.

sanare (sa'nare) *vt* 1 cure, heal. 2 put right. **sanabile** (sa'nabile) *adj* curable.

sancire (san'tʃire) *vt* sanction.

sandalo ('sandalo) *nm* sandal.

sangue ('sangwe) *nm* blood. **fare sangue** bleed.

sanguinare (sangwi'nare) *vi* bleed. **sanguigno** *adj* 1 blood. 2 blood-red. **sanguinoso** (sangwi'noso) *adj* bloody.

sanitario (sani'tarjo) *adj* sanitary.

sanno ('sanno) *v* see **sapere**.

sano ('sano) *adj* healthy, sound. **di sana pianta** entirely. **sano e salvo** safe and sound. **sanità** *nf* sanity.

santificare (santifi'kare) *vt* sanctify.

santo ('santo) *adj* holy, sacred. *nm* saint. **santità** *nf* holiness.

santuario (santu'arjo) *nm* sanctuary.

sanzionare (santsjo'nare) *vt* sanction, approve. **sanzione** *nf* sanction.

sapere* (sa'pere) *vt* know. **sapere di** taste of. **sapiente** (sa'pjɛnte) *adj* wise. *nm* wise man. **sapienza** (sa'pjɛntsa) *nf* wisdom, learning.

sapone (sa'pone) *nm* soap. **saponata** *nf* lather. **saponetta** *nf* bar of soap. **saponiera** (sapo'njɛra) *nf* soap dish.

sapore (sa'pore) *nm* taste, flavour. **saporito** *adj* 1 tasty. 2 witty. 3 expensive.

sappiamo (sap'pjamo) *v* see **sapere**.

saprò (sa'prɔ) *v* see **sapere**.

saracinesca (saratʃi'neska) *nf* roller blind.

sarcasmo (sar'kazmo) *nm* sarcasm. **sarcastico** (sar'kastiko) *adj* sarcastic.

sarchiare (sar'kjare) *vt* hoe, weed. **sarchio** *nm* hoe.

sarda ('sarda) *nf* pilchard. **sardina** *nf* sardine.

Sardegna (sar'deɲɲa) *nf* Sardinia. **sardo** *adj,n* Sardinian.

sardonico (sar'dɔniko) *adj* sardonic.

sarei (sa'rɛi) *v* see **essere**.

sarò (sa'rɔ) *v* see **essere**.

sarto ('sarto) *nm* tailor. **sarta** *nf* dressmaker. **sartoria** *nf* tailor's shop.

sasso ('sasso) *nm* stone. **sassoso** (sas'soso) *adj* stony.

sassofono (sas'sɔfono) *nm* saxophone.

Satana ('satana) *nm* Satan.

satellite (sa'tellite) *nm* satellite.

satira (sa'tira) *nf* satire. **satireggiare** *vt* satirize. **satirico** (sa'tiriko) *adj* satirical.

saturare (satu'rare) *vt* saturate. **saturazione** *nf* saturation.

Saturno (sa'turno) *nm* Saturn.

sauna ('sauna) *nf* sauna.

savio ('savjo) *adj* wise. *nm* sage.

saziare (sat'tsjare) *vt* satisfy, fill. **sazio** *adj* full, sated.

sbaccellare (zbattʃe'lare) *vt* shell (peas).

sbadataggine (zbada'taddʒine) *nf* carelessness. **sbadato** *adj* careless.

sbadigliare (zbadiʎ'ʎare) *vi* yawn. **sbadiglio** *nm* yawn.

sbagliare (zbaʎ'ʎare) *vt* 1 miscalculate. 2 mistake. *vi* make a mistake. **sbagliarsi** *vr* make a mistake, be mistaken. **sbagliato** *adj* wrong, mistaken. **sbaglio** *nm* mistake, error.

sballare (zbal'lare) *vt* unpack.

sballottare (zballot'tare) *vt* toss about.

sbalordire (zbalor'dire) *vt* amaze, stun. *vi* be amazed. **sbalordimento** *nm* amazement.

sbalzare (zbal'tsare) *vt* 1 throw, fling. 2 dismiss. *vi* bounce. **sbalzo** *nm* 1 bounce. 2 leap. **a sbalzi** by fits and starts.

sbandare (zban'dare) *vt* disband, disperse. *vi* *mot* skid. **sbandarsi** *vr* disperse.

sbandire (zban'dire) *vt* banish.

sbarazzare (zbarat'tsare) *vt* clear, rid. **sbarazzarsi di** *vr* get rid of.

sbarbare (zbar'bare) *vt* 1 uproot. 2 shave.

sbarcare (zbar'kare) *vt* put ashore, unload. *vi* go ashore, disembark. **sbarco** *nm* landing.

sbarrare (zbar'rare) *vt* block, bar. **sbarrare gli occhi** open one's eyes wide. **sbarra** *nf* **1** bar, barrier. **2** tiller.

sbatacchiare (zbarak'kjare) *vt, vi* bang, slam.

sbattere ('zbattere) *vt* **1** beat, shake. **2** bang, slam. *vi* slam. **sbattere fuori** throw out.

sbavare (zba'vare) *vi* dribble.

sbiadire (zbja'dire) *vi* fade.

sbieco ('zbjɛko) *adj* slanting, askew. **guardare di sbieco** look at askance.

sbigottire (zbigot'tire) *vt* dismay. **sbigottirsi** *vr* be dismayed. **sbigottimento** *nm* dismay. **sbigottito** *adj* dismayed, amazed.

sbilenco (zbi'lenko) *adj* crooked.

sbirciare (zbir'tʃare) *vt* eye, gaze at.

sbirro ('zbirro) *nm inf* cop, policeman.

sboccare (zbok'kare) *vi* **1** flow. **2** lead, come out. **sbocco** *nm* outlet.

sbocciare (zbot'tʃare) *vi* blossom, open.

sborsare (zbor'sare) *vt* pay out.

sbottonare (zbotto'nare) *vt* unbutton.

sbozzare (zbot'tsare) *vt* sketch. **sbozzo** ('zbɔttso) *nm* sketch.

sbranare (zbra'nare) *vt* tear to pieces.

sbrattare (zbrat'tare) *vt* clean, clear.

sbriciolare (zbritʃo'lare) *vt* crumble. **sbriciolarsi** *vr* crumble.

sbrigare (zbri'gare) *vt* finish off, deal with. **sbrigarsi** *vr* hurry.

sbrodolare (zbrodo'lare) *vt* stain, dirty.

sbronzo ('zbrontso) *adj inf* drunk.

sbucare (zbu'kare) *vi* come out.

sbucciare (zbut'tʃare) *vt* peel, skin. **sbucciarsi** *vr* graze. **sbucciapatate** *nm invar* potato peeler.

sbuffare (zbuf'fare) *vi* puff. **sbuffo** *nm* puff.

scabbia ('skabbja) *nf* scabies.

scabro ('skabro) *adj* rough.

scabroso (ska'broso) *adj* **1** rough. **2** difficult. **3** risqué.

scacchiera (skak'kjɛra) *nf* chessboard.

scacciare (skat'tʃare) *vt* chase or drive out.

scacco ('skakko) *nm* **1** square, check. **2** *pl* chess. **a scacchi** checked. **scacco matto** checkmate.

scadere* (ska'dere) *vi* **1** decline, decrease. **2** expire, be due. **scadente** (ska'dente) *adj* of poor quality, shoddy. **scadenza** (ska'dentsa) *nf* expiry.

scafandro (ska'fandro) *nm* **1** diving suit. **2** spacesuit.

scaffale (skaf'fale) *nm* bookcase, bookshelf.

scafo ('skafo) *nm* hull.

scaglia ('skaʎʎa) *nf* **1** scale (of fish). **2** fragment. **scaglioso** (skaʎ'ʎoso) *adj* scaly.

scagliare (skaʎ'ʎare) *vt* throw, hurl.

scala ('skala) *nf* **1** stairs, staircase. **2** scale, proportion. **scala a piuoli** ladder. **scala mobile** escalator. **scalino** *nm* step, stair.

scalare (ska'lare) *vt* scale. **scalatore** *nm* mountain climber.

scaldare (skal'dare) *vt* warm up, heat. **scaldabagno** (skalda'baɲɲo) *nm* water heater.

scalfire (skal'fire) *vt* scratch.

scalo ('skalo) *nm* **1** wharf. **2** port of call. **volo senza scalo** *nm* non-stop flight.

scalogna (ska'loɲɲa) *nf inf* bad luck.

scaloppa (ska'lɔppa) *nf* escalope.

scalpello (skal'pɛllo) *nm* chisel.

scalpore (skal'pore) *nm* noise, row.

scaltro ('skaltro) *adj* shrewd, crafty. **scaltrezza** (skal'-trettsa) *nf* cunning.

scalzare (skal'tsare) *vt* take shoes and socks from. **scalzo** *adj* barefoot.

scambiare (skam'bjare) *vt* 1 exchange. 2 mistake. **scambio** *nm* exchange.

scampanare (skampa'nare) *vi* peal, chime. **scampanata** *nf* peal.

scampare (skam'pare) *vt* save. *vi* escape. **scampo** *nm* refuge, safety. **non c'è scampo** there is no way out.

scampi ('skampi) *nm pl* scampi, prawns.

scampolo ('skampolo) *nm* remnant.

scanalare (skana'lare) *vt* groove. **scanalatura** *nf* groove.

scandalo ('skandalo) *nm* scandal. **scandalizzare** (skandalid'dzare) *vt* shock. **scandalizzarsi** *vr* be shocked. **scandaloso** (skanda'loso) *adj* scandalous, shocking.

scannare (skan'nare) *vt* slaughter.

scanno ('skanno) *nm* seat, bench.

scansare (skan'sare) *vt* avoid. **scansarsi** *vr* move aside.

scansia (skan'sia) *nf* bookcase.

scapigliare (skapiʎ'ʎare) *vt* ruffle, dishevel.

scapola ('skapola) *nf* shoulder-blade.

scapolo ('skapolo) *nm* bachelor.

scappare (skap'pare) *vi* run away, flee. **scappata** *nf* 1 visit, call. 2 escapade.

scarabocchiare (skarabok'-

kjare) *vt* scribble. **scarabocchio** (skara'bɔkkjo) *nm* scribble.

scarafaggio (skara'faddʒo) *nm* cockroach.

scaramuccia (skara'muttʃa) *nf* skirmish.

scaricare (skari'kare) *vt* unload. **scaricarsi** *vr* 1 relax, unwind. 2 (of a clock) run down. **scarico** ('skariko) *adj* 1 unloaded. 2 (of a watch, etc.) run down. *nm* unloading. **tubo di scarico** *nm* exhaust pipe.

scarlatto (skar'latto) *adj,nm* scarlet. **scarlattina** *nf* scarlet fever.

scarno ('skarno) *adj* thin, scanty.

scarpa ('skarpa) *nf* shoe. **scarpino** *nm* dancing shoe.

scarso ('skarso) *adj* 1 scarce. 2 meagre. 3 lean, poor. **scarsità** *nf* scarcity.

scartabellare (skartabel'lare) *vt* skim through (a book).

scartare (skar'tare) *vt* 1 unwrap. 2 reject. *vi* swerve.

scassare (skas'sare) *vt* break open. **scasso** *nm* house-breaking.

scassinatore (skassina'tore) *nm* burglar.

scatenare (skate'nare) *vt* unleash. **scatenarsi** *vr* break out. **scatenato** *adj* wild.

scatola ('skatola) *nf* 1 box. 2 tin, can. **in scatola** tinned. **rompere le scatole a** annoy.

scattare (skat'tare) *vi* 1 spring (up). 2 go off. *vt* take (a photo). **scatto** *nm* spring.

scaturire (skatu'rire) *vi* 1 gush. 2 spring.

scavare (ska'vare) *vt* 1 dig (up). 2 excavate. **scavo** *nm* excavation.

scegliere* ('ʃeʎʎere) *vt* choose, pick.

sceicco (ʃe'ikko) *nm* sheik.

scelgo ('felgo) v see **scegliere**.

scellerato (felle'rato) adj wicked. **scelleratezza** (fellera'-tettsa) nf wickedness.

scellino (fel'lino) nm shilling.

scelsi ('felsi) v see **scegliere**.

scelta ('felta) nf choice, selection.

scelto ('felto) v see **scegliere**. adj choice.

scemare (fe'mare) vt, vi diminish, reduce. **scemo** adj silly.

scena ('fena) nf 1 stage. 2 scene. **scenata** nf row, commotion.

scendere* ('fendere) vi come or go down. 2 dismount. vt descend. **scendiletto** (fendi'letto) nm invar bedside rug.

scenico ('feniko) adj scenic.

sceriffo (fe'riffo) nm sheriff.

scesa ('fesa) nf descent.

scesi ('fesi) v see **scendere**.

sceso ('feso) v see **scendere**.

scettico ('ftiko) adj sceptical. nm sceptic. **scetticismo** nm scepticism.

scettro ('f...ttro) nm sceptre.

schedare (ske'dare) vt file. **scheda** ('skeda) nf 1 index card. 2 ballot paper, form. **schedario** nm 1 file. 2 filing cabinet.

scheggia ('skeddʒa) nf chip, splinter.

scheletro ('skeletro) nm skeleton.

schema ('skema) nm outline, plan.

schermire (sker'mire) vi sport fence. **schermirsi** vr defend oneself. **scherma** nf fencing.

schermo ('skermo) nm screen.

schernire (sker'nire) vt sneer at. **scherno** nm scorn.

scherzare (sker'tsare) vi joke. **scherzo** nm joke. **per scherzo** as a joke. **scherzoso** adj playful.

schiacciare (skjat'tfare) vt crush, squeeze. **schiaccianoci** nm invar nutcracker.

schiaffeggiare (skjaffed'dʒare) vt slap. **schiaffo** nm slap, smack.

schiamazzare (skjamat'tsare) vi 1 squawk. 2 cluck. **schiamazzo** nm 1 squawking. 2 din.

schiantare (skjan'tare) vt break. vi inf burst.

schiarire (skja'rire) vt clear up. vi become light.

schiavo ('skjavo) nm slave. **schiavitù** nf slavery.

schidione (ski'djone) nm cul spit.

schiena ('skjena) nf back, spine. **schienale** nm back (of a chair).

schierare (skje'rare) vt line up. **schierarsi** vr take sides. **schiera** ('skjera) nf 1 rank. 2 formation.

schietto (skjetto) adj pure. **schiettezza** (skjet'tettsa) nf 1 purity. 2 sincerity.

schifiltoso (skifil'toso) adj fussy.

schifo ('skifo) nm disgust. **che schifo!** how disgusting! **schifoso** (ski'foso) adj disgusting, revolting.

schioccare (skjok'kare) vt 1 crack (a whip). 2 smack. **schiocco** ('skjɔkko) nm 1 crack. 2 smack.

schioppo ('skjɔppo) nm gun. **schioppettata** nf shot.

schiumare (skju'mare) vt skim. vi foam. **schiuma** nf froth, foam. **schiumoso** (skju'moso) adj frothy.

schivare (ski'vare) vt avoid.

schizofrenia (skiddzofre'nia) nf schizophrenia.

schizzare (skit'tsare) vi gush, squirt. vt 1 splash. 2 sketch. **schizzo** nm 1 squirt, splash. 2 sketch.

sci (fi) nm invar 1 ski. 2 skiing. **sci nautico** water-skiing.

scia ('ʃia) *nf* wake, trail.

scià (ʃa) *nm* shah.

sciabola ('ʃabola) *nf* sabre.

sciabordare (ʃabor'dare) *vt* (of water) lap. *vi* ripple.

sciacallo (ʃa'kallo) *nm* jackal.

sciacquare (ʃak'kware) *vt* rinse.

sciagura (ʃa'gura) *nf* misfortune. **sciagurato** *adj* unfortunate.

scialacquare (ʃalak'kware) *vt* dissipate.

scialbo ('ʃalbo) *adj* pale.

scialle ('ʃalle) *nm* shawl.

scialuppa (ʃa'luppa) *nf* sloop. **scialuppa di salvataggio** lifeboat.

sciamare (ʃa'mare) *vi* swarm. **sciame** *nm* swarm.

sciancato (ʃan'kato) *adj* 1 lame. 2 rickety. *nm* cripple.

sciare (ʃi'are) *vi* ski. **sciatore** *nm* skier.

sciarpa ('ʃarpa) *nf* scarf.

sciatto ('ʃatto) *adj* slovenly.

scientifico (ʃen'tifiko) *adj* scientific.

scienza ('ʃentsa) *nf* 1 knowledge. 2 science. **scienziato** *nm* scientist.

scimmia ('ʃimmja) *nf* monkey.

scimmiottare (ʃimmjot'tare) *vt* ape, imitate.

scimpanzé (ʃimpan'tse) *nm* chimpanzee.

scimunito (ʃimu'nito) *adj* silly. *nm* fool.

scintillare (ʃintil'lare) *vi* sparkle, glitter, twinkle. **scintilla** *nf* spark.

sciocco (ʃ'ɔkko) *adj* silly, foolish. *nm* fool. **sciocchezza** *nf* stupidity, foolishness.

sciogliere* (ʃ'ɔʎʎere) *vt* 1 untie, loosen. 2 melt, dissolve. 3 solve, resolve. **sciogliersi** *vr* 1 free oneself. 2 melt. **scioglilingua** *nm invar* tongue-twister.

sciolgo ('ʃɔlgo) *v* see **sciogliere**.

sciolsi ('ʃɔlsi) *v* see **sciogliere**.

sciolto ('ʃɔlto) *v* see **sciogliere**. *adj* 1 loose. 2 agile. 3 melted. **versi sciolti** *nm pl* blank verse.

scioperare (ʃope'rare) *vi* strike, go on strike. **scioperante** *nm* striker. **sciopero** ('ʃopero) *nm* strike.

sciorinare (ʃori'nare) *vt* hang out.

sciovinismo (ʃovi'nizmo) *nm* chauvinism.

scipito (ʃi'pito) *adj* tasteless.

scirocco (ʃi'rɔkko) *nm* sirocco.

sciroppo (ʃi'rɔppo) *nm* syrup. **sciroppato** *adj* in syrup.

sciupare (ʃu'pare) *vt* 1 waste. 2 spoil.

scivolare (ʃivo'lare) *vi* 1 slip, slide. 2 glide. **scivolo** ('ʃivolo) *nm* 1 slide, chute. 2 slipway.

scoccare (skok'kare) *vt* 1 shoot. 2 fling. 3 strike (hours). *vi* go off.

scocciare (skot'tʃare) *vt inf* annoy, bother.

scodella (sko'dɛlla) *nf* bowl, soup plate.

scodinzolare (skodintso'lare) *vi* (of a dog) wag its tail.

scoglio (sko'ʎʎo) *nm* 1 rock, cliff. 2 obstacle. **scogliera** (skoʎ'ʎera) *nf* reef. **scoglioso** (skoʎ'ʎoso) *adj* rocky.

scoiattolo (sko'jattolo) *nm* squirrel.

scolare (sko'lare) *vt* drain. *vi* drip. **scolo** *nm* drainage. **scolapiatti** *nm invar* draining rack.

scolaro (sko'laro) *nm* schoolboy, pupil.

scolastico (sko'lastiko) *adj* scholastic.

scollatura (skolla'tura) *nf* neckline.

scolorire (skolo'rire) *vt* discolour. *vi* fade, lose colour.

scolpare (skol'pare) *vt* excuse. **scolparsi** *vr* defend oneself.

scolpire (skol'pire) *vt* sculpt, carve.

scombro ('skombro) *nm* mackerel.

scommettere* (skom'mettere) *vt* bet. **scommessa** *nf* bet.

scomodare (skomo'dare) *vt* disturb, bother. **scomodarsi** *vr* bother. **scomodo** ('skɔmodo)*adj* uncomfortable.

scomparire* (skompa'rire) *vi* disappear, vanish. **scomparsa** *nf* disappearance.

scompartire (skompar'tire) *vt* divide. **scompartimento** *nm* compartment.

scompigliare (skompiʎ'ʎare) *vt* 1 throw into disorder, upset. 2 ruffle. **scompiglio** *nm* disorder.

scomporre* (skom'porre) *vt* 1 break up. 2 disarrange. **scomporsi** *vr* lose composure.

scomunicare (skomuni'kare) *vt* excommunicate.

sconcertare (skontʃer'tare) *vt* disturb, disconcert.

sconcio ('skontʃo) *adj* indecent.

sconfessare (skonfes'sare) *vt* abjure, repudiate.

sconfitta (skon'fitta) *nf* defeat.

sconnettere* (skon'nettere) *vt* disconnect.

sconosciuto (skonoʃ'ʃuto) *adj* unknown.

sconquassare (skonkwas'sare) *vt* shatter.

sconsigliare (skonsiʎ'ʎare) *vt* dissuade.

sconsolato (skonso'lato) *adj* desolate.

scontare (skon'tare) *vt* 1 pay off. 2 pay for. **sconto** *nm* discount.

scontento (skon'tɛnto) *adj* dissatisfied, displeased. **scontentezza** (skonten'tettsa) *nf* discontent.

scontrarsi (skon'trarsi) *vr* 1 meet. 2 clash. 3 collide.

scontro *nm* 1 encounter, clash. 2 collision.

scontrino (skon'trino) *nm* 1 ticket. 2 token, voucher.

scontroso (skon'troso) *adj* sullen, touchy.

sconvolgere* (skon'vɔldʒere) *vt* upset, disturb. **sconvolto** (skon'vɔlto) *adj* upset.

scopare (sko'pare) *vt* brush. **scopa** *nf* 1 broom. 2 Italian card game.

scoperta (sko'pɛrta) *nf* discovery.

scoperto (sko'pɛrto) *adj* uncovered.

scopo ('skɔpo) *nm* aim, purpose.

scoppiare (skop'pjare) *vi* 1 burst, explode. 2 break out. **scoppio** ('skɔppjo) *nm* 1 explosion, burst. 2 outburst. 3 outbreak.

scoppiettare (skoppjet'tare) *vi* crackle.

scoprire* (sko'prire) *vt* 1 uncover, disclose. 2 discover.

scoraggiare (skorad'dʒare) *vt* discourage. **scoraggiamento** *nm* discouragement.

scorciare (skor'tʃare) *vt* shorten. **scorciarsi** *vr* become shorter. **scorciatoia** *nf* short cut.

scordare[1] (skor'dare) *vt* forget. **scordarsi** *vr* forget.

scordare[2] (skor'dare) *vt* put out of tune. **scordarsi** *vr* go out of tune.

scorgere* ('skɔrdʒere) *vt* make out, discern.

scorpione (skor'pjone) *nm* 1 scorpion. 2 *cap* Scorpio.

scorrazzare (skorrat'tsare) *vi* wander.

scorrere* ('skorrere) *vi* 1 flow, run. 2 pass. *vt* scour. **scorreria** *nf* raid.

scorretto (skor'retto) *adj* incorrect.

scorsa ('skorsa) *nf* glance.

scorso ('skorso) *adj* past, last. **l'anno scorso** last year.

scortare (skor'tare) *vt* escort. **scorta** ('skorta) *nf* **1** escort. **2** store, stock.

scortese (skor'teze) *adj* discourteous, impolite. **scortesia** *nf* rudeness.

scorticare (skorti'kare) *vt* skin, flay.

scorza ('skorzda) *nf* **1** *bot* bark. **2** rind, skin, peel.

scoscendere* (skoʃ'ʃendere) *vi* **1** crash down. **2** split.

scosceso (skoʃ'ʃeso) *adj* steep.

scossa ('skossa) *nf* shake, jolt. **scossa elettrica** electric shock.

scossi ('skossi) *v see* **scuotere**.

scosso ('skosso) *v see* **scuotere**.

scostare (skos'tare) *vt* shift, remove. **scostarsi** *vr* move away.

scostumato (skostu'mato) *adj* dissolute.

Scotch (skotʃ) *nm invar Tdmk* sellotape.

scottare (skot'tare) *vt* burn, scald. *vi* burn. **scottatura** *nf* burn.

scovare (sko'vare) *vt* **1** drive out. **2** discover.

Scozia ('skottsia) *nf* Scotland. **scozzese** (skot'tsese) *adj* Scottish, Scots. *nm,f* Scot.

screditare (skredi'tare) *vt* discredit.

scremare (skre'mare) *vt* skim.

screpolare (skrepo'lare) *vi* crack. **screpolarsi** *vr* split. **screpolatura** *nf* crack.

scribacchiare (skribak'kjare) *vt,vi* scribble.

scricchiolare (skrikkjo'lare) *vi* creak, squeak. **scricciolo** ('skrittʃolo) *nm* wren.

scrigno ('skriɲɲo) *nm* casket.

scriminatura (skrimina'tura) *nf* parting (in the hair).

scrissi ('skrissi) *v see* **scrivere**.

scritta ('skritta) *nf* inscription.

scritto ('skritto) *v see* **scrivere**. *adj* written. *nm* writing.

scrittore *nm* writer. **scrittura** *nf* **1** writing, handwriting. **2** contract.

scrivania (skriva'nia) *nf* writing desk.

scrivere* ('skrivere) *vt* write.

scroccare (skrok'kare) *vt* scrounge.

scrofa ('skrofa) *nf* sow.

scrollare (skrol'lare) *vt* shake, shrug.

scrosciare (skroʃ'ʃare) *vi* **1** pelt, pour. **2** roar.

scroscio ('skroʃʃo) *nm* **1** roar, burst. **2** shower. **piovere a scroscio** pour.

scrupolo ('skrupolo) *nm* scruple. **scrupoloso** *adj* scrupulous.

scrutare (skru'tare) *vt* investigate, search.

scrutinio (skru'tinjo) *nm* counting, count (of votes). **scrutinio segreto** secret ballot.

scucire (sku'tʃire) *vt* unpick.

scuderia (skude'ria) *nf* stable.

scudiscio (sku'diʃʃo) *nm* riding whip.

scudo ('skudo) *nm* shield.

sculacciare (skulat'tʃare) *vt* spank. **sculacciata** *nf* spanking, spank.

scultura (skul'tura) *nf* sculpture. **scultore** *nm* sculptor.

scuola ('skwola) *nf* school.

scuotere* ('skwotere) *vt* shake.

scure ('skure) *nf* axe.

scuro ('skuro) *adj* **1** dark. **2** gloomy.

scusare (sku'zare) *vt* excuse, pardon. **scusarsi** *vr* **1** apologize. **2** find excuses. **scusa** *nf* **1** excuse. **2** pretext. **chiedere scusa** ask pardon. ~ *interj* **1** I beg your pardon! **2** excuse me!

sdegnare (zdeɲ'ɲare) *vt* scorn,

disdain. **sdegno** *nm* scorn.
sdegnoso (zdeɲˈɲoso) *adj* disdainful.

sdentato (zdenˈtato) *adj* toothless.

sdraia (ˈzdraja) *nf* deckchair.
sdraiare (zdraˈjare) *vt* stretch out. **sdraiarsi** *vr* lie down.
sdraio (ˈzdrajo) **sedia a sdraio** *nf* deckchair.

sdrucciolare (zdruttʃoˈlare) *vi* slip. **sdrucciolevole** (zdruttʃoˈlevole) *adj* slippery.

sdrucire (zdruˈtʃire) *vt* tear.

se[1] (se) *conj* if, whether. **se mai 1** if ever. **2** if anything.

se[2] (se) *pron 3rd pers m,f s,pl* form of **sé**.

sé (se) *pron 3rd pers m,f s,pl* oneself, itself, himself, herself, themselves. **se stessa** *pron 3rd pers fs* herself. **se stesse** *pron 3rd pers f pl* themselves. **se stesso** *3rd pers m s* himself. **se stessi** *pron 3rd pers m pl* themselves.

sebbene (sebˈbene) *conj* although.

seccare (sekˈkare) *vt* **1** dry. **2** bore. **3** annoy. **seccatore** *nm* bore.

secchia (ˈsekkja) *nf* bucket, pail. **secchiello** (sekˈkjello) *nm* pail.

secchio (ˈsekkjo) *nm* bucket, pail.

secco (ˈsekko) *adj* **1** dry. **2** lean.

secolare (sekoˈlare) *adj* **1** age-old. **2** secular, lay.

secolo (ˈsekolo) *nm* **1** century. **2** age.

secondario (sekonˈdarjo) *adj* secondary.

secondo[1] (seˈkondo) *adj* second. *nm* **1** second. **2** main course. **seconda** *nf* second class.

secondo[2] (seˈkondo) *prep* according to. **secondo me** in my opinion.

sedano (ˈsedano) *nm* celery.

sede (ˈsede) *nf* **1** seat. **2** head office.

sedere* (seˈdere) *vi* sit, be seated. **sedersi** *vr* sit down. *nm* backside, bottom. **seduta** *nf* sitting, meeting.

sedia (ˈsedja) *nf* chair, seat. **sedia a dondolo** rocking chair.

sedici (ˈseditʃi) *adj* sixteen. *nm or f* sixteen. **sedicesimo** *adj* sixteenth.

sedile (seˈdile) *nm* seat, bench.

sedimento (sediˈmento) *nm* sediment, deposit.

sedurre* (seˈdurre) *vt* seduce. **seduzione** (sedutˈtsjone) *nf* seduction.

segale (ˈsegale) *nf* rye.

segare (seˈgare) *vt* saw. **sega** *nf* saw.

seggio (ˈseddʒo) *nm* seat. **seggiovia** *nf* chair lift.

seggiola (ˈseddʒola) *nf* chair. **seggiolino** *nm* baby's chair.

segheria (segeˈria) *nf* sawmill.

seghettato (segetˈtato) *adj* serrated.

segmento (segˈmento) *nm* segment.

segnalare (seɲɲaˈlare) *vt* signal. **segnalarsi** *vr* distinguish oneself. **segnale** *nm* signal.

segnare (seɲˈɲare) *vt* **1** mark, note. **2** indicate, show. **3** *sport* score. **segnarsi** *vr* make the sign of the cross. **segno** *nm* **1** mark, sign. **2** target. **3** limit, extent. **cogliere nel segno** hit the mark. **per filo e per segno** in detail. **segnalibro** (seɲɲaˈlibro) *nm* bookmark.

segregare (segreˈgare) *vt* segregate, isolate. **segregazione** *nf* segregation.

segretaria (segreˈtarja) *nf* secretary. **segreteria** *nf* **1** secretary's office. **2** secretariat.

segreto (se'greto) *adj,nm* secret. **segretezza** (segre'tettsa) *nf* secrecy.

segugio (se'gudʒo) *nm* bloodhound.

seguire (se'gwire) *vt,vi* follow. **seguace** *nm* follower. **seguente** *adj* next, following.

seguitare (segwi'tare) *vi* 1 continue. 2 follow. **seguito** *nm* 1 suite. 2 following. 3 sequence, series. 4 continuation. **di seguito** uninterruptedly. **in seguito di** owing to.

sei[1] ('sei) *adj* six. *nm* or *f* six. **seicento** (sei'tʃento) *adj* six hundred. *nm* 1 six hundred. 2 seventeenth century.

sei[2] ('sei) *v* see **essere**.

selce ('seltʃe) *nf* flint.

selciare (sel'tʃare) *vt* pave. **selciato** *nm* pavement.

selezionare (selettsjo'nare) *vt* select. **selezione** *nf* selection.

sella ('sella) *nf also* **sellino** *nm* saddle.

seltz ('selts) *nm* soda-water.

selva ('selva) *nf* forest, wood.

selvaggio (sel'vaddʒo) *adj* wild, savage. *nm* savage. **selvaggina** *nf* (hunting) game.

selvatico (sel'vatiko) *adj* wild.

semaforo (se'maforo) *nm* 1 signal. 2 traffic light.

semantica (se'mantika) *nf* semantics. **semantico** (se'mantiko) *adj* semantic.

sembiante (sem'bjante) *nm* appearance. **sembianza** (sem'bjantsa) *nf* 1 appearance. 2 *pl* features.

sembrare (sem'brare) *vi* seem, appear.

seme ('seme) *nm* 1 seed. 2 *game* suit.

semicerchio (semi'tʃerkjo) *nm* semicircle.

semifinale (semifi'nale) *nf* semifinal. **semifinalista** *nm* semifinalist.

seminare (semi'nare) *vt* sow.

seminario (semi'narjo) *nm* 1 seminary. 2 seminar.

semola ('semola) *nf* bran. **semolino** *nm* semolina.

semplice ('semplitʃe) *adj* simple, easy. **semplicità** *nf* simplicity. **semplificare** (semplifi'kare) *vt* simplify.

sempre ('sempre) *adv* 1 always, all the time, ever. 2 still. **una volta per sempre** once and for all. **sempreverde** *adj,nm* evergreen.

senape ('senape) *nf* mustard.

senato (se'nato) *nm* senate. **senatore** *nm* senator.

senile (se'nile) *adj* senile.

senno ('senno) *nm* judgment, commonsense.

seno ('seno) *nm* bosom, breast.

sensale (sen'sale) *nm* broker.

sensato (sen'sato) *adj* sensible.

sensazione (sensat'tsjone) *nf* sensation, feeling. **sensazionale** *adj* sensational.

sensibile (sen'sibile) *adj* 1 sensitive. 2 notable, considerable. **sensibilità** *nf* sensitivity.

sensitivo (sensi'tivo) *adj* sensitive. **sensitività** *nf* sensitivity.

senso ('senso) *nm* 1 sense. 2 meaning. 3 direction, way. **senso unico** one way. **senso vietato** no entry. **sensuale** *adj* sensual, sensuous. **sensualità** *nf* sensuality.

sentenza (sen'tentsa) *nf* 1 sentence, judgment. 2 saying.

sentiero (sen'tjero) *nm* path, way.

sentimento (senti'mento) *nm* feeling, sentiment. **sentimentale** *adj* sentimental.

sentinella (senti'nella) *nf* sentry, guard.

sentire (sen'tire) *vt* 1 feel. 2 hear, listen to. 3 smell. 4 taste. **sentirsi** *vr* feel. **sentirsela di** feel capable of.

sentore (sen'tore) *nm* 1 inkling. 2 feeling.

senza ('sɛntsa) *prep* without. **senz'altro!** of course! certainly!

separare (sepa'rare) *vt* separate, divide. **separarsi** *vr* separate. **separato** *adj* separate. **separazione** *nf* separation.

sepolcro (se'polkro) *nm* grave, tomb.

sepolto (se'polto) *v* see **seppellire**. *adj* buried.

sepoltura (sepol'tura) *nf* burial.

seppellire* (sepel'lire) *vt* bury.

seppi ('seppi) *v* see **sapere**.

seppia ('seppja) *nf* cuttlefish.

sequela (se'kwela) *nf* sequence.

sequenza (se'kwentsa) *nf* sequence.

sequestrare (sekwes'trare) *vt* 1 seize, confiscate. 2 kidnap. 3 confine. **sequestro** (se'kwestro) *nm* seizure.

sera ('sera) *nf* evening. **abito da sera** *nm* evening dress. **serata** *nf* evening.

serbare (ser'bare) *vt* keep. **serbo** ('serbo) *nm* reserve. **mettere in serbo** store.

serbatoio (serba'tojo) *nm* 1 tank. 2 reservoir.

serenata (sere'nata) *nf* serenade.

sereno (se'reno) *adj* serene, calm. **serenità** *nf* serenity.

sergente (ser'dʒente) *nm* sergeant.

serico ('seriko) *adj* silk, silky.

serie ('serje) *nf invar* 1 series. 2 range.

serio ('serjo) *adj* serious, grave. **poco serio** flighty. **sul serio** really. **serietà** *nf* gravity.

sermone (ser'mone) *nm* sermon.

serpe ('serpe) *nf* snake.

serpeggiare (serped'dʒare) *vi* wind, meander.

serpente (ser'pente) *nm* snake, serpent.

serra ('serra) *nf* greenhouse, hothouse.

serraglio (ser'raʎʎo) *nm* menagerie.

serrare (ser'rare) *vt* 1 lock (up), close. 2 tighten. *vi* shut. **serrata** *nf* lockout. **serratura** *nf* lock.

servire (ser'vire) *vt,vi* serve. *vi* make use of. *v imp* need. **servirsi** *vr* 1 use. 2 help oneself.

servizio (ser'vittsjo) *nm* 1 service. 2 favour. **donna di servizio** *nf* domestic help. **essere di servizio** be on duty. **fare servizio** operate, be open. **servizio da caffè** coffee set.

servo ('servo) *nm* servant. **serva** ('serva) *nf* maid, servant. **servile** *adj* servile. **servitore** *nm* servant **servitù** *nf* 1 servitude, slavery. 2 servants.

sesamo ('sezamo) *nm* sesame.

sessanta (ses'santa) *adj,nm* sixty. **sessantesimo** *adj* sixtieth.

sessione (ses'sjone) *nf* session.

sesso ('sesso) *nm* sex. **sessuale** *adj* sexual. **sessualità** *nf* sexuality.

sesto ('sesto) *adj* sixth.

seta ('seta) *nf* silk.

sete ('sete) *nf* 1 thirst. 2 desire, longing. **avere sete** be thirsty.

setola ('setola) *nf* bristle.

setta ('setta) *nf* sect.

settanta (set'tanta) *adj,nm* seventy. **settantesimo** *adj* seventieth.

sette ('sette) *adj* seven. *nm or f* seven. **settecento** (sette'tʃento) *adj* seven hundred. *nm* 1 seven hundred. 2 eighteenth century. **settimo** ('settimo) *adj* seventh.

settembre (set'tembre) *nm* September.

settentrione (setten'trjone) *nm* north. **settentrionale** *adj* northern.

settico ('settiko) *adj* septic.

settimana (setti'mana) *nf* week. **settimanale** *adj* weekly. *nm* weekly magazine.

settore (set'tore) *nm* sector.

severo (se'vero) *adj* 1 severe, harsh. 2 austere. **severità** *nf* rigour, severity.

sezionare (settsjo'nare) *vt* dissect. **sezione** *nf* 1 part, section. 2 department.

sfaccendare (sfattʃen'dare) *vi* be busy. **sfaccendato** *adj* idle.

sfacciato (sfat'tʃato) *adj* impudent.

sfacelo (sfa'tʃelo) *nm* ruin, collapse.

sfaldare (sfal'dare) *vt* flake. **sfaldarsi** *vr* flake off.

sfarzo ('sfartso) *nm* pomp. **sfarzoso** (sfar'tsoso) *adj* showy.

sfasciare (sfaʃ'ʃare) *vt* smash. **sfasciarsi** *vr* 1 collapse. 2 crash.

sfavillare (sfavil'lare) *vi* sparkle, glitter.

sfavorevole (sfavo'revole) *adj* unfavourable.

sfera ('sfera) *nf* sphere. **sferico** ('sferiko) *adj* spherical.

sferrare (sfer'rare) *vt* 1 land, hit (a blow). 2 launch (an attack).

sferza (sfertsa) *nf* whip, lash. **sferzare** *vt* whip.

sfiatato (sfja'tato) *adj* breathless.

sfidare (sfi'dare) *vt* challenge. **sfida** *nf* challenge.

sfiducia (sfi'dutʃa) *nf* distrust.

sfigurare (sfigu'rare) *vt* disfigure.

sfilacciare (sfilat'tʃare) *vi* fray.

sfilare (sfi'lare) *vt* 1 unthread. 2 take off. *vi* march past. **sfilata** *nf* 1 procession, line. 2 march-past.

sfinge ('sfindʒe) *nf* sphinx.

sfinito (sfi'nito) *adj* exhausted.

sfiorare (sfjo'rare) *vt* 1 graze, skim, brush. 2 touch upon.

sfiorire (sfjo'rire) *vi* fade, wither.

sfocato (sfo'kato) *adj* out of focus.

sfogare (sfo'gare) *vt* vent, let out. **sfogarsi** *vr* pour out one's feelings. **sfogo** *nm* 1 outlet. 2 vent, free rein.

sfoggiare (sfod'dʒare) *vt,vi* show off. **sfoggio** ('sfɔddʒo) *nm* parade, display.

sfoglia ('sfɔʎʎa) *nf* rolled pastry. **pasta sfoglia** *nf* puff pastry.

sfogliare (sfoʎ'ʎare) *vt* leaf through, turn the pages of (of book).

sfolgorare (sfolgo'rare) *vi* flash, blaze.

sfollare (sfol'lare) *vi* 1 empty, disperse. 2 evacuate. **sfollato** *nm* evacuee.

sfondo ('sfondo) *nm* background.

sformare (sfor'mare) *vt* deform.

sfortuna (sfor'tuna) *nf* bad luck, misfortune. **sfortunato** *adj* unfortunate, unlucky.

sforzare (sfor'tsare) *vt* force. **sforzarsi** *vr* do one's best. **sforzo** *nm* effort.

sfrattare (sfrat'tare) *vt* 1 expel. 2 evict. **sfratto** *nm* eviction.

sfregare (sfre'gare) *vt* rub.

sfregiare (sfre'dʒare) *vt* deface. **sfregio** *nm* gash, scar.

sfrenare (sfre'nare) *vt* let loose. **sfrenato** *adj* unbridled.

sfrontato (sfron'tato) *adj* shameless.

sfruttare (sfrut'tare) *vt* exploit. **sfruttamento** *nm* exploitation.

sfuggire (sfud'dʒire) *vt* avoid. *vi* escape, elude. **di sfuggita** *adv* in passing.

sfumatura (sfuma'tura) *nf* **1** gradation, shade. **2** nuance.

sgabello (zga'bɛllo) *nm* stool.

sgambettare (zgambet'tare) *vi* scurry.

sganciare (zgan'tʃare) *vt* unhook.

sgangherare (zgange'rare) *vt* unhinge. **sgangherato** *adj* **1** awkward. **2** ramshackle. **3** coarse.

sgarbo ('zgarbo) *nm* rudeness. **sgarbatezza** (zgarba'tettsa) *nf* rudeness. **sgarbato** *adj* rude, impolite.

sgattaiolare (zgattajo'lare) *vi* slip away.

sgelare (zdʒe'lare) *vt,vi* thaw. **sgelarsi** *vr* thaw. **sgelo** ('zdʒelo) *nm* thaw.

sghembo ('zgembo) *adj* slanting, askew.

sghignazzare (zgiɲɲat'tsare) *vi* guffaw.

sgobbare (zgob'bare) *vi inf* **1** work hard. **2** swot.

sgocciolare (zgottʃo'lare) *vi* drip.

sgombrare (zgom'brare) *vt* **1** clear. **2** remove. *vi* move house.

sgombro[1] ('zgombro) *nm* removal.

sgombro[2] ('zgombro) *nm* mackerel.

sgomentare (zgomen'tare) *vt* terrify, frighten. **sgomento** *nm* dismay.

sgomitolare (zgomito'lare) *vt* unwind.

sgonfiare (zgon'fjare) *vt* deflate. **sgonfiarsi** *vr* go down. **sgonfio** *adj* deflated, flat.

sgorbiare (zgor'bjare) *vt* **1** scribble. **2** blot. **sgorbio** ('zgɔrbjo) *nm* **1** scribble. **2** blot.

sgorgare (zgor'gare) *vi* gush, pour.

sgradevole (zgra'devole) *adj* unpleasant.

sgradito (zgra'dito) *adj* unwelcome.

sgranare (zgra'nare) *vt* **1** shell, husk. **2** devour. **sgranare gli occhi** open one's eyes wide.

sgranchire (zgran'kire) *vt* stretch. **sgranchirsi** *vr* stretch.

sgravare (zgra'vare) *vt* unburden.

sgraziato (zgrat'tsjato) *adj* clumsy.

sgretolare (zgreto'lare) *vt* grind. **sgretolarsi** *vr* crumble.

sgridare (zgri'dare) *vt* scold, rebuke. **sgridata** *nf* scolding.

sguainare (zgwai'nare) *vt* unsheathe.

sgualcire (zgwal'tʃire) *vt* crease, wrinkle.

sguardo ('zgwardo) *nm* look, glance. **al primo sguardo** at first sight.

squazzare (zgwat'tsare) *vi* **1** splash about. **2** wallow.

sgusciare (zguʃ'ʃare) *vt* shell, husk. *vi* slip away.

si (si) *pron* **1** himself, herself, oneself, itself, themselves. **2** one, people, they. **3** one another, each other. **si fa così** it is done this way.

sì (si) *adv* yes.

sia ('sia) *v* see **essere**. **sia...sia** both...and.

siamo ('sjamo) *v* see **essere**.

sibilare (sibi'lare) *vi* whistle. **sibilo**('sibilo)*nm* hiss, whistle.

sicché (sik'ke) *conj* so that, so.

siccità (sittʃi'ta) *nf* drought.

siccome (sik'kome) *conj* since, as.

Sicilia (si'tʃilja) *nf* Sicily. **siciliano** *adj,n* Sicilian.

sicomoro (siko'mɔro) *nm* sycamore.

sicuro (si'kuro) *adj* **1** safe, secure. **2** sure, certain. **3** reliable. **di sicuro** certainly. **mettere al sicuro** put in a safe place. **sicurezza** (siku'-

rettsa) *nf* **1** security, safety. **2** certainty.

sidro ('sidro) *nm* cider.

siedo ('sjɛdo) *v* see **sedere**.

siepe ('sjɛpe) *nf* hedge.

siesta ('sjɛsta) *nf* siesta, nap.

siete ('sjɛte) *v* see **essere**.

sifilide (si'filide) *nf* syphilis.

sifone (si'fone) *nm* siphon.

sigaretta (siga'retta) *nf* cigarette.

sigaro ('sigaro) *nm* cigar.

sigillare (sidʒil'lare) *vt* seal. **sigillo** *nm* seal.

sigla ('sigla) *nf* **1** initials. **2** abbreviation. **sigla musicale** signature tune.

significare (siɲɲifi'kare) *vt* mean, signify. **significante** *adj* significant. **significativo** *adj* significant. **significato** *nm* meaning, sense.

signora (siɲ'ɲora) *nf* **1** lady, woman. **2** (title of address) Mrs. **signorina** *nf* **1** young lady. **2** (title of address) Miss.

signore (siɲ'ɲore) *nm* **1** man, gentleman. **2** (title of address) Mr. **signorile** *adj* refined.

signoreggiare (siɲɲored'dʒare) *vt* dominate. **signoria** *nf* domination.

silenzio (si'lentsjo) *nm* silence. **silenzioso** (silen'tsjoso) *adj* silent, quiet.

silicio (si'litʃo) *nm* silicon. **chip di silicio** *nm* silicon chip.

sillaba ('sillaba) *nf* syllable.

siluro (si'luro) *nm* torpedo.

simbolo ('simbolo) *nm* symbol. **simboleggiare** *vt* symbolize. **simbolico** (sim'bɔliko) *adj* symbolic.

simile ('simile) *adj* like, alike, similar.

simmetria (simme'tria) *nf* symmetry.

simpatia (simpa'tia) *nf* liking, fondness. **simpatico** (sim'patiko) *adj* likeable, nice. **simpatizzare** *vi* take a liking.

simultaneo (simul'taneo) *adj* simultaneous.

sinagoga (sina'gɔga) *nf* synagogue.

sincero (sin'tʃero) *adj* sincere. **sincerità** *nf* sincerity.

sindacato (sinda'kato) *nm* trade union. **sindacalista** *nm* trade unionist.

sindaco ('sindako) *nm* mayor.

sinfonia (sinfo'nia) *nf* symphony.

singhiozzare (singjot'tsare) *vi* **1** hiccup. **2** sob. **singhiozzo** (sin'gjottso) *nm* **1** hiccup. **2** sob.

singolare (singo'lare) *adj* **1** singular. **2** peculiar.

singolo ('singolo) *adj* single, individual.

sinistro (si'nistro) *adj* **1** left. **2** sinister. *nm* misfortune. **sinistra** *nf* **1** left hand. **2** left-hand side. **3** *pol* Left Wing.

sino ('sino) *prep* until, up to. **sin da** since.

sinonimo (si'nɔnimo) *adj* synonymous. *nm* synonym.

sintassi (sin'tassi) *nf invar* syntax.

sintesi ('sintezi) *nf invar* synthesis. **sintetico** (sin'tetiko) *adj* synthetic.

sintomo ('sintomo) *nm* symptom.

sinuoso (sinu'oso) *adj* winding.

sionismo (sio'nizmo) *nm* Zionism. **sionista** *nm* Zionist.

sipario (si'parjo) *nm* curtain.

sirena (si'rena) *nf* **1** mermaid. **2** siren.

siringa (si'ringa) *nf* syringe.

sistemare (siste'mare) *vt* put in order, arrange, settle. **sistemarsi** *vr* settle down. **sistema** *nm* system, method.

sito ('sito) *nm* site, place.

situare (situ'are) *vt* place. **situazione** *nf* situation.

slacciare (zlat'tʃare) *vt* undo, untie.

slanciare (zlan'tʃare) *vt* throw. **slanciarsi** *vr* hurl oneself. **slancio** *nm* 1 rush. 2 impulse, burst.

sleale (zle'ale) *adj* disloyal, unfaithful. **slealtà** *nf* disloyalty.

slegare (zle'gare) *vt* untie.

slittare (zlit'tare) *vi* 1 slide. 2 skid. **slitta** *nf* sledge, sleigh.

slogare (zlo'gare) *vt* dislocate. **sloggiare** (zlod'dʒare) *vt* dislodge. *vi* move out.

smacchiare (zmak'kjare) *vt* clean.

smagliarsi (zmaʎ'ʎarsi) *vr* (of stockings) rip, ladder. **smagliatura** *nf* (in a stocking) rip, ladder.

smalto ('zmalto) *nm* 1 enamel. 2 nail varnish.

smania ('zmanja) *nf* longing, desire.

smantellare (zmantel'lare) *vt* dismantle.

smargiasso (zmar'dʒasso) *nm* boaster.

smarrire (zmar'rire) *vt* lose, mislay. **smarrirsi** *vr* 1 lose one's way. 2 become confused.

smentire (zmen'tire) *vt* 1 deny. 2 contradict.

smeraldo (zme'raldo) *nm* emerald.

smettere* ('zmettere) *vt* stop, give up.

smilzo ('zmiltso) *adj* thin, lean.

sminuzzare (zminut'tsare) *vt* crumble.

smisurato (zmizu'rato) *adj* immense, huge.

smoccolare (zmokko'lare) *vt* snuff (a candle). *vi* swear.

smodato (zmo'dato) *adj* excessive.

smoking ('zmɔkiŋ) *nm invar* dinner jacket.

smontare (zmon'tare) *vt* 1 dismantle, take to pieces. 2 dishearten. *vi* dismount, get off.

smorfia ('zmɔrfja) *nf* grimace.

smorto ('zmɔrto) *adj* wan, pale.

smorzare (zmor'tsare) *vt* 1 dim, lower. 2 quench (thirst). 3 put out.

smuovere* ('zmwɔvere) *vt* move, shift.

snello ('znɛllo) *adj* 1 slim, slender. 2 agile.

snob (znɔb) *nm invar* snob. *adj* trendy.

snocciolare (znottʃo'lare) *vt* 1 stone (fruit). 2 pay out.

snodare (zno'dare) *vt* untie, loosen.

so (sɔ) *v* see **sapere**.

soave (so'ave) *adj* soft, gentle.

sobbalzare (sobbal'tsare) *vi* 1 jolt, jerk. 2 start, jump. **sobbalzo** *nm* 1 jolt. 2 jump, start.

sobborgo (sob'bɔrgo) *nm* suburb.

sobrio ('sɔbrjo) *adj* sober.

socchiudere (sok'kjudere) *vt* half-close.

soccombere (sok'kombere) *vi* give way.

soccorrere* (sok'korrere) *vt* assist, help.

soccorso (sok'korso) *nm* help, assistance.

sociale (so'tʃale) *adj* social. **socialismo** *nm* socialism. **socialista** *nm* socialist.

società (sotʃe'ta) *nf* 1 society. 2 company, firm.

socievole (so'tʃevole) *adj* sociable.

socio ('sɔtʃo) *nm* 1 member. 2 partner.

sociologia (sotʃolo'dʒia) *nf* sociology. **sociologo** (so'ʃɔlogo) *nm* sociologist.

soda ('sɔda) *nf* 1 soda. 2 soda-water.

soddisfare* (soddis'fare) *vt, vi* satify, fulfil. **soddisfacente** (soddisfa'tʃɛnte) *adj* satisfactory. **soddisfazione** *nf* satisfaction.

sodo ('sɔdo) *adj* hard, firm. *adv* 1 hard. 2 deeply, intensely.

sofà (so'fa) *nm invar* sofa, settee.

sofferente (soffe'rɛnte) *adj* suffering.

sofferenza (soffe'rɛntsa) *nf* suffering.

soffiare (sof'fiare) *vt, vi* 1 blow. 2 puff.

soffice ('sɔffitʃe) *adj* soft.

soffietto (sof'fjetto) *nm* bellows.

soffio ('sɔffjo) *nm* puff, whiff, breath.

soffitta (sof'fitta) *nf* attic, garret.

soffitto (sof'fitto) *nm* ceiling.

soffocare (soffo'kare) *vt* 1 suffocate, choke, strangle. 2 stifle. **soffocazione** *nf* suffocation.

soffrire* (sof'frire) *vt* 1 suffer. 2 endure, put up with, bear. *vi* suffer.

soggetto (sod'dʒɛtto) *adj, nm* subject. **recitare a soggetto** improvise. **soggettivo** *adj* subjective. **soggezione** *nf* 1 subjection. 2 embarrassment.

sogghignare (soggiɲ'ɲare) *vi* sneer.

soggiorno (sod'dʒorno) *nm* 1 stay. 2 living room.

soggiungere* (sod'dʒundʒere) *vt* add.

soglia ('sɔʎʎa) *nf* 1 doorstep. 2 threshold.

soglio ('sɔʎʎo) *v see* **solere**.

sogliola ('sɔʎʎola) *nf zool* sole.

sognare (soɲ'ɲare) *vt, vi* dream. **sogno** *nm* dream.

soia ('sɔja) *nf* soya.

solaio (so'lajo) *nm* attic.

solcare (sol'kare) *vt* plough, furrow. **solco** *nm* 1 furrow. 2 rut, track.

soldato (sol'dato) *nm* soldier. **soldatino** *nm* toy soldier.

soldo ('sɔldo) *nm* 1 penny. 2 *pl* money.

sole ('sole) *nm* sun. **solare** *adj* solar.

solenne (so'lɛnne) *adj* solemn, grave.

solere* (so'lere) *vi* be in the habit of.

soletta (so'letta) *nf* 1 sole (of a sock). 2 insole.

solido ('sɔlido) *adj, nm* solid. **solidificare** *vt* solidify. **solidificarsi** *vr* solidify.

solitario (soli'tarjo) *adj* lonely, solitary.

solito ('sɔlito) *v see* **solere**. *adj* usual, habitual. **di solito** usually.

solitudine (soli'tudine) *nf* solitude.

sollecitare (solletʃi'tare) *vt* urge. **sollecito** (sol'letʃito) *adj* prompt.

solleticare (solleti'kare) *vt* tickle. **solletico** (sol'letiko) *nm* tickle. **fare il solletico a** tickle.

sollevare (solle'vare) *vt* 1 lift, raise. 2 comfort. **sollevarsi** *vr* rise.

sollievo (sol'ljevo) *nm* relief.

solo ('solo) *adj* 1 alone. 2 only. 3 one, single. **una sola volta** once only. ~*adv* only. **da solo** by oneself, on one's own. **solamente** *adv* only. **solista** *nm* soloist.

solstizio (sol'stittsjo) *nm* solstice.

soltanto (sol'tanto) *adv* only.

solubile (so'lubile) *adj* soluble.

soluzione (solut'tsjone) *nf* solution.

soma ('sɔma) *nf* load. **bestia da soma** *nf* beast of burden.

somaro (so'maro) *nm* ass, donkey.

somigliare (somiʎ'ʎare) *vt, vi* resemble, be like. **somigliarsi** *vr* resemble one another. **somiglianza** (somiʎ'ʎantsa) *nf* resemblance.

sommare (som'mare) *vt* add up. **somma** *nf* 1 sum, total. 2 sum of money. **in somma**

in a word. **sommario** adj, nm summary.

sommergere* (som'merdʒere) vt submerge, flood. **sommergibile** (sommer'dʒibile) nm submarine.

sommesso (som'messo) adj 1 docile. 2 soft.

somministrare (somminis'trare) vt administer.

sommissione (sommis'sjone) nf submission.

sommo ('sommo) adj highest, supreme. nm summit. **sommità** nf summit.

sommozzatore (sommottsa'tore) nm frogman, deep-sea diver.

sonaglio (so'naʎʎo) nm bell. **serpente a sonagli** nm rattlesnake.

sonare (so'nare) also **suonare** vt,vi 1 ring, sound. 2 mus play. **sonata** nf sonata. **sonatore** nm player.

sondare (son'dare) vt sound, test. **sondaggio** nm opinion poll, survey.

sonetto (so'netto) nm sonnet.

sonico ('sɔniko) adj sonic. **barriera sonica** nf sound barrier.

sonnambulo (son'nambulo) nm sleepwalker.

sonnecchiare (sonnek'kjare) vi doze.

sonnifero (son'nifero) nm sleeping pill.

sonno ('sonno) nm sleep. **avere sonno** be sleepy.

sono ('sono) v see **essere**.

sonoro (so'nɔro) adj resonant. **onda sonora** nf soundwave.

sontuoso (sontu'oso) adj sumptuous.

soppiatto (sop'pjatto) **di soppiatto** adv secretly.

sopportare (soppor'tare) vt endure, bear, tolerate, stand.

sopprimere* (sop'primere) vt 1 suppress. 2 abolish.

sopra ('sopra) prep 1 above, over. 2 upon. **al di sopra di** above. **di sopra** 1 upstairs. 2 above.

soprabito (so'prabito) nm overcoat.

sopracciglio (soprat'tʃiʎʎo) nm eyebrow.

sopraccoperta (soprakko'perta) nf 1 bedspread. 2 dust jacket (of a book).

sopraffare* (sopraf'fare) vt overcome.

sopraggiungere* (soprad'dʒundʒere) vi 1 arrive. 2 occur.

soprannaturale (soprannatu'rale) adj,nm supernatural.

soprannome (sopran'nome) nm nickname.

soprano (so'prano) nm soprano.

soprappiù (soprap'pju) nm extra.

soprascarpa (sopras'karpa) nf overshoe, galosh.

soprattassa (soprat'tassa) nf surtax.

soprattutto (soprat'tutto) adv above all.

sopravvenire* (sopravve'nire) vi 1 arrive. 2 occur.

sopravvivere* (soprav'vivere) vi survive. **sopravvissuto** nm survivor.

soprintendere* (soprin'tendere) vi supervise.

soqquadro (sok'kwadro) nm disorder, men.

sorbire (sor'bire) vt sip.

sorcio (sortʃo) nm mouse.

sordido ('sɔrdido) adj sordid.

sordo ('sordo) adj 1 deaf. 2 dull, low. **sordità** nf deafness. **sordomuto** (sordo'muto) nm deaf-mute.

sorella (so'rella) nf sister. **sorellastra** nf half-sister.

sorgere* ('sordʒere) vi rise. **sorgente** (sor'dʒente) nf 1 spring, fountain. 2 source.

sormontare (sormon'tare) *vt* surmount.

sornione (sor'njone) *adj* cunning, sly.

sorpassare (sorpas'sare) *vt* 1 overtake. 2 exceed. **sorpassato** *adj* out-of-date. **sorpasso** *nm* overtaking.

sorprendere* (sor'prendere) *vt* 1 surprise. 2 catch. **sorprendente** (sorpren'dente) *adj* surprising. **sorpresa** (sor'presa) *nf* surprise.

sorreggere* (sor'reddʒere) *vt* support.

sorridere* (sor'ridere) *vi* smile. **sorriso** (sor'riso) *nm* smile.

sorseggiare (sorsed'dʒare) *vt* sip. **sorso** *nm* sip.

sorsi ('sorsi) *v* see **sorgere**.

sorta ('sorta) *nf* kind, sort.

sorte ('sorte) *nf* fate, destiny. **tirare a sorte** draw lots.

sorteggio (sor'teddʒo) *nm* draw.

sortilegio (sorti'ledʒo) *nm* witchcraft.

sortire[1] (sor'tire) *vt* 1 get, receive. 2 draw.

sortire[2] (sor'tire) *vi* 1 come out, emerge. 2 happen.

sorto ('sorto) *v* see **sorgere**.

sorvegliare (sorveʎ'ʎare) *vt* watch over, supervise. **sorvegliante** *nm* keeper, watchman. **sorveglianza** *nf* supervision.

sorvolare (sorvo'lare) *vt* 1 fly over. 2 skip over.

sosia ('sozja) *nm invar* double (of a person).

sospendere* (sos'pendere) *vt* 1 hang (up). 2 suspend. **sospensione** *nf* suspension.

sospettare (sospet'tare) *vt* 1 suspect. 2 distrust. **sospetto** (sos'petto) *vi* be suspicious. *adj* suspect. *nm* suspicion. **sospettoso** (sospet'toso) *adj* suspicious.

sospirare (sospi'rare) *vi* sigh. **sospiro** *nm* sigh.

sosta ('sosta) *nf* halt, stop. **divieto di sosta** no parking.

sostanza (sos'tantsa) *nf* substance.

sostegno (sos'teɲɲo) *nm* support.

sostenere* (soste'nere) *vt* 1 support, maintain. 2 uphold, defend. 3 affirm.

sostentare (sosten'tare) *vt* support.

sostituire (sostitu'ire) *vt* 1 replace, substitute. 2 take the place of. **sostituto** *nm* substitute.

sottaceti (sotta'tʃeti) *nm pl* pickles.

sottana (sot'tana) *nf* 1 petticoat. 2 skirt.

sotterraneo (sotter'raneo) *adj* underground. *nm* cave.

sotterrare (sotter'rare) *vt* 1 bury. 2 hide.

sottile (sot'tile) *adj* 1 fine, thin. 2 slim, slender. 3 subtle.

sottintendere* (sottin'tendere) *vt* 1 understand. 2 imply.

sotto ('sotto) *prep* under, below. **sott'acqua** *adv* underwater. **sott'olio** in oil. ~ *adv* below. **di sotto** below.

sottocoppa (sotto'koppa) *nf* saucer.

sottolineare (sottoline'are) *vt* underline.

sottomettere* (sotto'mettere) *vt* subdue, subject. *vr* submit.

sottopassaggio (sottopas'saddʒo) *nm* underground passage.

sottoporre* (sotto'porre) *vt* subject, submit. **sottoporsi** *vr* submit.

sottoscrivere* (sottos'krivere) *vt* sign. *vi* assent.

sottosopra (sotto'sopra) *adv* 1 upside down. 2 topsy-turvy.

sottotitolo (sotto'titolo) *nm* subtitle.

sottoveste (sotto'veste) *nf* 1 petticoat. 2 waistcoat.

sottovoce (sotto'votʃe) *adv* in a quiet voice.

sottrarre (sot'trarre) vt **1** remove, steal. **2** subtract. **3** save. **sottrarsi** vr escape. **sottrazione** nf **1** subtraction. **2** theft.

sovraccaricare (sovrakkari-'kare) vt overload.

sovrano (so'vrano) adj,nm sovereign.

sovrastare (sovras'tare) vi dominate.

sovvenzionare (sovventsjo'nare) vt subsidize. **sovvenzione** nf subsidy.

sovversivo (sovver'sivo) adj subversive.

sozzo ('sottso) adj filthy, dirty.

spaccare (spak'kare) vt break, split. **spaccarsi** vr split, crack. **spacco** nm split. **spaccamonti** (spakka'monti) nm invar boaster.

spacciare (spat'tʃare) vt **1** sell, sell off. **2** spread, circulate. **spacciarsi per** vr pass oneself off as. **spaccio** nm **1** selling. **2** shop.

spada ('spada) nf sword.

spaesato (spae'zato) adj lost.

spaghetti (spa'getti) nm pl long thin strips of pasta.

Spagna ('spaɲɲa) nf Spain. **spagnolo** adj Spanish. nm **1** Spaniard. **2** Spanish (language).

spago ('spago) nm string, twine.

spaiato (spa'jato) adj odd, unmatched.

spalancare (spalan'kare) vt open wide.

spalare (spa'lare) vt shovel.

spalla ('spalla) nf **1** shoulder. **2** pl anat back. **alzare le spalle** shrug one's shoulders. **spallata** nf shrug. **spalliera** (spal'ljera) nf **1** back (of a seat). **2** head or foot (of a bed). **spallina** nf epaulette.

spalmare (spal'mare) vt spread, smear.

spandere* ('spandere) vt **1** shed. **2** spread.

sparare (spa'rare) vt fire, shoot. **sparo** nm shot.

sparecchiare (sparek'kjare) vt clear (the table).

spargere* ('spardʒere) vt **1** spread, scatter. **2** shed. **spargersi** vr spread.

sparire* (spa'rire) vi disappear, vanish.

sparpagliare (sparpaʎ'ʎare) vt scatter.

spartire (spar'tire) vt divide, share.

sparuto (spa'ruto) adj haggard.

spasimo ('spazimo) nm spasm.

spassarsi (spas'sarsi) vr also **spassarsela** (spas'sarsela) enjoy oneself. **spasso** nm enjoyment, amusement. **andare a spasso** go for a walk.

spaurire (spau'rire) vt frighten, terrify.

spaventare (spaven'tare) vt frighten, alarm. **spaventarsi** vr take fright. **spaventapasseri** (spaventa'passeri) nm invar scarecrow. **spavento** nm fear, terror. **spaventoso** (spaven'toso) adj terrible.

spazio ('spattsjo) nm space. **spaziale** adj **1** spatial. **2** space. **volo spaziale** nm space flight. **spazioso** (spat'tsjoso) adj spacious.

spazzare (spat'tsare) vt sweep (away). **spazzacamino** nm chimneysweep. **spazzaneve** nm invar snowplough. **spazzatura** nf rubbish.

spazzola ('spattsola) nf brush. **spazzolare** vt brush. **spazzolino** nm toothbrush.

specchio ('spɛkkjo) nm mirror. **specchiarsi** (spek'kjarsi) vr **1** look at oneself (in a mirror). **2** be reflected.

speciale (spe'tʃale) adj special. **specialista** nm specialist. **specialità** nf speciality. **spe-**

cializzarsi (spetʃalid'dzarsi) vr specialize.

specie ('spetʃe) nf invar 1 species. 2 kind, type, sort. (in) specie especially.

specificare (spetʃifi'kare) vt specify. specifico (spe'tʃifiko) adj specific.

speculare (speku'lare) vi speculate. speculatore nm speculator. speculazione nf speculation.

spedire (spe'dire) vt send, post. spedizione nf expedition.

spegnere* ('speɲɲere) vt 1 put out, extinguish. 2 turn or switch off. spegnersi vr go out, be extinguished.

spellare (spel'lare) vt skin.

spelonca (spe'lonka) nf cavern.

spendere*('spendere) vt spend.

spengo ('spengo) v see spegnere.

spennare (spen'nare) vt pluck.

spensi ('spensi) v see spengere.

spensierato (spensje'rato) adj thoughtless.

spento ('spento) v see spegnere. adj 1 switched out or off. 2 extinct, dead.

sperare (spe'rare) vi hope. vt hope for. speranza (spe'rantsa) nf hope.

spergiurare (sperdʒu'rare) vi perjure oneself.

sperimentare (sperimen'tare) vt 1 test, try. 2 experience. sperimentale adj experimental.

sperma ('sperma) nm sperm.

speronare (spero'nare) vt ram. sperone nm spur.

sperperare (sperpe'rare) vt squander.

spesa ('spesa) nf 1 expense, cost. 2 shopping. 3 purchase. a spese di at the expense of. essere spesato have all expenses paid.

spesi ('spesi) v see spendere.

speso ('speso) v see spendere.

spesso ('spesso) adj 1 thick. 2 frequent. adv often. spessore nm thickness.

spettacolo (spet'takolo) nm 1 sight. 2 show. spettacolare adj spectacular.

spettare (spet'tare) vi 1 be up to. 2 be the duty or right of.

spettatore (spetta'tore) nm 1 spectator. 2 pl audience.

spettro ('spettro) nm ghost, spectre. spettrale adj ghostly.

spezie ('spettsje) nf pl spices.

spezzare (spet'tsare) vt break, smash. spezzarsi vr 1 break. 2 get broken. spezzatino nm stew.

spiacere* (spja'tʃere) v imp displease. spiacevole (spja-'tʃevole) adj unpleasant.

spiaggia ('spjaddʒa) nf beach.

spianare (spja'nare) vt 1 smooth, flatten. 2 roll out (dough).

spiantare(spjan'tare)vt uproot.

spiare (spi'are) vt spy upon. spia nf spy.

spiccare (spik'kare) vt 1 pick. 2 cut off. 3 pronounce clearly. 4 issue. vi stand out. spiccare il volo take flight.

spicchio ('spikkjo) nm 1 segment, slice. 2 clove (of garlic).

spicciarsi (spit'tʃarsi) vr hurry.

spiccioli (spittʃoli) nm pl small change.

spiedo ('spjedo) nm cul spit.

spiegare (spje'gare) vt 1 explain. 2 unfold, spread out. spiegazione nf explanation.

spietato (spje'tato) adj pitiless, ruthless.

spiga ('spiga) nf ear (of corn, etc.).

spilla ('spilla) nf brooch. spillo nm pin.

spilorcio (spi'lortʃo) adj mean, stingy.

spina ('spina) nf 1 thorn. 2

electrical plug. **birra alla spina** _nf_ draught beer. **spina dorsale** spine. **filo spinato** _nm_ barbed wire.
spinoso (spi'noso) _adj_ thorny.

spinacio (spi'natʃo) _nm_ spinach.

spingere* ('spindʒere) _vt_ **1** push, shove. **2** drive. **3** incite. **spingersi** _vr_ **1** push forward. **2** dare.

spinsi ('spinsi) _v_ see **spingere.**

spinta ('spinta) _nf_ push, shove.

spinto ('spinto) _v_ see **spingere.**

spionaggio (spio'naddʒo) _nm_ espionage.

spira ('spira) _nf_ coil. **spirale** _adj,nf_ spiral.

spirare (spi'rare) _vi_ **1** blow, breathe out. **2** breathe. **3** expire. _vt_ exhale.

spirito ('spirito) _nm_ **1** spirit. **2** ghost. **3** wit. **spiritoso** (spiri'toso) _adj_ witty. **spirituale** _adj_ spiritual.

splendere ('splendere) _vi_ shine, gleam. **splendido** ('splendido) _adj_ splendid, wonderful. **splendore** _nm_ splendour.

spogliare (spoʎ'ʎare) _vt_ **1** take off. **2** strip. **spogliarsi** _vr_ undress. **spogliarello** (spoʎʎa'rello) _nm_ striptease. **spogliatoio** _nm_ changing room.

spoglio ('spoʎʎo) _nm_ **1** sorting out. **2** examination.

spoletta (spo'letta) _nf_ fuse.

spolverare (spolve'rare) _vt_ dust.

sponda ('sponda) _nf_ **1** edge. **2** bank.

spontaneo (spon'taneo) _adj_ spontaneous.

sporcare (spor'kare) _vt_ dirty, soil. **sporco** ('sporko) _adj_ dirty.

sporgere* ('spordʒere) _vi_ jut out. _vt_ **1** put out. **2** stick out. **sporgersi** _vr_ lean out.

sport (sport) _nm invar_ sport. **sportivo** _adj_ sporting.

sporta ('sporta) _nf_ shopping basket.

sportello (spor'tello) _nm_ **1** door. **2** counter. **3** window. **4** shutter.

sposalizio (spoza'littsjo) _nm_ wedding.

sposare (spo'zare) _vt_ marry. **sposarsi** _vr_ get married. **sposa** ('spoza) _nf_ **1** bride. **2** wife. **sposo** ('spozo) _nm_ **1** bridegroom. **2** husband.

spostare (spos'tare) _vt_ move, shift.

sprangare (spran'gare) _vt_ bolt. **spranga** _nf_ bolt.

sprazzo ('sprattso) _nm_ **1** spray. **2** flash.

sprecare (spre'kare) _vt_ waste.

spremere ('spremere) _vt_ **1** squeeze. **2** wring. **spremuta** _nf_ fruit squash.

sprimacciare (sprimat'tʃare) _vt_ shake.

sprizzare (sprit'tsare) _vt,vi_ squirt.

sprofondare (sprofon'dare) _vi_ **1** collapse. **2** sink. **sprofondarsi** _vr_ **1** collapse. **2** sink.

spronare (spro'nare) _vt_ spur on. **sprone** _nm_ spur.

sproporzionato (sproportsjo'nato) _adj_ disproportionate.

sproposito (spro'pozito) _nm_ blunder.

sprovvisto (sprov'visto) _adj_ unprepared, lacking. **alla sprovvista** unawares.

spruzzare (sprut'tsare) _vt_ squirt, spray, sprinkle. **spruzzo** _nm_ spray, splash.

spugna ('spuɲɲa) _nf_ **1** sponge. **2** towelling.

spumare (spu'mare) _vi_ foam. **spuma** _nf_ foam, froth. **spumante** _nm_ sparkling wine.

spuntare (spun'tare) _vt_ **1** blunt, break the point of. **2** check off. _vi_ **1** appear, sprout. **2** (of the sun) rise. **spuntarsi**

vr become blunt. **spuntino** *nm* snack.

sputare (spu'tare) *vt, vi* spit. **sputo** *nm* spit, spittle.

squadra ('skwadra) *nf* **1** squad, squadron. **2** team. **3** set square.

squadrare (skwa'drare) *vt* look squarely at.

squadriglia (skwa'driʎʎa) *nf* squadron.

squagliare (skwaʎ'ʎare) *vt* melt. **squagliarsi** *vr* melt.

squalificare (skwalifi'kare) *vt* disqualify. **squalifica** (skwa-'lifika) *nf* disqualification.

squallido ('skwallido) *adj* **1** squalid. **2** bleak. **squallore** *nm* **1** squalor. **2** dreariness.

squalo ('skwalo) *nm* shark.

squama ('skwama) *nf* scale (of a fish).

squarciare (skwar'tʃare) *vt* tear, rip. **a squarciagola** *adv* at the top of one's voice. **squarcio** *nm* **1** tear. **2** gash.

squassare (skwas'sare) *vt* shake violently.

squattrinato (skwattri'nato) *adj* penniless.

squilibrare (skwili'brare) *vt* unbalance. **squilibrio** *nm* lack of balance.

squillare (skwil'lare) *vi* ring. **squilla** *nf* bell. **squillo** *nm* ring. **ragazza squillo** *nf* callgirl.

squisito (skwi'zito) *adj* **1** exquisite. **2** (of food) delicious.

squittire (skwit'tire) *vi* cheep, squeak.

sradicare (zradi'kare) *vt* uproot.

sregolato (zrego'lato) *adj* disordered.

stabile ('stabile) *adj* **1** stable, fixed. **2** permanent. **beni stabili** *nm pl* real estate. **stabilità** *nf* stability. **stabilizzare** (stabilid'dzare) *vt* stabilize. **stabilire** (stabi'lire) *vt* estab-

lish, fix, determine. **stabilirsi** *vr* settle. **stabilimento** *nm* **1** factory. **2** establishment.

staccare (stak'kare) *vt* **1** remove, take off. **2** detach. *vi* **1** stand out. **staccarsi** *vr* **1** come off. **2** leave.

stacciare (stat'tʃare) *vt* sieve. **staccio** *nm* sieve.

stadio ('stadjo) *nm* **1** stadium. **2** stage, phase.

staffa ('staffa) *nf* stirrup.

staffetta (staf'fetta) *nf* messenger. **corsa a staffetta** *nf* relay race.

staffile (staf'file) *nm* whip.

stagione (sta'dʒone) *nf* season. **stagionale** *adj* seasonal.

stagliare (staʎ'ʎare) *vi* stand out. **stagliarsi** *vr* stand out.

stagnare (stap'pare) *vi* stagnate. **stagnante** *adj* stagnant.

stagno[1] ('stappo) *nm* pool.

stagno[2] ('stappo) *nm* tin. **(carta) stagnola** *nf* **1** tinfoil. **2** silver paper.

staio ('stajo) *nm* bushel.

stalla ('stalla) *nf* stable.

stallo ('stallo) *nm* **1** seat. **2** *game* stalemate.

stallone (stal'lone) *nm* stallion.

stamattina (stamat'tina) *adv* *also* **stamani** this morning.

stamberga (stam'berga) *nf* hovel.

stambugio (stam'budʒo) *nm* small dark room.

stampare (stam'pare) *vt* **1** print. **2** publish. **stampa** *nf* **1** print, printing. **2** press. **stampante** *nf* printer. **stampatello** (stampa'tello) *nm* block letters. **stampato** *nm* printout. **stamperia** *nf* printing works. **stampo** *nm* mould, form.

stancare (stan'kare) *vt* tire. **stancarsi** *vr* become tired. **stanchezza** (stan'kettsa) *nf* tiredness. **stanco** *adj* tired.

standardizzare (standardid-'dzare) *vt* standardize.

stanga ('stanga) *nf* barrier, bar. **stangata** (stan'gata) *nf* blow.

stanghetta (stan'getta) *nf* **1** bolt. **2** side (of spectacles).

stanotte (sta'nɔtte) *adv* **1** tonight. **2** last night.

stante ('stante) *prep* on account of.

stantio (stan'tio) *adj* stale.

stantuffo (stan'tuffo) *nm* piston.

stanza ('stantsa) *nf* room. **stanza da bagno** bathroom.

stanziare (stan'tsjare) *vt* assign.

stappare (stap'pare) *vt* uncork.

stare* ('stare) *vi* **1** be. **2** stay, remain. **3** be situated. **4** live. **come stai?** how are you? **lasciar stare** leave alone. **starci** be in agreement. **stare bene 1** be well. **2** suit. **stare in piedi** stand. **stare male 1** be ill. **2** fit badly. **stare per** be on the point of. **stare seduto** be seated. **stiamo a vedere!** let's wait and see! **ti sta bene!** it serves you right!

starna ('starna) *nf* partridge.

starnutire (starnu'tire) *vi* sneeze. **starnuto** *nm* sneeze.

stasera (sta'sera) *adv* this evening, tonight.

statalizzare (statalid'dzare) *vt* nationalize. **statalizzazione** *nf* nationalization.

statico ('statiko) *adj* static.

statistica (sta'tistika) *nf* statistics. **statistico** *adj* statistical.

stato[1] ('stato) *v see* **essere**.

stato[2] ('stato) *nm* **1** state, condition. **2** status. **3** state, nation. **statale** *adj* state, of the state. **statista** *nm* statesman.

statua ('statua) *nf* statue.

statura (sta'tura) *nf* height, stature. **di alta/bassa statura** tall/short.

statuto (sta'tuto) *nm* statute.

stavolta (sta'vɔlta) *adv inf* this time.

stazionare (stattsjo'nare) *vi* park. **stazionamento** *nm* parking.

stazione (stat'tsjone) *nf* **1** station. **2** resort.

steccare (stek'kare) *vt* **1** fence in. **2** put in splints. **stecca** *nf* **1** small stick. **2** *med* splint. **3** rib (of an umbrella). **4** billiard cue. **5** false note. **steccato** *nm* fence. **stecco** *nm* twig. **stecchino** *nm* toothpick.

stella ('stella) *nf* star. **stellare** *adj* **1** stellar. **2** star-shaped.

stelo ('stelo) *nm* stem, stalk.

stemma ('stemma) *nm* coat of arms.

stemperare (stempe'rare) *vt* dissolve.

stempiato (stem'pjato) *adj* (of hair) thin at the temples.

stendardo (sten'dardo) *nm* standard, banner.

stendere* ('stendere) *vt* **1** spread, spread out. **2** extend, stretch out. **3** hang out (washing). **stendersi** *vr* stretch out.

stenodattilografo (stenodatti'lɔgrafo) *nm* secretary, shorthand typist. **stenodattilografia** *nf* shorthand typing.

stenografia (stenogra'fia) *nf* shorthand.

stentare (sten'tare) *vi* **1** have difficulty. **2** be in want. **stentato** *adj* **1** stunted. **2** difficult. **stento** ('stento) *nm* **1** need, hardship. **2** effort. **a stento** hardly.

sterco ('sterko) *nm* dung.

stereofonico (stereo'fɔniko) *adj* stereophonic.

stereotipato (stereoti'pato) *adj* stereotyped.

sterile ('sterile) *adj* **1** sterile. **2** barren. **sterilità** *nf* sterility.

sterilizzare (sterilid'dzare) *vt* sterilize. **sterilizzazione** *nf* sterilization.

sterlina (ster'lina) *nf* pound (sterling).

sterminare (stermi'nare) *vt* exterminate, destroy. **sterminio** *nm* slaughter, extermination. **sterminato** *adj* immense.

sternutire (sternu'tire) *vi* sneeze.

sterpo ('sterpo) *nm* twig.

sterzare (ster'tsare) *vt* steer. **sterzo** ('stertso) *nm* steering wheel.

stesso ('stesso) *adj* **1** same. **2** very. **fa lo stesso** it's all the same.

stesura (ste'sura) *nf* **1** drawing up, drafting. **2** draft.

stetoscopio (stetos'kɔpjo) *nm* stethoscope.

stetti ('stetti) *v* see **stare**.

stia ('stia) *nf* hen coop.

stigma ('stigma) *nm* mark, stigma.

stile ('stile) *nm* style. **stilista** *nm* stylist. **stilistica** (sti'listika) *nf* stylistics. **stilistico** (sti'listiko) *adj* stylistic.

stillare (stil'lare) *vi* drip, ooze. **stilla** *nf* drop.

stilografico (stilo'grafiko) **(penna) stilografica** *nf* fountain pen.

stimare (sti'mare) *vt* **1** estimate. **2** esteem. **3** value. **4** consider. **stima** *nf* **1** estimate. **2** esteem.

stimolare (stimo'lare) *vt* stimulate. **stimolante** *nm* stimulant. **stimolatore cardiaco** *nm* pacemaker. **stimolo** ('stimolo) *nm* **1** stimulus. **2** incentive.

stinco ('stinko) *nm inf* shin.

stingere* ('stindʒere) *vi* fade. **stingersi** *vr* fade.

stipare (sti'pare) *vt* cram together.

stipendio (sti'pendjo) *nm* salary.

stipo ('stipo) *nm* cabinet.

stipulare (stipu'lare) *vt* draw up.

stiracchiare (stirak'kjare) *vt* stretch.

stirare (sti'rare) *vt* **1** stretch. **2** iron. **stirarsi** *vr* stretch.

stirpe ('stirpe) *nf* race, descent.

stitico ('stitiko) *adj* constipated. **stitichezza** (stiti'kettsa) *nf* constipation.

stiva ('stiva) *nf naut* hold.

stivale (sti'vale) *nm* boot.

stizzire (stit'tsire) *vt* make angry. *vi* get angry. **stizzirsi** *vr* get angry. **stizza** *nf* anger. **stizzoso** (stit'tsoso) *adj* irritable.

stocco ('stɔkko) *nm* rapier.

stoffa ('stɔffa) *nf* cloth, material.

stoico ('stɔiko) *adj,n* stoic.

stola ('stɔla) *nf* stole.

stolido ('stɔlido) *adj* **1** foolish. **2** dull.

stolto ('stolto) *adj* stupid, foolish. **stoltezza** (stol'tettsa) *nf* stupidity.

stomacare (stoma'kare) *vt* sicken. **stomachevole** (stoma'kevole) *adj* sickening.

stomaco ('stɔmako) *nm* stomach.

stonare (sto'nare) *vi* **1** be out of tune. **2** clash. **stonato** *adj* out of tune.

stoppia ('stoppja) *nf* stubble.

storcere* ('stortʃere) *vt* twist. **storcersi** *vr* twist.

stordire (stor'dire) *vt* stun, daze. **stordito** *adj* stunned, amazed.

storia ('stɔrja) *nf* **1** history. **2** story, tale. **storico** ('stɔriko) *adj* historical. *nm* historian. **storiella** (sto'rjella) *nf* **1** story. **2** fib.

storione (sto'rjone) *nm* sturgeon.

stormire (stor'mire) *vi* rustle. **stormo** *nm* **1** flock. **2** swarm.

stornare (stor'nare) *vt* **1** avert. **2** dissuade.

storno ('storno) *nm* starling.

storpiare (stor'pjare) *vt* **1** cripple. **2** maim. **storpio** ('storpjo) *adj* **1** crippled. **2** maimed. *nm* cripple.

stoviglie (sto'viʎʎe) *nf pl* crockery.

strabico ('strabiko) *adj* cross-eyed.

strabiliare (strabi'ljare) *vi* be amazed. **strabiliarsi** *vr* be amazed.

strabismo (stra'bizmo) *nm* squint.

stracarico (stra'kariko) *adj* overloaded.

straccare (strak'kare) *vt* tire out. **stracco** *adj* exhausted.

stracchino (strak'kino) *nm* type of cheese.

stracciare (strat'tʃare) *vt* tear. **stracciatella** (strattʃa'tella) *nf* soup with eggs and cheese.

straccio ('strattʃo) *adj* torn. *nm* rag. **carta straccia** *nf* wastepaper. **straccivendolo** (strattʃi'vendolo) *nm* ragman.

stracuocere* (stra'kwɔtʃere) *vt* overcook. **stracotto** (stra-'kɔtto) *adj* overcooked. *nm* stew.

strada ('strada) *nf* **1** street, road. **2** way. **stradale** *adj* road. **lavori stradali** *nm pl* road works. **stradario** *nm* street plan.

strafare* (stra'fare) *vi* do too much, overwork. **strafatto** *adj* **1** overdone. **2** overripe.

strage ('stradʒe) *nf* slaughter, massacre.

stralunare (stralu'nare) *vt* roll (one's eyes).

strambo ('strambo) *adj* strange. **stramberia** *nf* oddity.

strame ('strame) *nm* fodder.

strampalato (strampa'lato) *adj* eccentric.

strangolare (strango'lare) *vt* strangle. **strangolamento** *nm* strangling. **strangolatore** *.nm* strangler.

straniero (stra'njero) *adj* foreign. *nm* foreigner.

strano ('strano) *adj* strange, odd. **stranezza** (stra'nettsa) *nf* strangeness.

straordinario (straordi'narjo) *adj* extraordinary. *nm* overtime.

strapagare (strapa'gare) *vt* overpay.

strapazzare (strapat'tsare) *vt* ill-treat. **strapazzarsi** *vr* overdo things. **strapazzata** *nf* scolding. **strapazzato** *adj* ill-treated.

strapieno (stra'pjeno) *adj* full up.

strapiombare (strapjom'bare) *vi* lean over.

strappare (strap'pare) *vt* **1** tear, rip. **2** pull out. **strappata** *nf* tug. **strappo** *nm* **1** pull, tug. **2** tear.

straripare (strari'pare) *vi* (of a river) overflow its banks.

strascicare (straʃʃi'kare) *vt* *also* **strascinare** drag. **strascico** ('straʃʃiko) *nm* train (of a dress).

stratagemma (strata'dʒemma) *nm* stratagem.

strategia (strate'dʒia) *nf* strategy. **strategico** (stra'tedʒiko) *adj* strategic.

strato ('strato) *nm* **1** layer, coat (of paint). **2** stratum.

stravagante (strava'gante) *adj* strange, odd, eccentric. **stravaganza** (strava'gantsa) *nf* eccentricity.

stravecchio (stra'vekkjo) *adj* very old.

stravizio (stra'vittsjo) *nm* excess.

stravolgere* (stra'vɔldʒere) *vt* twist. **stravolto** (stra'vɔlto) *adj* troubled.

straziare (strat'tsjare) *vt* torture, torment. **strazio** ('strattsjo) *nm* torment, torture.

stregare (stre'gare) *vt* bewitch.

strega nf witch. **stregone** nm wizard. **stregoneria** nf witchcraft.

stregua ('stregwa) nf measure.

stremare (stre'mare) vt exhaust.

strenna ('strenna) nf Christmas present.

strepitare (strepi'tare) vi make a loud noise.

strepito ('strepito) nm din, noise. **strepitoso** (strepi-'toso) adj noisy.

stretto[1] ('stretto) v see **stringere**. adj 1 narrow. 2 tight. 3 strict. 4 precise. 5 close, intimate. **a denti stretti** with clenched teeth. **stretta** nf grasp. **stretta di mano** handshake. **strettezza** (stret-'tettsa) nf narrowness.

stretto[2] ('stretto) nm strait.

stria ('stria) nf stripe. **striato** adj striped.

stridere* ('stridere) vi 1 screech. 2 (of colours) clash. **strido** nm screech, shriek. **stridore** nm screeching. **stridulo** ('stridulo) adj shrill.

strillare (stril'lare) vi scream. **strillo** nm scream.

strimpellare (strimpel'lare) vt strum.

strinare (stri'nare) vt singe.

stringa ('stringa) nf lace, shoelace.

stringere* ('strindʒere) vt 1 tighten. 2 squeeze. 3 clasp, grasp. 4 conclude. 5 take in (a dress). vi be urgent.

strinsi ('strinsi) v see **stringere**.

striscia ('striʃʃa) nf 1 strip. 2 stripe.

strisciare (striʃ'ʃare) vt 1 drag. 2 graze. vi creep, crawl.

stritolare (strito'lare) vt crush.

strizzare (strit'tsare) vt 1 squeeze. 2 wring (clothes). **strizzare l'occhio** wink. **strizzata d'occhio** wink.

strofe ('strɔfe) nf also **strofa** ('strɔfa) stanza.

strofinaccio (strofi'nattʃo) nm rag, duster, cloth. **strofinare** vt rub.

stroncare (stron'kare) vt 1 break off. 2 destroy.

stropicciare (stropit'tʃare) vt rub.

strozzare (strot'tsare) vt strangle, choke.

struggere* ('struddʒere) vt 1 melt. 2 consume. **struggersi** vr 1 melt. 2 torment oneself. **struggimento** nm torment.

strumento (stru'mento) nm 1 instrument. 2 tool. **strumentale** adj instrumental.

strusciare (struʃ'ʃare) vt rub.

strutto ('strutto) nm lard.

struttura (strut'tura) nf structure. **strutturale** adj structural. **strutturalismo** nm structuralism.

struzzo ('struttso) nm ostrich.

stuccare[1] (stuk'kare) vt putty, plaster, stucco. **stucco** nm plaster, putty.

stuccare[2] (stuk'kare) vt 1 sicken, nauseate. 2 annoy. **stuccarsi** vr be bored.

studente (stu'dente) nm student. **studentesco** adj student. **studentessa** nf student.

studiare (stu'djare) vt study.

studio ('studjo) nm 1 study. 2 study, office. 3 studio. **borsa di studio** nf grant. **studioso** (stu'djoso) adj studious. nm scholar.

stufa ('stufa) nf 1 stove. 2 heater.

stufare (stu'fare) vt 1 stew. 2 inf bore. **stufato** nm stew. **stufo** adj inf fed up.

stuoia ('stwɔja) nf mat.

stuolo ('stwɔlo) nm crowd.

stupefare (stupe'fare) vt amaze. **stupefacente** (stupefa'tʃente) nm drug.

stupido ('stupido) adj stupid,

foolish. **stupidaggine** (stupi'daddʒine) *nf* **1** stupid act. **2** nonsense. **stupidità** *nf* stupidity.

stupire (stu'pire) *vt* amaze. *vi* be amazed. **stupirsi** *vr* be amazed. **stupendo** (stu'pendo) *adj* marvellous, wonderful. **stupore** *nm* astonishment.

stuprare (stu'prare) *vt* rape. **stupro** *nm* rape.

sturare (stu'rare) *vt* uncork. **sturabottiglie** *nm invar* corkscrew.

stuzzicare (stuttsi'kare) *vt* **1** poke, prod. **2** provoke. **3** arouse. **stuzzicadenti** (stuttsika'denti) *nm invar* toothpick. **stuzzicante** *adj* appetizing.

su (su) *adv* up. *prep* **1** on, upon. **2** over. **3** about. **4** towards. **in su** upwards. **su due piedi** at once. **su per** up. **su per giù** roughly. ~ *interj* come on!

sua ('sua) *poss adj, poss pron* see **suo**.

subacqueo (su'bakkweo) *adj* underwater.

subaffittare (subaffit'tare) *vt* sublet.

subappaltare (subappal'tare) *vt* subcontract.

subbuglio (su'buʎʎo) *nm* confusion.

subcosciente (subkoʃ'ʃente) *adj,nm* subconscious.

subentrare (suben'trare) *vi* replace.

subire (su'bire) *vt* undergo, suffer.

subitaneo (subi'taneo) *adj* sudden.

subito ('subito) *adv* immediately, at once.

sublime (su'blime) *adj* sublime.

subordinare (subordi'nare) *vt* subordinate. **subordinato** *adj,n* subordinate.

suburbio (su'burbjo) *nm* suburb. **suburbano** *adj* suburban.

succedere* (sut'tʃedere) *vi* **1** succeed, follow. **2** happen, occur. **succedersi** *vr* follow one another. **successione** *nf* succession. **successivo** *adj* following. **successo** (sut'tʃesso) *nm* **1** outcome. **2** success. **successore** *nm* successor.

succhiare (suk'kjare) *vt* suck, suck up.

succinto (sut'tʃinto) *adj* succinct.

succo ('sukko) *nm* **1** juice. **2** sap. **succoso** *adj* juicy. **succulento** (sukku'lento) *adj* succulent.

succursale (sukkur'sale) *nf* branch (office).

sud (sud) *nm* south. *adj invar* south, southern. **del sud 1** southern. **2** southerly. **verso sud** southwards. **sud-est** *nm* south-east. *adj invar* south-east, south-eastern. **del sud-est 1** south-eastern. **2** south-easterly. **sud-ovest** *nm* south-west. *adj invar* south-west, south-western. **del sud-ovest 1** southwestern. **2** south-westerly.

sudare (su'dare) *vi* sweat, perspire. **sudato** *adj* covered in sweat. **sudore** *nm* sweat, perspiration.

sudario (su'darjo) *nm* shroud.

suddetto (sud'detto) *adj* above-mentioned.

suddito ('suddito) *nm* subject, citizen.

suddividere* (suddi'videre) *vt* subdivide. **suddivisione** *nf* subdivision.

sudicio ('suditʃo) *adj* dirty, filthy. *nm* dirt. **sudiceria** *nf* filthiness. **sudiciume** *nm* dirt, filth.

sue ('sue) *poss adj, poss pron* see **suo**.

sufficiente (suffi'tʃente) *adj* sufficient, enough. **sufficienza** (suffi'tʃentsa) *nf* sufficiency.

suffisso (suf'fisso) *nm* suffix.

suffragio (suf'fradʒo) *nm* vote, suffrage. **suffragista** *nf* suffragette.

suffumicare (suffumi'kare) *vt* fumigate.

suga ('suga) **carta suga** or **cartasuga** *nf* blotting paper.

suggellare (suddʒel'lare) *vt* seal. **suggello** *nm* seal.

suggerire (suddʒe'rire) *vt* suggest. **suggerimento** *nm* suggestion. **suggeritore** *nm* prompter.

suggestionare (suddʒestjo'nare) *vt* influence. **suggestione** *nf* instigation. **suggestivo** *adj* **1** evocative. **2** picturesque.

sughero ('sugero) *nm* cork.

sugli ('suʎʎi) contraction of **su gli**.

sugna ('suɲɲa) *nf* **1** fat. **2** grease.

sugo ('sugo) *nm* **1** juice. **2** gravy. **3** sauce. **4** essence, gist. **sugoso** (su'goso) *adj* juicy.

sui ('sui) contraction of **su i**.

suicidarsi (suitʃi'darsi) *vr* commit suicide. **suicida** *nm* one who has committed suicide. **suicidio** *nm* suicide.

suino (su'ino) *nm* **1** pig. **2** *pl* swine. **carne suina** *nf* pork.

sul (sul) contraction of **su il**.

sull' (sul) contraction of **su l'**.

sulla ('sulla) contraction of **su la**.

sulle ('sulle) contraction of **su le**.

sullo ('sullo) contraction of **su lo**.

sultanina (sulta'nina) *nf* (fruit) sultana.

sultano (sul'tano) *nm* sultan.

sunto ('sunto) *nm* summary.

suntuoso (suntu'oso) *adj* sumptuous.

suo, sua, suoi, sue ('suo, 'sua, 'swɔi, 'sue) *poss adj* **1** *3rd pers s* his, her, its. **2** *2nd pers s fml* your. *poss pron* **1** *3rd pers s* his, hers, its. **2** *2nd pers s fml* yours.

suocera ('swɔtʃera) *nf* mother-in-law.

suocero ('swɔtʃero) *nm* father-in-law.

suoi ('swɔi) *poss adj, poss pron* see **suo**.

suola ('swɔla) *nf* sole (of a shoe).

suoli ('swɔli) *v* see **solere**.

suolo ('swɔlo) *nm* **1** ground. **2** soil. **3** layer.

suonare (swo'nare) *vt, vi* **1** ring, sound. **2** *mus* play. **suono** ('swɔno) *nm* sound.

suora ('swɔra) *nf* nun, sister.

superare (supe'rare) *vt* **1** exceed, surpass. **2** overcome, get over. **superato** *adj* out-of-date.

superbo (su'perbo) *adj* proud, arrogant. **superbia** (su'perbja) *nf* pride.

superficiale (superfi'tʃale) *adj* superficial. **superficialità** *nf* superficiality.

superficie (super'fitʃe) *nf, pl* **superfici** or **superficie** surface.

superfluo (su'perfluo) *adj* superfluous. *nm* surplus.

superiore (supe'rjore) *adj* **1** higher, upper. **2** superior. *nm* superior. **superiorità** *nf* superiority.

superlativo (superla'tivo) *adj, nm* superlative.

supermercato (supermer'kato) *nm* supermarket.

supersonico (super'sɔniko) *adj* supersonic.

superstite (su'perstite) *adj* surviving. *nm* survivor.

superstizione (superstit'tsjone) *nf* superstition. **super-**

stizioso (superstit'tsjoso) *adj* superstitious.
supino (su'pino) *adj* supine. **cadere supino** fall on one's back.
suppellettile (suppel'lettile) *nf* furnishings, fittings.
suppergiù (supper'dʒu) *adv inf* roughly, approximately.
supplemento (supple'mento) *nm* supplement. **supplementare** *adj* supplementary, extra.
supplicare (suppli'kare) *vt* beg, implore. **supplica** ('supplica) *nf* petition.
supplire (sup'plire) *vt* take the place of. *vi* **1** make up (for). **2** take the place (of). **supplente** (sup'plɛnte) *adj,n* substitute.
supplizio (sup'plittsjo) *nm* torture.
supporre* (sup'porre) *vt* suppose, imagine. **supposizione** *nf* supposition. **supposto** (sup'posto) *adj* supposed. **supposto che** supposing.
supposta (sup'posta) *nf* suppository.
suppurare (suppu'rare) *vi* fester.
supremo (su'prɛmo) *adj* supreme. **supremazia** (supremat'tsia) *nf* supremacy.
surclassare (surklas'sare) *vt* outclass.
surgelare (surdʒe'lare) *vt* freeze. **surgelato** *adj* frozen. **surgelati** *nm pl* frozen foods.
surrealismo (surrea'lizmo) *nm* surrealism. **surrealista** *adj* surrealist.
surrogare (surro'gare) *vt* take the place of, replace. **surrogato** *nm* substitute.
suscettibile (suʃʃet'tibile) *adj* susceptible.
suscitare (suʃʃi'tare) *vt* **1** arouse. **2** provoke, cause.
susina (su'sina) *nf* plum. **susino** *nm* plum tree.

susseguire (susse'gwire) *vi* follow.
sussidiare (sussi'djare) *vt* **1** subsidize. **2** support. **sussidiario** *adj* subsidiary. *nm* primary schoolbook. **sussidio** *nm* **1** aid, help. **2** subsidy.
sussiego (sus'sjɛgo) *nm* haughtiness.
sussistere (sus'sistere) *vi* **1** exist. **2** be valid.
sussultare (sussul'tare) *vi* start. **sussulto** *nm* start, jump.
sussurrare (sussur'rare) *vt,vi* whisper, murmur. **sussurro** *nm* murmur.
svagare (zva'gare) *vt* amuse. **svagarsi** *vr* enjoy oneself. **svago** *nm* amusement.
svaligiare (zvali'dʒare) *vt* rob, ransack.
svalutare (zvalu'tare) *vt* devalue. **svalutazione** *nf* devaluation.
svampare (zvam'pare) *vi* die down, calm down.
svanire (zva'nire) *vi* disappear, vanish.
svantaggio (zvan'taddʒo) *nm* disadvantage. **svantaggioso** (zvantad'dʒoso) *adj* unfavourable.
svariare (zva'rjare) *vt* vary.
svedese (zve'dese) *adj* Swedish. *nm* **1** Swede. **2** Swedish (language).
svegliare (zveʎ'ʎare) *vt* awaken, wake up. **svegliarsi** *vr* wake up. **sveglia** *nf* alarm clock. **sveglio** *adj* **1** awake. **2** quick-witted.
svelare (zve'lare) *vt* reveal.
svelto ('zvelto) *adj* **1** quick. **2** quick-witted. **3** slim.
svendita ('zvendita) *nf* (clearance) sale.
svenire* (zve'nire) *vi* faint. **svenimento** *nm* faint, faintingfit.

sventolare (svento'lare) *vt, vi* flutter.

sventrare (zven'trare) *vt* disembowel.

sventura (zven'tura) *nf* misfortune, bad luck. **sventurato** *adj* unlucky.

svergognato (zvergoɲ'ɲato) *adj* shameless.

svernare (zver'nare) *vi* spend the winter.

svestire (zves'tire) *vt* undress.

Svezia ('zvɛtsja) *nf* Sweden.

sviare (zvi'are) *vt* **1** divert. **2** lead astray. **sviarsi** *vr* go astray.

svignare (zviɲ'ɲare) *vi* slip away. **svignarsela** (zviɲ'ɲarsela) *vr* slip away.

sviluppare (zvilup'pare) *vt, vi* develop. **sviluppo** *nm* development.

svincolare (zvinko'lare) *vt* free.

svista ('zvista) *nf* oversight.

svitare (zvi'tare) *vt* unscrew.

Svizzera ('zvittsera) *nf* Switzerland. **svizzero** ('zvittsero) *adj, n* Swiss.

svogliato (zvoʎ'ʎato) *adj* unwilling.

svolazzare (zvolat'tsare) *vi* flutter.

svolgere* ('zvɔldʒere) *vt* **1** unwind. **2** develop. **3** carry out. **svolgersi** *vr* **1** take place. **2** unwind. **svolgimento** *nm* development.

svoltare (zvol'tare) *vi* turn. **svolta** ('zvɔlta) *nf* turn, bend.

svuotare (zvwo'tare) *vt* empty.

T

tabacco (ta'bakko) *nm* tobacco. **tabaccaio** *nm* tobacconist. **tabaccheria** *nf* tobacconist's shop.

tabella (ta'bɛlla) *nf* table, list.

tabernacolo (taber'nakolo) *nm* tabernacle.

tabù (ta'bu) *adj, nm* taboo.

tacca ('takka) *nf* notch, dent.

taccagno (tak'kaɲɲo) *adj* mean, miserly. *nm* miser.

taccheggiatore (takkeddʒa'tore) *nm* shoplifter.

tacchino (tak'kino) *nm* turkey.

taccio ('tattʃo) *v* see **tacere**.

tacco ('takko) *nm* heel.

taccuino (takku'ino) *nm* notebook.

tacere* (ta'tʃere) *vi* be quiet or silent. *vt* keep secret. **far tacere** silence.

tachigrafo (ta'kigrafo) *nm* tachograph.

tachimetro (ta'kimetro) *nm* speedometer.

tacito ('tatʃito) *adj* **1** silent. **2** tacit. **taciturno** *adj* quiet, taciturn.

tacqui ('takkwi) *v* see **tacere**.

tafano (ta'fano) *nm* horsefly.

tafferuglio (taffe'ruʎʎo) *nm* brawl.

taffettà (taffe'ta) *nm* taffeta.

taglia ('taʎʎa) *nf* **1** reward. **2** ransom. **3** size.

tagliare (taʎ'ʎare) *vt* **1** cut. **2** cut off. *vi* cut across. **tagliacarte** (taʎʎa'karte) *nm invar* paperknife. **tagliando** *nm* voucher. **tagliente** *adj* cutting, sharp. **taglio** *nm* cut, cutting.

tagliatelle (taʎʎa'tɛlle) *nf pl* long flat strips of pasta.

tagliola (taʎ'ʎɔla) *nf* trap, snare.

tagliuzzare (taʎʎut'tsare) *vt* chop finely, shred.

talco ('talko) *nm* talcum.

tale ('tale) *adj* **1** such, such a. **2** so. *pron* someone. **il tal dei tali** so-and-so. **talché** *conj* so that. **talmente** *adv* so. **talora** *adv* now and again. **taluno** *adj, pron* some. **talvolta** (tal'vɔlta) *adv* sometimes.

taleggio (ta'leddʒo) *nm* type of cheese.

talento (ta'lento) *nm* talent.

tallone (tal'lone) *nm* anat heel.

talpa ('talpa) *nf* zool mole.

tamburo (tam'buro) *nm* drum. **tamburare** *also* **tamburellare** *vi* drum. **tamburello** (tambu'rello) *nm* tambourine.

Tamigi (ta'midʒi) *nm* Thames.

tamponare (tampo'nare) *vt* 1 plug, stop. 2 collide with, bump into. **tamponamento** *nm* collision. **tampone** *nm* pad.

tana ('tana) *nf* den, lair.

tanaglie (ta'naʎʎe) *nf pl* pincers, pliers.

tanfo ('tanfo) *nm* musty smell.

tangibile (tan'dʒibile) *adj* tangible.

tango ('tango) *nm* tango.

tanto ('tanto) *adj* 1 so much. 2 *pl* so many. *pron* 1 so much. 2 *pl* a lot of people. *adv* so, so much. **di tanto in tanto** from time to time. **ogni tanto** every now and then. **tanto quanto** as much as.

tappare (tap'pare) *vt* plug, stop up.

tappeto (tap'peto) *nm* carpet. **tappetino** *nm* rug.

tappezzare (tappet'tsare) *vt* 1 cover. 2 upholster. **tappezzeria** *nf* 1 tapestry. 2 upholstery. **fare tappezzeria** be a wallflower.

tappo ('tappo) *nm* stopper, cork.

tarantola (ta'rantola) *nf* tarantula.

tarchiato (tar'kjato) *adj* thickset, sturdy.

tardare (tar'dare) *vi* be late. *vt* delay. **tardi** *adv* late. **fare tardi** be late. **tardo** *adj* 1 slow. 2 late.

targa ('targa) *nf* 1 shield. 2 *mot* numberplate. 3 nameplate.

tariffa (ta'riffa) *nf* 1 price-list. 2 charge, rate, fare.

tarlo ('tarlo) *nm* woodworm.

tarma ('tarma) *nf* moth. **tarmato** *adj* moth-eaten.

tartagliare (tartaʎ'ʎare) *vi* stammer, stutter.

tartaro ('tartaro) *nm* tartar.

tartaruga (tarta'ruga) *nf* 1 tortoise. 2 turtle.

tartina (tar'tina) *nf* sandwich.

tartufo (tar'tufo) *nm* truffle.

tasca ('taska) *nf* pocket. **tascabile** (tas'kabile) *adj* pocket-sized. **tascapane** *nm* haversack.

tassare (tas'sare) *vt* tax. **tassa** *nf* tax. **tassazione** *nf* taxation.

tassi (tas'si) *nm invar* taxi. **tassista** *nm* taxi driver.

tasso[1] ('tasso) *nm* yew tree.

tasso[2] ('tasso) *nm* badger.

tastare (tas'tare) *vt* 1 touch. 2 feel. **tastiera** *nf* keyboard. **tasto** *nm* 1 key. 2 feel, touch. **tastoni** *adv* gropingly. **andare a tastoni** grope.

tattica ('tattika) *nf* tactics. **tattico** ('tattiko) *adj* tactical.

tatto ('tatto) *nm* 1 sense of touch, touch. 2 tact.

tatuaggio (tatu'addʒo) *nm* tattoo.

tautologia (tautolo'dʒia) *nf* tautology.

taverna (ta'vɛrna) *nf* inn, tavern.

tavola ('tavola) *nf* 1 table. 2 board, slab. 3 plate, illustration. **tavola calda** snack-bar.

tavolo ('tavolo) *nm* table. **tavolino** *nm* table. **comodino** *nm* bedside table.

tazza ('tattsa) *nf* cup.

te (te) *pron 2nd pers m,f s fam* you. **da te** by yourself.

tè (tɛ) *nm invar* tea. **teiera** (te'jera) *nf* teapot.

teatro (te'atro) *nm* theatre. **teatrale** *adj* theatrical.

tecnica ('tɛknika) *nf* technique.

tecnico ('tekniko) *adj* technical. *nm* technician, engineer.

tecnologia *nf* technology.

tedesco (te'desko) *adj,n* German. *nm* German (language).

tedioso (te'djoso) *adj* tedious.

tegame (te'game) *nm* pan.

teglia (te'ʎʎa) *nf* pan.

tegola ('tegola) *nf* tile.

tela ('tela) *nf* 1 cloth. 2 canvas, painting. 3 *Th* curtain.

telaio (te'lajo) *nm* loom, frame.

telecomunicazioni (telekomunikat'tsjoni) *nfpl* telecommunications.

teleferica (tele'ferika) *nf* cableway.

telefonare (telefo'nare) *vi,vt* telephone. **telefonata** *nf* telephone call. **telefonata urbana/interurbana** local/long-distance call. **telefonico** (tele'fɔniko) *adj* telephonic. **cabina telefonica** *nf* telephone box. **telefonista** *nm* telephonist. **telefono** (te'lɛfono) *nm* telephone. **dare un colpo di telefono** ring.

telegiornale (teledʒor'nale) *nm* television news.

telegrafare (telegra'fare) *vt* wire, telegraph. **telegrafo** (te'lɛgrafo) *nm* telegraph.

telegramma (tele'gramma) *nm* telegram.

telepatia (telepa'tia) *nf* telepathy.

teleschermo (teles'kermo) *nm* television screen.

telescopio (teles'kɔpjo) *nm* telescope.

televisione (televi'zjone) *nf* television. **televisione a colori** colour television. **televisore** (televi'zore) *nm* television set.

telone (te'lone) *nm* tarpaulin.

tema ('tɛma) *nm* 1 theme, subject. 2 essay, composition. **tematico** (te'matiko) *adj* thematic.

temerario (teme'rarjo) *adj* rash, reckless. **temerarietà** *nf* boldness, recklessness.

temere (te'mere) *vt* 1 fear, be afraid of. 2 doubt. *vi* be afraid.

temperamento (tempera'mento) *nm* temperament.

temperare (tempe'rare) *vt* 1 moderate, mitigate, alleviate. 2 sharpen. **temperalapis** (tempera'lapis) *nm also* **temperamatite** *nm invar* pencil-sharpener. **temperato** *adj* moderate, temperate. **temperino** *nm* penknife.

temperatura (tempera'tura) *nf* temperature.

tempesta (tem'pɛsta) *nf* storm, tempest, hurricane. **tempestoso** (tempes'toso) *adj* 1 stormy. 2 agitated.

tempia ('tempja) *nf anat* temple.

tempio ('tempjo) *nm* 1 temple. 2 church.

tempo ('tempo) *nm* 1 time, period. 2 weather. 3 tense. 4 *sport* half-time. 5 tempo, beat. **a tempo** on time. **tempo fa** some time ago.

temporale[1] (tempo'rale) *nm* storm, thunderstorm.

temporale[2] (tempo'rale) *adj* temporal, secular.

temporaneo (tempo'raneo) *adj* 1 temporary. 2 transient, transitory.

temprare (tem'prare) *vt* temper, strengthen.

tenace (te'natʃe) *adj* 1 tenacious. 2 stubborn. **tenacia** *nf* tenacity.

tenaglie (te'naʎʎe) *nf pl* pincers, pliers.

tenda ('tɛnda) *nf* 1 curtain. 2 awning. 3 tent. **tendina** *nf* curtain.

tendenza (ten'dɛntsa) *nf* 1 tendency. 2 trend. 3 inclination.

tendere* ('tɛndere) vt **1** stretch. **2** hang or hold out. **3** tighten. **4** lay. vi **1** tend. **2** incline, be inclined. **tendere le orecchie** prick up one's ears.

tendine ('tɛndine) nm tendon, sinew.

tenebre ('tɛnebre) nf pl darkness, gloom. **tenebroso** (teneˈbroso) adj gloomy, dark.

tenente (teˈnɛnte) nm lieutenant.

tenere* (teˈnere) vt **1** hold. **2** have. **3** keep. **4** contain. **5** occupy. **6** consider. vi **1** resemble. **2** hold, stick. **3** (of a dye) be fast. **tenere conto di** keep in mind. **tenere la destra/sinistra** keep to the right/left. **tenere stretto** clasp, grip. **tenere un discorso** give a speech. **tenersi** vr **1** hold or keep oneself. **2** stand. **3** consider oneself. **4** restrain oneself. **5** avoid. **6** follow. **tenersi pronto** be on the alert.

tenero (ˈtɛnero) adj **1** tender. **2** affectionate. **tenerezza** (teneˈrettsa) nf **1** tenderness. **2** affection.

tengo (ˈtɛngo) v see **tendere**.

tenni (ˈtɛnni) v see **tenere**.

tennis (ˈtɛnnis) nm tennis. **tennista** nm tennis player.

tenore (teˈnore) nm tenor. **tenore di vita** standard of living.

tensione (tenˈsjone) nf **1** tension, strain. **2** voltage.

tentacolo (tenˈtakolo) nm tentacle.

tentare (tenˈtare) vt **1** try, attempt. **2** test. **3** tempt. **tentativo** nm attempt. **tentazione** nf temptation.

tentennare (tentenˈnare) vi **1** waver. **2** stagger, totter. **3** hesitate. vt shake.

tenue (ˈtɛnue) adj **1** slender, slight. **2** soft.

tenuta (teˈnuta) nf **1** capacity. **2** estate. **3** uniform. **4** dress. **a tenuta d'acqua** watertight.

teologia (teoloˈdʒia) nf theology. **teologo** (teˈɔlogo) nm theologian.

teorema (teoˈrɛma) nm theorem.

teoria (teoˈria) nf theory, idea. **teorico** adj theoretical.

tepore (teˈpore) nm mildness.

teppa (ˈteppa) nf mob, underworld.

terapia (teraˈpia) nf therapy. **terapeutico** (teraˈpeutiko) adj therapeutic.

tergicristallo (terdʒikrisˈtallo) nm windscreen-wiper. **tergiversare** (terdʒiverˈsare) vi beat about the bush.

terme (ˈtɛrme) nf pl hot springs, spa. **termale** adj also **termico** (ˈtɛrmiko) thermal.

terminale (termiˈnale) nm terminal.

terminare (termiˈnare) vt,vi finish, end, terminate. **termine** (ˈtɛrmine) nm **1** limit, boundary. **2** term. **3** end, close.

termodinamica (termodiˈnamika) nf thermodynamics.

termometro (terˈmɔmetro) nm thermometer.

termonucleare (termonukleˈare) adj thermonuclear.

termos (ˈtɛrmos) nm invar* Thermos Tdmk.

termosifone (termosiˈfone) nm radiator. **riscaldamento a termosifone** nm central heating.

termostato (terˈmɔstato) nm thermostat.

terra (ˈtɛrra) nf **1** earth. **2** land. **3** ground, floor. **4** soil. **5** clay. **per terra** on the ground. **terracotta** (terraˈkɔtta) nf terracotta. **terremoto** (terreˈmɔto) nm earthquake.

terrapieno (terra'pjɛno) *nm* embankment, earthwork.

terrazza (ter'rattsa) *nf also* **terrazzo** *nm* terrace.

terreno[1] (ter'reno) *adj* earthly.

terreno[2] (ter'reno) *nm* **1** ground, soil, land. **2** site.

terribile (ter'ribile) *adj* terrible, fearful.

territorio (terri'tɔrjo) *nm* territory. **territoriale** *adj* territorial.

terrò (ter'rɔ) *v* see **tenere**.

terrore (ter'rore) *nm* terror. **terrorismo** *nm* terrorism. **terrorista** *nm* terrorist.

terzo ('tertso) *adj* third. *nm* **1** third. **2** third party. **terza** *nf* **1** third class. **2** third gear.

tesa ('tesa) *nf* brim (of a hat).

teschio ('teskjo) *nm* skull.

tesi[1] ('tɛzi) *nf invar* thesis.

tesi[2] ('tesi) *v* see **tendere**.

teso ('teso) *v* see **tendere**. *adj* uptight.

tesoro (te'zɔro) *nm* **1** treasure. **2** treasury. **tesoreria** *nf* treasury. **tesoriere** *nm* treasurer.

tessera ('tɛssera) *nf* pass, card.

tessere ('tɛssere) *vt* weave. **tessile** ('tɛssile) *adj,nm* textile. **tessuto** *nm* **1** cloth, material, fabric. **2** *anat* tissue.

testa ('tɛsta) *nf* head. **dare alla testa** go to one's head. **in testa** on one's head. **rompersi la testa** rack one's brains.

testamento (testa'mento) *nm law* will.

testardo (tes'tardo) *adj* **1** stubborn. **2** headstrong.

testicolo (tes'tikolo) *nm* testicle.

testimone (testi'mɔne) *nm* witness. **testimoniare** *vt,vi* testify. **testimonianza** (testimo'njantsa) *nf* testimony. **testimonio** (testi'mɔnjo) *nm* witness.

testo ('tɛsto) *nm* text. **libro di testo** *nm* textbook.

testone (tes'tone) *nm* obstinate person.

testuggine (tes'tuddʒine) *nf* tortoise.

tetro ('tɛtro) *adj* gloomy, sombre.

tetta ('tetta) *nf inf* **1** breast. **2** teat. **tettarella** (tetta'rella) *nf* teat, dummy.

tetto ('tetto) *nm* roof. **tettoia** *nf* **1** shed. **2** roof.

Tevere ('tevere) *nm* Tiber.

ti (ti) *pron 2nd pers m,f s fam* you, to you.

tiara ('tjara) *nf* tiara.

tic (tik) *nm invar* **1** tic. **2** mannerism.

ticchettare (tikket'tare) *vi* tick.

ticchio ('tikkjo) *nm* **1** spasm. **2** whim.

tictac (tik'tak) *nm* tick, ticking.

tieni ('tjɛni) *v* see **tenere**.

tiepido ('tjɛpido) *adj* lukewarm.

tifo ('tifo) *nm* typhus.

tifone (ti'fone) *nm* typhoon.

tifoso (ti'foso) *nm* fan, supporter.

tiglio ('tiʎʎo) *nm* lime tree, linden.

tignuola (tiɲ'ɲɔla) *nf* moth.

tigre ('tigre) *nf* tiger.

timbrare (tim'brare) *vt* stamp. **timbro** *nm* **1** stamp. **2** timbre. **timbro di gomma** rubber stamp.

timido ('timido) *adj* shy, timid. **timidezza** (timi'dettsa) *nf* shyness.

timo ('timo) *nm* thyme.

timone (ti'mone) *nm* rudder. **timoniera** (timo'njere) *nf* wheelhouse.

timore (ti'more) *nm* fear. **timoroso** (timo'roso) *adj* timorous.

timpano ('timpano) *nm* **1** kettledrum. **2** eardrum. **3** *arch* gable.

tingere* ('tindʒere) *vt* dye, tint.
tino ('tino) *nm* vat.
tinta ('tinta) *nf* 1 dye. 2 colour, shade. **tintoria** *nf* 1 drycleaner's shop. 2 dyeworks.
tipo ('tipo) *nm* 1 type. 2 *inf* chap, fellow. **tipico** ('tipiko) *adj* typical.
tipografia (tipogra'fia) *nf* printing.
tiranneggiare (tiranned'dʒare) *vt* oppress.
tiranno (ti'ranno) *nm* tyrant. *adj* tyrannical. **tirannia** *nf* tyranny. **tirannico** (ti'ranniko) *adj* tyrannical.
tirare (ti'rare) *vt* 1 pull, drag, draw. 2 pull out, extract. 3 throw. 4 shoot. 5 print. 6 draw, trace. *vi* 1 pull. 2 aim, tend. 3 (of the wind) blow. 4 be tight. 5 shoot. **tirare avanti** struggle on. **tirare calci** kick. **tirare giù** jot down. **tirare su** 1 pull up. 2 bring up. **tirare vento** be windy. **tirarsi in là** *vr* move aside. **tirata** *nf* tug, pull. **tiratore** *nm* shooter. **tiratore scelto** marksman. **tiratura** *nf* 1 printing. 2 circulation.
tiro *nm* 1 shooting, firing. 2 shot. 3 trick. **a tiro** within range.
tirchio ('tirkjo) *adj* mean, stingy.
tirocinio (tiro'tʃinjo) *nm* apprenticeship.
titolo ('titolo) *nm* 1 title. 2 headline. 3 security, share.
tizio ('tittsjo) *nm* 1 chap, fellow. 2 what's-his-name.
tizzo ('tittso) *nm also* **tizzone** 1 brand. 2 ember.
toboga (to'bɔga) *nm invar* toboggan.
toccare (tok'kare) *vt* touch, feel. *vi* 1 happen. 2 be the duty of. 3 concern. **a chi tocca? tocca a me** whose turn is it? it's my turn. **tocco**

nm touch. **al tocco** at one o'clock.
toga ('tɔga) *nf* gown.
togliere* ('tɔʎʎere) *vt* 1 take (away). 2 remove, take off. **togliersi di mezzo** *vr* get out of the way.
toletta (to'letta) *nf* 1 dressing-table. 2 toilet.
tolgo ('tɔlgo) *v see* **togliere.**
tollerare (tolle'rare) *vt* tolerate, bear. **tollerabile** (tolle'rabile) *adj* tolerable. **tolleranza** (tolle'rantsa) *nf* tolerance, toleration.
tolsi ('tɔlsi) *v see* **togliere.**
tolto ('tɔlto) *v see* **togliere.**
tomaia (to'maja) *nf* upper (of a shoe).
tomba ('tomba) *nf* tomb.
tomo ('tɔmo) *nm* tome, volume.
tonaca ('tɔnaka) *nf* 1 tunic. 2 habit.
tondo ('tondo) *adj* round.
tonfo ('tonfo) *nm* 1 thud. 2 splash.
tonico ('tɔniko) *nm* tonic.
tonnellata (tonnel'lata) *nf* ton.
tonno ('tonno) *nm* tuna fish.
tono ('tɔno) *nm* tone.
tonsilla (ton'silla) *nf* tonsil. **tonsillite** *nf* tonsillitis.
topazio (to'pattsjo) *nm* topaz.
topo ('tɔpo) *nm* 1 mouse. 2 rat. **topo di biblioteca** bookworm.
topografia (topogra'fia) *nf* topography.
toppa ('tɔppa) *nf* 1 patch. 2 lock.
torba ('torba) *nf* peat.
torbido ('torbido) *adj* 1 murky. 2 troubled.
torcere* ('tɔrtʃere) *vt* 1 twist. 2 wring.
torchiare (tor'kjare) *vt* press. **torchio** ('tɔrkjo) *nm* press.
torcia ('tɔrtʃa) *nf* torch.
tordo ('tordo) *nm* thrush.
Torino (to'rino) *nf* Turin.

torma ('torma) *nf* swarm, throng.

tormentare (tormen'tare) *vt* torment. **tormento** *nm* 1 torment. 2 agony.

tornare (tor'nare) *vi* 1 return, go or come back. 2 turn out, prove to be. 3 become again. **tornare a fare** do again.

torneo (tor'nɛo) *nm* tournament.

toro ('tɔro) *nm* 1 bull. 2 *cap* Taurus.

torpedine (tor'pedine) *nf* torpedo.

torpido ('tɔrpido) *adj* torpid. **torpore** *nm* torpor, lethargy.

torre ('torre) *nf* 1 tower. 2 *game* rook. **torretta** *nf* turret.

torrefare (torre'fare) *vt* roast.

torrente (tor'rɛnte) *nm* torrent. **torrenziale** *adj* torrential.

torrido ('tɔrrido) *adj* torrid.

torrone (tor'rone) *nm* nougat.

torsi ('tɔrsi) *v see* **torcere.**

torso ('tɔrso) *nm* trunk, torso.

torsolo ('tɔrsolo) *nm* stump.

torta ('tɔrta) *nf* cake.

tortellini (tortel'lini) *nm pl* stuffed rings of pasta.

torto[1] ('tɔrto) *v see* **torcere.**

torto[2] ('tɔrto) *nm* wrong. **a torto** wrongly. **avere torto** be wrong.

tortora ('tɔrtora) *nf* dove.

tortuoso (tortu'oso) *adj* winding, curving.

torturare (tortu'rare) *vt* torture. **tortura** *nf* torture.

torvo ('torvo) *adj* surly.

tosare (to'zare) *vt* shear, clip. **tosatrice** *nf* lawn-mower.

Toscana (tos'kana) *nf* Tuscany. **toscano** *adj,n* Tuscan.

tossico ('tɔssiko) *adj* toxic. *nm* poison.

tossire (tos'sire) *vi* cough. **tosse** *nf* cough.

tostare (tos'tare) *vt* 1 roast. 2 toast. **tostapane** *nm invar* toaster.

totale (to'tale) *adj* total, complete. *nm* total.

totalitario (totali'tarjo) *adj* totalitarian.

totocalcio (toto'kaltʃo) *nm* football pools.

tovaglia (to'vaʎʎa) *nf* tablecloth. **tovagliolo** *nm* napkin.

tozzo ('tɔttso) *nm* piece, bit. *adj* stocky, squat.

tra (tra) *prep* 1 between. 2 among.

traballare (trabal'lare) *vi* stagger, totter.

traboccare (trabok'kare) *vi* overflow.

tracannare (trakan'nare) *vt* gulp down.

traccia ('trattʃa) *nf* 1 trace. 2 trail, track. 3 footprint. 4 outline. **tracciare** *vt* 1 outline. 2 trace.

trachea (tra'kɛa) *nf* windpipe.

tradire (tra'dire) *vt* 1 betray. 2 be unfaithful to. **tradimento** *nm* 1 betrayal. 2 treachery. 3 treason. **traditore** *nm* traitor. *adj* treacherous.

tradizione (tradit'tsjone) *nf* tradition. **tradizionale** *adj* traditional.

tradurre* (tra'durre) *vt* translate. **traduttore** *nm* translator. **traduzione** *nf* translation.

trafficare (traffi'kare) *vi* trade, deal. *vt* trade in. **trafficante** *nm* dealer. **traffico** ('traffiko) *nm* 1 trade. 2 traffic. 3 bustle. **traffico contrario** *nm* contraflow.

traforare (trafo'rare) *vt* pierce, bore.

tragedia (tra'dʒɛdja) *nf* tragedy. **tragico** ('tradʒiko) *adj* tragic. *nm* tragedian.

traggo ('traggo) *v see* **trarre.**

traghetto (tra'getto) *nm* 1 crossing. 2 ferryboat.

tragitto (tra'dʒitto) *nm* journey.

traguardo (tra'gwardo) *nm* winning post.

trai ('trai) *v* see **trarre.**

trainare (trai'nare) *vt* drag, haul.

tralasciare (tralaʃ'ʃare) *vt* 1 omit. 2 give up.

tralcio ('traltʃo) *nm* 1 *bot* shoot. 2 vine shoot.

traliccio (tra'littʃo) *nm* trellis.

tram (tram) *nm invar* tram.

trama ('trama) *nf* plot.

tramezzare (tramed'dzare) *vt* partition, separate. **tramezzo** (tra'meddzo) *nm* partition.

tramite ('tramite) *nm* way, means. *prep* by means of.

tramontana (tramon'tana) *nf* north wind.

tramontare (tramon'tare) *vi* 1 (of the sun) set, go down. 2 fade. **tramonto** *nm* sunset.

tramortire (tramor'tire) *vi* faint.

trampoli ('trampoli) *nm pl* stilts.

trampolino (trampo'lino) *nm* 1 springboard. 2 diving board.

tranello (tra'nello) *nm* trap, plot.

trangugiare (trangu'dʒare) *vt* bolt, gulp down.

tranne ('tranne) *prep* except.

tranquillo (tran'kwillo) *adj* calm, peaceful, still. **tranquillità** *nf* calm, stillness.

transatlantico (transa'tlantiko) *adj* transatlantic. *nm* liner.

transitivo (transi'tivo) *adj* transitive.

transito ('transito) *nm* passage, transit.

transizione (transit'tsjone) *nf* transition.

tranvai (tran'vai) *nm invar* tram.

tranvia (tran'via) *nf* 1 tramway. 2 tram.

trapanare (trapa'nare) *vt* drill. **trapano** ('trapano) *nm* drill.

trapelare (trape'lare) *vi* 1 trickle. 2 leak out.

trapezio (tra'pettsjo) *nm* trapeze.

trapiantare (trapjan'tare) *vt* transplant. **trapianto** *nm* transplant.

trappola ('trappola) *nf* trap.

trarre* ('trarre) *vt* 1 drag, pull, draw. 2 throw. 3 obtain.

trasalire (trasa'lire) *vi* start, jump.

trasandare (trazan'dare) *vt* neglect. **trasandato** *adj* slovenly.

trascinare (traʃʃi'nare) *vt* drag, pull.

trascorrere* (tras'korrere) *vt* 1 spend, pass. 2 go through quickly (a book, etc.). *vi* pass.

trascurare (trasku'rare) *vt* 1 neglect. 2 ignore. **trascurato** *adj* 1 neglected. 2 careless.

trasferire (trasfe'rire) *vt* transfer, move. **trasferirsi** *vr* move. **trasferimento** *nm* transfer.

trasformare (trasfor'mare) *vt* change, transform. **trasformazione** *nf* transformation.

trasfusione (trasfu'zjone) *nf* transfusion.

trasgredire (trazgre'dire) *vt* infringe, violate.

traslocare (trazlo'kare) *vt,vi* move. **trasloco** (traz'lɔko) *nm* removal. **fare trasloco** move house.

trasmettere* (traz'mettere) *vt* 1 transmit. 2 send. **trasmissione** *nf* 1 transmission. 2 programme, broadcast.

trasognato (trasoɲ'nato) *adj* dreamy.

trasparente (traspa'rente) *adj* transparent.

traspirare (traspi'rare) *vi* 1 perspire. 2 leak out. **traspirazione** *nf* perspiration.

trasportare (traspor'tare) *vt* transport. **trasporto** (tras'porto) *nm* transport.

trassi ('trassi) v see **trarre**.

trastullare (trastul'lare) vt amuse. **trastullo** nm toy.

trasudare (trasu'dare) vi sweat.

trattare (trat'tare) vt 1 treat. 2 deal with, discuss. vi deal with, be about. **trattarsi di** v imp be a matter of. **trattativa** nf negotiation. **trattato** nm 1 treatise. 2 treaty.

trattenere* (tratte'nere) vt 1 keep or hold back. 2 detain, keep waiting. 3 entertain. **trattenersi** vr 1 remain, stay. 2 restrain oneself.

tratto[1] ('tratto) v see **trarre**.

tratto[2] ('tratto) nm 1 line, stroke. 2 stretch, space. 3 passage (in a book). 4 feature. **a un tratto** all of a sudden.

trattore (trat'tore) nm tractor.

trattoria (tratto'ria) nf restaurant.

trauma ('trauma) nm trauma.

travagliare (travaʎ'ʎare) vt trouble. **travaglio** nm 1 toil. 2 suffering.

travasare (trava'zare) vt decant.

trave ('trave) nf beam, rafter.

traversare (traver'sare) vt cross. **traversa** nf crossbar. **traversata** nf crossing.

traverso (tra'verso) adj oblique. **di traverso** 1 askance. 2 amiss, the wrong way.

travestire (traves'tire) vt disguise. **travestimento** nm disguise.

travisare (travi'zare) vt distort, falsify.

travolgere* (tra'voldʒere) vt 1 overturn, upset. 2 overthrow.

tre (tre) adj three. nm or f three. **trecento** (tre'tʃɛnto) adj three hundred. nm 1 three hundred. 2 fourteenth century.

trebbiare (treb'bjare) vt thresh.

treccia ('trettʃa) nf plait.

tredici ('treditʃi) adj thirteen. nm or f thirteen. **tredicesimo** adj thirteenth.

tregua ('tregwa) nf 1 truce. 2 respite.

tremare (tre'mare) vt 1 tremble, shake. 2 shiver.

tremendo (tre'mɛndo) adj awful, fearful.

trementina (tremen'tina) nf turpentine.

tremito ('tremito) nm shiver, shudder.

tremolare (tremo'lare) vi quiver.

tremore (tre'more) nm tremor.

treno ('treno) nm train. **treno di vita** way of life.

trenta ('trenta) adj,nm thirty. **trentesimo** adj thirtieth.

trespolo ('trespolo) nm trestle.

triangolo (tri'angolo) nm triangle. **triangolare** adj triangular.

tribolare (tribo'lare) vt torment.

tribordo (tri'bordo) nm starboard.

tribù (tri'bu) nf invar tribe. **tribale** adj tribal.

tribuna (tri'buna) nf 1 platform. 2 gallery. 3 sport stand. **tribunale** nm 1 court. 2 tribunal.

tricheco (tri'kɛko) nm walrus.

triciclo (tri'tʃiklo) nm tricycle.

trifoglio (tri'fɔʎʎo) nm 1 clover. 2 shamrock.

triglia (tri'ʎʎa) nf red mullet.

trillare (tril'lare) vi 1 trill. 2 vibrate. **trillo** nm 1 ring. 2 trill.

trilogia (trilo'dʒia) nf trilogy.

trimestre (tri'mestre) nm term.

trina ('trina) nf lace.

trincare (trin'kare) vt drink greedily.

trincea (trin'tʃea) nf trench.

trinciare (trin'tʃare) vt cut up, mince.

trinità (trini'ta) nf trinity.

trio ('trio) *nm* trio.

trionfare (trion'fare) *vi* triumph. **trionfale** *adj* triumphal. **trionfo** *nm* 1 triumph. 2 *game* trumps.

triplice ('triplitʃe) *adj* triple.

tripode ('tripode) *nm* tripod.

trippa ('trippa) *nf* tripe.

triregno (tri'reɲɲo) *nm* papal tiara.

triste ('triste) *adj* sad. **tristezza** (tris'tettsa) *nf* sadness.

tristo ('tristo) *adj* bad, evil.

tritare (tri'tare) *vt* mince. **tritacarne** *nm invar* mincer. **tritatutto** *nm invar* slicer and shredder.

trittico ('trittiko) *nm* triptych.

trivellare (trivel'lare) *vt* drill. **trivella** (tri'vella) *nf* drill.

triviale (tri'vjale) *adj* low, vulgar.

trofeo (tro'fɛo) *nm* trophy.

trogolo ('trɔgolo) *nm* trough.

troia ('trɔja) *nf* sow.

tromba ('tromba) *nf* trumpet. **tromba d'aria** tornado. **trombone** *nm* trombone.

troncare (tron'kare) *vt* break or cut off, interrupt. **tronco** *nm* 1 trunk (of a tree or body). 2 section.

trono ('trɔno) *nm* throne.

tropico ('trɔpiko) *nm* tropic. **tropicale** *adj* tropical.

troppo ('trɔppo) *adj* 1 too much. 2 *pl* too many. *adv* too, too much. **di troppo** in the way.

trota ('trɔta) *nf* trout.

trottare (trot'tare) *vi* trot. **trotto** *nm* trot.

trotterellare (trotterel'lare) *vi* 1 trot along. 2 toddle.

trottola ('trɔttola) *nf* spinning top.

trovare (tro'vare) *vt* 1 find, discover. 2 meet. **andare a trovare** visit. **trovarsi** *vr* 1 be, be situated. 2 feel.

truccare (truk'kare) *vt* 1 disguise, make up. 2 cheat. **truccarsi** *vr* make oneself up. **trucco** *nm* 1 make-up. 2 trick.

truciolo ('trutʃolo) *nm* wood shaving.

truffare (truf'fare) *vt* swindle, cheat. **truffa** *nf* swindle, fraud. **truffatore** *nm* swindler.

truppa ('truppa) *nf* troop.

tu (tu) *pron 2nd pers m,f s fam* you. **dare del tu** use the familiar form of address. **tu stesso** *2nd pers s fam* yourself.

tua ('tua) *poss adj, poss pron* see **tuo**.

tuba ('tuba) *nf* 1 tuba. 2 top-hat.

tubare (tu'bare) *vi* coo.

tubercolosi (tuberko'lɔzi) *nf invar* tuberculosis.

tubo ('tubo) *nm* 1 pipe. 2 tube. **tubatura** *nf* piping. **tubetto** *nm* tube.

tue ('tue) *poss adj, poss pron* see **tuo**.

tuffare (tuf'fare) *vt* plunge, dip. **tuffarsi** *vr* dive, plunge. **tuffatore** *nm* diver. **tuffo** *nm* dive, plunge.

tulipano (tuli'pano) *nm* tulip.

tumore (tu'more) *nm* tumour.

tumulto (tu'multo) *nm* uproar, tumult.

tunica ('tunika) *nf* tunic.

tuo, tua, tuoi, tue ('tuo, 'tua, 'twɔi, 'tue) *poss adj 2nd pers s fam your. poss pron 2nd pers s fam* yours.

tuoi ('twɔi) *poss adj, poss pron* see **tuo**.

tuono ('twono) *nm* thunder. **tuonare** *vi* thunder.

tuorlo ('twɔrlo) *nm* egg yolk.

turare (tu'rare) *vt* stop, plug, cork.

turba ('turba) *nf* mob, crowd.

turbante (tur'bante) *nm* turban.

turbare (tur'bare) *vt* trouble,

worry, disturb. **turbarsi** *vr* become agitated. **turbamento** *nm* disturbance.

turbina (tur'bina) *nf* turbine.

turbine ('turbine) *nm* **1** whirlwind. **2** hurricane.

turchese (tur'kese) *adj,nf* turquoise.

Turchia (tur'kia) *nf* Turkey.

turco (tur'ko) *adj* Turkish. *nm* **1** Turk. **2** Turkish (language).

turchino (tur'kino) *adj* dark blue.

turismo (tu'rizmo) *nm* tourism. **turista** *nm* tourist. **turistico** (tu'ristiko) *adj* touristic.

turlupinare (turlupi'nare) *vt* cheat.

turno ('turno) *nm* turn. **di turno** on duty.

tuta ('tuta) *nf* overalls.

tutela (tu'tela) *nf* guardianship. **tutore** *nm* guardian.

tutto ('tutto) *adj* **1** all. **2** *pl* each, every. *pron* **1** all, everything. **2** *pl* all, everyone. **del tutto** completely. **innanzi tutto** **1** first of all. **2** above all. **tutt'al più** at very most. **tutt'altro!** on the contrary! **tutti e due** both. **tutto il giorno** the whole day. **tuttavia** *conj* yet, nevertheless.

U

ubbia (ub'bia) *nf* whim.

ubbidire (ubbi'dire) *vt,vi* obey. **ubbidiente** (ubbi'djente) *adj* obedient. **ubbidienza** (ubbi-'djentsa) *nf* obedience.

ubriacare (ubria'kare) *vt* intoxicate. **ubriacarsi** *vr* get drunk. **ubriachezza** (ubria'kettsa) *nf* drunkenness. **ubriaco** *adj* drunk. **ubriacone** *nm* drunkard.

uccello (ut'tʃello) *nm* bird. **uccelliera** (uttʃel'ljera) *nf* aviary.

uccidere* (ut'tʃidere) *vt* kill.

uccisi (ut'tʃizi) *v* see **uccidere.**

ucciso (ut'tʃizo) *v* see **uccidere.** *adj* killed. *nm* victim. **uccisione** *nf* killing, murder. **uccisore** *nm* killer, murderer.

udire* (u'dire) *vt* hear. **udibile** (u'dibile) *adj* audible. **udienza** (u'djentsa) *nf* **1** hearing, sitting. **2** audience, interview. **udito** *nm* hearing. **uditore** *nm* listener. **uditorio** (udi'tɔrjo) *nm* audience.

uffa ('uffa) *interj* what a bore!

ufficio (uf fitʃo) *nm* **1** office. **2** department. **ufficio postale** post office. **ufficiale** *adj* official. *nm* official, officer.

ufo ('ufo) **a ufo** *adv* free, for nothing.

uggia ('uddʒa) *nf* dislike.

uggiolare (uddʒo'lare) *vi* whine.

ugola ('ugola) *nf* uvula.

uguagliare (ugwaʎ'ʎare) *vt* make even or equal, equalize. **uguagliarsi** *vr* be equal. **uguaglianza** *nf* equality.

uguale (u'gwale) *adj* **1** equal. **2** alike, identical. **per me è uguale** it's all the same to me. **ugualmente** *adv* likewise.

ulcera ('ultʃera) *nf* ulcer.

uliva (u'liva) *nf* olive.

ulteriore (ulte'rjore) *adj* further, ulterior.

ultimo ('ultimo) *adj* last, final, latest. **ultimatum** *nm invar* ultimatum.

ultravioletto (ultravio'letto) *adj* ultraviolet.

ululare (ulu'lare) *vi* howl. **ululo** ('ululo) *nm* howl, howling.

umanesimo (uma'nezimo) *nm* humanism. **umanista** *nm* humanist.

umanitario (umani'tarjo) *adj* humanitarian.

umano (u'mano) *adj* **1** human. **2** humane. **umanista** *nm* humanist. **umanità** *nf* humanity.

umbilico (umbi'liko) *nm* navel.

umido ('umido) *adj* damp, wet. *nm* 1 dampness, damp. 2 stew.

umidità *nf* dampness.

umile ('umile) *adj* humble. **umiltà** *nf* humility.

umiliare (umi'ljare) *vt* humiliate, humble. **umiliante** *adj* humiliating. **umiliazione** *nf* humiliation.

umore (u'more) *nm* mood, humour. **umorismo** *nm* humour. **umoristico** (umo'ristiko) *adj* funny, humorous.

un (un) *see* **uno.**

una ('una) *see* **uno.**

unanime (u'nanime) *adj* unanimous. **unanimità** *nf* unanimity.

uncino (un'tʃino) *nm* hook. **uncinetto** *nm* crochet hook. **lavorare all'uncinetto** crochet.

undici ('unditʃi) *adj* eleven. *nm* or *f* eleven. **undicesimo** *adj* eleventh.

ungere* ('undʒere) *vt* grease, oil. **ungere le ruote** grease someone's palm. **ungersi** *vr* dirty oneself with grease.

Ungheria (unge'ria) *nf* Hungary. **ungherese** (unge'rese) *adj,n* Hungarian. *nm* Hungarian (language).

unghia ('ungja) *nf* 1 nail. 2 claw, talon. **unghiata** *nf* scratch.

unguento (un'gwento) *nm* ointment.

unico ('uniko) *adj* 1 sole, only. 2 unique. **unicamente** *adv* only.

unicorno (uni'kɔrno) *nm* unicorn.

unificare (unifi'kare) *vt* unify. **unificazione** *nf* unification.

uniforme (uni'forme) *adj* uniform, even. *nf* uniform. **uniformità** *nf* uniformity.

unire (u'nire) *vt* join, unite, connect, unite. **unione** *nf* union.

unito *adj* united.

unità (uni'ta) *nf* 1 unity. 2 unit.

università (universi'ta) *nf* university. **universitario** *adj* university. *nm* university student or teacher.

universo (uni'verso) *nm* universe. **universale** *adj* universal.

uno, un, una ('uno, un, 'una) *adj* one. *indef art* a, an. *pron* one, someone. **a uno a uno** one by one. **l'un l'altro** one another.

unto ('unto) *adj* greasy, oily. *nm* grease. **untuoso** (untu'oso) *adj* greasy, oily.

uomo ('wɔmo) *nm, pl* **uomini** man.

uopo ('wɔpo) *nm* need.

uovo ('wɔvo) *nm, pl* **uova** *f* egg. **uova strapazzate** scrambled eggs. **uovo affogato** poached egg.

uragano (ura'gano) *nm* hurricane.

uranio (u'ranjo) *nm* uranium.

Urano (u'rano) *nm* Uranus.

urbano (ur'bano) *adj* 1 urban, city. 2 urbane. **urbanistica** (urba'nistika) *nf* town planning.

urgente (ur'dʒente) *adj* urgent. **urgenza** (ur'dʒentsa) *nf* urgency. **d'urgenza** urgently.

urinare (uri'nare) *vi* urinate. **urina** *nf* urine.

urlare (ur'lare) *vi* shout, howl. **urlata** *nf* howl. **urlo** *nm, pl* **urli** *m* or **urla** *f* howl.

urna ('urna) *nf* 1 urn. 2 ballot-box.

urrà (ur'ra) *interj* hurrah!

urtare (ur'tare) *vt* knock against, bump into. *vi* hit, run into. **urtarsi** *vr* 1 become annoyed. 2 collide. **urtata** *nf* shove. **urto** *nm* 1 collision, crash. 2 push. 3 clash.

usare (u'zare) *vi* **1** be accustomed. **2** be in fashion. *vt* use, employ. **usabile** (u'zabile) *adj* usable. **usanza** (u'zantsa) *nf* custom, habit. **usato** *adj* used, worn, secondhand. *nm* usual. **uso** *nm* **1** use. **2** custom. **usuale** *adj* usual.

uscio ('uʃʃo) *nm* door. **usciere** (uʃ'ʃere) *nm* usher.

uscire* (uʃ'ʃire) *vi* **1** go or come out, leave. **2** appear, be published. **uscita** *nf* exit, way out. **uscita di sicurezza** emergency exit.

usignolo (uziɲ'nɔlo) *nm* nightingale.

ussaro ('ussaro) *nm* hussar.

ustionare (ustjo'nare) *vt* burn. **ustione** *nf* burn.

usura (u'zura) *nf* usury. **usuraio** *nm* usurer.

usurpare (uzur'pare) *vt* usurp.

utensile (uten'sile) *nm* utensil, tool.

utente (u'tente) *nm* user.

utero ('utero) *nm* womb.

utile ('utile) *adj* useful. *nm* gain, profit. **utilità** *nf* usefulness. **utilitario** *adj* utilitarian. **utilizzare** (utilid'dzare) *vt* use, utilize.

uva ('uva) *nf* grape. **uva passa** raisin. **uva secca** currant. **uva spina** gooseberry.

V

va' (va) *v* imperative form of **andare**.

vacante (va'kante) *adj* vacant. **vacanza** (va'kantsa) *nf* **1** holiday. **2** vacancy. **andare in vacanza** go on holiday.

vacca ('vakka) *nf* cow.

vaccinare (vattʃi'nare) *vt* vaccinate. **vaccino** *nm* vaccine.

vacillare (vatʃil'lare) *vi* **1** stagger. **2** hesitate.

vacuo ('vakuo) *adj* empty.

vada ('vada) *v* imperative form of **andare**.

vadano ('vadano) *v* imperative form of **andare**.

vado ('vado) *v* see **andare**.

vagabondare (vagabon'dare) *vi* wander, roam. **vagabondaggio** *nm* vagrancy. **vagabondo** *adj* vagabond, wandering. *nm* tramp.

vagare (va'gare) *vi* wander.

vaghezza (va'gettsa) *nf* vagueness.

vagina (va'dʒina) *nf* vagina.

vagire (va'dʒire) *vi* (of a newborn baby) cry.

vaglia[1] ('vaʎʎa) *nf* worth.

vaglia[2] ('vaʎʎa) *nm invar* money order. **vaglia postale** postal order.

vagliare (vaʎ'ʎare) *vt* sift. **vaglio** *nm* sieve.

vago ('vago) *adj* vague.

vagone (va'gone) *nm* **1** wagon, truck. **2** carriage. **vagone letto** sleeping-car.

vai ('vai) *v* see **andare**.

vaiolo (va'jɔlo) *nm* smallpox.

valanga (va'langa) *nf* avalanche.

valere* (va'lere) *vi* **1** be worth. **2** be equal or correspond to. **non vale!** it does not count! **vale a dire** that is to say. **valersi** *vr* make use of. **valevole** (va'levole) *adj* valid. **validità** *nf* validity. **valido** ('valido) *adj* valid.

valgo ('valgo) *v* see **valere**.

valicare (vali'kare) *vt* cross. **valico** (va'liko) *nm* pass.

valigia (va'lidʒa) *nf* suitcase. **fare le valigie** pack. **valigeria** *nf* leather goods shop.

valle ('valle) *nf also* **vallata** valley.

valletto (val'letto) *nm* valet.

valore (va'lore) *nm* **1** value, worth. **2** courage, valour. **3** valuables. **4** *pl* shares. **mettere in valore** bring out. **va-**

lorizzare (valorid'dzare) *vt* make the most of, exploit.
valoroso (valo'roso) *adj* valiant.
valutare (valu'tare) *vt* 1 value. 2 estimate. **valuta** *nf* 1 currency, money. 2 value. **valutazione** *nf* estimate.
valvola ('valvola) *nf* 1 valve. 2 electric fuse.
valzer ('valtser) *nm invar* waltz.
vampa ('vampa) *nf* 1 blaze, flame. 2 flush.
vampiro (vam'piro) *nm* vampire.
vandalo ('vandalo) *nm* vandal. **vandalismo** *nm* vandalism.
vaneggiare (vaned'dzare) *vi* rave.
vanesio (va'nezjo) *adj* vain.
vangare (van'gare) *vt* dig. **vanga** *nf* spade.
vangelo (van'dzɛlo) *nm* gospel.
vaniglia (va'niʎʎa) *nf* vanilla.
vanno ('vanno) *v* see **andare**.
vano ('vano) *adj* 1 useless, vain. 2 vain, conceited. **vanità** *nf* vanity. **vanitoso** (vani'toso) *adj* vain.
vantaggio (van'taddʒo) *nm* advantage. **vantaggioso** (vantad'dʒoso) *adj* advantageous.
vantare (van'tare) *vt* boast of. **vantarsi** *vr* boast. **vantatore** *nm* boaster.
vapore (va'pore) *nm* 1 steam, vapour. 2 steamer. **vaporetto** *nm* steamboat. **vaporizzatore** (vaporiddza'tore) *nm* spray, atomizer.
varare (va'rare) *vt* launch. **varo** *nm* launching.
varcare (var'kare) *vt* go beyond, cross. **varco** *nm* way, passage.
variare (va'rjare) *vt,vi* vary, alter. **variabile** (va'rjabile) *adj* variable, changeable. **variante** *nf* variant. **variazione** *nf* variation. **varietà** *nf* variety.

varicella (vari'tʃella) *nf* chickenpox.
varicoso (vari'koso) *adj* varicose.
vario ('varjo) *adj* various.
varrò (var'rɔ) *v* see **valere**.
vasca ('vaska) *nf* 1 basin. 2 tank, tub.
vascello (vaʃ'ʃello) *nm* ship.
vasellame (vazel'lame) *nm* crockery, dishes.
vaso ('vazo) *nm* 1 vase. 2 jar. 3 pot.
vassoio (vas'sojo) *nm* tray.
vasto ('vasto) *adj* vast, spacious.
Vaticano (vati'kano) *nm* Vatican.
ve (ve) *pron 2nd pers m,f pl fam* you, to you. *adv* there.
vecchio ('vekkjo) *adj* old. **vecchiaia** *nf* old age. **vecchietto** *nm* old man.
vedere (ve'dere) *vt,vi* see. **farsi vedere** appear. **non vedere l'ora di** look forward to. **vedersi** *vr* meet. **vedetta** *nf* look-out. **veduta** *nf* view.
vedova ('vedova) *nf* widow. **vedovo** ('vedovo) *nm* widower.
vedrò (ve'drɔ) *v* see **vedere**.
veemente (vee'mente) *adj* vehement. **veemenza** (vee'mentsa) *nf* vehemence.
vegetare (vedʒe'tare) *vi* vegetate. **vegetariano** *nm* vegetarian. **vegetazione** *nf* vegetation.
vegliare (veʎ'ʎare) *vi* 1 stay awake. 2 attend, watch. **veglia** *nf* 1 vigil. 2 evening party. **veglione** *nm* masked ball.
veicolo (ve'ikolo) *nm* vehicle.
vela ('vela) *nf* sail. **veleggiare** *vi* sail. **veliero** (ve'ljero) *nm* sailing ship.
velare (ve'lare) *vt* 1 veil. 2 cover. **velo** *nm* veil.

veleno (ve'leno) *nm* poison.
velenoso (vele'noso) *adj* poisonous.

velino (ve'lino) *adj* vellum.
carta velina *nf* tissue paper.

velivolo (ve'livolo) *nm* aircraft.

velleità (vellei'ta) *nf* empty wish.

vellicare (velli'kare) *vt* **1** tickle. **2** stimulate.

vello (ve'llo) *nm* **1** fleece. **2** *zool* coat.

velluto (vel'luto) *nm* velvet. **vellutato** *adj* velvet.

veloce (ve'lotʃe) *adj* quick, rapid, fast. **velocità** *nf* speed.

velodromo (ve'lɔdromo) *nm* cycle track.

veltro ('veltro) *nm* greyhound.

vena ('vena) *nf* vein. **venato** *adj* veined.

vendemmiare (vendem'mjare) *vt* harvest (grapes). *vi* gather in the harvest. **vendemmia** *nf* wine harvest.

vendere ('vendere) *vt* sell. **venditore** *nm* seller.

vendetta (ven'detta) *nf* revenge.

vendicare (vendi'kare) *vt* revenge, avenge. **vendicativo** *adj* vindictive.

vendita ('vendita) *nf* sale. **in vendita** on sale.

venerare (vene'rare) *vt* worship, revere. **venerabile** (vene'rabile) *adj* venerable. **venerazione** *nf* veneration.

venerdì (vener'di) *nm* Friday. **venerdì santo** Good Friday.

Venere ('venere) *nf* Venus.

Venezia (ve'nettsja) *nf* Venice. **veneziano** *adj,n* Venetian.

vengo ('vɛngo) *v* see **venire**.

veniale (ve'njale) *adj* venial.

venire* (ve'nire) *vi* **1** come, arrive. **2** happen. **fare venire** send for. **venire a prendere** fetch. **venire bene/male** turn out well/badly. **venuta** *nf* coming, arrival.

venni ('venni) *v* see **venire**.

ventaglio (ven'taλλo) *nm* fan.

venti ('venti) *adj* twenty. *nm or f* twenty. **ventesimo** (ven'tezimo) *adj* twentieth.

ventilare (venti'lare) *vt* ventilate. **ventilazione** *nf* ventilation.

vento ('vɛnto) *nm* wind. **ventoso** *adj* windy.

ventosa (ven'tosa) *nf* sucker.

ventre ('ventre) *nm* stomach, belly.

ventricolo (ven'trikolo) *nm* ventricle.

ventriloquo (ven'trilokwo) *nm* ventriloquist.

ventura (ven'tura) *nf* chance, fortune.

venturo (ven'turo) *adj* next, coming.

venusto (ve'nusto) *adj* beautiful.

verace (ve'ratʃe) *adj* true, real.

veranda (ve'randa) *nf* veranda.

verbo ('vɛrbo) *nm* **1** verb. **2** word. **verbale** *adj* verbal, oral. *nm* minutes.

verde ('verde) *adj,nm* green. **essere al verde** be broke. **verdeggiare** *vi* turn green. **verdura** *nf* vegetables.

verdetto (ver'detto) *nm* verdict.

verecondo (vere'kondo) *adj* modest.

verga ('verga) *nf* rod.

vergine ('verdʒine) *nf* virgin. **verginità** *nf* virginity.

vergogna (ver'goɲɲa) *nf* shame. **che prova vergogna** ashamed. **vergognarsi** *vr* be ashamed. **vergognoso** (vergoɲ'ɲoso) *adj* **1** shameful. **2** bashful.

verificare (verifi'kare) *vt* verify, check. **verificarsi** *vr* happen. **verifica** (ve'rifika) *nf* check, inspection.

verme ('verme) *nm* worm. **vermicelli** (vermi'tʃelli) *nm pl* type of pasta.

vermiglio (ver'miʎʎo) *adj,nm* vermilion.

vermut ('vɛrmut) *nm invar* vermouth.

vernaccia (ver'nattʃa) *nf* type of white wine.

verniciare (verni'tʃare) *vt* varnish, paint. **vernice** *nf* paint, varnish.

vero ('vero) *adj* true, real. **verità** *nf* truth.

verosimile (vero'simile) *adj* probable.

verricello (verri'tʃello) *nm* winch.

verro ('vɛrro) *nm* boar.

verrò (ver'rɔ) *v see* **venire**.

versare (ver'sare) *vt* 1 pour. 2 spill. 3 deposit. **versarsi** *vr* spill. **versamento** *nm* 1 deposit. 2 payment.

versatile (ver'satile) *adj* versatile. **versatilità** *nf* versatility.

versione (ver'sjone) *nf* 1 version. 2 translation.

verso[1] ('vɛrso) *nm* 1 verse. 2 line.

verso[2] ('vɛrso) *nm* reverse (of a coin, etc.).

verso[3] ('vɛrso) *prep* towards.

vertebrato (verte'brato) *adj, nm* vertebrate.

verticale (verti'kale) *adj* vertical.

vertice ('vertitʃe) *nm* summit, top.

vertigine (ver'tidʒine) *nf* dizziness. **avere le vertigini** feel dizzy. **vertiginoso** (vertidʒi'noso) *adj* dizzy.

vescica (veʃ'ʃika) *nf* bladder.

vescovo ('veskovo) *nm* bishop.

vespa ('vespa) *nf* 1 wasp. 2 *Tdmk* scooter.

vestaglia (ves'taʎʎa) *nf* dressing-gown.

vestibolo (ves'tibolo) *nm* hall, foyer.

vestigio (ves'tidʒo) *nm* trace.

vestire (ves'tire) *vt* dress, clothe. **veste** ('veste) *nf* dress, clothing. **vestiario** (ves'tjarjo) *nm* clothing. **vestito** *nm* 1 dress. 2 suit. 3 *pl* clothes.

veterano (vete'rano) *adj,nm* veteran.

veterinario (veteri'narjo) *nm* veterinary surgeon, vet.

veto ('veto) *nm* veto.

vetro ('vetro) *nm* glass. **vetro stratificato** *nm* laminated glass. **vetraio** *nm* glazier. **vetrata** *nf* glass door or window. **vetrina** *nf* 1 shopwindow. 2 glass case.

vetta ('vetta) *nf* summit.

vettovaglie (vetto'vaʎʎe) *nf pl* food supplies.

vettura (vet'tura) *nf* carriage, coach.

vezzeggiare (vettsed'dʒare) *vt* fondle. **vezzo** *nm* 1 habit. 2 affection. 3 *pl* charms. **vezzoso** (vet'tsoso) *adj* pretty.

vi (vi) *pron 2nd pers m,f pl fam* you, to you. *adv* there.

via[1] ('via) *nf* 1 street, road. 2 way. **per via aerea** airmail. **via di mezzo** middle course. **viale** *nm* avenue.

via[2] ('via) *adv* away.

viadotto (via'dotto) *nm* viaduct.

viaggiare (viad'dʒare) *vi* travel. **viaggiatore** *nm* traveller, passenger. **commesso viaggiatore** *nm* salesman. **viaggio** *nm* journey.

Via Lattia *nf* Milky Way.

viandante (vian'dante) *nm* wayfarer.

viavai (via'vai) *nm invar* bustle.

vibrare (vi'brare) *vi* vibrate, quiver. **vibrante** *adj* vibrant. **vibrazione** *nf* vibration.

vicario (vi'karjo) *nm* vicar.

viceconsole (vitʃe'kɔnsole) *nm* vice-consul.

vicedirettore (vitʃediret'tore) *nm* assistant manager.

vicenda (vi'tʃenda) *nf* event. **a vicenda** in turn.

vicepresidente (vitʃepresiˈdɛnte) *nm* vice-president.

viceversa (vitʃeˈvɛrsa) *adv* vice versa.

vicino (viˈtʃino) *adj* near, neighbouring. *nm* neighbour. *adv* close by. **vicino a** near.

vicinato *nm* neighbourhood.

vicinanza *nf* 1 vicinity. 2 *pl* neighbourhood.

vicolo (ˈvikolo) *nm* alley.

video (ˈvideo) *nm* video.

vidi (ˈvidi) *v* see **vedere**.

vidimare (vidiˈmare) *vt* stamp, authenticate.

vieni (ˈvjeni) *v* see **venire**.

vietare (vjeˈtare) *vt* forbid, prohibit.

vigilare (vidʒiˈlare) *vt* watch over. **vigilante** *adj* watchful.

vigilanza *nf* vigilance. **vigile** (ˈvidʒile) *adj* watchful. *nm* policeman. **vigile del fuoco** fireman. **vigilia** *nf* 1 eve. 2 vigil.

vigliacco (viʎˈʎakko) *adj* cowardly. *nm* coward. **vigliaccheria** *nf* cowardice.

vigna (ˈviɲɲa) *nf* 1 vineyard. 2 vine. **vigneto** (viɲˈɲeto) *nm* vineyard.

vignetta (viɲˈɲetta) *nf* cartoon.

vigore (viˈgore) *nm* strength, force. **entrare in vigore** come into force. **vigoroso** (vigoˈroso) *adj* vigorous.

vile (ˈvile) *adj* low, mean, base.

villa (ˈvilla) *nf* villa, country house.

villaggio (vilˈladdʒo) *nm* village.

villano (vilˈlano) *adj* rude. *nm* 1 peasant. 2 boor.

villeggiare (villedˈdʒare) *vi* go on holiday. **villeggiante** *nm* holiday-maker. **villeggiatura** *nf* holiday.

viltà (vilˈta) *nf* 1 cowardice. 2 meanness.

viluppo (viˈluppo) *nm* tangle.

vimini (ˈvimini) *nm pl* wicker.

vincere* (ˈvintʃere) *vt* 1 win. 2 conquer. 3 beat. *vi* win. **vincersi** *vr* keep one's self-control. **vincitore** *nm* winner.

vincolare (vinkoˈlare) *vt* bind. **vincolo** (ˈvinkolo) *nm* bond, tie.

vino (ˈvino) *nm* wine.

viola[1] (viˈɔla) *nf bot* violet. *adj,nm* violet, mauve.

viola[2] (viˈɔla) *nf* viola.

violare (vioˈlare) *vt* violate.

violentare (violenˈtare) *vt* 1 force. 2 violate, rape. **violento** (vioˈlento) *adj* violent.

violenza (vioˈlentsa) *nf* violence.

violetta (vioˈletta) *nf* violet.

violino (vioˈlino) *nm* violin.

violoncello (violonˈtʃello) *nm* cello.

viottolo (viˈɔttolo) *nm* track, path.

vipera (ˈvipera) *nf* viper.

virgola (ˈvirgola) *nf* comma. **virgolette** *nf pl* inverted commas.

virile (viˈrile) *adj* virile, manly. **virilità** *nf* virility, manhood.

virtù (virˈtu) *nf* virtue. **virtuoso** (virtuˈoso) *adj* virtuous. *nm* virtuoso.

virulento (viruˈlento) *adj* virulent.

virus (ˈvirus) *nm invar* virus.

viscere (ˈviʃʃere) *nm anat* organ. *nf pl* bowels.

vischio (ˈviskjo) *nm* mistletoe.

visconte (visˈkonte) *nm* viscount.

viscoso (visˈkoso) *adj* sticky, viscous.

visibile (viˈzibile) *adj* visible. **visibilità** *nf* visibility.

visiera (viˈzjera) *nf* visor.

visione (viˈzjone) *nf* vision.

visitare (viziˈtare) *vt* 1 visit. 2 *med* examine. 3 inspect. *vi* **sita** (ˈvizita) *nf* 1 visit. 2 examination. **visitatore** *nm* visitor.

visivo (vi'zivo) *adj* visual.
viso ('vizo) *nm* face.
vispo ('vispo) *adj* lively.
vissi ('vissi) *v* see **vivere.**
vissuto (vis'suto) *v* see **vivere.**
vista ('vista) *nf* 1 sight. 2 view.
visto ('visto) *v* see **vedere.** *nm* visa.
vistoso (vis'toso) *adj* showy, striking.
visuale (vizu'ale) *adj* visual.
vita[1] ('vita) *nf* life. **vitale** *adj* vital. **vitalità** *nf* vitality.
vita[2] ('vita) *nf* waist.
vitamina (vita'mina) *nf* vitamin.
vite[1] ('vite) *nf* vine.
vite[2] ('vite) *nf* screw.
vitello (vi'tɛllo) *nm* 1 calf. 2 veal.
vittima ('vittima) *nf* victim.
vitto ('vitto) *nm* food. **vitto e alloggio** board and lodging.
vittoria (vit'tɔrja) *nf* victory. **vittorioso** (vitto'rjoso) *adj* victorious.
vituperare (vitupe'rare) *vt* insult, disgrace. **vituperio** (vitu'pɛrjo) *nm* 1 shame. 2 insult.
viva ('viva) *interj* hurrah! long live.
vivace (vi'vatʃe) *adj* 1 lively. 2 bright. **vivacità** *nf* liveliness.
vivaio (vi'vajo) *nm* 1 fish pond. 2 *bot* nursery.
vivanda (vi'vanda) *nf* food.
vivere* ('vivere) *vi, vt* live.
viveri (vi'veri) *nm pl* supplies, victuals.
vivido ('vivido) *adj* vivid.
vivisezione (viviset'tsjone) *nf* vivisection.
vivo ('vivo) *adj* 1 alive, living. 2 lively. 3 bright.
viziare (vit'tsjare) *vt* spoil. **viziato** *adj* spoilt.
vizio ('vittsjo) *nm* 1 bad habit, vice. 2 defect. **vizioso** (vit'

tsjoso) *adj* 1 depraved. 2 defective. **circolo vizioso** *nm* vicious circle.
vizzo ('vittso) *adj* withered.
vocabolo (vo'kabolo) *nm* word.
vocabolario *nm* 1 dictionary. 2 vocabulary.
vocale (vo'kale) *adj* vocal. *nf* vowel.
vocazione (vokat'tsjone) *nf* vocation.
voce ('votʃe) *nf* voice.
vociare (vo'tʃare) *vi* shout.
vodka ('vɔdka) *nf* vodka.
vogare (vo'gare) *vi* row. **voga** *nf* 1 rowing. 2 fashion, vogue. **vogatore** *nm* oarsman.
voglia ('vɔʎʎa) *nf* wish, desire. **di buona/mala voglia** willingly/unwillingly.
voglio (vɔʎʎo) *v* see **volere.**
voi ('voi) *pron 2nd pers m,f pl fam* you. **voialtri** ('vojaltri) *pron 2nd pers m,f pl fam* you. **voi stesse** *pron 2nd pers pl fam* yourselves.
volano (vo'lano) *nm* shuttlecock.
volare (vo'lare) *vi* fly. **volante** *adj* flying. *nm* steering wheel. **volantino** *nm* leaflet. **volata** *nf* flight.
volatile (vo'latile) *adj* volatile. **volatilità** volatility.
volentieri (volen'tjeri) *adv* willingly.
volere* (vo'lere) *vt* 1 want, wish. 2 demand, require. **voler bene a** love. **volerci** be necessary. **volere dire** mean. ~ *nm* will.
volgare (vol'gare) *adj* vulgar, common. **volgarità** *nf* vulgarity.
volgere* ('vɔldʒere) *vt, vi* turn. **volgersi** *vr* turn round.
volgo ('volgo) *nm* common people.
volli ('vɔlli) *v* see **volere.**
volo ('volo) *nm* flight.

volontà (volon'ta) *nf* will. **volontario** *adj* voluntary. *nm* volunteer. **volonteroso** (volonte'roso) *adj* willing.

volpe ('volpe) *nf* fox.

volsi ('volsi) *v see* **volgere**.

volta[1] ('volta) **1** time. **2** turn. **a volte** sometimes. **una volta** once.

volta[2] ('volta) *nf arch* vault.

voltaggio (vol'taddʒo) *nm* voltage.

voltare (vol'tare) *vt,vi* turn. **voltarsi** *vr* turn round. **voltata** *nf* turn, turning.

volteggiare (volted'dʒare) *vi* **1** fly about. **2** vault.

volto[1] ('volto) *v see* **volgere**.

volto[2] ('volto) *nm* face.

volubile (vo'lubile) *adj* fickle, changeable.

volume (vo'lume) *nm* volume. **voluminoso** (volumi'noso) *adj* bulky.

voluttuoso (voluttu'oso) *adj* voluptuous.

vomitare (vomi'tare) *vt,vi* vomit. **vomito** ('vomito) *nm* vomit.

vorace (vo'ratʃe) *adj* greedy, voracious. **voracità** *nf* greed.

voragine (vo'radʒine) *nf* chasm.

vorrò (vor'rɔ) *v see* **volere**.

vortice ('vortitʃe) *nm* whirl.

vostro ('vostro) *poss adj 2nd pers pl fam* your. *poss pron 2nd pers pl fam* yours.

votare (vo'tare) *vi* vote. **votante** *nm* voter. **votazione** *nf* voting, vote. **voto** *nm* **1** vow. **2** vote. **3** mark.

vulcano (vul'kano) *nm* volcano. **vulcanico** (vul'kaniko) *adj* volcanic.

vulnerabile (vulne'rabile) *adj* vulnerable.

vuoi ('vwoi) *v see* **volere**.

vuole ('vwole) *v see* **volere**.

vuotare (vwo'tare) *vt* empty. **vuoto** ('vwoto) *adj* empty. *nm* empty space, vacuum.

X

xenofobia (ksenofo'bia) *nf* xenophobia.

xeres ('kseres) *nm invar* sherry.

xerocopiare (kseroko'pjare) *vt* photocopy. **xerocopia** (ksero'kɔpja) *nf* photocopy.

xilofono (ksi'lɔfono) *nm* xylophone.

Y

yacht (jɔt) *nm invar* yacht.

yoga ('jɔga) *nm* yoga.

yoghurt ('jɔgurt) *nm* yoghurt.

Z

zabaione (dzaba'jone) *nm* dessert made of eggs and marsala.

zacchera ('tsakkera) *nf* splash of mud.

zaffare (tsaf'fare) *vt* plug, stop up.

zafferano (dzaffe'rano) *nm* saffron.

zaffiro (dzaf'firo) *nm* sapphire.

zagara ('dzagara) *nf* orange blossom.

zaino ('dzaino) *nm* rucksack.

zampa ('tsampa) *nf* paw, leg.

zampillare (tsampil'lare) *vi* gush, spring. **zampillo** *nm* spurt.

zampogna (tsam'poɲɲa) *nf* bagpipe.

zana ('tsana) *nf* cradle.

zangola ('tsangola) *nf* churn.

zanna ('tsanna) *nf* tusk, fang.

zanzara (dzan'dzara) *nf* mosquito. **zanzariera** (dzandza-'rjera) *nf* mosquito net.

zappare (tsap'pare) *vt* hoe. **zappa** *nf* hoe.

zar (tsar) *nm* tsar. **zarina** *nf* tsarina.

zattera ('tsattera) *nf* raft.

zavorra (dza'vorra) *nf* ballast.

zazzera ('tsattsera) *nf* shock of hair.

zebra ('dzɛbra) *nf* zebra.

zecca ('tsekka) nf mint. **nuovo di zecca** adj brand-new.
zefiro ('dzefiro) nm zephyr.
zelo ('dzelo) nm zeal. **zelante** adj zealous.
zenit ('dzenit) nm invar zenith.
zenzero ('dzendzero) nm ginger.
zeppa ('tseppa) nf wedge.
zeppo ('tseppo) adj crammed, stuffed. **pieno zeppo** crammed full.
zerbino[1] (dzer'bino) nm dandy.
zerbino[2] (dzer'bino) nm doormat.
zero ('dzero) nm zero, nought.
zia ('tsia) nf aunt.
zibellino (dzibel'lino) nm sable.
zibetto (dzi'betto) nm civet.
zigomo ('dzigomo) nm cheekbone.
zigzag (dzig'dzag) nm invar zigzag. **camminare a zigzag** zigzag.
zimbello (tsim'bɛllo) nm 1 decoy bird. 2 laughingstock.
zinco ('tsinko) nm zinc.
zingaro ('tsingaro) nm gipsy. **zingaresco** adj gipsy.
zio ('tsio) nm uncle.
zirlare (dzir'lare) vi chirp.
zitella (tsi'tella) nf spinster. **zitellona** nf old maid.
zittire (tsit'tire) vt silence.
zitto ('tsitto) adj quiet, silent. **stare zitto** be quiet.
zoccolo ('tsɔkkolo) nm 1 clog. 2 hoof.
zodiaco (dzo'diako) nm zodiac.

zolfo ('tsolfo) nm sulphur.
zolla ('dzolla) nf clod, tuft. **zolletta** nf sugar lump.
zona ('dzɔna) nf zone, area.
zonzo ('dzondzo) **andare a zonzo** adv wander about, stroll.
zoo ('dzɔo) nm invar zoo.
zoologia (dzoolo'dʒia) nf zoology. **zoologico** (dzoo'lɔdʒiko) adj zoological. **giardino zoologico** nm zoo. **zoologo** (dzo'ɔlogo) nm zoologist.
zoppicare (tsoppi'kare) vi 1 limp. 2 be shaky. **zoppicante** adj 1 lame. 2 unsteady. **zoppo** ('tsɔppo) adj 1 lame. 2 wobbly, unsteady.
zotico ('dzɔtiko) adj rough, uncouth.
zucca ('tsukka) nf pumpkin. **zuccone** nm fool.
zucchero ('tsukkero) nm sugar. **zuccherare** vt to sugar. **zuccheriera** (tsukke'rjera) nf sugar bowl.
zucchino (tsuk'kino) nm courgette.
zuccotto (tsuk'kɔtto) nm iced sweet made of cream and chocolate.
zuffa ('tsuffa) nf scuffle.
zufolo ('tsufolo) nm whistle.
zulù (dzu'lu) nm invar Zulu.
zuppa ('tsuppa) nf soup. **zuppa inglese** nf trifle. **zuppiera** (tsup'pjera) nf soup tureen.

Finito di stampare nel mese di maggio 2000
presso Giunti Industrie Grafiche S.p.A.
Stabilimento di Prato